U0453312

中国社会科学院文库
法学社会学研究系列
The Selected Works of CASS
Law and Sociology

中国社会科学院创新工程学术出版资助项目

中国社会科学院文库 · 法学社会学研究系列
The Selected Works of CASS · Law and Sociology

破 产 法
—— 程序理念与制度结构解析

BANKRUPTCY LAW IN CHINA: Theory and Practice Analyses

邹海林 著

中国社会科学出版社

图书在版编目（CIP）数据

破产法：程序理念与制度结构解析／邹海林著．—北京：中国社会科学出版社，2016.9（2019.3 重印）

ISBN 978-7-5161-9127-9

Ⅰ.①破⋯　Ⅱ.①邹⋯　Ⅲ.①破产法-研究-中国　Ⅳ.①D922.291.924

中国版本图书馆 CIP 数据核字（2016）第 245096 号

出 版 人	赵剑英
责任编辑	任　明
责任校对	石春梅
责任印制	何　艳

出　　版	中国社会科学出版社
社　　址	北京鼓楼西大街甲 158 号
邮　　编	100720
网　　址	http://www.csspw.cn
发 行 部	010-84083685
门 市 部	010-84029450
经　　销	新华书店及其他书店
印刷装订	北京君升印刷有限公司
版　　次	2016 年 9 月第 1 版
印　　次	2019 年 3 月第 2 次印刷
开　　本	710×1000　1/16
印　　张	36
插　　页	2
字　　数	586 千字
定　　价	98.00 元

凡购买中国社会科学出版社图书，如有质量问题请与本社营销中心联系调换
电话：010-84083683
版权所有　侵权必究

《中国社会科学院文库》出版说明

《中国社会科学院文库》（全称为《中国社会科学院重点研究课题成果文库》）是中国社会科学院组织出版的系列学术丛书。组织出版《中国社会科学院文库》，是我院进一步加强课题成果管理和学术成果出版的规范化、制度化建设的重要举措。

建院以来，我院广大科研人员坚持以马克思主义为指导，在中国特色社会主义理论和实践的双重探索中做出了重要贡献，在推进马克思主义理论创新、为建设中国特色社会主义提供智力支持和各学科基础建设方面，推出了大量的研究成果，其中每年完成的专著类成果就有三四百种之多。从现在起，我们经过一定的鉴定、结项、评审程序，逐年从中选出一批通过各类别课题研究工作而完成的具有较高学术水平和一定代表性的著作，编入《中国社会科学院文库》集中出版。我们希望这能够从一个侧面展示我院整体科研状况和学术成就，同时为优秀学术成果的面世创造更好的条件。

《中国社会科学院文库》分设马克思主义研究、文学语言研究、历史考古研究、哲学宗教研究、经济研究、法学社会学研究、国际问题研究七个系列，选收范围包括专著、研究报告集、学术资料、古籍整理、译著、工具书等。

中国社会科学院科研局
2006年11月

目 录

导论 ·· (1)
 第一节 破产法的理念与制度 ································· (1)
  一 破产和破产观念 ·· (1)
  二 破产观念的发展 ·· (3)
  三 破产程序的特征 ·· (5)
  四 破产程序的性质 ·· (6)
  五 破产法的内容与结构 ···································· (8)
  六 破产法的性质 ·· (9)
  七 破产法的渊源 ··· (13)
  八 破产立法主义 ··· (16)
 第二节 破产法的功能定位演变 ································ (22)
 第三节 我国破产法的制度创新 ································ (27)
 第四节 变革中的破产法 ······································ (30)
  一 破产程序的制度重构与理念的实践适应性 ················· (31)
  二 重整程序中的利益平衡机制 ···························· (32)
  三 关联企业破产的相关问题 ······························ (34)
  四 自然人破产制度的具体规范设计 ························ (35)
  五 以重整程序制度为核心的金融机构破产制度 ··············· (37)

第一章 破产程序的结构 ··· (39)
 第一节 破产程序的结构模式 ·································· (39)
 第二节 破产程序的适用对象 ·································· (41)
  一 基本原理：民事主体的破产能力 ························ (41)
  二 破产法对自然人的适用 ································ (43)

三　破产法对法人的适用 ································· (49)
　　　四　我国破产法对合伙企业的适用 ···················· (53)
　第三节　破产原因 ··· (54)
　　　一　破产原因 ··· (54)
　　　二　破产原因的立法例 ······································· (56)
　　　三　不能清偿债务 ··· (58)
　　　四　不能清偿债务的构成要素 ····························· (61)
　　　五　有明显丧失清偿能力的可能 ·························· (65)
　　　六　合伙企业的破产原因 ··································· (66)
　第四节　破产申请主义 ··· (68)
　　　一　破产程序与破产申请 ··································· (68)
　　　二　债务人为破产申请人 ··································· (70)
　　　三　债权人为破产申请人 ··································· (72)
　　　四　破产申请的提出 ··· (78)
　第五节　破产程序的开始 ·· (82)
　　　一　破产申请的审查 ··· (82)
　　　二　非自愿破产申请的异议 ······························· (84)
　　　三　破产申请的受理 ··· (86)
　　　四　破产程序开始的效力 ··································· (88)
　　　五　破产程序的地域效力 ··································· (90)
　第六节　破产程序的转换 ·· (94)
　　　一　破产清算向重整程序的转换 ·························· (94)
　　　二　破产清算与和解程序的相互转换 ···················· (95)
　　　三　和解程序与重整程序的相互转换 ···················· (96)
　　　四　重整程序向破产清算的转换 ·························· (98)
第二章　债权申报与调查 ·· (100)
　第一节　债权申报的程序价值 ································· (100)
　　　一　债权申报的意义 ·· (100)
　　　二　债权申报制度的功能 ·································· (100)
　第二节　债权申报期限 ·· (102)
　　　一　债权申报期限的立法例 ······························· (102)
　　　二　法院酌定债权申报期限 ······························· (103)

三　问题与讨论 ························· (105)
　　四　债权申报期限的性质 ····················· (107)
第三节　债权申报的方法和范围 ···················· (108)
　　一　债权申报的接受者 ······················ (108)
　　二　可申报的债权范围 ······················ (110)
　　三　债权申报的豁免 ······················· (113)
　　四　债权申报的形式 ······················· (115)
　　五　债权申报的效力 ······················· (119)
第四节　未申报债权的救济 ······················ (119)
　　一　未申报债权 ························· (119)
　　二　未申报债权的法律后果 ···················· (120)
　　三　债权申报期限的顺延 ····················· (122)
　　四　补充债权申报 ························ (123)
第五节　申报债权的调查和确认 ···················· (124)
　　一　申报债权的调查 ······················· (124)
　　二　申报债权的确认 ······················· (129)

第三章　管理人中心主义 ························ (135)
第一节　管理人的法律地位 ······················ (135)
　　一　管理人的定义 ························ (135)
　　二　管理人中心主义 ······················· (136)
　　三　管理人法律地位的学说 ···················· (139)
　　四　管理人在我国破产程序中的地位 ················ (143)
第二节　立法例上的管理人 ······················ (147)
　　一　英美法系的管理人制度 ···················· (148)
　　二　大陆法系破产法上的管理人制度 ················ (150)
　　三　我国台湾地区的管理人制度 ·················· (151)
　　四　我国的管理人制度 ······················ (152)
第三节　管理人的产生 ························ (153)
　　一　管理人产生的法律形式 ···················· (153)
　　二　管理人的任职资格 ······················ (158)
　　三　指定管理人的原则与方式 ··················· (163)
　　四　指定管理人的决定与公告 ··················· (165)

五　管理人的更换 ………………………………………… (166)
　第四节　管理人的职责 ………………………………………… (170)
　　　一　管理人的职权范围 …………………………………… (170)
　　　二　重整程序中的管理人职责问题 ……………………… (181)
　　　三　管理人与法院的权力分配问题 ……………………… (183)
　　　四　管理人与债权人会议的权力分配问题 ……………… (185)
　第五节　管理人职务的执行与报酬 …………………………… (186)
　　　一　管理人执行职务的独立性 …………………………… (186)
　　　二　管理人的注意义务 …………………………………… (187)
　　　三　管理人的损害赔偿责任 ……………………………… (189)
　　　四　管理人执行职务的报酬 ……………………………… (190)

第四章　债权人自治 ……………………………………………… (193)
　第一节　债权人自治的价值基础 ……………………………… (193)
　第二节　债权人自治的立法例 ………………………………… (195)
　　　一　债权人自治的立法例 ………………………………… (195)
　　　二　债权人会议模式 ……………………………………… (196)
　　　三　债权人委员会模式 …………………………………… (197)
　　　四　我国破产立法上的债权人会议模式 ………………… (197)
　第三节　债权人会议的地位和成员 …………………………… (199)
　　　一　债权人会议的意义 …………………………………… (199)
　　　二　债权人会议的地位 …………………………………… (200)
　　　三　债权人会议的成员 …………………………………… (201)
　第四节　债权人会议的职权 …………………………………… (204)
　　　一　债权人会议的职权 …………………………………… (204)
　　　二　调查债权 ……………………………………………… (206)
　　　三　监督管理人 …………………………………………… (208)
　　　四　议决债务人财产的管理 ……………………………… (209)
　　　五　议决重整计划 ………………………………………… (210)
　　　六　议决和解协议 ………………………………………… (210)
　　　七　议决债务人财产的变价和分配 ……………………… (211)
　　　八　决定债权人委员会的设置和选任 …………………… (212)
　第五节　债权人会议的召开 …………………………………… (212)

一　债权人会议的召开及出席 ……………………………… (212)
　　　二　第一次债权人会议 …………………………………… (214)
　　　三　债权人会议主席 ……………………………………… (217)
　　　四　必要时召开的债权人会议 …………………………… (220)
　第六节　债权人会议决议 ……………………………………… (222)
　　　一　债权人会议决议 ……………………………………… (222)
　　　二　债权人会议决议的形成 ……………………………… (224)
　　　三　不能形成债权人会议决议的救济 …………………… (227)
　　　四　债权人会议决议的约束力 …………………………… (229)
　　　五　债权人会议决议的撤销 ……………………………… (231)
　第七节　债权人委员会 ………………………………………… (232)
　　　一　债权人委员会的意义 ………………………………… (232)
　　　二　债权人委员会的设置 ………………………………… (234)
　　　三　债权人委员会成员的选任 …………………………… (236)
　　　四　债权人委员会成员的解任与辞任 …………………… (239)
　　　五　债权人委员会的职权 ………………………………… (240)
　　　六　债权人委员会的职务执行 …………………………… (245)
第五章　破产程序中的财产 …………………………………… (247)
　第一节　债务人财产 …………………………………………… (247)
　　　一　债务人财产的意义 …………………………………… (247)
　　　二　破产财产 ……………………………………………… (248)
　　　三　债务人财产的特征 …………………………………… (249)
　第二节　债务人财产的限定 …………………………………… (251)
　　　一　限定债务人财产的方法 ……………………………… (251)
　　　二　限定债务人财产的争议 ……………………………… (253)
　第三节　债务人财产的范围 …………………………………… (260)
　　　一　债务人财产范围的"两分法" ……………………… (260)
　　　二　债务人在法院受理破产申请时所有的财产 ………… (261)
　　　三　债务人在破产程序期间取得的财产 ………………… (271)
　第四节　债务人财产的确认 …………………………………… (272)
　　　一　确认债务人财产的基础 ……………………………… (272)
　　　二　确认债务人财产的方法 ……………………………… (275)

三　债务人的自由财产 …………………………………（278）
　　四　债务人位于境外的财产 ……………………………（280）
 第五节　债务人财产的管理 …………………………………（280）
　　一　管理债务人财产的专属性 …………………………（280）
　　二　接管 …………………………………………………（281）
　　三　清理、估价和保管 …………………………………（282）
　　四　利用和处分 …………………………………………（283）
　　五　诉讼或仲裁的承受 …………………………………（284）
 第六节　撤销与无效 …………………………………………（284）
　　一　破产无溯及主义 ……………………………………（284）
　　二　破产撤销权 …………………………………………（287）
　　三　涉及债务人财产的无效行为 ………………………（295）
第六章　破产程序中的权利 ……………………………………（298）
 第一节　破产程序中的类型化权利 …………………………（298）
 第二节　破产费用和共益债务 ………………………………（299）
　　一　破产费用和共益债务的意义 ………………………（299）
　　二　破产费用和共益债务的属性 ………………………（301）
　　三　破产费用和共益债务之债务人 ……………………（303）
　　四　破产费用的范围 ……………………………………（306）
　　五　共益债务的范围 ……………………………………（310）
　　六　共益债务的类型化 …………………………………（311）
　　七　破产费用和共益债务的受偿 ………………………（316）
 第三节　破产取回权 …………………………………………（319）
　　一　取回与破产取回权 …………………………………（319）
　　二　取回权的类别 ………………………………………（321）
　　三　取回权的性质 ………………………………………（321）
　　四　取回权的基础 ………………………………………（323）
　　五　取回的要件 …………………………………………（327）
　　六　取回权与诉讼时效 …………………………………（331）
　　七　特殊取回权 …………………………………………（331）
 第四节　别除权 ………………………………………………（339）
　　一　别除和别除权 ………………………………………（339）

二　别除权的特征 ································· (341)
　　三　法定的别除权之基础权利 ······················· (342)
　　四　解释上的别除权之基础权利 ····················· (345)
　　五　别除权的行使 ································· (346)
第五节　破产抵销权 ····································· (349)
　　一　破产法上的抵销 ······························· (349)
　　二　破产抵销权的特征 ····························· (352)
　　三　破产抵销权的适用 ····························· (354)
　　四　民法抵销在破产程序中的适用 ··················· (357)
　　五　破产抵销权行使的限制 ························· (357)
　　六　破产抵销权的行使 ····························· (360)
第六节　可受分配请求权 ································· (364)
　　一　可受分配请求权 ······························· (364)
　　二　优先顺位请求权 ······························· (364)
　　三　破产债权 ····································· (365)

第七章　重整程序 ······································· (371)
第一节　重整程序的制度价值 ····························· (371)
　　一　重整程序的概念 ······························· (371)
　　二　重整程序存在的正当性 ························· (372)
　　三　重整程序的类型化 ····························· (376)
　　四　重整程序的特点 ······························· (377)
第二节　重整程序的制度构造 ····························· (379)
　　一　重整程序的立法结构 ··························· (379)
　　二　重整程序的制度构造 ··························· (381)
第三节　重整程序的开始 ································· (382)
　　一　重整申请 ····································· (382)
　　二　关于出资人的重整申请 ························· (384)
　　三　关于金融监督管理机构的重整申请 ··············· (385)
　　四　重整申请的审查 ······························· (387)
　　五　重整程序开始的原因 ··························· (388)
　　六　重整程序开始的裁定 ··························· (389)
　　七　重整程序开始的效力 ··························· (390)

第四节 重整计划的制作和批准 ……………………… (396)
 一 重整计划的概念 ……………………………… (396)
 二 重整计划的特点 ……………………………… (397)
 三 重整计划（草案）的内容 …………………… (397)
 四 重整计划草案的制作 ………………………… (399)
 五 重整计划草案的讨论 ………………………… (402)
 六 分组表决制度 ………………………………… (403)
 七 重整计划草案的表决 ………………………… (408)
 八 重整计划的批准 ……………………………… (410)

第五节 强制批准重整计划 ………………………………… (412)
 一 重整计划强制批准的意义 …………………… (412)
 二 强制批准重整计划的程序条件 ……………… (414)
 三 强制批准重整计划的实质条件 ……………… (415)
 四 重整原因的多样性对强制批准重整计划的影响 … (418)
 五 强制批准重整计划的公平对待原则 ………… (421)
 六 强制批准重整计划的裁定 …………………… (428)

第六节 重整计划的执行 …………………………………… (428)
 一 重整计划终止重整程序的效力 ……………… (428)
 二 重整计划对债务人和债权人的约束力 ……… (429)
 三 重整计划的约束力边界 ……………………… (430)
 四 重整计划的执行人 …………………………… (431)
 五 重整计划的执行监督 ………………………… (432)
 六 重整计划的终止执行 ………………………… (434)

第七节 重整程序的非正常终结 …………………………… (437)
 一 重整程序的非正常终结 ……………………… (437)
 二 重整程序非正常终结的原因 ………………… (438)
 三 重整程序非正常终结的后果 ………………… (439)

第八章 和解程序 ………………………………………………… (440)
第一节 和解程序的制度价值 ……………………………… (440)
 一 和解程序的概念 ……………………………… (440)
 二 和解程序的制度价值 ………………………… (441)
 三 和解程序的类型化 …………………………… (441)

四　和解程序的立法例及其在我国的发展 ………………（443）
第二节　和解程序的选择 ………………………………………（445）
　　一　《企业破产法（试行）》与和解程序 ……………………（445）
　　二　《民事诉讼法》（1991年）与和解程序 …………………（448）
　　三　《企业破产法》与和解程序 ………………………………（449）
　　四　和解程序的实益 ……………………………………………（450）
　　五　我国和解程序的特征 ………………………………………（452）
第三节　和解程序的开始 ………………………………………（454）
　　一　和解申请 ……………………………………………………（454）
　　二　和解协议草案 ………………………………………………（455）
　　三　许可和解裁定 ………………………………………………（456）
　　四　许可和解裁定的效力 ………………………………………（458）
　　五　管理人 ………………………………………………………（459）
　　六　和解程序中的债权人会议 …………………………………（459）
　　七　和解协议草案的表决 ………………………………………（460）
　　八　认可和解协议的裁定 ………………………………………（461）
　　九　和解程序目的受挫 …………………………………………（462）
第四节　和解协议的执行 ………………………………………（463）
　　一　和解协议的约束力 …………………………………………（463）
　　二　和解债务人的地位 …………………………………………（464）
　　三　和解债权人的地位 …………………………………………（466）
　　四　不受和解协议约束的请求权 ………………………………（467）
　　五　执行和解协议的效果 ………………………………………（470）
第五节　和解废止 ………………………………………………（471）
　　一　和解废止 ……………………………………………………（471）
　　二　和解废止的申请 ……………………………………………（473）
　　三　和解废止的法定事由 ………………………………………（474）
　　四　和解废止的效果 ……………………………………………（475）
第六节　自行和解 ………………………………………………（479）
　　一　自行和解的意义 ……………………………………………（479）
　　二　自行和解协议的达成 ………………………………………（479）
　　三　自行和解的当事人 …………………………………………（480）

四　自行和解协议的效力 ································· (481)
第九章　破产清算程序 ·· (483)
　第一节　破产清算程序的构造 ······························ (483)
　　一　破产清算程序的概念 ································· (483)
　　二　破产清算程序的特点 ································· (484)
　　三　破产清算程序的结构 ································· (485)
　第二节　破产清算的申请与受理 ···························· (485)
　　一　破产清算的申请 ····································· (485)
　　二　破产清算申请的受理 ································· (487)
　第三节　破产宣告 ·· (488)
　　一　破产宣告的概念与特征 ······························· (488)
　　二　破产宣告的原因和事实 ······························· (489)
　　三　破产宣告的裁定 ····································· (494)
　第四节　破产财产的变价 ·································· (498)
　　一　破产财产的形成 ····································· (498)
　　二　破产财产的变价 ····································· (498)
　　三　破产财产的变价方法 ································· (498)
　　四　破产财产变价时的优先购买权 ························· (501)
　　五　破产财产的变价程序 ································· (502)
　　六　管理人变价破产财产的效力 ··························· (507)
　第五节　破产分配 ·· (508)
　　一　破产分配及其特征 ··································· (508)
　　二　破产分配前的优先清偿 ······························· (509)
　　三　破产分配的顺位 ····································· (510)
　　四　破产财产分配方案 ··································· (514)
　　五　破产分配的实施 ····································· (516)
　第六节　破产清算程序的终结 ······························ (521)
　　一　破产清算程序的终结 ································· (521)
　　二　破产清算程序终结的申请主义 ························· (522)
　　三　破产清算程序终结的原因 ····························· (523)
　　四　破产清算程序终结的裁定 ····························· (526)
　　五　破产清算程序终结的法律效果 ························· (526)

六　追加分配 …………………………………………（528）
第七节　破产免责 ……………………………………………（531）
　　一　破产免责的意义 ……………………………………（531）
　　二　破产免责的立法例 …………………………………（532）
　　三　破产免责与我国的破产立法 ………………………（534）
　　四　许可免责制度的要素 ………………………………（537）
第八节　复权制度 ……………………………………………（544）
　　一　复权制度的立法例 …………………………………（544）
　　二　复权制度在我国的状况 ……………………………（546）
　　三　当然复权制度 ………………………………………（548）
　　四　许可复权制度 ………………………………………（549）
参考文献 ……………………………………………………（552）

导　论

第一节　破产法的理念与制度

一　破产和破产观念

　　破产的概念内涵如何，是我国破产法学研究的切入点和首先要回答的问题。"破产为一种司法程序制度，但是若想给破产确定一个适用于所有法律制度体系和文化传统的观念，却是不可能的。在不同的国度和不同的历史时期，适合于不同的法律制度体系和文化传统的破产观念，具有不同的内涵，从而也创造了不同内容的破产法。"[①] 我国自1986年开始引进和建立破产制度，到2007年基本完成破产制度的现代化改革，破产的概念内涵都是一个颇具争议的话题。我国的破产立法并没有对"破产"一词给出定义，如何在法理上解释"破产"就有了空间。

　　一般而言，破产是指债务人不能清偿债务的事实状态。对于"破产"的释义，我国古代汉语就有"倾家荡产"的语义；而与"破产"相当之拉丁语Fallitax在语义上亦为"事业失败"。对"破产"所为语义上的理解，指的就是债务人不能清偿债务的这种状态。在这里，我们不妨将债务人不能清偿债务的事实状态，称为事实上的破产。事实上的破产，可有多种表现形式，但主要可以概括为两类。一类是指债务人丧失了继续经营事业的财产承受能力。例如，债务人的财产不足以清偿，或者债务人的信用不足以担保清偿债务。另一类是指债务人发生了债务清偿不能的财务危

[①] 邹海林：《我国破产立法的若干观念》，《中央政法管理干部学院学报》1996年第4期。

机。例如，债务人由于支付手段的欠缺而难以清偿到期债务。但是，语义上所理解的"破产"并非法律制度上所称破产。在法律上所使用的破产一词，以债务人不能清偿债务的事实状态为基础，有其特定的概念范围，并以债务人不能清偿债务的事实状态所产生的法律上的效果为其核心要素。概括地说，破产是指债务人不能清偿债务时所适用的偿债程序和该程序终结后的债务人的身份地位受限制的法律状态。[1]

有学者认为，通常所用的"破产"一词实际上有两种含义：一是指客观状态；二是指法律程序。作为第一种含义上的"破产"，是指债务人不能清偿到期债务的客观事实状态。它主要用于描述债务人的经济状况。而第二种含义上的破产，是指法院根据当事人的申请或依职权，对不能清偿到期债务的债务人所进行的一种特别程序，是债务人在经济上发生困难，无法以其清偿能力对全部债权人的债权为清偿时，为解决此种困难状态，利用法律上的方法，强制将全部财产依一定程序为变价及公平分配，使全部债权人满足其债权为目的的一般执行程序。[2]

也有学者认为，"破产"可在多层含义上理解，但通常都在经济意义上或者法律意义上加以使用。经济意义上的破产是指债务人的一种特殊经济状态，在此状态中，债务人已无力支付其到期债务，而最终不得不倾其所有以清偿债务。法律意义上的破产，指的是一种法律手段和法律程序，通过这种手段和程序，概括性地解决债务人和众多债权人之间的债权债务关系。[3]

还有学者认为，破产作为法律上的用语，有实体和程序两重意义。前者指债务人不能清偿到期债务时所处的财务状态。该状态既可指资不抵债即"债务超过"，也可指虽然资产大于负债，但因资金周转不灵，以致陷于停止支付的境地。后者是指债务人不能清偿到期债务时，为满足债权人正当合理的要求，就债务人总财产进行的以清算分配为目的的审判程序。[4]

我国学者以不同视角对破产的概念进行界定，概括起来主要有经济意义上的破产与法律意义上的破产、作为法律事实的破产与作为法律程序的

---

[1] 参见邹海林《破产程序和破产法实体制度比较研究》，法律出版社1995年版，第1页。
[2] 李永军：《破产法律制度》，中国法制出版社2000年版，第6—7页。
[3] 参见汤维建《破产程序与破产立法研究》，人民法院出版社2001年版，第30—31页。
[4] 参见齐树洁主编《破产法研究》，厦门大学出版社2004年版，第1页。

破产、实体上的破产与程序上的破产等。就法律层面而言,学者对破产概念所作的解释基本一致,认为作为一种法律事实,破产是指债务人不能清偿到期债务的事实状态或财务状况;作为一项法律制度,破产乃是指对不能清偿到期债务的债务人所进行的一种特别程序,即破产程序。①

二 破产观念的发展

在传统意义上,破产是法院对不能清偿到期债务的债务人的全部财产,为概括的强制执行而公平分配给全体请求权人的程序。② 传统意义上的破产,实质为彻底清算债务人财产的制度,只不过创造了一种不同于民事执行制度的司法执行程序。依照这种制度,债务人不能清偿债务时,法院依照一定程序强制变卖债务人的全部财产,并依照法定方式或者比例分配给全部债权人。传统意义上的破产,其实质内容在于清算债务人的财产,可以归结为破产清算制度,对此,近现代立法例甚至无异议地加以反映。当然,破产清算这种观念,在当代仍然具有重要的价值,因为它是整个破产制度创立的胚胎和发展的基石。

破产清算制度发展到近代,和解制度应运而生。和解制度,是为了克服和避免破产清算制度的弊端而创设的一项程序制度。当债务人不能清偿债务时,为免受破产宣告或者破产分配,债务人以法院为平台,经与债权人会议磋商谈判,达到相互间的谅解、一揽子解决债务危机问题以图复苏的程序制度,为和解制度。自19世纪后期开始,欧洲的许多国家开始了和解程序的立法,在世界范围内掀起了一场变革破产观念的立法运动,且至今没有停止。例如,英国1883年在破产程序中引进和解程序,比利时1886年颁布预防破产的《和解法》。20世纪30年代以来,在和解制度的基础上又产生了重整制度。重整制度着眼于协调社会利益、债务人和债权人的共同利益,是破产观念最具现代化的标志。例如,美国1938年对《破产法》进行全面修正,成功地规定了公司重整程序;1979年通过破产立法的改革,对重整程序在适用灵活性和价值选项方面予以了进一步的完善。和解制度与重整制度的产生和运用,不论在近代还是现代,更不论在西方还是东方,对于传统的破产观念无疑都是一场具有深远历史意义的变

---

① 参见邹海林、周泽新《破产法学的新发展》,中国社会科学出版社2013年版,第13页。
② 参见陈荣宗《破产法》,(台北)三民书局1986年版,第1页。

革。它不仅影响着立法者对破产程序模式的构造和选择，而且直接推动着破产观念的更新和现代化。[①] 需要说明的是，破产观念自近代产生防止或者避免破产清算的和解制度开始，日益具有了更为丰富的内涵，只不过其变革或者现代化的程度在不同的法域并不完全相同。但是，破产制度向破产清算制度、和解制度与重整制度协调作用的方向发展的趋势，则是不容怀疑的。

我国1986年颁布《企业破产法（试行）》，在破产程序的制度构造上，创设了破产清算程序和和解与整顿程序，已经在相当程度上反映了这种经过变革的破产观念。有学者对我国《企业破产法（试行）》所确立的破产观念予以了高度评价，认为"在我国，破产概念的内涵并没有如同西方那样历经了长期的演变过程，而是从一开始就具有了最丰富的含义，深刻地烙上了现代特征"。[②] 我国《企业破产法（试行）》实行破产程序受理开始主义。破产程序可以划分为破产宣告前的程序和破产宣告后的程序两大部分，具体由破产案件的受理程序、破产案件的审理程序、破产宣告程序、破产清算程序组成；在破产程序进行的不同阶段，还可以适用我国特有的和解与整顿程序。破产程序受理开始主义，没有严格固守"破产即为清算"的观念，而是在此之外引进了和解与整顿制度，使破产程序具有了更广阔的适用余地，为有机协调和处理破产清算程序和和解与整顿程序的关系创造了条件。[③]

就破产的观念而言，应当与特定的语境相联系。作为法律的立足点，破产首先是一种法律事实，即指债务人不能清偿债务的事实状态。至于"不能清偿债务"的具体形态，如不能清偿到期债务抑或不能清偿全部债务，则取决于法律的具体规定。由于破产的法律事实是引起破产法律关系变动的客观依据和必要条件，故也称"破产原因"。在法律制度的构造上，破产是指破产程序，即债务人不能清偿债务时，经申请而由法院根据破产法之规定清理债权债务的程序。破产是一种概括的执行程序或债务清

[①] 参见邹海林《我国破产立法的若干观念》，《中央政法管理干部学院学报》1996年第4期。

[②] 汤维建：《破产概念新说》，《中外法学》1995年第3期。

[③] 参见邹海林《我国破产立法的若干观念》，《中央政法管理干部学院学报》1996年第4期。

理程序，以债权人的公平受偿为目的。① 《企业破产法》所赖以生存的基础，为我国破产立法已经确立的具有现代特征的破产观念，依循破产程序受理开始主义的体制，创制相对独立的和解程序，作为供债务人在破产程序中可以适时选择并灵活运用的司法清理程序；同时，建立以积极稳妥步骤拯救陷于困境的企业重整制度，并将之作为一项不可或缺的破产程序制度纳入破产法之中，使得我国破产法的现代特征更加鲜明。② 总之，破产即破产程序，具有现代特征的破产观念应当建立在破产清算程序、和解程序与重整程序相结合并协调发挥作用的基础上。

三　破产程序的特征

破产是一种概括的执行程序，借助于公权力的介入暂时剥夺不能清偿债务的债务人对其全部财产的管理处分权，赋予全体债权人以公平受偿的机会。破产程序具有以下四个特征。

第一，破产是一种法定的债务清理程序。当债务人不能清偿债务时，如何清理和管控债务人的财产，以满足多个债权人或不同利害关系人的清偿要求，非有法律之特别规定，民事诉讼程序或者执行程序，均难以解决这样的问题。破产程序为法律特别规定的可资利用的一揽子清理债权债务关系的专门程序。《企业破产法》第2条规定，债务人有破产原因的，"依照本法规定清理债务"或"依照本法规定进行重整"就表明了这种立场。

第二，破产以债务人不能清偿债务为前提。③ 债务人不能清偿债务是破产程序适用之原因。破产只不过是对债务人不能清偿债务的事实状态的法律确认，即通过法院的司法裁决承认债务人事实上的破产状态。以此为基础，不同的利害关系人通过破产这一程序平台实现其相互间的利益之再分配。

第三，破产以公平对待所有的利害关系人为宗旨。债务人不能清偿债务时，利用破产程序可以合理地协调不同的利害关系人就债务人能够支配

---

① 参见邹海林、周泽新《破产法学的新发展》，中国社会科学出版社2013年版，第13—14页。

② 参见邹海林《我国破产立法的若干观念》，《中央政法管理干部学院学报》1996年第4期。

③ 参见《企业破产法》第2条。

的有限财产如何接受分配的利益冲突,使不同的利害关系人共同分担损失和共同享受利益;尤其是对债务人财产享有权利的同一顺位的请求权人,地位平等和接受分配的机会均等。①

第四,破产是一种概括的公权力救济程序。破产程序要贯彻当事人自治的理念和制度,但其实质仍为公权力救济程序。债务人不能清偿债务时,一旦选择了破产程序,则必须受法院的概括执行程序的支配,所有的利害关系人非经破产程序,不得对债务人财产主张或行使权利。法院对债务人适用破产程序,应当指定(或任命)管理人接管债务人的全部财产,并执行债务人财产的管理、运营、变价和分配等各项事务;非有法律之特别规定,其他任何人或者机构都不能处分或者执行债务人财产。

四 破产程序的性质

(一)破产程序性质的学说

作为一种概括的执行程序,破产程序在法律上的性质如何,学说上主要存在三种观点:破产诉讼事件说、破产非讼事件说和破产特殊事件说。②

1. 破产诉讼事件说

这种观点认为,破产程序和诉讼程序的目的,都在于确认和保护当事人的合法权益。在破产程序下,债权人申报债权无异于提起民事诉讼;债权经申报无异议而记入债权表,有相当于民事判决的同等效力;债权人提出破产申请,相当于诉讼中的财产保全;对债务人全部财产的执行,结果也与进行民事诉讼的个别执行程序相当;破产程序中债权人相互间的关系,类似于诉讼中的共同当事人;破产程序未规定的事项,可以准用民事诉讼程序的规定等。由此,破产程序主要是合并民事诉讼的保全、判决和执行诸程序的产物,以确定民事请求权和执行为终极目的,当然属于诉讼事件。

2. 破产非讼事件说

这种观点的主要理由在于,破产程序允许债务人自行申请宣告自己破产,实际为申请保全自己的财产;破产程序因有破产管理人制度和债权人

---

① 参见《企业破产法》第16条(禁止个别清偿)、第44条(债权申报)、第87条(公平对待重整程序的利害关系人)、第113条(同顺位债权平等)等。

② 参见刘清波《破产法新论》,(台北)东华书局1984年版,第5—6页;陈荣宗《破产法》,(台北)三民书局1986年版,第10—12页。

自治制度，同商事公司的清算程序类同；破产程序剥夺债务人（破产人）管理处分其财产的权利，并限制债务人（破产人）的人身自由，似与民事诉讼程序不同；破产程序在立法政策上，着重体现迅速简便的原则等，均非一般的民事诉讼程序可以相比。所以，破产程序只能是非讼事件。

3. 破产特殊事件说

这种观点认为，破产程序的开始，除有债权人申请以外，债务人自己也可以提出申请；在特定情形下，法院还可依职权开始破产程序；况且，破产程序有它自身的众多特点，不是诉讼程序和非讼程序所可以比拟的，更不能一般地适用民事诉讼或者非讼程序规范，准用民事诉讼法的规定，只不过是特例。所以，破产程序应当是一种独立的特殊程序。

（二）破产的特殊程序性质

破产是依特别法开始的特殊程序，不同于民事诉讼程序、非讼程序或者民事执行程序，理由如下。

第一，在立法结构上，除少数几个国家将破产法置于民事诉讼法或者商法典内，各国一般通过特别法全面规定破产程序的特有规范。所以，破产立法在形式上表现为特别法，这就为破产程序作为特殊程序奠定了基础。否则，破产立法上没有必要作出特别的安排。[①] 在任何司法管辖权范围内，没有破产立法的专门规定，法院是无法适用破产程序的。

第二，破产程序可以准用民事诉讼法的有关规定，[②] 主要是出于破产立法技术上的考虑，一方面可以减少立法上的重复，另一方面可以弥补破产立法有关程序规定的不足。但是，破产程序准用民事诉讼法的规定，不构成破产程序的实质内容，只是破产程序在个别方面与民事诉讼程序或者执行程序类似的结果，从而不能因此将破产程序归入诉讼程序的范畴。

第三，破产申请、破产案件的审理、债权申报、债权人自治、管理人

[①] 我国《民事诉讼法》（1991年）第19章规定有"企业法人破产还债程序"。该法所规定的企业法人破产还债程序只不过是我国完善破产立法过程中的权宜之计，并不能说明破产程序是民事诉讼程序的组成部分。《企业破产法》已经建构了适用于所有的企业法人的破产程序，全国人民代表大会常务委员会《关于修改〈中华人民共和国民事诉讼法〉的决定》（2007年10月28日）删去了《民事诉讼法》（1991年）第19章"企业法人破产还债程序"，《民事诉讼法》（2007年）不再含有涉及破产程序的规定。

[②] 《企业破产法》第4条规定："破产案件审理程序，本法没有规定的，适用民事诉讼法的有关规定。"前述规定所称"适用"，在用词上实有不妥，应改为"准用"或者"参照"较为妥当。

中心主义、债务人财产、破产程序中的债权、和解程序、重整程序、破产清算程序、破产程序的终结等各项破产程序的特有制度，决定着破产程序的实质，这些均是民事诉讼程序、非讼程序或民事执行程序所不能包容的特别法制度。

五 破产法的内容与结构

破产法是破产制度的法律表现形式，是法院处理破产案件以及利害关系人行使权利的客观标准。概括地讲，破产法是关于债务人不能清偿债务而适用破产程序以清理债权债务关系的所有法律规范的总称。破产法的内容主要包括破产程序规范、破产实体规范和法律责任。破产程序规范主要规定破产案件的管辖法院、民事诉讼程序规范的准用、破产申请与受理、管理人的指定、债权申报、债权人会议、和解程序、重整程序、破产清算程序和破产程序的终结等制度。破产实体规范主要规定破产程序的适用范围、破产原因、债务人财产、破产无效行为、破产撤销权、破产债权、破产费用和共益债务、破产程序对法律行为的限制效力、别除权、取回权、抵销权、破产免责等制度。法律责任主要规定对债务人和破产程序的参与者涉及破产事项的违法行为或者犯罪行为的处罚制度。

此外，破产法还在以下两种意义上使用。其一是法典名称，指专门规定破产程序及其实体法制度的单行立法。例如，德国1877年《破产法》、英国1914年《破产法》、美国1979年联邦《破产法典》以及《企业破产法》等。其二是学科名称，指介绍、分析和研究破产法律制度的历史、发展及其规范解释和评价的科学。

以法典形式表现的破产法，其结构可以根据需要而设定，并不存在固定的模式。所以，各个法域的破产法在内容安排或结构上不完全相同，甚至存在巨大的差异。例如，德国1877年《破产法》区别破产程序规范、破产实体规范和罚则分别加以规定。依循德国法传统的日本《破产法》，也采用基本相同的方式。但即使这样的立法结构在破产法的现代化过程中，也相应地发生着变化。例如，德国1999年生效的《支付不能法》，因为程序制度的变化，在结构上与1877年《破产法》相比，已有许多不同。再如，在美国，立法者则按照总则、破产案件的处理、债权人和债务人及破产财团、破产清算、市政机构债务清理程序、公司重整程序、个人债务清理程序、美国破产管理人协会等内容来设计《破产法典》的结构。

破产法的结构，涉及破产法的适用是否方便的问题，总的原则应当体现出务实精神。《企业破产法》在结构上的安排是较为务实的，分别由总则、破产申请和受理、管理人、债务人财产、破产费用和共益债务、债权申报、债权人会议、重整、和解、破产清算、法律责任和附则12章构成。

按照法律调整社会关系的不同领域和不同方法对法律进行定义，是法学上通常采用的方法。对破产法概念的界定应尽可能反映破产法的基本面貌和本质特征，以便与其他法律尤其是其他债权债务清理法区别开来。概括地讲，破产法是关于债务人清偿不能时，通过清算债务人全部财产并依特定分配原则向全体债权人作公平分配以清结债权债务关系，或通过债务人与债权人会议达成和解协议来清偿债务并避免债务人清算，或通过重整计划的制定与实施以实现债务人财务复兴的法律规范的总称。破产法的内容包括破产程序规范、破产实体规范和罚则，其中以程序性规范居多，具体包括破产清算程序规范、和解程序规范和重整程序规范。

对破产法还可以从形式意义与实质意义、广义与狭义等不同层面理解。以是否以破产法命名为基础，可将破产法分为形式上的破产法和实质上的破产法。形式上的破产法，是指以破产法命名的破产法律规范，即破产法典。在我国，形式上的破产法是指2006年8月27日通过的《中华人民共和国企业破产法》(简称《企业破产法》)；实质意义上的破产法，是指在内容上与破产案件处理有关的所有法律规范的总和。实质意义上的破产法包括以破产法命名的法律规范以及虽不以破产法命名却与破产案件处理有关的法律规范。在我国，除《企业破产法》外，实质意义上的破产法还包括民商事法律、行政法规、刑事法律中与破产相关的法律规定以及最高人民法院就破产法律的适用所作出的司法解释。广义的破产法是规定破产清算、和解以及重整的法律规范的总称。狭义上的破产法则是专门规定破产清算事宜的法律规范。《企业破产法》是内容涵盖破产清算、和解与重整的综合性规范体系，属于广义的破产法。

六 破产法的性质

我国学者关于破产法之性质的研究，主要着眼于三个方面的问题：第一，破产法是实体性规范还是程序性规范？第二，破产法是强制性规范还是任意性规范？第三，破产法是公法还是私法？

部分学者则认为破产法在本质上属于私法。有学者指出，我国已经是一个加入WTO的市场经济国家，我们必须把所有的市场经济主体放在一个公平的环境中来对待。在这种背景下，必须将破产法当作私法来起草，反映和体现私法的基本精神。① 也有学者提出，破产法以私法为本位，中国要完善破产法律制度，应该摒弃非私法目标的追求，实事求是地恢复破产法律制度的本来面目。②

也有学者认为，破产法应属于民事特别法，主要理由是我国没有民商分立的历史传统，破产法的各项制度大多都是民事法律制度的延伸，可以用民事程序规范和民事实体规范来概括。③

还有学者认为，尽管破产法的强制性规范为破产程序的有序进行提供了基本的法律保障，但破产法所执行的是破产人的"私"财产，破产法要保护的是"私"权利。破产法对实体权利的规定，是以民事法律规范对民事主体的"私权"保护为基础的；破产法所规定的实体权利，在本质上应属于私权。因此，在破产立法上，应当充分注意到债权人对其私权的处分权，在破产法的执行中，也应当充分注意对相关人私权的保护。④

显然，学者对破产法具有的私法或民商法属性均不持异议，但破产法是否还兼具经济法属性，学者是有分歧的。持破产法兼具民商法和经济法双重性质观点的学者，其主要立足点在于破产法涉及社会整体利益以及由此而引起的国家干预，并继而以体现国家干预的具体破产法律制度加以印证。持破产法属于私法观点的学者则立足于破产法规制对象的私法主体性和私法主体在破产程序中的意思自治。

部分学者认为，破产法具有民商法和经济法双重性质。《企业破产法》应是主要兼具民商法和经济法双重性质的法律。在当前公、私法日益交融的情况下，法律部门的划分已呈现一定程度的相对性。同一部法律中可以同时存在具有不同法律部门属性的法律规范，可以有所交叉。如公司法、土地管理法等，既具有经济法的属性，也具有民商法的属性，可以从不同的角度研究，破产法也是如此。⑤ 学者持此观点的理由是：破产法

---

① 李永军：《重申破产法的私法精神》，《政法论坛》2002年第3期。
② 参见谢俊林《中国破产法律制度专论》，人民法院出版社2005年版，第242页。
③ 参见李玉璧《商法原理》，兰州大学出版社2000年版，第175页。
④ 沈贵明：《破产法学》，郑州大学出版社2004年版，第9页。
⑤ 王欣新：《破产立法中的经济法理念》，中国人民大学报刊复印资料《经济法学》2004年第9期。

的立法宗旨经历了债权人本位—债权人与债务人的利益平衡本位—社会利益本位的变化过程。在现代社会中，债务清偿关系有时可能影响到他人利益乃至社会整体利益，尤其是涉及公用企业、金融企业、超大型企业的破产，会影响到社会公众的利益，产生严重的失业等社会问题。为此必须引入经济法的理念，需要国家的适当介入，从社会本位角度维护社会整体利益，才能完成现代破产法的历史使命。从各国破产立法的情况看，体现国家介入因素的制度主要有：对重整制度的设置，尤其是允许法院在部分利害关系人反对的情况下强制批准重整计划；当事人达成的和解程序，须经法院许可后生效等。破产法是一种司法程序，国家的介入体现为通过立法借助法院对相关的法律关系进行调整。国家权力的介入，本身就是对当事人利益的一种强制调整，而在这种调整中必然会对不同当事人的利益有所增损。尽管社会整体利益与社会成员个人利益在相当程度上是统一的，但两者也会出现不能完全兼得的情况，必须做出取舍。在那些需要法律维护社会整体利益的场合，依据经济法的理念，就应当采纳有助于维护社会整体利益的相关法律制度。如果仅仅从私法的角度考虑破产问题，难免会导致对国家介入调整社会整体利益的制度采取怀疑或否定态度。[①]

另有学者在坚持破产法属于私法的同时，对破产法"兼具民商法和经济法性质"的观点进行了质疑，其理由是：破产法的对象还是作为私人的商主体，而非国家公权力机关；破产的提起主要还是依靠债权人与债务人的意愿，而非国家强制；在破产程序的进行中，虽然法院具有监督与引导功能，但破产法整体上奉行的还是债权人自治的理念。无论是破产清算，还是和解与重整，债权人始终起着决定性的作用，债权人组成债权人会议，通过该组织的民主运作来实现所有债权人的利益。至于说破产法中有太多的强制性规范，这是一个事实。但是商法作为保护交易安全与债权人利益之法，本身就比民法具有更多的强制要素，因为通过强制，可以使规则标准化，进而减少交易人预测的成本支出，而强制性的规范并不能改变商法的私法特性。另外，对众多利害关系人利益的保护与社会责任的倡导也不能成为破产法"公法化"的理由，因为这些"众多的利害关系人"

[①] 参见王欣新《破产法》（第三版），中国人民大学出版社2011年版，第8—9页。

在本质上仍然属于债权人的范畴。①

还有学者认为，破产法是私法，又具有公法的部分特征。私法与公法的划分是相对的。现代法律制度中存在着许多介于私法和公法之间的法。破产法中个人利益与社会利益之间、当事人意思自治与国家干预之间以及效率价值与公平价值之间呈现相互协调、沟通和配合的发展趋势。特别是在破产法改革过程中，面对破产的社会成本日益扩大，重整程序成为世界破产法的发展趋势，法院和行政干预也在增强，破产法的这种公私法融合的特点更加明显。②

我国学者关于破产法性质的探究是存在分歧的。在立法理论上，强调破产法的经济法属性的学者多倾向于国家干预，而强调破产法私法属性的学者则多主张破产程序当事人的意思自治。但总体而言，我国学者关于破产法的性质的讨论，对于人民法院审理破产案件适用法律并没有产生过多的影响，破产法的性质的讨论对于破产立法的实践价值也没有凸显出来。

笔者以为，破产法的性质问题，是一个由破产法的内容和结构引申出来的问题。破产法应当属于何种性质的法律，虽有各种不同的学说，但界定破产法的性质应当从不同法域的破产法的历史传统和实践背景入手，不能一言以蔽之。

首先要说明的是，在个别大陆法系国家，例如葡萄牙，将破产法列入民事诉讼法范畴内，破产法属于程序法无疑。而在英美法系国家，破产法毫无疑问为程序法。

其次需要注意的是，在实行商人破产主义的国家，破产法不仅沿袭和保留了中世纪商事破产制度的固有特点，而且不少国家将破产法规定在商法典内，或者将破产法视为商法的内容。由此，在这些国家的实践和学理上，破产法可以归属于商事特别法。

最后，在其他法域，破产法应为民事特别法。破产法虽起始于中世纪的商人破产制度，但是在许多法域并没有民商分离的历史传统，更未将破产法限定适用于商人，破产法不构成商事特别法；破产法虽然包含程序法规范，但它还包含程序法所无法涵盖的实体法规范，不能将破产法单纯归

---

① 王延川：《破产法理论与实务》，中国政法大学出版社2009年版，第3页。
② 参见覃有土《商法学》，中国政法大学出版社2006年版，第161页；王艳华《破产法学》，郑州大学出版社2009年版，第14页。

结为程序法。实际上，在绝大多数法域，破产法的各项制度基本上是民事法律制度的延伸，可以用民事程序规范和民事实体规范来概括，破产法当属民事特别法。我国亦应如此。①

七 破产法的渊源

破产法是处理破产案件的各种法律规范的总称，在立法形式上就不能只限于单行的破产法，必然呈现出破产法渊源的广泛性。具体言之，破产法的渊源主要有以下几种。

（一）单行破产法

所有实行破产制度的国家和地区，都颁布有单行破产法。单行破产法构成一国破产法的最重要的渊源。有的国家将破产法内置于商法典内，但是商法典中的破产编发挥着单行破产法的作用。例如，埃及、比利时等国的商法典破产编。

单行破产法为我国破产法的最重要渊源。但在不同的历史时期，单行破产法的表现有所不同。例如，2007年破产法改革完成之前，1986年颁布的《企业破产法（试行）》构成我国破产法的基本渊源，《民事诉讼法》（1991年）第19章"企业法人破产还债程序"，则构成我国破产法渊源的重要补充，在规范非国有企业法人破产方面起着单行法的作用。目前，我国的单行破产法仅有《企业破产法》。

（二）民商事基本法

民商事基本法主要是指规范民商事基本制度的法典，诸如"民法典"、"民事诉讼法典"、"商法典"等。各国在民商事基本法中均有关于破产的实体规范和程序规范，而这些规范也构成破产法的渊源。例如，日本《民法》关于法人破产（第70条）、清算法人的破产（第81条）、契约因破产而解除（第621条）等规定，构成破产法的渊源。在我国，《民法通则》关于企业法人因破产而终止（第45条）的规定等，亦为我国破产法的渊源。除民商事基本法有关破产的实体规范外，不同法域的单行破产法都有"准用或适用民事诉讼法规范"的规定，而依该规定得以准用或适用的"民事诉讼法规范"，自然也构成破产法的渊源。

（三）民商事特别法

不同法域的公司法、合伙（企业）法、商业银行法、货物买卖法、

---

① 参见邹海林《破产程序和破产法实体制度比较研究》，法律出版社1995年版，第11页。

保险法、票据法、证券交易法、不动产登记法等民商事特别法中有关破产事项的规定，构成破产法的渊源。例如，我国《公司法》（2013年）第188条关于公司清算人申请破产的规定、《合伙企业法》（2006年）第92条关于合伙企业破产的规定、《保险法》（2009年）第90条关于破产申请经保监会同意的规定、第91条关于保险公司的财产清偿顺序的规定等，构成我国破产法的渊源。

（四）刑事法律

这里主要指刑事法律中有关破产犯罪及其刑罚的规定，构成破产法的渊源。对于破产犯罪，在立法上一般采用两种形式：一是在刑法典中规定破产犯罪，如法国、西班牙、瑞士、奥地利、德国及我国的澳门等；二是在破产法中专章规定破产犯罪，如英国、日本、我国台湾地区和香港地区。从现代不同法域的破产立法的发展趋势看，将破产犯罪的规定从破产法中移入刑法典，而且重新修改有关破产犯罪的构成要件，以及加大对破产犯罪的处罚力度是大势所趋。例如，德国1978年刑法改革后，有关破产犯罪的规定由刑法典专门负责。我国目前有关破产犯罪的规定，主要限于刑法的规定，诸如《刑法》第162条妨害公司、企业清算罪，第168条徇私舞弊造成企业破产及严重亏损罪等。

（五）最高法院的司法解释

这里主要指一国最高法院有关破产程序及其法律适用作出的所有司法解释。在英美法系国家，这些司法解释属于法院创制法律的范畴。例如，美国联邦最高法院1973年向国会呈交的联邦破产程序规则（Federal Rules of Bankruptcy Procedure），构成美国破产法的渊源。在大陆法系国家，即使这些司法解释依法尚不足以构成法律，也对下级法院审理破产案件有相应的实际约束力，故构成破产法的渊源。

在我国，最高人民法院的司法解释充当了法律渊源的重要角色。早在20世纪90年代初期，我国最高法院发布的《关于贯彻执行〈中华人民共和国企业破产法（试行）〉若干问题的意见》（1991年）和《关于适用〈中华人民共和国民事诉讼法〉若干问题的意见》（1992年）第240—253项，成为我国破产法的不可或缺的组成部分。

目前，我国最高人民法院发布的有关破产的司法解释主要有《关于审理企业破产案件若干问题的规定》（2002年）、《关于〈中华人民共和国企业破产法〉施行时尚未审结的企业破产案件适用法律若干问题的规定》（2007年）、《关于审理企业破产案件指定管理人的规定》（2007年）、《关于审理企业破产案件确定管理人报酬的规定》（2007年）、《关于适用〈中华人民共和国企业破产法〉若干问题的规定（一）》（2011年）、《关于适用〈中华人民共和国企业破产法〉若干问题的规定（二）》（2013年）。

（六）国际破产法规范

国际条约中关于破产的规定，构成缔约国或者成员国内国破产法的渊源。例如，美洲国家会议通过的《布斯达曼特法典》（Codigo Bustamante）第328条和第329条以及第9编构成该法典接受国的内国破产法的渊源。

（七）破产判例

在英美法系国家，法院依据成文破产法所作出的判例具有先例作用，构成成文破产法的重要补充；在大陆法系国家，虽然不承认判例为法律渊源，但是司法实践并未低估判例的参考价值而一直受到尊重，事实上也构成破产法的渊源。

（八）其他渊源

在我国，法院在审理破产案件时可以引以为据的其他规范，也构成破产法的渊源。破产法的其他渊源主要有三种：其一为有关破产的地方性规范，如我国广东省1993年通过的《深圳经济特区企业破产条例》；① 其二为习惯；其三为法理。

就破产法的渊源而言，既然涉及了地方性破产立法，顺便探讨一下破产立法权是否可以由地方立法机关分享的问题。从域外破产立法的经验来看，在一国统一的司法管辖地域范围内应当避免地方立法机关分享破产立法权，这有助于消除多个破产程序同时存在的现象。在一国统一的司法管辖地域范围内，对同一债务人允许多个破产程序的同时存在，将直接影响司法权的统一，更严重的会涉及不同的法院所为破产程序的裁定是否会得到其他地方的法院无条件执行的问题；尤其是允许地方立法机关分享破产立法权，将造成不同法院所适用的破产程序所依据的"法律"存在差异。总体而言，破产立法权应当统一由中央立法机关行使，以在全国范围内实行统一的破产程序。极少有国家或者地区将破产立法权"托付"给地方

---

① 该条例的前身为广东省人民代表大会1986年发布的《深圳经济特区涉外公司破产条例》。

立法机关的。众所周知，美国是一个联邦制国家，各州与联邦分享立法权，但是美国的联邦宪法却明文限定破产立法为联邦立法的范畴，各州在破产程序方面无权立法。[①] 但在我国，对于这个问题似乎尚未达成共识。"在理论上，破产立法规定人民法院审理破产案件的程序，人民法院代表国家统一行使审判权，地方立法机关不能够制定有关诉讼程序的地方性法规，以规制人民法院的审判过程，否则，会造成全国诉讼程序的不统一；因此，为保持破产程序在全国范围内的统一和规范，以维护法律的尊严，破产立法权应由全国人大统一行使。在实务上，允许地方立法机关分享破产立法权，难免会形成两种或两种以上的破产程序，给人民法院审理破产案件在运用法律方面设置障碍。所以，目前我国地方立法机关制定破产法规的现象，只可以理解为构成弥补我国全国性破产立法欠缺的权宜之计。"[②] 因此，在我国社会主义市场经济已经获得较为充分发展的条件下，尤其是我国规范破产程序的全国性立法已经相对完善，地方立法机关分享破产立法权的状况应当无条件地予以纠正。

八 破产立法主义

各国立足于本国的经济、文化、政治环境以及历史传统等背景，创制和实施破产法的指导思想，构成破产立法主义。破产立法主义是各国破产法核心内容的高度概括，基本反映着一国破产法的现状和发展趋势。

（一）商人破产主义和一般人破产主义

这是涉及破产法的适用范围的立法原则。

商人破产主义是指破产法只适用于商人而不能适用于非商人的立法原则。近现代的商人破产主义立法，是中世纪意大利商业中心城市商人破产执行制度的产物，起始于1807年拿破仑商法典破产编。采用法国法系的大多数国家的破产立法，例如，比利时、意大利、埃及、西班牙、瑞士、伊朗、希腊、巴西、墨西哥、委内瑞拉、哥伦比亚、阿根廷等，均继承了法国商人破产主义立法传统。商人破产主义的实质，在于承认商人的破产能力，否认非商人的破产能力。但是，现代破产立法的趋势正在日益摆脱

[①] Section 8 of Article I of U. S. Constitution.

[②] 邹海林：《破产程序和破产法实体制度比较研究》，法律出版社1995年版，第13—14页。

商人破产主义的影响。

一般人破产主义是指破产法适用于不能清偿债务的所有债务人，债务人的破产能力不因其为商人或者非商人而有所差别的立法原则。一般人破产主义为近代英国、德国破产立法所倡，现已推广普及世界大多数国家，甚至推崇商人破产主义的法国也不能不受其影响，它已成为现代破产立法的趋势。一般人破产主义不限定破产法的适用范围，其实质在于承认所有民事主体的破产能力，不能清偿债务的自然人、法人乃至遗产，均可被宣告破产以清偿债务。

《企业破产法》只适用于企业（包括企业法人与合伙企业）。因为我国不存在由商法界定的商人阶层，我国破产法与商人破产主义无关。又因为《企业破产法》并不适用于企业以外的其他民事主体（如自然人），与一般人破产主义亦有差别，但可以称为狭义的一般人破产主义。随着我国市场经济体制以及法律制度的逐步完善，这种状况定会有所改观。

（二）破产原因列举主义和破产原因概括主义

这是确定破产程序的适用条件的立法原则。

破产法对债务人适用破产程序的原因予以具体分类列明的，称为破产原因列举主义。英国、澳大利亚以及中国香港地区破产法采用列举主义。例如，英国《破产法》规定，有下列行为者，法院可宣告其破产：(1) 债务人为债权人一般利益让渡财产；(2) 债务人诈欺转让财产；(3) 债务人偏颇转让财产；(4) 债务人隐匿躲债；(5) 债务人的财产已受强制执行；(6) 债务人明示无力偿付债务或者向法院申请破产；(7) 债务人有破产犯罪行为；(8) 债务人的其他足以构成无力偿付债务的行为。① 破产原因列举主义适用方便，但在立法技术上过于僵化。

破产原因概括主义，是指破产法对债务人适用破产程序的原因或条件只作概括性或者定义性规定的立法主义。大陆法系各国和《企业破产法》均采破产原因概括主义。在这种立法原则下，法院是否对债务人适用破产程序，取决于法院对债务人不能清偿债务的事实认定，其特点是灵活性较强，赋予法院较大的自由裁量权。也正因如此，美国 1978 年修正其联邦《破产法典》时，对破产原因的规定放弃了列举主义，改采破产原因

---

① Section 1 (1) of the Bankruptcy Act 1914，加拿大《破产法》第 24 条、中国香港地区《破产法》第 3 条以及美国 1898 年《破产法》第 3 条亦有类似的规定。

概括主义。

（三）自力救助主义和公力救助主义

这是确定由"谁"主导债务人财产之管理的立法原则。

债权人依靠自己的力量占有、变价债务人的财产而自我受偿的行为，称为自力救助；破产程序贯彻自力救助的结果，便产生了自力救助主义。自力救助主义源于古罗马法的债务执行制度，中世纪的西班牙也实行这种制度。到后来，自力救助受到了相应的限制，因为自力救助主义容易导致权利滥用，损害债务人的利益。所以，近现代英美法系国家的破产法均实行法院严格监督下的自力救助主义，即由债权人选任破产管理人的自治制度。这就是说，在破产法上自力救助主义不是完全由债权人去执行债务人的财产，其实质含义在于债权人通过选任破产管理人来分配债务人的财产，故将破产管理人由债权人选任等同于自力救助主义。

公力救助主义，是指由法院主导对债务人财产实行全面占有、管理、变价和分配的制度。在公力救助主义下，破产管理人的选任属于法院的职权范围。然而，现代各国破产法实行绝对公力救助主义的，并不多见，因为破产程序不可避免地要贯彻债权人自治的原则，这就需要立法者对自力救助和公力救助找出一个平衡点，将其有机地结合起来。

《企业破产法》对债务人财产的管理，实行公力救助主义，并辅之以债权人自治。

（四）破产程序受理开始主义和破产程序宣告开始主义

这是确定开始破产程序的法律事实之立法原则。

破产程序以法院受理破产申请为开始的标志，不论法院是否宣告债务人破产，为破产程序受理开始主义。在这种立法原则下，破产程序一般包括申请与受理程序、审理程序、破产宣告程序和破产清算程序，这其中又可能包括和解程序和重整程序（视破产立法的规定而定）。英美法系破产立法普遍实行破产程序受理开始主义，我国破产法亦同。

破产程序宣告开始主义，是指破产程序开始于法院宣告债务人破产之时，破产宣告为破产程序开始的唯一标志，没有破产宣告便没有破产程序。在这种立法原则下，破产程序实际由破产宣告程序和破产清算程序构成，这其中可能会包括和解程序。大陆法系多数国家的破产立法例采用破产程序宣告开始主义，台湾地区"《破产法》"也从属于此项原则。

（五）破产程序职权主义和破产程序申请主义

这是确定启动破产程序的必要条件的立法原则。

破产程序职权主义，是指法院可不依债权人或者债务人的申请而在债务人有不能清偿债务的事实时，依职权宣告债务人破产清算的立法原则。早期的破产立法，把债务人的破产视为一种危害社会的犯罪行为或不法行为，普遍实行破产程序职权主义，以惩戒破产人。

破产程序申请主义，是指破产程序的适用以债务人或者债权人的破产申请为必要。未有债务人或者债权人的破产申请，法院不得依照其职权开始破产程序。近现代破产法的观念普遍认为，债务人破产的事实只涉及债务人和债权人间的"私权"，并不当然产生危害社会的后果，国家不应过多地对之加以干涉，故破产程序申请主义成为近现代破产法发展的主导思想之一。《企业破产法》严格遵循了破产程序申请主义。

当债务人无清偿能力又无破产申请时，破产程序申请主义对债权人的公平利益欠缺救济，法院如不依职权对之进行干预，不能充分保障全体债权人的公平受偿利益，故破产立法例以破产程序职权主义作为破产程序申请主义的补充。近现代破产立法已经不再有早期破产立法"有罪破产"的痕迹，但主要考虑保护多数债权人公平受偿这一目的，有条件地实行破产程序职权主义。但《企业破产法》只采取破产程序申请主义的立场，尚没有破产程序职权主义的任何规定，司法实务也不承认破产程序职权主义的存在。

（六）和解前置主义与和解分离主义

这是确定和解程序与破产清算程序的关系的立法原则。

和解前置主义，是指在申请法院宣告债务人破产前，应当先试行和解，唯在和解不成立时才可宣告债务人破产清算的立法原则。这项制度又称为和解先试主义。和解前置主义以避免债务人破产清算为主要目的，其功能在于阻却法院宣告债务人破产清算。在破产立法例上，并不存在绝对的和解前置主义。

和解分离主义，是指和解程序和破产清算程序分别为独立的程序的立法原则，破产清算程序的适用不以和解程序的适用为前提。在和解分离主义体制下，债务人向法院申请和解还是申请破产清算，有选择的自由，法律对之不加以限制，且法律对于和解程序与破产清算程序的适用均有相对独立的规定，如多数大陆法系国家的破产立法均分别制定有和解法与破产法。

依《企业破产法》，债务人向人民法院申请宣告债务人破产清算，不以先行和解为要件，故实行和解分离主义。① 但是，《企业破产法》所实行的和解分离主义，并没有将和解程序独立于破产程序之外，而是将和解程序纳入破产程序之中，确立了破产清算、和解与重整三个程序互为独立并可以相互转换的破产程序制度。

（七）破产普及主义和破产属地主义

这是确定破产程序的地域效力的立法原则。

破产普及主义，是指主张内国法院开始的破产程序具有域外效力的学说或者立法原则。在普及主义原则下，内国法院所为破产程序的裁定，其效力不仅及于债务人在内国的全部财产，而且及于债务人位于国外的财产；与债务人的财产有关的一切利害关系人，不论其是内国公民、法人还是外国人，均受内国法院开始的破产程序的约束。破产普及主义坚持了"一人一破产"的观念，给法院管辖地的破产债权人提供了更多的实际利益和受偿保障。法国、英国、比利时、瑞士等不少国家极力主张破产普及主义。但是，破产普及主义忽视了各国的主权原则及不同的经济利益，内国法院开始的破产程序具有域外效力的现实基础并不充分，尚停留在各国就有关破产程序进行相互协作的理想阶段。截至目前，较为成功的典范当推美洲国家会议1928年缔结的《布斯达曼特法典》所确认的"一人一破产"原则。②

破产属地主义，是指主张内国法院开始的破产程序只有域内效力的学说或者立法原则。在破产属地主义原则下，内国法院所为破产程序的裁定，其效力仅及于债务人在内国的全部财产，不及于债务人位于国外的财产；与债务人位于国外的财产有关的一切利害关系人，均不受内国法院开始的破产程序的约束。

《企业破产法》对于破产程序的地域效力，采取破产普及主义的立场。③

---

① 这里需要注意的是，我国《企业破产法（试行）》曾经受和解前置主义的影响，实行了有条件的和解前置主义。债权人申请宣告债务人破产清算的，在人民法院受理破产案件后三个月内，债务人申请和解的，和解程序遂成为破产程序进行的必经程序。参见《企业破产法（试行）》第17条、第18条和第19条。

② 参见《布斯达曼特法典》第416条。

③ 参见《企业破产法》第5条。

(八) 破产溯及主义和破产无溯及主义

这是确定破产程序是否具有否定债务人处分财产之行为的效力的立法原则。

破产程序具有剥夺债务人管领处分其财产的权利的效力，该效力溯及于破产程序开始前的临界期间内债务人所为的处分行为而使之归于无效的立法学说或者原则，称为破产溯及主义。破产溯及主义的目的在于防止债务人的诈害行为或者纠正债务人所为诈害行为的损害结果，以维护破产程序的公平清偿宗旨。英国、法国、西班牙、加拿大等国破产立法主张破产溯及主义。

破产无溯及主义，是指主张破产程序剥夺债务人管领和处分其财产的权利的效力，只能及于债务人在破产程序开始后所为的行为，对债务人在破产程序开始前所为处分其财产的行为不产生影响。破产无溯及主义，受到多数大陆法系国家破产立法的推崇。由于破产无溯及主义对债务人在破产程序开始前的诈害行为无任何制约作用，难以保证债权人在破产程序开始后的公平受偿利益，故破产立法又创设撤销权制度以示补救。

上述两种立法主义，在破产立法例上似乎是对立且没有相互补充的余地。但在理论和事实上，这两种立法主义并非绝对不可以相容。我国《企业破产法（试行）》第35条的规定接受了破产溯及主义[1]，而没有规定破产法上的撤销权[2]。针对债务人在破产程序开始前的临界期间的诈害行为，《企业破产法》既采取破产溯及主义的立场，又承认破产法上的撤销权制度，还是有所创新的。[3]

(九) 膨胀主义和固定主义

这是确定受破产程序约束的债务人财产范围的立法原则。固定主义和膨胀主义的目的均在于限定债务人财产的范围，但其限定的程度有所不同。

膨胀主义，是指债务人财产不以破产程序开始时债务人所有的财产为限，破产程序开始时债务人所有的财产、破产程序开始后至破产程序终结

---

[1] 参见邹海林、常敏《论破产宣告的溯及效力》，《经济与法》1990年第7期。
[2] 我国《企业破产法（试行）》第35条并没有规定破产法上的撤销权，但我国仍有不少学者认为该条确认了我国破产法上的撤销权制度。参见王欣新、李磊《析我国破产法中的撤销权》，《法学》1987年第8期；柴发邦主编《破产法教程》，法律出版社1990年版，第224页。
[3] 参见《企业破产法》第33条（破产溯及主义）、第31条和第32条（撤销权制度）。

前债务人所取得的财产构成债务人财产。这项原则的核心内容在于，破产程序开始后至破产程序终结前，债务人以其劳动、知识、技能或者其他方式取得的一切财产，均由债务人财产吸收而不能由债务人自由处分。法国、英国、奥地利、瑞士、意大利、西班牙、澳大利亚等国的破产立法采取膨胀主义的立场。

债务人财产以债务人在破产程序开始时所有的全部财产为限，不包括债务人在破产程序开始后所取得的财产，则为固定主义。德国、日本、美国等国家的破产立法采取固定主义。值得注意的是，固定主义和膨胀主义的划分，只对破产的自然人有意义。[1] 在我国，若破产法只适用于企业法人，就不会存在固定主义或者膨胀主义的立法规范。[2]

（十）破产不免责主义和破产免责主义

破产不免责主义，即债务人对债权人依破产程序未受偿的债权，在破产程序终结后负继续清偿的责任的立法原则和学说。以法国、德国为代表的多数大陆法系国家破产立法，坚持破产不免责主义。这两种立法原则是相对立的，任何立法例只可取其一，不能兼而有之。但必须注意，上述立法原则，只能适用于自然人被宣告破产的场合，对破产法人无实际意义。

债务人在破产程序终结后，符合一定的条件并经法院许可，对债权人未依破产程序受偿的债权不再负清偿责任的立法原则和学说，为破产免责主义。这项原则起源于英国法，现已由英美法国家扩及大陆法系国家。例如，德国 1994 年颁布的《支付不能法》改革了原破产法的相关制度，专门规定"剩余债务的免除"，实行破产免责主义。[3]

在我国，若破产法只适用于企业法人，则不存在破产免责主义和破产不免责主义的划分基础。[4]

第二节 破产法的功能定位演变

在理论和实务上，关于破产法的功能定位之诠释是多方位的。

---

[1] 参见陈荣宗《破产法》，（台北）三民书局 1986 年版，第 159 页。

[2] 参见邹海林《破产程序和破产法实体制度比较研究》，法律出版社 1995 年版，第 19 页。

[3] 参见杜景林、卢谌《德国支付不能法》，法律出版社 2002 年版，第 140 页；另参见[德]莱因哈德·波克《德国破产法导论》，王艳柯译，北京大学出版社 2014 年版，第 9 页。

[4] 参见邹海林《破产程序和破产法实体制度比较研究》，法律出版社 1995 年版，第 19 页。

有学者认为，破产法有四个方面的制度价值：(1) 公平保护债权人利益。公平是破产法的第一理念，体现在两个方面：一是所有债权在破产程序开始时视为到期，二是所有债权按顺序和比例接受分配。(2) 弥补传统民事救济手段的不足。(3) 给予债务人以重新开始的机会。(4) 及时切断债务膨胀，保障经济秩序的良好运行。①

有学者指出，破产法在客观上应当有利于或者促进市场经济体制的建立和健全，但是，不能把破产法客观上所能发挥的作用归结为破产法应当直接发挥的作用，否则将会不适当地扩充破产法的功能。破产法的作用，如同民事诉讼法，在于通过国家的公权力来解决不能清偿的债权债务关系。破产法只是市场经济法律体系中的组成部分，相对于民商事基本法只具有补充意义，因此不能负担促进改革的重任。②

也有学者提出，中国要完善破产法律制度，第一步要做的，应该就是摒弃非私法目标的追求，实事求是地恢复破产法律制度的本来面目，合理界定破产法所能达到的立法目标。至于其他非私法的目标，理应将破产法律制度作为实现过程中的一个环节，通过破产法对其私法目标的圆满完成来达成，而不是直接将这种目标加诸破产法。破产法应以私法为本位，建立多目标模式的破产法综合目标体系：保护债权的公平受偿，救济债务人，保护社会公共利益。③

也有学者认为，根据认识程度和认识角度的不同，可以对破产法的立法目的作出多方面的描述。从破产法对债权人、债务人及社会经济的角度看，破产法的立法目的有 (1) 债权人利益的终极保护。给债权人利益以平等的和最大限度的保护乃为破产法得以产生的首要目的，它是从立法的角度超越个别债权人利益的局限，通过排除个别债权人的强制执行而为全体债权人提供一体的合理保护的程序制度，同时也是破产程序不同于个别强制执行程序的主要功能。(2) 债务人的必要挽救与救济。破产制度还在客观上具有对债务人进行必要挽救与救济的功能。(3) 健康的财务危机处理机制和有序的市场主体退出机制。④

---

① 参见李永军《破产法律制度》，中国法制出版社 2000 年版，第 11—13 页。
② 参见邹海林《中国的破产制度及其发展方向》，载《中国市场经济法治走向》，昆仑出版社 2001 年版，第 146 页。
③ 参见谢俊林《中国破产法律制度专论》，人民法院出版社 2005 年版，第 242 页。
④ 参见韩长印《破产法学》，中国政法大学出版社 2007 年版，第 10—12 页。

也有学者从利益平衡的角度提出，企业破产程序利益平衡的总体政策目标包括维持社会稳定，实现社会公正和财富最大化。具体政策目标则是：（1）维护市场交易的基本秩序和重要秩序；（2）企业维持；（3）破产财团价值最大化；（4）同类权利同等保护；（5）维护金融稳定；（6）弱势群体扶助；（7）社会责任分担。①

也有学者认为，破产法对市场经济的调整作用可分为直接调整作用与间接调整作用两个方面。破产法的直接调整作用，是保障决定市场经济能否正常运转的债务关系在债务人丧失清偿能力时的最终有序、公平实现，维护全体债权人和债务人的合法权益，维护社会利益与正常经济秩序。破产法的间接调整作用在于可以进一步完善市场经济优胜劣汰的竞争机制，利用破产的压力，促进企业改善经营管理，提高经济效益；通过破产与重整制度，优化社会资源的配置与使用，调整社会的产业与产品结构等。②

另有学者持相同观点，认为破产法的直接功能是通过其特有的调整手段，以国家强制力保障债权在债务人丧失清偿能力时的最终公平实现，维护全体债权人和债务人的合法权益，维护社会利益，保障正常的经济秩序。具体为：（1）保护债权；（2）保护债务人利益，为债务人提供再生和重整的机会；（3）稳定社会秩序，维护社会整体利益。破产法的间接功能有：（1）维护市场信用，培育市场经济信用文化和意识；（2）培育市场运行环境，优化市场竞争机制。③

也有学者认为，破产制度的社会功能即由破产法所确立的破产清算和重整制度的社会功能主要体现在以下三个方面：（1）保证全体债权人公平受偿；（2）给破产人以经济上复苏的机会；（3）促使债权债务关系的及时处理，维护社会经济秩序稳定。④ 有学者也持相似观点，认为破产的基本功能为：（1）对债权人而言，破产有助于实现债权公平受偿；（2）对债务人而言，破产可淘汰落后或者起死回生；（3）对社会而言，破产可维持社会安定，保障经济良性运行。⑤

---

① 参见丁文联《破产程序中的政策目标与利益平衡》，法律出版社 2008 年版，第 64—76 页。
② 参见王欣新《破产法》（第二版），中国人民大学出版社 2007 年版，第 16—20 页。
③ 参见王艳华《破产法学》，郑州大学出版社 2009 年版，第 18—23 页。
④ 参见安建、吴高盛《企业破产法实用教程》，中国法制出版社 2006 年版，第 2—4 页。
⑤ 参见薄燕娜《破产法教程》，对外经济贸易大学出版社 2009 年版，第 7、8 页。

有学者认为，企业实行破产具有以下作用：（1）有利于建立和维护市场经济正常运行的新框架；（2）有利于要素存量的调整和结构优化；（3）有利于企业行为合理化。[①]

也有学者认为，破产是一种机制，其目的在于对利害相关人的利益进行平衡。破产法的任务有：（1）人格消灭与人格维持；（2）债权实现；（3）保护市场经济秩序；（4）保护职工利益。[②]

有学者基于对《企业破产法》的考察，认为破产法的立法目的有：（1）健全企业法人破产法律制度；（2）保护债权人合法权益；（3）保护债务人合法权益。[③] 另有学者指出，我国破产法的立法目的是：（1）规范企业破产程序；（2）公平清理债权债务；（3）保护债权人和债务人的合法权益；（4）维护社会主义市场经济秩序。[④]

我国学者对破产法的功能定位、立法目的或者制度价值极为重视，尤其是对破产法律制度的社会调整功能抱有很高期望，为此纷纷提出建议。学者就破产法的功能定位所发表的不同见解，实际上都呈现出不同的学者心目中的破产法律制度的理性状态；破产法律制度应当按照破产法的功能定位予以设计。破产法的功能定位，是破产立法的基础；功能定位不当，将直接影响破产法的制度选择和适用。破产法理论上就破产法的功能定位所进行的讨论，相当程度上会反映一个国家的破产法的发展史。

虽然学者对破产法的功能定位有不同的表述，但在以下方面基本一致：其一，破产法要保护债权人利益，实现债权人公平受偿；其二，破产法要保护债务人利益，为债务人提供企业再生的机会；其三，破产法应有利于维护市场经济秩序。除此之外，规范企业破产程序，保护企业职工利益，优化市场资源配置等，也是学者认为破产法应当具有的基本功能。

确定破产法的立法目的或制度价值，涉及两个层面的问题。一是制度价值的选择，二是制度价值的排序。保护债权人利益，实现债权人公平受偿，是破产法的立身之本，任何时候都应当被作为破产法的立法目的，或破产法应有的制度价值。保护债务人利益，为实现债务人企业再生提供制

[①] 参见李国光《新企业破产法理解与适用》，人民法院出版社 2006 年版，第（三）4 页。
[②] 参见王延川《破产法理论与实务》，中国政法大学出版社 2009 年版，第 4—7 页。
[③] 参见韩传华《企业破产法解析》，人民法院出版社 2007 年版，第 1—3 页。
[④] 参见王卫国《破产法精义》，法律出版社 2007 年版，第 1—3 页；李培进《企业破产法的理论与实践》，中国政法大学出版社 2011 年版，第 13—15 页。

度空间，也是破产法的应有价值。保护债务人利益，是私法上私权平等的必要要求。破产法在保护债权人利益的同时，当然也要对债务人利益给予相应的保护。为债务人实现再生提供制度空间，是时代赋予破产法的新的使命。企业再生是破产法改革的世界性课题，企业再生程序的设计水准成为检验破产法改革现代化的标志。在现代破产法上，实现困境企业的再生，已经成为现代破产法的主导价值目标。在企业再生这个主导价值目标的引导下，我国破产法要实现从清算型破产制度向再生型破产制度的转变，建立起以发达的和解程序与重整程序为内容的困境企业的再生制度体系。① 由此引发的问题是，债权人公平受偿利益与债务人的再生利益之间往往存在冲突，现代破产法的选择结果是，适当压制债权人的公平受偿利益，以为企业再生让出空间。因而，在针对债务人的破产清算申请与和解、重整申请发生冲突的情况时，和解、重整申请优先。在重整程序上，重整计划不为债权人会议表决通过时，法院还可强制批准重整计划，强力推进重整程序。当然，这种重整优先或再生主导的价值选择以及制度安排，多适用于企业法人破产的场合。

严格来讲，破产法所调整的关系是债权人与债务人之间的私法关系，涉及的利益自然也是债权人与债务人的私法利益。那么，保护债权人的公平受偿利益，保护债务人利益并实现债务人企业再生，就应当是破产法的核心价值，其作为破产法的立法目的和应当具有的制度价值就足矣。过多的立法目的与制度价值追求，也会使破产法不堪重负，反而会限制其基本价值实现，皮之不存，毛将焉附，此所谓求之不得。因此，应当理性对待破产法的制度价值。但凡合理设计，能够真实达到保护债权人公平受偿利益，保护债务人利益，促进债务人企业再生的目的，客观上自然也就具有了维护市场秩序、培育市场信用、优化资源配置等效果，此所谓得之未求。

总之，保护债权人的公平受偿利益、实现困境企业的再生，体现了破产法作为债务清偿法的特有价值，应当是破产立法的直接目的和价值追求。而维护市场交易秩序、优化市场资源配置等，则是破产法应当具有的间接立法目的与制度价值。②

---

① 参见邹海林、周泽新《破产法学的新发展》，中国社会科学出版社 2013 年版，第 22 页。
② 同上。

第三节 我国破产法的制度创新

1986年,我国颁布《企业破产法(试行)》,自1989年11月1日起实施。1991年,我国修改《民事诉讼法》,该法第19章规定有企业法人破产还债程序。但是,自1993年社会主义市场经济体制的目标确立后,社会各界要求改革企业破产制度的呼声较高。1994年,第八届全国人大财经委员会成立了《企业破产法》起草工作组,开始了《企业破产法》的立法改革。历时12年,《企业破产法》于2006年8月27日通过。2007年6月1日,《企业破产法》生效并施行。在立法的理念上,《企业破产法》以科学的立法技术、充分的当事人意思自治和适度的司法强制构造了我国全新的破产程序的模式结构。在《企业破产法》的规范方面,我们几乎看不到我国过去的破产立法的印记,该法全部134个条文几乎都是具有特定含义的新条文。《企业破产法》在程序制度的设计方面,改革或者创新既有深度也有力度,应当说也是较为彻底的。

首先,《企业破产法》在我国实现了破产程序的体系化设计。

《企业破产法》较为全面地规定了具有开放性结构的破产程序,即重整、和解和清算程序独立进行但又具有一定的联系。重整程序,是《企业破产法》规定的采取积极措施挽救有财务危机的企业的司法程序。和解程序,则是《企业破产法》规定的债务人和全体债权人在破产程序中经协商妥协而达成清理债权债务的一揽子协议的程序。清算程序,是指法院宣告债务人破产而变价债务人财产并将之分配给全体债权人的程序。《企业破产法》有关破产程序体系化设计的重点,在于创造性地规定重整程序与和解程序。重整程序与和解程序的功能类似,但前者摆脱了和解程序消极避免适用破产清算的不利因素,是一种预防破产清算的积极制度。重整程序在挽救困境企业方面更为积极,重整的手段和目标是多方位的。事实上,通过《企业破产法》的规定,破产程序已经由较为单纯的清算程序,转化为供债务人选择清理债务的目标和手段多样化的功能性程序。这不仅是破产程序理念的转变,而且是我国立法和司法实务对破产程序的价值多元化判断的充分肯定。另外,在破产程序之外,《企业破产法》还规定供债务人选择避免破产清算的自行和解制度。

立法者充分认识到,破产程序建立在当事人的债权债务无争议的基础上，通过重整、和解或者清算清理债务，其基础条件完全是相同的。所以，《企业破产法》得以将重整、和解和清算规定于一部法律中。《企业破产法》第1章至第7章规定的内容，为重整、和解和清算程序共同适用的规范，立法者在立法技术上以较为清晰的脉络理清了破产程序的共同规范。例如《企业破产法》对于破产程序的平等适用、破产程序适用的原因、债权、债务人财产、破产费用和共益债务、管理人以及债权人自治等的规定，在相当程度上满足了重整、和解和清算这三大程序的基本需求。《企业破产法》第8章、第9章和第10章则分别规定了重整、和解与清算的特有程序规范，此三章的内容不能互为替代，只能个别适用。这样，重整、和解与清算在程序制度和适用上构成各自独立的程序，统一规定于一部法律中，节约立法成本，彰显立法技术，并有助于实现重整、和解与清算程序的转换。

其次，《企业破产法》完成了我国的破产程序由法官主导型向当事人自治主导型的彻底转变。

破产程序在本质上为债务清理程序，债务清理多为事务性的工作。我国以前的破产立法规定有负责债务清理的清算组制度。[①] 但是，因为立法所规定的清算组并非贯穿于破产程序始终的债务人财产管理机制。而且，过去的制度模式框架，并没有给出清算组清晰的法律地位和职责，以至于法官在破产程序中基本上替代了清算组。过去的破产立法确实规定债权人会议为当事人自治的基本形式，但是债权人会议的职能定位不准确以及债权人自治的方式或途径过于僵化，当事人自治实际上成为破产程序中的法官主导程序的点缀。笔者将以上现象归结为法官主导型的破产程序。

基于破产程序中对债务人财产有效管理以及当事人自治的考虑，《企业破产法》要完善破产程序中的管理人制度和债权人自治，以最大限度地实现破产程序的当事人自治。破产法改革的核心是建立统一和专业化的管理人制度，并贯彻自治方式多样化的债权人会议制度。《企业破产法》以管理人中心主义和债权人自治，实现了破产程序由法官主导型向当事人自治主导型的彻底转变。但是，在司法实务中，若要实现《企业破产法》的制度创新目标，则还要经历较为漫长的过程，因为实践中还要面对管理

---

① 参见《企业破产法（试行）》第24条（清算组的指定、职责及其法律地位）。

人专业化素质的提升、法官主导型的司法审判惯性的消除以及债权人自治地位提升的诸多困难。

《企业破产法》以管理人中心主义和债权人自治，构建了当事人自治主导型的破产程序的两个支柱。管理人中心主义是为科学保全债务人财产而设计的司法程序上的制度。管理人不仅要对债务人财产进行全面的接管，而且要对债务人财产的增值贡献力量。管理人不仅可以更加有效地维护债务人和债权人的利益，而且可以极大地减轻法官在破产程序中的业务负担，节约宝贵的司法资源。依照《企业破产法》的有关规定，管理人在破产程序中具有独立的地位，依法独立执行职务。再者，《企业破产法》对于债权人自治的空间给出了较为清晰的边界，并且以债权人委员会制度的创设扩充了债权人自治的方式，提高了破产程序中债权人自治的有效性。

最后，《企业破产法》较为全面地贯彻了以企业再生为主导目标的程序制度。

企业再生是破产法改革的世界性课题。企业再生程序的设计水准成为检验破产法改革现代化的标志。《企业破产法》的改革实际上是围绕着企业再生程序的设计及其运行效果而展开的。《企业破产法》基于企业再生的理念，对我国过去的破产立法规定的企业清算主导型的破产程序进行扬弃，通过规定重整程序与和解程序，凸显了企业再生主导型的破产程序制度。

在立法结构上，《企业破产法》的章节设计首先考虑的是企业再生程序的适用，第8章特别规定有重整，其后特别规定有和解，破产清算的特殊规范则被规定在第10章。实际上，《企业破产法》第8章和第9章有关企业再生程序的规定，并不构成独立的完整程序；《企业破产法》第1章至第7章的规定与第8章或者第9章的结合，方能展现出独立完整的企业再生程序。

在内容上，《企业破产法》第1章总则及其后的相关章节，均为企业再生程序的启动和适用考虑良多。例如，《企业破产法》有关破产程序适用的原因的规定更加灵活，给予法院启动企业再生程序更大的自由裁量空间，尤其是将企业有明显丧失清偿能力的可能规定为企业适用重整程序的特殊原因。再如，《企业破产法》有关企业再生程序有效于债务人位于中国境外的财产，足以确保债务人财产和营业的完整性；有关共益债务的规定，为企业在破产程序开始后继续营业获取更多的商业机会（尤其是融资）提供了便利等。特别是，《企业破产法》第8章所规定的重整程序，不仅摆脱了和解程序消极避免适用破产清算的不利因素，而且在挽救存在财务危机的企业方面更为积极，手段和目标也是多方位的。例如，《企业破产法》第8章有关担保权行使的限制、债务人自行管理、法院强制批准重整计划等规定，均是针对企业再生而设计的较为有效的制度，为处于重整程序中的债务人提供了更多的保护措施。另外，《企业破产法》出于防范金融危机的考虑，专门规定有国家金融监督管理部门有权向法院申请对金融机构进行重整的制度。

除上述以外，《企业破产法》对于发生财务危机的企业的劳动者的权益保护，也作出了积极有效的规定，成为《企业破产法》制度改革的一项重要内容。《企业破产法》有关劳动者的工资等权利作为优先顺位的请求权、劳动者权利免于申报、债权人委员会中的职工代表等事项的规定，相当程度上反映着《企业破产法》保护劳动者权益的基本价值观。

第四节　变革中的破产法

我国1979年开始经济体制改革后，稳步探索有计划的商品经济在中国的运用，1986年12月颁布了《企业破产法（试行）》；后在1991年修改《民事诉讼法》时，又补充增加了"企业法人破产还债程序"一章。但是，由于诸多原因，特别是立法观念上的原因，造成我国破产立法的形式多样化、立法条文简单化，结果使得我国的破产立法在程序制度和实体制度上以及在适用上，存在难以解决的众多问题，远不能够适应我国建立社会主义市场经济体制的客观需求。在这样的历史背景下，第八届全国人大常委会立法规划正式提出重新制定破产法。自1994年2月开始，全国人大财经委员会负责主持起草新破产法的工作，开启了我国破产法及其制度的改革进程。

但是，由于当时正值我国"国企脱困"和"国企改制"的攻坚阶段，为了给通过"政策性破产"实施"抓大放小"战略留出时间，我国破产立法工作开始放缓，随着改革的注意力转移，我国破产法改革的脚步也随之慢了下来。21世纪以来，"国企改制"工作收尾，"政策性破产"的历史使命趋于基本完成，加之国际、国内要求制定市场经济的破产法的呼声日高，我国破产立法的节奏开始加快。围绕破产立法工作，我国破产法研究的力度明显加大，针对破产立法中的具体问题形成了一大批学术成果，为破产法文本的最终敲定作出了重要贡献。2006年8月27日，第十届全国人民代表大会常务委员会第二十三次会议通过《中华人民共和国企业破产法》，并自2007年6月1日正式实施，实现了中国破产法制的历史性跨越。《企业破产法》虽然已经颁布，但我国的破产立法工作远未结束，破产制度的贯彻与落实尚有许多工作要做。

一 破产程序的制度重构与理念的实践适应性

前已言之，《企业破产法》在程序制度的设计方面所作出的改革或者创新是具有力度和深度的，司法实践是否能够适应这些改革措施，是要经过实践检验的。

我们注意到，自《企业破产法》实行后，我国人民法院受理的破产案件数量呈下降趋势。根据最高人民法院的统计，《企业破产法》颁布实施后全国法院受理破产案件的数量不升反降：2006年为4253件，2007年为3819件，2008年为3139件，2009年为3128件，2010年为2366件。针对破产案件数量下降的局面，最高人民法院2011年专门发布了《关于适用〈中华人民共和国企业破产法〉若干问题的规定（一）》，就试图在法院受理破产案件的环节消除影响破产案件受理的一些因素，但实践效果也并不理想。出现这种情况的原因是相当复杂的，但其中一个重要的原因是我国法院在实践层面是否已经适应我国破产程序制度的创新性改革，这是值得深入思考的。

《企业破产法》将破产程序定位于供债务人选择清理债务的目标和手段多样化的功能性程序，这本身对于我国已经习惯将破产程序作为清算程序的司法实务就是一个挑战；何况，围绕功能性的破产程序所做的诸多改革，例如破产程序由法官主导型向当事人自治主导型的转变，对我国法院适应这些改革提出了更高的要求。尽管最高人民法院在管理人制度的建构方面已经发布了《关于审理企业破产案件指定管理人的规定》（2007年）、《关于审理企业破产案件确定管理人报酬的规定》（2007年），但要处理好管理人和法院之间的关系、管理人和债权人会议之间的关系，并不是一件容易的事情。我国司法实务正面临着管理人专业化素质的提升、法官主导型的司法审判惯性的消除以及债权人自治地位提升的诸多困难。此外,《企业破产法》立足于以企业再生为主导的程序设计,但其中的和解程序似乎已经被边缘化,实践中鲜有适用。为何在司法实践中,人们宁愿选择适用难度极大和费用成本昂贵的重整程序,而漠视对和解程序的适用?难道《企业破产法》第9章规定的和解程序就是一个摆设,而不具有概括清理债务的程序性功能?截至目前,我们在理论和实践层面都没有找到令人信服的答案。

二 重整程序中的利益平衡机制

重整程序是一个多方利益获得平衡的司法平台。企业重整程序不仅涉及债权人与债务人的利益,对企业股东的权益也有重大影响,而且,企业股东所享有的股权反过来还可能会对重整程序的推进造成制约。在重整程序中,被重整企业法人的股东权利之保护与限制,则是一个利益平衡的最突出的问题。《企业破产法》对企业股东在重整程序上的地位已经有所体现,如企业股东有权在债权人申请的破产清算程序中申请企业重整,对重整计划草案涉及自身权益的部分行使表决权等。但是,为实现企业重整目的,必要时如何对股东权利施予限制,却缺乏明确规定。

在重整程序中,第三方单独或联合收购,是实施企业重整的重要手段。第三方收购,通过企业资产的整体出让,一方面可有效维护企业的营运价值,保住企业职工的就业机会;另一方面,可以避免零打碎敲造成企业资产贱卖,增加企业资产的变现价值,增大对债权人的清偿比例。但问题在于,虽然第三方收购实质上是第三方接受企业资产的同时承担企业债务,但是在形式上却属于企业股权转让,因而必须采取股权转让的方式才能实现,需要企业股东与第三方顺利达成股权转让协议方可。可对于重整企业而言,其股东股权的清算价值可能已微乎其微,甚至为零或实质上的负价值,但因股权在形式上的存在,还不得不受其限制。企业股权过于分散,企业股东拒绝签署股权转让协议,在现行法律框架下,实施第三方收购的企业重整方案就会遇到很大困难。这样的情形在现实生活中已经发生。《企业破产法》生效后,北京地区实施的第一例企业重整程序案——"五谷道场"重整案就遇到这样的问题,经过法院多次与企业股东逐一沟通、劝说,才动员企业股东以零价格将股权转让于收购方中粮集团。显然,如果不在法律层面进行协调,此类情形今后还会不断重演,不仅会增大重整的难度与成本，还可能会对企业重整造成根本性的障碍。①

在重整程序中，如何更加充分地运用利益平衡机制，更多地与重整计划的强制批准相关。重整计划的强制批准是破产立法贯彻落实企业再生主导型的破产程序的工具或手段，但在相当程度上与当事人自治主导型的破产程序的宗旨还是有所冲突的，由此造成利益平衡的难度与复杂性。尽管理论上已经注意到重整计划的强制批准应当至少满足三个方面的条件：一是最小限度组别同意；二是符合公平补偿原则；三是绝对优先原则。② 在《企业破产法》的相关制度设计上，对上述原则的应用也有所落实。但我国司法实务中的强制批准重整计划在平衡利害关系人的利益时，仍然存在诸多的不足，主要表现为重整计划草案在"公平对待"所有的表决组及其成员方面不能很好地平衡重整程序中的利益冲突，诸如《企业破产法》没有明文规定"绝对优先原则"，并不表明在我国法律上也缺乏"绝对优先原则"，如何在破产程序中用好"绝对优先原则"，是重整计划的强制批准"公平对待"债权人和出资人利益的先决条件。③

除上述以外，对于重整程序中的管理人地位问题的思考，是平衡重整程序中的利益冲突的重要环节。《企业破产法》第 73 条规定了重整期间自行管理债务人制度，即经债务人申请和法院批准，债务人可以自行管理财产和营业事务。已接管债务人财产和营业事务的管理人应当向债务人移交财产和营业事务，不得再行使企业破产法规定的应当由管理人行使的管理职权，仅对债务人的自行管理行为进行监督。但是，管理人该如何监督债务人自行管理，企业破产法却没有有关监督措施、手段或者效果的任何规定。另外，依《企业破产法》第 90 条的规定，重整计划由债务人负责执行，管理人在重整计划规定的监督期内，监督债务人对重整计划的执行行为。但是，除债务人应当向管理人报告重整计划执行情况和企业财务状况外，法律同样没有明确管理人履行监督职责得以采用的其他具体监督手段、措施及其效果。而且，依我国破产法的程序设计，法院批准重整计划的，重整程序终止。管理人作为破产程序中的一个专门机关，在破产程序

---

① 参见邹海林、周泽新《破产法学的新发展》，中国社会科学出版社 2013 年版，第 313 页。

② 参见汤维建《我国破产法草案在重整程序设计上的若干争议问题之我见》，《法学家》2005 年第 2 期。

③ 参见邹海林《法院强制批准重整计划的不确定性》，《法律适用》2012 年第 11 期。

终止后仍然监督重整计划的执行，究竟处于何种法律地位，也值得思考。因此，上述情形下，管理人的地位问题，应当成为我国破产法继续改革的一项重要内容。

三 关联企业破产的相关问题

关联企业原本为经济学上提出的一个概念。我国曾在《外商投资企业和外国企业所得税法》第13条中使用了"关联企业"概念，并在该法实施细则中作过解释。现行法律中，《税收征收管理法》第36条也提及关联企业概念，《税收征收管理法实施细则》第51条规定，税收征管法第36条所称关联企业，是指有下列关系之一的公司、企业和其他经济组织：(1)在资金、经营、购销等方面，存在直接或者间接的拥有或者控制关系；(2)直接或者间接地同为第三者所拥有或者控制；(3)在利益上具有相关联的其他关系。另外，《公司法》第217条第（四）项规定，关联关系，是指公司控股股东、实际控制人、董事、监事、高级管理人员与其直接或者间接控制的企业之间的关系，以及可能导致公司利益转移的其他关系。另外，还有《企业国有资产法》第43条第2款规定，本法所称关联方，是指本企业的董事、监事、高级管理人员及其近亲属，以及这些人员所有或者实际控制的企业。显然，关联企业是指具有独立法人人格的企业之间，因直接或者间接的拥有或者控制关系，或直接或者间接地同为第三者所拥有或者控制，以及其他可能导致利益相互转移的关系所形成的企业联合体。出资行为是关联企业得以形成的最基本形式或最主要原因。因出资行为，母公司与子公司，同属一个母公司的多个子公司，以及各级子公司再出资设立的公司，均属关联企业范畴。

关联企业一方面为发展需要，相互之间时常进行资金调剂、担保和业务合作；另一方面也存在利用关联关系，从事转移资产、逃避债务或者税收等不法行为的可能，甚至出现人为制造破产以达到逃避债务的现象。

英美法系针对关联企业破产的特殊性，为维护债权人利益，创设了相应的救济制度，主要有"揭开公司面纱""从属求偿原则"和"破产实体合并"等。"揭开公司面纱"亦即大陆法系的"公司法人格否认"，主要适用于母公司与破产的子公司之间财产界限不清，母公司恶意利用子公司法人格，在有限责任的遮蔽下损害子公司债权人利益的情形。通过否认子公司法人格，由母公司对子公司的债权人负清偿责任，而母公司对子公司所享有的债权则不受清偿;"从属求偿原则"亦称"深石原则",是对破产债权求偿顺位作出的一项特别安排,规定母公司债权以劣后债权的地位,在其他普通债权人完全受偿后方可获得清偿;"破产实体合并"适用于多个关联企业同时破产的场合,通过企业实体上的合并,由合并后全部财产对合并后的全部债务进行清偿,从而实现不同企业的债权人在受偿地位上的平等。

我国现行法律对关联企业的破产问题并没有给予特别关注,能够适用于关联企业破产的规定也不多。《企业破产法》规定的破产撤销权及无效行为制度,以及第35条、第36条关于出资人继续履行出资义务和追回债务人高管人员非正常收入、侵占企业财产等规定,虽可适用于关联企业的破产,但对于破产企业的债权人所能够提供的保护力度明显不够。尤其是,破产撤销权的成立受法定之临界期间的限制,而关联企业间长期形成的复杂财务互动关系,对破产撤销权、破产无效行为制度及管理人追回权的适用都会构成不小的障碍。另外,我国《公司法》关于公司法人格否认的原则规定,是关联企业债务清偿的一项重要制度,但《企业破产法》并没有正式引入。

关联企业已经成为我国经济生活中普遍存在的现象,其中最为典型的就是集团公司。一旦发生关联企业破产,如何维护市场的应有秩序、保护债权人利益,就会成为一个棘手的问题。

四 自然人破产制度的具体规范设计

《企业破产法》仅适用于企业法人,不能适用于非法人企业、自然人等市场主体,因而又被称为"半个破产法"。在企业法人破产制度之外,建立非法人企业及自然人破产制度,是市场经济的客观需要。《企业破产法》毕竟以企业法人为适用对象,适用范围小,不能覆盖所有的市场主体,与我国市场经济发展的现状存在距离,也不能满足市场经济未来发展的要求。特别是自《企业破产法》颁布至今,我国社会全面、持续、快速发展,社会经济生活的面貌在短短几年内发生显著变化,从传统民事社会向现代商业社会的蜕变已经完成,市场经济更趋成熟和完善。因此,在完善现有的企业法人破产制度的同时,建立非法人企业破产制度或个人破产(含遗产破产)制度,从而形成体系完整、结构协调的现代市场经济的破产法律体系,是我国破产法改革面临的更为繁杂的任务。因此,自《企业破产法》颁布后,我国破产立法工作要转移到非法人企业破产立法和自然人破产立法上来。

在我国破产立法的过程中，曾一度将自然人破产也纳入其中，但后来基于多方面的顾虑，最终又搁置下来。自然人破产制度对市场经济发展不可或缺。企业之外，自然人是市场活动的重要的参与者，解决自然人清偿不能时的债权债务关系，是市场经济发展的必然要求。当前，我国社会中的个人经营行为和信用消费已较为普遍，具备建立自然人破产制度的社会基础。从我国自身的情况来看，已经具备建立自然人破产制度的社会基础。根据统计，2007年至2011年，个体工商户的数量以年均9%的速度递增，年净增280余万户。截至2011年底，我国全国工商行政管理机关共登记个体工商户3756.47万户，资金1.62万亿元，从业人员7945.28万人。而至2011年底，全国农民专业合作社也达52.17万户，比2010年底增加14.26万户，增长37.62%；出资总额0.72万亿元，比2010年底增加0.27万亿元，增长60%；成员总数1196.43万人，比2010年底增加480.86万人，增长67.2%。个体工商户和农民专业合作社等商自然人在便民服务和推动自主创业、解决社会就业方面的作用日益突出，围绕商自然人经营行为有关的债务问题也应当受到足够重视。另外，我国居民借贷消费方式已经开始普遍，尤其住房、汽车等大宗商品的消费，银行借贷是居民获得支付手段的主要方式，因借贷消费而发生的清偿不能也是无法回避的社会问题。承认自然人的破产能力，可使自然人在清偿不能时，其债权人获得公平受偿的机会，同时借助破产制度的债务免除功能为经营失败的商自然人和丧失清偿能力的普通消费者摆脱债务困局提供法律上的出口，使他们有重新开始社会生活和经济活动的机会。[①] 因此，建立自然人破产制度已是大势所趋。就目前来看，自然人破产制度建构的重点应当转向建立自然人破产制度的具体制度设计上来。

自然人破产制度涉及破产原因及其认定、破产程序的启动机制、破产财产和自由财产的范围、破产免责制度、失权与复权制度、滥用破产程序的预防机制等诸多专门问题。在立法例上，虽然也以自然人支付不能为破产原因，但对自然人支付不能的认定又不同于企业法人，并不限于自然人现实具有的支付手段，其信用、劳务、技能等未来收入能力也算作清偿能力，以此综合判断自然人是否发生支付不能。自然人破产的破产财产范围

[①] 参见邹海林、周泽新《破产法学的新发展》，中国社会科学出版社2013年版，第36页。

也要解决两个方面的问题,一是破产财产范围上的固定主义与膨胀主义,二是自由财产对破产财产的限定。自由财产是自然人破产制度的特有现象。在自然人破产程序上,债务人财产分为自由财产与破产财产两个部分,二者此消彼长,反映了债务人与债权人在破产程序上的利益竞争与制衡。另外,自然人破产制度的一个重要价值就是对债务人破产免责,但也有破产不免责的情形;与自然人破产免责相联系的,还有自然人破产的失权制度,破产失权制度尚有"当然失权主义"与"裁判失权主义"之分;而且,凡规定破产失权的,均应当合理确定失权范围。有失权就会有复权,复权也有"当然复权主义"与"申请复权主义"之分。由此可见,自然人破产制度内容丰富且相对复杂。

建立自然人破产制度,与一国经济发展水平、市场发育程度相关,同时也受文化、道德观念等人文因素的影响。非常明显的是,建有自然人破产制度的国家,其制度内容也各不相同。我国幅员辽阔,社会经济发展水平极不平衡,因为地域差别、城乡差别,人们的收入、消费水平和生活成本差别明显,最低工资标准和社会保障水平也有较大差距。把这些现实因素考虑进来,如何精心设计真正符合我国国情的自然人破产制度,将成为我国破产法的制度和理论发展的一项重要任务。

五 以重整程序制度为核心的金融机构破产制度

"2008 年全球金融危机的爆发,对破产法律制度提出了新的挑战和要求,尽快建立现代化的金融机构破产法律制度,已成为事关金融稳定和经济安全的一项重要使命,而且带有急迫性。"[①] 我国的金融机构破产立法应当提上议事日程。

金融是经济的核心,金融稳定是经济稳定的命门。传统理论上,金融当局的审慎监管、中央银行的最后贷款人制度和存款保险制度是维持金融系统安全稳健运行的安全网。但是,2008 年全球金融危机给我们的一个深刻教训是,仅有这些还不够,金融机构破产制度应当是新金融安全网不可或缺的一部分。尽管我国没有发生金融危机,但这不代表我国金融系统不存在风险,尤其在金融全球化的今天,金融安全已上升为国家安全战略,建立金融机构破产制度,刻不容缓。

[①] 邹海林、周泽新:《破产法学的新发展》,中国社会科学出版社 2013 年版,第 312 页。

近年来，尤其是本次全球金融危机发生以来，我国学者越加重视并加快了对金融机构破产制度的研究。但是，一方面，我们不具有处置破产金融机构的实践经验；另一方面，金融机构破产制度与金融制度联系紧密，而各国金融制度差别很大，发达国家已经成形的金融机构破产制度对我国金融机构破产立法能够提供的借鉴十分有限。因此，截至目前，我国对金融机构破产制度的研究水平还不高，不能满足立法需要。

金融机构破产远比普通企业破产复杂得多。金融机构破产程序的启动模式、金融监管机构在破产程序上的地位、金融机构破产的管理人制度以及存款人利益保护等问题，都需要金融机构破产立法专门作出妥善安排。对此，我国学者也作了相关研究，但还不能满足立法需要，尚需进一步深入。除此之外，重整程序制度是金融机构破产立法的重心，应当受到理论和实务界的足够重视。

金融机构破产，有破产清算和重整程序两种程序可选，和解程序的适用价值不大。在破产清算和重整程序的选择问题上，有以美国为代表的清算型破产模式和以英国为代表的再生型破产模式两种类型。美国对普通企业破产采取再生型破产模式，注重重整程序的适用，对金融机构破产却采取清算型破产模式，这与其特定的历史、金融制度与社会背景密不可分，尤其是历经数次金融危机的洗礼，美国已建有发达的存款保险制度，居民处置盈余资产的方式更趋合理，社会对金融风险的防范意识与控制手段日趋增强，这些都为其清算型金融机构破产模式的实施提供了保障。21世纪发生的金融危机期间或期后，美国虽然是金融机构破产最多的国家，却没有发生一起大规模的金融挤兑与社会恐慌。正由于社会环境上的差异，美国的做法对我国可能并不具有可复制性。即便如此，美国政府因未能及时救助雷曼兄弟控股公司而使危机蔓延至整个金融市场，最终引发全球性金融危机而受到其国内多方面的指责。英国则在2009年重新制定银行法，将银行破产制度规定为其金融稳定化措施的三大支柱之一，并制定了重整程序优先适用战略。

我国金融市场体系建成时间不长，防范、控制金融风险的相关制度还不健全，建立金融机构重整程序制度，对于我国维护金融稳定，丰富我国处置金融机构危机的手段，意义十分重大。因此，以金融机构重整程序制度为核心的金融机构破产制度的建构与研究，将成为我国破产法制度和理论发展的一项重要内容。

第一章

破产程序的结构

第一节 破产程序的结构模式

破产程序的结构模式的选择，是破产立法首先要解决的课题。在破产程序结构设计上，有多种模式可供选择，如对破产清算、和解程序与重整程序三种程序分别立法，也可就破产清算与破产再生程序分别立法，还有就是将三种程序制定在一部法律中。我国破产法理论提出建立统一且具有开放性结构的破产程序，并为立法者所采纳。就破产程序的结构而言，我国法律将破产清算、和解程序与重整程序三种具体程序并行设计，当债务人具有破产原因时，依破产清算、和解程序或重整程序申请，均可启动破产程序。同时，这三种程序又能相互联系，在破产程序进行中，亦可实现程序之间的转换，以满足当事人对破产程序的不同需求，并节约程序成本，提高破产程序的适用效率。

我国破产法理论关于破产程序的结构，以破产程序受理开始主义为基础，体现了体系化的特征。破产程序受理开始主义统领破产清算、和解程序以及重整程序三大程序，但后三个程序又相对独立。通过破产清算程序，可变价债务人财产并对全体债权人进行分配，从而终结债务人法律人格以及与之相关的债权债务关系；通过和解程序或重整程序，可在解决债务问题的同时，避免对债务人清算。其中和解程序成本小，操作简便。重整程序则摆脱了和解程序消极避免适用破产清算的不利因素，在挽救债务人方面更为积极，但成本大。三种程序各具特点，都有自己的适用空间，能够针对债务人的具体情况满足不同需要。我国破产法理论关于破产程序结构模式的选择与体系化设计，推动了我国破产程序制度的重大创新。

再者，我国破产法理论关于破产程序的设计，还体现了破产程序的再生主义理念。因为再生主义理念的贯彻，《企业破产法》完成了我国企业破产程序由清算主导型的程序制度向企业再生主导型的程序制度的转变。在立法结构上，企业破产法的章节设计首先考虑的是企业再生程序的适用，第 1 章总则及其后的相关章节，均为企业再生程序的启动和适用考虑良多，第 8 章特别规定有重整，其后特别规定有和解，破产清算的特殊规范则被规定在第 10 章。实际上，《企业破产法》第 8 章、第 9 章和第 10 章（破产清算）之规定，均为性质上不相容的债务清理程序，仅能适用于相应章节规定的债务清理程序，而且也不构成独立的完整程序。因此，要准确地理解和适用我国的企业再生程序，只有将《企业破产法》第 1 章至第 7 章的规定与第 8 章结合，或者将《企业破产法》第 1 章至第 7 章与第 9 章结合，方能展现出独立完整的企业再生程序。[①] 在程序入口上，和解程序与重整程序不仅可依当事人申请直接适用，也可在已经开始的破产程序中启动；在程序申请主体上，除了和解程序的特点决定了只可由债务人申请外，重整程序既可由债务人申请，也可由债权人申请，还可由债务人出资人适时申请。在重整程序的公权力干预内容上，引入了法院对重整计划草案的强制批准制度。

最后，《企业破产法》较为全面地规定了具有开放性结构的破产程序，即重整、和解和清算程序独立进行但又具有一定的联系。通过重整、和解或者清算程序清理债务的基础条件完全相同，所以三者得以被规定于一部法律中。《企业破产法》第 1 章至第 7 章规定的内容，为重整、和解和清算程序共同适用的规范，第 8 章、第 9 章和第 10 章则分别规定了重整、和解与清算的特有程序规范，此三章的内容不能互为替代，只能个别适用。这样，重整、和解与清算在程序制度和适用上构成各自独立的程序，将它们规定于一部法律中，除节约立法成本、彰显立法技术外，还有助于实现重整程序、和解程序与清算程序的适时转换。[②]

《企业破产法》对于破产程序的结构采取"一门入"的模式，即将破产清算、重整程序与和解程序三种程序相结合，在债务人发生破产原因时，基于申请权人的清算、重整或和解申请，启动破产程序，并在破产程

[①] 邹海林：《我国企业再生程序的制度分析和适用》，《政法论坛》2007 年第 1 期。
[②] 参见邹海林《中国商法的发展研究》，中国社会科学出版社 2008 年版，第 127 页。

序的进行过程中，可有条件地实现具体类型的程序之间的转换，体现了程序结构设计上的有机统一和适用效率。从整体上看，我国破产程序呈现出"一个大门，三个小门"的结构特点。[①] 但依照破产程序的运行逻辑，不妨将其描述为"三个入口，一个共用通道，三个程序终端"，则更加形象。"三个入口"是指清算入口、重整入口、和解入口，表明债务人可依三种不同的申请进入破产程序；"一个共用通道"是指债务人无论自三个入口的哪一个口入，都要经过内容相同的一个程序阶段即共用程序，以完成执行具体程序的准备；"三个程序终端"是指共用程序结束后进入的清算、重整或和解等具体程序的执行阶段。"三个入口"能够表明，首先，申请人为破产申请时，可有多种选择。其中，债务人为破产申请可选择申请清算、重整或和解，债权人为破产申请则可选择清算或重整。另外，"三个入口"宽窄不一，其中清算入口的要求与和解入口相同，而重整入口的要求则要更灵活一些。其次，自"三个入口"进入的过程，即是对破产申请的受理过程，也构成破产程序不可或缺的部分。最后，"三个入口"可以为"共用通道"部分表明身份，可依申请名义不同，将其纳入广义上的破产清算程序、重整程序或和解程序的一部分；在"共用通道"部分，依不同申请名义开始的破产程序可以发生并线，即清算程序可以转为重整程序或和解程序。出离"共用通道"进入"程序终端"后，也能发生单向并线，即重整程序或和解程序还可以转为清算程序，但清算程序不能再转为重整或和解程序。[②]

第二节 破产程序的适用对象

一 基本原理：民事主体的破产能力

民事主体的破产能力是适用破产法所必须解决的首要问题之一。众所周知，谁可以被宣告破产，曾经是我国破产立法面临的一大难题，直到目前这个问题也没有得到彻底的解决。

---

① 参见李永军《破产法的程序结构与利益平衡机制》，《政法论坛》2007年第1期。
② 参见邹海林、周泽新《破产法学的新发展》，中国社会科学出版社2013年版，第70—71页。

破产能力是民事主体得以被宣告破产的资格。这种资格来源于法律或者破产法的特别规定。破产能力的意义在于，它构成法院宣告债务人破产的必要条件，没有破产能力的债务人，法院不得宣告其破产，正如没有民事诉讼能力的人不能提起或者参加民事诉讼一样。依法取得破产能力的债务人，不仅自己可以向法院申请宣告自己破产，而且债权人也可以向法院申请宣告其破产。但是，正如上述所言，破产能力源于法律的特别规定，所以民事主体有无破产能力，并非民事主体有无民事权利能力的简单逻辑推理。

一般而言，民事权利能力构成民事主体取得破产能力的基础，有民事权利能力的民事主体，就有破产能力。可是，破产毕竟是一种特殊的债务清理程序，对它的适用不能不有所限制，因此，有民事权利能力的民事主体，并不都能够取得破产能力。例如，依我国现行法的规定，所有的自然人和法人都有民事权利能力，自然人却不具有破产能力，唯有企业法人才可以被宣告破产。①

破产能力源于法律的特别规定。在我国，民事主体取得破产能力所依据的法律规定主要有：（1）民事基本法的规定。主要包括《民法通则》第 45 条。（2）民商事单行法的规定。主要有《企业破产法》第 2 条、《全民所有制工业企业法》第 19 条、《公司法》第 187 条和第 190 条、《合伙企业法》第 92 条、《保险法》第 90 条等。（3）地方性立法。例如，我国《广东省公司破产条例》和《深圳经济特区企业破产条例》等。

需要说明的是，《企业破产法》关于破产程序适用范围的规定，并非企业法人取得破产能力的唯一依据。实际上，这些规定只不过是重复了《民法通则》关于企业法人因破产而解散的规定，为企业法人适用破产程序提供了现实性。在这种情形下，民事基本法对民事主体的破产能力有所规定的，破产能力的取得源于民事基本法的规定；唯有民事基本法没有规定可适用破产程序的民事主体，其破产能力的取得才依赖于特别法（其中包括破产法）的规定。例如，自然人、社会团体法人、事业单位法人、合伙企业等民事主体破产能力的取得，只能依赖于破产立法或者其他特别法的规定。

民事权利能力构成民事主体取得破产能力的基础，有民事权利能力的

---

① 参见《民法通则》第 45 条、《企业破产法（试行）》第 2 条、《民事诉讼法》（1991 年）第 199 条。

民事主体，应当有破产能力。但是，破产程序毕竟是一种特殊的债务清理程序，对民事主体适用破产程序不能不有所限制，有民事权利能力的民事主体并非都能够取得破产能力。因此，债务人的破产能力，事实上离不开法律或破产法的特别规定。法律或破产法的特别规定是债务人取得破产能力的直接依据。破产能力不是民法上的一个应然概念，而是与具体的法律规定密切相关的实然概念；债务人是否享有破产能力以及享有何种类型的破产能力，皆有赖于法律的具体选择；不同国家因破产法律制度上的差异，债务人的破产能力会有所不同。

其一，民事权利能力是法律赋予民事主体从事民事活动、享受民事权利和承担民事义务的资格。债务人有破产能力，皆因其有民事权利能力。唯具有民事权利能力者，方可能有破产能力。换言之，唯民事主体方有依破产程序解决债务清偿问题的可能。除民事主体之外，作为民法上的客体的物、财产等，则不具有这样的能力。在这个层面上，不具有民事权利能力者，也不具有破产能力。

其二，民事权利能力是法律上对民事主体享有权利、承担义务的法律资格的一种高度概括性的表述，其功能在于彰显民事主体的法律存在或法律人格，至于民事主体是否享有以某种具体权利、义务为内容的行为能力，还需要法律的具体规定。破产能力是一项具体的民事行为能力，但破产能力的取得，不是民事主体享有民事权利能力的必然结果，还需要有法律的特别规定。正如依我国现行法规定，所有的自然人和企业法人都有民事权利能力，但唯有企业法人可以破产还债而自然人却不具有破产能力。我国民事主体取得破产能力的法律依据有两类：一是以民事基本法为依据。如《民法通则》的规定明确了企业法人的破产能力。二是以民商事单行法为依据，如《公司法》《商业银行法》《证券法》《保险法》《合伙企业法》等商事单行法又重述或单独确认了公司、商业银行、证券公司、保险公司和合伙企业的破产能力。需要注意的是，我国民事基本法（如《民法通则》）规定的民事主体的破产能力仅限于破产清算能力即狭义的破产能力，而《企业破产法》规定的企业法人的破产能力则为广义的破产能力，除破产清算能力外，还包括和解程序能力与重整程序能力。

二 破产法对自然人的适用

从理论上讲，自然人有民事权利能力，应当有破产能力。但是，由于破产制度的功能在不同国家的表现有所不同，因此，不能一概认为自然人具有破产能力。我国破产立法，尚未明确对自然人的适用。可是从实务上观察，承认自然人的破产能力也只是迟早的事情。

在世界范围内，绝大多数立法例承认自然人有破产能力。我国公民居住于国外或者在国外从事商业活动，即使依我国法律无破产能力，但依其所在国的法律承认自然人有破产能力的，也在其所在国取得破产能力。自然人的破产能力，依属地法原则加以确定。[①]

（一）破产立法例对自然人的适用

破产立法例对自然人有无破产能力所采取的立场，基本上可以分成两类：

第一类为所有的自然人均有破产能力。一般人破产主义立法例，不区分自然人的生理性状，例如自然人是否有行为能力，也不区分自然人的社会性状，例如自然人是否为商人，均承认其有破产能力。英国、美国、德国、日本、泰国、巴拿马、韩国等国家的立法例，采取这种态度。有破产能力的自然人，依各国立法例及其实务，包括外国自然人在内。外国自然人在内国法院管辖范围内有破产原因发生时，亦同内国公民可以被宣告破产。例如，依英国《破产法》的规定，在英国从事贸易或者居住于英国的外国自然人或者其代理人，受英国法院的管辖，可被宣告破产，但是享有外交豁免权者不在此限。[②] 外国自然人同内国公民一样有破产能力，以内国法律的属地原则和国民待遇原则为基础。

第二类为仅有商自然人有破产能力。商人破产主义立法例力倡，依商法典规定而为商行为的自然人才有破产能力，其他的自然人不具有破产能力。以1807年法国《商法典》为代表的商人破产主义立法，均采取这种立场。商人破产主义立法例在20世纪后虽然发生了很大的变化，破产法的适用开始向非商人扩展。但是，对于商自然人的适用却仍然是相当严格的，非商人的法人实体或许可以适用破产法，而非商人的自然人却仍被排除于适用破产法之外。商自然人包括外国商自然人。所以，外国商人依内国法的属地原则与内国商人具有同等的破产能力。

自然人的破产能力以其民事权利能力为基础，破产能力只不过是民事

---

① Section 1 (1) & (2) of the Bankruptcy Act 1914.
② K. Smith & D. Keenan, Mercantile Law, Pitman, 1982, p. 344.

权利能力的延伸。但是，自然人的民事权利能力随自然人的死亡而终止，于此情形，其破产能力是否也告终止呢？从理论上讲，自然人死亡（包括自然死亡和宣告死亡）后，不得再对已死亡的自然人适用破产程序，已经开始的破产程序应予终结。这就是说，自然人的破产能力随其死亡而消灭。① 但是在实务上，为了保护死者的债权人的受偿利益不因债务人的死亡而受影响，对死者已经开始的破产程序，应当视同债务人没有死亡而继续进行；② 尚未对死者开始破产程序的，唯有当死者所留遗产不足以清偿其生前所欠债务的，债权人可以向法院申请宣告遗产破产，遗产管理人也可以申请法院宣告遗产破产。③ 例如，依照英国《破产法》第130条的规定：死亡债务人的任何债权人，于债务人生前足以对其提出破产申请的，得依破产法的规定申请破产法院对遗产适用破产程序。"法律特定遗产有破产能力，无非是为了弥补自然人死亡后的民事主体真空状态而作出的权宜设计，目的是保护债权人能够由遗产获得公平受偿。因此，对遗产适用破产程序不能视为自然人死亡后破产能力的存续。"④

　　破产立法例对自然人的适用原理，同样有效于（自然人）合伙。合伙的破产能力问题，不是所有的破产立法例都有规定。在理论上，个人合伙在法律上的地位视同自然人，在诉讼上可以取得诉讼当事人地位，承认自然人的破产能力，也应当承认个人合伙的破产能力。个人合伙的破产能力，实际上是自然人的破产能力的延伸或变通适用。例如，依照英国《破产法》第119条的规定，各合伙人得以合伙的名义申请法院适用破产程序。

　　承认合伙的破产能力，在实务上有重要意义。一方面，承认合伙的破产能力，可以省去法院对负连带责任的各合伙人分别适用破产程序而作出多项破产宣告的麻烦；另一方面，承认合伙的破产能力，有利于缩短破产程序的耗时以及节省费用，从而更好地保护债务人和债权人的利益。合伙毕竟不同于单个自然人，各合伙人对合伙的债务负无限连带责任。法院对合伙宣告破产清算的效力将无保留地及于全体合伙人。"合伙如欲请求破

---

　　① 陈荣宗：《破产法》，（台北）三民书局1986年版，第39页。

　　② I. F. Fletcher, Law of Bankruptcy, Macdonald & Evans, 1978, p. 353.

　　③ 参见德国《支付不能法》第11条、日本《破产法》（1922年）第129条、我国台湾地区"《破产法》"第59条。

　　④ 邹海林：《破产程序和破产法实体制度比较研究》，法律出版社1995年版，第48页。

产，必须于各合伙人皆不能履行债务时，始能为此请求，盖合伙财产不足清偿债务，各合伙人犹有家产可以充偿者，自属不能允许。"① 正因如此，唯有全部合伙人都不能清偿合伙债务时，法院才能对合伙适用破产程序。

（二）我国破产法对自然人的适用问题

我国现行法尚未承认自然人的破产能力。但是，自然人的破产问题却又是一个不容忽视的问题，特别是在市场经济条件下，自然人负债不能清偿的问题已经相当突出，仅仅依靠民事诉讼程序已难以解决债务清理的所有问题。例如，我国1979年颁布的《民事诉讼法（试行）》第188条对债务人财产的执行，确立了执行平等主义，即当被执行人的财产不足以清偿同一顺位债权人要求的，按比例进行分配。在这种体制下，多数债权人的债权不经破产程序也可以获得公平受偿。但是，其后历次修改《民事诉讼法》在涉及有关自然人财产的执行时，未再明文规定执行平等主义。这虽然没有表明执行平等主义不再适用，但是法院强制执行自然人的财产时，对于同一顺位的债权人的公平受偿利益难以提供切实的保障，显然存在不足。在这一点上，破产程序可以完美地贯彻执行平等主义，承认自然人的破产能力或许是对我国民事执行制度的重大完善。

在我国破产程序制度的改革过程中，破产程序是否应当适用于企业法人以外的债务人，曾经引起了广泛的讨论，归纳起来主要有以下三种意见。②

第一种意见认为，破产法应当适用于中国境内的所有企业法人和自然人。这种意见的理由主要有：（1）破产程序实质上为债务清偿不能时适用的强制还债程序，目的在于保障所有的债权人能够从债务人的财产中得到公平受偿；自然人和法人一样，同样面临不能偿还到期债务的问题，理应受破产法调整。（2）破产制度下的清偿程序、和解程序，可以使债务人摆脱债务讼累或者减轻债务负担，能给诚实而不幸的债务人一个重新开始事业并参与市场竞争的机会。如果破产法不适用于不能清偿的自然人，那么自然人无法享受适用破产程序的优势，更难以摆脱不能清偿债务的困境。（3）破产程序机制完善，适用于自然人，宜于债务清理，可以更充分有效地保护债权人的利益。（4）我国市场经济的发展，要求将自然人

---

① "前中华民国大理院"三年上字第五五○号判例。
② 参见常敏、邹海林《中华人民共和国破产法的重新制定》，《法学研究》1995年第2期。

纳入破产法的适用范围；在现实生活中，存在许多不是法人的企业，如私营企业、个人合伙、个体工商户等营业实体，随着市场经济的发展，这些企业不能清偿债务的现象将会越来越多，需要法律对其债务清偿程序加以规范，以利于其在平等的条件下与企业法人展开竞争。

第二种意见认为，破产法应当适用于在中国境内的所有企业法人，而不能适用于自然人。这种意见的理由主要有：（1）自然人破产首先要求自然人的财产清楚，目前我国对自然人的财产缺乏一套完整的申报、监控的法律法规，也没有有效的手段防止隐匿财产、逃避债务。因此，破产程序不宜扩及适用于自然人。（2）自然人破产时，哪些财产属于个人生活必需品，不得用于清偿债务，需要作出科学界定，但由于各地生活水平的差异，很难加以规范。（3）自然人负债一般限于生活债务，数额较小，若允许适用破产程序，势必造成破产案件的大量增加，我国现行的审判机制不能适应大量增加的破产案件。这些客观存在的情况妨碍破产程序适用于自然人。

第三种意见认为，破产法应当适用于中国境内所有的企业法人和依法核准登记的非法人企业。这种意见的理由主要是：随着市场经济体制的建立，非法人企业在我国市场经济活动中所占的比重正在日益加大，尽管非法人企业的类型不同，但它们均参加社会经济生活交易，成为与法人几近相同的实体，并具有独立从事民事活动的能力，具有自己的相应的可供处分的财产，已经具备适用破产程序的物质基础。再者，因为市场竞争等客观原因导致非法人企业破产的事件将会越来越多，特别需要通过法律加以规范。最后，从立法的稳定性加以考虑，以防破产法在通过后短期内又作修改，破产法似应当适用于企业法人和非法人企业。

显然，以上关于破产法的适用范围的分歧，集中于是否允许自然人适用破产程序，以及在多大范围内允许自然人适用破产程序。而在《企业破产法》的起草过程中，人们普遍担心破产程序适用于自然人存在实际操作上的难度，同时也欠缺理论论证的实践基础，但又没有充分的理由和事实从理论和实践上否定自然人的破产能力。于是，全国人大财经委2000年主持完成的《企业破产与重整法（草案）》第2条曾作出如下的规定："本法适用于下列民事主体：（一）企业法人；（二）合伙企业及其合伙人；（三）个人独资企业及其出资人；（四）依法设立的其他营利性经济组织。已解散而尚未清算完毕的企业法人，在本法规定的程序范围内视为存续。"①

我国在破产政策的选择上"顾虑"破产法对自然人的适用，多多少少与扩张破产法的功能有关。从我国的破产制度建立开始，就不断附加破产法改善企业的经营管理、促进市场竞争、保护劳动者利益、维护金融市场稳定等多重功能。在破产法是否适用于自然人的问题上，与破产法所企求达成的以上多重功能似乎并无多大关系。在我国，如果考虑破产法对自然人的适用，首先应当理清破产法的功能。破产法的功能，如同民事诉讼法，在于通过国家的公权力来解决不能清偿的债权债务关系，它所规范的程序在本质上属于执行程序的范畴，只不过采取了一种概括执行的形式，程序的参加人比普通民事执行程序要复杂一些。破产程序的目的在于确保所有债权人的利益之平等和均衡。除此之外，我们不能给破产法附加任何额外的功能。② 破产程序清理债权债务关系的功能是较为单一的，将破产法适用于自然人，与破产法适用于企业法人，并没有本质的差别。

还有一个认识问题值得重视。人们希望破产法能够杜绝自然人的恶意逃债行为，这已经间接地模糊了破产法的功能。例如，有观点认为，如果破产法适用于自然人而不能杜绝因为自然人财产不透明所可能产生的恶意逃债，则不便适用于自然人。③ 前述第二种意见所表达的担心就清楚地表明了这一点。我们若对破产法的功能产生模糊认识，不适当地扩充破产法的功能，对破产法所能起的作用寄予过高的期望，结果无异于因破产法的实施困难而对破产法制度本身产生怀疑。自然人的财产透明度是否已经有制度保障、自然人在不能清偿债务时是否可能产生逃债行为，这些均非破产法所能解决的问题。要求破产法来解决这些问题，实则超出了破产法的目的和作用范围。因此，当我们清楚地认识到破产法的功能就在于清理债权债务关系时，自然人的财产状态是否透明、自然人是否会有逃债行为，不应当成为阻止破产法适用于自然人的理由。破产法应当尽其所能清理债权债务关系，并建立相应的机制保障破产程序的顺利进行，破产法适用于

---

① 朱少平、葛毅：《中华人民共和国破产法——立法进程资料汇编（2000 年）》，中信出版社 2004 年版，第 193 页。

② 参见邹海林《破产法若干理论与实务问题研评》，载梁慧星主编《民商法论丛》第一卷，法律出版社 1994 年版，第 130 页。

③ 我国在起草新《破产法》草案的过程中，人们多次表达了这样的担心，甚至将其写进了法案起草人撰写的关于《中华人民共和国破产法（草案）》的说明（草稿）中。

自然人与适用于企业法人符合破产法的功能。①

将破产法适用于自然人,如何设计灵活多样的程序制度,对立法者而言是一个挑战。我国的破产程序包括破产清算、和解以及重整程序。不同的程序,在复杂程度以及耗时、耗费方面有所不同,适用于负债但主体状态不同的债务人,应当有所区别。总体来说,自然人的负债状态较法人的负债状态简单,故破产清算与和解程序可以适用于自然人,若将企业重整程序适用于自然人,实益可能并不显著。我国在破产清算、和解以及重整程序制度的设计和运行方面,应当对破产法适用于自然人和法人所可能产生的不同要求有所反映。灵活多样的程序制度,可以最大限度地满足负债程度不同的债务人清理债权债务的要求,而不论债务人是法人还是自然人。②

另外,强制执行自然人的财产以清偿债务所面临的下列困境,促使我们不得不考虑对自然人也同样适用破产程序。当自然人有不能清偿债务的情形发生时,该债务人可否"委付"其全部财产供债权人分配,委付的效果又如何呢?应当由谁以及如何管理该债务人的财产?该债务人的权利和行为应受何种限制?该债务人的债权人如何行使权利?该债务人的债务是否可以依法免除?外国自然人在我国不能清偿债务时应如何对待?诸如此类的问题,已非民事诉讼问题,实际涉及应否对自然人适用破产程序的问题。在立法上只要承认自然人的破产能力,这些问题也就基本解决了。承认自然人的破产能力,尽管在我国目前立法还有一些困难,但趋势不可逆转。

三 破产法对法人的适用

法人是具有民事权利能力和民事行为能力的组织体,以其全部财产承担民事责任。国家创立法人制度,是因为这种组织体具有类似于自然人的作用和功能。不同国家和地区的立法例充分肯定法人的破产能力,但会例外地限制或者否认特定种类的法人的破产能力。

依我国民法,法人分为企业法人和机关、事业单位及社会团体法人两类。企业法人为营利性法人,机关法人、事业单位法人和社会团体法人为

---

① 参见邹海林《关于新破产法的适用范围的思考》,《政法论坛》2002年第3期。
② 同上。

非营利性法人。如从公私法角度来划分，法人可以分为私法人和公法人两类，私法人包括企业法人、事业单位法人和社会团体法人，公法人则为机关法人。依照《企业破产法》的规定，唯有企业法人有破产能力，其他法人尚不具有破产能力。

(一) 立法例对法人破产能力的规定

立法例对法人破产能力的规定，主要可以概括为以下情形。

第一，法人有破产能力。所有的法人原则上均有破产能力。例如，日本《民法》第68条和第70条规定，法人因不能清偿债务受破产宣告而解散。理论上，法人因其有权利能力，故不论其为营利性法人还是非营利性法人，不论其是依普通法还是依特别法成立的法人，均具有破产能力。[①] 破产宣告为法人终止的原因，法人的人格因破产程序的终结也归于消灭。

第二，公法人破产能力的排除。公法人是国家或者地方政府机关以及代表国家或者地方政府履行社会管理职能的其他公共团体。如果公法人不能清偿债务而对其宣告破产，无疑会导致政治危机而妨害社会管理秩序的稳定。况且，公法人的债务清偿能力以国家财政为后盾，在不能清偿债务时往往会取得国家财政拨款或者以国家信用为担保，几乎不会发生宣告公法人破产的情事。破产立法例多不承认公法人有破产能力。

第三，公益法人破产能力的限制或者排除。立法例限制或者排除公益法人破产能力，在程度和范围上存在很大的差异。一般地说，公益法人有破产能力，但是特别法可能限制其适用破产程序。例如，公益法人中的工会、政治党团组织、农会、民间商会等，多适用自愿解散的原则，不宜随意适用破产程序以清理债务。

第四，特许法人破产能力的限制或者排除。立法例限制或者排除特许法人的破产能力，在程度和范围上均与法人的特许营业有关。一般而言，特许法人有破产能力，例如银行、信托、证券交易、保险、铁路交通、邮政通信、城市公共交通、公用事业等行业的特许法人，事关国计民生和整个国民经济秩序，不宜将之等同于一般企业法人适用破产程序。有的立法例限制特许法人的破产能力，如禁止特许法人自行提出破产申请；有的立法例否认特许法人有破产能力，特许法人的债务清理依照特别法的规定进

[①] 参见陈荣宗《破产法》，(台北) 三民书局1986年版，第40页。

行，不适用破产程序。

第五，外国法人的破产能力原则上同内国法人。内国法院可否宣告外国法人破产，破产立法例一般无专门规定，但在实务上则有三种情形：其一，外国法人与内国法人有相同的破产能力。不论该法人在内国是否有营业所或者财产，内国法院均得对之宣告破产。其二，外国法人经内国主管机关的认可而承认其法人地位的，不论该法人在内国是否有营业所或者财产，内国法院可宣告其破产。其三，未经内国主管机关认可的外国法人，仅以其在内国有营业所或者财产者为限，视其为非法人团体而宣告其破产。关于外国法人的破产能力，法理基础并非如我国部分学者所称"对等原则"或者"国民待遇原则"。[①] 对外国法人宣告破产，目的在于保护内国债权人的利益；国民待遇原则或者对等原则只解决外国法人是否有权参加破产程序的问题，与破产能力无关。[②]

(二) 我国破产法对法人的适用

就《企业破产法》而言，企业法人有破产能力。但是，破产法是否适用于所有的企业法人以及企业法人以外的其他法人，一直存在争执。

关于破产法是否适用于所有的企业法人，在我国破产制度的创立之初就有三种代表性的说法：(1) 所有的企业法人都有破产能力。该说法源自我国《民法通则》第 45 条和第 48 条的规定。不论破产法对企业法人的适用范围有何规定，人民法院都可以依照《民法通则》的规定宣告不能清偿债务的所有企业法人破产。[③] (2) 民事主体是否有破产能力，取决于破产法的特别规定，唯有破产法明确规定适用破产法的企业，才可以取得破产能力。例如，针对《企业破产法（试行）》的规定，有学者认为该法明确规定适用于全民所有制企业，所以只有全民所有制企业才具有破产能力。[④] (3) 破产法适用于全民所有制企业，并非说明所有的全民所有制企业都具有破产能力，公用企业和与国计民生有重大关系的企业没有破产能力。[⑤]

---

① 参见柴发邦主编《破产法教程》，法律出版社 1990 年版，第 58 页。
② 参见邹海林《破产程序和破产法实体制度比较研究》，法律出版社 1995 年版，第 52 页。
③ 参见曹思源《企业破产法指南》，经济管理出版社 1988 年版，第 242—243 页。
④ 参见柯善芳、潘志恒《破产法概论》，广东高等教育出版社 1988 年版，第 73 页；柴发邦主编《破产法教程》，法律出版社 1990 年版，第 59 页。
⑤ 参见谢邦宇主编《破产法通论》，湖南大学出版社 1987 年版，第 165 页。

这些争论现在看来具有历史的局限性，但这种争论反映着我国破产法适用范围的路径趋势。事实上，在我国，企业法人的破产能力最先由《民法通则》予以承认，但如果没有破产法的具体程序制度设计，法院无论如何也不能依据《民法通则》宣告债务人破产清算。所以，法人具有破产能力，并不表明破产法可以适用于所有的企业法人。《企业破产法》的颁布，将所有的企业法人均纳入破产法的适用范围，破产法适用于企业法人在我国已经不是问题。

在这里，为了我国破产法的完善，特提出以下两个有关破产法适用于法人的问题，以期引起学界和实务界的重视。

其一，法人的破产能力是否仅以企业法人为限？除企业法人以外，还有类型各异的非营利性法人存在。非营利性法人是社会生活的主要参与者，对其债权债务通过破产程序予以清理，似与企业法人并不存在本质差别。因此，非营利性法人在不能清偿债务时，有适用破产程序的要求。破产程序的目的在于向债权人提供平等受偿的机会，并不因债务人是否为营利性法人而有所差别；破产程序更不是营利性法人清理债务的专用手段。所以，扩大破产法的适用范围至非营利性法人，或许应当是我国破产法演进的必然选择。但是，承认非营利性法人的破产能力，不具有绝对的意义。国家或者地方政府机关，以及代表国家履行社会管理职能的社会公共团体等非营利性法人，不具有破产能力；其负债不能清偿的，应适用民事诉讼程序或者其他法律规定的债务清理程序。[①]

其二，企业法人的破产能力是否应当有例外？企业法人有破产能力，但破产法适用于企业法人时，应当考虑社会或者经济的承受力或社会公共利益的需求。对于特许行业的企业法人，例如从事银行业、信托业、证券交易、保险业、铁路交通、邮政通信、城市公共交通、公用事业等行业的法人，由于它们事关国计民生和整个国民经济秩序的稳定，原则上不宜适用破产程序。从立法例的经验来看，从事特许行业的法人不能清偿债务时，一般不适用破产法，而是依照设立该法人的特别法所规定的程序清理其债务。我国《企业破产法（试行）》出于稳定社会生活及保全国计民生的考虑，以"破产宣告的障碍"来限制债权人对"公用企业和与国计民

[①] 参见邹海林《破产程序和破产法实体制度比较研究》，法律出版社1995年版，第53页。

生有重大关系的企业"提出破产申请①,也算是一种尝试。除《企业破产法》以外,我国尚未建构专门适用于特许企业法人的债务清理程序,对特许企业法人适用破产程序并无不妥;一旦有其他法律规定不适用破产程序清理债务者,应从其规定。我国应当逐步将银行业、保险业、证券交易、铁路运输、邮政通信、城市公共交通和公用事业(如生活用水、供电、供气行业)排除于破产程序之外,适用专门建立的债务特别清理程序。②

四 我国破产法对合伙企业的适用

合伙企业是两个或两个以上的投资者包括自然人、法人和其他组织依法设立的,能够以自己名义实施法律行为、承担法律责任,且由其普通合伙人对其债务负无限连带清偿责任的营利性经营实体。③ 合伙企业与企业法人都是法律拟制的产物,合伙企业也如企业法人那般经历了法律上的主体拟制过程,进行了企业注册登记,取得了法律上的名义。只不过与企业法人相比,合伙企业受法律拟制的程度不充分,因而在法律上的人格不健全,具体表现为不具有完全独立的责任能力,对于其债务不能清偿的部分,仍需由其合伙人承担。我国立法承认合伙企业的破产能力。《合伙企业法》第92条规定:"合伙企业不能清偿到期债务的,债权人可以依法向人民法院提出破产清算申请,也可以要求普通合伙人清偿。合伙企业依法被宣告破产的,普通合伙人对合伙企业债务仍应承担无限连带责任。"《企业破产法》第135条规定:"其他法律规定企业法人以外的组织的清算,属于破产清算的,参照适用本法规定的程序。"

由于合伙人对合伙企业的债务承担无限连带清偿责任,在谈及合伙企业的破产能力时,就难免涉及合伙人的破产能力问题。合伙人的个人破产

---

① 参见《企业破产法(试行)》第3条第2款。
② 参见邹海林《破产程序和破产法实体制度比较研究》,法律出版社1995年版,第54页。
③ 与合伙企业类似的个人独资企业,亦有破产法如何适用的问题。最高人民法院《关于个人独资企业清算是否可以参照适用企业破产法规定的破产清算程序的批复》(2012年12月10日)指出:"根据《中华人民共和国企业破产法》第一百三十五条的规定,在个人独资企业不能清偿到期债务,并且资产不足以清偿全部债务或者明显缺乏清偿能力的情况下,可以参照适用企业破产法规定的破产清算程序进行清算。根据《中华人民共和国个人独资企业法》第三十一条的规定,人民法院参照适用破产清算程序裁定终结个人独资企业的清算程序后,个人独资企业的债权人仍然可以就其未获清偿的部分向投资人主张权利。"本书有关破产法对合伙企业的适用原理,可以适用于个人独资企业。

能力对合伙企业的破产能力有无实质上的影响？有学者认为，合伙企业破产以后，自然人应以自己的全部财产清偿企业债务，如果其财产不足以清偿债务，就面临破产的同样问题。从这个意义上说，如果没有自然人破产制度，对合伙企业也就不能真正实行破产清算。[1] 确实，如果没有自然人破产制度，单纯依合伙企业破产制度，则合伙企业的债务问题可能得不到根本性的解决。但是，合伙企业的破产能力并不因此而受合伙人个人破产能力的牵连。首先，合伙企业破产程序与其合伙人的个人破产程序所要解决的是不同范畴内的债务清理问题。前者解决的是以合伙企业财产对企业债权人进行公平清偿的问题，而后者则旨在解决以合伙人个人财产对其个人债权人（包括合伙企业的债权人）进行公平清偿的问题。合伙企业破产制度的功能在于通过破产程序以企业全部财产对企业债权人进行公平分配。至于依破产程序未获清偿的债务则转由合伙人清偿，此时的清偿问题已不受合伙企业破产程序的规制。若合伙人因此也发生清偿不能的，才会涉及自然人破产还债的问题。其次，承担依企业破产程序未获实现的企业债务并不必然引发出资人个人清偿不能，出资人以其个人财产能够清偿企业遗留债务的，自然无适用个人破产程序的必要。而且合伙企业场合下有多个合伙人存在，合伙企业破产后的债务也未必引发每一个合伙人都发生破产。即便如此，也当由合伙人另行提起个人破产申请。由此可见，无论自然人破产能力如何，合伙企业的破产能力都有独立存在的价值。[2]

第三节 破产原因

一 破产原因

破产原因，是指适用破产程序或法院据以启动破产程序的事由。在理论上，破产原因又被区分为狭义的破产原因和广义的破产原因。破产原因应当是法院得以对债务人适用破产程序所依据的法律事实。

狭义的破产原因是指法院得以宣告债务人破产的依据。破产原因是法

---

[1] 王利明：《破产立法中的若干疑难问题探讨》，《法学》2005 年第 3 期。
[2] 参见邹海林、周泽新《破产法学的新发展》，中国社会科学出版社 2013 年版，第 43—44 页。

院据以宣告债务人破产的唯一根据，以债务人不能清偿债务为客观标准。正是由于破产原因对破产宣告所起的基础作用，从而决定着债务人是否已处于破产境地的界限，又被称为破产界限。可是，符合什么条件才可以宣告债务人破产，在我国确确实实经历了一段波折。到 1991 年修订《民事诉讼法》，对债务人的破产原因采取"一元化"立场[①]，在这个问题上似乎也未达成较为明确的共识。

广义的破产原因是指适用破产程序所依据的特定法律事实，不仅包括破产宣告的原因，也包括重整原因和和解原因。现代破产立法上规定的破产原因，多为广义的破产原因。《企业破产法》第 2 条规定："企业法人不能清偿到期债务，并且资产不足以清偿全部债务或者明显缺乏清偿能力的，依照本法规定清理债务。企业法人有前款规定情形，或者有明显丧失清偿能力可能的，可以依照本法规定进行重整。"该条规定之破产原因，即为广义的破产原因。破产原因是破产程序得以适用的正当性基础，其意义在于为破产程序的适用提供事实依据。

不能清偿债务为法院对债务人适用破产程序的法定原因。在破产立法例上，不能清偿债务除了可为破产宣告的原因外，还被规定为适用其他债务清理程序，如重整程序、和解程序或公司特别清算程序的原因。例如，日本《破产法》第 26 条和第 27 条分别规定了一般破产原因和法人的破产原因，而《和议法》第 12 条则仅规定："在有破产原因发生时，债务人得提出和议开始的申请。"在我国，《企业破产法》将不能清偿债务规定为破产程序适用的一般原因。

就破产原因而言，比较我国《企业破产法（试行）》第 3 条和《企业破产法》第 2 条的规定，用语上的变化已经十分明显。尤其是，在《企业破产法》颁布前，我国司法实务围绕《企业破产法（试行）》第 3 条所采取的立场，亦与《企业破产法》第 2 条之规定在用语上存在不小的差别。最高人民法院《关于适用〈中华人民共和国企业破产法〉若干问题的规定（一）》对破产原因的认定亦有相应的解释。在司法实践中，究竟应当如何理解与适用破产原因，不仅需要在理论上作出相应的梳理，而且应当构建我国破产立法上的破产原因的结构类型，从而便利我国法院正确适用破产程序以保障债务人和债权人的利益。

---

① 参见《民事诉讼法》（1991 年）第 199 条。

二 破产原因的立法例

各国立法例对破产原因的规定虽有差异，但是基本上可以区分为概括主义和列举主义两类。

(一) 破产原因概括主义

大陆法系破产立法以不能清偿（can not pay）、债务超过（insolvent）和停止支付（cease to pay）等术语来限定债务人破产的原因。这种立法例有利于法院灵活处理各种复杂情形下的破产案件，赋予法院宣告债务人破产清算以较大的自由裁量权。在这种体制下，破产原因又可区分为一般破产原因和特殊破产原因，前者为不能清偿，适用于所有的有破产能力的债务人；后者为债务超过，只适用于可以被宣告破产的法人和遗产。德国《破产法》第 102 条规定不能清偿为债务人破产的一般原因，停止支付推定为不能清偿；第 207 条第 1 款规定债务超过为公司破产的特殊原因。[①] 经 1978 年破产法改革后，美国联邦《破产法典》也采取了破产原因概括主义的立场。

我国台湾地区"《破产法》"规定了宣告债务人破产的一般原因及宣告遗产破产的特殊原因，未规定宣告法人破产的特殊原因。[②] 为此，依学者和司法实务的解释，公司破产的特殊原因应当依"公司法"的相关规定、其他法人破产的特殊原因依"《民法》"第 35 条予以确定。[③]

停止支付作为破产原因的一种表现形式，常被当作商人破产的唯一原因。以法国为代表的商人破产主义立法，以停止支付为宣告商人破产的唯一原因。[④] 在这些国家虽没有使用不能清偿或者债务超过来定义商人破产的原因，但是停止支付实际上涵盖着宣告债务人破产的所有法律事实。[⑤] 采用法国法传统的埃及《商法典》第 195 条规定，停止支付为商人破产的原因；可是该法所称停止支付实际指商人不能清偿债务的状态，而非资

[①] 参见德国《支付不能法》第 17 条和第 19 条、日本《破产法》第 162 条和第 127 条第 1 款。
[②] 参见台湾地区"《破产法》"第 1 条和第 59 条。
[③] 参见陈荣宗《破产法》（增订新版），（台北）三民书局 2001 年版，第 37 页。
[④] 参见法国《破产法》第 1 条、比利时《商法典》437 条。
[⑤] 参见王建平译《法国破产法中停止支付的概念》，《国外法学》1986 年第 4 期。

产不足以担保债务。① 同时，停止支付又被当作债务人不能清偿的法律事实，② 以"视为不能清偿"或"推定为不能清偿"而发挥着一般破产原因的效用。

当然，随着破产业务实践的经验积累，破产原因远不止一般原因和特殊原因的区分。破产原因的法律事实是相当复杂的，简单的分类并不能解决实践中的所有问题。现代破产立法对于破产原因的认识更加具有灵活性。例如，德国《支付不能法》第 18 条所规定的"行将出现支付不能"、我国《企业破产法》第 2 条所规定的"有明显丧失清偿能力的可能"是对破产原因概括主义内容的丰富与发展。

(二) 破产原因列举主义

在英国破产法上，破产原因是开始破产程序的必要条件（sine qua non）。英国破产立法并不使用破产原因这一术语，而使用一个同破产原因意义相近却又不同的概念：破产行为（acts of bankruptcy）。破产行为是债务人所为构成法院开始破产程序的先决条件之行为；凡债务人有破产行为的，债权人据此可以向法院申请宣告债务人破产。应当注意的是，债务人的破产行为，仅是法院宣告债务人破产的条件，并不具有法院宣告债务人破产的绝对意义。③ 在这个意义上，债务人的破产行为，充其量只是破产申请的原因。

在英美法系国家，破产行为是由债务人的特定的有害或者有利于债权实现的行为构成的。一般而言，债务人的下列行为，属于破产行为：债务人为债权人的一般利益而向其转让全部财产的行为；债务人诈欺性转让财产的行为；债务人向个别债权人特惠转让财产的行为；债务人隐匿躲债的行为；债务人的财产被强制执行；债务人向债权人或者法院明示无力清偿债务的行为；债务人实施破产犯罪行为；可引起破产程序开始的债务人的其他行为。④

破产原因列举主义在立法技术上看，似乎过于僵化。但是，破产原因

---

① Michael H. Davies, *Business Law in Egypt*, Antwerp: Kluver Law & Taxation pub., 1984, p. 18.

② 参见德国《支付不能法》第 17 条第 2 款。

③ K. Smith & D. Keenan, *Mercantile Law*, Pitman, 1982, p. 338.

④ 参见英国《破产法》第 1 条、加拿大《破产法》第 24 条、美国 1898 年《破产法》第 3 条。

列举主义为法院适用破产程序提供了切实可行的指引,更加适宜于法院判定债务人是否已达适用破产程序的条件。同时,英美法系法院的判例法传统,为法官查明或者发现成文法未列举的"破产行为"提供了平台,因为成文法列举破产原因而出现的局限性足以被克服。在此意义上,破产原因列举主义可操作性更强。

(三) 破产原因在我国的法律构造

一般而言,不能清偿债务为破产程序适用的一般原因。关于不能清偿债务,我国《企业破产法》第2条规定:"企业法人不能清偿到期债务,并且资产不足以清偿全部债务或者明显缺乏清偿能力的,依照本法规定清理债务。企业法人有前款规定情形,或者有明显丧失清偿能力可能的,可以依照本法规定进行重整。"依照上述规定,债务人的一般破产原因可以分解为以下三种情形:其一,债务人不能清偿到期债务,并且其资产不足以清偿全部债务。其二,债务人不能清偿到期债务,并且明显缺乏清偿能力。其三,债务人"有明显丧失清偿能力的可能"。如何理解以上情形,在理论和实务上是有争议的。

依照上述规定,"不能清偿到期债务""债务超过""明显缺乏清偿能力"均不构成法院对债务人适用破产程序的原因,也就是说,不能单独将其等同于破产原因之"不能清偿"。[1] 但在特殊情形下,债务超过则当然地成为法院对债务人适用破产程序的原因。例如,我国《公司法》(2013年) 第187条规定,清算组发现清算公司财产不足以清偿债务的,应当依法向法院申请宣告破产。笔者以为,《企业破产法》所用"不能清偿到期债务""资产不足以清偿全部债务""明显缺乏清偿能力"和"有明显丧失清偿能力的可能"等,应当成为法院认定破产原因的基本要素。[2] 关于债务人的破产原因,《企业破产法》以"要素识别法"来限定不能清偿债务,法院在认定债务人有无不能清偿债务的法律事实时,应当结合法定的识别要素进行综合判断。

三 不能清偿债务

不能清偿债务,是法院对债务人适用破产程序的一般原因。理论上,

---

[1] 参见李永军、王欣新、邹海林《破产法》,中国政法大学出版社2009年版,第19页。
[2] 参见邹海林、周泽新《破产法学的新发展》,中国社会科学出版社2013年版,第61页。

债务人以其现有财产、信用及支付手段等客观上不能偿付已届清偿期的债务，为不能清偿债务。

在我国破产立法上，不能清偿债务又被称为"不能清偿到期债务"或"无力清偿到期债务"。[①] 在使用不能清偿债务这个术语时，都强调"到期"债务的不能清偿这一事实。但是，到期债务的不能清偿并非不能清偿债务的全部内容。《企业破产法（试行）》第3条规定：企业因经营管理不善造成严重亏损，不能清偿到期债务的，依照本法规定宣告破产。《民事诉讼法》（1991年）第199条规定：企业法人因严重亏损，无力清偿到期债务，债权人可以向人民法院申请宣告债务人破产还债，债务人也可以向人民法院申请破产还债。上述两条对破产原因的规定均采用多元结构，一定程度上造成了理论和实践上的困扰与分歧。破产原因的多元结构，为人民法院审理破产案件设置了诸多的障碍。随着我国市场经济体制的建立，就债务人的破产原因而言，债务人不能清偿到期债务的"一元化"立场，开始为我国立法逐步接受。我国《公司法》（1993年）第189条规定，公司因不能清偿到期债务，依法宣告破产，对公司进行破产清算；第196条规定，清算公司的财产不足以清偿债务的，清算人应当立即申请人民法院宣告公司破产。[②] 对于破产原因，我国司法实务始终倾向于不能清偿到期债务的"一元化"立场。不能清偿到期债务是指债务的清偿期限已经届满、债权人已要求清偿而债务人明显缺乏清偿能力；债务人停止支付到期债务并呈连续状态，如无相反证据，可以推定为不能清偿债务。[③]

不能清偿债务作为破产原因，在理论上对其构成要件多有探讨。有学者认为，不能清偿债务必须满足三项条件：（1）债务人缺乏清偿能力。缺乏清偿能力是债务人客观上没有能力清偿债务，而不是暂时停止清偿债务或者拒绝清偿债务。债务人的清偿能力，由债务人的财产保有状况、信用高低程度、知识财产拥有程度等各种因素决定。债务人是否缺乏清偿能力，不能只凭其拥有的财产数额的多少来认定，而要结合债务人的可供抵

---

① 参见《企业破产法（试行）》第3条和《民事诉讼法》（1991年）第199条。

② 参见邹海林《破产程序和破产法实体制度比较研究》，法律出版社1995年版，第64—67页。

③ 参见最高人民法院《关于贯彻执行〈中华人民共和国企业破产法（试行）〉若干问题的意见》（1991年）第8项。

偿债务的各种手段或者因素予以综合评价。（2）债务人不能清偿的债务为到期债务。债务人所负债务未届清偿期，债务人只负有将来的清偿义务而没有即时清偿债务的责任。在债务未届清偿期的情形下，由于不发生债务人的清偿责任，纵使债务人的财产额已不足以清偿债务总额，无从认定债务人不能清偿债务，但是法人的特殊破产原因不在此限。已到清偿期的债务，经债权人提出清偿要求，债务人不能为即时清偿的，才会有不能清偿到期债务的情形发生。（3）债务人持续不能清偿到期债务。构成法院宣告债务人破产清算的原因，必须是债务人持续地不能偿付已到清偿期的债务，而非债务人暂时不能清偿到期债务。[①] 还有学者提出，对不能清偿应注意从以下几个方面理解：（1）债务人缺乏清偿能力，但清偿能力并非仅指债务人的财产而言，对债务人的清偿能力应从财产、信用及劳动技能各个方面加以全面认定。（2）不能清偿是一种客观状态，并非债务人主观上不愿或者出于恶意而拒绝履行。（3）不能清偿是一种持续状态，是债务人持续地不能偿付已到期的债务，而非暂时不能清偿到期债务。（4）不能清偿的债务须为到期债务。若债务尚未到期，或到期后债权人尚未请求履行，均不能认为是不能清偿。（5）不能清偿的债务是债务人的全部债务，并非是仅对个别债权人之特定债务的不能履行或拒绝履行的状态。[②]

应当特别注意的是，《企业破产法》对于不能清偿债务的表述采取了"要素识别法"的立场，已如前述。《企业破产法》没有将不能清偿债务一般性地表述为"不能清偿到期债务"或者"明显缺乏清偿能力"。《企业破产法》所规定的破产原因（不能清偿债务）表现为"不能清偿到期债务与资产不足以清偿全部债务或者与明显缺乏清偿能力这两个选项中的任何一个组合"[③]。对《企业破产法》第2条所称"不能清偿到期债务"，如果仍然做先前的立法和司法实务上的理解，难免会出现如下困惑：《企业破产法》对破产原因的规定是存在一定问题的，在理论上不够准确，与各国破产法惯例不符，不仅要求不能清偿与资不抵债必须同时具备的规定未见先例、漏洞百出、难以适用，其使用的"明显缺乏清偿能力"也

---

① 参见邹海林《破产程序和破产法实体制度比较研究》，法律出版社1995年版，第58—59页。

② 参见李永军《破产法律制度》，中国法制出版社2000年版，第44—45页。

③ 李永军、王欣新、邹海林：《破产法》，中国政法大学出版社2009年版，第18页。

是破产法理论上未曾使用过的模糊概念。在破产立法修改完善时,还是应当以不能清偿作为破产原因,将资不抵债规定为法人型企业普遍适用的特殊破产原因。[①]

四 不能清偿债务的构成要素

(一) 不能清偿到期债务

在理论上,不能清偿到期债务仅仅表明债务人对于届期的债权客观上没有予以满足,至于债务人未清偿到期债务的原因、状态如何,则非所问。[②]《企业破产法》将破产原因界定为"不能清偿到期债务,并且资产不足以清偿全部债务或者明显缺乏清偿能力"。这与最高人民法院司法解释所持立场似乎有同质性的效果,最高人民法院司法解释认为,不能清偿到期债务是指债务的清偿期限已经届满、债权人已要求清偿而债务人明显缺乏清偿能力。[③] 但因为《企业破产法》用语的改变,作为我国先前破产立法规定的破产原因之"不能清偿到期债务",在《企业破产法》第2条的规定上已有其特定的含义:债务超过且不能清偿到期债务,或者明显缺乏清偿能力且不能清偿到期债务。[④] 在这个意义上,《企业破产法》第2条所称"不能清偿到期债务"与《企业破产法》第7条第2款所称"不能清偿到期债务"同义,仅指债务人"停止支付"到期债务,与债务人的实际清偿能力的状态以及停止支付是否处于持续状态,均没有关系。不能清偿到期债务包括客观的不能清偿到期债务和推定的不能清偿到期债务。最高人民法院《关于适用〈中华人民共和国企业破产法〉若干问题的规定(一)》(2011年)第2条规定:"下列情形同时存在的,人民法院应当认定债务人不能清偿到期债务:(一)债权债务关系依法成立;(二)债务履行期限已经届满;(三)债务人未完全清偿债务。"

停止支付是债务人明示或者默示地表示其不能支付一般债务的行为。债务人常以口头或者书面形式表示不能支付债务或者请求延期偿付债务,但在有些情形下,债务人则以不作为或者躲债的形式表明不能支付债务。

---

① 参见王欣新《破产法》(第二版),中国人民大学出版社2007年版,第57页。
② 参见邹海林《我国企业再生程序的制度分析和适用》,《政法论坛》2007年第1期。
③ 参见最高人民法院《关于贯彻执行〈中华人民共和国企业破产法(试行)〉若干问题的意见》(1991年)第8项。
④ 参见邹海林主编《中国商法的发展研究》,中国社会科学出版社2008年版,第132页。

不论债务人停止支付的情形如何,停止支付都只是债务人不能清偿债务的主观行为,与债务人客观上缺乏清偿能力而达到破产界限还有所差别。所以,债务人停止支付,在一定程度上可以推定为或者视为不能清偿债务。在此情形下,债务人停止支付而债权人向法院申请宣告其破产的,债务人欲对此进行抗辩,则负有推翻法律推定以证明其有偿债能力的举证责任。由于停止支付的地位仅在于推定或者视为不能清偿债务,从而不能成为法院对债务人适用破产程序的当然事由,仅有债务人停止支付的事实,而欠缺债务超过或明显缺乏清偿能力的事实,法律上的推定就失去了意义,法院不能对债务人适用破产程序。

(二) 债务超过

债务人的全部财产价值总额不足以抵偿其所负的全部债务额的,称为债务超过。债务超过在我国又被称为资不抵债,《企业破产法》称其为"资产不足以清偿全部债务"。"债务人的资产负债表,或者审计报告、资产评估报告等显示其全部资产不足以偿付全部负债的,人民法院应当认定债务人资产不足以清偿全部债务,但有相反证据足以证明债务人资产能够偿付全部负债的除外。"[1]

这里所称债务超过,在法律上不同于作为特殊破产原因的"债务超过"。对于自然人而言,有无"债务超过"的情形,对其不能清偿债务事实的判断没有任何影响;对于法人和遗产而言,债务超过则为适用破产程序的特殊原因。[2] 立法例为保护善意第三人及法人社员(股东)的利益,专门规定法人有债务超过的情形时,法人的董事应当立即向法院申请破产清算。法人以其全部财产为债权人的利益担保,法人承担债务的能力取决于其拥有的资产,法人的信用也以其资产为基础。在这样的前提下,一旦法人的负债额超过其资产额,法人承担责任的基础不可避免地发生动摇,债权人利益的保障面临危险;如果此时仍然考虑法人的先前信用,不对法人采取措施,还极容易造成法人的债务继续膨胀,给债权人利益的保障带来更大的危险,从而危及社会经济秩序的稳定。所以,法人只要有债务超过的情形,不论其是否停止支付,都应当适用破产程序。债务超过为法人

---

[1] 最高人民法院《关于适用〈中华人民共和国企业破产法〉若干问题的规定(一)》(2011年)第3条。
[2] 参见德国《民法典》第42条第2款和德国《破产法》第214条。

的特殊破产原因，已为立法的通例。①

在我国，企业法人"赤字经营"几乎是常态，人们也很少将之与企业不具有清偿能力直接挂钩。债务超过"只是破产的一个基本物质条件，而不是充分条件。某些资不抵债的企业若可想办法清偿到期债务，或使债权人同意延期还债，则不会陷入破产境地"②。如此认识对于我国破产制度的改革有着持续性的影响。《企业破产法》也仅将债务超过当作债务人不能清偿债务的识别要素之一。有学者认为，企业因经营不善、市场变化等原因出现亏损，导致其企业会计报表中的资产负债表上的企业资产数额小于企业负债数额，构成债务超过。债务超过应与不能清偿到期债务一并作为判断债务人是否达到破产原因的标准，而不能单独作为判断标准。③

依照《企业破产法》的规定，债务超过不是企业法人适用破产程序的原因。债务超过对于破产程序的适用，具有两种功能：一是对于解散清算中的企业法人，债务超过为清算人申请企业法人破产清算的唯一条件。二是对于经营中的企业法人，债务超过是认定债务人发生破产原因时需要考虑的重要因素，不能单独构成破产原因，须与"不能清偿到期债务"相结合才能作为适用破产程序的原因。④

债务超过是否应当具有特殊破产原因的效用，仍然是值得讨论的。《企业破产法》未将债务超过规定为企业法人的特殊破产原因，恰恰忽略了一个很重要的方面，即企业法人的负债额不能够超过其全部财产总额。企业法人有债务超过的情形时，已然对一般债权人的利益构成不能受足额清偿的潜在危险，增加了市场流通秩序的不安全因素，随时都有因停止支付而严重危及债权人和社会经济秩序的可能。任何一个有健全的市场经济法治的国家，不可能允许债务超过的企业法人以债权人的利益无保障和社会经济秩序无安全为代价，继续进行"赤字"经营。笔者认为，从法人设立及其存续的基础出发，考虑到对一般债权人利益的全面维护，防止法人债务超过可能引发的危害社会经济秩序的后果，有必要承认债务超过为法人破产的原因。⑤

---

① 参见邹海林《破产程序和破产法实体制度比较研究》，法律出版社1995年版，第61页。
② 曹思源：《企业破产法指南》，经济管理出版社1988年版，第80页。
③ 参见王延川《破产法理论与实务》，中国政法大学出版社2009年版，第26页。
④ 参见邹海林、周泽新《破产法学的新发展》，中国社会科学出版社2013年版，第65页。
⑤ 参见邹海林《破产程序和破产法实体制度比较研究》，法律出版社1995年版，第62页。

破产立法例承认遗产有破产能力的,遗产不足以清偿债务(债务超过)则为法院宣告遗产破产清算的唯一法定原因。德国《破产法》第214条规定:遗产有不足以清偿负债的情形时,得开始破产程序。我国台湾地区"《破产法》"第59条规定:遗产不敷清偿被继承人的债务,得宣告其破产。这对于我国未来的破产法改革还是具有启发意义的。

(三) 明显缺乏清偿能力

将"明显缺乏清偿能力"规定为认定债务人发生破产原因的标准之一,是我国破产法上的一项创举。有学者认为,本项标准代表了《企业破产法》起草的一个指导思想,即鼓励适用破产程序,特别是再建型的破产程序(重整、和解),以积极清理债务,避免社会中大量的债务积淀和资产闲置,并减少企业长期困境下的道德风险以及由此造成的经济损失。[①]

何为"明显缺乏清偿能力"?有学者认为,债务人的清偿能力,应根据债务人的财产现有状况、信用高低程度、知识财产拥有程度等各种可供抵偿债务的手段或者因素予以综合评价,而不能只凭其拥有的财产数额的多少来认定。一方面,如果债务人的财产相当有限或者资产额已不足以清偿债务,但是其商业信用良好、劳动生产率高、资金周转快,可利用的支付手段足以应付各种债务清偿,或者通过其他办法足以保证债务清偿的,不构成丧失清偿能力。另一方面,如果债务人的现有财产并不充足,不能确保债务的清偿,也应认定为丧失清偿能力。[②] 还有学者认为:"缺乏清偿能力是债务人客观上没有能力清偿债务,而不是暂时停止清偿债务或者拒绝清偿债务。债务人的清偿能力,由债务人的财产保有状况、信用高低程度、知识财产拥有程度等各种因素所决定。债务人是否缺乏清偿能力,不能只凭其拥有的财产数额的多少来认定,而要结合债务人的可供抵偿债务的各种手段或者因素予以综合评价。债务人凭借自己的资产、信用、知识财产等不能清偿或者不能保证清偿到期债务,又无他人代为清偿或者保证清偿债务的,就构成缺乏清偿能力"。[③]

在司法实务上,"债务人账面资产虽大于负债,但存在下列情形之一的,人民法院应当认定其明显缺乏清偿能力:(一)因资金严重不足或者

---

① 参见王卫国《破产法精义》,法律出版社2007年版,第7页。
② 参见李国光《新企业破产法理解与适用》,人民法院出版社2006年版,第45页。
③ 邹海林:《我国企业再生程序的制度分析和适用》,《政法论坛》2007年第1期。

财产不能变现等原因，无法清偿债务；（二）法定代表人下落不明且无其他人员负责管理财产，无法清偿债务；（三）经人民法院强制执行，无法清偿债务；（四）长期亏损且经营扭亏困难，无法清偿债务；（五）导致债务人丧失清偿能力的其他情形"。① 笔者以为，将"明显缺乏清偿能力"规定为认定破产原因的构成要素，体现了刚性破产原因与弹性破产原因的有机结合。当企业不能清偿到期债务并且债务超过时，法院可依法对该债务人适用破产程序。但当企业不能清偿到期债务却又没有处于债务超过的状态时，法院可基于企业是否存在"明显缺乏清偿能力"的事实来决定是否启动破产程序。"明显缺乏清偿能力"作为一种对客观状态的高度概括性描述，实属授权性规定，其价值在于赋予法院在认定企业有无破产原因时享有一定的自由裁量权。②

五 有明显丧失清偿能力的可能

《企业破产法》第 2 条第 2 款将有明显丧失清偿能力的可能作为破产原因的一种形式，属于我国破产法改革的创新型成果。有明显丧失清偿能力的可能，是指债务人的"资产状况表明其虽然目前尚未出现不能支付，资产不足以清偿全部债务的情况，但有证据表明其在近期即有可能出现丧失清偿能力的情形"③。

对于此种破产原因，有学者表示了担忧。如果企业有"破产之虞"时可以申请重整，那就是说，重整可以在破产程序之中提出，也可以在有破产之虞时提出。但这样一来，就要确定以将要发生的无力偿债的事实状态作为申请重整的标准，如何判断"破产之虞"对法院来说是十分困难的。由于重整、和解与清算都是作为破产案件来受理的，实行的是一审终局制，当事人不能上诉，一旦程序被滥用很难被弥补。"破产之虞"这样含糊的标准，不宜作为法院审查破产案件是否应受理的标准。④ 但更多的学者表示了理解，认为重整程序应当有较为灵活的弹性破产原因。债务人

---

① 最高人民法院《关于适用〈中华人民共和国企业破产法〉若干问题的规定（一）》（2011 年）第 4 条。
② 参见邹海林、周泽新《破产法学的新发展》，中国社会科学出版社 2013 年版，第 67 页。
③ 《中华人民共和国企业破产法》起草组：《〈中华人民共和国企业破产法〉释义》，人民出版社 2006 年版，第 16 页。
④ 参见王利明《关于制定我国破产法的若干问题》，《中国法学》2002 年第 5 期。

的财务发生困难即可申请或被申请重整。①

有明显丧失清偿能力的可能,是指债务人存在明显丧失清偿债务能力的可能的客观事实。有明显丧失清偿能力的可能,在解释上应当以债务人不能清偿债务的客观事实作为基础,但其构成要素并不能完全满足债务人不能清偿债务的全部客观条件,故其仅为债务人适用破产程序的特殊原因。有明显丧失清偿能力的可能,仅能作为企业法人适用重整程序的特殊原因,不能作为企业法人适用和解程序或清算程序的原因。有明显丧失清偿能力的可能,作为事实问题,在认定时应当综合考虑影响债务人清偿到期债务的各种因素。债务人的财产保有状况、信用程度高低、知识财产拥有程度、支付手段多寡等各种因素,对于决定债务人丧失清偿能力的可能性至关重要;但债务人在将来一定期间内的财产保有状况、信用程度、知识财产的拥有程度、支付手段等方面可能发生的变化,或许在考虑债务人丧失清偿能力方面,更加重要。②

六 合伙企业的破产原因

《合伙企业法》第92条将合伙企业的破产原因表述为"不能清偿到期债务",与《企业破产法》第2条对企业法人的破产原因的表述,有所不同。《合伙企业法》的规定仍然延续了我国破产立法的惯常表述方式,但在解释上应当作与《企业破产法》第2条相同的处理,不再赘述。

这里有一个问题是,法院在认定合伙企业的破产原因时,应否受其合伙人个人财产状况的影响?在认定合伙企业的破产原因时,是否应当将各普通合伙人的财产状况或清偿能力考虑在内?学者间有两种观点。

一种观点认为,由于合伙企业在债务承担上的特殊性,即各合伙人对债权人承担连带责任,故在判断合伙的破产原因时,与其他民事主体有所不同,即只能当所有合伙人均不能清偿债务时,方可认为合伙企业为"不能清偿"。③持相同观点的学者也认为,判定合伙企业是否不能清偿到期债务,除考虑合伙企业自身的清偿能力外,还应考虑所有合伙人的整体

---

① 参见李永军《破产法律制度》,中国法制出版社2000年版,第389页;邹海林《我国破产立法中的几个问题》,http://www.chinalawedu.com/news/21604/21630/21652/2006/9/zh762235616111960024187 - 0.htm;王卫国《破产法精义》,法律出版社2007年版,第8页。
② 参见邹海林《我国企业再生程序的制度分析和适用》,《政法论坛》2007年第1期。
③ 李永军:《破产法律制度》,中国法制出版社2000年版,第39页。

清偿能力，只有在合伙企业财产已达"不能清偿到期债务"、全体合伙人的整体财产亦达"不能清偿"之状态时，方可认定合伙企业"不能清偿债务"这一破产原因发生。合伙企业非为绝对独立的法律实体，合伙人要对合伙企业债务承担无限连带责任，为避免合伙人利用合伙企业逃债、诈骗等恶意行为发生，在判定合伙企业是否不能清偿到期债务时，应考虑合伙人的财力。合伙企业的清偿能力，由合伙企业财产和合伙人个人财产组成，虽有清偿顺序差别，但属同等责任。①

另一种观点则认为，合伙企业破产原因仅以企业本身不能清偿到期债务为依据，至于各合伙人清偿债务的能力或有不能清偿债务的情形，不是认定合伙企业破产原因的因素。有学者认为，以各合伙人对合伙债务皆不能履行或停止支付为判断合伙的破产原因的必要条件这种处理方式，虽然有利于合伙债务的彻底清偿，但存在诸多弊端：一是这种处理方式混淆了合伙企业与合伙人各自的独立主体性；二是对合伙企业的债权人举证合伙企业不具有清偿能力设置了障碍；三是增加了破产程序的复杂性。因此，不宜以合伙人均不能清偿到期债务或停止支付作为合伙企业具备破产原因的必要条件。② 另有学者认为，合伙企业破产不以合伙人皆不能清偿合伙债务为前提，原因在于：（1）合伙企业作为一种重要的市场主体，其独立的人格性已经得到了认同，对其破产原因的判断不应当牵涉合伙人个人偿债能力，否则将混淆两者的人格。（2）采取此立法模式并不会消灭合伙人的无限连带责任。合伙企业破产只是导致了合伙企业主体资格的消灭，合伙企业的债权人在破产程序终结后仍然可以要求合伙人清偿债务。（3）有利于债权人举证。要求债权人判断并证明各合伙人均丧失偿付能力非常困难，若启动对所有合伙人的债务追偿将会耗费债权人大量资源，若仅要求债权人证明合伙企业不能清偿则容易很多。（4）合伙企业破产不仅关系到合伙企业债权人债权实现问题，而且对于合伙企业本身的存续、合伙人能否依法摆脱债务枷锁等问题也有重大意义。因此，仅就合伙企业财产判断破产原因使上述问题有了特殊的独立意义和得到解决的可能性。③ 在合伙企业不能清偿到期债务时，赋予债权人两种选择权：一是依

---

① 李敏华、蓝承烈：《制约合伙企业破产目标实现各要素的界定》，《社会科学家》2005年第6期。

② 申丽凤：《商合伙破产程序与实体问题研究》，《河北法学》2004年第12期。

③ 韩长印、何睿：《合伙企业破产三题》，《河南省政法管理干部学院学报》2007年第4期。

法向人民法院提出破产清算申请；二是要求普通合伙人清偿。合伙企业的破产原因仅是合伙企业不能清偿到期债务，与各合伙人的清偿能力无关。①

合伙企业的破产所要面对的问题是合伙企业的解散、债权债务清理的公平与有序，而这些问题的解决与合伙人的连带责任有关，但不以合伙人的清偿责任为基础。法院在认定合伙企业的破产原因时，不应考虑普通合伙人的清偿能力。②

第四节 破产申请主义

一 破产程序与破产申请

破产是一种概括的执行程序或债务清理程序，以债权人的公平受偿为目的。依循破产程序受理开始主义的体制，我国已经建立具有现代特征的破产程序结构体系，已如前述。不论破产程序的结构如何，都会存在破产程序的启动问题。如何启动破产程序，向来就有申请主义与职权主义的争议。破产程序基于利害关系人的申请而开始，没有破产申请，法院不能对债务人适用破产程序，为申请主义；与此相对应，法院可依职权对债务人适用破产程序的，为职权主义。

破产立法例均适用破产申请主义，以破产申请作为适用破产程序的要件。绝大多数国家和地区的破产立法只承认破产申请对开始破产程序有相对意义，没有破产申请而符合法定条件，也可以开始破产程序。职权主义可以为申请主义的例外或补充。但是，也有立法例对职权主义保持沉默，或者推行绝对的申请主义，那么在此情形下，非有破产申请，法院不得开始破产程序。

破产申请，是债务人或者债权人向法院请求对债务人适用破产程序的意思表示。破产申请是债务人或者债权人的破产请求权的具体行使。债务人和债权人的破产请求权，如同其享有的请求法院保护其民事权利的诉

---

① 王欣新、王斐民：《合伙企业破产的特殊性问题研究》，《法商研究》2010 年第 2 期。
② 参见最高人民法院《关于适用〈中华人民共和国企业破产法〉若干问题的规定（一）》（2011 年）第 1 条第 2 款。

权,同属审判上的请求权,受国家强制力的维护。破产请求权,非经当事人向法院请求,不得行使。合法有效的破产申请,必须有适格的破产申请人。破产申请权是一种私权,债权人和债务人为破产申请人自无疑问。但是,现代社会经济生活日益社会化,尤其是债务人破产所产生的影响极广,国家不得不加强对破产案件的适度干预。因此,破产立法例出于公益的考虑,特别规定国家公职人员(如刑事公诉人员、特许行业的监管机构)具有申请债务人破产的权利。①

债务人不能清偿债务,债务人有权向法院申请破产,债权人也有权向法院申请债务人破产。破产申请不是破产程序开始的标志,只是破产程序开始的条件。依照《企业破产法》的规定,债务人不能清偿债务,非有债务人或者债权人向有管辖权的法院提出申请,不得开始破产程序。破产申请是法院开始破产程序的绝对要件。例如,《企业破产法》第 7 条规定:"债务人有本法第二条规定的情形,可以向人民法院提出重整、和解或者破产清算申请。债务人不能清偿到期债务,债权人可以向人民法院提出对债务人进行重整或者破产清算的申请。企业法人已解散但未清算或者未清算完毕,资产不足以清偿债务的,依法负有清算责任的人应当向人民法院申请破产清算。"最高人民法院的司法解释曾明确提出,人民法院在民事诉讼程序或者民事执行程序中发现债务人不能清偿到期债务,不申请破产的,不依职权宣告债务人破产。② 总之,没有破产申请,便没有破产程序的适用。

破产程序作为当事人自治主导型的债务清理程序,应当以当事人的申请为必要。但我们仍然会面对没有破产申请如何保护债权人公平受偿利益的问题。无债务人或债权人的破产申请,法院可否依职权开始破产程序?这是一个理论问题,也是一个实务问题。破产程序和破产申请的关系,或许不应当是绝对的。如果我们把破产程序的着眼点,置于保护债权人公平受偿利益之上,还原破产程序的本来面目,不难发现为何多数国家的立法例,将法院依职权开始破产程序,作为破产程序申请开始原则的补充。我国台湾地区"《破产法》",是依职权开始破产程序的典型立法,竟然有

---

① 参见《企业破产法》第 134 条。
② 最高人民法院《关于贯彻执行〈中华人民共和国企业破产法(试行)〉若干问题的意见》(1991 年)第 15 项。

11个条文涉及法院依职权宣告债务人破产。① 理论上，破产申请不是开始破产程序的唯一途径。《企业破产法》对职权主义保持沉默，我国司法实务暂不承认法院可依职权开始破产程序，但考虑到破产程序并非债务人与个别债权人之间的私事，它涉及多数债权人的公平受偿利益，从而涉及社会公共利益，作为国家公权力执行机关的法院，有必要进行适度的干预。未来破产制度的改革有无辅助"职权主义"的可能，仍然值得深入研究。②

二 债务人为破产申请人

债务人不能清偿债务时，其可以向法院申请破产。一般而言，债务人向法院申请破产，是债务人依法享有的特权，称为债务人的破产申请权，即债务人处分其全部财产以及集中清理其债务而免受讼累的一种特别权利。在民事诉讼程序上，债务人不能自己对自己提起诉讼，而在破产程序上，债务人则可以自己对自己提起破产申请，这是破产法的一项特别安排。

债务人的破产申请人地位，受债务人破产能力的限制。依英国《破产法》，负债不能清偿的自然人、合伙企业、遗产继承人、遗产管理人，均享有破产申请权；有破产申请权的债务人，不以英国人为限，在英国从事贸易的外国人以及在英国居住的外国人，负债不能清偿时，也有破产申请权。依法国《破产法》，唯有债务人为商人或者非商人的法人团体，在不能清偿债务时，才享有破产申请权。依美国联邦《破产法典》，债务人不能清偿债务的，可为破产申请人，但是，当债务人为市政机构、铁路部门、保险机构、银行机构、建筑机构以及存贷款机构或者团体者，不得为破产申请人。《企业破产法》第7条第1款规定：债务人不能清偿债务的，可以向人民法院提出重整、和解或者破产清算申请。

《企业破产法》对于债务人的破产申请人地位没有附加限制，但并不表明债务人的破产申请人地位不受限制。如果其他法律对于债务人自行申请破产有所限制的，应从其限制。例如，金融机构申请破产，应当经金融

---

① 参见我国台湾地区"《破产法》"第10条、第19条、第20条、第24条、第33条、第35条、第50—52条、第54条和第60条。
② 参见邹海林、周泽新《破产法学的新发展》，中国社会科学出版社2013年版，第75页。

监督管理部门的同意。① 关于债务人申请破产的，仍有以下两个问题值得研究。

其一，国有企业债务人申请破产，是否应当征得该企业出资主管部门的同意？这是一个历史遗留问题，更是一个现实问题。《企业破产法（试行）》第 8 条第 1 款规定，债务人经其上级主管部门同意后方可申请宣告破产。这就是说，债务人为国有企业时，其破产申请人地位首先必须取得上级主管部门的"承认"，否则为不适格的破产申请人，人民法院不能受理未经上级主管部门同意的国有企业的破产申请。对于限制国有企业的破产申请人地位的理由，我国学者进行了多方面论证。② 但也有不少学者对此提出了批评。③ 国有企业申请破产应经其出资主管部门的同意，是在特定历史背景下作出的选择。随着市场经济的发展与完善，符合市场经济需要的企业制度的建立，要求建立与市场经济相适应的破产法律制度，对于国有企业债务人申请破产附加限制已经不再有必要。无论是不是国有企业，政府都不应当对企业的具体事务指手画脚。债务企业的破产申请权，是企业成为独立法人而能够自主处分企业财产的重要标志，是其独立承担民事责任的核心内容，对此，政府职能部门不应当直接参与。《企业破产法》未再沿袭《企业破产法（试行）》的相关规定，是否就解决了国有企业申请破产不受其出资主管部门同意的问题，尤其在实务上仍然是具有讨论空间的。

其二，企业法人不能清偿债务的，其法人治理结构是否有义务向法院申请破产？理论上，法人企业不能清偿债务时，为保护多数债权人的利益，法人企业的董事或代表人应向法院申请破产。立法例规定债务人有义务申请破产的情形有两种：（1）商人停止支付，应及时向法院申请破产。④（2）法人有破产原因时，董事应即向法院申请破产。⑤ 这就是说，

---

① 参见《商业银行法》（2003 年）第 71 条、《保险法》（2009 年）第 90 条。
② 参见孙佑海、袁建国《企业破产法基础知识》，中国经济出版社 1988 年版，第 45—47 页；柴发邦主编《破产法教程》，法律出版社 1990 年版，第 73 页；郑远民《破产法律制度比较研究》，湖南大学出版社 2002 年版，第 37 页。
③ 参见邹海林《破产程序和破产法实体制度比较研究》，法律出版社 1995 年版，第 78 页；李永军《破产法律制度》，中国法制出版社 2000 年版，第 69 页；谢俊林《中国破产法律制度专论》，人民法院出版社 2005 年版，第 106 页。
④ 参见法国《破产法》第 1 条和第 131 条。
⑤ 参见德国《民法典》第 42 条第 2 款，日本《民法》第 70 条和第 81 条。

债务人向法院申请破产,既为债务人的权利,但有法律的特别规定时,亦为债务人的义务。从我国立法上看,仅仅公司法规定了公司清算人的破产申请义务,而其他法人、董事等无此义务。但为了更加重视对社会利益的保护,破产法应当规定企业的法定代表人在企业具有破产原因时的破产申请义务。[①] 有学者认为,规定债务人有破产申请的义务与规定其享有申请破产的权利,二者虽然都是由债务人提出破产申请,但其所产生的社会效果及法律意义都是截然不同的:(1)前者可以最大限度地保全企业财产,避免进一步的损失和浪费,由于破产申请发生在破产原因刚刚出现之时,债务企业可提出申请重整,成功的可能性较大。(2)及时申请破产而进行破产分配,债权人得到分配的比例为最大,规定债务人有申请破产的义务,就是为了给债权人利益的保护增加一道屏障,防止债务人财产状况进一步恶化,损害债权人利益。(3)在其将企业财产消耗殆尽时提出破产申请,可以充分地避免债务人利用破产免责制度,逃避债务负担。(4)现代企业的资产大多是投资形成的,如股份公司、有限责任公司,即使是在我国经济生活中占有举足轻重地位的国有企业,也是由国家投资形成的。规定债务人有申请破产的义务,即债务企业的法人治理结构,在发现企业有破产原因时及时申请破产,告知社会公众,也是对投资人利益的保护。[②] 笔者以为,企业法人有破产原因时,其代表或董事有义务向法院申请破产,此应为我国改革破产申请制度的一个选项。

三 债权人为破产申请人

债权人可以为破产申请人。债权人是按照合同的约定或者依照法律的规定有权要求债务人履行义务的人,债务人不履行义务时,除有法定或者约定的免责情形外,债权人可以请求法院强制债务人履行义务。向法院申请债务人破产,只是债权人请求法院保护其实体权利的一种审判上的途径。《企业破产法》第7条第2款规定:"债务人不能清偿到期债务,债权人可以向人民法院提出对债务人进行重整或者破产清算的申请。"[③] 债权人申请债务人破产的,仅以重整程序和破产清算程序为限。

---

① 参见李永军《破产法律制度》,中国法制出版社 2000 年版,第 64—65 页。
② 参见袁翔珠《我国破产申请制度改革》,《湘潭大学社会科学学报》2000 年 12 月增刊。
③ 参见德国《破产法》第 103 条第 2 款、日本《破产法》(1922 年)第 132 条第 1 款。

《企业破产法》只原则规定债权人可为破产申请人。但是，为防止债权人滥用权利，法律对债权人申请债务人破产应否施加必要的限制？例如，债权人提出破产申请是否应有最低债权额的限制？有财产担保的债权人是否可以提出破产申请？债权人作为破产申请人的地位是否因其债权附有期限或者附有条件而受影响？外国债权人的地位如何？这些疑问，在理论和实务上均有所争论。

（一）债权人申请债务人破产的基础权利

依照破产立法例的规定，债权人可申请破产的基础权利主要有以下几种。

第一，因合同而产生的债权。根据合同的约定，对债务人享有的给付请求权或者义务履行请求权、损害赔偿请求权、定金返还请求权、违约金请求权等债权。

第二，因侵权行为而发生的损害赔偿请求权。因债务人的侵权行为而受到损害的任何人，对债务人有损害赔偿请求权。

第三，因不当得利而发生的返还请求权。没有合法根据而取得的不当利益，为不当得利。因债务人不当得利而发生的有原物返还请求权、原物价值返还请求权、原物孳息返还请求权以及损害赔偿请求权。

第四，因无因管理而发生的费用返还请求权。没有法定或者约定的义务，为避免他人利益受损失而进行管理或者服务的，构成无因管理。对债务人进行无因管理的人，有权利要求债务人偿付其由此所支出的费用，对债务人享有无因管理费用返还请求权。

第五，对债务人享有法定的优先请求权。法定的优先请求权，主要有工资或者劳动报酬请求权、社会保险费用或者劳动保险费用请求权、税金缴纳请求权以及其他法律规定优先受偿的请求权。对债务人享有以上法定的优先请求权，可为破产申请的基础权利。

第六，因其他法定原因而发生的公法上的请求权。例如，因债务人违反法律，国家行政机关或者司法机关依法对其科处的罚款、罚金，债务人逾期未缴纳上述款项而发生的公法上的请求权，可为破产申请的基础权利。

（二）债权人的债权未届清偿期的

债权人的债权已届清偿期而债务人不履行债务的，债权人自然可以申请债务人破产。但是，债权未届清偿期，债务人对该债权人无即时履行的清偿义务,该债权人可否申请债务人破产?附条件的债权或者附期限的债权,亦有相同的问题存在。

有学者认为,有权申请破产的"债权人是到期债务的债权人"。① 附期限的债权在期限到来之前,债权人只享有期待权,但尚不能行使。有权提出破产申请的债权人必须是到期债务的债权人。附期限的债权既然尚未到期,债权人无权提出破产申请。② 附条件、附期限的债权人在所附条件成就、所附期限届满前,债务人对其所负债务并不属于到期债务,故其不具备破产申请权。③ 但也有学者认为,附期限或者附条件的债权之权利人,在破产程序维护全体债权人共同利益这点上,与一般债权人无异,可为破产申请人。④ 破产申请权的行使与债务是否到期没有关系,未到期的债权人应享有破产申请权。⑤

同样的争论也发生在我国台湾地区。破产为执行程序的一种,附期限或者附条件的债权,债权人不能请求执行,自然不能申请法院宣告债务人破产。只有债权已届清偿期并不附条件,债权人才能提出破产申请。但是,在理论上占主导地位的观点和司法实务认为,债权不论是否附有条件或者附有期限,债权人均可以向法院申请债务人破产。⑥

未届清偿期的债权(包括附条件的债权和附期限的债权),均是有效成立的债权。当债务人不能清偿债务时,未届清偿期的债权可以加速到期,债权人可以对债务人主张权利而要求其履行义务,自然也可以申请法院宣告债务人破产。还应当注意的是,破产程序不同于民事执行程序,破产程序的目的在于公平满足或者清偿全体债权人的权利要求,而不是单为满足个别破产申请人的权利要求,由此决定破产程序的开始不以破产申请人有执行诉权为必要。况且,破产程序所给予债权人的机会均等,特别是在破产申请上更无必要限制债权人行使权利的方式,以免导致违反债权人

---

① 柴发邦主编:《破产法教程》,法律出版社1990年版,第71页。
② 参见齐树洁主编《破产法研究》,厦门大学出版社2004年版,第158页。
③ 参见范健、王建文《破产法》,法律出版社2009年版,第64页。
④ 参见柯善芳、潘志恒《破产法概论》,广东高等教育出版社1988年版,第71—72页;谢邦宇主编《破产法通论》,湖南大学出版社1987年版,第173—174页。
⑤ 参见王欣新《破产法学》,中国人民大学出版社2004年版,第62—63页。
⑥ 参见耿云卿《破产法释义》,五南图书出版公司1987年版,第181页;陈计男《破产法论》,(台北)三民书局1986年版,第110页;陈荣宗《破产法》,(台北)三民书局1986年版,第117页。

平等原则的事情发生。所以，债权是否已届清偿期，对于破产程序的开始并不重要，只要债权已经成立，债务人有破产原因，债权人就可以提出破产申请。①

（三）债权人的债权附有财产担保的

债权人的债权有无财产担保，区别在于有财产担保的债权可以对担保物行使优先受偿的权利。债权人就担保物优先受偿的地位，是否影响其申请债务人破产的权利？

限制有财产担保的债权人提出破产申请的立法例，并不多见。英国《破产法》第4条第2款规定：有财产担保的债权人得为破产申请人者，其应当在破产申请书中明示愿为债权人的全体利益放弃担保，或者其应当在破产申请书中声明其未能受担保物足额清偿的债权余额。英国的破产法院认为，有财产担保的债权人不愿意放弃担保而又欲成为破产申请人的，则只能在担保债权额不能受担保物足额清偿的余额不低于200英镑的前提下，才可以提出破产申请；有财产担保的债权人提出破产申请，未履行法定的"放弃担保"或者"声明余额"的义务的，法院可以驳回破产申请或者撤销破产程序。②

我国破产立法及司法实务对于有财产担保的债权人申请债务人破产，并没有附加任何限制。但在理论上，仍有不少观点认为，有财产担保的债权人不具有申请债务人破产的权利。③ 有担保物权的债权人因为享有别除权，其债权的实现独立于破产程序之外，不管破产程序是否启动，都不应当影响其债权的实现，所以，具有担保物权的债权人在没有放弃担保物权之前，不应当享有破产申请权。④

债权人的债权附有财产担保，其优先受偿地位的取得并不妨碍该债权人对债务人的全部财产（包括担保物）主张权利。债务人的全部财产为全体债权人的债权受偿的责任财产，有财产担保的债权人可以选择先就债务人的责任财产行使权利，而后行使优先受偿权利。再者，有财产担保的

---

① 参见邹海林《破产程序和破产法实体制度比较研究》，法律出版社1995年版，第73页。
② I. F. Fletcher, Law of Bankruptcy, Macdonald & Evans, 1978, p. 55.
③ 参见汤维建《新企业破产法解读与适用》，中国法制出版社2006年版，第38页。
④ 参见汤维建《破产程序与破产立法研究》，人民法院出版社2001年版，第154页；王利明《关于制定我国破产法的若干问题》，《中国法学》2002年第5期；刘德璋《新企业破产法理解与操作指南》，法律出版社2007年版，第91页。

债权人得以优先受偿的担保物，或为债务人提供或为债务人以外的第三人提供，当担保物为第三人所提供而债务人不能清偿债务时，没有任何理由得以拒绝债权人对债务人的全部财产主张权利，从而提出破产申请。[1] 设立担保并不意味着债权人必须以担保途径满足自己的债权。担保物权的设立实际上使债权人获得了双重身份——债权人与担保物权人，也就同时给予债权人以选择权：或者以债权人的身份行使债权，或者以物权人的身份行使物权。担保债权人的这种身份在破产法上也不应消灭，他既可以以担保物权人的身份行使别除权，也可以以债权人的身份行使债权。如果债务人不能清偿到期债务，担保债权人自然可以以债权人的身份请求对其开始破产程序。[2]

有财产担保的债权人有物权担保的保障，并不影响其以债的方式实现债权而提起破产申请的权利。当债务人不能清偿债务时，有财产担保的债权人，不论其是否放弃优先受偿的权利，均可为破产申请人。

(四) 最低债权数额的限制

《企业破产法》对债权人申请破产没有附加最低债权数额的限制，但在理论上，因为担心债权人滥用破产申请，提出了债权人申请债务人破产应有最低债权额限制的主张。有学者指出，在破产法的司法实务中，随着债权人申请债务人破产的情况日益增多，其中亦不乏债权人滥用其破产申请权的案例，应当对提出破产申请的债权人作出一定的限制，即只有债权人对债务人的债权比例达到一定数额后，才可以向法院提出破产申请。[3] 提出破产申请的债权额必须达到一定的标准，该标准可由最高人民法院根据企业的规模、各地的具体情况加以分别规定。[4] 从保护债务人的角度出发，有可能存在为商业诋毁而申请债务人破产的债权人，法院在受理破产申请的审查中也将耗费大量的精力和司法资源，对于债权人破产申请权的行使予以最低债权额限制是必要的。[5]

英美法系破产立法例，对债权人申请债务人破产一般规定有最低债权

---

[1] 参见邹海林《破产程序和破产法实体制度比较研究》，法律出版社1995年版，第74页；李国光主编《新企业破产法理解与适用》，人民法院出版社2006年版，第77页。
[2] 参见李永军《破产法律制度》，中国法制出版社2000年版，第73页。
[3] 参见汤维建《新企业破产法解读与适用》，中国法制出版社2006年版，第39页。
[4] 参见刘德璋《新企业破产法理解与操作指南》，法律出版社2007年版，第91页。
[5] 参见卞爱生、陈红《司法实践中债权人申请破产的难题及对策》，《政治与法律》2010年第9期。

额限制。债权人提出破产申请,其享有的无担保债权额必须达到法定最低限额,否则,不能提出破产申请。英国1869年《破产法》规定,债权人申请破产时的债权额不得低于50英镑;至1976年修订为不得低于200英镑。以英国法为蓝本,美国、加拿大、澳大利亚、新西兰、印度等国家的立法,对债权人提出破产申请都实行最低债权额标准。例如,美国1979年联邦《破产法典》规定,债权人向法院申请宣告债务人破产,其所代表的债权额不得低于5000美元。当然,如果债权人享有的债权额低于法定最低债权额标准,该债权人可以与其他债权人共同提出破产申请,以求其所共同代表的债权额达到法定最低债权额标准。

我国法律并没有债权人申请破产的最低债权额限制制度。"破产程序为公平清偿多数债权人的程序,只要债务人不能清偿债务,对于任何债权人所产生的效果并无不同,所有的债权人均享有从债务人的财产取得公平受偿的权利;况且,债权人申请法院宣告债务人破产,所产生的效果不是专为申请人的利益所存在,而是为全体债权人的利益所存在。"[1] 从保护债权人利益和保障债权行使的角度讲,对债权人申请破产附加最低债权额标准的限制,并没有多大的实际意义。[2] 而且,《企业破产法》对于防止债权人滥用破产申请亦有相应的制度设计,如债权人申请破产的异议程序[3]。对债权人申请破产附加最低债权额标准的限制,再要求债权人提出破产申请应当符合最低债权额标准,实际意义并不显著。不论债权人所享有的债权多寡,债务人不能清偿债务的,均可为破产申请人。

(五) 债权人的债权罹于时效的

债务人不能清偿债务的,债权因时效完成而沦为自然债务的,债权人是否仍可以提出破产申请?

理论上,债权因诉讼时效完成而沦为自然债务,债权人提出破产申请时,法院没有义务(实际上也没有条件)查明债权是否已逾诉讼时效期间;而时效抗辩,应当由债务人援引。所以,债权罹于时效的,债权人仍可以申请债务人破产;除非债务人提出时效抗辩或者债权罹于时效的异议,不影响法院受理债权人的破产申请。债权罹于时效的,债权人向法院

---

[1] 邹海林:《破产程序和破产法实体制度比较研究》,法律出版社1995年版,第75页。
[2] 参见李国光《新企业破产法理解与适用》,人民法院出版社2006年版,第78页。
[3] 参见《企业破产法》第10条。

提出破产申请而债务人未提出时效抗辩，推定债权人是适格的破产申请人，法院不应当依职权援引时效而驳回债权人的申请。在此情形下，即使其后债务人援引时效抗辩，为保护多数债权人的利益起见，已经开始的破产程序仍可以继续进行而不受债权罹于时效的影响。[①]

依照《企业破产法》第 10 条的规定，债权罹于诉讼时效的，债权人提出破产申请而债务人对债权人的申请有异议，诸如债权罹于诉讼时效而不存在"债务人不能清偿到期债务"的情形，且其时效抗辩的异议成立，法院可以裁定不受理破产申请。

（六）外国债权人

原则上，债务人不能清偿债务的，可以申请破产的债权人，不以本国自然人、法人和其他组织为限，还包括外国自然人和外国法人。但是，外国债权人的破产申请人地位，由于适用法院地法而可能呈现出相应的差别。

破产立法例对外国债权人的破产申请人地位，基本上实行国民待遇原则。以此为基础，并采用对等原则或者报复措施对外国债权人的破产申请人地位予以相应的限制。例如，日本《破产法》（1922 年）第 2 条规定："外国人或者外国法人关于破产同日本人或者日本法人有同一的地位，但以依其本国法律日本人或者日本法人有同一地位者为限。"

《企业破产法》对于外国债权人的破产申请没有相应的规定，可以适用民事诉讼法的有关规定。依照《民事诉讼法》的有关规定，外国人在诉讼中享有与我国国民同等的待遇，但是外国法院对我国公民、法人以及其他组织的民事诉讼权利加以限制的，我国法院则对该国公民、企业和组织实行对等原则。[②]因此，外国债权人向我国法院申请宣告位于我国境内的债务人破产的，与我国债权人的地位相同；但是，该债权人所在国法院对我国公民、法人的破产申请权有所限制的，我国法院则对该外国债权人予以同样的限制。

四 破产申请的提出

（一）破产申请及其分类

原则上，破产申请是债务人或者债权人向法院请求对债务人适用破产

[①] 参见邹海林《破产程序和破产法实体制度比较研究》，法律出版社 1995 年版，第 76 页。
[②] 参见《企业破产法》第 4 条和《民事诉讼法》（2012 年）第 5 条。

程序的意思表示。因破产申请人的不同，破产申请可以分为自愿破产申请和非自愿破产申请。自愿破产申请，是债务人提出的破产请求。非自愿破产申请，是债权人对债务人提出的破产请求。

将破产申请划分为自愿破产申请和非自愿破产申请，是具有实践意义的。例如，依照《企业破产法》的有关规定，债务人异议破产申请的程序，仅能适用于非自愿破产申请；债务人向法院提交财产状况说明、债务清册、债权清册、有关财务会计报告等材料的义务，因自愿破产申请和非自愿破产申请有所不同；法院不得基于非自愿破产申请开始和解程序等。[1] 再如，美国联邦《破产法典》第303条规定，非自愿申请的破产案件，只能适用于除农场主和非营利性法人以外的债务人。

此外，就破产程序的启动而言，破产案件多开始于自愿破产申请。破产程序为概括的债务清理程序，债权人通常不希望以破产程序来行使其债权，总是力求通过民事执行程序追求个别的债权受偿。非自愿破产申请，不是破产程序启动的理想模式。

(二) 破产申请的形式要件

破产申请的形式要件，指破产申请人向法院提出破产申请所必须采用的形式以及履行的手续。破产立法例对破产申请均有相应的形式要件的要求，只不过有的要求严格一些，有的要求宽松一些。例如，我国台湾地区"《破产法》"第61条和第62条规定，应当以书面形式提出破产申请。德国《破产法》第104条只规定，债务人提出破产申请应以书面形式为之；对债权人提出破产申请的形式未有特别的要求，但是准用德国《民事诉讼法》第253条之规定，须以书面形式为必要。日本《破产法》（1922年）第114条则规定，有关破产程序的申请，可以书面或者言辞为之。

破产案件不同于民事诉讼案件，应当特别强调破产申请的形式要件以示慎重。我国司法实务对于破产申请始终坚持书面形式的立场。最高人民法院司法解释认为，提出破产申请应当采用书面形式。[2]《企业破产法》第8条规定："向人民法院提出破产申请，应当提交破产申请书和有关证据。破产申请书应当载明下列事项：（一）申请人、被申请人的基本情

---

[1] 参见《企业破产法》第10条、第8条、第11条和第95条。

[2] 参见最高人民法院《关于贯彻执行〈中华人民共和国企业破产法（试行）〉若干问题的意见》（1991年）第3项；最高人民法院《关于审理企业破产案件若干问题的规定》（2002年）第6条。

况；（二）申请目的；（三）申请的事实和理由；（四）人民法院认为应当载明的其他事项。"依照上述规定，破产申请以书面形式为必要。

破产申请除应当采用书面形式外，《企业破产法》区分自愿破产申请和非自愿破产申请，分别规定了破产申请人不同的举证责任要求。

对于自愿破产申请，除破产申请书外，破产申请人应当向法院"提交财产状况说明、债务清册、债权清册、有关财务会计报告、职工安置预案以及职工工资的支付和社会保险费用的缴纳情况"等材料：（1）财产状况说明，即债务人的资产保有状况、负债状况、亏损状况，甚至经营情况对债务清偿的影响等内容的说明。尤其应当说明至破产申请日的资产状况明细表，包括有形资产、无形资产和企业投资情况；在金融机构开设账户的详细情况，包括开户审批材料、账号、资金等；债务人涉及的担保情况和已发生的诉讼情况。（2）债务清册，即记载债务人所负担的全部债务的一览表，列明债务人的债权人名称、住所、债权数额、发生时间，对应说明相对人（债权人）对债务人所享有全部债权的状况。（3）债权清册，即记载债务人所享有的全部债权的一览表，列明债务人的债务人名称、住所、债务数额、发生时间和催讨偿还情况，对应说明相对人对债务人所负的一切债务。（4）有关财务会计报告，即反映债务人财务状况的凭据，主要有资产负债表和损益表等。（5）企业职工情况和安置预案，即用以说明债务人的职工人数、构成、工资待遇和支付、社会保险待遇和费用缴纳，以及职工失业和再就业方案等事项的书面报告。（6）法院认为应当依法提供的其他材料，如债务人的主体资格证明、债务人的法定代表人与主要负责人名单。

对于非自愿破产申请，除破产申请书外，破产申请人应当向法院提交破产申请书所述事实相关的证据，包括但不限于：（1）债权发生的事实与证据；（2）债权性质、数额、有无担保的证据；（3）债务人不能清偿到期债务的证据。[①]

（三）破产申请的效力

原则上，破产申请提出后，不论法院是否已经受理申请，均产生以下效力：撤回破产申请的限制效力和中断诉讼时效的效力。

1. 破产申请的撤回限制

在法院受理破产申请前，申请人有撤回破产申请的权利。我国司法实

[①] 参见最高人民法院《关于审理企业破产案件若干问题的规定》（2002年）第7条。

务始终承认申请人撤回破产申请的权利。例如，最高人民法院《关于审理企业破产案件若干问题的规定》（2002年）第11条规定："在人民法院决定受理企业破产案件前，破产申请人可以请求撤回破产申请。人民法院准许申请人撤回破产申请的，在撤回破产申请之前已经支出的费用由破产申请人承担。"关于破产申请的撤回，《企业破产法》第9条规定："人民法院受理破产申请前，申请人可以请求撤回申请。"

破产申请人能否在法院受理破产案件前撤回破产申请，是破产法上的一项重要内容。对此，我国学者有"法院准许说""任意撤回说"和"区别说"三种观点，各种观点均有其合理的成分。[①]

破产案件不同于民事诉讼，不论是债务人还是债权人提出破产申请，破产案件涉及的当事人利益已超出了破产申请人的范围。尤其是在债务人有破产原因时，撤回破产申请无疑会损害债权人的团体利益。所以，破产申请的撤回，应当经法院作出决定。一般而言，有下列情形之一的，法院不应允许撤回破产申请：（1）债务人不能清偿债务而申请人请求撤回破产申请没有正当理由的；（2）债务人不能清偿债务而有义务申请破产时，例如清算人申请清算法人破产，破产申请提出后破产原因未消失的。显然，问题并不在于申请人是否可以撤回破产申请，而在于法院是否允许申请人撤回破产申请。

需要注意的是，在法院受理破产申请后，破产程序已经开始，破产申请人不得请求撤回破产申请。例如，法院宣告债务人破产后，关系一般债权人的利益，申请人不得撤回破产申请。[②] 英国《破产法》第6条规定，法院受理破产申请后，不允许申请人撤回破产申请。《企业破产法》对此没有明文规定，在理论上宜作类似的解释。

2. 诉讼时效的中断

提出破产申请具有提起诉讼的效果。我国《民法通则》第140条规定，诉讼时效因提起诉讼而中断；从中断时起，诉讼时效期间重新计算。在解释上应当认为，提出破产申请属于《民法通则》所规定的中断诉讼时效的事由。但是，破产申请具有中断诉讼时效的效力，仅以非自愿破产申请为限。自愿破产申请不具有中断时效的效力。再者，破产申请中断诉

---

① 参见邹海林、周泽新《破产法学的新发展》，中国社会科学出版社2013年版，第95页。
② 参见刘清波《破产法新论》，（台北）东华书局1984年版，第138页。

讼时效的效力，也只能及于破产申请人个人的请求权，对其他权利人的请求权已开始计算的诉讼时效不产生影响。

第五节　破产程序的开始

一　破产申请的审查

破产申请并非破产程序开始的标志，破产程序开始于法院受理破产申请时。法院在受理破产申请前，应当对破产申请予以审查。破产申请人提出破产申请，除破产申请书外，还应当向法院陈述申请的理由和事实，以及与其申请理由和事实相关的证据。这是破产申请的形式要件。已如前述的破产能力和破产原因，债务人具有破产能力和不能清偿到期债务，则为破产申请的实质要件。法院对破产申请的审查，仅以破产申请的形式要件和实质要件的审查为限。

在理论上，法院应当如何审查破产申请，许多学者都在发表不同的看法。例如，有学者认为，破产申请提出后，法院应当根据申请受理的要件进行审查。破产案件的形式审查是指法院对破产申请程序的合法性审查，主要审查申请人是否适格、申请的形式要件是否符合法律规定、接收申请的法院是否有管辖权。破产申请有形式瑕疵的，申请人在规定期限内补正，否则，视为撤回申请；破产案件的实质审查主要包括对债务人是否具有破产能力以及是否存在破产原因等问题的审查。不具备实质要件的，直接驳回。[①] 人民法院对申请的审查应当注意审查实质要件、程序要件，以及审查阶段的时间问题。实质要件主要包括破产能力要件、破产原因要件，程序要件一般包括申请人资格、申请书和相关的证据材料、申请时必须提交的其他文件资料等。在审查阶段，无论是债务人还是债权人提出申请，只要启动破产程序的实质要件和程序要件得到了满足，应当立即作出是否启动破产程序的裁定。[②] 依照上述见解，法院对破产申请的审查包括破产申请的形式要件和实质要件的全面审查，而这些见解对于法院审查破产申请并没有提供有效的指引。

[①]　参见韩长印《破产法学》，中国政法大学出版社2007年版，第42—43页。
[②]　参见王东敏《新破产法疑难解读与实务操作》，法律出版社2007年版，第55—56页。

还有学者提出,债务人自行申请破产的,法院不仅应进行形式审查,也应进行实质审查,以作出受理或不受理的裁定。因为受理在我国具有相当于国外破产宣告的大部分效力,因此,仅仅是形式审查就裁定受理案件,从而对债务人的人身及财产产生一系列严重影响,是不符合立法意图的。另外,我国破产法规定的破产原因与其他国家不同,不仅要求"企业法人不能清偿到期债务",并且要求"资产不足以清偿全部债务或者明显缺乏清偿能力的",因此,仅仅进行形式审查,根本无法判断是否具有破产原因。① 另有学者主张,仅在相对人对破产申请有异议时进行实质审查。债权人申请破产,债务人有异议的,法院均应进行实质性审查,查明债务人是否存在破产原因。但若无争议且无明显证据表明债务人不存在破产原因,则无须进行实质审查;对债务人提出破产申请的案件,立法并没有规定债权人提出异议的期间。但如有债权人得知消息并提出异议,如债务人不存在破产原因,恶意利用申请破产延误对债权人的清偿等法院也应进行实质性审查。除此之外,如无明显证据表明债务人不存在破产原因,则无须进行实质审查。②

更有学者认为,在受理程序这个短暂的、非正式审理程序中审查至为重要的破产原因等实体要件,使得受理程序的空间容量与破产实体要件的复杂性、重要性并不相称。破产实体要件在一个与其不相称的程序中被审查,影响重大的破产案件受理效力的诸多规定也缺乏程序的正当性基础。法院接到破产申请后,由立案庭仅对申请材料进行形式审查,该过程实际上就已经完成了受理程序的任务。不审查实体问题,可以简化申请手续,相应地也可以缓解破产案件申请难的问题。至于破产原因等破产实体要件,应在法院受理破产案件之后成立合议庭依审理程序审理。③ 只要申请人的申请符合法定的形式要件,法院就应予受理。至于债务人是否具有破产原因、能否被法院宣告破产,并不影响法院对破产案件的受理。破产申请的实质审查应在审理程序中进行。因为在受理阶段,法院在较短时间内不可能对债务人是否具有破产原因作出客观真实的评价。④

---

① 参见李永军《我国〈企业破产法〉上破产程序开始的效力及其反思》,《法学杂志》2011年第2期。
② 参见王欣新《破产法司法实务问题研究》,《法律适用》2009年第3期。
③ 参见韩长印、郑金玉《破产实体要件的审理程序研究》,《现代法学》2006年第1期。
④ 参见齐树洁《破产法》,厦门大学出版社2009年版,第61页。

笔者以为，破产申请的形式要件和实质要件，并不应当对法院审查破产申请的形式产生影响。破产申请的审查，为法院启动破产申请所必需，但在这个阶段尚不具备实质审查的条件，故在司法实务上，法院受理破产申请应以形式审查为必要。不论法院审查破产申请事项为形式要件还是实质要件，在本质上都是形式审查。法院在受理破产申请时，对于破产申请的理由和事实并不作任何实体上的判断，仅以申请人向法院提交的破产申请所陈述的理由和事实有相应的形式证据佐证为必要。经形式审查，若破产申请符合《企业破产法》的有关规定，法院应裁定受理破产申请；否则，应裁定不予受理破产申请。

二 非自愿破产申请的异议

非自愿破产申请，是指债权人对债务人提出的破产申请。非自愿破产申请，并非出自债务人的自愿，债务人是否具有应当适用破产程序的原因，在法院审查破产申请时无法确定，而破产程序的开始对于债务人以及所有的利害关系人而言，均会产生概括的执行效力，影响重大。为避免破产程序的不当适用，破产立法对非自愿破产申请，应当赋予债务人异议权。我国的司法实务在这个方面进行了有益的尝试。[1]《企业破产法》第10条规定："债权人提出破产申请的，人民法院应当自收到申请之日起五日内通知债务人。债务人对申请有异议的，应当自收到人民法院的通知之日起七日内向人民法院提出。人民法院应当自异议期满之日起十日内裁定是否受理。"

有学者认为，破产对债务人来说是生死攸关的事情，实践中由于债权人不能够详尽地了解债务人的财务状况，也可能有债权人以不正当目的申请债务人破产，因此，债务人有权及时知道自己被申请破产，而且有权就自己是否具备破产原因或者是否有不适用破产程序的其他事由提出意见。异议期满后，无论债务人是否提出异议，法院将在异议期满后10天内作出受理或者不受理破产申请的裁定；债务人提出的异议成立的，应当驳回申请。[2] 还有学者认为，从《企业破产法》的相关规定看，如果债权人提出债务人破产的申请，法院给予债务人以异议权；如果债务人在法定期间

---

[1] 参见最高人民法院《关于审理破产案件的若干规定》（2002年）第8条。
[2] 参见王卫国《破产法精义》，法律出版社2007年版，第26—27页。

内不提出异议,法院就认可债务人具备破产原因而作出受理裁定。该设计的思路非常明了:当债权人申请债务人破产时,如果债务人没有破产原因时,他一定会提出异议。但是,在现实生活中,恰恰是债务人与债权人串通,甚至在政府授意或者法院支持的情况下以保护地方经济为由串通,债务人不提出异议。针对这种情况,也应有相应对策,防止破产程序被滥用。①

对于非自愿破产申请,债务人提出异议的,法院应当对债务人的异议理由和事实进行实质审查。例如,有学者认为,如果债权人以债务人不能清偿到期债务为由申请债务人破产清算,债务人仅以其财产超过负债、能够清偿到期债务为由提出异议,却不能清偿债务或与债权人达成债务清偿协议的,法院应认定其异议不能成立,不能据此裁定对破产申请不予受理。债务人对申请人是否享有破产债权提出异议的,法院应当依法对相关债权进行审查。② 但考虑到《企业破产法》规定的异议审查期间较为有限,法院对债务人的异议进行实质审查有一定的难度,或许延长破产申请的裁定受理期限③,将成为非自愿破产申请异议程序的常态。

对于非自愿破产申请,《企业破产法》并没有限定债务人提出异议的范围。一般而言,债务人异议非自愿破产申请的事项可分为三个层次:一是对债权人申请资格和法院管辖权的异议。对债权人的申请人资格的异议实际上是对债权人债权的否认。至于后者,由于法院在接受破产申请时,要主动进行管辖权的审查,故对法院管辖权的异议较少发生。二是对债权人申请原因的异议。债务人不能清偿到期债务,是债权人申请债务人破产的原因,故债务人可以自己能够清偿到期债务,或者以债权未到期等予以反驳。三是对破产原因的异议。债务人可证明自己能够清偿到期债务,或资产足以清偿全部债务,或具有清偿能力,以不具有破产原因阻止法院受理破产申请。④ 但是,债务人对非自愿破产申请提出异议的,应当以非自愿破产申请的理由或者事实为限。法院对债务人异议的具体事由进行审查后认为异议成立的,应当裁定不受理破产申请;异议不成立的,应当裁定受理破产

---

① 参见李永军《我国〈企业破产法〉上破产程序开始的效力及其反思》,《法学杂志》2011年第2期。
② 参见王欣新《破产法》(第三版),中国人民大学出版社2011年版,第54页。
③ 参见《企业破产法》第10条第3款。
④ 参见邹海林、周泽新《破产法学的新发展》,中国社会科学出版社2013年版,第100—101页。

申请。

三 破产申请的受理

法院裁定受理破产申请是破产程序开始的标志。一般而言，经审查，法院认为破产申请符合《企业破产法》的规定，应裁定受理破产申请。自法院裁定受理破产申请之日起，破产程序开始。受理破产申请的裁定，即时发生效力，债务人和其他利害关系人对法院受理破产申请的裁定，不得上诉。[①] 人民法院对破产案件作出的裁定，除驳回破产申请的裁定外，一律不准上诉。当事人对裁定有异议的，可以向作出裁定的原审人民法院申请复议。但是，复议期间不停止裁定的执行。[②]

破产申请的受理构成债务人的债权诉讼时效中断的法律事实。不论自愿申请还是非自愿申请，只要法院裁定受理破产申请，债务人对他人所享有的全部债权的诉讼时效中断。最高人民法院《关于适用〈中华人民共和国企业破产法〉若干问题的规定（二）》（2013年）第19条第1款规定："债务人对外享有债权的诉讼时效，自人民法院受理破产申请之日起中断。"但是，债务人对他人享有债权的诉讼时效在法院受理破产申请前已经完成的，不发生已经完成的诉讼时效自法院受理破产申请之日起重新计算的问题。[③]

受理破产申请的裁定，应当在《企业破产法》规定的时限内作出。法院受理破产申请的裁定时限，就非自愿破产申请而言，为"异议期满之日起十日"；就自愿破产申请而言，则为法院"收到破产申请之日起十五日"。上述裁定时限，因为破产申请有特殊情况，"经上一级人民法院

[①] 应当注意的是，不服法院不受理破产申请的裁定，申请人可以提出上诉。《企业破产法》第12条第1款规定："人民法院裁定不受理破产申请的，应当自裁定作出之日起五日内送达申请人并说明理由。申请人对裁定不服的，可以自裁定送达之日起十日内向上一级人民法院提起上诉。"

[②] 参见最高人民法院《关于贯彻执行〈中华人民共和国企业破产法（试行）〉若干问题的意见》（1991年）第75项。

[③] 我国司法实务以债务人在破产程序开始前临界期间无正当理由放弃时效利益可以重新计算已经完成的诉讼时效的做法是值得讨论的。最高人民法院《关于适用〈中华人民共和国企业破产法〉若干问题的规定（二）》（2013年）第19条第2款规定："债务人无正当理由未对其到期债权及时行使权利，导致其对外债权在破产申请受理前一年内超过诉讼时效期间的，人民法院受理破产申请之日起重新计算上述债权的诉讼时效期间。"

批准，可以延长十五日"。①

有一个实务上的问题值得讨论。对于"恶意破产申请"，法院是否不应当裁定受理？申请人意图通过申请破产的方式达到某种不正当或者非法目的，如债务人有隐匿、转移财产等行为而为了逃避债务申请破产的，债权人借破产申请毁损债务人的商业信誉而意图损害公平竞争的，为恶意申请破产。人民法院在审查破产申请时，发现有恶意提出破产申请情形的，应作出不予受理的裁定。② 上述观点源自我国的司法实务。最高人民法院《关于审理企业破产案件若干问题的规定》（2002年）第12条规定："人民法院经审查发现有下列情况的，破产申请不予受理：（一）债务人有隐匿、转移财产等行为，为了逃避债务而申请破产的；（二）债权人借破产申请毁损债务人商业信誉，意图损害公平竞争的。"也有学者对上述做法提出质疑，应否受理破产案件的关键是债务人是否发生破产原因，至于申请人的主观动机如何，是否想毁损债务人商业信誉，损害公平竞争，与案件受理标准无关；债务人是否有隐匿、转移财产行为，是否有巨额财产下落不明，是否想逃避债务，也不是拒绝受理案件的理由。相反，通过对破产案件的受理，可以由管理人行使撤销权，更有利于追回隐匿、转移或下落不明的财产，打击债务人的逃债行为，维护债权人权益。在这些情况下不受理破产案件，虽然可以使法院摆脱麻烦与风险，但却不能解决任何问题，只会使债权人丧失救济渠道，保护逃债行为。③

事实上，申请人提出破产申请的意图，并非法院受理破产申请应当考虑的因素，更不是法院受理破产申请的条件。《企业破产法》对于法院受理破产申请的条件已有明确规定，立法者在规定法院受理破产申请的条件时，并没有受我国司法实务中提出的"恶意破产申请"问题困扰。"恶意破产申请"不仅不影响法院受理破产申请，反而会成为破产程序开始后所必须面对和防范的道德危险。破产程序客观上还具有遏制债务人恶意申请破产逃避债务的功效。总之，债务人或债权人申请破产的目的如何，不影响法院裁定受理破产申请。

最后要说明的是，法院裁定受理破产申请仅以破产申请符合《企业

---

① 参见《企业破产法》第10条。
② 参见杨森《破产法学》，中国政法大学出版社2008年版，第28—29页；齐树洁《破产法》，厦门大学出版社2009年版，第63—64页。
③ 王欣新：《破产法司法实务问题研究》，《法律适用》2009年第3期。

破产法》所规定的条件为必要。法院受理破产申请后,经调查发现债务人不具有适用破产程序的原因的,可以裁定驳回破产申请或者终止已经开始的破产程序。破产申请人对驳回破产申请的裁定不服的,可以在裁定送达之日起 10 日内向上一级人民法院提起上诉。①《企业破产法》第 12 条第 2 款规定:"人民法院受理破产申请后至破产宣告前,经审查发现债务人不符合本法第二条规定情形的,可以裁定驳回申请。申请人对裁定不服的,可以自裁定送达之日起十日内向上一级人民法院提起上诉。"

四 破产程序开始的效力

破产程序开始的效力,是指法院裁定受理破产申请所产生的程序上的效力,包括但不限于对债务人的程序约束力。依照破产程序受理开始主义,破产程序开始的效力,始于法院受理破产申请之时。

《企业破产法》对于破产程序开始的效力从多个角度和方面予以规定。基于《企业破产法》的规定,学者在理论上也从不同的角度对破产程序开始的效力进行了归纳,摘其要者列举如下。

有学者将破产程序开始的效力归纳为以下五个方面:(1)债务人的有关人员应当承担以下法定义务:妥善保管其占有和管理的财产、印章和账簿、文书等资料;根据法院、破产管理人的要求进行工作,并如实回答询问;列席债权人会议并如实回答债权人的询问;未经法院许可,不得离开住所地;不得新任其他企业的董事、监事、高级管理人员。(2)债务人对个别债权人的清偿无效。(3)债务人的债务人或者财产持有人应当向破产管理人清偿债务或交付财产。(4)破产管理人有权决定解除或继续履行债务人和对方当事人均未履行完毕的合同。(5)有关债务人财产的保全措施应当解除,执行程序应当中止。②

还有学者将破产程序开始的效力,概括为以下六个方面:其一,对债务人的效力:(1)未经法院许可不得擅自离开住所地;(2)拘传。有义务列席债权人会议的债务人的有关人员经法院传唤拒不列席债权人会议的,法院可以拘传;(3)监禁;(4)说明义务。破产人有义务应法院、

---

① 参见最高人民法院《关于审理企业破产案件若干问题的规定》(2002 年)第 14 条第 3 款。
② 参见范健、王建文《破产法》,法律出版社 2009 年版,第 81—84 页。

破产管理人的请求，就有关财产的一切询问进行如实陈述；（5）对债务人公法或私法上的资格限制。其二，对债务人财产的影响：（1）破产财产的管理处分权归由破产管理人；（2）债务人的债务人或者财产持有人应当向破产管理人履行债务或交付财产；（3）破产程序开始前法定期间内所为的有害债权人利益的行为无效或可撤销；（4）对共有财产的影响。对共有人的破产宣告必然引起对共有财产的分割。其三，对破产债权人的效力：（1）未到期债权视为到期；（2）不得在破产程序外向债务人个别主张清偿。其四，正在进行的民事诉讼程序应当中止。其五，正在进行的民事执行程序应当中止。其六，有关债务人的民事诉讼的管辖权，归属于受理破产申请的法院。破产程序开始的上述效力适用于破产清算程序，原则上也适用于和解程序和重整程序。①

另有学者将破产程序开始的效力归纳为以下五个方面：第一，指定破产管理人，对破产财产进行消极管理与积极管理。第二，对债务人的效力。主要表现为：债务人丧失对破产财产的管理处分权；不得对个别债权人进行清偿；债务人有关人员人身受到限制并应承担一定义务。第三，对债权人的效力。主要体现为：所有债权视为到期；债权人对其所受债务人的个别清偿无保持力；债权申报。第四，其他效力。主要有：破产程序的优先效力；待履行合同的继续有效。第五，对相关民事程序的影响。具体表现为：中止有关债务人的民事诉讼或仲裁案件；中止对债务人财产的民事执行程序；破产申请的受理法院对债务人的民事诉讼的专属管辖。②

关于破产程序开始的效力，应当明确其为程序效力；程序效力对于债务人和其他利害关系人之间的实体权利义务关系不产生影响，仅具有程序法上的意义。再者，破产程序开始的效力，非有破产立法的明文规定，不得自行创设；破产程序开始的效力之产生或者强弱，仅能以破产立法的明文规定为限。

笔者以为，依照《企业破产法》的规定，破产程序开始的效力，表现为以下四个方面：第一，产生破产程序自治机构的效力，主要包括管理人的指定和债权人会议的形成③。第二，限制债务人行为的效力，主要表

---

① 参见李永军《我国〈企业破产法〉上破产程序开始的效力及其反思》，《法学杂志》2011年第2期。

② 参见王延川《破产法理论与实务》，中国政法大学出版社2009年版，第96—100页。

③ 参见《企业破产法》第13条和第59条。

现为丧失对债务人财产的管理处分权①、个别清偿的禁止②、承担破产程序上的法定特别义务③。第三，限制债权人行为的效力，主要表现为债权人依照破产程序行使权利④和债权人团体意思的优先⑤。第四，破产程序优先于民事程序的效力，主要有民事程序的中止⑥、保全措施的解除⑦和民事诉讼的法定管辖⑧。

五　破产程序的地域效力

对债务人的财产、债务人在破产程序开始前临界期间内的行为以及对其他利害关系人所产生的程序约束，在多大地域范围内发生，为破产程序的地域效力。破产程序的地域效力问题，核心在于内国法院裁定开始破产程序的，该裁定是否有效于境外以及能否获得执行。内国法院所为破产程序的裁定，具有域内效力。但是，破产程序的域内效力，尚不足以解决同债务人的财产有关的所有问题。特别是，随着现代国际交往的发展，使得国与国之间的经济贸易合作日益广泛，债务人的住所位于国内而在国外拥有财产的现象已十分普遍，跨国企业的域外经营更加模糊了财产的国际界限，必然产生这样的问题：内国法院所为破产程序的裁定对债务人施加的限制，是否有效于债务人位于国外的财产以及在国外所为行为？这就是破产程序的域外效力问题。

破产程序有无域外效力，问题的产生由来已久，为各国破产立法和司法实务所关注。20世纪，美洲国家会议通过的《布斯达曼特法典》对破产宣告的普及效力有统一规定，一国法院所为破产宣告有效于所有的缔约国。其他国家在破产程序的地域效力方面进行的国际协作，多限于双边的司法协助的模式，个别国家相互间订立有相互承认破产程序的效力的协定，例如，1869年法国和瑞士、1899年比利时和法国、1930年意大利和

---

① 参见《企业破产法》第25条、第18条、第17条。
② 参见《企业破产法》第16条。
③ 参见《企业破产法》第11条第2款和第15条。
④ 参见《企业破产法》第44条。
⑤ 参见《企业破产法》第64条。
⑥ 参见《企业破产法》第19条和第20条。
⑦ 参见《企业破产法》第19条。
⑧ 参见《企业破产法》第21条。

法国、1960 年比利时和奥地利、1961 年比利时、荷兰和卢森堡，以及 1962 年荷兰和德国等订立有关于相互承认缔约国法院所为破产宣告的效力之协定。除此之外，国家间关于破产程序的域外效力的更广泛的协作，尚未取得积极的效果。[1]

就破产程序的地域效力而言，破产立法例基本可以划分为两个阵营：破产程序普及效力和破产程序属地效力。

破产程序普及效力是指，内国法院所为破产程序的裁定，不仅对债务人位于法院地国国内的一切财产和应受破产程序约束的利害关系人有效，而且其效力还及于债务人位于国外的财产和实施的行为。例如，法国的司法实务极力主张破产宣告有普及效力，因为这样做可以实现"一人一破产"，避免对同一债务人作出多项破产宣告。破产程序普及效力对破产债权人可以提供更多的实际利益，充分保护破产债权人的利益，有助于防止破产人转移财产到国外，以及个别执行破产人于国外的财产而损害债权人的公平受偿利益。因此，比利时、挪威、英国、瑞典、瑞士等国家采用这种主张。破产程序普及效力虽然可以实现一人一破产的理想模式，尽可能地保护债权人的受偿利益，但是却忽视了不同独立国家的主权原则和不同法域的各自经济与政治利益，因而缺乏广泛受崇的现实基础。

如何实现破产程序普及效力，在各国司法实务上均面临重重障碍。破产法为内国法，内国法院据此所为破产程序的裁定，是否对债务人位于他国的财产生效，只能取决于他国法院的司法承认；否则，不可能产生当然的域外效力。再者，即使主张破产程序普及效力，内国法院也不会无条件地放弃对破产案件的司法管辖权，任由外国法院所为破产程序的裁定在内国法院的司法管辖区生效，往往还会因为经济和政治利益的差别而对外国法院所为破产程序的裁定采取不承认的态度。例如，英国《破产法》极力主张破产宣告有普及效力，但是英国法院也不得不承认，破产宣告并不具有当然的域外效力，事实上也不存在这种效力。首先，外国法院的破产宣告，对破产人位于英国的财产是否生效，要取决于英国法院的承认。1882 年的判例就确认，外国破产管理人并不当然取得破产人位于英国的不动产的权利，除非已取得英国法院的许可。其次，外国破产管理人依据

---

[1] 参见邹海林《破产程序和破产法实体制度比较研究》，法律出版社 1995 年版，第 213 页。

外国法院的破产宣告,对破产人位于英国的财产主张权利,以该外国法院所在国承认破产宣告的普及效力为基础;否则,外国破产宣告在英国无效。再次,英国法院虽然承认外国破产宣告在英国的效力,但是英国判例确认英国债权人的利益优先于外国破产宣告的效力,英国债权人先于破产宣告对破产人位于英国的财产所取得的权利,优先于外国破产管理人对该财产的权利。最后,英国法院的破产宣告,只在联合王国、英联邦成员国以及承认英国法院破产宣告的效力的国家才会有普及效力,对破产人位于否认破产宣告的普及效力的国家的财产不产生效力。① 可见,破产程序普及效力只有相对的意义。

破产程序属地效力是指,一国法院所为破产程序的效力,只对破产人在该法院所在国境内的财产生效,不承认外国法院开始的破产程序有域外效力。破产程序属地效力在司法程序上采取了务实的态度,既有助于维护法院地国的经济利益,又体现了对国家主权的尊重。美国、德国、日本、意大利、泰国、韩国等国家适用破产程序属地效力。有关破产程序属地效力的具体适用,立法例上的态度还有一些差别。

一类立法例规定破产程序属地效力,但在司法实务上又充分考虑和运用破产程序普及效力原理。例如,意大利《破产法》规定,外国法院的破产宣告在意大利境内不产生任何效力;但是,在司法实务上又主张,意大利法院所为破产宣告的效力,原则上及于破产人位于第三国的财产。美国在过去采用与英国法相同的态度,近年来的司法实务却认为,破产宣告是法院司法管辖的结果,效力只可及于国家主权范围内。② 因此,美国法院不承认外国破产宣告的效力,美国法院的破产宣告原则上对破产人位于他国的财产不产生效力,但是,该外国法院承认美国法院的破产宣告者,不在此限。依德国《破产法》,外国破产宣告对于破产人在德国境内的财产不产生影响;但是,德国学者和司法实务援引德国《破产法》第1条,认为德国法院所为破产宣告的效力,及于破产人位于德国境内外的所有财产,至于破产人位于外国的财产,在多大范围内可由破产管理人并入破产财产,则依照外国法的规定确定。③ 上述态度,对于保护债权人利益无疑

---

① I. F. Fletcher, Law of Bankruptcy, Macdonald & Evans, 1978, pp. 372 – 379.
② 参见杨建华主编《强制执行法破产法论文选辑》,五南图书出版公司1984年版,第415页。
③ 参见陈计男《破产法论》,(台北)三民书局1986年版,第17页注③。

是有帮助的，各国立法例多有向此方向发展的趋势。

另一类立法例采取较为绝对的立场，既不承认外国破产宣告的效力，又不主张内国法院的破产宣告有域外效力。例如，日本《破产法》（1922年）第 3 条规定：于日本宣告的破产，只对破产人在日本的财产有效；于外国宣告的破产，对于破产人在日本的财产无其效力。韩国《破产法》第 3 条也有相同的规定。这种立法例实务操作方便，但是对于债权人的保护不够完备。我国台湾地区"《破产法》"第 4 条规定，外国破产宣告对于破产人在台湾地区的财产不发生效力。但是，台湾地区法院所为破产宣告，对破产人位于台湾地区以外的财产是否有效呢？多数学者倾向于认为，在台湾地区宣告的破产，对于破产人位于台湾地区以外的财产自然不发生效力。① 也有部分学者认为，台湾地区"《破产法》"第 4 条不承认外国破产宣告的效力，但是，在台湾地区宣告的破产，原则上有效于破产人位于台湾地区以外的财产。②

我国《企业破产法（试行）》和《民事诉讼法》（1991 年）没有就破产程序的地域效力的问题作出规定。在理论和司法实务上，我国在对待外国法院作出的有关破产程序的裁定事项上极为谨慎，依照对等原则承认外国法院所为破产程序的裁定对于破产人位于我国境内的财产发生效力。③ 随着我国对外开放的日渐深入，国际交往的广度和深度的加强，司法领域的国际合作成为我国必须面对的重大问题。《企业破产法》第 5 条规定："依照本法开始的破产程序，对债务人在中华人民共和国领域外的财产发生效力。对外国法院作出的发生法律效力的破产案件的判决、裁定，涉及债务人在中华人民共和国领域内的财产，申请或者请求人民法院承认和执行的，人民法院依照中华人民共和国缔结或者参加的国际条约，或者按照互惠原则进行审查，认为不违反中华人民共和国法律的基本原则，不损害国家主权、安全和社会公共利益，不损害中华人民共和国领域内债权人的合法权益的，裁定承认和执行。"

依照上述规定，我国法律已宣称破产程序具有普及效力。我国法院开

---

① 参见钱国成《破产法要义》，（台北）三民书局 1983 年版，第 20 页；刘清波《破产法新论》，（台北）东华书局 1984 年版，第 54 页。
② 参见陈荣宗《破产法》，（台北）三民书局 1986 年版，第 52 页。
③ 参见邹海林《破产程序和破产法实体制度比较研究》，法律出版社 1995 年版，第 216 页。

始的破产程序，对债务人在我国领域外的财产发生效力。但是，外国法院作出的发生法律效力的破产案件的判决、裁定，是否有效于债务人在我国领域内的财产，则要取决于我国法院的承认和执行。这就是说，我国法律对于破产程序普及效力的立场是有所保留的。外国法院作出的发生法律效力的破产案件的判决、裁定，唯有经我国法院依照我国缔结或者参加的国际条约，或者按照互惠原则审查后，认为不违反我国法律的基本原则，不损害国家主权、安全和社会公共利益，不损害我国领域内债权人的合法权益的，才能获得承认和执行。

第六节 破产程序的转换

前已言之，《企业破产法》在我国实现了破产程序的体系化设计。通过《企业破产法》的规定，破产程序已经由较为单纯的清算程序，转化为供债务人选择清理债务的目标和手段多样化的功能性程序。破产程序建立在当事人的债权债务无争议的基础上，通过重整、和解或者清算清理债务，其基础条件完全是相同的。立法者在立法技术上以较为清晰的脉络厘清了破产程序的共同规范，有助于实现重整、和解与清算程序的转换。

一 破产清算向重整程序的转换

对于破产清算程序可否转换为重整程序，因为《企业破产法》规定的原则性，在理论上存在争议。特别是，《企业破产法》没有禁止清算程序向重整程序转化的规定，为破产法的理论研究和司法实务的创新留下了空间。

有学者认为，破产程序的开始并不排除向重整程序的转换，这是各国法律均承认的原则。但是，重整程序社会代价与费用高昂，制度间的多次转换势必会造成财力的大量浪费，于债务人和债权人均不利。所以，若债务人在破产程序开始前已提出重整申请的，在破产程序进行中，不得再提出转换的申请，但债权人或股东可以。破产宣告后提出重整程序开始的申请，已无实际意义。①

也有学者认为，在破产清算程序进行中，相关申请权人可以申请将破

---

① 参见李永军《破产法律制度》，中国法制出版社 2000 年版，第 423—424 页。

产清算程序转换为重整程序或和解程序。不过应当借鉴美国《破产法》的规定，通过司法解释对这种转换权予以限制，即转换只能行使一次，若破产清算原本就是从重整程序或和解程序转换而来，则不能再将其转换为重整或和解程序。在破产清算程序中，若债务人已被宣告破产，则不能将破产程序转换为重整或和解程序，这是因为在宣告破产后，将随即对破产财产进行变价和分配，已不具备将破产程序转换为重整程序或和解程序的条件。[①]

总体而言，破产清算程序开始后，不论法院是否已经宣告债务人破产清算，再向重整程序转换，其实践价值要特别关注，因为个案情形的不同，则其必要性和可能性会有相当大的差异。这是我国学者在理论上应当研究解决的问题，也是司法实务应当特别关注并谨慎对待的问题。

二 破产清算与和解程序的相互转换

依照《企业破产法》第 95 条的规定，债务人可以直接向法院申请和解；也可以在法院受理破产申请后、宣告债务人破产前，向法院申请和解。依法开始的和解程序，出现以下四种情况之一的，则转换为破产清算程序：（1）和解计划未获得债权人会议的通过；（2）经债权人会议通过的和解协议未获得人民法院认可；（3）债务人不能执行或者不执行和解协议的；（4）和解协议是因债务人的诈欺或者其他违法行为成立的。[②]

依照上述规定，和解程序与破产清算程序之间是可以相互转换的。但值得讨论的问题是，债务人在法院宣告债务人破产清算后，可否再提出和解申请，以实现破产清算程序向和解程序的转换？有学者认为，破产宣告后，债务人不得再提出和解申请。但许多国家或者地区的破产法并不禁止。[③]也有学者认为，债务人可以直接向人民法院申请和解，也可以在人民法院受理破产申请后、作出破产宣告前申请和解。后者通常发生在债权人提出破产申请的情况下。另外，在法院作出破产宣告后，债务人也可以申请和解。这就使和解制度设置的目的得以扩张，不仅是为避免企业破产，而且将尽快结束破产程序，减少破产费用的支付等。[④]

---

① 参见范健、王建文《破产法》，法律出版社 2009 年版，第 213 页。
② 参见《企业破产法》第 99 条、第 104 条和第 103 条。
③ 参见李永军《破产法的程序结构与利益平衡机制》，《政法论坛》2007 年第 1 期。
④ 参见王欣新《破产法》（第三版），中国人民大学出版社 2011 年版，第 231 页。

对于上述问题，在理论上承认债务人可以向法院申请和解，并不存在障碍，因为破产宣告后进行的和解程序，为破产程序开始后的和解程序的一种，其目的在于"避免通过破产分配处分债务人财产，防止债权人受破产分配的不利损失，采取较为缓和的债务清偿办法清理债务"①。《企业破产法》对于债务人在法院宣告其破产清算后申请和解并没有禁止性规定，而我国的司法实务对于和解程序的立场一向宽容，"人民法院受理企业破产案件后，在破产程序终结前，债务人可以向人民法院申请和解。人民法院在破产案件审理过程中，可以根据债权人、债务人具体情况向双方提出和解建议"。"人民法院作出破产宣告裁定后，债权人会议与债务人达成和解协议并经人民法院裁定认可，由人民法院裁定中止执行破产宣告裁定，并公告中止破产程序"。② 所以，在法院宣告债务人破产清算后，债务人仍可提出和解申请，以实现破产清算程序向和解程序的转换。

三 和解程序与重整程序的相互转换

关于和解程序与重整程序的转换问题，《企业破产法》没有明确的规定，学者间的意见是不同的，但多数学者持否定立场的意见。

有学者认为，和解程序不能向重整程序转换。在和解程序进行过程中，重整申请权人不能申请将和解程序转换为重整程序。《企业破产法》将提出重整申请的时间明确限定为"宣告债务人破产前"，事实上已排除了和解程序协议生效后申请重整的权利，因为和解协议生效将导致和解程序终结，从而无从将和解程序转换为重整程序。至于和解程序启动后和解协议生效前能否将破产程序转换为重整程序，尽管法律没有明确规定，但鉴于和解程序与重整程序的基本功能相同且前者已被受理，故仍应排除重整程序的适用。③ 若和解协议已经达成尚未履行或正在履行过程中，法律应不允许提出重整申请。因为和解与重整虽有较大差别，但它也有避免债务人解体的功能，况且和解程序的费用较重整程序低，和解程序更能体现债权人意思自治。既然债务人与债权人已经达成和解协议并且已经法院认

---

① 参见邹海林《破产程序和破产法实体制度比较研究》，法律出版社 1995 年版，第 168—169 页。
② 参见最高人民法院《关于审理企业破产案件若干问题的规定》（2002 年）第 25 条。
③ 参见范健、王建文《破产法》，法律出版社 2009 年版，第 213 页。

可生效，就不应再允许提出重整开始的申请。① 由于不同破产程序之间的转换需要成本，应对不同破产程序之间的相互转换做必要限制，特别是和解程序与重整程序之间的转换。如果和解程序协议已经由债权人会议通过，且经法院认可，则不应许可当事人提出重整程序申请。②

还有学者认为，重整程序不能直接转换为和解程序，因为和解以债务人申请为依据，法院不能依职权宣告和解程序的开始。因而在重整申请被驳回、重整计划未被许可或重整计划被废止时，除非有债务人关于和解的申请，重整程序不会直接转换为和解程序。③ 在重整程序进行中，和解申请权人不能申请将重整程序转换为和解程序。由于重整程序一般具有优先适用效力，且二者具有基本相同的制度价值，而在当事人的申请下法院已受理了重整程序，故应排除和解程序的适用。④ 重整程序的效力优先于和解程序。重整程序一旦开始，和解程序则不得开始或必须中止。重整程序开始后，不得转化为和解程序。⑤

但有学者认为，和解程序可以向重整程序转换。《企业破产法》未规定和解程序可以向重整程序转换，但是，由于重整程序与和解程序在挽救债务人的效力方面有较大差异（如能否强制批准挽救债务人的计划草案、对物权担保债权人有无约束力等），而第三人对两者的差异不一定十分了解，提起的程序不一定十分适合挽救企业。为了更有利于挽救债务人企业，如果和解程序尚未进行到将和解协议草案提交债权人会议讨论批准的阶段，也可以考虑允许利害关系人申请转入重整程序。⑥

从破产法理论及实务上看，应当允许和解程序与重整程序相互转换。重整程序是较和解程序更为高级的破产清算预防程序，更具有恢复债务人经营能力的积极效果，在再生主义理念下，当和解程序不能奏效时，应当允许动用更为高级的再生手段即重整程序来努力挽救企业。禁止和解程序向重整程序转换，人为增大了债务人选择再生程序上的风险，《企业破产法》规定的债务人寻求重整保护的权利，则因申请了和解而被剥夺，对

---

① 参见李永军《破产法律制度》，中国法制出版社 2000 年版，第 425 页。
② 参见李永祥、丁文联《破产程序运作实务》，法律出版社 2007 年版，第 278—279 页。
③ 参见李永军《破产法律制度》，中国法制出版社 2000 年版，第 426 页。
④ 参见范健、王建文《破产法》，法律出版社 2009 年版，第 213 页。
⑤ 参见韩长印《破产法学》，中国政法大学出版社 2007 年版，第 185 页。
⑥ 参见王欣新《破产法》（第三版），中国人民大学出版社 2011 年版，第 256—257 页。

债务人有失公平。由于重整程序可以为债务人提供更长时间以及更有力的保护，在二选一且不能转换的情况下，债务人对和解无十足把握时，必然要选择申请重整，结果是降低和解程序的适用率，甚至会使和解程序成为摆设。和解申请仅限于债务人提出，而重整申请人除债务人外，尚有债权人、债务人的出资人，因债务人申请了和解而累及他人（债权人、债务人出资人）适时申请重整的权利，也不公允。因此，在我国司法实务上，应当允许和解程序转换为重整程序。除上述以外，否定重整程序向和解程序的转换，具有将问题简单化之嫌。重整程序与和解程序具有基本相同的功能，但其程序的复杂程度以及便利性存在很大的差异，和解程序灵活易用，由较为复杂的重整程序转换为简单的和解程序，实务上存在诸多的便利，二者在程序上对于利害关系人的权益保障具有互补性，而不是相互排斥的。因此，如果有条件或者有合适的案型，司法实务对于重整程序向和解程序的转换，也应当进行有益的尝试。①

四　重整程序向破产清算的转换

重整程序作为挽救陷于财务困境的企业的措施，具有避免企业被破产清算的积极功效，此效果的达成是有条件的。能够适用重整程序的债务人，基本上都是那些可以被破产清算的企业。当重整程序不能成功挽救陷于财务困境的企业时，只能依照破产清算程序清理债务。故重整程序可以转化为破产清算程序，为体系化的破产程序制度的应有之义。

依照《企业破产法》的规定，出现下列法定事由之一的情形，已经开始的重整程序可以直接转换为破产清算程序：第一，在重整期间，有下列情形之一的：（1）债务人的经营状况和财产状况继续恶化，缺乏挽救的可能性；（2）债务人有诈欺、恶意减少债务人财产或者其他显著不利于债权人的行为；（3）由于债务人的行为致使管理人无法执行职务；（4）债务人或者管理人未按期提出重整计划草案。② 第二，重整计划草案未获得表决权人会议通过，或者法院未裁定批准重整计划的。③ 第三，债

---

① 参见邹海林、周泽新《破产法学的新发展》，中国社会科学出版社2013年版，第78—79页。
② 参见《企业破产法》第78条和第79条第3款。
③ 参见《企业破产法》第88条。

务人不能执行或者不执行重整计划的。① 经法院裁定，重整程序转入破产清算程序后，利害关系人不能再申请转回重整程序。②

重整程序不能达其目的，债务人是否只能进入破产清算程序？前述《企业破产法》有关重整程序向破产清算程序转换的规定，均将破产清算作为终结重整程序的唯一选项，我国的破产法理论以及司法实务对此似无疑问。但是，有学者认为，企业再生程序开始后，若再生程序目的不能实现，应当有企业再生程序向其他债务清理程序转化的机制；发生提前终止企业再生程序或者终止执行企业再生措施的情形时，《企业破产法》均规定经利害关系人请求，法院应当裁定宣告债务人破产清算，属于明显的法律漏洞，将造成清算程序的不当适用。例如，当法院裁定对债务人适用重整程序的原因为《企业破产法》第 2 条第 2 款规定之"有明显丧失清偿能力的可能"，则在提前终止再生程序的情形下，若未发生债务人"不能清偿债务"的事实，法院则不能裁定宣告债务人破产清算，而仅能裁定重整程序终结。③ 重整程序与破产清算程序各有其适用的条件，重整程序能否转化为破产清算程序，将取决于债务人是否具有《企业破产法》第 2 条所规定的"破产原因"；当债务人具有适用重整程序的原因，并不表明债务人也具有适用破产清算程序的原因。因此，这里所要关注的，并非破产清算程序必然替换重整程序这么简单的问题，而是法院要在裁定终结重整程序时，另行裁定是否开始破产清算程序。

---

① 参见《企业破产法》第 93 条。
② 参见李培进《企业破产法的理论与实践》，中国政法大学出版社 2011 年版，第 46 页。
③ 参见邹海林主编《中国商法的发展研究》，中国社会科学出版社 2008 年版，第 204—206 页。

第二章

债权申报与调查

第一节 债权申报的程序价值

一 债权申报的意义

债权申报,指债权人本人或其代理人,在破产程序开始后的法定期间或者法院指定的期间内,向法院或管理人呈报其债权,以示参加破产程序的意思表示。债权申报,是债权人参加破产程序行使权利的基础。债权人应当在法律规定的期间或者法院指定的期间内呈报债权,是债权申报的基本特征。

债权申报制度是为实现破产程序的基本要求而创制的一种纯粹的程序制度。凡债权人在法定期间或者法院指定的期间内未申报债权的,就不能行使债权人在破产程序中享有的各项权利。债权申报制度的直接目的在于,保障破产程序的公正、及时地进行。但是,债权申报并非债权的确认,它只是债权人取得参加破产程序行使权利的先决条件,至于债权人是否能够成为破产程序的当事人,还有待于债权申报后的债权调查和确认。为充分保障债权人的平等权益、实现债权申报制度所具有的意义,法律应当建立相应的债权申报的机制。

二 债权申报制度的功能

破产法所创债权申报制度,对实现破产程序的基本要求有重要意义。理论上,有破产程序的开始,就必须有债权申报,以保障债权人参加破产程序的机会均等。破产程序的基本目标在于公正、及时、节俭地清理债权债务。公正，要求对每个债权人行使权利不偏不倚，各债权人在破产程序中的地位平等、受偿机会均等。及时，要求受理破产申请的法院在尽可能合理的短时间内，终结破产程序。节俭，要求破产程序的当事人或利害关系人各方，参加破产程序的费用支出以合理为必要，以保障债权人和债务人的利益免受进一步的损失。债权申报给债权人参加破产程序提供了平等的机会。

法院受理破产申请后，虽然可以根据债务人提交的债务清册，对债权人的存在取得初步了解，但是由于债务清册的记载，不能穷尽所有的债权人，故法院或者管理人不能根据债务清册来确定债权人人数，继而进行后续破产程序。债务清册上未记载的债权人，应当拥有与债务清册上记载的已知债权人无差别地选择参加破产程序的机会。为了给每一个债权人提供参加破产程序的平等机会，保障其在破产程序中的公平受偿利益，将欲参加破产程序的债权人均吸收到破产程序中来，必须借助债权申报制度。债权申报使得每个债权人在机会相同的情况下，以最低的成本参加到破产程序中来。

再者，破产程序的存在以多数债权人的存在为必要。破产程序开始后，若无债权人申报债权，或者只有一个债权人申报债权，无法组成债权人会议运行破产程序，此时则有必要及时终结已经开始的破产程序。因为在没有债权人申报债权参加破产程序的场合，以及仅有一个债权人参加破产程序的场合，民事诉讼程序或民事执行程序足以解决所有的问题，不需借助破产程序来清理债权债务。破产案件涉及的债权人人数众多，如果允许每一个债权人自由选择参加破产程序的时机，破产程序就不能顺利及时地进行。没有债权申报，难以组成相对稳定的债权人会议。特别是，所有的债权人申报或主张的债权，均应当在债权人会议上予以调查，相当程度上可以避免个别确认债权费用的重复支出。破产法要求所有的债权人，都必须在法律规定的期间或者法院指定的期间内申报债权，以便管理人调查确认债权，迅速组成债权人会议运行破产程序，从而及时进行后续的破产程序。所以，债权申报有助于法院和管理人及时查明债权人的人数、状况，及时召集债权人会议，防止破产程序久拖不决，从而在根本上保障债权人和债务人的利益。

曾有学者对我国破产立法的债权申报制度提出质疑。首先，在法院受理破产申请后至破产宣告前，破产债权的范围尚未确定，因此不存在债权申报期限的客观条件。其次，法律规定在破产宣告前逾期未申报债权，视为自动放弃债权，是不必要和不合理的，唯有在破产宣告后才会存在必要性和合理性。① 实际上，论者对我国债权申报制度的异议，无非是用破产债权申报制度来否认我国破产程序受理开始主义体制下的债权申报制度的必要性。债权申报，作为债权人取得破产程序当事人地位的先决条件，其形式不以破产程序宣告开始主义体制下的破产债权申报为限。

我国破产立法上的债权申报，和我国的破产程序模式结构制度相关。这种立法例，如同英美法系破产立法所创债权申报制度②有其存在的实践基础。我国法定的破产程序实行破产程序受理开始主义，有别于大陆法系国家破产立法所规定之破产程序宣告开始主义，③ 它至少包括了破产宣告前的程序和破产宣告后的程序；④ 尤其在《企业破产法》规定的破产程序结构之下，破产程序受理开始主义具有了更加丰富的内容。法院在受理破产申请后，不论程序开始的目的为清算抑或和解或者重整，非经债权申报，后续程序无法进行。此外，在理论上，有破产程序的开始和进行，就必须有债权申报，以保障债权人参加破产程序的机会均等，并通过债权申报，使法院能够及时组成债权人会议来决定破产程序进行的重大事项。

第二节 债权申报期限

一 债权申报期限的立法例

破产程序开始后，债权人向法院申报债权的期间为债权申报期限。美国、英国、德国、日本等国的破产立法和我国的《企业破产法》对债权申报期限实行法院酌定主义。法国、伊朗、泰国等国的破产立法和我国的《企业破产法（试行）》对债权申报期限实行法定主义。

债权申报期限的长短，由受案法院根据破产案件的具体情况加以确

---

① 参见王欣新、薛庆予主编《律师新业务》，中国人民大学出版社1990年版，第32—33页。
② 例如，美国联邦《破产法典》第501条和破产程序规则（Bankruptcy Rules）第3003条。债权人申报债权的期限为90日，但法院有权就该期限作出决定。
③ 例如，日本《破产法》（1922年）第1条规定："破产自其宣告时起发生效力。"
④ 参见王家福主编《经济法律大辞典》，中国财政经济出版社1992年版，第434页。

定，称为法院酌定主义。法院酌定的债权申报期限，为指定期间，法院有权予以变更。美国联邦《破产法典》第 501 条规定：债权人或债权人之受托人，在破产程序开始后应尽快申报债权，联邦地区法院有权给债权人申报债权，确定一个适当的期限。显然，美国法院对于决定债权申报期限的长短，有充分的自由裁量权。日本《破产法》（1922 年）第 142 条规定：法院为破产宣告时，应当确定债权申报期限；该期限以 2 周以上 3 个月以下为限。可见，日本法院对债权申报期限的自由裁量，受法定最低和最高时限的限制。债权申报期限的法院酌定主义，符合破产程序迅速及时进行的要求，尤其是与具体的破产案件相结合，富有灵活性。由于债权申报期限是法院酌定的，为保护每一个债权人的利益，仍然允许债权人在债权申报期限经过后补充债权申报，补充申报债权仍具有效力。

债权申报期限的长短，由法律直接加以规定，受案法院不得予以变更，称为债权申报期限法定主义。《企业破产法（试行）》第 9 条第 2 款规定，债权人收到人民法院受理破产案件通知书（已知的债权人）的，其债权申报期限为自收到通知之日起 1 个月；未收到人民法院受理破产案件通知的债权人（未知的债权人），其债权申报期限为自人民法院发布受理破产案件公告之日起 3 个月。[①] 法定债权申报期限的主要目的在于，促进破产程序的迅速进行，防止破产程序因个别债权人，延迟申报债权而久拖不决。

二 法院酌定债权申报期限

法定债权申报期限没有考虑到破产案件的复杂与难易程度，对所有的破产案件均规定一个固定的债权申报期限，不利于法院对简单的破产案件采取迅速结案的步骤，可能会因程序的拖延而给有利害关系的当事人造成不应有的损失。债权申报期限应当具有灵活性。当我们考虑到破产案件的个案具有特殊性时，适用期间相同的债权申报制度固然会存在问题；适用不同的债权申报期限，有利于及时、合理地终结破产程序。在这个意义上，由法院酌定债权申报期限，较为合适。再者，法定债权申报期限，区别已知债权人和未知债权人而有所差别，至少在诉讼程序上没有做到债权

---

① 另参见《民事诉讼法》（1991 年）第 200 条："债权人应当在收到通知后三十日内，未收到通知的债权人应当自公告之日起三个月内，向人民法院申报债权。"

人平等。除限制了已知的债权人选择参加破产程序的决定时间以外，这种差别性的规定也没有什么实际意义。[①] 在构造破产程序上的期间制度时，一定要避免与民事诉讼程序的期间制度相类比。破产程序是一种绝对不同于民事诉讼的程序，民事诉讼由于考虑到个别具体情况，例如当事人位于国外、直接送达不能等，为保护该当事人的诉讼权利，才规定了较长的诉讼期限；参加破产程序的债权人地位平等，不能将他们分成三六九等，适用不同的期间制度。况且，民事诉讼的公告送达，功能在于弥补其他送达方式适用不能的缺陷，是一种补充性的送达方式；而破产程序中的公告送达，为破产程序的进行所必需，构成破产程序送达文书的基本形式，债权人不论是否已知，破产程序均自法院公告之日起对债权人产生效力。仅仅因为债权人收到法院的通知，就限定其债权申报期限为1个月，是没有根据的。

考虑到债权申报期限应当具有灵活性，并给予所有的债权人相同的程序利益，《企业破产法》对于债权申报制度进行了创新，实行法院酌定债权申报期限的制度。该法第45条规定："人民法院受理破产申请后，应当确定债权人申报债权的期限。债权申报期限自人民法院发布受理破产申请公告之日起计算，最短不得少于三十日，最长不得超过三个月。"

《企业破产法》规定，破产债权申报期限由法院确定，但债权申报期限自人民法院发布受理破产申请公告之日起计算，最短不得少于30日，最长不得超过3个月。这样的规定既赋予了法院自由裁量权以满足不同破产案件的具体需要，又对法院的自由裁量权进行了必要的限制。另外，《企业破产法》未再区别已知和未知债权人，所有债权人适用统一的债权申报期限规定，体现了债权人平等要求，也减少了不必要的麻烦。[②]

《企业破产法》以"月"来限定债权申报期限，但是"月"的长短并不完全相同，直接造成司法实务上的不便利。2000年6月，全国人大财经委员会起草的《中华人民共和国企业破产与重整法（草案）》第38条规定："人民法院受理破产案件后，应当确定债权人申报债权的期限。债权申报期限最短不得少于三十日，最长不得超过九十日。债权申报期限

[①] 参见邹海林《破产程序和破产法实体制度比较研究》，法律出版社1995年版，第116页。

[②] 参见邹海林、周泽新《破产法学的新发展》，中国社会科学出版社2013年版，第215页。

自人民法院裁定受理破产案件的公告生效之日起计算。"① 《企业破产法》将债权申报期限的计算应当确定为"日",这样做的结果或许在期限的计算上更加科学和便利。

《企业破产法》规定了债权申报的法院酌定期间及其起算,但是没有规定影响债权申报期限计算的特别事由。依《企业破产法》第4条的规定,破产案件的审理程序,可以适用民事诉讼程序的有关规定。因此,债权申报期限的长短,在以时、日计算时,开始的时和日,不得计算在期间内;期间届满的最后一日是节假日的,以节假日后的第一日为债权申报期限届满的日期;期间不包括在途时间,债权申报的文书,债权人或其代理人在期限届满前投邮的,不构成逾期。②

再者,债权人因不可抗拒的事由或者其他正当理由,未能如期申报债权的,可以向人民法院请求延展其债权申报期限。因为发生不可抗拒的事由,或者有其他正当理由,债权人未能在法院确定的期间内申报债权,可以在"障碍消除"后10日内,向法院申请顺延债权申报期限,但是否准许,则由法院酌定。③ 债权人有正当理由而法院准许其顺延债权申报期限的,债权人在顺延的债权申报期限内向管理人申报债权,因其不可归责于债权人,债权人的申报仍为不负担任何额外费用成本的债权申报。④

三 问题与讨论

(一)关于法院公告方式对债权申报期限的影响

依照我国的司法实务,法院受理企业破产案件后,应当在国家、地方有影响力的报纸上刊登公告。⑤ 法院发布受理破产申请公告的媒体周知度不足是否可以构成债权人申请顺延债权申报期限的"正当理由"呢?目

---

① 朱少平、葛毅:《中华人民共和国破产法——立法进程资料汇编(2000年)》,中信出版社2004年版,第200页。

② 《民事诉讼法》(2012年)第82条规定:"期间包括法定期间和人民法院指定的期间。期间以时、日、月、年计算。期间开始的时和日,不计算在期间内。期间届满的最后一日是节假日的,以节假日后的第一日为期间届满的日期。期间不包括在途时间,诉讼文书在期满前交邮的,不算过期。"

③ 《民事诉讼法》(2012年)第83条规定:"当事人因不可抗拒的事由或者其他正当理由耽误期限的,在障碍消除后的十日内,可以申请顺延期限,是否准许,由人民法院决定。"

④ 债权人在法院准许顺延的债权申报期限申报债权的,有别于债权人补充申报债权。

⑤ 参见最高人民法院《关于审理企业破产案件若干问题的规定》(2002年)第17条。

前，我国尚无专门的破产以及清算的公告刊物，法院发布公告的"报纸"是否属于国家、地方有影响力的报纸，恐怕会产生争议。例如，受理破产申请的法院在地方报纸或其他专业报纸上发布公告，而这些报纸确有一定的影响，但其影响力显然有限，属于周知度过低的报纸，债权人事实上也不可能知晓法院受理破产申请的事实。法院发布受理破产申请的公告的基本目的是向所有未知的债权人送达诉讼文书，因为发布公告的媒体周知度过低，却剥夺不知债权申报期限的债权人参加破产程序的权利，显然不公平，也不符合法院公告破产案件的基本目的。

因此，如果法院发布受理破产申请的公告媒体的周知度过低，债权人不知债权申报期限的，可以向法院申请顺延债权申报期限，是否准许顺延债权申报期限，可以由法院根据受理破产申请的公告的具体情形酌定。

（二）关于境外债权人的债权申报期限问题

法院酌定的债权申报期限，是否因债权人位于法院地国境内或境外而有所差别呢？各国的实践做法是有所不同的。例如，伊朗《破产法》规定，伊朗境内的债权人，债权申报期限为1个月；伊朗境外的债权人，债权申报期限为2个月。泰国《破产法》也规定，申报债权的期限为2个月，但位于外国的债权人，其债权申报期限为4个月。我国破产立法对此未有任何规定。

《民事诉讼法》（2012年）第267条规定了对在我国境内没有住所的当事人送达诉讼文书的方式和期间。依照《企业破产法》第4条的规定，在债权申报期限事项上是否可以适用《民事诉讼法》（2012年）第267条的规定？即对于位于我国境外的债权人而言，其债权申报期限是否会因为公告而相应"延长"3个月？[①] 笔者认为，适用民事诉讼法有关涉外民事诉讼的期间于债权申报，恐怕会与破产法规定的债权申报制度的基本要求发生冲突。

破产程序不同于民事诉讼程序。在破产程序进行中，除非债权申报程序结束，是否有位于我国境外的债权人，法院或者管理人均不能主观臆

---

① 《民事诉讼法》（2012年）第267条规定："人民法院对在中华人民共和国领域内没有住所的当事人送达诉讼文书，可以采用下列方式：……（六）受送达人所在国的法律允许邮寄送达的，可以邮寄送达，自邮寄之日起满三个月，送达回证没有退回，但根据各种情况足以认定已经送达的，期间届满之日视为送达；……（八）不能用上述方式送达的，公告送达，自公告之日起满三个月，即视为送达。"

断。如果给予位于我国境外的债权人"多出"3个月的债权申报期限，那么每一个破产案件在开始后都应当事先假定有位于我国境外的债权人，只有在受理破产申请的公告3个月期限届满后才能计算债权申报期限，并召开第一次债权人会议。这样的话，破产程序将无法进行，因为受理破产申请的法院事先无法知晓是否有位于我国境外的债权人。事实上，《民事诉讼法》（2012年）第267条之规定，与破产程序的债权人平等原则不相吻合，也不利于破产程序的及时进行，不应当适用于破产程序。

当今世界的交通与通信已经高度发达，债权人位于我国境内还是境外，对其履行债权申报手续不会产生太大的影响。况且破产程序已经给予法院酌定不超过90日的债权申报期限，已为位于境外的债权人申报债权，提供了相当充分的基础。另外，《企业破产法》还规定有补充申报债权制度，为那些逾期未申报债权的债权人提供救济。所以，债权申报期限不因债权人是否位于我国境外而有所差别。

四　债权申报期限的性质

债权申报期限在本质上仍为程序法上规定的一种程序期间。程序期间，是法院、当事人及其他程序参与人，为某种程序行为应遵守的期限。当事人违反程序期间，应当承受法律规定的不利后果。"如果在规定的期间内，当事人无正当理由，又没有完成某项诉讼行为的，可以认为当事人自动放弃某项诉讼权利，由此产生一定的法律后果。"[1] 程序期间的意义在于约束参加某种法定程序的当事人正当行使权利，债权申报期限的意义同样如此。

债权申报期限是约束债权人参加破产程序的一个重要期间。债权人逾债权申报期限未申报债权的，视为放弃参加破产程序的权利。[2]《企业破产法》第56条第2款规定："债权人未依照本法规定申报债权的，不得依照本法规定的程序行使权利。"值得注意的是，债权人逾债权申报期限为申报债权的，视为自动放弃参加破产程序的权利，仅发生相对的程序效力；债权人仍可以补充申报债权，自补充申报后，享有参加破产程序的

---

[1] 杨荣新主编：《新民事诉讼法释义》，北京出版社1991年版，第93页。

[2] 参见邹海林《破产程序和破产法实体制度比较研究》，法律出版社1995年版，第120页。

权利。

法律规定的程序期间，不具有产生、变更或者消灭利害关系人实体权利的效果。程序当事人违反程序法上规定的期间，一般可以通过承担一定的法律后果的方式加以补救。例如，债权人未在法院指定的债权申报期限内申报债权的，可以补充申报债权，但应当承担相应的审查和确认债权的费用。《企业破产法》第 56 条第 1 款规定："在人民法院确定的债权申报期限内，债权人未申报债权的，可以在破产财产最后分配前补充申报；但是，此前已进行的分配，不再对其补充分配。为审查和确认补充申报债权的费用，由补充申报人承担。"

第三节 债权申报的方法和范围

一 债权申报的接受者

债权人应当向法院还是管理人申报债权，取决于法律的规定。依照立法例的规定，债权申报的接受者或为法院，或为管理人。

有立法例规定，债权人应当向受理破产案件的法院申报债权。例如，日本《破产法》（1922 年）第 228 条规定，债权人申报债权，应当向法院提出；第 229 条规定，法院书记官应当制作债权表，记载申报债权的基本情况；第 230 条规定，有关债权申报的文件和债权表，备置于法院，供利害关系人阅览。德国《破产法》亦规定债权人应当向法院申报债权。

考虑到债权申报为破产程序中的事务性工作，债权申报的后续程序在于调查和确认债权，而管理人在破产程序中就是处理债权债务清理的事务性工作的最好人选。有不少立法例规定，债权人应当向管理人申报债权。债权人向管理人申报债权，符合破产程序的当事人自治主导型程序的本质特征。例如，我国台湾地区"《破产法》"第 65 条第 1 款第 5 条规定，债权人应当于规定期限内向管理人申报其债权；第 94 条规定，管理人在债权申报期限届满后，应当编制债权表，并将债权表置于处理破产事务的处所，供利害关系人阅览。德国改革后的《破产法》也规定，支付不能债权人应当向管理人申报自己的债权，管理人应当将符合申报条件的债权登入债权表，管理人并应当将债权表和债权申报材料交存于法院的书记官，供当事人阅览。①

我国破产立法曾经规定，债权人应当向受理破产申请的法院申报债权。《企业破产法（试行）》第 9 条第 2 款规定："债权人应当在收到通知后一个月内，未收到通知的债权人应当自公告之日起三个月内，向人民法院申报债权，说明债权的数额和有无财产担保，并且提交有关证明材料。"《民事诉讼法》（1991 年）第 200 条第 2 款规定："债权人应当在收到通知后三十日内，未收到通知的债权人应当自公告之日起三个月内，向人民法院申报债权。"我国的司法实务则将债权申报事务有条件地分配给管理人。② 广东省高级人民法院在审理广东国际信托投资有限公司破产案时，认为由法院来完成债权人的申报和登记这一具体事务性工作，势必影响债权申报的登记工作进度，也影响法院把有限的审判力量放在破产案亟待解决的法律问题研究上；法律规定债权人向人民法院申报债权，不等于必须由受理案件的法院亲自派人，负责接受债权申报等具体事务性工作，于是委托"破产清算组"负责债权申报的登记工作。③

债权申报为专业的事务性工作，管理人对债权人申报的债权最有发言权，其可以表示承认或者否认；债权申报不再由法院负责登记、接受，有助于减轻法院在破产案件审理过程中的负担。我国司法实务允许管理人接受债权申报，亦很方便和有效。因此，债权申报的接受者应当由管理人担当。《企业破产法》第 48 条第 1 款规定："债权人应当在人民法院确定的债权申报期限内向管理人申报债权。"债权人只有向法律规定的债权申报接受者呈报其债权，才能构成有效的债权申报。债权不论是否附有期限、是否附有条件或者是否附有担保，债权人欲参加破产程序行使权利的，均

---

① 参见德国《支付不能法》第 174 条和第 175 条。杜景林、卢谌译：《德国支付不能法》，法律出版社 2002 年版，第 93—94 页。

② 最高人民法院《关于审理企业破产案件若干问题的规定》（2002 年）第 22 条规定："人民法院在登记申报的债权时，应当记明债权人名称、住所、开户银行、申报债权数额、申报债权的证据、财产担保情况、申报时间、联系方式以及其他必要的情况。已经成立清算组的，由清算组进行上述债权登记工作。"第 24 条规定："债权人虽未在法定期间申报债权，但有民事诉讼法第七十六条规定情形的，在破产财产分配前可向清算组申报债权。清算组负责审查其申报的债权，并由人民法院审查确定。债权人会议对人民法院同意该债权人参加破产财产分配有异议的，可以向人民法院申请复议。"

③ 参见吕伯涛主编《公正树丰碑——审理广东国投破产案始末》，人民法院出版社 2005 年版，第 69 页。

应以口头或书面形式，向受理破产申请的法院指定的管理人呈报其债权。管理人收到申报债权的材料后，应当登记造册，并对债权申报的真实性、有效性进行审查，编制债权表。管理人编制的债权表和债权申报材料应当置于管理人办理破产事务的处所，供利害关系人查阅。《企业破产法》第57条规定："管理人收到债权申报材料后，应当登记造册，对申报的债权进行审查，并编制债权表。债权表和债权申报材料由管理人保存，供利害关系人查阅。"

二　可申报的债权范围

（一）可申报的债权

原则上，在法院指定的债权申报期间内，成立于破产程序开始前的所有债权均可申报。债权申报为债权人意图参加破产程序行使权利的一种意思表示，债权人是否申报以及如何申报债权，属于债权人的自治事项，法律并不强制债权人申报债权的种类和数额。但是，债权人不得通过破产程序主张其未依法申报的债权。

可申报的债权不限于已届清偿期的债权。未届清偿期的债权，在法院受理破产申请时视为已届清偿期，自然可以申报。附条件的债权、附期限的债权、诉讼未决的债权，债权人也可以申报。《企业破产法》第47条规定："附条件、附期限的债权和诉讼、仲裁未决的债权，债权人可以申报。"债权申报仅具有确认债权人参加破产程序的形式意义，至于债权是否成立、数额如何、有无财产担保等，均与可申报的债权无关。也就是说，债权是否成立、数额如何、有无财产担保等事项，对于可申报的债权范围不会产生影响。

（二）有财产担保的债权

对于有财产担保的债权，债权人行使担保权不受破产程序的约束。有财产担保的债权人可以在破产程序之外，享有就担保标的物优先受偿的权利。破产程序开始后，有财产担保的债权人是否也有必要申报其债权呢？对于这个问题，直接涉及有财产担保的债权人逾期未申报债权的后果，以及未申报债权会对有财产担保的债权人行使权利产生的影响。

《企业破产法》第48条规定，人民法院受理破产申请后，债权人应当在人民法院确定的债权申报期限内向管理人申报债权。该条所称的"债权人"是否包括有财产担保的债权人呢？我国的现行法律和司法解释，对这个问题均没有加以明确。

《企业破产法》第 49 条规定："债权人申报债权时，应当书面说明债权的数额和有无财产担保，并提交有关证据。申报的债权是连带债权的，应当说明。"这是否可以推论出，有财产担保的债权人在破产程序开始后应当申报债权。在我国的司法实务中，申报的债权有财产担保的，债权人应当提交证明财产担保的证据；在登记申报的债权时，应当记明债权人名称、住所、开户银行、申报债权数额、申报债权的证据、财产担保情况、申报时间、联系方式以及其他必要的情况。① 在以上的规定和实务中，似乎不能得出这样的结论：有财产担保的债权人应当申报债权。

理论上，债权申报只是债权人取得破产程序当事人地位的先决条件，必须通过破产程序行使权利的人，才有申报债权的必要。破产程序是为满足债权债务关系的公平清理而设计的特别程序，使得地位平等的债权人可以就有限的责任财产享受到合理的比例清偿。有财产担保的债权人，行使权利的本旨在于担保物权或法定的优先权。担保物权或法定的优先权，有优先于债权受偿的效力。在同一标的物上，设定有数项担保物权的，设定在先者，先行使。担保物权行使的优先性使其与破产程序不相容。担保权人可以通过拍卖程序、个别的民事执行程序等就担保标的物行使担保物权，以清偿其债权。正因为如此，破产立法例都确立了一项担保物权行使例外的原则，即有财产担保的债权人不依破产程序就担保物优先受偿。因此，有财产担保的债权人行使优先受偿权，不受破产程序的约束，自然也无义务申报债权。有财产担保的债权人唯有通过破产程序行使未能优先受偿的债权额时，才有申报债权的必要。十分明显的是，债权申报制度的约束力不及于有财产担保的债权人的担保物权或法定优先权。

有财产担保的债权人分为两类：(1) 以债务人财产设定担保或取得法定优先权的债权人；(2) 以第三人财产设定担保或取得法定优先权的债权人。有财产担保的债权人，若无意参加破产程序，则不需申报债权；反之，应当申报债权。例如，有财产担保的债权人，未依法申报债权，其后因担保物灭失或毁损，不能受优先清偿的，或者债权未能就担保物获足额清偿的，该债权人不得参加破产程序行使权利。因此，有财产担保的债权人，可以不申报债权；但其已申报债权的，管理人应将其区别于无财产担保的

---

① 参见最高人民法院《关于审理企业破产案件若干问题的规定》(2002 年) 第 21 条。

债权，登记造册或编制债权表时单独注明。因此，在实务上应当认为，有财产担保的债权人在破产程序开始后行使担保物权，不以申报债权为必要。

(三) 特殊债权的申报

连带债权人的债权、连带债务人的求偿权以及债权人对连带债务人的债权，相对于普通债权有其特殊性，在破产程序中如何申报？

(1) 连带债权的申报。数人依法律规定或者法律行为享有同一债权，均可以请求债务人全部给付的，为连带债权。《企业破产法》第 50 条规定："连带债权人可以由其中一人代表全体连带债权人申报债权，也可以共同申报债权。"连带债权的各债权人享有相同的权利，故各连带债权人均可单独或者共同对债务人行使权利。任一连带债权人向债务人行使全部债权，而债务人清偿全部债务的，债务人的债务将归于消灭；债务人对各连带债权人承担内容相同的债务，债务人选择向任一连带债权人清偿全部债务，均可消灭其他连带债权人的债权。因此，债务人受破产程序约束时，各连带债权人均可单独或共同参加破产程序行使权利。

(2) 连带债务人的求偿权的申报。负同一债务的多数债务人明示对于债权人各负全部给付义务，因一个债务人的清偿或者其他行为使其他债务人的债务同时消灭的，为连带债务。《企业破产法》第 51 条规定："债务人的保证人或者其他连带债务人已经代替债务人清偿债务的，以其对债务人的求偿权申报债权。债务人的保证人或者其他连带债务人尚未代替债务人清偿债务的，以其对债务人的将来求偿权申报债权。但是，债权人已经向管理人申报全部债权的除外。"① 债权人可以向连带债务人中的一人或者数人，或者向全体债务人，同时或者分别请求全部或者部分债务的履行。一个连带债务人因清偿、代物清偿、提存、抵销或者混同，使其他债务人的债务消灭的，可以请求其他债务人偿还其各自应分担的部分以及自债务消灭时起的利息和清偿债务的必要费用。连带债务人的求偿权，其实质为对债务人享有的债权，可以在破产程序中申报，以行使权利。

(3) 对连带债务人的债权的申报。各连带债务人对债权人承担清偿全部债务的义务，债权人对各连带债务人均有要求其清偿全部债务的权利。《企业破产法》第 52 条规定："连带债务人同时或者先后被申请适用本法规

---

① 最高人民法院《关于审理企业破产案件若干问题的规定》(2002 年) 第 23 条规定："连带债务人之一或者数人破产的……其他连带债务人可就将来可能承担的债务申报债权。"

定的程序的,其债权人有权就全部债权,分别在各破产案件中申报债权。"[①]连带债务人全体或者其中一人或数人被适用破产程序的,债权人要求被适用破产程序的全体连带债务人或任一连带债务人或数连带债务人清偿全部债务的权利,并不因为破产程序的开始而有所变化。此时,债权人仍得以其债权全额对各连带债务人行使权利。因此,连带债务人的全体或者其中一人或者数人被适用破产程序的,债权人可以其全部债权分别参加各破产程序,应当在各破产案件中申报债权。但是,债权人对被适用破产程序的连带债务人行使权利的,应当参加相应的连带债务人的破产程序,不能在破产程序之外要求受破产程序支配的连带债务人清偿全部债务。

三 债权申报的豁免

债权申报制度对于破产程序开始前成立的债权具有约束力,对于破产程序开始后成立的债权没有程序上的约束力。但是,并非破产程序开始前成立的所有债权均受债权申报制度的约束。劳动债权、社会保险费用请求权以及税收请求权因其特有的属性而免受债权申报制度约束。

(一)劳动债权

劳动债权,是指劳动者对债务人在破产程序开始前因为劳动关系而依法享有的劳动报酬和附带给付的请求权,包括请求债务人支付所欠工资、医疗、伤残补助、抚恤费用、应当划入职工个人账户的基本养老保险、基本医疗保险费用,以及其他依法应得的补偿金的权利。劳动债权中的附带给付还应当包括债务人欠付劳动工资而产生的补偿费用、解除劳动合同而产生的补偿费用等。劳动债权依照法律的规定而产生,在观念上属于弱势群体享有的权利,受法律的特别保护。

在破产程序开始前发生的劳动债权,属于第一顺位受偿的优先权,在破产程序进行中优先于普通债权和其他债权获得清偿。劳动债权实际上为公法化的私权利,在破产程序中受优先保护,可以不经申报即可获得满足。[②] 总之,劳动债权在破产程序开始后不必申报,其权利人直接参加破

[①] 最高人民法院《关于审理企业破产案件若干问题的规定》(2002年)第23条规定:"连带债务人之一或者数人破产的,债权人可就全部债权向该债务人或者各债务人行使权利,申报债权。……"

[②] 《企业破产法》第48条第2款规定:"债务人所欠职工的工资和医疗、伤残补助、抚恤费用,所欠的应当划入职工个人账户的基本养老保险、基本医疗保险费用,以及法律、行政法规规定应当支付给职工的补偿金,不必申报,由管理人调查后列出清单并予以公示。"

产程序受偿。

(二) 社会保险费用请求权

社会保险费用请求权，是指法定的社会保险费用征稽机构或者社会保险经办机构依法要求债务人为其职工（劳动者）缴纳社会保险费（包括纳入统筹项目的社会保险费和应当计入职工个人账户的社会保险费）的权利。法定的社会保险费用征稽机构或者社会保险经办机构要求债务人为其职工缴纳社会保险费的权利，并非真正意义上的民事权利，该权利的行使具有社会公益性特征，受法律的特殊保护。依照《企业破产法》第113条的规定，社会保险费用请求权属于第二顺位受偿的优先权。[①]

在破产程序开始前，因债务人所欠社会保险费用而产生的权利，属于第二顺位受偿的优先权，在破产程序进行中优先于普通债权和其他债权获得清偿。社会保险费用请求权实际上为公法上的权利，在破产程序中受优先保护，可以不经申报，其权利人直接参加破产程序受偿。

(三) 国家税收

国家税务机关和地方税务机关有依法要求债务人缴纳税款的权利；债务人欠缴的税款，税务机关有权强制征收。国家税收为公法上规定的特殊利益，受法律的特别保护。有学者认为，税收债权是不需申报的债权。[②]一般来说，税收是指国家为了实现其政治职能，凭借政治权利，按照预先规定的标准，强制地、无偿地向单位和个人征收实物或货币所形成的特定分配关系。税收本身是一种强制性的债权债务关系，其中纳税人作为债务人有向作为债权人的国家缴纳税收的义务，这种债权债务关系的形成是由于国家法律的明文规定产生的，它依靠国家强制力得以实现。可见，税收一般是以满足公共需求为目的，是一种公益债权，在各国破产立法中位于

[①] 应当注意的是，社会保险机构要求债务人缴纳"应当划入职工个人账户的基本养老保险、基本医疗保险费用"的权利不属于第二顺位受偿的优先权，而是第一顺位受偿的优先权。因此，依照《企业破产法》的规定，社会保险费用请求权实际上被区分为两个不同顺位受偿的优先权。

[②] 参见李永军《破产法律制度》，中国法制出版社2000年版，第196页；沈贵明《破产法学》，郑州大学出版社2004年版，第14（五）146页；王艳梅、孙璐《破产法》，中山大学出版社2005年版，第120页；王东敏《新破产法疑难解读与实务操作》，法律出版社2007年版，第76页。

劳动债权之后具有优先受偿地位,不需要进行债权申报即可获得清偿。①

在破产程序开始前,国家税务机关和地方税务机关因债务人所欠国家税款而发生的追缴税款的权利,为公法上的权利,为劣后于劳动债权的第二顺位受偿的优先权,在破产程序进行中优先于普通债权获得清偿。国家税务机关和地方税务机关向债务人追缴税款的权利,在破产程序中应当受优先保护,不经申报即可参加破产程序行使权利。

四 债权申报的形式

(一) 债权申报的方式

债权人,不论其债权是否附有财产担保,欲取得破产程序当事人地位,均应当以口头或书面形式,向管理人申报债权。债权人申报债权,是债权人在破产程序开始后明确表示参加破产程序的特定行为,如同请求确认债权之诉。

债权人申报债权,是否应当采用书面形式?《企业破产法》没有相应的规定。若从《企业破产法》第 49 条要求债权人申报债权时"书面说明"债权的数额和有无财产担保,以及第 57 条所称"债权申报材料"推断,债权人似乎应当以书面形式申报债权。一般而言,债权人申报债权时,应当向管理人提交债权申报书。但是,以书面形式申报债权,并非债权申报的要件。依照《民事诉讼法》(2012 年)第 120 条的规定,债权人申报债权时,若书写债权申报书确有困难,可以口头向管理人申报债权,由管理人记录在案②,并将该债权记载于债权登记册。

债权人申报债权时,除主债权以外,有附带请求权的,是否也应当一同申报?债权申报应当考虑管理人调查和确认债权的基础和便利,特别是方便债权人会议调查债权,不宜由债权人不断变更或增加其申报的债权额;但《企业破产法》给予未申报债权的债权人补充申报的救济,说明立法者允许债权人可以变更或者增加申报的债权额,这样做也符合债权申报的实际。因此,债权人以破产程序可以主张的权利,不以其申报的债权

---

① 参见刘明尧《破产债权申报制度研究》,《湖北社会科学》2006 年第 7 期;王延川《破产法理论与实务》,中国政法大学出版社 2009 年版,第 182 页;李培进《企业破产法的理论与实践》,中国政法大学出版社 2011 年版,第 138 页。

② 《民事诉讼法》(2012 年)第 120 条第 2 款规定:"书写起诉状确有困难的,可以口头起诉,由人民法院记入笔录,并告知对方当事人。"

额为限。债权人申报债权时,有附带请求权的,如利息请求权、违约金请求权、损害赔偿请求权等,应尽量一同申报;未申报的,不妨碍其在破产程序中补充申报而继续主张该权利。①

债权人申报债权,不以债权人本人亲自申报债权为限。债权人本人可以亲自向管理人申报债权,亦可以委托代理人向管理人申报债权。债权人委托代理人向管理人申报债权的,应当向代理人出具授权委托书;代理人申报债权时,应当向管理人提交授权委托书。②

另外有一个问题:债权人申请债务人破产的,该债权人在法院受理破产申请后,是否还应当向管理人申报债权?严格地说,债权人申请债务人破产,仅仅是债权人行使其破产申请权的体现,并不意味着该债权人将确定地参加破产程序行使其权利;而且,债权申报应当向管理人提出。因此,在法院受理破产申请后,申请破产的债权人若不向管理人申报其债权,同样不能在破产程序中行使其权利。但是,在债权人申请债务人破产的场合,其申请已经证明其享有债权的事实,仍然要求该债权人向管理人申报债权,既不经济也不合理。在我国司法实务上,或许宽容对待申请债务人破产的债权人,不强求其向管理人申报债权,不失为一个妥当的选择。

(二) 债权申报与举证

《企业破产法》第49条规定:"债权人申报债权时,应当书面说明债权的数额和有无财产担保,并提交有关证据。申报的债权是连带债权的,应当说明。"③ 很显然,依照上述规定,债权人申报债权,不仅要有申报债权的意思表示,而且对其申报债权的意思表示还负有一定程度的举证义务。也有立法例规定债权人申报债权承担举证义务的。例如,《德国支付不能法》第174条规定:支付不能债权人应当以书面形式向管理人申报

---

① 参见邹海林《债权申报若干问题研讨》,《中外法学》1994年第1期。
② 最高人民法院《关于审理企业破产案件若干问题的规定》(2002年)第21条规定:"债权人申报债权应当提交……合法有效的身份证明;代理申报人应当提交委托人的有效身份证明、授权委托书……"
③ 最高人民法院《关于审理企业破产案件若干问题的规定》(2002年)第21条规定:"债权人申报债权应当提交债权证明……代理申报人应当提交……债权证明。申报的债权有财产担保的,应当提交证明财产担保的证据。"

债权，申报时应当附具债权证明文件的副本。① 债权人申报债权是否有举证义务，这是一个非常重要的理论和实务问题。依《企业破产法》的规定和有关司法解释，债权人在申报债权时，应当提交有关证据。但问题是，债权人申报债权未提交有关证据的，债权申报是否有效呢？

债权人申报债权若负有举证义务，那么债权人申报债权未提交有关的证据，或者未能补正有关的证据，管理人可以拒绝该债权人的债权申报。反之，若债权人在申报债权时不负举证义务，则债权人在此情形下的债权申报应当是有效的申报，管理人可以要求债权人提交有关的证据，或者补正有关的证据，但不能拒绝债权人的债权申报。

理论上，债权申报只是债权人要求参加破产程序的意思表示，并非请求确认债权，债权人自然不应当负举证责任。实务上，债权人申报债权，并不是要求对债权的存在、性质和数额予以确认，要求其提供证据，也没有多少实益，反而给债权人申报债权增加了难度，造成管理人登记债权难以把握。我国台湾地区"《破产法》"对债权申报并无特别形式要件的规定；司法实务鼓励债权人申报债权时，提交有关证据材料。因此，债权人"申报时，如有债权凭证或其他证明文件者，应尽量提出以为证明"②。

债权申报对于债权人行使权利仅具有形式上的意义，并没有确定债权的实质效果；债权人申报的债权是否存在，只能取决于管理人的调查确认和债权人会议的调查。因此，债权人申报债权时，没有义务而且没有必要提交证据。这就是说，只要有债权人申报债权的意思表示，管理人就应当接受申报，并予以登记。至于债权人是否应当举证证明其债权的成立、性质、数额等，仅在管理人调查确认债权以及债权人会议调查债权时具有意义。因此，债权人申报债权只需作出呈报债权的意思表示，在申报债权时未提交证据的，并不影响其申报债权的效果。但是，因为债权人申报债权未提交证据，应当承担管理人调查债权的不利后果：债权人为提交证据而未能证明债权成立或存在的，管理人将直接否认债权之存在；因为证据的提交而延误管理人调查债权的，未按时提交证据的债权人应当承担相应的债权调查费用。

(三) 债权申报的变更和撤回

在债权申报期限内，债权人仅就其债权为部分申报的，仍可以就债权

---

① 参见杜景林、卢谌译《德国支付不能法》，法律出版社2002年版，第93页。
② 陈荣宗:《破产法》，(台北) 三民书局1986年版，第320页。

的余额部分继续向管理人申报。而且，债权人在债权申报期限内，可以向管理人请求变更其申报；债权人请求变更申报的事项，包括但不限于申报债权数额、有无担保等内容的变更，亦包括申报债权主体的变更。例如，债权人已经申报的债权，可以转让；转让的债权已经审查确认的，受让的债权人取得该债权不必再经管理人审查和债权人会议调查，转让债权的当事人只要通知管理人，就发生债权转让的法律效力，债权的受让人即可参加破产程序接受清偿。[①] 在这个意义上，不论债权申报期限是否已经届满，债权人转让申报的债权的，该债权的受让人当然承继申报债权的债权人的地位，不必另行申报债权。

债权人申报债权后，能否撤回其申报？对于这个问题，在日本的学说上存在不同的观点。有观点认为，已确定的债权表的记载具有与确定判决同样的效力，债权人申请撤回申报，应当限定于债权确定之前。但更多的学者认为，从债权申报到破产程序终结期间，债权人得以申报相同的方式撤回其申报。甚至，债权人撤回其申报后，仍可以再次申报债权。[②] 有学者认为，债权申报后能否撤回，法律一般没有明文规定，但应当认为在债权申报期间届满前，债权人可撤回申报，撤回申报的理由多种多样，不一而足。[③]《企业破产法》对此确实没有规定，是否意味着债权人仅能在债权申报期限届满前撤回申报？另外，债权人撤回申报后，是否可以再次向管理人申报债权呢？

笔者认为，债权人申报债权，并不具有请求确认债权的意思，仅仅具有参加破产程序的意思，故债权人不愿意参加破产程序时，可以随时撤回其申报。债权人申请撤回债权申报的，不受限制。再者，债权人撤回其申报的，债权并不因申报的撤回而消灭，而破产程序为集体的债权债务清理程序，不能以"一事不再理"的原则对待债权人撤回债权申报，故债权人仍可以再次申报债权，以参加破产程序行使权利。

[①] 参见吕伯涛主编《公正树丰碑——审理广东国投破产案始末》，人民法院出版社 2005 年版，第 98—99 页。

[②] 参见伊藤真《破产法》，刘荣军、鲍荣庭译，中国社会科学出版社 1995 年版，第 253 页；石川明《日本破产法》，何勤华、周桂秋译，中国法制出版社 2000 年版，第 118 页。

[③] 参见李永军《破产法律制度》，中国法制出版社 2000 年版，第 192 页。

五　债权申报的效力

债权申报的效力，是指债权人依照破产法的规定向管理人申报债权所产生的法律上的效果。能够产生法律上效果的债权申报，不以债权人在债权申报期限内所为申报为限，债权人依法补充申报债权的，亦同。

一般而言，债权人申报债权，可以产生以下两个方面的效果：

1. 债权人取得破产程序当事人地位

原则上，申报债权的债权人享有参加债权人会议的权利、表决权、异议权以及参加破产程序行使权利的当事人地位。债权申报为债权人取得破产程序当事人地位的法律事实。这就是说，不论债权数额、种类、有无担保，只要是债权人并申报债权的，即取得破产程序当事人地位。

2. 债权的诉讼时效因债权申报而中断

依照我国民法的规定，债权的诉讼时效因为当事人的请求、提起诉讼以及债务人的同意而中断。债权人申报债权，为通过破产程序行使债权的一种形式，属于请求债务人依照破产程序为给付的行为，构成中断债权诉讼时效的事由。债权人申报债权的，有关债权的诉讼时效自债权人为申报之日起中断。但是，债权人申报债权后又撤回申报的，如果撤回申报发生于申报债权被确认之前，则不发生中断债权诉讼时效的效力。[①]

第四节　未申报债权的救济

一　未申报债权

未申报债权是一种法律事实。破产程序开始后，债权人未在法院指定的期间内向管理人申报债权或者未能在破产程序终结前补充申报债权的，构成未申报债权。

未申报债权作为一种法律事实，具有引起债权人参加破产程序的当事人地位丧失的效果。《企业破产法》第 56 条第 2 款规定，债权人未依照企业破产法的规定申报债权的，不得依破产法规定的程序行使权利。

[①] 参见刘清波《破产法新论》，（台北）东华书局 1984 年版，第 258 页；陈荣宗《破产法》，（台北）三民书局 1986 年版，第 323 页。

二 未申报债权的法律后果

未申报债权是否会引起债权消灭的效果？我国法律曾规定：逾期未申报债权视为放弃债权。[①] 有观点认为，逾期未申报债权视为放弃债权，就是"丧失债权人的资格，不得要求债务人偿付其债款或者其他财物"[②]。《企业破产法》未再有类似的规定。

我国台湾地区"《破产法》"第 65 条第 1 款第 4 条规定："破产人之债权人，应于规定期限内向破产管理人申报其债权，其不依限申报者，不得就破产财团受清偿。"该规定没有涉及债权人的债权是否消灭的问题，只排除了债权人参加破产程序受偿的机会。依照台湾地区学者的解释，债权申报期限为拒绝期间，债权人因为不依限申报债权，只发生债权人不得就破产财团受偿的除斥效果，该效果不及于债权人的债权。[③] 依此解释，未受破产分配的债权，债权人可以在破产程序终结后向破产人求偿。再者，法律解释应当合理，不能拘泥于文字。早在 1938 年，前中华民国司法院院字第 1765 号就对该条规定作出了例外的解释："已有执行名义之债权不在破产法第六十五条第一项第五款所定限制之列，故虽逾申报期限，仍得就破产财团而受清偿。"所以，台湾地区学者多倾向于认为，对逾期未申报债权的后果，应作宽松的解释，由于债权申报期限并非除斥期间，债权人逾此期间但在破产分配前申报债权的，应当承认债权人申报债权的效力，但债权人应负担由此产生的费用。[④]

对于未申报债权，破产立法例多采取较为宽容的态度。少有立法例规定，债权人逾期未申报债权的，视为放弃债权；也少有立法例不允许债权人补充申报债权的。破产立法例多承认债权人逾期未申报债权时，在不影响破产程序顺利进行的前提下，可以补充申报债权而参加破产程序行使权

---

① 《企业破产法（试行）》第 9 条第 2 款有类似的规定，即债权人"逾期未申报债权的，视为自动放弃债权"。《民事诉讼法》（1991 年）第 200 条第 2 款规定："债权人应当在收到通知后三十日内，未收到通知的债权人应当自公告之日起三个月内，向人民法院申报债权。逾期未申报债权的，视为放弃债权。"

② 孙佑海、袁建国：《企业破产法基础知识》，中国经济出版社 1988 年版，第 51 页。

③ 钱国成：《破产法要义》，（台北）三民书局 1983 年版，第 82 页。

④ 参见刘清波《破产法新论》，（台北）东华书局 1984 年版，第 257 页；陈荣宗《破产法》，（台北）三民书局 1986 年版，第 323 页。

利。例如，德国《破产法》第 142 条规定：债权人在债权申报期限，未申报债权的，可以追补申报债权，取得同已申报债权相同之效力；但是，债权人应当负担因追补申报而产生的特别审查费用。英国、美国、日本等国家的法律也规定，逾期未申报债权的，债权人在破产分配前，可以追补申报债权，依破产程序接受清偿。

就"逾期未申报债权视为放弃债权"而言，在解释上不应拘泥于文字，而应该根据债权申报制度的基本特征作出合乎逻辑的解释。债权人逾期未申报债权的，视为放弃债权，仅应解释为债权人放弃或丧失参加破产程序的权利。[①] 将"逾期未申报债权视为放弃债权"解释为债权归于消灭，在法理上是解释不通的。依法理，破产并非债权消灭的原因，在债务人破产时，未经加入分配的债权，除非该债权人有免除债务的意思表示以外，不得以其未加入分配而认为其债权归于消灭。[②] 再者，如果债权因未申报而归于消灭，当债务人在破产程序中，因法定原因（如经过和解或重整）而被免于宣告破产清算的，该债权人因"债权消灭"而不能再向债务人主张权利，未免有失公允。债权申报是一种破产程序制度，债权申报期间仍为诉讼上的期间，实体法上的权利不因为权利人在诉讼期间内未为诉讼上的行为而有所影响。因此，在破产法上，未申报债权不能成为债权消灭的原因。另外，依照我国的司法实务，债权人未申报债权的，并不产生其不能参加破产程序行使权利的绝对效力，如有《民事诉讼法》（1991 年）第 76 条规定的情形，债权人在破产财产分配前仍可以向管理人申报债权。[③]

因为以上理由和情形的存在，《企业破产法》第 56 条第 2 款规定，债权人未依法申报债权的，不得依破产法规定的程序行使权利。同法第 92 条第 2 款规定："债权人未依照本法规定申报债权的，在重整计划执行期间不得行使权利；在重整计划执行完毕后，可以按照重整计划规定的同

---

① 参见邹海林《破产程序和破产法实体制度比较研究》，法律出版社 1995 年版，第 125 页。

② 参见刘清波《破产法新论》，（台北）东华书局 1984 年版，第 149 页。

③ 最高人民法院《关于审理企业破产案件若干问题的规定》（2002 年）第 24 条规定："债权人虽未在法定期间申报债权，但有民事诉讼法第七十六条规定情形的，在破产财产分配前可向清算组申报债权。清算组负责审查其申报的债权，并由人民法院审查确定。债权人会议对人民法院同意该债权人参加破产财产分配有异议的，可以向人民法院申请复议。"

类债权的清偿条件行使权利。"第 100 条第 3 款规定:"和解债权人未依照本法规定申报债权的,在和解协议执行期间不得行使权利;在和解协议执行完毕后,可以按照和解协议规定的清偿条件行使权利。"这就是说,债权人逾期未申报债权的,仅发生放弃或丧失参加破产程序的权利之法律后果。细言之,债权人不能成为破产程序当事人,无权出席债权人会议、行使表决权、异议权、接受破产程序的分配或清偿。

三 债权申报期限的顺延

债权人未能在法院指定的期限内申报债权的,若有不可抗力或者其他正当事由,可以向法院申请顺延债权申报期限。依照《企业破产法》的规定,债权申报期限由法院酌定,因此,非经法院再次决定,任何人不得享有法院酌定的债权申报期限以外的利益。债权人请求顺延债权申报期限的,实质上是在寻求法院酌定的债权申报期限以外的利益,应当向法院提出顺延债权申报期限的请求。

债权申报期限的顺延,是为债权人未申报债权提供救济的法定方式之一。债权人请求顺延债权申报期限的,应当满足以下三个条件:

第一,债权人有正当理由。法定的申请顺延债权申报期限的正当理由,包括不可抗力和其他正当事由。不可抗力,是指不能预见、不能避免并不能克服的客观情况。[①] 其他正当事由,是指不可抗力以外的、不可归责于债权人自身的、阻碍债权人申报债权的客观事由,包括但不限于法律(政策)的重大变化、紧急状态或者其他政府的特殊管制措施(如防治"非典")、罢工等。债权人请求顺延债权申报期限的,对正当理由应当承担举证责任。

第二,债权人应当在正当理由消失后的法定期限内请求顺延。因为不可抗力或者其他正当事由,债权人未在法院指定的期限内申报债权,可以在正当理由消失后的 10 日内,向法院申请顺延债权申报期限。[②] 在正当理由消失后,除非在 10 日的法定期限内发生阻碍债权人请求顺延债权申报期限的正当理由,超过法定的 10 日期限,债权人未请求顺延债权申报期限的,不得再请求法院顺延债权申报期限。

[①] 参见《民法通则》第 153 条。
[②] 参见《民事诉讼法》(2012 年)第 83 条。

第三，破产程序尚未终结。债权申报期限的顺延，为债权人在破产程序进行中寻求救济的一种方法。若债权人具有正当理由未能在法院指定的期限内申报债权，但破产程序已经终结的，允许债权人申请顺延债权申报期限，实无意义。因此，债权人仅能在破产程序终结前请求顺延债权申报期限。

债权人请求顺延债权申报期限的，由法院决定顺延期间的长短。法院在决定顺延债权申报期限时，应当依照债权人请求顺延债权申报期限的正当理由的影响程度，确定顺延债权人申报债权的合理期间。顺延债权申报期限的，仅以合理期间为限；超出合理的限度顺延债权人申报债权的期间，有损于其他债权人的合法权利和利益，法院不得为之。

在法院准许的顺延债权申报期限内，债权人应向管理人申报债权，不发生逾期未申报债权的法律后果，债权人不承担因为债权的"迟延"申报而发生的调查和确认债权的费用。债权人在法院允许的顺延债权申报期限内申报债权的，为该债权的审查和确认所支出或者应当支出的费用，应当列入破产费用，由债权人全体分担。在法院准许顺延的债权申报期限内，债权人仍未向管理人申报债权的，发生逾期未申报债权的法律后果；债权人若希望参加破产程序行使权利，只能依照《企业破产法》第56条第1款补充申报债权。

四　补充债权申报

债权人未能在法院指定的期限内申报债权的，不论有无请求法院顺延债权申报期限的正当理由，均可以在破产财产最终分配前补充申报债权。《企业破产法》第56条第1款规定："在人民法院确定的债权申报期限内，债权人未申报债权的，可以在破产财产最后分配前补充申报；但是，此前已进行的分配，不再对其补充分配。为审查和确认补充申报债权的费用，由补充申报人承担。"

补充债权申报，是救济债权人未申报债权的法定方式之一。但是，补充债权申报作为未申报债权的救济方式，在适用条件和效果上不同于债权申报期限的顺延。补充债权申报，仅以债权人未在法院指定的债权申报期限内申报债权为必要，至于债权人未申报债权的原因如何，并不予以考虑。即使债权人有请求法院顺延债权申报期限的正当理由，若债权人不请求法院顺延其债权申报期限，直接向管理人申报债权，亦成立补充债权申报。再者，债权人补充申报债权的，不以债权人未申报全部债权为限。债权人在法院指定的债权申报期限内仅申报部分债权的，仍可就其债权未申报的部分，向管理人补充申报债权。债权人在法院指定的债权申报期限内申报债权后，经过该期限又向管理人请求变更其申报的，视为债权人补充申报债权。

原则上，只要破产程序尚未终结，不论已经开始的破产程序为和解程序、重整程序或清算程序，债权人均可以补充申报债权。在破产清算程序中，破产财产最终分配开始后，破产程序将因为最终分配的实施而终结，已无调查和确认债权人申报债权的必要；如果允许债权人补充申报债权，势必影响破产分配程序的进行或破产程序的终结，影响多数其他债权人的利益。《企业破产法》规定，未申报债权的债权人补充申报债权的，可以在破产财产最终分配前为之。同理，和解程序开始后，债权人逾期未申报债权的，可以在法院裁定认可和解协议前向管理人补充申报债权；重整程序开始后，债权人逾期未申报债权的，可以在法院裁定批准重整计划前补充申报债权。

补充申报债权为有负担的债权申报。债权人补充申报债权时，应当承担审查和确认补充申报的债权所需费用成本，包括但不限于管理人调查和确认债权的费用、债权成立与否的诉讼费用、债权数额的鉴定费用、公告、文书制作费用、债权人会议召开的各种费用等有关补充申报的债权审查和确认的必要的、合理的费用。

为确保补充债权申报的负担无瑕疵，以及确保多数债权人的利益不受补充债权申报的影响，我国破产立法应当规定补充债权申报的负担的担保制度。这是保障管理人及时、有效审查和确认已申报债权的极为必要的措施。补充债权申报的债权人在提出申报时，应当向管理人就其债权的审查和确认所需费用提供担保；债权人在补充申报债权时，管理人可以要求债权人提供担保。因此，经管理人要求提供担保的，债权人在补充债权申报时不提供担保，管理人可以拒绝其补充申报。

第五节 申报债权的调查和确认

一 申报债权的调查

破产程序的自治机构（管理人和债权人会议）对债权人申报的债权

之成立、数额以及有无财产担保等事项进行审查的职务行为，称为申报债权的调查。债权人是否可以取得破产程序当事人地位，并通过破产程序行使权利，最终取决于申报债权的调查和确认结果。申报债权经调查被确认为对债务人享有的有效债权，债权人才可通过破产程序行使权利。申报债权的调查，为确认申报债权的必经程序。

(一) 申报债权的登记造册

债权人向管理人申报债权的，管理人应当将申报债权，按照类别诸项予以登记。申报债权的登记造册，为管理人的职务行为，属于管理人的事务性工作，为申报债权调查的基础工作。《企业破产法》第57条规定，管理人收到债权申报材料后，应当登记造册。申报债权的登记造册，实际上就是制作申报债权登记表。在第一次债权人会议召开前，管理人应当完成申报债权的登记造册或者制作申报债权登记表。

管理人在登记申报的债权时，只进行形式审查，凡是符合债权申报的形式要件的申报，不以债权人提供债权的证据为必要。因此，管理人应当按照债权人申报的债权状态予以登记，不得加入管理人的评价或主观看法。申报债权登记表应当记明债权人的姓名（名称）、住所、开户银行、申报债权的数额、申报债权所附证据、财产担保情况、申报债权的时间、债权人的联系方式以及其他必要的情况。申报债权登记表以及相应的债权申报材料由管理人保存，供利害关系人查阅。

对于债权人补充申报的债权，管理人应当另行登记造册。

(二) 管理人的承认与否认

经登记造册的申报债权，管理人应当对申报的债权的真实性和有效性予以审查。《企业破产法》第57条规定，管理人应当对申报的债权的真实性、有效性进行审查。管理人审查申报债权的过程，为申报债权调查的基本内容，属于管理人的职务行为和专业工作。管理人在审查申报债权时，应当询问债务人，并听取债务人的意见；必要时，应当与申报债权的债权人进行沟通，以便核实相应的法律事实。管理人应当审查的申报债权，以申报债权登记表所记载的债权为限。

管理人在审查申报债权时，应当就每一项申报分别作出承认或者否认的意思表示。管理人询问债务人时，债务人明确表示否认的申报债权，管理人原则上不应当作出承认的意思表示；但是，管理人并不受申报债务人否认申报债权的意思表示的约束。对于债权人申报的、经法院生效裁判所确认的债权或者仲裁裁决确认的债权,管理人在审查此等申报债权时,应当无条件地予以承认。[①] 经法院生效裁判所确认的债权,包括已经法院的生效民事判决书、调解书确认的债权,以及仲裁裁决确认的债权,为具有执行名义的债权,在破产程序中不应当重新进行审查,管理人或债权人亦不得就该债权向受理破产申请的法院提出异议。但是,对于债权人申报的诉讼未决的债权或者仲裁未决的债权,管理人在其职务行为范围内可以作出承认或者否认的意思表示。

管理人对申报债权无异议的,应当作出承认申报债权的决定。对于申报债权的承认,不以申报债权的全部为必要,可以是申报债权的全部或者部分。管理人对申报债权有异议的,应当作出否认申报债权的决定。管理人审查申报债权后作出的承认或者否认申报债权的决定,应当书面通知申报人。

(三) 债权表的编制

《企业破产法》第 57 条规定,管理人应当编制债权表。经管理人审查,凡属管理人承认的申报债权,应当按照类别编入债权表。债权表不同于申报债权登记表,债权表记载的债权,是管理人经审查后承认的债权。债权表应当记明债权人姓名(名称)、住所、开户银行,债权成立的时间、原因、数额,债权的财产担保情况,债权申报的时间,债权成立的证据,债权人的联络方式以及其他必要的情况。

债权表记载的所有债权,均应当为等质化的债权。不论债权发生的原因、种类、有无担保,管理人在编制债权表时,均应当换价为金钱债权计入债权表。对于非金钱的债权,管理人在编制债权表时,可以按照法院受理破产申请的裁定之日的债务履行地的平均市场价格计算债权额;对于以外币表示的金钱债权,可以按照法院受理破产申请的裁定之日的人民币市场汇率的基准价计算债权额。另外,对于未到期的债权,管理人编制债权

[①] 参见最高人民法院《关于在破产程序中当事人或人民检察院对人民法院作出的债权人优先受偿的裁定申请再审或抗诉应如何处理问题的批复》(法复[1996]14号):"在破产程序中,债权人根据人民法院已发生法律效力的用抵押物偿还债权人本金及利息的判决书或调解书行使优先权时,受理破产案件的人民法院不能以任何方式改变已生效的判决书或调解书的内容,也不需要用裁定书加以认可。如果债权人据以行使优先权的生效法律文书确有错误,应由作出判决或调解的人民法院或其上级人民法院按照审判监督程序进行再审。如果审理破产案件的人民法院用裁定的方式变更了生效的法律文书的内容,人民法院应当依法予以纠正。"

表时，以法院受理破产申请时的评价额，计算债权额；对于附利息的债权，其评价额所含有的利息，仅计算到法院受理破产申请受理时。①

债权表记载的债权，均为管理人经审查而承认的申报债权，但未经债权人会议调查的债权表，并不具有确认债权的效力。管理人编制的债权表，是债权人会议调查债权的基础和对象。债权表和债权申报材料由管理人保存，在破产程序中供利害关系人查阅和提出异议。

（四）债权人会议的调查

理论上，债权总额涉及各债权人在破产程序中的利益，同时债权有无担保以及担保债权额的多少也直接关系到各债权人的利益，债权人会议有必要对债权人申报的债权予以审查。② 破产立法例对于债权人会议调查债权，均有相应的规定。例如，日本《破产法》（1922年）第142条规定：法院应当确定债权调查期日，通过债权人会议对债权进行调查。我国《企业破产法》第58条规定，管理人对申报的债权审查后"编制的债权表，应当提交第一次债权人会议核查"。③

债权人会议调查债权，为破产程序中的债权人自治的主要内容。债权人会议调查债权，目的是促使债权人、债务人、管理人及时就债权的成立与否、数额多少、计算基准以及性质发表意见，对债权事实作出基础性的判断。在第一次债权人会议上，债权表以及与之相关的债权申报材料必须向所有出席债权人会议的债权人出示，供各债权人阅览，以利于债权人对各申报债权是否成立、数额多少、有无担保等事项的真实性和有效性发表意见，并及时询问债权的申报人和管理人。债权人会议对债权进行调查，不具有确认债权的效果，仅具有异议债权的成立、性质和数额的效果。债

---

① 参见《企业破产法》第46条。

② 参见柴发邦主编《破产法教程》，法律出版社1990年版，第91页。

③ 债权人会议具有调查债权的职能，我国《企业破产法》草案对于债权人会议讨论、异议申报债权的过程或职能，使用"调查"一词予以描述。参见《中华人民共和国企业破产与重整法（草案2000年6月）》第45条，朱少平、葛毅《中华人民共和国破产法——立法进程资料汇编（2000年）》，中信出版社2004年版，第201页。但是，《中华人民共和国企业破产法（草案）》（三次审议稿）后却将"调查"改成了"核查"，不知具体缘由何在。笔者以为，《企业破产法》使用"核查"一词来描述通过债权人会议讨论、异议申报债权的过程或职能，与债权人会议调查债权，并无本质上的区别。

权人会议调查债权，实际上构成法院职权调查、取证而确认债权的必要辅助。① 债权人会议调查债权的范围，限于管理人编制的债权表记载的债权。债权表没有记载的申报债权，因为已经被管理人否认，不需债权人会议调查。值得注意的是，债权人会议在调查债权时，对于债权表记载的、经法院生效判决确认的债权或者仲裁裁决确认的债权，债权人不得提出异议。② 债权人会议调查债权时，应当对申报债权的异议与否做成会议记录，没有必要作出决议。③

申报债权的调查，应当在第一次债权人会议上进行。参加第一次债权人会议的债权人，以管理人编制的债权表所记载的债权人为限。例如，在我国的司法实务上，首先由"破产清算组"对债权人申报的债权进行初步审查确认，并向债权人发出是否确认债权的通知书，收到确认债权通知书的债权人是债权人会议成员，可以参加第一次债权人会议就债权进行调查。④ 因此，第一次债权人会议的参加人并非所有的已经申报债权的债权人。需要注意的是，已经申报但管理人不予承认的债权之债权人属于债权尚未确定的债权人，并非不能参加第一次债权人会议；仅在受理破产申请的法院就申报人的债权额临时作出裁定时，取得参加债权人会议调查债权的地位。⑤ 债权人会议调查债权时，债务人应当列席债权人会议，回答管理人或债权人有关申报债权的询问；⑥ 同时，在调查债权的债权人会议上，债务人亦可对债权表记载的债权提出异议或予以否认。⑦

调查债权为债权人会议的职责，债务人并非债权人会议的成员，其是否可对债权表的记载提出异议？这是一个值得讨论的理论与实务问题。《企业破产法》第58条规定："债务人、债权人对债权表记载的债权无异议的，由人民法院裁定确认。债务人、债权人对债权表记载的债权有异议

---

① 参见邹海林《破产程序和破产法实体制度比较研究》，法律出版社1995年版，第146—147页。
② 参见最高人民法院《关于在破产程序中当事人或人民检察院对人民法院作出的债权人优先受偿的裁定申请再审或抗诉应如何处理问题的批复》（法复［1996］14号）。
③ 参见邹海林《我国新破产法（草案）与债权人自治》，《法学家》2005年第2期。
④ 参见吕伯涛主编《公正树丰碑——审理广东国投破产案始末》，人民法院出版社2005年版，第87页。
⑤ 参见《企业破产法》第59条第2款。
⑥ 参见《企业破产法》第15条。
⑦ 参见《企业破产法》第58条第2款和第3款。

的，可以向受理破产申请的人民法院提起诉讼。"前述规定是否存在先天的缺陷呢？在破产程序开始后，债务人在调查债权时仅仅能对管理人的询问发表意见，而不能直接面对债权人，更非破产程序调查债权的当事人或参加人，债务人对债权表的记载不能提出异议。[①] 笔者认为，如果允许债务人对债权表的记载提出异议，则管理人作为债务人财产的法定代表机关的地位令人怀疑，而且与破产程序的理念亦不吻合。另外，若允许债务人对债权表提出异议进而提起确认债权的诉讼，则诉讼的当事人应当限于债务人和债权人，管理人在该诉讼中居于何种地位？这更是值得思考的深层次问题。所以，在前述规定的情形下，债权人会议在调查债权表记载的债权时，仅当债权人对债权表的记载有异议的，被异议的债权才不能确定，债权人方能够以管理人为被告提出确认债权之诉。总之，债权人会议调查债权表的记载时，只要债权人无异议的，债权表的记载均不受债务人异议的影响。

二 申报债权的确认

申报债权的确认，是指法院就债权是否成立、债权数额以及债权有无财产担保等事项所作出的审判上的认定。债权是否成立、数额多少以及又无财产担保，均涉及债权人的实体民事权利；对实体民事权利所发生的任何争议，应当通过诉讼予以解决。管理人为破产程序中管理债务人财产的事务机关，债权人会议为债权人全体的意思自治机关，均不具有司法裁决的权力，从而不具有确认债权的职能。

我国破产立法对于申报债权的确认，曾经实行由债权人会议确认的制度，即债权人会议对于申报的债权经调查而无异议的，以债权人会议决议的方式予以确认。[②] 然而，债权人会议毕竟为破产程序中的债权人自治机构，并不具有裁决实体民事权利义务争议的职能，更无法胜任司法审判的职能，故债权人会议确认申报债权，未经法院裁定认可，事实上并不具有任何执行力。[③] 在我国的司法实务上，虽然承认债权人会议确定的债权额

[①] 有关债务人不能对债权表提出异议的说明，参见刘清波《破产法新论》，（台北）东华书局1984年版，第260页以下。

[②] 《企业破产法（试行）》第15条规定："债权人会议有权审查有关债权的证明材料，确认债权有无财产担保及其数额。"

[③] 参见邹海林《破产程序和破产法实体制度比较研究》，法律出版社1995年版，第146页。

对债权人在破产程序中行使权利有所约束,但对债权人会议确定的债权额发生争议的,则由法院审查后裁定。[1] 因此,债权人会议有权进行债权调查,债权确认的权力应当统一由法院行使。[2] 基于以上认识和我国的司法实践,《企业破产法》第58条规定:"债务人、债权人对债权表记载的债权无异议的,由人民法院裁定确认。债务人、债权人对债权表记载的债权有异议的,可以向受理破产申请的人民法院提起诉讼。"依照前述规定,申报债权的确认应当经由法院的司法审查。

申报债权经调查后,应当取得法院的裁决认可,方能确定。在破产程序开始后,申报债权的确认方式主要有法院裁定和确认之诉。

(一) 法院裁定

法院裁定,是指法院作出的确认债权表的记载真实、有效的裁定。这里所称的"法院裁定",并非法院对债权异议或争议的裁定,而仅仅是法院对管理人承认和经债权人会议调查无异议的债权的事实所作出的认可或判定。管理人编制的债权表记载的债权,经债权人会议调查无异议的,法院应当裁定确认债权表的记载。管理人编制的债权表,经债权人会议调查而对债权表记载的全部债权无异议的,管理人可以提请法院裁定确认债权表记载的全部;经债权人会议调查而对债权表记载的部分债权无异议的,管理人可以提请法院裁定确认债权表记载的债权人会议无异议的部分债权。

经法院裁定确认的债权表的记载,是否具有强制执行力?《企业破产法》没有明文规定。有些破产立法规定,经法院裁定确定的债权表的记载,具有强制执行力。例如,日本《破产法》(1922年)第242条规定,债权表记载的确定债权,对于全体破产债权人,与确定判决有同一效力。德国《支付不能法》第178条第3款规定:"就所确认的债权而言,登入债权表对管理人和全体债权人具有与确定判决同一的效力。"[3] 在破产法的理论和实务上,因为欠缺法律的明文规定,法院裁定确定的债权表是否具有与确定判决相同的效力,即是否具有强制执行力或者取得执行名义,存在不小的争议。[4]

---

[1] 参见最高人民法院《关于贯彻执行〈中华人民共和国企业破产法(试行)〉若干问题的意见》(1991年) 第30项。

[2] 邹海林:《破产程序和破产法实体制度比较研究》,法律出版社1995年版,第147页。

[3] 参见杜景林、卢谌译《德国支付不能法》,法律出版社2002年版,第95页。

[4] 参见陈荣宗《破产法》(增订新版),(台北) 三民书局2001年版,第333页以下。

笔者以为，经法院裁定确认的债权表之记载，应当具有与法院的确定判决相同的效力，取得强制执行力。法院裁定确认的债权表是管理人依法执行职务、债权人行使权利的依据，构成破产程序得以正当有效进行的基础。若对法院裁定确认的债权表之记载存在争议，可以通过民事诉讼法规定的审判监督程序予以处理。

（二）确认之诉

凡债权人申报的债权发生争议的，应当通过诉讼解决争议。确认债权争议的诉讼，应当依照民事诉讼法规定的普通程序进行。例如，《德国支付不能法》第180条规定，对于确认有争议的债权，应当以普通程序提起诉讼。《企业破产法》第58条第3款规定："债务人、债权人对债权表记载的债权有异议的，可以向受理破产申请的人民法院提起诉讼。"

在我国，管理人经调查而否认的申报债权，以及记载于债权表而被债权人异议的债权，构成不确定的债权，债权人可以管理人为被告向法院提起债权确认之诉。我国长期的司法实务对于发生争议的申报债权，并不以债权确认之诉处理争议，而是由受理破产申请的法院裁定确认争议。最高人民法院《关于贯彻执行〈中华人民共和国企业破产法（试行）〉若干问题的意见》（1991年）第17条规定："人民法院发布立案公告后，债权人只能申报债权，不能向受理破产案件的人民法院提起新的诉讼。"第30条规定："行使表决权的债权人所代表的债权额，按债权人会议确定的债权额计算。对债权人会议确定的债权额有争议的，由人民法院审查后裁定，并按裁定所确认的债权额计算。"最高人民法院《关于审理企业破产案件若干问题的规定》（2002年）第20条第2款规定："以债务人为被告的其他债务纠纷案件，根据下列不同情况分别处理：……（二）尚未审结且无其他被告和无独立请求权的第三人的，应当中止诉讼，由债权人向受理破产案件的人民法院申报债权。在企业被宣告破产后，终结诉讼。（三）尚未审结并有其他被告或者无独立请求权的第三人的，应当中止诉讼，由债权人向受理破产案件的人民法院申报债权。待破产程序终结后，恢复审理。……"以裁定确认发生争议的申报债权，与裁定的适用范围不相吻合，裁定只适用于实体民事权利义务的判定以外的事项；以裁定确认发生争议的申报债权，对于发生争议的债权之当事人的民事诉讼权利也有所减损，诸如裁定不得上诉削减了当事人的诉权等。因此，《企业破产法》第58条原则规定了以"确认之诉"对待发生争议的债权。

债权人之所以应当以管理人为被告提起确认债权的诉讼,原因在于破产程序开始后,债务人失去管领其财产和事务的资格,管理人承继了债务人的民事诉讼或仲裁当事人的地位。债权人向法院起诉确认债权的,被告限于管理人。提起确认债权之诉的债权人,应当以该债权的申报人为限;但对该债权提出异议的债权人,则不限于该债权的申报人。因此,唯有名义上的债权人(申报人),不论其是否对债权表的记载持有异议,均可以提出确认之诉。

对于管理人否认的申报债权,因其并未记入管理人编制的债权表,则不可能在债权人会议上进行调查,也不存在该债权人在债权人会议上提出异议的机会。因管理人否认的债权未记入债权表而无法在债权人会议上提出异议的,无《企业破产法》第58条所称"确认之诉"的适用。在此情形下,该债权人可以管理人为被告,依照《企业破产法》第21条的规定,直接向受理破产申请的法院提起债权确认之诉。

对债权表记载的债权有异议的,凡持有异议的债权人均可以管理人为被告,向受理破产申请的法院提起诉讼。此等确认之诉的形成,以债权人对债权表记载的债权持有异议为先决条件。但是,债权人应当何时提出异议并进而提出确认债权之诉呢?依照我国台湾地区"《破产法》"第125条的规定,对于债权的成立与否、债权的数额多寡有异议的,应当在第一次债权人会议终结前提出。有学者解释为,于第一次债权人会议终结前没有提出异议的,丧失提出异议的权利,债权即为确定,具有与确定判决同一的效力;但其后才知悉异议的原因者,不在此限。[1]《企业破产法》对之没有相应的规定。为防止破产程序久拖不决而损害多数债权人的利益,要求持有异议的债权人在第一次债权人会议调查债权时提出异议,也是合理的。凡在债权人会议上未提出异议的债权人,不得径行对债权表记载的债权提出债权确认之诉,也不得请求加入其他异议债权人所提出的债权确认之诉中去。

依照《企业破产法》第58条第3款的规定,债权确认之诉的管辖法院,仅限于受理破产申请的法院。所以,受理破产申请的法院以外的其他法院,对债权确认之诉没有管辖权。[2] 但是,债权人向受理破产申请的法

---

[1] 参见刘清波《破产法新论》,(台北)东华书局1984年版,第260页。
[2] 日本《破产法》(1922年)第245条规定:"债权确定之诉,专属于破产法院管辖。"

院提起债权确认之诉的,受诉法院应当按照民事诉讼法规定的普通程序进行审理,并以判决确认或者驳回债权人的诉讼请求。

法院判决确认有争议的申报债权的,若该债权为非金钱的债权,则应当按照法院受理破产申请的裁定之日的债务履行地的平均市场价格计算债权额;若该债权为以外币表示的金钱债权,则应当按照法院受理破产申请的裁定之日的人民币市场汇率的基准价计算债权额。不论怎样,在申报的债权发生争议的场合,经法院生效判决确认的债权,具有强制执行力,对所有债权人均有约束力。《德国支付不能法》第183条规定,以确认一项债权为内容的确定裁判,或以支持一项异议为内容的确定裁判,对管理人和全体债权人均发生效力。[①] 日本《破产法》(1922年)第250条规定,就债权确认之诉所为判决,对全体债权人均有效力。

但应当注意,债权人请求确认其有争议的债权时,若其与债务人之间订立有仲裁协议或仲裁条款,是否应当通过《企业破产法》第21条和第58条所规定之诉讼来解决其间发生的争议呢?《企业破产法》并没有规定,在债务人适用破产程序的情形下,仅以诉讼手段取代解决债权人和债务人之间解决争议的其他途径,故《企业破产法》第21条和第58条所规定之诉讼,并不适用于债权人和债务人之间订立有仲裁条款或仲裁协议的场合。在此情形下,债权人应当以管理人为相对人向有仲裁管辖权的仲裁机构提起确认债权的仲裁。债权人以管理人为相对人提起确认债权的仲裁的,仲裁机构应当作出支持或者驳回债权人的请求的裁决。确认争议债权的仲裁裁决,具有与法院生效判决确认的债权相同的效力。

(三) 特殊问题:诉讼或仲裁未决的债权

诉讼未决的债权,是指破产程序开始后仍处于诉讼状态而没有生效判决确认的债权。债权人以债务人为被告提起的债权确认之诉,在破产程序开始后尚未审结的,应当中止诉讼,但不必将诉讼移送受理破产申请的法院审理。原则上,管理人接管债务人财产后,承继债务人的诉讼地位,诉讼可以继续进行。关于诉讼未决的债权的确定,应当注意区分以下两种不同的情形:

(1) 诉讼未决的债权经调查而确定的。债权人申报的诉讼未决的债权,应当经管理人审查和债权人会议的调查。若管理人对该诉讼未决的债

---

① 参见杜景林、卢谌译《德国支付不能法》,法律出版社2002年版,第97页。

权无异议,经过债权调查程序,债务人和债权人均无异议,债权应为确定。在此情形下,未决的诉讼应当终结,管理人无须承继债务人的诉讼地位继续进行诉讼。①诉讼未决的债权经破产程序的调查被确定的,债权人应当向法院申请撤回诉讼,法院应当准许债权人撤回诉讼。

(2)诉讼未决的债权未经调查或不能确定的。债权人申报的诉讼未决的债权,经管理人审查,若管理人对该诉讼未决的债权有异议,或者管理人无异议但经债权调查程序,债务人或者债权人有异议,债权不能确定的,管理人应当承继债务人的诉讼地位继续进行诉讼。在此情形下,诉讼未决的债权,以法院生效判决的确认为准。

仲裁未决的债权,是指破产程序开始后仍处于仲裁状态而未获仲裁裁决确认的债权。仲裁未决的债权,具有等同于诉讼未决的债权的法律效果。在破产程序开始后尚未作出仲裁裁决的,管理人接管债务人财产后,原则上承继债务人的仲裁地位,仲裁程序可以继续进行。关于仲裁未决的债权的确定,其情形与上述诉讼未决的债权的确定情形相同。

---

① 石川明:《日本破产法》,何勤华、周桂秋译,中国法制出版社2000年版,第89页。

第三章

管理人中心主义

第一节 管理人的法律地位

一 管理人的定义

管理人是《企业破产法》开始使用的一个术语。在此之前,与"管理人"相对应或者接近的术语,在我国破产立法和司法实务上为"清算组"或"破产清算组"。在破产法理论上,一般又使用"破产管理人"这一术语。在这些术语之间,不仅是表述的文字的差异,而且也存在实质上的差别。

就"破产管理人"而言,我国学者就给出了不少的表述。例如,破产管理人是指在破产程序进行过程中负责破产财产的管理、处分,业务经营以及破产方案拟订和执行的专门机构。[1] 破产管理人是在破产程序中被依法指定或选任的,负责管理破产财产、处理破产事务的人。[2] 从以上表述的内容可以看出,破产管理人是与破产清算程序连接在一起、专司破产财产的管理和分配事务的人,与重整程序似乎没有多少关系。"清算组"或者"破产清算组"则更加直接地表明"破产管理人"担当破产清算事务的基本功能,与企业的再生程序毫无关系。在这个层面上,"破产管理人""清算组"或"破产清算组"与《企业破产法》所规定的管理人,不可同等对待。

---

[1] 李永军:《破产法律制度》,中国法制出版社2000年版,第149—150页。
[2] 叶军:《破产管理人理论和实务研究》,中国商务出版社2005年版,第1页。

《企业破产法》颁布后，我国仍有不少学者使用"破产管理人"一语，并将之对应于《企业破产法》规定的管理人。例如，"破产管理人"是指破产案件受理后依法成立的，在法院的指导和监督之下全面接管债务人企业并负责债务人财产的保管、清理、估价、处理和分配等事务的专门机构;[①]"破产管理人"是依照破产法规定，在重整、和解与破产清算程序中，全面接管债务人、负责债务人财产的管理、处分和其他事项的组织、机构和个人。[②] 以上就"破产管理人"所为表述，赋予了"破产管理人"这一术语新的内容，将之等同于《企业破产法》规定的管理人。但是，在《企业破产法》的制度框架下，仍然使用"破产管理人"替代或者表述管理人，总还是感觉有些别扭："破产管理人"一语因为过去的惯常使用所附带的破产清算痕迹[③]，如果想与《企业破产法》规定的管理人相融，或许还要费些时日；何况《企业破产法》规定的管理人，并没有在其前面加上"破产"二字予以限定，立法者已经彰显了管理人不同于"破产管理人"的立场。在我国的破产法理论上，对管理人和"破产管理人"还是应当有所区分为好。

管理人，是指破产程序开始后专司债务人财产的管理、债权债务清理的事务性工作机构。管理人这一术语，为《企业破产法》用以表述破产程序中必须设置的、落实当事人自治主导型破产程序的专门机构的术语，它在内涵与外延上对应于《企业破产法》所规定的多样化的破产程序（重整程序、和解程序和破产清算程序），具有更好的包容性。

二 管理人中心主义

管理人中心主义，是指破产程序的事务性工作通过管理人来进行，管理人在破产程序开始后依法对债务人财产进行接管、清理、保管、运营以及必要的处分，以更好地保护债权人和债务人利益的理论和制度模型。管理人中心主义为科学保全债务人财产而设计的司法程序制度提供理论支

---

① 王欣新：《破产法》（第二版），中国人民大学出版社2007年版，第87页。
② 薄燕娜：《破产法教程》，对外经济贸易大学出版社2009年版，第62页。
③ 如有学者认为，"破产管理人是指在破产程序进行过程中负责破产财产的管理、处分、业务经营以及破产方案拟定和执行的专门机构。""在我国破产法上，实际上在债务人被宣告破产后，就是破产管理人。"李永军：《破产法——理论与规范研究》，中国政法大学出版社2013年版，第159页。

撑。管理人不仅要对债务人财产进行全面的接管，而且要对债务人财产的增值贡献力量。管理人是债务人利益和债权人利益的维护者。[1] 管理人中心主义应当贯穿于统一的破产程序的各个环节，不仅在破产清算程序中有意义，而且应当有效于和解程序与重整程序。管理人是破产程序中最重要的一个组织，始终参与破产程序的全过程，具体管理破产程序中的各项事务。在破产程序中，始终参与且处于中心位置的法律主体，是管理人。因此，破产程序能否顺利进行，破产法律制度的各项目标价值能否最终得以实现，都与管理人密切相关。[2] 管理人的设立是进行破产程序的必然要求。可以说，整个破产程序是以管理人为中心而推进的，管理人在整个破产程序中发挥着至关重要的作用。[3]

破产程序的首要问题，是如何加强对债务人财产的管理。破产程序对于债务人财产具有概括的保全效力。法院裁定开始破产程序，破产程序对于债务人即产生概括的保全效力；不论债务人财产所处的地理位置、种类，所有的债务人财产均受法院开始破产程序的裁定的约束。在破产程序开始后，无须对于债务人财产采取个别的民事保全措施，债务人财产均因破产程序的开始而受到保全。[4] 破产程序的制度设计如何实现对不同观念和不同形式的债务人财产的管控，直接关系到破产程序的保全效力的实现。破产立法为实现破产程序对债务人财产的保全效力，应当设计合理并有效的相关制度。

在观念上，债务人财产由积极财产和消极财产构成；在法律上，债务人财产由不动产、动产及视为动产的财产构成。破产程序对于债务人财产的保全效力，首先应当体现为控制债务人财产的占有、使用、收益和处分状态。债务人财产的占有、使用、收益和处分状态的控制，不会因为法院开始破产程序的裁定而自动实现。是否应当由法院去实现控制债务人财产的占有、使用、收益和处分状态呢？在理论上，由法院发挥这样的职能，并无不可。但是，法院并非专业的债务人财产"经理人员"，事实上不可能充分和有效率地实现控制债务人财产的占有、使用、收益和处分状态的

---

[1] 参见邹海林《新企业破产法与管理人中心主义》，《华东政法学院学报》2006年第6期。
[2] 参见黄锡生《破产管理人的法律地位及其职业化研究》，《浙江学刊》2004年第5期。
[3] 参见齐树洁主编《破产法研究》，厦门大学出版社2004年版，第281页。
[4] 参见《企业破产法》第5条、第13条、第25条、第16条、第17条、第19条和第20条。

"价值最大化"目标。破产程序应当借助于特别的制度措施,以实现破产程序对债务人财产的保全效力。因此,在破产程序开始后,除非应当由法院作出决定,破产程序中的事务性管理工作应当由专业的管理人来完成,法院的作用应当被限定为仅做争议的裁决者。[①] 管理人中心主义正是基于破产程序的需要而产生的。

管理人是债务人利益和债权人利益的维护者。合理与有效的债务人财产管理制度,足以在根本上实现对债权人利益的全面保护。破产程序必须建立高效、精干的管理人制度。破产程序是在法院的控制之下,通过专业人士来运作的商业交易平台,它不是通过法官独自运作来发挥功能的;在破产程序中,债务人财产的管理尤其不能通过法官独自来运作。因为法官不是处理破产事务的专家。在整个破产程序中,对债务人财产的清理、保管、估价以及对企业未来的再生,法官没有足够的商业判断能力提出他自己的见解。所以,破产程序必须通过专业人士来运作。这个过程的实现,就需要借助于管理人。在《企业破产法》起草过程中,注意到管理人中心主义应该发挥非常重要的作用,设计了非常广泛的管理人权限,涉及破产程序的各个方面,特别是涉及债务人财产和事务的管理这个领域。之所以有这样的规定,目标是要平衡法院和管理人之间的关系。管理人中心主义的基本考虑,就要以管理人取代法院在破产程序中具体负责事务性工作的职能,由管理人来操作破产程序的运行。[②] 以管理人中心主义作为我国破产程序中的债务人财产管理的立足点,显然有利于加强债务人财产的管理或保全。同时,管理人中心主义还可以相应减轻法院的责任或负担,法院参与破产程序的事项应当多集中于程序方面,而非管理人应当为的事务性工作上。

基于这样的理念,《企业破产法》第13条、第23条和第25条就管理人及其地位所为规定,基本上反映了破产程序中的管理人中心主义。《企业破产法》实行破产程序受理开始主义。在这样的程序前提下,我国的破产程序的模式结构又具体表现为重整程序、和解程序与破产清算程序的有机结合。原则上,债务人有破产原因的,当事人可以向法院申请重整程

---

① George M. Treister, etc., Fundamentals of Bankruptcy Law, 3rd edition, American Law Institute, 1993, p. 89.

② 参见王卫国、邹海林、李永军《破产法十年》,载赵旭东主编《公司法评论》2005年第1辑,人民法院出版社2005年版。

序、和解程序或破产清算程序，以求法院能够裁定开始破产程序。不论当事人申请的程序目的有何差异，法院受理破产申请的，破产程序对于债务人财产和债权的清理均产生约束力，有管理人存在的必要。[①] 因此，只要有破产程序的开始，就应当有管理人的存在。《企业破产法》第 13 条规定："人民法院裁定受理破产申请的，应当同时指定管理人。"破产程序中的管理人随破产程序的开始而产生并发挥作用。

管理人中心主义是我国破产法学的一个重要理论成果，更是我国破产程序制度的一项创新。它的理论和制度价值在于：其一，明确了管理人在破产程序中的地位，提出在破产程序中管理人应当居于中心地位，整个破产程序围绕管理人的工作而展开；其二，为正确配置管理人在破产程序上的职权指明了方向。管理人中心主义之下，管理人的职权范围必然是广泛的；其三，为合理安排、正确处理法院、管理人、债权人会议三者之间的关系奠定了理论和制度基础。[②]

三　管理人法律地位的学说

管理人在破产程序中处于何种地位，是一个具有重要实践意义的理论问题，关系到管理人如何正当履行职责。管理人的法律地位，虽有立法的相应规定，但因管理人面对不同利益诉求的利害关系人所从事的行为具有复杂性，致使理论上产生了对管理人法律地位的不断讨论。我国学者关于管理人法律地位的学说，主要是继受传统破产法学上的"破产管理人"地位之学说而形成的。这里所述有关管理人法律地位的学说，并非针对《企业破产法》规定的管理人，多是以"破产管理人"为背景展开的。

在英美法系各国，对于管理人的法律地位的表述，以信托关系为基

[①] 《企业破产法》颁布前，我国的司法实务对于管理人制度的完善还是有所推动的。最高人民法院《关于审理企业破产案件若干问题的规定》（2002 年）第 18 条规定："人民法院受理企业破产案件后，除可以随即进行破产宣告成立清算组外，在企业原管理组织不能正常履行管理职责的情况下，可以成立企业监管组。企业监管组成员从企业上级主管部门或者股东会议代表、企业原管理人员、主要债权人中产生，也可以聘请会计师、律师等中介机构参加。企业监管组主要负责处理以下事务：（一）清点、保管企业财产；（二）核查企业债权；（三）为企业利益而进行的必要的经营活动；（四）支付人民法院许可的必要支出；（五）人民法院许可的其他工作。企业监管组向人民法院负责，接受人民法院的指导、监督。"

[②] 参见邹海林、周泽新《破产法学的新发展》，中国社会科学出版社 2013 年版，第 124 页。

础；管理人，又称为破产程序中的受托人（Trustee in Bankruptcy），是破产程序开始后的债务人财产的受托人。管理人作为债务人财产（bankrupt estate）的受托人，在法院、破产人之外取得独立的地位，仅以受托人的名义为法律行为和以债务人财产的"所有权人"的名义管理、变价和分配债务人财产。美国联邦《破产法典》第323条规定，管理人为债务人财产的代表，并以自己的名义起诉和应诉。英美法系的信托制度是管理人的受托人地位的基础。英美法系的破产法把信托制度引入破产程序，规定管理人为债务人财产的受托人，管理人以受托人的名义执行职务，避免了法律理论对管理人地位的争执，这样的法律机制也没有引起法律理论和实务对管理人的受托人地位的怀疑。

以大陆法系破产立法作为传统的国家和地区，理论上关于破产管理人的法律地位的学说主要有"破产人代理说""债权人代理说""破产人和债权人共同代理说""破产财团代理说"和"职务说"等不同的学说。

（一）破产人代理说

破产人代理说认为，破产程序的实质为清算程序，不是强制执行程序，破产管理人的地位和公司清算人的地位并无不同；再者，破产宣告并未剥夺破产人对其财产的所有权，破产人只是暂时丧失对破产财团的管理和处分权，管理人依据法律的规定管理和处分破产财团，以破产财团之破产管理人的名义为法律行为，不是以自己的名义为法律行为，破产管理人所为行为的效力及于破产人。破产管理人是破产人的法定代理人，代理破产人管理和处分破产财团的财产，并代理破产人行使权利。依据上述学说，破产管理人为法律行为时，不能以破产管理人本人的名义为法律行为，只能以破产人的名义为法律行为，特别是在提起有关破产财团的诉讼和应诉时，诉讼当事人为破产人而非破产管理人，破产管理人在诉讼上仅为破产人的法定代理人。

（二）债权人代理说

债权人代理说认为，债务人受破产宣告后，债权人取得对破产财团的排他性的受偿质权，破产管理人代表债权人的利益行使对破产财团的质权；破产管理人作为债权人行使质权的代理人，执行职务依据法律的规定，无须债权人的特别授权。再者，破产撤销权为破产债权人的权利，但是在破产程序中却由破产管理人向相对人行使，破产管理人实为债权人的代理人。所以，破产管理人是债权人的法定代理人。破产管理人作为债权人的代理人，在学说上又具体分成两种：其一，破产管理人为各破产债权人的共同代理人。其二，破产管理人为破产债权人团体的法定代理人。依照债权人代理说，破产管理人代理债权人为破产财团的管理和处分、对破产人的行为主张无效或者行使破产撤销权。

（三） 破产人和债权人共同代理说

破产人和债权人共同代理说认为，破产管理人在管理和处分破产财团时，为破产人的法定代理人；但在为债权人的团体利益执行职务时，如主张破产无效行为或者行使破产撤销权，又是破产债权人的代理人。显然，共同代理说综合了破产人代理说与债权人代理说的主要观点，将破产管理人定位于破产人和债权人的共同代理人。但是，因为债务人（破产人）与债权人的利益冲突，破产管理人作为他们的共同代理人，在许多方面有悖于代理制度的本质。

（四） 破产财团代理说

破产财团代理说认为，破产财团已经脱离破产人而有存在的特定目的，仅为破产债权人的利益而存在，在破产程序中表现为集合体，从而取得破产程序上的权利和义务主体地位，具有非法人团体的性质或者可以视为法人团体。管理人执行职务，管理和处分破产财团、行使权利和负担义务，均以破产财团的名义为之。所以，管理人为破产财团的代理人。破产财团代理说，又被称为破产财团代表说。破产财团代理说，以破产立法承认破产财团在破产程序中的独立地位（破产程序中的当事人地位）为基础。

（五） 职务说

职务说（又称为公吏说）认为，破产程序为概括的强制执行程序，管理人为法院选任的、负责破产财团的管理和处分的执行机关，与代理人的性质不同；破产财团的管理和处分，破产人和债权人均无权涉及，专属于管理人；况且，有关破产财团的诉讼，以管理人为原告或者被告；管理人执行职务，不仅要维护破产债权人的利益，而且还要维护破产人的利益。所以，管理人为破产程序中具有公吏性质的执行机关。德国、日本的判例和多数学者支持这种学说。[1]

对于上述五种主要学说，依其性质可以划分为两大类：破产管理人代

---

[1] 参见刘清波《破产法新论》，（台北）东华书局1984年版，第247页。

理说和破产管理人职务说。破产管理人代理说的实质,源于破产程序的自力救助主义,过分渲染了破产管理人的"私权机关"地位,否认破产管理人以自己的名义独立为法律行为的品格,破产管理人不具有独立的诉讼主体地位,充其量为破产程序中的当事人之代理人。与之不同,破产管理人职务说则是破产程序公力救助主义思想的产物,较为符合现代破产立法的务实倾向,突出了破产管理人的"公权力机关"地位,充分肯定破产管理人在破产程序中的独立地位,破产管理人以自己的名义为破产财团的管理、变价和分配。但是,破产管理人代理说和破产管理人职务说,都有其自身所不能克服的某些缺陷而受到多方面的批评。

批评破产管理人代理说的意见,主要有:第一,混乱了代理的基本观念。破产管理人如为他人的代理人,则应当以被代理人的名义为法律行为,但是,在法理和司法实务上,破产管理人具有独立的人格,多以自己的名义为法律行为,这说明破产管理人不是破产人、债权人或者破产财团的代理人。特别是,破产管理人不能同时代理利益冲突的破产人和债权人。所以,将破产管理人的法律地位归结为代理人,不符合代理制度的基本观念。第二,破产财团代理说或者破产财团代表说,以破产财团的人格化为基础。但是,各国破产立法例少有明文规定破产财团具有法律主体地位;事实上,破产财团在破产程序中自始至终均为破产债权人行使权利的客体,更是破产管理人执行职务的对象。况且,将破产财团拟制为法人或者非法人团体,以图说明破产管理人的代理人地位,又与各国司法实务以破产管理人作为破产程序的当事人的现状不符。第三,代理人和被代理人是两个独立的法律主体,代理人不能做不利于被代理人的行为,诸如破产管理人不能主张被代理人的行为无效或者撤销被代理人的行为。破产管理人代理说不能合理解释,当破产管理人作为破产人的代理人时,何以能够行使破产撤销权的疑问。第四,代理说同破产程序的性质不相符。破产程序实质上是一种概括的执行程序,而非一般的公司清算程序可以比拟。所以,破产管理人管理、变价和分配破产财团的行为和结果,在性质上有强制执行的效力,这不是代理人所能做到的。

批评管理人职务说的意见,主要有:第一,破产管理人不能同法院的执行机关或者国家公务员相提并论。破产管理人虽由法院选任,但破产管理人只不过是管理、变价和分配破产财团的临时机构而已,破产管理人的职责法定,工作性质仍然可以归入公司清算或财产清算的范畴,破产管理人随着破产程序的终结而告解散，不具有法院执行人员或者国家公务员的地位。第二，破产管理人为破产财产的执行机关，与其在破产程序中的实际地位不完全吻合。职务说强调破产管理人以自己的名义参加有关破产财团的诉讼，具有诉讼当事人的法律地位，不能合理解释在法律程序中作为执行机关的破产管理人，何以又成为执行标的的诉讼当事人的疑问。如果破产管理人为破产程序的执行机关，那么有关破产财团的诉讼当事人应当为破产人或者破产债权人，不能够为管理人。特别是，破产债权人为破产撤销权人，但是，在破产程序中，破产撤销权却由破产管理人行使，作为执行机关的破产管理人何以能够代行破产债权人的权利？这与破产管理人的执行机关的地位不符。

关于管理人的法律地位的如上所说，在我国破产法理论上都曾有所反映。因为破产管理人代理说存在的诸多缺陷，与我国破产立法的程序制度设计无法相容，我国鲜有学者采用"破产人代理说""债权人代理说""破产人与债权人共同代理说"或"破产财团代理说"的。目前，我国学者关于管理人在破产程序中的法律地位的认识，主要有债务人财产受托人说和专门机构说等观点。

四 管理人在我国破产程序中的地位

管理人在我国破产程序中究竟处于何种法律地位？在理论上的认识，有一个随我国破产制度改革而逐步趋同的过程。

我国《企业破产法（试行）》对于破产管理人（清算组）有如下的规定：清算组由人民法院指定，对人民法院负责，并受债权人会议监督。这样的规定，貌似破产管理人的法律地位是清楚的，但破产管理人究竟该如何履行职能，实则是不清楚的。在当时的情形下，不少学者认为，破产管理人为破产企业的法定代表人；[1] 也有学者认为，破产管理人"为破产财产的法定管理人，它依法接管破产企业，依法对破产财产行使分配权，是企业被宣告破产后，破产财产分配前在法院领导下的一个临时机关"；[2] 还有学者认为，破产管理人在我国破产程序中有独立当事人地位，为执行

---

[1] 参见柯善芳、潘志恒《破产法概论》，广东高等教育出版社1988年版，第144—145页；王晓同《试论破产清算组的法律地位》，《西北政法学院学报》1988年第4期。

[2] 参见付洋等《企业破产法简论》，群众出版社1988年版，第81页。

破产清算事务的专门机构，即破产管理人为我国破产法特别规定的管理、变价和分配破产财产的专门机关。①

依法理以及我国的司法实务，债务人财产在破产宣告时构成破产财产，但破产财产不具有法人或者非法人团体的地位，为破产清算的客体，破产管理人不可能成为破产财产的代理人；再者，破产管理人实际上具有独立的民事主体地位，以自己的名义从事破产清算行为，特别是在诉讼上取得独立的当事人地位，"用自己的名义参加诉讼"，②由此决定破产管理人也不是破产企业或者债权人（团体）的代理人或者代表人。破产管理人更不具有执行机关的地位，因为破产管理人在破产程序中执行职务时，既不是以国家公务员的名义，也不是以法院的执行员的名义，只是法院指定的管理、变价和分配破产财产的一个"临时机关"，因法院的指定而产生，随着破产程序的终结而解散。破产管理人执行管理、变价和分配破产财产的职能及其效果，均源自破产法的特别规定。破产管理人对人民法院负责并报告工作、接受债权人会议的监督，仅是破产法对其独立的当事人地位所附加的限制。因此，破产管理人为我国破产法特别规定的管理、变价和分配破产财产的专门机关，在破产程序中取得独立的地位，依破产法的规定行使权利和承担义务，并仅以自己的名义执行破产清算事务。③

《企业破产法》对我国的管理人制度进行了富有实效的改革，以管理人中心主义为指引，基本上确立了管理人在破产程序中的独立地位。管理人中心主义的核心问题，不是要不要坚持管理人中心主义的问题，而是在管理人中心主义的架构下，如何协调管理人、法院和债权人之间的关系或者分配权力的问题。管理人的法律地位集中体现在管理人与法院、债权人会议相互间的权力分配的机制上。《企业破产法》第23条规定："管理人依照本法规定执行职务，向人民法院报告工作，并接受债权人会议和债权人委员会的监督。"第25条规定："管理人履行下列职责：（一）接管债务人的财产、印章和账簿、文书等资料；（二）调查债务人财产状况，制作财产状况报告；（三）决定债务人的内部管理事务；（四）决定债务人

---

① 参见柴发邦主编《破产法教程》，法律出版社1990年版，第136页。
② 参见最高人民法院《关于贯彻执行〈中华人民共和国民法通则〉若干问题的意见（试行）》（1988年）第60条。
③ 参见邹海林《破产程序和破产法实体制度比较研究》，法律出版社1995年版，第235页。

的日常开支和其他必要开支；（五）在第一次债权人会议召开之前，决定继续或者停止债务人的营业；（六）管理和处分债务人的财产；（七）代表债务人参加诉讼、仲裁或者其他法律程序；（八）提议召开债权人会议；（九）人民法院认为管理人应当履行的其他职责。本法对管理人的职责另有规定的，适用其规定。"

我国学者试图借鉴英美法系的信托法理念，以债务人财产受托人地位解释管理人的法律地位。

以破产受托人来定位破产管理人法律地位更为适合。破产受托人法律地位更加明确，它依照受托人的法律地位独立行使权利和义务，并且接受法院和受益债权人的监督；破产受托人可以更有效地履行对破产财产的管理职责，以达到破产目的；破产受托人制度并不需要强行将债务人财产人格化，它仍然可以作为权利的客体存在，根据信托法律关系，破产程序开始以后，债务人财产成为受托财产，并由受托人暂时享有法律上的财产权，由受托人根据信托意图、受托权利和义务对其进行管理，并由受益债权人享有权益。债务人财产在破产程序中作为信托财产，由破产受托人对其享有财产权进行管理和处分。[1]

债务人财产的受托人理论，能够在以下几个方面对破产法律现象作出合理解释：（1）关于破产程序的性质问题。信托说还原了破产程序本来的目的。这就是在法院的主持下，在破产管理人的具体操作下，以破产财产按照一定的规则清偿全体破产债权人。（2）关于实体权利的承受问题。受托人说可以解决破产管理人何以以自己名义，却以他人财产清偿他人债务的问题。（3）关于破产管理人死亡问题。依受托人说，受托人死亡，其继承人和具有同等地位的人有紧急处理事务的义务，吻合了破产法的需要。（4）关于破产人死亡问题。受托人说可以解释破产程序何以不因破产人死亡而终止并不会危及继承人的财产安全。（5）关于解释撤销权问题。受托人说可以运用信托关系合理解释破产管理人何以以自己的名义行使原本属于破产债权人的撤销权。（6）关于破产人请求的财团费用问题。在受托人说下，破产管理人的独立地位与信托财产的独立性，可以解释破产人（自然人）及其家属请求从破产财产中支付必要生活费用、丧葬费

---

[1] 参见张艳丽《企业破产管理人法律地位评析》，《北京理工大学学报》（社会科学版）2004年第6期。

用等财团费用而自己向自己财产请求的问题。① 将管理人定位于破产财产受托人，也就意味着债权人享有受益人之法律地位，管理人理所当然应当为受益人尽忠实、勤勉之责，为其利益最大化而工作，因此，将管理人定位于破产财产之受托人，更有利于保护债权人利益。② 将管理人视为信托受托人，可以更好地处理破产程序中相关利益主体的权利和义务，并且可以保障破产管理人职责的履行；从法理上看，采此说较为适宜。我国立法已经确立了信托制度，存在采纳此说建构管理人制度的前提。③

但在我国破产法理论上，管理人专门机构说仍为通说。

债务人财产仅为破产程序支配的客体，管理人不是债务人财产的代理人或代表；管理人具有独立的民事主体地位，以自己的名义从事破产执业行为，特别是在诉讼上取得独立的当事人地位，由此决定管理人不是债务人或债权人的代理人或代表人；管理人不具有执行机关的地位，因为管理人既不是国家公务员，也不是法院的执行员，只是法院指定的管理债务人财产的临时机关，随着破产程序的终结而解散。因此，管理人为破产法特别规定的管理债务人财产的专门机关。④

依《企业破产法》的规定，管理人应当是由法院选任的在破产程序中独立执行破产事务的临时性专门机构。其主要理由是：(1) 管理人是依法接管债务人企业并对其财产进行管理、处分和分配以及实施其他与债务人财产相关的法律行为的专门机构。(2) 从某种意义上讲，管理人具有法人性质，是特殊的民事主体。管理人可以管理、处分债务人财产，并代表债务人以自己的名义参加诉讼、仲裁或者其他法律程序，但其仅存在于破产程序中，且为了债权人的利益仅为破产事务性工作而设立。(3) 管理人具有相对独立性，独立于法院和债权人会议，但又受法院和债权人会议的监督。(4) 管理人是独立的诉讼主体。⑤

管理人是具有独立民事主体资格的专门的独立机构，理论上将管理人视为一种专门的独立机构更为妥当。专门的独立机构是指管理人既不是政府机构，也不是债权人或债务人的代理人，而是依据《破产法》的规定

---

① 参见叶军《破产管理人理论和实务研究》，中国商务出版社 2005 年版，第 105—112 页。
② 参见王艳华《破产法学》，郑州大学出版社 2009 年版，第 109 页。
③ 薄燕娜：《破产法教程》，对外经济贸易大学出版社 2009 年版，第 64 页。
④ 参见邹海林《中国商法的发展研究》，中国社会科学出版社 2008 年版，第 149 页。
⑤ 参见李国光《新企业破产法理解与适用》，人民法院出版社 2006 年版，第 140—141 页。

在破产程序开始后成立,负责执行债务人财产管理、变价、分配等事务的、独立的专门主体。管理人作为专门的独立机构,更能公平地维护全体利益关系人的利益,并以超脱于有关当事人的利益身份而介入破产事务。①

总体而言,就管理人的法律地位的不同观点而言,尽管其侧重点各有不同,但都有它们的共同特点:一是学者始终着眼于管理人在破产程序中应当具有的职能,试图对管理人的法律地位作出说明。理论上关注"管理人是什么"的真正用意在于明确"管理人干什么"的问题,只不过采取了从"干什么"到"是什么"的逆向推导策略,结果是不同观点出于对管理人不同的期许而做出不同的定性,出现认识上的多样化。二是不同观点都致力于在包括债权人、债务人(破产人)这样一个涉及利益冲突的破产程序的格局中勾画管理人的行为模式,结果是选择不同的利害关系人为基点,就会对管理人的法律地位的定位产生影响,从而出现不同的观点。但各种观点都无法否认这样一个事实:管理人是基于破产法的特别规定,在破产程序中专司管理、变价和分配债务人财产的专门机关。②

第二节 立法例上的管理人

管理人制度的起源,可以追溯到古罗马法时代。古罗马法盛行债权人的自力救济。在债权人胜诉后,债权人可自行执行胜诉裁决以实现其权利;债权人可以采取对债务人人身执行的方式清偿债务,如债务人的自由、名誉、身体和生命均可作为执行对象,有多数债权人且在极端情形下,债权人还可肢解债务人尸体以达公平分配的目的。但是,在古罗马法的法律诉讼制度发展后期,随着程式诉讼制度的建立,对物诉讼的公平分配机制得以出现,债权人的自力救助难以适应公平清偿多数债权人的需求,产生了以债务人财产的管理人(Curator Bonorum)为核心的债务人财产执行制度。古罗马法上的债务人财产管理人制度,为近现代破产立法规定的管理人制度的雏形。

---

① 参见康晓磊、仲川《对破产管理人法律地位的思考》,《法学论坛》2007年第6期。
② 参见邹海林、周泽新《破产法学的新发展》,中国社会科学出版社2013年版,第109页。

在破产立法例上，因为破产程序制度存在的差异，管理人的称谓以及地位会有所不同。英国、美国等破产立法上的管理人，实际上为破产程序分阶段的管理人制度。在以法国、德国为代表的大陆法系立法例上，管理人制度的主要形态为破产清算程序中的管理人制度，并且呈现出众多的不规则性，特别是这些破产立法所规定的破产程序制度的改革，使得管理人制度的面貌更加复杂化。总体上看，不同国家和地区的破产立法都建立了破产程序中的管理人制度。

一 英美法系的管理人制度

一般而言，英美法系的破产立法针对破产程序的不同阶段而规定有职能有所不同的管理人。英美法系普遍推行破产程序受理开始主义，在破产程序的不同阶段，都有必要确立管理债务人财产的执业管理人，以维持破产程序公平清偿债权人的宗旨。不论管理人的执业基础是否为信托关系，破产程序中的管理人基本可以区分为临时接管人（receiver）和破产管理人（trustee in bankruptcy）两大类，这些专司债务人财产管理的机构存在于破产程序受理开始主义的各个程序阶段。

在英国，法院受理破产申请前，破产程序并未开始，除非法院采取财产保全措施，债务人的财产不受任何约束，自然不存在对债务人财产如何管理的问题。法院受理破产案件后至破产宣告前，债务人虽然没有被宣告破产，但是破产程序已经开始，破产程序对债务人的普遍约束力及于债务人的全部财产。为了保护债权人的受偿利益，防止债务人不当处分财产，实现破产程序固有的概括保全债务人财产的属性，债务人不能再对其财产进行管理和处分，应当依法移交法定的临时接管人（Official Receiver; Interim Trustee），由临时接管人负责对债务人财产的全面管理。[①] 临时接管人的主要职能是保全债务人财产，对其予以管理、运营以及必要的变价。在法院宣告债务人破产后，由临时接管人接管的财产，转变为破产财产（Bankrupt Estate），则由管理人移交法院指定的管理人（trustee in bankruptcy）实施占有、支配，并予以分配；如果法院没有指定管理人，则临时接管人直接充任法院指定的管理人，并履行管

---

① See I. F. Fletcher, Law of Bankruptcy, Macdonald & Evans, 1978, p. 155. Lyden, Reitzel & Roberts, Business and the Law, McGraw-Hill, 1985, p. 770.

理人的相应职责。破产程序受理开始主义丝毫没有忽视对债务人财产的管理，管理人和管理人共同实现了破产程序对债务人财产的全面约束，从根本上保障了债权人团体的受偿利益。1986年英国《破产法》改革后，管理人制度因为破产程序的多样化，也相应地有所变化，管理人被区分为破产程序的接管人（official receiver）或者管理人（trustee）、债务清理程序中的清算管理人（liquidator）、重整（administration）程序中的管理人（administrator）、接管（administrative receivership）程序中的接管人（receiver）以及和解（arrangement）程序中的监督人（nominee, supervisor）等。

在美国，亦建立了与英国法上相似的管理人制度。依照美国联邦《破产法典》第7章、第12章、第13章开始的破产程序，以及依照该法典第11章开始的部分破产程序，都会有管理人（bankruptcy trustee）的存在。[1] 当债务人提出美国联邦《破产法典》第7章项下的破产申请时，债务人的所有财产成为"第7章项下的财产"（chapter 7 estate），法院要指定一位"第7章项下的破产管理人"（chapter 7 trustee）接收和清理债务人的财产。破产管理人根据所在地州的法律扣除债务人的"豁免财产"后，将债务人的剩余财产分配给有担保权益的债权人或者在予以出售后清偿没有担保权益的一般债权人。债务人提出美国联邦《破产法典》第13章项下的破产申请后，应在指定期间内提出债务调整方案；"第13章项下的管理人"将接管债务人按照自己提出的方案规定的其3年至5年的"可支配收入"，并按照债务人的债务调整方案所确定的条件向债权人清偿债务。该管理人通常从中抽取10%作为其工作报酬。但是，依照美国《破产法》第11章开始重整程序的，法院可以不任命破产程序中的管理人，而由债务人自行管理其财产，"占有中的债务人"（debtor in possession）制度在一定程度上弱化了破产程序中的管理人制度。[2] 美国早前的破产法曾规定，公司被适用破产程序，推定该公司的管理层无能或不称职，应当在破产程序期间任命一位管理人对该公司进行经营管理。但现行的破产法则允许负债公司的管理层在公司被适用破产程序后继续管理公

---

[1] 参见大卫·G.爱泼斯坦《破产及相关法律》（第6版），法律出版社2005年影印本，第131页。

[2] See sections 1101 & 1107 of US Bankruptcy Code.

司。所以，在重整程序中，管理人仅仅因为必要才会被委任，占有中的债务人仍然保有债务人财产的代表的身份，并享有破产程序中的管理人具有的权利和职能。[①] 美国联邦《破产法典》第 321 条规定，管理人（受托人）必须为有能力胜任之人，故管理人一般从律师事务所、会计师事务所、投资银行、受托人组织中选任。管理人的报酬不得超过其所管理的债务人财产总额的 3%—15%。

二 大陆法系破产法上的管理人制度

在以法国、德国为代表的大陆法系破产立法上，管理人制度则呈现出众多的不规则性，例如在破产清算程序中的破产管理人与重整程序中的"重整管理人"就不一样。进入 20 世纪以后，大陆法系破产立法日益受到英美法系破产程序制度的影响，破产程序的制度目的不再是清算债务人的财产，而是要最大限度地保存社会生产力，为资源的重新分配构建一个更加公平和有效的司法程序平台，管理人制度的变革就更为重要。因此，大陆法系破产立法上的管理人制度也在逐步趋于复杂化。

在法国，法院宣告破产前，破产程序并未开始，债务人的民事主体地位未发生任何变化，其财产当然不受约束，仍由债务人自行支配，在法律上没有理由设立专门管理债务人财产的管理人制度。在这种情形下，如有保护债务人财产的必要，则通过民事诉讼的财产保全措施，由法院来实现。唯有在债务人被宣告破产后，在破产清算程序中，债务人沦为破产人，失去对其财产的管理处分权，有必要设立管理人制度来负责债务人财产的管理、变价和分配。因此，法院在宣告债务人破产时，应当指定管理人，负责破产财产的管理。法国 1985 年改革后的破产立法，则将管理人制度柔性化了。在破产程序开始时，由法院指定管理人；但是，债务人继续对其总财产行使处分和管理权以及不在管理人任务范围内的权利和诉权，法院还可以依照职权，或者管理人的申请，或者债权人代表的申请，或者检察官的申请，随时改变管理人的任务；管理人仅仅在有担任企业的全部或部分管理工作的要求时，才会自己担任企业的全部或部分管理工作。[②]

[①] George M. Treister, etc., Fundamentals of Bankruptcy Law, 3rd edition, American Law Institute, 1993, p. 393.

[②] 参见沈达明、郑淑君《比较破产法初论》，对外贸易教育出版社 1993 年版，第 256 页。

在德国《破产法》改革之前，管理人制度仅存在于《破产法》规定的破产清算程序和《和解法》规定的和解程序中，法院在宣告债务人破产或者允许债务人和解时，应当立即委任管理人。例如，德国《破产法》第110条所规定的破产管理人，就是典型的破产清算管理人制度。德国1994年开始改革《破产法》，颁布《支付不能法》，实现了德国破产程序的统一，并确立了破产程序受理开始主义，管理人制度也相应发生变革。目前，德国破产立法上的管理人，不再限定于破产清算程序，而是在所有的破产程序阶段均有管理人的存在。法院在开始破产程序时，应当任命临时管理人或者管理人；在法院任命管理人后召开第一次债权人会议上，债权人会议可以另选管理人替代法院任命的管理人。[①] 但是，当债权人申请债务人破产时，如果债务人请求法院允许其自行管理而债权人表示同意的，法院可以作出裁定允许债务人自行管理，但应当任命一名财产监督人取代管理人监督债务人的自行管理。[②]

日本、韩国的破产立法，原则上都实行破产清算程序中的管理人制度。例如，日本《破产法》（1922年）第142条规定，法院在宣告债务人破产的同时，应当选任管理人。日本的破产程序制度因为近年来的改革而具有相对复杂的特点，管理人制度也如此。目前，日本的破产程序主要是由三部不同的法律，即《民事再生法》《公司重整法》和《破产法》来规制的；破产程序中的管理人制度，因为这些法律规定的破产程序本身存在的差异而有所不同。总体而言，日本破产立法上的管理人可以具体划分为破产管理人、再生程序管理人和重整程序管理人三大类，其中的再生程序管理人和重整程序管理人主要是比照破产管理人制度构建的。除这些典型的管理人之外，为了防止已经提出破产申请但程序尚未开始前对债务人财产管理的需要，法律还规定有"保全管理人"制度。

三　我国台湾地区的管理人制度

在我国台湾地区，破产程序是由和解与破产两个程序组成的，前者又被区分为法院的和解与商会的和解，而后者则专指破产宣告程序或破产清

[①] 参见德国《支付不能法》第21条和第57条。杜景林、卢谌译：《德国支付不能法》，法律出版社2002年版，第16、32页。

[②] 参见德国《支付不能法》第270条。杜景林、卢谌译：《德国支付不能法》，法律出版社2002年版，第16、135页。

算程序。依照台湾地区"《破产法》"的规定，管理人在不同的破产程序中的地位以及所发挥的作用是不同的。①

就和解程序而言，法院自始至终参与其中，而且，在法院裁定开始和解程序之日始，应当指定法官 1 人作为监督人，履行管控和解程序之顺利进行的义务，并同时指定其他具有资格的 1 人或 2 人作为监督辅助人，辅助监督人履行职务。除监督人为法官外，监督辅助人限于具有行为能力和诉讼能力的自然人，法人、债务人的法定代理人及其亲属，或与债务人有特别利害关系的人，因其不能或不适合于执行职务，不得充任监督辅助人，监督辅助人具有请求报酬的权利，但报酬的具体数额由法院决定。监督人和监督辅助人并不接管债务人的财产，但对债务人的营业行为和处分财产行为予以监督。

就破产清算程序而言，法院应于宣告债务人破产时选任破产管理人，接管并管理破产财团。破产管理人应以会计师或其他适合管理破产财团的人担任。

四 我国的管理人制度

在《企业破产法》之前，我国破产立法也规定了破产程序中的管理人，不过被称为"清算组"或者破产"清算组织"。②《企业破产法（试行）》和《民事诉讼法》（1991 年）所规定的破产程序，均实行破产程序受理开始主义，但"清算组"却是在法院宣告债务人破产后才由法院指定成立的债务人财产管理机构，即破产立法仅规定了破产清算程序中的管理人制度，并没有建立起完整的贯穿于破产程序始终的管理人制度。法院受理破产申请后，破产程序即告开始；债务人受已开始的破产程序的约束，不能为个别债务的清偿，不能对债务人财产进行个别的民事执行。但债务人在破产宣告前仍然享有对其财产的管理和处分权，如何实现破产程序对债务人财产的概括保全效力，没有相应的法律依据和制度安排。

《企业破产法（试行）》和《民事诉讼法》（1991 年）只规定有"清算组"或者破产"清算组织"，对债务人财产不能实施完全有效的控制，对债务人和债权人双方利益所提供的保护都不够周详。这不仅不符合债务

---

① 参见我国台湾地区"《破产法》"第 11 条和第 64 条的相关规定。
② 参见我国《企业破产法（试行）》第 24 条和《民事诉讼法》（1991 年）第 201 条。

人的利益，而且也不符合债权人的团体受偿利益，有悖于破产程序的目的和宗旨。那么，在破产宣告前，如何解决管理债务人财产的程序性问题呢？我国破产法理论提出了临时财产管理人的建议。[①] 我国司法实务为此还做出了有益的尝试。最高人民法院《关于审理企业破产案件若干问题的规定》（2002年）第18条规定："人民法院受理企业破产案件后，除可以随即进行破产宣告成立清算组的外，在企业原管理组织不能正常履行管理职责的情况下，可以成立企业监管组。企业监管组成员从企业上级主管部门或者股东会议代表、企业原管理人员、主要债权人中产生，也可以聘请会计师、律师等中介机构参加。企业监管组主要负责处理以下事务：（一）清点、保管企业财产；（二）核查企业债权；（三）为企业利益而进行的必要的经营活动；（四）支付人民法院许可的必要支出；（五）人民法院许可的其他工作。企业监管组向人民法院负责，接受人民法院的指导、监督。"

基于对我国破产立法和司法实务的经验总结，《企业破产法》完善了管理人制度。企业破产法规定的管理人，自破产程序开始之日起产生；管理人自其产生时起，接管债务人财产；管理人在破产程序进行的全过程，依照《企业破产法》的规定执行职务，全面负责债务人财产的管理。

第三节　管理人的产生

一　管理人产生的法律形式

管理人，是指在破产程序中负责债务人财产的保管、清理、估价、变卖和分配的职能机关。《企业破产法》第15条规定："人民法院决定受理破产申请的，应当同时指定管理人。"[②] 依照上述规定，管理人产生的法

[①] 参见邹海林《破产程序和破产法实体制度比较研究》，法律出版社1995年版，第219页。

[②] 我国《民事诉讼法》（1991年）第201条规定："人民法院可以组织有关机关和有关人员成立清算组织。"另参见《企业破产法（试行）》第24条规定："人民法院应当自宣告破产之日起十五日内成立清算组，接管破产企业。"以上规定将管理人称为"清算组"或者"清算组织"，在立法技术上和实务上都是不科学的。对破产程序中专司债务人财产清算事务的机构，应当有一个统一的名称，在立法上不应当有多种称谓。《企业破产法（试行）》称管理人为清算组，民事诉讼法称管理人为清算组织，至少说明我国现行立法没有在法律术语方面做到规范化，这势必影响法律的适用。

律形式在我国仅以"法院指定"为限。法院指定为法院行使破产案件管辖权的司法行政行为。管理人在破产程序中的地位，只能源于法院指定的职权行为。

但是，在破产立法例上，管理人产生的法律形式则是多样化的，与破产程序所具有的当事人自治主导型特征保持着一定程度的适应性。具体而言，在破产立法例上，管理人产生的法律形式主要有法院指定（或任命）、债权人会议选任、法院指定和债权人会议选任双轨制、有权机关指定。

（一）法院指定（或任命）

法院指定（或任命）管理人，较为鲜明地反映了法院在破产程序中的职权主义色彩。法院基于其审判机关的地位，独立行使指定（或任命）管理人的权力。不论从哪个角度讲，法院在破产程序中都居于主导地位，独立行使对破产案件的审判权，不受债权人会议的干预或者影响，如何指定（或任命）管理人、指定（或任命）何人为管理人、指定（或任命）多少人为管理人，均取决于法院自己的决定。对于法院指定（或任命）的管理人，债权人会议如果不服，也不能另行选任管理人，只能向法院提出指定（或任命）管理人的异议或者申请法院予以更换。法国、意大利、日本、俄罗斯、埃及、泰国、韩国、伊朗等国的破产立法，均实行法院指定（或任命）管理人的制度。在法院指定（或任命）管理人的模式下，法院指定（或任命）成为产生管理人的唯一方式。

有些破产立法给予债权人会议推选管理人的机会，但仍然实行法院指定（或任命）管理人的制度；债权人会议推选管理人的职能，对法院指定（或任命）管理人的制度模式不产生实质性的影响。例如，依照俄罗斯联邦《破产法》的规定，债权人会议具有确定或推选管理人、重整管理人以及破产管理人的职权（第12条），但破产程序中的临时管理人、管理人、重整管理人和破产管理人均是法院任命的俄罗斯公民。[①]

有些破产立法允许债权人会议另选管理人，申请法院任命其所选任的管理人以替换法院指定的管理人。但是，法院是否替换其已经指定的管理人，则由法院决定。例如，德国《破产法》第78条规定，破产管理人由法院任命。第80条规定，在法院任命破产管理人后召开的债权人会议可

[①] 参见李飞主编《当代外国破产法》，中国法制出版社2006年版，第152、145页。

以选任管理人以替代法院任命的管理人,但法院有权拒绝债权人会议的选任。债权人会议在法院指定(或任命)管理人后,虽可以另选管理人,但法院有权拒绝任命债权人会议选任的管理人,事实上仍然贯彻了法院指定(或任命)管理人的模式。

依照《企业破产法》第22条的规定,管理人由法院指定,但债权人会议认为管理人不能胜任工作的,可以另选管理人并请求法院予以更换。依照上述规定,管理人由法院指定,债权人会议只能要求法院更换指定的管理人;是否更换则由法院决定。这就是说,管理人的指定不受债权人会议的影响。

管理人由法院指定,在破产程序上具有重要意义。首先,法院受理破产案件,具有保全债务人财产的效力,并通过管理人加以实现。管理人有接管债务人财产的权力。因此,这意味着债务人丧失了对其财产的管理处分权。其次,管理人自破产程序开始之日,全面负责债务人财产的日常管理和经营事务,与债务人财产有利害关系的人,例如,债务人的债务人、财产持有人、对债务人财产享有担保物权的人,均应当以管理人为相对人履行义务和行使权利。最后,管理人在管理和处分债务人财产过程中,依法享有询问债务人以及有关利害关系人的权利,受法院监督(负责向法院报告工作),同时受债权人会议或者债权人委员会的监督,对破产程序的顺利进行起着重要的作用。为全面实现破产程序保全债务人财产的效力,由法院指定管理人最便捷、经济和有效。法院在指定管理人后,应当及时通知债务人,并且公告管理人的姓名、住址和办公地点。

另外要说明的是,法院指定管理人不受其他国家行政机关或者任何第三人的干预。但在我国司法实务上,如果涉及国有企业破产的,法院指定管理人时,确实应当考虑国有企业的实际需要,商得有关政府部门的意见后,指定管理人。① 再者,企业破产案件有下列情形之一的,法院可以指定清算组为管理人:(1)破产申请受理前,根据有关规定已经成立清算组的;(2)审理《企业破产法》第133条规定的案件的;(3)有关法律

---

① 我国司法实务的某些做法仍然是值得肯定的。例如,最高人民法院《关于审理企业破产案件若干问题的规定》(2002年)第48条规定:"清算组成员可以从破产企业上级主管部门、清算中介机构以及会计、律师中产生,也可以从政府财政、工商管理、计委、经委、审计、税务、物价、劳动、社会保险、土地管理、国有资产管理、人事等部门中指定。人民银行分(支)行可以按照有关规定派人参加清算组。"

规定企业破产时成立清算组的；(4) 人民法院认为可以指定清算组为管理人的其他情形。清算组为管理人的，法院可以从政府有关部门、编入管理人名册的社会中介机构、金融资产管理公司中指定清算组成员，人民银行及金融监督管理机构可以按照有关法律和行政法规的规定派人参加清算组。①

我国已经建立管理人名册制度，法院作出受理破产申请的裁定而指定管理人时，应当从管理人名册中指定。法院指定管理人，原则上应当依照属地原则和机构管理人优先原则，以节省破产程序的费用和便利债务人财产的管理。受理破产案件的法院指定管理人，一般应从本地管理人名册中指定社会中介机构担任管理人。② 但是，对于商业银行、证券公司、保险公司等金融机构以及在全国范围内有重大影响、法律关系复杂、债务人财产分散的企业破产案件，法院可以从所在地区高级人民法院编制的管理人名册列明的其他地区管理人或者异地法院编制的管理人名册中指定管理人。③ 对于事实清楚、债权债务关系简单、债务人财产相对集中的企业破产案件，法院可以指定管理人名册中的个人为管理人。④

法院指定管理人实行机构管理人优先原则，忽视了管理人的专业服务的个人属性，似乎机构执行破产事务具有比个人更好的水平和信用。这个问题是我国未来破产法改革将要深入检讨和慎重对待的问题。在一个开放和充分竞争的市场环境中，债务人财产的管理都是由具体的个人来操作的，机构虽然可以具有较个人更丰富的资源，但离不开个人所拥有的专业技能。以专业技能作为执业基础的管理人，以个人担任将更为合适。

(二) 债权人会议选任

破产程序为债权人的共同利益而进行，负责破产事务的机构应当由债权人会议选任，才有助于保障债权人的利益，彻底贯彻债权人在破产程序中的自治精神。有些破产立法例规定，管理人由债权人会议选任。在债权

---

① 参见最高人民法院《关于审理企业破产案件指定管理人的规定》(2007 年) 第 18 条、第 19 条。

② 参见最高人民法院《关于审理企业破产案件指定管理人的规定》(2007 年) 第 15 条第 1 款和第 16 条。

③ 参见最高人民法院《关于审理企业破产案件指定管理人的规定》(2007 年) 第 15 条第 2 款。

④ 参见最高人民法院《关于审理企业破产案件指定管理人的规定》(2007 年) 第 17 条。

人会议选任管理人的体制下，债权人会议享有选任管理人的绝对权威。美国、加拿大、瑞典等国实行债权人会议选任管理人的制度。

破产程序开始后，由债权人会议选任管理人，需要召开债权人会议。但在召开债权人会议前或者债权人会议选出管理人前，破产程序不能因为尚未选出管理人而停止，法院基于破产程序保全债务人财产的需要，可以任命管理人或临时管理人负责破产事务。法院任命的管理人或临时管理人，在债权人会议选出管理人时，终止执行其职务；如果债权人会议不选任管理人，则由法院任命的管理人或临时管理人继续执行管理人职务。①

（三）法院指定和债权人会议选任双轨制

管理人，可以由债权人会议选任，也可以由法院指定。德国和我国台湾地区破产立法实行这种制度。

德国在1994年改革破产法后，实行管理人由法院指定和债权人会议选任的双轨制。依照德国《支付不能法》第21条、第56条和第57条的规定，法院在开始破产程序时，应当任命临时管理人或者管理人；在法院任命管理人后召开第一次债权人会议上，债权人会议可以另选管理人替代法院任命的管理人；除非债权人会议选任的管理人不适宜担任管理人的职务，法院不得拒绝任命债权人会议选任的管理人。任何破产债权人对于法院拒绝任命债权人会议选任的管理人的决定，均可以提出上诉。②

我国台湾地区"《破产法》"第83条和第85条规定，破产管理人由法院选任，但是，债权人会议可以另选破产管理人，并可以决议撤换破产管理人。依照上述规定，债权人会议选任的破产管理人优于法院指定的破产管理人，具有替换法院指定的破产管理人之效力。③

（四）有权机关指定

在一些国家，在破产程序开始时，管理人不是由法院任命或指定的，而是由相应政府职能部门的官员直接充任。例如，英国《破产法》第19

---

① 参见美国联邦《破产法典》第701条、第702条、第703条、第1104条、第1163条和第1302条。

② 参见德国《支付不能法》第21条和第57条。杜景林、卢谌译：《德国支付不能法》，法律出版社2002年版，第16、32页。

③ 我国台湾地区的学者对于债权人会议选任管理人优于法院指定管理人的双轨制提出了批评，倡议实行法院选任管理人的制度，取消债权人会议选任管理人的规定。参见陈荣宗《破产法》，（台北）三民书局1986年版，第148—149页。

条规定，管理人由债权人会议选任，债权人会议也可以授权检查委员会选任，选任的管理人应由英国贸易部任命；债权人会议在破产宣告后 4 周内未选出管理人的，则由英国贸易部任命管理人，债权人会议可以另选管理人以取代贸易部的任命。依据英国法的规定，管理人的选任，实际上由英国贸易部决定，因为贸易部享有拒绝任命债权人会议选出的管理人的权力。但是，债权人会议对于英国贸易部拒绝任命其所选任的管理人的，利害关系人可以向上诉法院提起上诉。[①] 在英国，法院受理债务人的破产申请后，管理人由英国贸易部任命的官员充任。担任管理人的英国贸易部官员，在法院的辖区内均为固定的人员，无须法院就每个破产案件单独指定，所以，也就不存在法院指定和公告管理人的问题。但是，受理破产案件的法院应当将接管债务人财产的命令通知管理人，由管理人通知债务人并予以执行。

二 管理人的任职资格

管理人通过接管债务人的全部财产和经营事务，使债务人财产完全受破产程序的支配，在债权人会议的监督下进行清理、估价、保管和营业增值。法院在指定（或任命）管理人时，应当充分考虑所指定（或任命）的人选是否能够胜任管理人的工作。

对于管理人的选任，破产立法例在管理人任职资格方面主要考虑的还是职业能力问题，能够担任管理人的人，不以自然人为限，法人也可以担任管理人；[②] 除非法律对管理人的资格已有明确的限定，法院可以指定（或任命）债务人以外的其他具有民事行为能力的人担任管理人，还可以任命审判人员（法官）担任管理人。在司法实务上，法院在选任管理人时，多选任律师。我国台湾地区的司法实务在选任管理人时，优先考虑会计师和律师。[③] 我国法律在肯定律师能够充任管理人的基础上，将注册会计师、公证人、企业管理人员、银行家、拍卖师、评估师、政府官员以及其他专业人员都纳入可充任管理人的入选范围。《企业破产法》第 24 条第 1 款和第 2 款规定："管理人可以由有关部门、机构的人员组成的清算

[①] See I. F. Fletcher, Law of Bankruptcy, Macdonald & Evans, 1978, p.141.
[②] 例如，美国联邦《破产法典》第 321 条规定，信托公司可以充任管理人。
[③] 参见我国台湾地区"台湾各地方'法院'选任管理人统一办法"（"司法行政部" 1966 年发）。

组或者依法设立的律师事务所、会计师事务所、破产清算事务所等社会中介机构担任。人民法院根据债务人的实际情况，可以在征询有关社会中介机构的意见后，指定该机构具备相关专业知识并取得执业资格的人员担任管理人。"依照上述规定，除清算组以外，管理人只能由依法设立的律师事务所、会计师事务所、破产清算事务所等社会中介机构、具备相关专业知识并取得执业资格的人员担任。

管理人的目的和作用在于接管债务人财产和经营事务，债务人本人不能被指定为管理人。但是，对于重整程序，基于债务人继续营业的需要，债务人可以申请法院同意其自行管理，此等情形下的债务人具有破产程序的管理人地位，是为例外。《企业破产法》第73条规定："在重整期间，经债务人申请，人民法院批准，债务人可以在管理人的监督下自行管理财产和营业事务。有前款规定情形的，依照本法规定已接管债务人财产和营业事务的管理人应当向债务人移交财产和营业事务，本法规定的管理人的职权由债务人行使。"

一般而言，法律会对管理人的人选附加消极资格的限制，即规定哪些人员不能担任管理人。依照破产立法例，下列人员一般不宜被指定为管理人：（1）因受刑事处罚，刑罚尚未执行完毕，或者刑罚已执行完毕但是法律规定不宜担任管理人员者；（2）公证人员因违法被取消公证人资格，不满法定解除限制的年限者；（3）受吊销注册会计师证书的处罚，自处罚决定之日起不满法定解除限制年限者；（4）律师因违反职业规定而被取消律师资格，自资格被取消之日起不满法定解除限制年限者；（5）因受破产宣告而尚未复权者；（6）法院认为不宜担任管理人的其他人员。《企业破产法》第24条第3款规定："有下列情形之一的，不得担任管理人：（一）因故意犯罪受过刑事处罚；（二）曾被吊销相关专业执业证书；（三）与本案有利害关系；（四）人民法院认为不宜担任管理人的其他情形。"就上述规定而言，以下两点应当特别注意：

第一，"与本案有利害关系"的人，不得担任管理人。"与本案有利害关系"在我国司法实务上主要是指中介机构或者个人具有可能影响其忠实履行管理人职责的下列情形之一：（1）与债务人、债权人有未了结的债权债务关系；（2）在人民法院受理破产申请前3年内，曾为债务人提供相对固定的中介服务；（3）现在是或者在人民法院受理破产申请前3年内曾经是债务人、债权人的控股股东或者实际控制人；（4）现在担任或者在人民法院受理破产申请前3年内曾经担任债务人、债权人的财务顾问、法律顾问；（5）人民法院认为可能影响其忠实履行管理人职责的其他情形，例如社会中介机构或者个人有重大债务纠纷或者因涉嫌违法行为正被相关部门调查的。[①] 除上述情形以外，若中介机构的派出人员或者个人还具有可能影响其忠实履行管理人职责的下列情形之一，仍属于"与本案有利害关系"：（1）现在担任或者在人民法院受理破产申请前3年内曾经担任债务人、债权人的董事、监事、高级管理人员；（2）与债权人或者债务人的控股股东、董事、监事、高级管理人员存在夫妻、直系血亲、三代以内旁系血亲或者近姻亲关系；（3）人民法院认为可能影响其公正履行管理人职责的其他情形。[②]

第二，"不宜担任管理人的其他情形"的人，不得担任管理人。"不宜担任管理人的其他情形"则具体包括如下的情形：（1）因执业、经营中故意或者重大过失行为，受到行政机关、监管机构或者行业自律组织行政处罚或者纪律处分之日起未逾三年；（2）因涉嫌违法行为正被相关部门调查；（3）因不适当履行职务或者拒绝接受人民法院指定等原因，被人民法院从管理人名册除名之日起未逾三年；（4）缺乏担任管理人所应具备的专业能力；（5）缺乏承担民事责任的能力；（6）人民法院认为可能影响履行管理人职责的其他情形。[③]

管理人中心主义在破产立法上的具体落实，还应当具备必要的技术支持。必要的技术支持，构成管理人中心主义实现债务人财产管理的"效率"水准的基础。《企业破产法》在这个问题上，已经凸显了对管理人的专业化和市场化要求的倾向，并迈出了实质性的一步。有学者认为，《企业破产法》确立了管理人在破产程序中的中心地位。管理人制度的确立，既克服了过去政府主导的破产案件的行政化运作模式，又一步到位地建立起了破产案件处理的市场化运作模式。[④] 但《企业破产法》所规定的管理人市场化改革还是具有相当大的局限性的，集中体现为将"清算组"作为指定管理人的一个选项予以保留。

关于清算组担任管理人，是管理人的专业化和市场化改革的一个例

---

① 参见最高人民法院《关于审理企业破产案件指定管理人的规定》（2007年）第23条。
② 参见最高人民法院《关于审理企业破产案件指定管理人的规定》（2007年）第24条。
③ 参见最高人民法院《关于审理企业破产案件指定管理人的规定》（2007年）第9条。
④ 参见韩长印《我国企业破产立法演变及启示》，《公民与法》2009年第7期。

外，故仅限于特定的情形。清算组是人民法院指定成立的，对接管的破产企业财产进行清理、保管、估价、处理和分配的专门机构。在破产实践中，特别是国有企业的破产涉及国有资产处置、职工安置等复杂问题，需要由政府有关部门、机构的人员组成的清算组担任管理人。[1] 在理论上，担任管理人的清算组，应当是指在破产程序开始前已经依照其他法律成立的清算组，包括以下几种情况：（1）现行破产法施行时债务人已宣告破产还债并成立清算组的；（2）根据《公司法》第 184 条规定，人民法院指定的清算组，发现债务人资产不足以清偿全部债务，向法院申请宣告破产的，可指定该清算组为破产管理人；（3）《破产法》第 133 条规定的国有企业，依照国务院有关特殊规定实施破产，成立清算组的；（4）其他法律规定企业破产时指定清算组的。[2] 在司法实务上，"企业破产案件有下列情形之一的，法院可以指定清算组为管理人：（一）破产申请受理前，根据有关规定已经成立清算组，人民法院认为符合本规定第十九条的规定；（二）审理企业破产法第一百三十三条规定的案件；（三）有关法律规定企业破产时成立清算组；（四）人民法院认为可以指定清算组为管理人的其他情形"。[3]

清算组担任管理人，当属《企业破产法》改革管理人制度不够彻底的表现。在过去的司法实务中，清算组的运作本身就有许多问题，诸如：（1）工作效率低。清算组成员都有各自的本职工作，这势必影响破产工作的进程和效率。（2）专业水平低。来自各个部门的人员是否具备必要的专业技能和法律知识并不确定。（3）利益不超脱。因而很难站在公正立场上进行破产管理与清算，债权人的利益难以得到保障。（4）债权人会议的监督权难以行使。（5）清算组的责任难以有效追究。清算组是临时组织，没有承担责任的能力。（6）清算组工作报酬的支付处于两难境地。[4] 而且，清算组存在的以下弊端也多受批评：（1）行政色彩浓厚，不是侧重于保护公平保护债权人利益；（2）政府部门派出人员担任清算组成员只是兼职，清算组清算效率没有保障；（3）清算组作为临时性组织，没有责任财产，成员系无偿工作，对清算组的违法失职行为无法追究法律

---

[1] 参见李国光《新企业破产法理解与适用》，人民法院出版社 2006 年版，第 152—153 页。
[2] 参见王卫国《破产法精义》，法律出版社 2007 年版，第 67—68 页。
[3] 参见最高人民法院《关于审理企业破产案件指定管理人的规定》（2007 年）第 18 条。
[4] 参见黄锡生《破产管理人的法律地位及其职业化研究》，《浙江学刊》2004 年第 5 期。

责任。尽管清算组在国有企业破产清算中也有积极的一面，政府有关部门参加清算，可以对破产清算中企业职工分流安置、退休人员移交社会化管理、非经营性资产的移交、长期投资的清理等工作提供行政上的支持与配合。[①] 因此，随着我国市场经济的进一步发展，国有企业改革的进一步深化，在破产程序中指定清算组担任管理人的情形，或许会逐步减少，甚至会消失。

应当注意的是，在我国指定管理人的标准问题上，还是具有相当大的局限性的。例如，管理人由人民法院指定，但人民法院如何把握指定"清算组"、专业的社会中介机构或者个人担任管理人的客观标准，本身就是一个颇具争议的问题，《企业破产法》第 22 条第 3 款授权最高人民法院规定指定管理人的办法。[②]

为便于对管理人的资格审查，我国建立了管理人名册制度。管理人名册，由高级人民法院编制或者高级人民法院确定的辖区内的中级人民法院编制，管理人名册的编制应当与管理人名册编制法院辖区的律师事务所、会计师事务所、破产清算事务所等社会中介机构及专职从业人员数量和企业破产案件数量相适应。[③] 管理人名册，依照其组织形式，区分为社会中介机构管理人名册和个人管理人名册。符合《企业破产法》规定条件的社会中介机构及其具备相关专业知识并取得执业资格的人员，均可申请编入管理人名册。已被编入机构管理人名册的社会中介机构中，具备相关专业知识并取得执业资格的人员，可以申请编入个人管理人名册。管理人名册应当适时予以调整，根据企业破产案件受理情况、管理人履行职务以及管理人资格变化等因素，人民法院可以对管理人名册进行调整。发现社会中介机构或者个人有《企业破产法》第 24 条第 3 款规定情形的，人民法院应当将其从管理人名册中除名。[④] 管理人名册制度的建立，相对固定了管理人的任职资格，并简化了法院指定管理人的程序，提高了法院指定管理人的效率。

目前的管理人名册制度在确保管理人指定和更换的公平与公正性方面，无疑具有十分重要的意义。但是，最高人民法院《关于审理企业破

---

① 参见范健、王建文《破产法》，法律出版社 2009 年版，第 98—99 页。
② 参见邹海林《新企业破产法与管理人中心主义》，《华东政法学院学报》2006 年第 6 期。
③ 参见最高人民法院《关于审理企业破产案件指定管理人的规定》（2007 年）第 2 条。
④ 参见最高人民法院《关于审理企业破产案件指定管理人的规定》（2007 年）第 14 条。

产案件指定管理人的规定》因受多种因素的限制，仍然带有临时性和极强的地域性特点；而且，管理人名册由不同层级的法院编制，并呈现出限制个人管理人在破产程序中的应有作用的价值倾向，是否能够完全体现《企业破产法》所意图实现的管理人中心主义制度的专业化和市场化目标，仍然值得司法实践慎重对待。①

三　指定管理人的原则与方式

除前述指定管理人的属地原则和机构优先原则外，法院指定（或任命）管理人，还应当坚持"指定一人原则"。在指定（或任命）管理人的人数问题上，破产立法例的规定不以多人为必要，原则上均以"指定一人"作为法院指定管理人的首选方式。例如，日本《破产法》（1922年）第158条规定，破产管理人为一人；但是，法院认为必要时，可以选任数人。法院在必要时可以指定复数破产管理人，但在实务上，即便发生复杂且大规模的破产事件，法院也很少选任，而是以设置破产管理人的常设代理人作为辅助。②

"指定一人原则"在我国破产立法上原本就不存在。《企业破产法（试行）》规定的管理人形式为"清算组"或者破产"清算组织"。在实务上，既然称为清算组或者破产清算组织，那么人民法院在指定人员时，就应当指定至少2人以上，这是否符合破产程序节省费用的基本要求，本身就是一个值得讨论的问题。既然是一个组织，那么人民法院依据何种事实（如破产案件的复杂程度）来决定破产清算组构成人数的多少，则更是一个问题。《企业破产法》对管理人制度所为改革，也未能落实"指定一人原则"。在我国的司法实务上，法院在指定管理人时，究竟应当指定一人还是数人，在相当长的历史时期内恐怕都会是一个问题。

法院指定管理人的具体方式，主要有个案方式、随机方式和竞争方式三种。有观点提出，根据我国管理人制度的现状以及各类破产案件的具体情况，为避免在指定管理人的环节出现"法官任意裁量权力过大而可能产生的种种不利影响"，以随机方式指定管理人是普通破产案件中

---

① 参见邹海林主编《中国商法的发展研究》，中国社会科学出版社2008年版，第163页。
② 参见伊藤真《破产法》，刘荣军、鲍荣庭译，中国社会科学出版社1995年版，第63页。

指定管理人的主要方式。① 因为不同破产案件的难易程度相去甚远，以随机方式指定的管理人，其能力可否与具体破产案件的难易程度相适应，是无法保证的；法院指定管理人不仅要考虑指定方式的简单、公开与公正，更为重要的考虑因素则是管理人的执业能力与破产案件的难易程度或具体情况的适应性。笔者以为，个案方式应当是法院指定管理人的基本方式，随机方式和竞争方式则为法院指定管理人的辅助或补充方式。

个案方式，是指法院根据受理破产案件的具体情况指定管理人的方式。个案方式在满足破产案件的具体管理事务需求方面具有很强的适应性，操作灵活可控。个案方式充分肯定了法院在指定管理人事项上的自由裁量权，同时也能满足《企业破产法》对指定管理人的某些特殊要求。最高人民法院《关于审理企业破产案件指定管理人的规定》（2007年）第18条规定："企业破产案件有下列情形之一的，人民法院可以指定清算组为管理人：（一）破产申请受理前，根据有关规定已经成立清算组，人民法院认为符合本规定第十九条的规定；（二）审理企业破产法第一百三十三条规定的案件；（三）有关法律规定企业破产时成立清算组；（四）人民法院认为可以指定清算组为管理人的其他情形。"第22条规定："对于经过行政清理、清算的商业银行、证券公司、保险公司等金融机构的破产案件，人民法院除可以按照本规定第十八条第一项的规定指定管理人外，也可以在金融监督管理机构推荐的已编入管理人名册的社会中介机构中指定管理人。"

随机方式，是指法院按照管理人名册所列名单以轮候、抽签、摇号等方式公开指定管理人的方法。在司法实务中，法院一般应当按照管理人名册所列名单采取轮候、抽签、摇号等随机方式公开指定管理人。② 以随机方式指定管理人，"优点是快捷、便利；缺点是案件针对性不强"，但其仍然是我国司法实务中指定管理人的主要方式。③

竞争方式，是指法院以公告的形式邀请管理人名册中的社会中介机构

---

① 参见最高人民法院民事审判第二庭编《最高人民法院关于企业破产法司法解释理解与适用》，人民法院出版社2007年版，第82页。

② 最高人民法院《关于审理企业破产案件指定管理人的规定》（2007年）第20条。

③ 最高人民法院民事审判第二庭编：《最高人民法院关于企业破产法司法解释理解与适用》，人民法院出版社2007年版，第82页。

参与竞争而择优指定管理人的方式。法院以竞争方式指定管理人，应当以金融机构破产案件或者具有重大影响的企业破产案件为限，并组成专门的评审委员会。在司法实务中，对于商业银行、证券公司、保险公司等金融机构或者在全国范围有重大影响、法律关系复杂、债务人财产分散的企业破产案件，人民法院可以采取公告的方式，邀请编入各地人民法院管理人名册中的社会中介机构参与竞争，从参与竞争的社会中介机构中指定管理人。参与竞争的社会中介机构不得少于3家。评审委员会应当结合案件的特点，综合考量社会中介机构的专业水准、经验、机构规模、初步报价等因素，从参与竞争的社会中介机构中择优指定管理人。被指定为管理人的社会中介机构应经评审委员会成员1/2以上通过。采取竞争方式指定管理人的，人民法院应当确定一名至两名备选社会中介机构管理人，作为需要更换管理人时的接替人选。[①]

四　指定管理人的决定与公告

在破产立法例上，管理人一经选任并接受选任的，选任机关应当向管理人交付选任证书，以确认其管理人的地位。英国《破产法》第19条规定，英国贸易部应当向其任命的管理人签发"管理人证书"。德国《破产法》第81条规定，选任管理人的法院，应当向管理人交付选任证书。日本《破产法》（1922年）第159条规定，法院必须向管理人交付选任证书。

我国破产立法未规定管理人的选任证书的相关制度。最高人民法院《关于审理企业破产案件指定管理人的规定》（2007年）第27条规定："人民法院指定管理人应当制作决定书，并向被指定为管理人的社会中介机构或者个人、破产申请人、债务人、债务人的企业登记机关送达。"依照上述司法实务，人民法院在指定管理人后，应当向管理人签发并交付指定管理人决定书，以确认管理人的地位。法院向管理人交付指定管理人决定书，是管理人正式接受任命的标志，管理人接受指定管理人决定书后，不得随意辞去管理人的职务。法院指定管理人后，管理人无正当理由，不得拒绝人民法院的指定；被指定人确有正当理由而不愿意担任管理人的，法院应当另行指定并签发指定管理人决定书。

---

① 参见最高人民法院《关于审理企业破产案件指定管理人的规定》（2007年）第21条。

法院签发的指定管理人决定书，是管理人执行职务的依据。管理人执行职务时，利害关系人可以请求其出示指定管理人决定书；在有请求的情况下，管理人应当出示指定管理人决定书，方可执行相应的职务。例如，管理人凭指定管理人决定书按照国家有关规定刻制管理人印章。

指定管理人的法律事实，应当公告。例如，日本《破产法》（1922年）第143条规定，法院为破产宣告时，应当选任管理人，并同破产宣告一并公告管理人的姓名和住所。《企业破产法》第13条和第14条规定，法院在裁定受理破产申请时，应当同时指定管理人，并发布公告，公告应当载明"管理人的名称或者姓名及其处理事务的地址"。依照前述规定，法院在指定管理人后，应当公告指定管理人的决定。此外，法院指定管理人的决定书，还应当送达破产申请人、债务人和债务人的企业登记机关。最高人民法院《关于审理企业破产案件指定管理人的规定》第27条规定，人民法院指定管理人应当制作指定管理人决定书，决定书应与受理破产申请的民事裁定书一并公告。

在实践上，公告指定管理人的法律事实具有重要意义。管理人负责债务人的管理、运营、变价和分配，凡是与债务人财产有利害关系的人，都有必要知道管理人的姓名和住所、办公地点，以便其行使权利或履行义务。公告所具有的宣示效力，使得与破产程序有关的各利害关系人同管理人为法律行为，更加便利和现实，也有利于各利害关系人监督管理人在破产程序范围内的活动。例如，债务人的债务人和财产持有人可以指定管理人的公告确知管理人的姓名和住所，及时向管理人清偿债务或者交付财产。

五 管理人的更换

法院决定重新指定管理人以变更已经指定的管理人的，称为管理人的更换。法院有权指定管理人，则法院亦有权变更已指定的管理人。而且，债权人认为管理人不能胜任职务执行的，可以申请法院予以更换。在理论上，管理人经指定后，为贯彻破产程序的连续性，保证管理人处理清算事务的应有权利和利益，尊重破产程序所具有的当事人自治属性，法院不能随意更换管理人。法院依职权更换管理人的，管理人有权向法院提出异议。因此，管理人的更换是有条件的。

在破产立法例上，法院或者选任机关，只能依据法律规定的原因更换管理人。已经选任的管理人确有法定情形，不宜作为管理人执行职务，或者因客观原因而不能继续履行职务的，法院或者选任机关应当更换管理人。例如，英国《破产法》第95条规定，管理人有下列行为之一的，可以依法予以更换：(1) 在破产清算期间，实施违法行为而构成犯罪、或者不依法履行职责的；(2) 管理人任期届满而没有延长任期的必要的；(3) 因患精神病、其他疾病或者缺位而不能履行职责的；(4) 因与破产人、破产财团或者个别债权人有关联而难以代表债权人团体利益公正履行职责的。管理人的更换，应当进行公告，并收回被解职管理人的选任证书。

《企业破产法》对于管理人的更换没有完整的规定，仅对于债权人会议请求法院更换管理人表明了立场。该法第22条第2款规定："债权人会议认为管理人不能依法、公正执行职务或者有其他不能胜任职务情形的，可以申请人民法院予以更换。"上述规定就管理人的更换给出了以下三点指引：(1) 更换管理人由法院决定；(2) 债权人会议享有申请法院更换管理人的权利；(3) 更换管理人应当具有正当事由，即"管理人不能依法、公正执行职务或者有其他不能胜任职务情形"。在理论上，法院指定管理人，本身就表明管理人应当能够胜任其所承担的法定职责。相对而言，如果管理人发生不能够胜任其所承担的法定职责的情形，法院应当撤销指定，并重新指定能够胜任其所承担的法定职责的管理人。因此，我们抛开债权人会议介入更换管理人这个因素，那么《企业破产法》第22条第2款所规定的"更换管理人"的正当事由，亦应为法院依职权更换管理人的正当事由。

基于以上逻辑，最高人民法院《关于审理企业破产案件指定管理人的规定》(2007年) 第33条规定："社会中介机构管理人有下列情形之一的，人民法院可以根据债权人会议的申请或者依职权径行决定更换管理人：(一) 执业许可证或者营业执照被吊销或者注销；(二) 出现解散、破产事由或者丧失承担执业责任风险的能力；(三) 与本案有利害关系；(四) 履行职务时，因故意或者重大过失导致债权人利益受到损害；(五) 有本规定第二十六条规定的情形。清算组成员参照适用前款规定。"第34条规定："个人管理人有下列情形之一的，人民法院可以根据债权人会议的申请或者依职权径行决定更换管理人：(一) 执业资格被取消、吊销；(二) 与本案有利害关系；(三) 履行职务时，因故意或者重大过失导致债权人利益受到损害；（四）失踪、死亡或者丧失民事行为能力；（五）因健康原因无法履行职务；（六）执业责任保险失效；（七）有本规定第二十六条规定的情形。清算组成员的派出人员、社会中介机构的派出人员参照适用前款规定。"

除法院依职权更换管理人外，法院可以债权人会议的申请更换管理人。依照《企业破产法》第22条的规定，仅有债权人会议才能申请法院更换管理人，故债权人或者其他利害关系人没有权利申请法院更换管理人。依照我国的司法实务，债权人会议申请更换管理人的，应当作出债权人会议决议，并向法院提出书面申请。法院收到债权人会议的申请，应当通知管理人在2日内作出书面说明。在收到管理人的书面说明后10日内，法院应当作出驳回申请或者更换管理人的决定。当法院认为债权人会议的申请理由不成立时，应当作出驳回申请的决定；当法院认为申请更换管理人的理由成立的，应当作出更换管理人的决定。[①] 最高人民法院《关于适用〈中华人民共和国企业破产法〉若干问题的规定（二）》（2013年）第23条第2款规定："债权人通过债权人会议或者债权人委员会，要求管理人依法向次债务人、债务人的出资人等追收债务人财产，管理人无正当理由拒绝追收，债权人会议依据企业破产法第二十二条的规定，申请人民法院更换管理人的，人民法院应予支持。"

还有一种更换管理人的特殊情形值得注意。法院许可管理人辞去职务，或者管理人坚持辞去职务的，法院应当更换管理人。《企业破产法》第29条规定："管理人没有正当理由不得辞去职务。管理人辞去职务应当经人民法院许可。"依照上述规定，管理人申请辞去职务有正当理由的，法院应当许可管理人辞去职务，并决定更换管理人。管理人申请辞去职务无正当理由的，法院可以作出不许可其辞去职务的决定，但管理人继续履行职务是否有助于破产程序的公平有序进行呢？这是我国司法实务应当谨慎对待的问题。"管理人申请辞职，人民法院不许可其辞职，管理人应当继续履行职务。但如管理人坚持辞职并停止履行职务，表明其已丧失担任管理人的意愿，客观上已不适宜担任该案件的管理人。在此情况下，为了保证破产程序的顺利进行，避免债权人的利益受损，人民法院只能及

[①] 参见最高人民法院《关于审理企业破产案件指定管理人的规定》（2007年）第31条和第32条。

时更换管理人。"① "如果管理人坚持辞职而又无正当理由，法院虽然不许可其辞职，但继续强迫其履行职务，肯定会影响债权人利益，从而妨碍破产程序的进行。"② 所以，我国司法实务采取如下的立场：管理人无正当理由申请辞去职务的，法院不予许可；但是，管理人仍坚持辞去职务并不再履行管理人职责的，法院应当决定更换管理人。③

更换管理人的法律事实，应当公告。法院决定更换管理人的，应当作出更换管理人决定书，并将决定书送达原管理人、新任管理人、破产申请人、债务人以及债务人的企业登记机关，同时予以公告。法院更换管理人的决定，自作出之日起生效。

法院决定更换管理人的，自决定书送达之日起，原管理人停止执行职务；未收到决定书的，自决定书公告之日起，停止执行职务。新任管理人自收到更换管理人决定书之次日起，开始执行职务。原管理人应当向新任管理人移交全部资料、财产、营业事务及管理人印章，并及时向新任管理人书面说明工作进展情况。原管理人不能履行上述职责的，新任管理人可以直接接管相关事务。同时，原管理人停止执行职务，并没有解除其停止执行职务后的说明义务，故在破产程序终结前，原管理人应当随时接受新任管理人、债权人会议、人民法院关于其履行管理人职责情况的询问。④法院决定更换管理人后，原管理人拒不向新任管理人移交相关事务或者拒不履行其说明义务的，法院可以根据《企业破产法》第 130 条的规定和具体情况决定对原管理人处以罚款⑤，亦可以对其采取《民事诉讼法》规定之"妨害民事诉讼的强制措施"。

---

① 最高人民法院民事审判第二庭编：《最高人民法院关于企业破产法司法解释理解与适用》，人民法院出版社 2007 年版，第 128 页。

② 李永军：《破产法——理论与规范研究》，中国政法大学出版社 2013 年版，第 171 页。

③ 参见最高人民法院《关于审理企业破产案件指定管理人的规定》（2007 年）第 35 条和第 36 条。

④ 参见最高人民法院《关于审理企业破产案件指定管理人的规定》（2007 年）第 37 条。

⑤ 最高人民法院《关于审理企业破产案件指定管理人的规定》（2007 年）第 39 条第 1 款规定："……人民法院决定更换管理人后，原管理人拒不向新任管理人移交相关事务，人民法院可以根据企业破产法第一百三十条的规定和具体情况，决定对管理人罚款。对社会中介机构为管理人的罚款 5 万元至 20 万元人民币，对个人为管理人的罚款 1 万元至 5 万元人民币。"

第四节 管理人的职责

一 管理人的职权范围

管理人的职责，包括管理人依法享有的权利（权力）和承担的义务。原则上，管理人应当在其职责范围内进行活动，在职责范围以外的一切行为，不能对抗债权人、债务人等利害关系人，管理人超越职责范围所为管理和处分债务人财产而产生的不利后果，由管理人自己承担责任。破产程序以管理人依法履行其职责为核心内容。

对于管理人的职权范围，破产立法例规定的主要围绕债务人财产的接管、占有、使用、处分以及收益等事项作出规定，包括但不限于接管债务人财产、调查债务人财产、管理和处分债务人财产、分配债务人财产和继续债务人的营业，以及管理人可为之其他维护破产程序公平分配的行为或活动。《企业破产法》第25条规定："管理人履行下列职责：（一）接管债务人的财产、印章和账簿、文书等资料；（二）调查债务人财产状况，制作财产状况报告；（三）决定债务人的内部管理事务；（四）决定债务人的日常开支和其他必要开支；（五）在第一次债权人会议召开之前，决定继续或者停止债务人的营业；（六）管理和处分债务人的财产；（七）代表债务人参加诉讼、仲裁或者其他法律程序；（八）提议召开债权人会议；（九）人民法院认为管理人应当履行的其他职责。本法对管理人的职责另有规定的，适用其规定。"

（一）接管债务人财产

破产程序具有保全债务人财产的概括效力，此一效力需要借助于管理人的行为加以落实。因此，接管债务人财产，成为管理人的首要职责。债务人财产可以划分为债务人的积极财产和消极财产。债务人的积极财产又包括积极有形财产和积极无形财产，诸如债务人所有的动产和不动产，债务人的营业，以及债务人享有的一切财产权利。债务人的消极财产则指债务人的负债。接管债务人财产，是指管理人对债务人的积极财产和消极财产以自己的名义加以占有和管控的行为和状态。

接管债务人财产，为管理人调查债务人的财产状况的基础，更是管理人对债务人财产从事清理、管理、估价、处分、收益以及分配的基础。法院指定管理人后，所有的债务人财产均应当由管理人无条件地接管。接管债务人财产表明，管理人在破产程序开始后成为债务人财产的实际支配人，未经管理人的行为或者没有管理人的同意，任何人不得管理和处分属于债务人财产的全部或部分，任何人也不能就债务人财产为法律行为。为此，债务人的所有财产，包括积极财产和消极财产，均应当转归于管理人支配，债务人的账册、文书、资料、印章等，必须移交管理人，任何人不得处置；债务人应当向管理人办理财产和营业事务的移交手续。① 在我国的司法实务上，管理人接管债务人财产的基本内容是管理债务人的"原法定代表人及留守人员接收原登记造册的资产明细表、有形资产清册，接管所有财产、账册、文书档案、印章、证照和有关资料"。② 债务人的债务人和财产持有人，应当向管理人清偿债务或者交付财产；有财产担保的债权人行使权利，也应当以管理人为相对人。如果债务人的债务人和财产持有人，在法院指定管理人后，继续向债务人清偿债务或者交付财产的，只以管理人接管的债务人财产所受利益为限，可以对抗管理人；但是，债务人和财产持有人不知有破产程序开始者，不在此限。有关债务人财产的诉讼或者仲裁程序尚未结束的，应当由管理人承受债务人在诉讼或者仲裁中的当事人地位，继续进行诉讼或者仲裁。

　　管理人接管债务人财产，其法律意义在于债务人财产的占有状态之改变，由债务人占有变更为管理人占有。其法律上的依据在于，管理人有权接管债务人财产，债务人亦有义务向管理人移转债务人财产的占有。但是，法院指定管理人后，债务人拒不向管理人办理财产和营业事务移交手续的，或者只办理部分财产和营业事务的移交手续的，管理人可否依照法院受理破产申请的裁定请求法院强制债务人向管理人移交债务人财产？③

　　有学者认为，法院开始破产申请的裁定没有执行力，当债务人拒不移交财产或有关财产的簿册时，管理人应当向法院另行提起诉讼，请求债务人交付。其主要理由：如果认为法院开始破产程序的裁定具有执行力，会

---

① 参见《企业破产法（试行）》第25条和第27条；最高人民法院《关于贯彻执行〈中华人民共和国企业破产法（试行）〉若干问题的意见》（1991年）第54条。
② 最高人民法院《关于审理企业破产案件若干问题的规定》（2002年）第50条。
③ 债务人在破产程序开始后承担向管理人移交债务人财产和营业的程序性义务，债务人不履行或者拒不履行该义务，属于妨害破产程序的行为，法院可依照《企业破产法》第127条的规定，对债务人予以罚款或者采取其他妨害诉讼程序的强制措施。

给执行机关带来执行上的困难，因为法院开始破产申请的裁定虽有债务人应当向管理人交付财产的效力，但具体应当交付的内容并不如具有执行名义的判决写得那样具体明确，执行机关难以判断执行的具体内容。特别是，当债务人认为其拒绝交付的财产为自有财产时，管理人也只能向法院提起诉讼取得执行名义后，才能请求法院强制执行。[①] 上述否认法院开始破产程序的裁定具有执行名义的观点，实际上将法院开始破产程序的裁定等同于"给付之诉"的判决，并进而质疑法院开始破产程序的裁定具有执行名义。

管理人接管债务人财产，只是为保全债务人财产而采取的措施。法院开始破产程序的裁定具有保全债务人财产的当然执行效力。法院开始破产程序的裁定的执行名义，与法院采取保全措施的裁定所具有的执行名义相同。在破产程序开始时，凡由债务人占有的财产，因占有的事实状态之存在而不论该财产的归属，亦不论该财产之归属是否有争议，均应当服从于法院开始破产程序的裁定之执行名义（保全效力），由债务人占有这些财产的状态应当改定为由管理人占有。对此，德国《支付不能法》第148条规定，破产程序开始后，管理人应当占有和管理属于债务人的财产的全部财产；管理人可以根据具有执行力的破产程序开始的裁定以强制执行方式要求债务人交付其所保管的财物。[②] 管理人通过强制执行程序迫使债务人交付其占有并管理的全部债务人财产，执行令就是开始破产程序的裁定，即使该裁定并没有逐一列明财产标的，亦不影响管理人请求强制执行。[③]

我国《企业破产法》对于法院受理破产申请的裁定是否具有执行力没有明文规定，但基于以上理由，受理破产申请的裁定具有保全债务人财产的当然效力，这是破产程序制度的本质所要求，应当认为法院受理破产申请的裁定具有执行名义。在破产程序开始后，当债务人不向管理人办理财产和营业事务的移交，管理人可径行依照法院受理破产申请的裁定请求法院强制债务人办理移交。

---

① 参见陈荣宗《破产法》（增订新版），（台北）三民书局2001年版，第161—162页；李永军《破产法——理论与规范研究》，中国政法大学出版社2013年版，第176—177页。

② 参见杜景林、卢谌译《德国支付不能法》，法律出版社2002年版，第79页。

③ 参见莱因哈德·波克《德国破产法导论》（第6版），王艳柯译，北京大学出版社2014年版，第24—25页。

（二） 调查债务人的行为和财产状况

为查明债务人不能清偿债务的状态以及债务人财产状况，管理人具有调查债务人的行为和财产状况的职责。管理人调查债务人的行为和财产状况，不仅有助于查明债务人的破产原因，而且有助于确保管理人接管的债务人财产的客观真实性。因此，管理人接管债务人的财产和营业后，应当及时对债务人的行为和财务状况进行调查。调查债务人的行为和财产状况，既是管理人的权利，也是管理人的义务。

为债务人财产状况的调查，管理人不仅要审查债务人在法院受理破产申请时提交的所有文件、资料，例如债务人提交的财产状况说明书、债务清册、债权清册、财务报表、债权债务证据等，还应当对债务人（包括债务人的法定代表人、董事、监事、高级管理人员和必要的业务人员）及与其行为或财产有关的利害关系人进行询问，以确切掌握有关债务人的行为和财务状况的真实材料。

依照《企业破产法》第 15 条的规定，债务人的有关人员，如法定代表人以及经法院决定的企业的财务管理人员和其他经营管理人员，有义务根据管理人的要求进行工作，并如实回答询问。管理人调查债务人的行为和财务状况，依照破产法的规定有义务予以协助的所有人员，对于管理人的询问必须作出如实回答，不得拒绝回答或者作虚伪回答。特别是，债务人应当听命于管理人的指示，按照管理人的要求进行工作，并如实回答管理人的询问。管理人在调查债务人的行为和财产状况时，有权请求法院传唤债务人以及与债务人的财产或者行为有关系的其他利害关系人到管理人的办公场所进行询问。

管理人调查债务人的行为和财产状况，如遇债务人或者债务人的有关人员阻挠、妨害或者拒绝的，可以请求法院对不配合调查的直接责任人员采取强制措施。同时，管理人为调查债务人的行为或财产状况，而需要向政府有关职能部门或者其他有关第三方查阅、复制有关资料、信息或者问询的，政府有关职能部门或者其他有关第三方应当给予配合，以协助管理人进行调查[①]；必要时，管理人可以请求受理破产申请的法院对其调查提

[①] 这是一个我国管理人制度还有待完善的方面。有学者认为，管理人可调查的事项范围和主体范围过于狭窄，我国法律没有明确规定政府有关部门应当配合管理人的调查活动，没有明确规定被调查的主体不予配合时的法律责任。参见王欣新、郭丁铭《论我国破产管理人职责的完善》，《政治与法律》2010 年第 9 期。

供帮助或协助。

经调查,管理人应当制作并签署债务人财产状况报告,并对其真实性负责。债务人财产状况报告应当对破产程序开始时的债务人财产状况作出全面、客观的描述和评价。管理人应当就其调查债务人的行为和财产状况,在债务人财产状况报告中提出其独立判断的结论性意见。经管理人签署的债务人财产状况报告,应当提交给法院,构成法院审理查明债务人是否具有破产原因的证据;该报告并应当备置于管理人的办公场所,供参加破产程序的利害关系人查阅。在第一次债权人会议上,管理人应当就其调查债务人的行为和财产状况的过程和结果作出说明,并回答债权人的有关提问。

(三) 决定债务人的内部管理事务

债务人的内部管理事务,又称为债务人的日常管理事务,涉及债务人的组织、计划、指导、协调和控制等多个方面。具体而言,债务人的内部管理事务主要涉及债务人的行政、生产、市场营销、技术研发、人力资源和财务管理等事项。管理人接管债务人财产和营业的,对于既存的债务人的内部管理事务或其制度是否继续或者应否改变,均由管理人作出决定。例如,管理人有权决定债务人的内设组织机构停止活动,解除与有关人员之间的聘用合同。

除上述以外,管理人管理债务人财产的,有权决定聘任必要的工作人员。管理人可以根据破产事务的复杂程度,聘任必要的工作人员,并向其支付应得报酬。例如,管理人可以聘任会计师、律师、资产评估师等专业人员作为其实施内部管理的工作人员。

(四) 继续债务人的营业

继续债务人的营业,为管理债务人财产的一项重要内容。管理人接管债务人财产,只是限制了债务人继续管理和处分财产的权利,并不表明债务人的营业应当停止。债务人若有营业的必要,管理人可继续债务人的营业。

继续债务人的营业与否,事关债务人财产的价值贬损或者增值,从而直接关系到债权人的利益。因此,继续债务人的营业,应当由债权人会议决定。《企业破产法》第61条规定,债权人会议有权决定继续或者停止债务人的营业。一般而言,管理人出于继续债务人营业的需要,有权提议债权人会议讨论并决议继续债务人的营业。经债权人会议决定债务人继续营业的，管理人应当采取措施继续债务人的营业，例如，管理人可以委任债务人本人继续营业或者聘用特别经理人员继续债务人的营业。《企业破产法》第74条规定："管理人负责管理财产和营业事务的，可以聘任债务人的经营管理人员负责营业事务。"当管理人不擅长经营企业时，就十分有必要委任特别经理继续债务人的营业。为防止特别经理滥用权利以损害债权人的利益，管理人委任特别经理继续债务人的营业，即使经过债权人会议的同意，也存在要求特别经理提供相当的担保的必要性。① 即便债权人会议决定债务人继续营业的，管理人基于管理和保全债务人财产的必要，也有权提议债权人会议讨论并决议债务人停止营业。

但是，在第一次债权人会议召开之前，因为无法提议债权人会议决定继续或者停止债务人的营业，管理人经法院许可，有权决定继续或者停止债务人的营业。②

（五）管理和处分债务人财产

1. 保管和清理债务人财产

为管理债务人财产，管理人应尽保管和清理债务人财产的职责。对债务人财产进行保管和清理，既为管理人的权利又是管理人的义务。保管和清理债务人财产，对于维持债务人的完整与稳定具有重要意义。

保管债务人财产，属于管理人的日常工作，目的在于确保债务人财产免受人为或者意外损失。为了保管好债务人财产，管理人应当采取积极有效的措施，防止债务人财产流失、毁损或者灭失；管理人对债务人财产疏于保管，包括没有采取必要措施而使债务人财产遭受损失的，应当负损害赔偿责任。

清理债务人财产，是为了更好地保管债务人财产，使管理人在保管债务人财产的过程中做到心中有数，为使用、变价以及分配债务人财产做好前期准备工作。为此，管理人应当将债务人财产诸项登记造册，记明债务人财产的种类、原价值、估价、坐落地点等。

管理人为保管和清理债务人财产，可以聘任必要的保管人员。依《企业破产法》的规定，管理人接管债务人财产后，债务人的法定代表人和有关责任人员，必须根据管理人的要求进行工作，协助管理人保管和清

---

① K. Smith and D. Keenan: Mercantile Law, Pitman, 1982, p. 353.
② 参见《企业破产法》第25条和第26条。

理债务人财产，不得擅离职守；管理人并应当组织债务人的雇员或者聘用必要的工作人员，对债务人的全部财产予以清点、登记造册，以查明债务人的实有财产。① 在保管和清理破产财产过程中，管理人应当特别注意做好三项工作：其一是追回被他人占有的破产财产，要求破产企业的财产持有人向管理人交付财产；其二是向破产企业的债务人收受债权，要求债务人向管理人履行债务；其三是要求尚未缴纳出资的破产企业的股东，向管理人履行缴纳出资义务。

2. 涉及债务人财产的重大处分行为

涉及债务人财产的重大处分行为，是指破产立法例明文规定并进行相应管控的管理人使用、收益和处分债务人财产的行为，例如管理人承认别除权、破产取回权、破产抵销权、破产费用和共益债务请求权等处分行为。《企业破产法》第69条规定："管理人实施下列行为，应当及时报告债权人委员会：（一）涉及土地、房屋等不动产权益的转让；（二）探矿权、采矿权、知识产权等财产权的转让；（三）全部库存或者营业的转让；（四）借款；（五）设定财产担保；（六）债权和有价证券的转让；（七）履行债务人和对方当事人均未履行完毕的合同；（八）放弃权利；（九）担保物的取回；（十）对债权人利益有重大影响的其他财产处分行为。未设立债权人委员会的，管理人实施前款规定的行为应当及时报告人民法院。"

为涉及债务人财产的重大处分行为，构成管理人执行职务的固有内容。管理人有为涉及债务人财产的重大处分行为的法定权利。因此，在为涉及债务人财产的重大处分行为之前，管理人未及时报告债权会委员会或者法院，对于管理人的处分行为得以产生的私法上的效果，不会产生实质性的影响。例如，解除或者继续履行债务人未履行的双务合同，是管理人的法定权利，合同的相对人也可以催告管理人作出解除合同或者继续履行合同的决定。② 当管理人由解除合同的意思表示并通知相对人的，合同即

---

① 参见《企业破产法》第15条；最高人民法院《关于审理企业破产案件若干问题的规定》（2002年）第50条。另外可参见最高人民法院《关于贯彻执行〈中华人民共和国企业破产法（试行）〉若干问题的意见》（1991年）第49条、第54条和第56条。

② 《企业破产法》第18条第1款规定："人民法院受理破产申请后，管理人对破产申请受理前成立而债务人和对方当事人均未履行完毕的合同有权决定解除或者继续履行，并通知对方当事人。管理人自破产申请受理之日起二个月内未通知对方当事人，或者自收到对方当事人催告之日起三十日内未答复的，视为解除合同。"

告解除，并不会因为管理人未通知债权人委员会或者法院而受影响。

3. 债务人财产的变价

为保证债务人财产用于清偿债权时的公正，应当变价债务人财产。债务人财产的变价，是指将非货币的财产"变现"为货币，又可以称为债务人财产的等质化。《企业破产法》第 111 条规定："管理人应当及时拟订破产财产变价方案，提交债权人会议讨论。管理人应当按照债权人会议通过的或者人民法院依照本法第六十五条第一款规定裁定的破产财产变价方案，适时变价出售破产财产。"上述规定仅规范了破产财产的变价，未考虑债务人财产"转化为"破产财产前的财产处分（变价）问题。债务人财产的变价较之破产财产的变价具有更广的意义。管理人基于营业的需要变价债务人财产，应为管理债务人财产的常态。管理人变价债务人财产，应当作出变价方案，经债权人会议讨论通过后予以执行。

债务人财产的变价，应当及时、适当和迅速。例如，德国《破产法》第 132 条规定，管理人应当迅速变价破产财团。日本《破产法》（1922年）第 196 条规定，管理人应当在破产债权调查结束后变价破产财产。首先，管理人可以并应当变价的债务人财产，不仅包括非以金钱形式体现的动产、不动产等有形财产，而且包括债权、知识产权、证券权利、营业权利等所有的无形财产。其次，变价债务人财产的方式，应当以拍卖为之，但债权人会议的决议另有规定的，依债权人会议的决议办理；依照国家规定不能公开拍卖或者出售的物品，应当依照国家规定的方式予以变价。《企业破产法》第 112 条规定："变价出售破产财产应当通过拍卖进行。但是，债权人会议另有决议的除外。破产企业可以全部或者部分变价出售。企业变价出售时，可以将其中的无形资产和其他财产单独变价出售。按照国家规定不能拍卖或者限制转让的财产，应当按照国家规定的方式处理。"依照我国的司法实务，破产财产中的成套设备，一般应当整体出售，不能整体出售的，才可以分散出售。[①]

4. 破产财产的分配

破产清算程序的最终目的是分配破产财产，以求债权人能够获得公平清偿。分配破产财产，构成破产清算的最后阶段。管理人分配破产财产，应当做成破产财产分配方案或者破产财产分配表，提交债权人会议讨论通

---

① 参见最高人民法院《关于审理企业破产案件若干问题的规定》（2002 年）第 86 条。

过后予以执行。《企业破产法》第 115 条规定:"管理人应当及时拟订破产财产分配方案,提交债权人会议讨论。破产财产分配方案应当载明下列事项:(一)参加破产财产分配的债权人名称或者姓名、住所;(二)参加破产财产分配的债权额;(三)可供分配的破产财产数额;(四)破产财产分配的顺序、比例及数额;(五)实施破产财产分配的方法。债权人会议通过破产财产分配方案后,由管理人将该方案提请人民法院裁定认可。"

破产财产的分配应当在变价破产财产后进行,并以金钱分配为原则,尽量避免作出实物分配;在实在无法变价而进行金钱分配时,才可以采用实物分配。依照我国的司法实务,管理人分配破产财产,以金钱分配为原则,也可以采用实物分配方式,或者采用金钱分配同实物分配相结合的方式,甚至可以将破产企业的未得到清偿的债权,按比例分配给破产债权人,或者直接将破产财产实物合理作价分配给债权人;破产财产的分配方案由管理人提出,经债权人会议讨论通过,报请人民法院裁定后执行;如果经债权人会议多次讨论不能通过的,人民法院应及时作出裁定。[①] 破产财产的分配由管理人执行。《企业破产法》第 116 条规定:"破产财产分配方案经人民法院裁定认可后,由管理人执行。管理人按照破产财产分配方案实施多次分配的,应当公告本次分配的财产额和债权额。管理人实施最后分配的,应当在公告中指明,并载明本法第一百一十七条第二款规定的事项。"

(六) 参加诉讼、和解或者仲裁

在破产程序开始前,对债务人已经开始的诉讼或者仲裁,管理人接管债务人财产后,由管理人承担继续诉讼或者仲裁的责任。在破产程序开始后,管理人为追回被他人占有的债务人财产,或者为行使债权,得以自己的名义向受理破产申请的法院提起新的诉讼,或者为解决争议提起新的仲裁或者与利害关系人进行和解。例如,依《企业破产法》第 33 条和第 34 条之规定,债务人有破产法规定的无效行为的,管理人有权追回财产。当管理人追回财产而发生争议的,可以财产的不法占有人为被告,向法院提起诉讼。最高人民法院《关于适用〈中华人民共和国企业破产法〉若干

[①] 参见最高人民法院《关于贯彻执行〈中华人民共和国企业破产法(试行)〉若干问题的意见》(1991 年) 第 58 项、第 59 项和第 31 项。

问题的规定（二）》（2013年）第9条第1款规定："管理人依据《企业破产法》第三十一条和第三十二条的规定提起诉讼，请求撤销涉及债务人财产的相关行为并由相对人返还债务人财产的，人民法院应予支持。"

（七）提议召开和列席债权人会议

管理人认为有必要，可以要求召开债权人会议。《企业破产法》第62条第2款规定："以后的债权人会议，在人民法院认为必要时，或者管理人、债权人委员会、占债权总额四分之一以上的债权人向债权人会议主席提议时召开。"在第一次债权人会议后，只要管理人提议召开债权人会议，就应当召开债权人会议。例如，管理人为涉及债务人财产的重大处分行为之前，基于其善良管理人的注意义务，为征得债权人会议的同意，可以提议召开债权人会议。

管理人有权并应当列席每次召开的债权人会议。管理人除可以在债权人会议上发表意见外，应当向债权人会议报告执行职务的情况，回答债权人的询问。《企业破产法》第23条第2款规定："管理人应当列席债权人会议，向债权人会议报告职务执行情况，并回答询问。"

（八）接受债权人的监督

管理人接受债权人会议和债权人委员会的监督，为破产程序贯彻当事人自治主导型理念的应有之义。管理人依法独立执行职务，但必须受债权人会议和债权人委员会的监督。《企业破产法》第23条规定："管理人依照本法规定执行职务，向人民法院报告工作，并接受债权人会议和债权人委员会的监督。"管理人履行好接受债权人监督的职责，成为破产程序坚持管理人中心主义而强调债权人的自治以充分保护债权人的团体利益的重要环节。

（九）管理人的其他职权

1. 受理债权申报和审查债权

破产程序开始后，债权人应当在法院确定的债权申报期限内向管理人申报债权。管理人收到债权申报材料后，应当登记造册，对申报的债权进行审查，并编制债权表。管理人应当将其审查债权的结论（包括债权表）提交债权人会议调查。

2. 召开债权人会议的通知

除第一次债权人会议外，凡召开债权人会议的，管理人应当将会议召开的时间、地点和议题按照法律规定的时间通知债权人。《企业破产法》

第63条规定:"召开债权人会议,管理人应当提前十五日通知已知的债权人。"

3. 申请法院采取财产保全措施

在破产程序开始后,对于可能因有关利益相关人的行为或者其他原因,影响破产程序依法进行的,管理人有权申请受理破产申请的法院对债务人的全部或者部分财产采取保全措施。①

4. 调查债务人的和解申请

在破产程序开始后,债务人为了避免破产清算或分配,可以向法院申请和解。债务人提出和解申请的,管理人有权且应当调查和解申请,并向法院陈述其意见。法院在收到债务人的和解申请后,应当及时移交管理人,由管理人对债务人的和解申请予以必要的调查。法院在决定召开债权人会议讨论债务人提出的和解条件前,应当听取管理人的调查结果,并征询管理人的意见。

5. 申请法院禁止执行债权人会议决议

债权人会议决议应当由管理人执行的,但管理人认为债权人会议决议违反法律,或者执行债权人会议决议将不利于债权人的一般利益,有权申请法院禁止债权人会议决议的执行。例如,德国《破产法》第99条规定,应管理人的申请,法院应当禁止执行债权人会议作出的违背债权人共同利益的决议。我国破产立法对此没有相应的规定,但遇有类似情形发生时,继续执行债权人会议决议将有害于债权人的一般利益,管理人有权申请法院禁止执行债权人会议的相关决议。

6. 申请法院终结破产程序

管理人在破产清算过程中发现破产财产不足以清偿破产费用和共益债务,或者分配破产财产完毕,应当申请法院终结破产程序。《企业破产法》第120条规定:"破产人无财产可供分配的,管理人应当请求人民法院裁定终结破产程序。管理人在最后分配完结后,应当及时向人民法院提交破产财产分配报告,并提请人民法院裁定终结破产程序。"

7. 办理注销登记

已为登记而从事营业行为的法人或者非法人实体,在破产清算程序终

---

① 参见最高人民法院《关于适用〈中华人民共和国企业破产法〉若干问题的规定(二)》(2013年)第6条。

结后，管理人应当向债务人的原登记机关办理注销登记。《企业破产法》第 121 条规定："管理人应当自破产程序终结之日起十日内，持人民法院终结破产程序的裁定，向破产人的原登记机关办理注销登记。"

二　重整程序中的管理人职责问题

（一）债务人自行管理时的管理人职责

管理人的中心地位在和解程序和破产清算程序中十分显著，这是没有任何疑问的。虽然在重整程序中因有债务人自行管理制度的存在，管理人的作用显得十分有限，管理人在重整程序中的作用似乎并不十分显著，但不能因此轻视管理人在重整程序中的职责。债务人自行管理制度，仅仅是弱化了管理人中心主义，即管理人的职能向重整程序中的债务人发生了有条件的转移，并非是对管理人中心主义的否定。[①] 因此，管理人因破产程序的开始而应有的职责，在重整程序中是继续存在的，只不过在债务人自行管理时，管理人的职权转由债务人行使。

《企业破产法》第 73 条规定："在重整期间，经债务人申请，人民法院批准，债务人可以在管理人的监督下自行管理财产和营业事务。有前款规定情形的，依照本法规定已接管债务人财产和营业事务的管理人应当向债务人移交财产和营业事务，本法规定的管理人的职权由债务人行使。"依照上述规定，有关债务人财产的占有和管理、债务人财产状况的调查、债务人的内部事务管理和相应的支出、债务人营业的继续或者停止、债务人财产的处分、诉讼或者其他法律程序的进行、提议召开债权人会议、通知债权人会议的召开等事项，均由取得自行管理地位的债务人负责。在这里应当注意的是，重整程序中的自行管理债务人，其法律地位并非原来的债务人，而是以"债务人的名义"居管理人的地位，故该债务人应当"依照本法规定执行职务，向人民法院报告工作，并接受债权人会议和债权人委员会的监督"[②]。

（二）管理人在重整程序中的特殊职责

依照《企业破产法》的相关规定，管理人在重整程序中还负有以下其他特殊职责：监督自行管理债务人；借款与担保；制作并提交重整计划

[①] 参见邹海林《新企业破产法与管理人中心主义》，《华东政法学院学报》2006 年第 6 期。
[②] 参见《企业破产法》第 23 条。

草案；提出批准重整计划的申请；在法院批准重整计划后，向债务人移交财产和营业事务；监督债务人并提交监督报告；请求法院宣告债务人破产。①

1. 拟定或监督拟定重整计划草案

重整程序开始后，管理人接管债务人财产和营业的，负有拟定重整计划草案的职责；债务人自行管理的，管理人负有监督债务人拟定重整计划草案的职责。这就是说，不论重整计划草案由谁拟定，管理人都是负有责任的。《企业破产法》第 79 条第 1 款规定："债务人或者管理人应当自人民法院裁定债务人重整之日起六个月内，同时向人民法院和债权人会议提交重整计划草案。"

2. 监督债务人自行管理

债务人自行管理的，管理人有监督债务人的职责。《企业破产法》第 73 条规定有管理人监督下的债务人自行管理制度。在债务人自行管理的情形下，管理人不得行使《企业破产法》规定应当由管理人行使的职权，但管理人如何监督债务人自行管理，《企业破产法》并没有有关监督措施、手段或者效果的任何规定，管理人的监督地位颇令人怀疑。正因为《企业破产法》未限定管理人监督债务人的方式和范围，解释上管理人对于债务人的所有行为都有权予以监督，并要求债务人向其报告有关行为及其后果，债务人对于管理人的要求不得拒绝。

3. 申请法院强制批准重整计划

强制批准重整计划是对重整程序当事人自治的干预，但强制批准重整计划以债务人或管理人的申请为原则。重整计划草案经表决未获通过，但符合《企业破产法》第 89 条第 1 款规定的条件的，管理人有权申请法院强制批准重整计划。

4. 监督重整计划执行

法院批准重整计划的，重整程序终结，并应由债务人执行重整计划，但管理人有权依照重整计划的规定监督债务人执行重整计划。《企业破产法》第 90 条规定："自人民法院裁定批准重整计划之日起，在重整计划规定的监督期内，由管理人监督重整计划的执行。在监督期内，债务人应当向管理人报告重整计划执行情况和债务人财务状况。"除债务人应当向

---

① 参见韩长印《破产法学》，中国政法大学出版社 2007 年版，第 61 页。

管理人报告重整计划执行情况和企业财务状况外，管理人监督重整计划的执行是否还有其他的监督手段、措施或者相应的监督措施可以利用，缺乏相应的规定。

此外，依照《企业破产法》第 86 条和第 87 条的规定，法院批准重整计划的，应当裁定终止重整程序。重整程序终止后，管理人仍然监督重整计划的执行。在此情形下，管理人究竟处于何种法律地位？这个问题在法理和制度设计上仍值得讨论。[①]

5. 申请重整债务人破产清算

重整程序开始后，凡有不能达成重整目的的事由出现的，管理人有权申请法院裁定终止重整程序并宣告债务人破产清算。我国《企业破产法》主要选取了以下两种情形予以明文规定。

在重整期间，有下列情形之一的，管理人可以请求法院裁定终止重整程序，并宣告债务人破产：（1）债务人的经营状况和财产状况继续恶化，缺乏挽救的可能性；（2）债务人有欺诈、恶意减少债务人财产或者其他显著不利于债权人的行为；（3）由于债务人的行为致使管理人无法执行职务。因此，在重整期间，债务人有妨碍重整程序正常进行的情形时，管理人有权申请法院裁定终止重整程序，宣告债务人破产清算。[②]

在重整程序终结后，如果债务人不能执行或者不执行重整计划的，管理人有权请求法院裁定终止重整计划的执行，并宣告债务人破产。[③]

三 管理人与法院的权力分配问题

一般而言，法院在破产程序中居于主导地位，对破产程序的顺利进行负有全部责任。管理人在法院的控制下，对债务人财产和营业行使全面的管理权，并负具体的责任。破产程序为当事人自治主导型的司法清理程序，管理人为依法选任的负责债务人财产管理的专门机构，在破产程序中具有独立的地位；管理人依法在其职责范围内独立执行职务。在这样的制度安排下，管理人和法院之间的权力分配应当是清楚的。

《企业破产法》第 23 条规定："管理人依照本法规定执行职务，向人

[①] 参见邹海林《新企业破产法与管理人中心主义》，《华东政法学院学报》2006 年第 6 期。
[②] 参见《企业破产法》第 78 条。
[③] 参见《企业破产法》第 93 条第 1 款。

民法院报告工作……"第 25 条规定:"管理人履行下列职责:(一)接管债务人的财产、印章和账簿、文书等资料;(二)调查债务人财产状况,制作财产状况报告;(三)决定债务人的内部管理事务;(四)决定债务人的日常开支和其他必要开支;(五)在第一次债权人会议召开之前,决定继续或者停止债务人的营业;(六)管理和处分债务人的财产;(七)代表债务人参加诉讼、仲裁或者其他法律程序;(八)提议召开债权人会议;(九)人民法院认为管理人应当履行的其他职责。本法对管理人的职责另有规定的,适用其规定。"

因为有"向人民法院报告工作"的规定,管理人原则上应当将其执行职务的所有行为,向法院报告。这本来没有什么大问题。但在管理人和法院的权力分配问题上,仍然会存在一些解读法律制度设计的疑问。管理人向人民法院报告工作,是否仅仅表明管理人接受人民法院的监督?管理人为法院指定管理债务人财产的"人",既非法院的"工作人员",亦非债务人的"代表",其究竟应当如何"向人民法院报告工作"?《企业破产法》并没有提供切实可行的解决方案;管理人向人民法院报告工作,是否意味着人民法院应当对管理人的职务行为承担"责任",亦是不小的问题。[①] 如果管理人定期或者及时向法院汇报工作情况后,法院对于管理人的执行职务的行为有不同意见,除《企业破产法》已有明文规定应由法院决定或者裁定的事项外,法院是否可以决定或变更管理人执行职务的行为内容?在目前的法律规定的框架下,尤为值得讨论。

再者,就管理人的职责而言,还有一项"人民法院认为管理人应当履行的其他职责"的规定,是否表明管理人的职责可以由法院决定或创设?有学者认为,由法院任意创设管理人职责的规定显然并不妥当。[②] 还有学者提出,改革后的破产程序是在法院的控制之下,通过专业人士来运作的,破产程序不能通过法官独自来运作。因为法官不是处理破产事务的专家,在整个破产程序中,对债务人财产的清理、保管、估价,以及对债务人企业未来的再生,法官是没有足够的能力提出他自己的见解的。当我们注意到管理人中心主义应该发挥非常重要的作用时,起草中的《企业破产法》就设计了非常广泛的管理人权限,涉及破产程序的各个方面,

---

[①] 参见邹海林《新企业破产法与管理人中心主义》,《华东政法学院学报》2006 年第 6 期。
[②] 参见王欣新、郭丁铭《论我国破产管理人职责的完善》,《政治与法律》2010 年第 9 期。

特别是在债务人财产和事务的管理这个领域。其目标就是要平衡法院和管理人之间的关系。管理人中心主义就要取代我国法院在过去的破产程序中具体负责事务性工作的职能。[①]

因此，在面对管理人和法院的权力分配问题时，还是应当坚持"事务性的工作"全面交给管理人去做的思路。对于破产程序中的事务性工作，不论《企业破产法》有无具体规定应当由管理人负责，都应当解释为管理人的职责范围内的事务，这不是应当由法院认为或者决定的事情。当然，唯有管理人和债权人会议就破产程序中的事务性工作的权力分配发生争议时，法院才有必要介入并作出裁决。

四 管理人与债权人会议的权力分配问题

管理人在其职权范围内独立执行职务，此为原则。管理人的职权源自破产立法对管理人和债权人会议的权力分配机制，并受限于债权人会议的监督机制。

管理人和债权人会议被喻为当事人自治主导型破产程序的两个支柱，二者共同担负着破产程序正常进行的使命。基于破产程序的自治主导型特征，管理人与债权人会议之间应当建构精妙的权力分配关系。原则上，管理人和债权人会议之间的权力分配是相对清晰的。但在实际运行中，因为管理人和债权人会议的职权范围主要指向破产程序中的事务性工作，尤其是债务人财产的管理、营业、变价和分配等，它们之间既有权力的区分又有权力的交叉。例如，管理人为债务人财产的管理、营业、变价和分配的，均应当事先向债权人会议提交方案或者报告，由债权人会议讨论决定。[②]如何协调二者之间的权力行使，更多地应当通过管理人和债权人会议之间的沟通与谅解来平衡它们之间的权力行使状态和效果。凡属于债权人会议的职权范围内的事项，管理人执行职务应当以债权人会议的决议为依据，不得违反或者超出债权人会议的决议执行职务。

除管理人应当执行债权人会议的决议外，管理人更重要的是接受债权人会议的监督。债权人委员会作为债权人会议的日常代表机构，则是监督

[①] 参见王卫国、邹海林、李永军《破产法十年》，载赵旭东主编《公司法评论》2005年第1辑，人民法院出版社2005年版。

[②] 参见《企业破产法》第61条第1款。

管理人的基本形式。《企业破产法》第 68 条规定："债权人委员会行使下列职权：（一）监督债务人财产的管理和处分；（二）监督破产财产分配；……债权人委员会执行职务时，有权要求管理人……对其职权范围内的事务作出说明或者提供有关文件。管理人……违反本法绝接受监督的，债权人委员会有权就监督事项请求人民法院作出决定……"第 69 条规定，管理人为涉及债务人财产的重大处分行为的，应当及时报告债权人委员会。

在管理人接受债权人监督的层面上，《企业破产法》的相关规定尚未提供清晰有效的规范指引，如缺乏对于债权人会议（债权人委员会）监督管理人的具体方式或者效果的规定；尤其是《企业破产法》还留有一些法律制度设计上的漏洞，如《企业破产法》第 69 条要求管理人为涉及债务人财产的重大处分行为时应当报告债权人委员会，并没有规定应当征得债权人委员会同意。在此情形下，如果债权人委员会对管理人的行为有不同意见，极易产生无法自行解决的纠纷，债权人会议（债权人委员会）对管理人的监督将流于形式而其应有的实质价值被削弱。①

第五节　管理人职务的执行与报酬

一　管理人执行职务的独立性

管理人在破产程序中具有独立的地位，在其职责范围内独立执行职务。法院和债权人会议或债权人委员会对管理人的监督，不影响管理人执行职务的独立地位，法院和债权人会议或债权人委员会并不能直接参与或者决定管理人执行职务的具体行为。为维护破产程序的权威和保护与管理人为交易的第三人，管理人执行职务即便有失当行为，特别是未经债权人会议或者债权人委员会同意处分债务人财产，管理人已为的行为所发生的效力也不能被撤销；法院可以采取的补救措施为更换管理人并追究管理人应当承担的相应法律责任。

管理人为数人时，各管理人如何执行职务呢？有的破产立法规定，管理人为数人时，以管理人共同执行职务为原则。共同执行职务，是指各管

---

① 参见邹海林《新企业破产法与管理人中心主义》，《华东政法学院学报》2006 年第 6 期。

理人在执行职务活动中互为代表,各管理人独自执行职务无须取得其他管理人的同意。例如,日本《破产法》(1922 年)第 163 条规定,管理人有数人时,应共同执行其职务;但是经法院许可,可以分管职务;管理人为数人时,第三人的意思表示对其中一人为之即可。所谓有的破产立法规定,管理人为数人时,以管理人单独执行职务为原则,各管理人仅以其所管理的事务为限单独执行职务,不得互为代表。例如,德国《破产法》第 79 条规定:破产财团的管理范围内有不同的营业所时,可委任多个管理人;每一管理人对其事务独立管理。

当管理人为数人时,各管理人如何执行职务,《企业破产法》并没有相应的规定。除《企业破产法》第 24 条规定之"清算组"为管理人以及法院指定一人为管理人的情形外,如果法院指定的管理人为 2 人以上,均会发生数个管理人如何执行职务的问题。在理论上,管理人共同执行职务,使得各管理人互为代表,并相互承担连带责任,有利于更加周到地保护破产程序的参加人的公平受偿利益。因此,人民法院指定的每一位管理人,均取得以自己的名义独立执行职务的地位。在此体制下,管理人为数人时,应当以共同执行职务为原则;如果管理人之间有约定并经人民法院许可,可以分别执行职务。与管理人共同执行职务相适应,当管理人为数人时,各管理人应当对债务人财产的管理承担连带责任。[①]

二 管理人的注意义务

管理人是破产程序中接管债务人财产和营业事务的法定专门机构,受法院和债权人监督,对破产程序的各方参加人负有重大责任。那么,管理人对债务人财产和债权人承担责任的法理基础如何?

在理论上,学者多以善良管理人的注意义务为管理人执行职务或者承担责任的法理基础。善良管理人的注意,是指行为人在执行为他人利益的管理活动时所承担的最低限度的注意,即以管理自己的事务相同的注意来执行为他人利益的管理活动。善良管理人的注意是用于评价具有相当的知识或者经验的人在为具体行为时的注意程度,并以此衡量其有无过失的一般观念。善良管理人的注意义务的核心要素有两个:其一,管理事务应当依照本人的意思进行,本人的意思为本人明示或者可以推断的意思;其

[①] 参见邹海林《新企业破产法与管理人中心主义》,《华东政法学院学报》2006 年第 6 期。

二，管理事务应当以有利于本人的方法进行，是否以有利于本人的方法，则与管理人的管理能力或水平、管理事务性质以及社会公众的管理常识等的判断相关。与此相适应，行为人违反善良管理人的注意，则构成过失，造成利害关系人损害的，应当承担损害赔偿责任。

在破产立法例上，管理人应以善良管理人的注意义务执行职务，多有明文规定。日本《破产法》（1922年）第164条规定，管理人应当以善良管理人的注意，执行其职务；管理人怠于善良管理人的注意，对利害关系人负连带损害赔偿责任。我国台湾地区"《破产法》"第86条规定，管理人应以善良管理人的注意，执行其职务。《企业破产法》对于管理人执行职务应当承担何种义务并未使用"善良管理人的注意义务"，而是表述为"勤勉尽责，忠实执行职务"①，学者和司法实务则将之等同于善良管理人的注意义务。

我国破产立法起初并没有建立管理人的注意义务制度，因为管理人的行为是职务行为，无须对债务人或者债权人承担责任。《企业破产法（试行）》对于清算组违反法定的义务是否应当承担损害赔偿责任，未作出相应的规定。有些学者认为，清算组应否对职务损害承担赔偿责任，涉及清算组的性质和地位。在我国，"破产清算组织"不是独立的民事主体，也不是非法人团体，没有承担责任的财产基础，因职权行为侵害债权人利益时，由破产企业承担责任，侵害破产企业利益时，也不应承担民事责任。② 清算组不承担民事责任的原因被简单表述为清算组非民事主体而不承担义务，在我国法律上本身就是站不住脚的。

依照《民法通则》的规定，清算组在履行职务时，由于其过错造成破产财产损害，或者因其过错损害债权人或者第三人利益的，应当负损害赔偿责任。③ 就上述规定作反对解释，清算组在执行清算事务的过程中承担法定义务，而这些义务既可以是明示的，也可以是默示的。《公司法》（1993年）第198条规定："清算组成员应当忠于职守，依法履行清算事务。"经过不断讨论和认识的逐步提高，《企业破产法》第27条规定："管理人应当勤勉尽责，忠实执行职务。"上述规定将判断管理人执行职

---

① 参见《企业破产法》第27条。
② 参见柴发邦主编《破产法教程》，法律出版社1990年版，第147页。
③ 《民法通则》第106条第2款。

务是否存在过错的标准予以了具体化，也同时明确了管理人应当以善良管理人的注意执行职务。

三　管理人的损害赔偿责任

一般而言，管理人违反善良管理人的注意义务造成利害关系人利益损害的，应当承担损害赔偿责任。《企业破产法》第130条规定："管理人未依照本法规定勤勉尽责，忠实执行职务的，人民法院可以依法处以罚款；给债权人、债务人或者第三人造成损失的，依法承担赔偿责任。"

在我国企业破产制度改革之前，管理人有无损害赔偿责任，不仅是一个理论问题，更是一个实践问题。在理论上，清算组对其违反注意义务而造成破产程序利害关系人损失的，应当承担损害赔偿责任，似乎没有太多的疑问。但在事实上，因清算组的产生（由法院指定并对法院负责）和清算组的成员（均由政府相关职能部门的公务员临时担任）的特殊性，清算组在执行清算事务时不收取报酬，这就形成了清算组在破产程序中执行职务的行为的特殊性，与企业法人的自愿清算而组成的"清算组"的行为相比较，具有本质上的不同，实在难以要求不具有专业性服务特征的破产清算组或其成员对破产程序的利害关系人承担责任。破产清算组执行职务理论上的可归责和实践上的不可归责的矛盾，正是我国《企业破产法》改革管理人制度的一个非常重要的方面。

管理人在破产程序中执行职务，不论其为个人或者机构，更不论其组成人员的身份地位差异，对其职务执行的结果应当承担法律上的责任，这在理论和制度设计上并不存在障碍。管理人执行职务违反其注意义务，在主观上即构成过错，应当对其过错行为承担责任，为我国民商事立法的一贯主张。《企业破产法》对管理人制度的改革，就应当不折不扣地贯彻管理人对破产程序的利害关系人就其过错行为承担责任的立场，以确保管理人的市场化和专业化的改革成果得以落实。《企业破产法》第130条规定："管理人未依照本法规定勤勉尽责，忠实执行职务的，人民法院可以依法处以罚款；给债权人、债务人或者第三人造成损失的，依法承担赔偿责任。"在司法实务上，最高人民法院《关于适用〈中华人民共和国企业破产法〉若干问题的规定（二）》（2013年）第9条第2款规定："管理人因过错未依法行使撤销权导致债务人财产不当减损，债权人提起诉讼主张管理人对其损失承担相应赔偿责任的，人民法院应予支持。"

然而，我们在讨论管理人的损害赔偿责任时，必须注意以下事实的存在对管理人损害赔偿责任的落实所形成的障碍。《企业破产法》对于管理人制度的改革并不彻底，对于管理人的市场化和专业化的改革方向仍然有所保留，即规定有特殊情形下的清算组等同于管理人的制度。① 当清算组被指定为管理人时，因其过错造成破产程序的利害关系人损失的，应否承担赔偿责任或者如何承担赔偿责任，仍然会是一个十分棘手的问题。

四 管理人执行职务的报酬

管理人依法执行职务，费时耗力，负担管理债务人财产和营业的重大责任，应当有权取得相应的报酬。管理人的报酬，在性质上属于破产费用，应当由债务人财产优先受偿，在破产程序进行中随时拨付或者预先支付。例如，日本《破产法》第 166 条规定，管理人可以受领预付的报酬。

原则上，管理人的报酬由法院加以确定。例如，我国台湾地区"《破产法》"第 84 条规定，管理人的报酬，由法院确定。② 至于管理人应当取得多少报酬，法院在实务上通常依据破产案件的规模、复杂程度、管理人任职期间的长短、清算事务的劳动强度等具体因素加以决定。但是，也有个别破产立法例规定，管理人应得的报酬，由债权人会议加以确定。例如，依照英国法律，债权人会议或者债权人会议授权检查委员会以决议确定管理人的报酬；债权人或者破产人对债权人会议确定的管理人的酬金水平，可以请求英国贸易部予以确认，如果贸易部认为管理人的酬金水平过高，则令债权人会议重新确定酬金数额。

我国《企业破产法》并没有规定管理人有权收取报酬，但管理人制度的市场化和专业化服务属性，使得管理人收取报酬成为管理人独立执行职务制度的应有之义。因此，管理人执行职务的报酬，法律制度对其加以规范的要点不在于可否收取报酬，而在于管理人应当如何收取报酬。《企业破产法》对于管理人执行职务的报酬作出了以下三个方面的规定：（1）确定管理人报酬的方法，由最高人民法院规定；（2）管理人收取报酬的具体标准和方法，由指定管理人的人民法院决定；（3）债权人会议

---

① 参见《企业破产法》第 24 条第 1 款；最高人民法院《关于审理企业破产案件指定管理人的规定》（2007 年）第 18 条。

② 德国《破产法》第 85 条，日本《破产法》（1922 年）第 166 条，韩国《破产法》第 156 条。

对于管理人执行职务的报酬享有异议权。[①] 依照上述规定，管理人有权收取报酬，并无任何疑义；但是管理人收取的报酬是否公允，就是一个核心问题；法院有权确定管理人的报酬，但法院确定管理人报酬的标准如何，尤其是如何平衡管理人与债权人团体之间的利益，尤为关键。在我国的司法实务上，人民法院原则上比照诉讼代理收费标准，依据破产案件的复杂程度和清算期间长短，合理确定管理人的报酬水平。我国《企业破产法》将确定管理人报酬的决定权赋予法院，并同时给予了债权人就管理人的报酬公允与否的异议地位，这其中自然包含管理人与债权人会议协商管理人报酬的意思。所以，法院在决定管理人执行职务的报酬时，应当尊重债权人会议的自治地位。

最高人民法院发布《关于审理企业破产案件确定管理人报酬的规定》（2007年），对于管理人的报酬之确定作出了创新性的尝试。就管理人执行职务的报酬确定事项而言，以下五个方面的内容值得特别注意：

第一，管理人报酬方案的确定与调整。法院在受理破产申请后，应当对债务人可供清偿的财产价值和管理人的工作量作出预测，并确定管理人报酬方案。采取公开竞争方式指定管理人的，法院按照相应中标的社会中介机构提出的报价方案确定管理人报酬方案。管理人报酬方案，可采取分期收取或者一次性收取报酬的方式，由法院根据破产案件的实际情况确定。法院在确定管理人报酬方案后，还可以根据破产案件和管理人履行职责的实际情况，就管理人报酬方案进行调整。

第二，管理人报酬的比例限制。法院在确定或调整管理人报酬时，应根据债务人最终清偿的财产价值总额，在以下比例限制范围内分段进行：（1）不超过100万元的，在12%以下确定；（2）超过100万元至500万元的部分，在10%以下确定；（3）超过500万元至1000万元的部分，在8%以下确定；（4）超过1000万元至5000万元的部分，在6%以下确定；（5）超过5000万元至1亿元的部分，在3%以下确定；（6）超过1亿元至5亿元的部分，在1%以下确定；（7）超过5亿元的部分，在0.5%以下确定。

第三，确定或调整管理人报酬方案时的考量因素。人民法院确定或者调整管理人报酬方案时，应当考虑以下因素：（1）破产案件的复杂性；

[①] 参见《企业破产法》第22条第3款和第28条第2款。

(2) 管理人的勤勉程度；(3) 管理人为重整、和解工作做出的实际贡献；(4) 管理人承担的风险和责任；(5) 债务人住所地居民可支配收入及物价水平；(6) 其他影响管理人报酬的情况。

第四，管理人报酬方案的协商调整。对于管理人报酬方案，债权人会议并没有决定权，但可与管理人协商请求法院调整管理人报酬方案。在确定管理人报酬方案之日起 3 日内，法院应当将该方案书面通知管理人。管理人应当在第一次债权人会议上报告管理人报酬方案内容。管理人、债权人会议对管理人报酬方案有意见的，可以进行协商。双方就调整管理人报酬方案内容协商一致的，管理人应向法院书面提出具体的请求和理由，并附相应的债权人会议决议。法院经审查认为上述请求和理由不违反法律和行政法规强制性规定，且不损害他人合法权益的，应当按照双方协商的结果调整管理人报酬方案。

第五，管理人报酬的异议。债权人会议可以根据会议决议的方式对管理人报酬提出异议。当债权人会议对管理人报酬的异议形成决议的，由债权人会议主席向法院提交管理人报酬异议书，以表示异议。管理人报酬异议书应当有具体的请求和理由，并附相应的债权人会议决议。法院自收到债权人会议的异议书之日起 3 日内应当通知管理人；管理人自收到通知之日起 3 日内应当作出书面说明。在确有必要的情形下，法院可以举行听证会，听取有关当事人对管理人报酬的意见。但不论如何，自收到债权人会议异议书之日起 10 日内，法院应当就是否调整管理人报酬问题作出决定，并书面通知管理人和债权人会议主席。

第四章

债权人自治

第一节 债权人自治的价值基础

　　破产程序的开始对于各种有利害关系的人会产生实质性的影响,甚至影响到社会公共利益,诸如劳动者失业等方面,受破产程序影响最大的群体莫过于参加破产程序的债权人。如何协调和平衡破产程序的影响程度,必须施加司法程序的强制力。以司法程序面貌出现的破产程序,使得法院在破产程序中居于主导地位,对破产程序的顺利进行负有全面的责任。但是,破产程序又具有技术性特点,涉及债务人财产的清理、变价、分配、处分甚至利用增值,需要从事大量的具体的事务性活动,故破产程序又必须在法院的司法程序范围内,实行管理人中心主义,由管理人对债务人财产的管理、清理、变价、分配以及利用承担具体的责任。

　　法院主导与管理人中心主义均以债务人不能清偿债务为基础,以债权人的公平受偿为宗旨,债权人的本位利益要求广泛吸收全体债权人参加到破产程序中来,并以妥当、合理的方式适时消除债权人相互间的利益冲突,从而节省时间和费用并加速破产程序的进行。破产程序如何最大限度地照顾到债权人的清偿利益,事关破产程序维护债权人团体利益的制度目的。破产立法应当考虑法院、管理人和债权人在破产程序中的权力分配。债权人在破产程序中所具有的地位,以债权人自治的制度加以规范:债权人以其团体意思决定破产程序的命运。[①] 一般而言,破产程序的开始与进

---

　　① 参见邹海林《中国的破产制度及其发展方向》,《中国市场经济法治走向》,昆仑出版社2001年版,第154页。

行以多数债权人的存在为基础。① 破产程序中的债权人自治，就是为多数债权人参加破产程序、平等行使权利而设立的制度。债权人自治，是指全体债权人组成债权人会议或者选任其代表，对破产程序进行中的有关重大事项，发表意见并作出决定，并监督管理人正当履行其职责。②

从历史上观察，古典的民事执行制度实行执行优先主义，即先获得执行名义的债权人，对债务人的财产取得优先受偿的权利或者机会。这种原则有悖于债权平等原则，当债务人不能清偿债务时，难以协调多数债权人间的利害冲突；况且，还由于存在各债权人争先恐后地对债务人的财产采取执行措施的可能，不仅妨碍债权人行使请求权，而且有悖于社会文明和秩序。正是为了避免多数债权人行使请求权发生混乱、尽量协调债务人和债权人以及债权人相互间的利害冲突，才有选择破产程序制度的必要。③所以，破产程序是针对多数债权人行使请求权的有序和公平而设计的程序制度。

从便利和实务的角度观察，如果债务人的债权人只有一人，债务人不能清偿债务，债权人只需请求法院为个别的民事执行程序，无须借助破产程序来清理债权债务。实践中，以破产程序清理债权债务的案件，多因存在多数债权人而不便于个别强制执行或者无法个别强制执行这样的事实。所以，哪怕多数债权人的存在是一种必然或者可能，破产程序都必须解决多数债权人参与的问题。

参加破产程序的债权人为多数，其参加破产程序的权利，特别是各债权人的清偿利益应当如何加以维护，这是破产程序制度发端以来所有立法例无不倍加注意的核心问题。有关破产程序的立法，对于法院和管理人的地位的确认，对于债务人财产的管理、变价、分配和利用所确立的诸项制

---

① 多数债权人的存在，并不构成开始和进行破产程序的绝对要件。破产程序是否以多数债权人的存在为必要，除西班牙《民事诉讼法典》第608条、奥地利《破产法》第66条、前苏俄1923年《民事诉讼法典》第318条等个别立法例明文规定破产程序只适用于多数债权人以外，多数破产立法例一般未加以规定。在理论上，破产程序应否以多数债权人的存在为必要，存在肯定说与否定说之别。但是，在司法实务上，不将破产程序严格限定于多数债权人存在之场合，已为趋势。

② 参见邹海林、王仲兴《论破产程序中的债权人自治》，载梁慧星主编《民商法论丛》第2卷，法律出版社1994年版，第157页。

③ 参见陈荣宗《民事程序法与诉讼标的理论》，（台北）台湾"国立"大学法律系1988年，第144页。

度，对于债权人参加破产程序所设计的诸规则，无不是为了实现一个基本目的：保障参加破产程序的多数债权人的公平受偿利益。既然破产程序的目的是确保多数债权人的公平受偿利益，那么立法必须创立相应的机制以实现这一目的。破产程序中的债权人自治，就是实现破产程序公平受偿宗旨的一项基本制度，它不仅给债权人提供了维护自己公平受偿利益的机会，而且给法院以及管理人取得债权人的团体协作而顺利进行破产程序创造了条件。为了保证破产程序的顺利进行，充分发挥债权人的合作精神，在破产程序中设立专门代表债权人利益的机构，以实现债权人自治。

第二节　债权人自治的立法例

一　债权人自治的立法例

债权人自治有着悠久的历史。债权人的自力救助存在于早期破产程序中，是债权人自治的原型。债权人的自力救助将保障债权人的利益推向了绝对化。所以，在早期的破产立法上，尽管国家公力救助已经对债权人的自力救助有所限制，但是，反映债权人自治的债权人会议却受到了特别优越的尊重，几乎拥有处分债务人财产的绝对权利。这种债权人自治至上的做法，在现代破产程序中仍保留有部分痕迹。例如，依英国《破产法》，债权人会议得以决议要求法院宣告债务人破产。近现代破产立法的主流意识及其实务，是日益强化国家公权力对破产程序的参与程度，使债权人的本位利益不能不受影响，债权人在破产程序中的地位当然已不如昔日那样优越。在这样的意义上说，债权人自治则是在公力救助范围内的自治，法院对债权人自治的活动拥有最终裁决的权力。[1]

各国的历史文化背景和国情，决定了立法例对债权人自治的态度差异，具体表现为债权人自治的形式有所不同。现代各国立法例将债权人在破产程序中的自治设定为两种形式：债权人会议制度和债权人委员会制度。在破产立法上，本书将选择债权人会议作为债权人自治的基本形式的立法，称为债权人会议模式；将选择债权人委员会作为债权人自治的基本形式的立法，称为债权人委员会模式。

---

[1] 邹海林：《破产程序和破产法实体制度比较研究》，法律出版社1995年版，第129页。

在理论和实务上，债权人会议是债权人全体的共同意思表示机关，债权人委员会则为债权人全体的代表机构。一般而言，债权人会议和债权人委员会在破产程序中的作用，相辅相成，债权人会议和债权人委员会依法履行各自的职责，目的均在于维护债权人全体的清偿利益。但是，债权人委员会履行职责受债权人会议的决议约束，债权人会议凌驾于债权人委员会之上。债权人委员会在不同的立法例上，称谓还是有所不同的。例如，德国、意大利、法国、泰国的破产立法，称为债权人委员会；英国、美国、加拿大、新西兰、澳大利亚等国的破产立法，称为检查委员会；日本、韩国等国称为监查委员或者监查人；我国台湾地区称为监查人。①

二 债权人会议模式

部分破产立法例，将债权人会议作为债权人自治的基本形式。在债权人会议模式下，并非不设债权人委员会；但债权人委员会只是债权人自治的辅助机构；破产立法分别限定债权人会议和债权人委员会的职责范围。

依照债权人会议模式，债权人会议有权决定是否设置债权人委员会。例如，英国早在1706年就以立法确认了债权人的自治地位，并赋予债权人会议无可比拟的权利；但是，到了1883年的英国法律改革运动时期，破产法开始采用责任分担制度，遂把债权人会议的职权限定于讨论批准和解协议、选任管理人等方面；此外，债权人会议可以通过决议任命代表其利益的检查委员会（Committee of Inspection），对管理人管理处分债务人财产的行为予以监督。这种立法例可称为债权人委员会意定制度。债权人委员会是否设立，法律不作强行规定，由债权人会议自主决定。英美法系各国几乎均采用这种制度；其他诸如德国、日本、泰国、韩国等大陆法系的破产立法例，也采用这种制度。例如，日本《破产法》（1922年）第170条规定，是否设置监查委员，由债权人会议决议之，上述决议得另为决议予以变更。德国支付不能法第67条和第68条规定，法院可以在第一次债权人会议召开之前设置一个债权人委员会；债权人会议有权决定是否设置一个债权人委员会，债权人会议亦有权决定是否保留法院已经设置的

---

① 参见邹海林、王仲兴《论破产程序中的债权人自治》，载梁慧星主编《民商法论丛》第2卷，法律出版社1994年版，第159页。

债权人委员会。[1]

三 债权人委员会模式

部分破产立法例,将债权人委员会作为债权人自治的基本形式。在债权人委员会模式下,债权人会议则为债权人自治的高级辅助形式。依照债权人委员会模式,在破产程序开始后,债权人委员会是代表债权人利益的法定机构,而债权人会议只是债权人全体在必要时的临时集会。

法国、意大利的破产立法根本不把债权人会议作为破产程序进行的专门机构,债权人在破产程序中几乎没有什么发言权,召开债权人会议唯有在调查债权、成立和解时有意义;至于债权人利益的维护,则通过债权人委员会来实现。债权人委员会的成立,在法国是任意性的,在意大利则是强制性的。例如,意大利破产法所规定的参与破产程序的机构只有商事法庭、主事法官、管理人和债权人委员会四种,其中债权人委员会是由主事法官任命的3—5个债权人组成的,对破产程序予以全面监督。[2] 依照意大利的破产立法,债权人委员会是破产程序中必须设置的法定机构。[3]

四 我国破产立法上的债权人会议模式

对于债权人自治,我国破产立法实行债权人会议模式。我国破产立法上的债权人会议模式,兼采自治职能有限的债权人委员会制度。

债权人会议模式在我国的破产立法上似乎是因为现实惯性而获得延续的。《企业破产法(试行)》仅规定有债权人会议,而债权人会议作为债权人利益在破产程序中的代表机构,受到立法和司法实务的尊重;该法规定的债权人会议由全体债权人组成,并对债权的调查、和解协议、债务人财产的管理、变价和分配享有较为广泛的权力,较为鲜明地体现了破产程

---

[1] 值得一提的是,取材于德国和日本破产立法的我国台湾地区"《破产法》",将债权人委员会规定为破产程序中法定的必设机构,债权人会议不能决议免设债权人委员会。参见钱国成《破产法要义》,(台北)三民书局1983年版,第154页;陈计男《破产法论》,(台北)三民书局1986年版,第146页;柴启辰《破产法新论》,(台北)宏律出版社1982年版,第160页;陈荣宗《破产法》,(台北)三民书局1986年版,第179页。

[2] G. L. Certoma: The Italian Legal System. London, 1985, p. 418.

[3] 我国台湾地区"《破产法》"第120条也实行债权人委员会法定制度。参见"前中华民国司法院"1936年院字第1529号解释。

序中的债权人自治理念。其后，我国《民事诉讼法》（1991年）第19章仍然肯定债权人会议在破产程序中的地位。前述立法均没有规定债权人委员会制度，故在我国的破产立法上原本就不存在债权人委员会模式。① 债权人会议在破产程序中具有独立的地位，并没有受到来自理论和司法实务界的批评，似乎表明了债权人会议作为债权人自治的形式的妥当性与合理性。在《企业破产法》的起草过程中，人们并没有对债权人会议的自治形式提出任何怀疑。债权人会议模式在我国的破产立法上很难说是经过理性选择形成的。

债权人会议在破产程序中具有相对独立的地位，为债权人参加破产程序表达意愿的基本形式。但是，债权人会议由全体债权人组成，人数众多，对破产程序难以实施日常监督，若经常召集债权人会议，也不利于破产程序的节俭和简化。况且，债权人会议不是债权人全体的常设机关，特别是债权人会议休会期间，无法对破产程序进行中的具体事务实施监督。在我国的司法实务上，曾经设立债权人会议的常设机构——债权人会议主席委员会，该委员会由债权人会议表决候选人，并由法院宣布指定成立；债权人主席委员会在破产程序中行使日常监督权，负责监督"清算组"的工作，向债权人会议汇报清算工作情况，筹备和主持债权人会议。② 最高人民法院司法解释认为，"债权人会议主席由人民法院在有表决权的债权人中指定。必要时，人民法院可以指定多名债权人会议主席，成立债权人会议主席委员会"。③ 债权人会议主席委员会在一定程度上可以起到代表债权人会议监督破产程序的作用，但其毕竟不同于债权人委员会。

从债权人自治的实际需要出发，以使债权人自治贯串于破产程序进行的各阶段，《企业破产法》规定有债权人会议和自治职能有限的债权人委员会制度。④

---

① 我国破产立法对于破产程序中的债权人自治，长期以来仅仅规定了债权人会议制度，未规定债权人委员会制度，司法实务自然也不宜承认债权人委员会的债权人自治地位。

② 参见吕伯涛主编《公正树丰碑——审理广东国投破产案始末》，人民法院出版社2005年版，第59页。

③ 最高人民法院《关于审理企业破产案件若干问题的规定》（2002年）第39条第2款。

④ 《企业破产法》第68条似乎规定有职能较为广泛的债权人委员会制度，但第69条仅仅规定管理人向债权人委员会报告的制度，并没有赋予债权人委员会任何决定权，故债权人委员会的自治职能事实上十分有限。

第三节　债权人会议的地位和成员

一　债权人会议的意义

债权人自治的基本形式为债权人会议。债权人会议是债权人全体参加破产程序的意思表示机关，它依法对破产程序中的专门机构实施监督，通过调查债权以平衡债权人之间的利害关系，同债务人进行和解而为债权人取得妥协利益，并具体决定债务人财产的管理方法。

破产程序将全体债权人作为一个整体来对待，其目的不在于满足个别债权人的清偿要求，而在于一揽子清理债务人和所有的债权人之间的债权债务关系。因此，债权人不能逐个地参加破产程序行使权利。破产程序开始后，所有的债权人必须申报债权以参加破产程序；如果允许各债权人以起诉方式行使权利，那么与民事诉讼程序或者个别执行程序无异，无从谈起破产程序的运作。所以，破产程序必须要有一个方便所有债权人参加破产程序的形式。债权人会议的设立，不仅使破产程序能够顺利进行，而且为每个债权人参加破产程序平等行使权利提供了保障。

债权人会议代表了债权人的团体利益。既然债权人以团体的形式参加破产程序，那么债权人会议就不可能只代表个别或者部分债权人的利益，只能代表债权人的团体利益。但是，债权人的团体利益，不具有绝对的意义，只能以多数债权人的利益为基础，故债权人会议以决议的形式来表示债权人的团体利益。

债权人会议是全体债权人的意思表示机关。个别债权人在破产程序中行使权利所为任何意思表示，若力图对破产程序的进行产生影响，例如，同意接受和解条件、同意债务人财产的变价方式、同意进行债务人财产分配方案等，只能通过债权人会议来实现。债权人会议是债权人参加破产程序的基本形式、表达意愿的场所、行使权利的机关。一方面，债权人会议在法定权限范围内，可以提请法院裁定其决议的执行；另一方面，债权人会议可以决议的方式，要求管理人为相应的行为或者不为相应的行为，以对管理人实施监督。但是，债权人会议作为债权人的意思表示机关，仅仅是法院监督下的自治机关，不具有任何执行职能。

二 债权人会议的地位

债权人会议的性质决定着债权人会议的地位。但是，债权人会议究竟是债权人全体的临时性组织，还是债权人团体的机关组织，在理论和实务上存在争议。

有学者认为，债权人在破产程序中有共同的利益，有必要组成债权人会议；但是，债权人会议并非权利主体或者非法人主体，不具有诉讼能力，从而在破产程序中当然也不具有独立的地位。债权人会议是法院认为必要时临时召集成立的集会。[①] 我国也有部分学者认为，债权人会议只是"破产案件处理过程中集中体现债权人意志的临时性组织形式"。[②] 还有学者认为，并非所有的破产案件都应当设债权人会议，当参加破产程序的债权人较少时，就没有必要成立债权人会议。[③]

事实上，在一些国家，例如法国、埃及、比利时、意大利等国，破产程序不设债权人会议。在这些国家，债权人会议是否组成或者召集，则完全取决于法院在破产案件处理过程中的需要。法院认为有必要召开债权人会议时，才会临时召集债权人会议以决定有关债权人切身利益的问题。在此情形下，债权人会议确为债权人参加破产程序的临时性集会。

另有学者认为，债权人在破产程序进行中有一致的基本利益、共同的利害关系，债权人对于是否同意和解、对于债务人财产的增加或者减少、破产费用的增加或者拨付、债务人财产的变价或者分配等事项，表达共同利益的唯一方式，是组成和召开债权人会议；何况，债权人会议还是债权人参加破产程序表达意愿的法定机构。因此，债权人会议是债权人团体的机关组织。日本学者多采取这种立场。

笔者以为，债权人会议不是债权人参加破产程序的临时性集会，而是债权人团体在破产程序中取得独立地位的意思表示机关，理由主要有以下两点[④]：

第一，债权人会议是债权人参加破产程序表达其意思、行使权利的基

[①] 参见陈荣宗《破产法》，（台北）三民书局1986年版，第170页。
[②] 参见曹思源《企业破产法指南》，经济管理出版社1988年版，第90页。
[③] 参见张卫平《破产程序导论》，中国政法大学出版社1993年版，第108页。
[④] 参见邹海林《破产程序和破产法实体制度比较研究》，法律出版社1995年版，第133—134页。

本形式。《企业破产法》对债权人会议的组成、召集、职权范围及其决议的执行等事项，都作了专门规定，充分肯定债权人会议在破产程序进行中的不可或缺的地位。债权人在破产程序中有权成立债权人会议作为其表达共同意志的机关，而且应当成立债权人会议。只要有破产程序的开始，不论债权人人数多寡，均应当组成债权人会议；债权人会议为破产程序中必须设置的法定机构。

第二，债权人会议在破产程序中有独立的意思表示能力。债权人会议不是民法上的权利主体或者非法人团体，不能从事民事活动；债权人会议也不具有诉讼法上的诉讼能力，不构成民事诉讼法所定可以起诉或者被诉的其他非法人组织。但是，债权人会议依破产法的规定在破产程序中有独立的意思表示能力。相对于债务人（破产人）而言，它是成立和解的一方当事人，又是决定债务人财产的管理、变价和分配的职能机构；相对于管理人而言，它是独立实施监督的专门机构；相对于法院而言，它是债权人表达意愿的自治共同体。债权人会议在民法和民事诉讼法上的无能力，不足以说明其在破产程序上的无能力。实际上，债权人会议在破产程序上所取得之独立意思表示能力，源于破产法的创制；债权人会议在破产程序中所为职权范围内的一切活动，充分反映了其在破产程序上的独立地位。

三 债权人会议的成员

债权人会议由全体债权人组成。债权人参加破产程序的一项重要权利，就是成立债权人会议。不论债权人所享有的债权性质、债权额多寡，均可以为债权人会议的成员。理论上，债权人会议是全体债权人的意思表示机关。那么，不论债权人是否依法申报债权，均应当为债权人会议成员。但是，债权人会议是债权人参加破产程序、行使权利的基本形式，不能依破产程序行使权利的债权人，自然难以组成债权人会议；在法律上，债权人非依法申报债权，便不能取得破产程序当事人地位，其结果是丧失了参加债权人会议的一切权利。所以，债权人会议的成员应当以依法申报债权者为限。[1] 例如，泰国《破产法》第34条规定，在债权人会议上有表决权之债权人，以得请求清偿债务并在会议召开前已申报债权者为限。

---

[1] 最高人民法院《关于审理企业破产案件若干问题的规定》（2002年）第39条规定："债权人会议由申报债权的债权人组成。"

《企业破产法》第 59 条第 1 款规定："依法申报债权的债权人为债权人会议的成员，有权参加债权人会议，享有表决权。"依上条的规定，债权人的债权不论是否附有财产担保、附有期限或者附有条件，只要该债权人依法申报债权，便可成为债权人会议的成员。

债权人会议的成员，有出席债权人会议、对债权人会议讨论的议题发表意见、表决（除不能行使表决权者以外），以及请求召开债权人会议的权利。出席债权人会议的权利，是债权人的基本权利。理论上，不论债权人是否享有表决权，其出席债权人会议的权利是不应当受到限制的。债权人出席债权人会议，可以本人亲自出席，也可以委托代理人出席。《企业破产法》第 59 条第 4 款规定："债权人可以委托代理人出席债权人会议，行使表决权。代理人出席债权人会议，应当向人民法院或者债权人会议主席提交债权人的授权委托书。"① 最高人民法院《关于审理企业破产案件若干问题的规定》第 45 条规定："债权人可以委托代理人出席债权人会议，并可以授权代理人行使表决权。代理人应当向人民法院或者债权人会议主席提交授权委托书。"② 凡是债权人会议的成员，不论是否可以行使表决权，在债权人会议上，均可以发表意见，或者委托代理人发表意见，以维护本人利益或者债权人全体的一般利益。

债权人在债权人会议上行使表决权的条件为其所代表的债权额必须确定，不论该债权人是本人亲自行使表决权还是委托代理人行使表决权。日本《破产法》（1922 年）第 182 条第 1 款规定："破产债权人应按其确定的债权额行使表决权。"③ 对于债权人行使表决权之所以有这样的要求，原因在于债权人会议的决议的形成不仅取决于出席会议的债权人表决赞成达到法定人数，而且达到法定人数的债权人所代表的债权额也必须达到法定比例。④ 再者，为讨论某些应由债权人会议讨论的事项，债权人提议法院召集债权人会议的，也以该债权人所代表的债权额确定为必要；因为提

---

① 我国台湾地区"《破产法》"第 23 条规定：债权人会议，债权人得委托代理人出席。

② 最高人民法院《关于贯彻执行〈中华人民共和国企业破产法（试行）〉若干问题的意见》（1991 年）第 26 条规定："债权人可以委托代理人出席债权人会议，行使表决权。代理人应向人民法院或债权人会议主席提交由委托人签名盖章的授权委托书。"

③ 参见韩国《破产法》第 166 条第 1 款。

④ 参见《企业破产法》第 64 条。

议召集债权人会议的债权人所代表的债权额必须达到法律要求的比例。①

债权人会议的成员并不一定都享有表决权。债权人会议成员可以分为有表决权的债权人和无表决权的债权人两类。

有表决权的债权人，是指对债权人会议议决的事项有支持或者否认权利的债权人，主要包括依法申报债权的，且其债权确定的债权人，包括但不限于无财产担保的债权人、放弃优先受偿权利的有财产担保的债权人、未能就担保物受足额清偿的有财产担保的债权人、已代替债务人清偿债务的保证人或者连带债务人，以及其他可依破产程序行使权利的债权人。至于其他可依破产程序行使权利的债权人，依具体情况加以确定。例如，债务人的保证人或者连带债务人，在代替债务人清偿债务前，对债务人享有将来求偿权，此项求偿权可否对债务人行使，取决于债权人是否已经以债权全额对债务人主张权利；债权人未主张权利的，将来求偿人可对债务人行使权利，在债权人会议上有表决权。② 以上各种类型的债权人，若债权额不确定或者有异议，由法院裁定临时确定或管理人临时确定债权额后，可以行使表决权。

无表决权的债权人，是指那些有权出席债权人会议、发表意见，但对债权人会议所讨论的事项没有表决权的债权人。一般而言，无表决权的债权人主要有以下三种：

（1）债权尚未确定的债权人。债权人在债权人会议上行使表决权，其所代表的债权额必须确定。所以，对于债权额未确定的债权、附停止条件的债权、将来求偿权、债权人或者管理人有异议的债权，债权人均不能参加债权人会议行使表决权；但是，法院根据情况确定其可以行使的债权额时，该债权人则可以行使表决权。③《企业破产法》第59条第2款规定："债权尚未确定的债权人，除人民法院能够为其行使表决权而临时确定债权额的外，不得行使表决权。"

（2）有财产担保的债权人。在理论上，有财产担保的债权人对债务人

---

① 参见《企业破产法》第62条第2款。

② 最高人民法院《关于贯彻执行〈中华人民共和国企业破产法（试行）〉若干问题的意见》（1991年）第61项（2）规定："保证人在申报债权的期限届满以前得知债权人不参加破产程序的情事后，可以其保证的债务数额作为破产债权申报并参加分配。"该司法解释在一定程度上反映着相同的精神。

③ 参见日本《破产法》（1922年）第182条第2款，韩国《破产法》第166条第2款。

提供担保的财产有优先受偿的权利，为了防止或者避免此种债权人以优先受偿权利为优势、在行使表决权时作有害于无财产担保的债权人的意思表示，立法例限制其在特定情形下行使表决权。[①] 但是，有财产担保的债权人在破产程序中并非没有任何表决权，禁止有财产担保的债权人行使表决权，并没有充分的合理依据。因此，仅仅就债权人会议表决特别重大利害关系的事项时，因有财产担保的债权人具有特殊的受偿地位，其表决权有予以限制的必要。有财产担保的债权人，就债权人会议通过和解协议草案和债务人财产的分配方案，不享有表决权。《企业破产法》第59条第3款规定："对债务人的特定财产享有担保权的债权人，未放弃优先受偿权利的，对于本法第六十一条第一款第七项、第十条规定的事项不享有表决权。"

(3) 对债权人会议的决议有特别利害关系的债权人。对债权人会议的决议有特别利害关系的债权人，不宜行使表决权。日本《破产法》(1922年) 第179条第2款规定："对债权人会议的决议有特别利害关系者，不得就该决议行使其表决权。但是，在破产立法对此没有明确规定的情况下，是否应当限制有特别利害关系的债权人行使表决权，学者间是有不同意见的。"[②] 例如，债权人会议以决议选任债权人委员会的，债权人被推举为候选人，该债权人可否行使表决权？这是一个需要谨慎对待的问题。笔者认为，如果从实务上观察，当该债权人拥有的债权额占绝对多数时，其不能行使表决权足以影响债权人会议形成决议，从而妨碍破产程序的顺利进行；在此情形下，似不宜限制有利害关系的债权人行使表决权。《企业破产法》并没有限制有特别利害关系的债权人行使表决权，应当认为有特别利害关系的债权人可以行使表决权。

第四节 债权人会议的职权

一 债权人会议的职权

债权人会议在何种程度上可以实现自治，或者说债权人会议自治的范

[①] 我国破产立法曾经全面禁止有财产担保的债权人在债权人会议上行使表决权。《企业破产法（试行）》第13条规定，有财产担保的债权人未放弃优先受偿权利的，不享有表决权。

[②] 参见陈计男《破产法论》，（台北）三民书局1986年版，第112页；陈荣宗《破产法》，（台北）三民书局1986年版，第174—175页。

围或限度，涉及债权人会议的职权。在破产程序中，债权人通过债权人会议或者债权人委员会可以决定的事项，为债权人自治的范围。债权人无论通过债权人会议还是通过债权人委员会实现自治，都只能在法律规定的活动范围内进行。债权人会议有哪些职权，破产立法应当有明确的规定。

债权人会议在法定议事范围内讨论决定事务的权限，为债权人会议的职权。召开债权人会议的目的，在于通过债权人的共同意思表示，确保破产程序的正当进行，维护债权人的一般利益，破产立法无不对债权人会议的职权作出明确规定；否则，债权人自治便没有章法可循，甚至会发生债权人的自治地位被漠视或者被滥用的危险。

英美法系破产立法及部分大陆法系破产立法，赋予债权人会议的职权范围较广，特别是债权人会议还有权决定债务人应否被宣告破产，并有权选任管理人。[1] 依照英国《破产法》的规定，管理人由债权人会议选任，债权人会议也可以授权检查委员会选任，选任的管理人应由英国贸易部任命；债权人会议在破产宣告后四周仍未选出管理人的，则由英国贸易部任命管理人，债权人会议还可另选管理人以取代英国贸易部的直接任命。

但是，在多数大陆法系的破产立法上，债权人会议的职权范围不同程度地受到了限制，一般限于调查债权、议决和解协议和监督管理人的活动等方面。我国台湾地区"《破产法》"关于债权人会议的职权，保持了大陆法系的传统，又吸收了英美法系债权人充分自治的理念，规定债权人会议有如下权力：(1) 选任监查人、议决破产财团的管理方法、决定破产人营业的继续或者停止（第120条）；(2) 调查债权及债务人的资产状况（第119条）；(3) 议决破产人提出的协调计划（第132条和第137条）；(4) 议决破产财团变价方法（第138条）；(5) 选任管理人或者申请法院撤换管理人（第83条和第85条）；(6) 听取管理人的报告（第119条）；(7) 询问破产人（第122条）等。

我国《企业破产法》第61条规定："债权人会议行使下列职权：（一）核查债权；（二）申请人民法院更换管理人，审查管理人的费用和报酬；（三）监督管理人；（四）选任和更换债权人委员会成员；（五）决定继续或者停止债务人的营业；（六）通过重整计划；（七）通过和解协

---

[1] 我国台湾地区"《破产法》"采取管理人法院指定和债权人会议选任双轨制，故债权人会议可以决议选任管理人。

议；（八）通过债务人财产的管理方案；（九）通过破产财产的变价方案；（十）通过破产财产的分配方案；（十一）人民法院认为应当由债权人会议行使的其他职权。"上述规定相对于《企业破产法（试行）》有关债权人会议职权的规定①而言，更具体可行。《企业破产法》的规定较为清晰地描述了债权人会议调查债权的职能，债权人会议不再具有无法而且难以完成的"确认债权"的职能②，并增加规定债权人会议监督管理人、议决重整计划的职能。

二 调查债权

调查债权被我国法律规定为债权人会议的首要职权。债权申报后，法院应当召集第一次债权人会议就申报的债权予以调查；对于补充申报的债权，若有必要，也应当召开债权人会议进行调查。例如，日本《破产法》（1922 年）第 142 条规定，法院应当确定债权调查期日，通过债权人会议对债权进行调查。

债权人会议调查债权，是指在债权人会议上，所有的申报债权的证明材料必须向全体债权人出示，供各债权人阅览，由出席债权人的债权人对已经申报的债权的成立与否、数额多寡以及债权的顺位先后等的证明材料的真实性提出异议，或者发表意见，并询问债权的申报者；列席债权人会议的管理人、债务人亦有权就债权人会议调查的债权发表意见。可见，债权人会议调查债权，实际为异议债权的活动。③ 债权人会议调查有关债权

---

① 《企业破产法（试行）》第 15 条规定：债权人会议有权（1）审查有关债权的证明材料；确认债权有无财产担保及其数额；（2）讨论通过和解协议草案；（3）讨论通过债务人财产的处理和分配方案。此外，该法还规定债权人会议有权监督和解（整顿）的进行，《企业破产法（试行）》第 20 条和第 21 条又分别规定了债权人会议定期听取债务人破产整顿报告、申请终结破产整顿的权力。我国司法实务还承认债权人会议监督管理人的活动的权力。

② 《企业破产法（试行）》第 15 条规定债权人会议"确认债权有无财产担保及其数额"，在理论和司法实务上均引起了巨大的争议。

③ 调查债权为债权人会议的主要职能之一。在企业破产法的起草过程中，全国人大财经委员会起草的数个破产法草案以及《中华人民共和国企业破产法（草案）》（二次审议稿）均使用"调查债权"来描述债权人会议讨论、异议申报债权的职能。但是，《中华人民共和国企业破产法（草案）》（三次审议稿）却将"调查债权"改成了"核查债权"，但并没有对此修改作出说明。笔者认为，《企业破产法》使用"核查债权"一词来描述债权人会议讨论、异议申报债权的职能，与原先数个草案使用的"调查债权"并无本质上的区别。为学理研究使用术语的考虑，笔者仍使用"调查债权"这一术语。

的证明材料，有助于澄清事实，并促使债权人、债务人、管理人及时对有关债权的证明材料发表意见，做到确认债权以事实为根据。债权人会议对债权进行的调查构成债权确认的基础保障。债权人会议对债权进行调查，只对债权事实予以判断，对债权的成立与否、性质、数额提出异议，不产生确认债权的效果，即经债权人会议调查无异议的债权，须取得法院裁定认可，方才确定而具有执行效力。

《企业破产法》所规定的债权人会议调查债权的职能，并不含有债权人会议"确认债权"的意思。这与《企业破产法（试行）》所持立场完全不同。《企业破产法（试行）》第15条规定，债权人会议有权审查有关债权的证明材料；确认债权有无财产担保及其数额。有学者认为，由于债权总额涉及各债权人的分配利益，同时债权有无担保以及担保债权额的多少也直接关系到各债权人的利益，所以，债权人会议有必要对债权人申报的债权予以审查，并确认其债权额和有无财产担保。[1] 另有学者分析《企业破产法（试行）》第15条规定债权人会议审查和确认债权的原因时，认为我国破产立法实行破产程序受理开始主义，申报债权时，清算组尚未成立，不可能由清算组来审查确认债权；我国未设专门的破产法庭，破产案件由人民法院经济审判庭处理，概由法庭审查确认债权，会加重法院审理案件的负担，不利于破产程序的迅速、顺利进行。[2]

债权人会议有无确认债权的职能？首先，我们必须面对两个问题。第一，依照《企业破产法（试行）》第16条的规定，债权人会议以决议确认债权；但是，在债权人会议上，若有债权人对已申报的债权持有异议，债权人会议无法实现以决议来"确认"债权的职能。债权人参加债权人会议行使表决权的基础是债权确定，在债权确认前，债权人无法行使表决权，无法行使表决权，也就无法通过决议确认债权。这就是说，债权人会议确认债权同债权人会议的表决制度不能相互协调而发生冲突。[3] 我国司法实务也充分注意到，《企业破产法（试行）》第15条所规定的债权人会议审查确认债权，与该法第13条所规定的债权人会议成员的认定，也是

---

[1] 参见柴发邦主编《破产法教程》，法律出版社1990年版，第91页。
[2] 参见柯善芳、潘志恒《破产法概论》，广东高等教育出版社1988年版，第129页。
[3] 参见邹海林、王仲兴《论破产程序中的债权人自治》，载李慧星主编《民商法论丛》（第2卷），法律出版社1994年版，第186页。

矛盾的。① 第二，在我国的司法实务上，债权人会议确认的债权，是不应当具有执行力的，任何债权人对于其确认的债权有异议，都将由人民法院审查后予以裁定。② 因此，债权人会议确认债权的效果，事实上仍然停留在债权调查阶段，债权的最终确认取决于人民法院的裁定。这又在一定程度上否定了债权人会议确认债权的职能。再者，我们还必须考虑这样一个问题：确认债权作为解决实体民事权益争议的方式，是否应当仅限于司法审判行为？债权是否成立、数额多少、有无财产担保，均涉及债权人的实体民事权利，实体权利的争执，应当通过诉讼予以解决，确认债权应当属于司法审判行为；债权人会议仅为债权人自治的意思表示机关，对他人的实体民事权利予以确认，不符合其地位，并且模糊了其与法院间的关系。③

债权人会议不是司法审判机关，不具有确认债权人的实体权利争议的职能，故破产立法例对于债权人会议的职权，仅规定其具有调查债权的职能。债权人会议应当就债权人所申报的债权款额及优先权顺序进行逐个讨论、发表意见，管理人和债务人必须到场，解释和说明各项债权。《企业破产法》明文规定，债权人会议有权调查债权。在债权人会议上进行的债权调查，构成法院或者管理人职权调查、取证而确认债权的必要辅助。

三 监督管理人

破产程序的管理人中心主义能否最大限度地满足全体债权人的清偿利益，取决于债权人自治效能的充分发挥，监督管理人为债权人自治的固有内容，因此，债权人会议具有监督管理人的职能。

债权人会议监督管理人的内容十分广泛，包括但不限于：（1）以决议的方式限定管理人管理和处分债务人财产的方法；（2）审查管理人为

---

① 参见吕伯涛主编《公正树丰碑——审理广东国投破产案始末》，人民法院出版社2005年版，第86页。

② 最高人民法院《关于贯彻执行〈中华人民共和国企业破产法（试行）〉若干问题的意见》（1991年）第30条规定："行使表决权的债权人所代表的债权额，按债权人会议确定的债权额计算。对债权人会议确定的债权额有争议的，由人民法院审查后裁定，并按裁定所确认的债权额计算。"

③ 参见邹海林、王仲兴《论破产程序中的债权人自治》，载梁慧星主编《民商法论丛》（第2卷），法律出版社1994年版，第186页。

债务人财产的管理、清理、估价、处分、营业等具体事务的报告；(3) 评议管理人执行债权人会议决议的状况；(4) 发现并要求管理人纠正其有损于债权人利益的行为；(5) 询问管理人，并要求管理人列席债权人会议报告工作；(6) 审查管理人的费用和报酬；(7) 请求法院更换管理人等。

《企业破产法》有关债权人会议监督管理人的规定，并没有彻底解决债权人自治与选任（撤换）管理人的问题，债权人会议仅仅具有申请法院更换管理人的权力，而不能决定选任或撤换管理人。管理人中心主义容易导致对债权人利益的漠视，将管理人中心主义限定于债权人自治的范畴，更容易实现破产程序的宗旨。管理人归根结底是为债权人服务的，法院指定管理人，并不妨碍债权人会议选任管理人。例如，我国台湾地区"《破产法》"采取管理人法院指定和债权人会议选任双轨制，故债权人会议可以决议选任管理人。我国破产立法应当考虑赋予债权人会议决议选任或更换管理人的职能。[①]

四 议决债务人财产的管理

破产程序开始后，债务人财产为全体债权人的利益而存在，直接关系到债权人的受偿利益，债权人会议有必要对债务人财产的管理事务，特别是在破产宣告后，对管理人管理、利用、变价和分配债务人财产的行为进行监督，以确保债权人能够取得尽可能多的受偿机会。破产程序中的债权人自治的原则，使得债权人会议有能力监督债务人财产的经营和管理。

围绕债务人财产的管理原则是管理人具体负责债务人财产的管理，并接受债权人会议的监督。债权人会议就债务人财产的管理、利用、变价和分配的行为之合法性、公正性、适当性进行全面监督。为此目的，破产立法例一般规定，债权人会议有权决定债务人财产的管理及其管理方法。例如，依韩国《破产法》第 167 条和第 187 条，债权人会议有权议决下列事项：不动产物权的让与、矿业权等特许权的出卖、营业转让、变卖全部商品、出借财产、动产的任意出卖、债权和有价证券的转让、双务合同的履行、提起诉讼或者和解、放弃权利、承认财团债权、取回权和别除权，以及收回别除标的物等。我国台湾地区"《破产法》"第 120 条规定，债

---

① 参见邹海林《我国新破产法（草案）与债权人自治》，《法学家》2005 年第 2 期。

权人会议要议决"破产财团之管理方法"和"破产人营业之继续或停止"。《企业破产法》第 61 条原则规定：债权人会议通过"债务人财产的管理方案"和"决定继续或停止债务人的营业"等。

因此，有关债务人财产的管理原则、管理之具体方法，债务人财产是否继续营业等事项，债权人会议均有权做出决定。债务人财产的管理，包括非以破产分配为目的的处分债务人财产的行为，如《企业破产法》第 69 条所列管理人为涉及债务人财产的重大处分行为。有关债务人财产的管理，债权人会议做出决定的，管理人应当予以执行。但是，在第一次债权人会议召开前，有关涉及债务人财产的重大处分行为，以及决定继续或者停止债务人的营业的，则应当经受理破产申请的法院许可。[①]

五 议决重整计划

议决重整计划，是指债权人会议在讨论债务人或管理人提出的重整计划草案后，以分组表决方式表明接受还是拒绝重整计划的意思表示过程。

重整为拯救处于财务困境的企业法人的特别司法程序，对于债权人的权利或利益产生直接的限制，只有债权人（包括有财产担保的债权人）做出理性选择积极采取合作的立场，重整的目的才可能实现。《企业破产法》第 61 条规定，债权人会议有"通过重整计划"的职权。债权人会议在议决重整计划时，有权要求债务人或管理人修改已经提交的重整计划。

六 议决和解协议

议决和解协议，是指债权人会议在讨论债务人提出的和解协议草案后，以表决方式表明接受还是拒绝和解的意思表示过程。和解为债务人同债权人全体间在破产程序中达成的一种妥协。只有债权人会议才可以代表全体债权人决定是否与债务人进行妥协。例如，泰国《破产法》第 45 条规定，债务人欲清偿部分债务或者以其他方式清偿债务时，可以向管理人书面申请和解，并提交和解方案；管理人应当召集债权人会议讨论和决定是否接受和解方案。《企业破产法》第 61 条规定，债权人会议有"通过和解协议"的职权。

《企业破产法》第 61 条所称"通过和解协议"，涉及债权人会议讨论

[①] 参见《企业破产法》第 26 条。

债务人提出的和解协议草案、拒绝债务人提出的和解协议草案等当然内容，不仅仅是债权人会议通过和解协议的问题。债权人会议对债务人提交的和解协议草案，有权进行充分的讨论并做出是否接受和解的决议。

和解协议草案是债务人在法院受理破产申请后，应当提交于债权人会议供讨论的、旨在避免破产清算或破产分配、力图寻求债权人谅解的协议草案。和解协议关系到债权人的切身利益，只能由债权人会议来讨论和决定是否接受和解。破产立法例均把讨论议决和解协议规定为召开债权人会议的一项重要内容。为了债权人同债务人达成和解，那些不设债权人会议的立法例也规定在进行和解时，必须召开债权人的临时集会来讨论和议决债务人提交的和解协议草案。法国、比利时、埃及、意大利等国的破产立法就采取这种立场。

讨论和解协议的目的，是要让各债权人充分发表意见，以切实反映绝大多数债权人的意愿，从根本上维护大多数债权人的利益。当债权人会议讨论后拒绝和解协议草案时，不妨碍债权人会议视情况决定，对债务人修改后的和解协议草案再次议决。

七　议决债务人财产的变价和分配

债务人财产的变价，是指管理人为分配债务人财产而为处分债务人财产并使之变现为金钱的行为。变价债务人财产，直接影响债务人财产存在的形态及其价值，与债权人全体的清偿利益密切相关，债权人会议有权就债务人财产的变价做出决定。债务人财产的变价，不同于债务人财产的管理，前者以破产分配为目的和条件，有破产分配的必要时，才有债务人财产的变价。依照《企业破产法》第61条的规定，债务人财产的变价被称为"破产财产的变价"，较为科学地表明了债务人财产变价的固有含义：债权人会议有权"通过破产财产的变价方案"。

管理人变价债务人财产前，应当就变价财产的种类或者范围、变价方法、预先估价、变价时间、变价地点以及其他处理财产的相关事项，拟出具体方案，提交债权人会议讨论；经债权人会议讨论无异议或者经表决同意，则通过债务人财产的变价方案。

同样，在进行破产分配前，管理人应当向债权人会议提交债务人财产分配方案，由债权人会议对应分配的财产范围、应受分配的债权和债权额、分配方法、分配的顺序、分配的比例、时间和地点等事项，进行讨论，并对讨论结果予以表决，确定是否通过债务人财产分配方案。

八　决定债权人委员会的设置和选任

债权人委员会是债权人会议在破产程序中的代表机关，负责对破产程序进行日常监督。依照《企业破产法》第67条和第61条的规定，债权人会议有权决定设立债权人委员会，并有权选任和更换债权人委员会成员。

是否设置债权人委员会作为监督破产程序进行的常设机构，由债权人会议根据破产案件的复杂状况、债权人人数的多寡、集会的便利与否等具体情形加以决定。债权人会议决定设置债权人委员会的，依照需要可决定债权人委员会的人数，但债权人委员会的人数不能超过法律规定的限额。债权人委员会的成员，由债权人会议选任；债权人会议可以决议撤换债权人委员会的成员。

第五节　债权人会议的召开

一　债权人会议的召开及出席

在破产程序进行中，依照法律规定或者有涉及债权人团体的切身利益而有召开债权人会议加以讨论和决定的必要时，应当召开债权人会议。召开债权人会议，具体可以分为两种情形：其一是法律规定必须召开的债权人会议，例如第一次债权人会议；其二是在必要时召开的债权人会议，例如管理人提出要求时召开的债权人会议。

召开债权人会议时，所有已申报债权的债权人，不论其是否可以行使表决权，均有权出席会议并在会议上发表意见。召开债权人会议时，债权人出席会议，不以本人出席为限。债权人本人不能出席会议的，可以委托代理人出席会议；债权人无行为能力的，可以由其法定代理人出席会议，或由法定代理人委托的代理人出席会议；债权人为已解散的法人的，则由负责清算事务的清算人出席会议，或者由清算人委托的代理人出席会议。

为了保护多数债权人的利益，使债权人会议不为少数债权人所控制，破产立法例规定出席会议的债权人必须达到法定人数才能召开债权人会议。例如，加拿大《破产法》第106条第1款规定："召开债权人会议，须有三人以上的债权人出席；债权人不足三人的，应当全体出席才能召开会议。如果法律对于债权人会议召开的法定人数没有规定，应当如何处理？前中华民国司法院曾解释认为，法律对出席会议没有规定最低出席额，除全体债权人于会议召开日均不出席外，不论出席会议的债权人人数和其所代表的债权额多少，均应当开会。"[①]

我国《企业破产法》对于债权人会议召开的法定人数没有明文规定，但是考虑到债权人会议决议的表决机制，以出席会议的有表决权的债权人过半数和代表的债权额过半数作为形成债权人会议决议的标准，应当认为召开债权人会议存在最低出席人数的限制，出席会议的债权人应当在二人以上，至少为二人；否则，债权人会议应予延期。[②]

依我国有关法律的规定，债权人委托代理人出席会议的，应当向人民法院或者债权人会议主席提交由委托人签名或者盖章的授权委托书。授权委托书应当记明委托事项和权限，委托人放弃权利或者同意和解的，应当有本人的特别授权。债权人侨居在国外的，从国外寄交或者托交的授权委托书，必须经中华人民共和国驻该国的使领馆证明；没有使领馆的，由与中华人民共和国有外交关系的第三国驻该国的使领馆证明，再转由中华人民共和国驻该第三国使领馆证明，或者由当地的爱国华侨团体证明。[③] 债权人为外国人的，不能本人出席债权人会议而委托代理人出席债权人会议，并无不同；但是，该外国债权人在我国境内没有住所或者营业所的，委托代理人出席债权人会议，应当委托我国的律师或者其他自然人，从我国境外寄交或者托交的授权委托书，应当经所在国公证机关证明，并经我国驻该国使领馆认证，或者依照我国同该国订立的有关条约所规定的证明手续办理。[④]

依照英国破产法院的做法，债权人出席债权人会议的方式是很有特色的：(1) 有表决权的债权人可以本人出席债权人会议，也可以委托代理人出席会议；(2) 债权人可以直接委托临时财产接管人为代理人出席会议；(3) 债权人可以相互委托，互为代理人出席会议；(4) 债权人在债权人会

[①] 参见"前中华民国司法院"二十九年院字第 1993 号及三十六年院解字第 3687 号。

[②] 最高人民法院《关于审理企业破产案件若干问题的规定》（2002 年）第 39 条第 2 款规定："少数债权人拒绝参加债权人会议，不影响会议的召开。"

[③] 参见《民事诉讼法》（2012 年）第 59 条。

[④] 参见《民事诉讼法》（2012 年）第 264 条。

议召开时未亲自出席会议,也未委托代理人出席会议,但是在表决债权人会议决议时,可以通过投邮方式行使表决权,投邮行使表决权,视为出席债权人会议。[①] 这些灵活方便的做法为债权人出席会议提供了广泛的途径,特别是债权人相互委托出席债权人会议和投邮表决视为出席会议的制度可为我国司法实务借鉴。

此外,召开债权人会议时,与破产程序有一定利害关系的非债权人会议的成员可以列席债权人会议。例如,破产程序中的取回权人、别除权人可以列席债权人会议。再者,债务人有义务列席债权人会议,并就债权人的询问作出如实回答。债务人无故不列席债权人会议,或者对债权人的询问不作回答或者作虚伪回答,法院必须对其采取强制措施。最高人民法院司法解释认为,债务人的法定代表人必须列席债权人会议,有义务回答债权人的询问,拒绝列席的,人民法院可以依照民事诉讼法的规定予以拘传。[②] 最后,管理人应当列席债权人会议,就有关债务人财产的事项,回答债权人的提问。《企业破产法》第23条规定:"管理人依照本法规定执行职务……并接受债权人会议和债权人委员会的监督。管理人应当列席债权人会议,向债权人会议报告职务执行情况,并回答询问。"

二 第一次债权人会议

第一次债权人会议又可称为法定债权人会议,是指破产程序开始后法定期间内必须由法院召集的债权人会议。[③] 第一次债权人会议既然为法定会议,那么破产立法例对第一次债权人会议的召开均有相应的规定。由于第一次债权人会议为法定会议,法院不得随意改变债权人会议召开的法定期限,应当在法定期限内确定第一次债权人会议召开的具体日期。《企业破产法》第62条第1款规定:"第一次债权人会议由人民法院召集,自债权申报期限届满之日起十五日内召开。"英国《破产法》第13条规定,第一次债权人会议应当自法院对债务人财产发布接管令后14日内召开。

[①] I. F. Fletcher, Law of Bankruptcy, Macdonald & Evans, 1978, p.110.

[②] 最高人民法院《关于贯彻执行〈中华人民共和国企业破产法(试行)〉若干问题的意见》(1991年)第32项。

[③] 最高人民法院《关于审理企业破产案件若干问题的规定》(2002年)第40条规定:"第一次债权人会议应当在人民法院受理破产案件公告三个月期满后召开。除债务人的财产不足以支付破产费用,破产程序提前终结外,不得以一般债权的清偿率为零为理由取消债权人会议。"

日本《破产法》（1922 年）第 142 条规定，第一次债权人会议应当自破产宣告之日起一个月内召开。我国台湾地区"《破产法》"第 64 条规定，第一次债权人会议在破产宣告后一个月内召开，由法院依职权召集。

依照《企业破产法》的规定，第一次债权人会议应当在债权申报期限届满后 15 日内召开。这是法律对第一次债权人会议召开的法定期间的强制要求，第一次债权人会议不能在债权申报期限届满前召开，也不再能在债权申报期限届满后超过 15 日后召开。法院不得提前召开第一次债权人会议，也不得无故推迟召开会议或者不召开会议。在我国的司法实务中，个别地区的法院在受理破产申请后，不等债权申报期限届满，就提前召开了第一次债权人会议。例如，浙江省绍兴市中级人民法院在审理绍兴市第一塑料厂破产案时，自受理破产申请公告后仅过了 18 日就召开了第一次债权人会议。这样做虽然有助于加速破产程序的进行，并可以有效地防止或者避免《企业破产法（试行）》所定债权申报期限过长、造成破产程序不能迅速进行的弊端，但却违反了法律的明文规定，而且可能实际上剥夺未知的债权人参加第一次债权人会议行使权利的机会。第一次债权人会议未能在债权申报期限届满后 15 日内召开的，如果没有正当理由，均属于程序违法。

第一次债权人会议召开的具体日期，以债权申报期限届满后 15 日为限，由受理破产申请的法院依照破产案件的具体情况加以确定。法院在受理破产申请后应当及时确定第一次债权人会议召开的日期。法院确定第一次债权人会议召开的日期和地点后，应当通知债务人和已知的债权人，并发布公告通知所有的利害关系人。一般而言，第一次债权人会议召开的通知和公告，随法院受理破产申请的通知和公告，一并送达债权人。[①] 有关第一次债权人会议的通知和公告，除了记载第一次债权人会议召开的日期和地点外，还应当记载第一次债权人会议的目的和将要讨论的议题等事项。[②]

因为有正当理由，第一次债权人会议不能在法院依法确定的日期召开的，法院可以推迟召开第一次债权人会议。例如，依照英国《破产法》的规定，召开债权人会议，必须有三个以上债权人出席；债权人不足三人者，须全部出席。如果出席第一次债权人会议的债权人不能达到法定人数

[①] 参见《企业破产法》第 14 条第 2 款。

[②] 参见最高人民法院《关于贯彻执行〈中华人民共和国企业破产法（试行）〉若干问题的意见》（1991 年）第 27 项。

的，法院则应推迟1周或者2周召开第一次债权人会议。① 法院决定推迟召开第一次债权人会议的，应当及时通知债务人、管理人、已知的债权人，并发布公告。《企业破产法》对于法院推迟召开第一次债权人会议的正当理由没有规定，可以适用民事诉讼法关于因正当理由延展诉讼期间的规定。正当理由可以是客观上不可抗拒的事件，例如发生不可抗力，也可以是诉讼程序法律特别规定的事件。

关于第一次债权人会议的召集人，破产立法例有不同的规定。有些国家的破产立法规定，第一次债权人会议的召集人为管理人。例如，英国《破产法》规定，第一次债权人会议由破产法院指定的临时财产接管人负责召集；泰国《破产法》第31条规定，法院指定的管理人负责召集第一次债权人会议。在理论和实务上说，由管理人召集第一次债权人会议更具有程序效率，也契合破产程序的当事人自治主导型特征。但对于第一次债权人会议的召集人，我国破产立法将其规定为受理破产申请的法院。

《企业破产法》第62条规定，第一次债权人会议由人民法院召集。法院召集第一次债权人会议，首见于《企业破产法（试行）》第14条。《企业破产法（试行）》构造了破产程序受理开始主义，但没有在程序制度上建构管理人中心主义的机制，法院受理破产申请后至破产清算程序开始前，不存在管理人，这就无法为第一次债权人会议的召集提供操作层面的技术支持，只能由法院负责召集第一次债权人会议。与此相适应的司法实践，由法院召集第一次债权人会议就成为一种常态而被司法实务界普遍接受。《企业破产法》第62条规定第一次债权人会议由法院召集，仅仅是因为制度的惯性作用而形成的会议召集方法，并不表明这种做法是一种较为优化的选择。

《企业破产法》规定第一次债权人会议由法院召集，表明：（1）法院决定第一次债权人会议的召开时间、地点和议事日程；（2）第一次债权人会议召开的事项，由法院通知利害关系人；（3）法院主持第一次债权人会议的开始、进行和结束。最高人民法院司法解释认为，第一次债权人会议由人民法院召集并主持。② 为此，法院除通知和公告第一次债权人会

---

① I. F. Fletcher, Law of Bankruptcy, Macdonald & Evans, 1978, p. 107.
② 另参见最高人民法院《关于贯彻执行〈中华人民共和国企业破产法（试行）〉若干问题的意见》（1991年）第23项。

议外，还应当做好以下准备工作：（1）拟定第一次债权人会议议程；（2）向债务人的法定代表人或者负责人发出通知，要求其必须到会；（3）向债务人的上级主管部门、开办人或者股东会议代表发出通知，要求其派员列席会议；（4）通知破产清算组成员列席会议；（5）通知审计、评估人员参加会议；（6）需要提前准备的其他工作。[①] 法院在主持第一次债权人会议时，应当宣布债权人会议的职权和其他有关事项、宣布债权人资格审查结果、指定并宣布债权人会议主席、安排债务人法定代表人或者负责人接受债权人询问、安排管理人通报债务人的生产经营、财产、债务情况并作工作报告、安排讨论并审查债权的证明材料、债权的财产担保情况及数额、安排讨论通过和解协议、安排讨论通过债务人财产的管理方案等。[②]

三　债权人会议主席

（一）债权人会议主席的设置

债权人会议的召集人和主持人，为债权人会议主席。债权人会议主席的设立，目的在于保证破产程序的顺利进行。债权人会议主席专门负责有关债权人会议的召集、会议秩序的维持、会议议程的安排、会议结束后的报告等事项，可以使债权人会议的召开更有效率。

是否设置债权人会议主席，破产立法例的规定有所不同。有破产立法规定，债权人会议由法院召集和主持，不设专门的主持会议的主席。例如，日本《破产法》（1922年）第178条规定："债权人会议由法院主持。"也有破产立法规定，债权人会议由法定的专门管理债务人财产的机构主持。例如，泰国《破产法》第33条规定："债权人会议由管理人主持，并签署会议记录以存档。"还有破产立法规定，债权人会议应当设会议主席，并由会议主席主持债权人会议的召开。《企业破产法》第60条第2款规定："债权人会议主席主持债权人会议。"

（二）债权人会议主席的产生

债权人会议主席应当如何产生？因为破产程序中的债权人自治的理念和制度差异，立法例规定的产生债权人会议主席的方式，还是有所不同

[①] 参见最高人民法院《关于审理企业破产案件若干问题的规定》（2002年）第41条。

[②] 参见最高人民法院《关于审理企业破产案件若干问题的规定》（2002年）第42条。

的。例如，依照英国《破产法》的规定，债权人会议主席的产生适用债权人会议选举原则。在第一次债权人会议召开时，尚不具备选任债权人会议主席的条件，则由临时财产接管人或者临时财产接管人指定的人充任债权人会议主席；第一次债权人会议后，则可以由债权人会议自行选任债权人会议主席。我国《企业破产法》第 60 条第 1 款规定："债权人会议设主席一人，由人民法院从有表决权的债权人中指定。"依照上述规定，债权人会议主席由法院从有表决权的债权人中指定一人担任。法院指定债权人会议主席，为债权人会议主席产生的唯一方式。对于法院指定的债权人会议主席，债权人或者债权人会议是否可以提出异议呢？《企业破产法》对此没有明文规定，也没有可以援引的民事诉讼法规范，故债权人或者债权人会议不得对法院指定的债权人会议主席提出异议。"债权人会议主席的指定属于人民法院的自由裁量权，不存在指定是否违法的问题，因此，即使对人民法院指定不服，被指定以外的其他债权人也不能申请复议或申诉。"[①] 而且，债权人会议没有法定的选任债权人会议主席的职能，故债权人会议不得以决议选任债权人会议主席。

　　法院应当在第一次债权人会议上指定债权人会议主席。但是，法院指定债权人会议主席应当于债权人会议调查债权结束后进行。至于法院指定哪个债权人担任债权人会议主席，则属于法院自由裁量的事项。债权人会议主席的人选，仅限于有表决权的债权人，没有表决权的债权人以及债权人以外的第三人，不得被指定为债权人会议主席，故法院不得指定有表决权的债权人以外的人担任债权人会议主席。法院指定的债权人会议主席，仅以一人为限；债权人会议主席负责召集和主持债权人会议，对于债权人会议议决的事项并没有决定权，多人担任债权人会议主席，无疑会增加破产程序的成本，故法院不得指定两个以上的债权人担任债权人会议主席。[②] 债权人会议主席由法院指定，则法院有权更换已指定的债权人会议主席，另行指定他人为债权人会议主席。

　　这里还有一个值得讨论的问题。债权人会议主席是否应当限于"有

[①] 张卫平：《破产程序导论》，中国政法大学出版社 1993 年版，第 111 页。

[②] 我国的司法实务曾认可法院指定多名债权人会议主席，参见最高人民法院《关于审理企业破产案件若干问题的规定》（2002 年）第 39 条第 2 款。但若以债权人会议主席的职能而言，多名债权人会议主席并不会产生多少实益；但若让债权人会议主席担当债权人委员会的角色，有无法律上的依据则值得考虑。

表决权的债权人"？在破产立法例上，债权人会议主席的人选并不以债权人为限。例如，依照英国《破产法》的规定，债权人会议选任的债权人会议主席，不以参加破产程序的债权人为限，法院的法官、政府官员、律师、会计师、自由职业者，以及债务人以外的第三人，均可以被选为债权人会议主席。①《企业破产法》第60条将债权人会议主席限定于"有表决权的债权人"，在实务上应当是值得检讨的。债权人会议主席不是债权人或债权人会议的代表，只是债权人会议的召集者和主持者；召开债权人会议构成破产程序的组成部分，法官和管理人实为最恰当的人选，没有充分的理由将担任债权人会议主席的人选范围限定于有表决权的债权人。在破产程序进行中，若有能够胜任债权人会议主席的第三人，也没有理由限制其为债权人会议的召开提供服务，将债权人会议主席限定于有表决权的债权人，没有多少实际意义。事实上，限定债权人会议主席为有表决权的债权人，还容易引起未能担任债权人会议主席的债权人的异议，也不利于债权人会议的团结和发挥债权人会议协商机制的作用。就破产程序的改革而言，不宜将法院指定债权人会议主席的人选范围限定于有表决权的债权人。

(三) 债权人会议主席的职责

除第一次债权人会议外，债权人会议主席的基本职责在于召集和主持债权人会议。债权人会议主席召集和主持债权人会议，应当亲自为之，不能委托代理人进行。若债权人会议主席本人不能尽召集和主持债权人会议的职责，法院应当及时另行指定债权人会议主席。具体而言，债权人会议主席有以下职责：

1. 决定召开债权人会议。除第一次债权人会议外，债权人会议主席认为必要的，可以决定召开债权人会议。债权人会议主席决定召开债权人会议的，应当及时通知法院和管理人。② 债权人会议主席决定召开债权人

---

① 依照我国台湾地区"《破产法》"第117条规定，债权人会议主席由法院指派。但在实务上，因债权人会议由法院召集和主持，故债权人会议主席只可由法官担任；而且，债权人会议主席一般由审理破产案件的法官自任。

② 最高人民法院《关于贯彻执行〈中华人民共和国企业破产法（试行）〉若干问题的意见》(1991年) 第25条规定，债权人会议主席决定召开债权人会议，应当提前3日通知人民法院。最高人民法院《关于审理企业破产案件若干问题的规定》(2002年) 第46条规定："第一次债权人会议后又召开债权人会议的，债权人会议主席应当在发出会议通知前三日报告人民法院……"

会议的，应当至少给予管理人通知债权人与会的合理期间，以便管理人可以在会议召开前 15 日通知已知的债权人。①

2. 宣布会议日程。债权人会议主席应当在债权人会议召开时，宣布会议开始，并说明会议纪律、议事规则以及会议的议题。

3. 主持会议的进行和讨论。债权人会议主席应当主持会议的进行和讨论，以确保参会人员遵守会议议程。例如，债权人会议主席有权制止会议议题外的讨论、制止不合会议纪律的发言、决定会议参加人的发言顺序等。

4. 对会议程序作出决定。债权人会议主席有权决定会议的休会，会议表决的开始或者结束，延长会议期间，提前闭会，会议的延期举行，下次会议的举行日期、地点等有关会议程序的问题。

5. 询问债务人和债权人。债权人会议主席就会议的议题所讨论的事项，有权询问债务人和债权人，债务人和债权人应当如实答复会议主席的发问。

6. 宣布会议的表决结果和闭会。对于债权人会议讨论的议题，应当作成决议；债权人会议主席应当宣布对会议议题进行表决，并在表决结束后，宣布表决结果和闭会。

7. 向法院报告会议的结果。债权人会议闭会后，债权人会议主席应当向法院报告债权人会议召开的情况，并将债权人会议通过的决议上报法院和通知管理人。

四 必要时召开的债权人会议

除第一次债权人会议外，其他的债权人会议在破产程序进行中必要时召开。所谓"必要"，是指在破产程序进行中出现应当召开债权人会议讨论决定的事项的情形。"必要"与否的判断基准不能超出债权人会议的职权范围。例如，有涉及债权人团体利益的事项，不召集债权人会议难以决定的；债务人在和解协议成立后，有损害债权人一般利益的行为，有召开债权人会议以决定是否取消和解协议的。与上述说法相对应，在客观判断上，召开债权人会议的"必要"，可以推定以下四种情形：（1）法院决定

---

① 《企业破产法》第 63 条规定："召开债权人会议，管理人应当提前十五日通知已知的债权人。"

召开债权人会议的；(2) 债权人会议主席决定召开债权人会议的；(3) 管理人或者债权人委员会请求召开债权人会议的；(4) 占法定比例以上的债权人请求召开债权人会议的。[①] 凡有上述情形发生，可以认为存在召开债权人会议的"必要"，应当召开债权人会议。

《企业破产法》第62条第2款规定："以后的债权人会议，在人民法院认为必要时，或者管理人、债权人委员会、占债权总额1/4以上的债权人向债权人会议主席提议时召开。"依照上述规定，法院根据需要有权决定召开债权人会议，债权人会议主席根据需要也有权决定召开债权人会议。但是，管理人、债权人委员会以及占已确定债权总额1/4以上的债权人提议召开债权人会议的，是否召开债权人会议，则由法院或者债权人会议主席决定。

管理人是债务人财产的管理、处分、分配和利用机构，所为有关债务人财产的一切行为，应当接受债权人会议的监督；管理人提请召开债权人会议，是债权人会议监督管理人的行为的基本实现路径。特别是《企业破产法》规定债务人财产的变价和分配由债权人会议讨论通过方案，第一次债权人会议未讨论通过债务人财产的变价和分配方案的，管理人在执行债务人财产的变价和分配前，应当提请法院或者债权人会议主席召开债权人会议，讨论通过债务人财产的变价和分配方案。

债权人委员会作为债权人会议的代表，承担日常监督管理人的活动的基本职责以维护全体债权人的利益。债权人委员会作为债权人会议的日常监督机构，重点是监督债务人财产的管理和处分、债务人的营业以及债务人财产的分配等事项。为实现债权人委员会的监督职能，债权人委员会应当享有提议召开债权人会议的权力。例如，当管理人的行为有可能损害全体债权人利益时，债权人委员会可以提议召开债权人会议，以债权人会议决议的方式禁止管理人为相应的行为，或者以债权人会议决议要求管理人改正。

债权人会议是债权人团体利益的意思表示机关，应当允许债权人请求召开债权人会议以表达债权人的利益或诉求。但是，召开债权人会议必然增加破产费用，加重债务人或者债权人团体的负担，故法律规定债权人请

[①] 参见日本《破产法》（1922年）第176条、韩国《破产法》第160条和泰国《破产法》第32条。

求召开债权人会议的，其所代表的债权额应当占债权总额的 1/4 以上。债权人提请召开债权人会议的，不以多人为必要，只以其所代表的债权额占债权总额的 1/4 以上为必要。

对于必要时召开的债权人会议，破产立法例一般规定由管理人在会议召开日期前的法定期间通知利害关系人并予以公告。例如，泰国《破产法》第 32 条第 2 款规定，管理人应当至少提前 3 日通知债权人召开债权人会议的日期、时间、地点和议程。我国《企业破产法》第 63 条规定，必要时召开债权人会议，管理人应当提前 15 日通知已知的债权人。具体而言，法院或者债权人会议主席决定召开债权人会议的，应当将其决定通知管理人；管理人在收到法院或者债权人会议主席的决定后，应当提前 15 日通知债权人。① 在这里要注意的是，管理人就债权人会议的召开通知债权人的，并应当提前 15 日发布公告；公告的目的是通知未知的债权人和无法通知的债权人。但是，在债权人会议上，已宣布的会议延期或者继续的决定，不必再为通知和公告；② 召开下次债权人会议的决定，已在债权人会议开会期间宣布的，为节省破产程序进行的费用，不必再为个别通知，但应当发布公告。债务人有义务列席债权人会议，管理人应当提前 15 日将会议召开的时间、地点和议程通知债务人。

第六节 债权人会议决议

一 债权人会议决议

债权人会议在职权范围内如何实现自治，应当有法定的形式。债权人会议并非争议裁判机关，不能就破产程序中的自治事项作出裁决，但可以

---

① 我国司法实务曾经实行债权人会议主席通知债权人会议召开的制度。最高人民法院《关于审理企业破产案件若干问题的规定》（2002 年）第 46 条规定："第一次债权人会议后又召开债权人会议的，债权人会议主席应当在发出会议通知前三日报告人民法院，并由会议召集人在开会前十五日将会议时间、地点、内容、目的等事项通知债权人。"最高人民法院《关于贯彻执行〈中华人民共和国企业破产法（试行）〉若干问题的意见》（1991 年）第 27 条规定，召开债权人会议的，"召集人"应当在会议召开前 7 日（外地应为 20 日）将会议的时间、地点、内容、目的等事项通知债权人。

② 参见日本《破产法》（1922 年）第 177 条第 2 款，韩国《破产法》第 161 条第 2 款。

发表代表债权人共同利益的意见。债权人会议形成代表债权人共同利益的意见，有必要采取会议决议的形式。债权人会议决议为债权人会议实现自治的基本形式。

债权人会议决议，是指债权人会议在职权范围内对会议议题进行讨论并经表决所形成的意见或者决定。参加破产程序的债权人有各自的不同利益，但又有着相互协作的共同利益，在债权人会议上经过充分的讨论协商，有可能也有必要以决议的方式来表达他们的共同利益。债权人会议决议不是某个或者某些债权人利益的体现，而是以表决所实现的多数或全体债权人利益的体现。

债权人会议决议的内容不能超出债权人自治的范围。债权人会议在其职权范围之外，不能通过表决形成决议；债权人会议超出债权人自治的范围以表决通过的决议，不具有法律效力。例如，依《企业破产法》的规定，管理人由法院指定产生，若债权人会议以决议选任管理人，则其选任管理人的决议不产生效力。

债权人会议决议的形成应当经过表决。债权人会议决议的表决，是指出席会议的有表决权的债权人依照法定的方式对会议议题所为同意或者不同意的意思表示。债权人会议在职权范围内通过决议，应当经出席会议的有表决权的债权人表决；未经表决或者表决程序不合法，均不得形成债权人会议决议。

原则上，债权人会议讨论自治范围内的事项应当表决并作出决议。但是，并非债权人会议职权范围内的事项经债权人会议讨论后都要形成决议；债权人会议调查债权时，就没有必要作出决议。[1] 依照《企业破产法》的规定，债权人会议决议，一般以出席会议的债权人的简单多数表决通过为必要，即使个别债权人有异议，决议同样产生约束力。但是，对于债权人会议调查债权时产生的异议，哪怕异议仅仅来源于债务人或者个别债权人，该债权就无法确定，不仅不能以债权人会议决议的方式来解决该债权的争议，而且仅应当以确认之诉的方式来解决争议。[2] 因此，债权人会议调查债权的，不需经表决作成决议，而仅应当将债权人会议上调查

---

[1] 参见邹海林《我国新破产法（草案）与债权人自治》，《法学家》2005 年第 2 期。

[2] 《企业破产法》第 58 条规定："债务人、债权人对债权表记载的债权有异议的，可以向受理破产申请的人民法院提起诉讼。"

债权的事实做成记录即可。

二 债权人会议决议的形成

债权人会议通过任何决议必须经有表决权的债权人的多数同意。出席债权人会议的债权人是否享有表决权，取决于债权的调查和确认。债权人行使表决权，不仅要具备债权人身份，而且行使表决权所代表的债权额必须确定。[①]

(一) 债权人会议决议的表决权

凡是经法院裁定认可记入债权表的债权人，其债权额确定，均有表决权。但有一个问题是，有财产担保的债权人是否享有债权人会议决议的表决权呢？

在理论上，有财产担保的债权人未放弃优先受偿权利的，参加债权人会议不享有表决权，似乎已为公认的原则。我国破产立法曾经这样规定，有财产担保的债权人未放弃优先受偿权利的，没有表决权。[②] 有财产担保的债权人，如果担保物不足以清偿所担保的债权总额，对未能受担保物清偿的债权部分，有确定的债权额时，仍可以此为限享有表决权。再者，有财产担保的债权人，放弃优先受偿权利的，就债权人会议决议享有表决权。有财产担保的债权人放弃优先受偿权利以行使表决权的，应当以明示放弃优先受偿权为限。[③] 然而，否定有财产担保的债权人对债权人会议形成决议的表决权，并不具有十分充分的理由。所以，《企业破产法》并不否认有财产担保的债权人之表决权，仅仅在个别场合排除有财产担保的债权人的表决权。依照《企业破产法》第 59 条第 3 款的规定，对债务人的特定财产享有担保权或者法律规定的优先权的债权人，未放弃优先受偿权利的，对于债权人会议通过和解协议的决议、通过破产财产的分配方案的决议，不享有表决权。

[①] I. F. Fletcher, Law of Bankruptcy, Macdonald & Evans, 1978, p. 109.

[②] 参见《企业破产法 (试行)》第 13 条第 1 款。

[③] 英国法运用推定放弃担保，许可有财产担保的债权人行使表决权。英国法院在 1939 年 King v. Michael Faraday Partners Limited 一案中，认为有财产担保的债权人以其担保债权额全额行使表决权的，视为放弃担保，除非法院经债权人申请查明其丧失担保利益系出于过失。See I. F. Fletcher, Law of Bankruptcy, Macdonald & Evans, 1978, p. 109.

（二）债权人会议决议的类型化

债权人会议决议因为决议内容和表决方式的差异，被区分为一般决议和特殊决议。

一般决议，是指以出席债权人会议的债权人过半数，且其所代表的债权额过半数形成的决议。法国、德国、意大利、日本、韩国等国家的破产立法，对此有相应的规定。但也有立法例仅规定出席会议的债权人代表的债权额过半数，可以形成一般决议，而不论出席会议的债权人人数是否过半数。如英国的破产立法采用这种表决方式。

特殊决议，是指债权人会议通过和解协议或者重整计划的决议。和解协议或者重整计划在相当程度上取决于债权人所作出的让步，债权可能被延期或者减免，和解或者重整直接影响所有债权人的利益，可能会使债权人承担更大的风险。破产立法对通过和解协议或重整计划规定了更加严格的要求，既要照顾债权额多的债权人的利益，也要兼顾债权额少的债权人的利益。英国、加拿大、德国、日本、意大利、韩国等国家的破产立法，均规定特别决议的表决，须由出席会议的有表决权的债权人过半数通过，且其所代表的债权额应占确认的可表决权总额的3/4以上。

以一般决议和特殊决议的类型化为基础，《企业破产法》分别规定了债权人会议不同的表决机制。对于债权人会议的一般决议，《企业破产法》第64条第1款规定："债权人会议的决议，由出席会议的有表决权的债权人过半数通过，并且其所代表的债权额占无财产担保债权总额的1/2以上。但是，本法另有规定的除外。"对于通过重整计划的决议，《企业破产法》第84条第2款规定："出席会议的同一表决组的债权人过半数同意重整计划草案，并且其所代表的债权额占该组债权总额的三分之二以上的，即为该组通过重整计划草案。"对于通过和解协议的决议，《企业破产法》第97条规定："债权人会议通过和解协议的决议，由出席会议的有表决权的债权人过半数同意，并且其所代表的债权额占无财产担保债权总额的三分之二以上。"

（三）一般决议的形成

债权人会议通过一般决议，表决赞成的债权人必须超过出席会议的有表决权的债权人半数以上，并且其所代表的债权额占已确定无财产担保的债权总额的1/2以上；否则，决议不能成立。一般决议的表决，以出席会议的有表决权的债权人计算票数，以其代表的债权额（不论有无财产担保）计算表决的债权；企业破产法所称"过半数"不包括本数，"二分之一以上"包括本数在内。① 但应当注意的是，赞成一般决议的债权人所代表的债权额，应当占无财产担保债权总额的 1/2 以上。以无财产担保的债权总额作为评价债权人会议表决一般决议的依据，具有防止有财产担保的债权人控制债权人会议而损害普通债权人利益的功效，并使得一般决议的通过较为容易。

但是，《企业破产法》以无财产担保的债权作为表决一般决议的计算标准确有不妥。因为别除权人对通过和解协议与破产财产分配方案的决议不享有表决权，对其他决议均享有表决权。《企业破产法》一方面承认别除权人在债权人会议的多项事项上有表决权，另一方面又只允许别除权人表决时将其代表的人数计算在内，而不允许计算其代表的债权额，自相矛盾，实质上等于剥夺了别除权人的表决权。债权人会议各项决议的通过应当以对该决议有表决权的债权总额为计算标准。②

（四）通过重整计划的决议的形成

债权人会议表决通过重整计划的，应当由出席会议的同一表决组的债权人过半数同意重整计划草案，并且其所代表的债权额占该组已确定债权总额的 2/3 以上。债权人会议表决重整计划草案时，分组进行表决；各组均为独立的表决组，分别计算表决债权人的人数及其所代表的债权额。③

债权人会议表决通过重整计划的决议，体现为各表决组通过重整计划时做成的决议，无须债权人会议作成统一的决议。这是由重整计划的表决方式所决定的。正是在这个意义上，当各组出席会议的有表决权的债权人过半数同意重整计划草案，且其所代表的债权人占该组已确定债权额的 2/3 以上的，则债权人会议形成通过重整计划的决议。

（五）通过和解协议的决议的形成

债权人会议表决通过和解协议，须由出席会议的有表决权的债权人过半数通过，且其所代表的债权额须占全部无财产担保债权总额的 2/3 以

---

① 参见最高人民法院《关于贯彻执行〈中华人民共和国企业破产法（试行）〉若干问题的意见》（1991年）第 28 项和第 29 项。

② 参见王欣新《破产法》（第二版），中国人民大学出版社 2007 年版，第 310 页。

③ 债权人会议表决重整计划并非重整计划分组表决的全部，仅是利害关系人表决重整计划的一个方面。除债权人会议的表决外，如果重整计划草案涉及债务人的出资人权益的调整，还有出资人表决组的表决。

上；否则，通过和解协议的决议不能成立。《企业破产法》所称"过半数"不包括本数，"2/3以上"包括本数在内。①

但应当注意的是，有财产担保的债权人对通过和解协议的事项无表决权，故其代表的债权额在通过和解协议时根本不加以考虑，表决机制的设计完全有利于普通债权人；除出席会议的有表决权的债权人过半数通过外，赞成通过和解协议的债权人所代表的债权额，应当占已确定的无财产担保债权额的2/3以上的，债权人会议才能形成通过和解协议的决议。

（六）债权人会议决议的呈报

债权人会议经表决形成决议时，应当制成书面文件并由会议主席签署。《企业破产法》第61条第2款规定："债权人会议应当对所议事项的决议作成会议记录。"

债权人会议决议依法应当报法院裁定认可（批准）的，债权人会议主席应当在决议形成后及时报请法院裁定认可（批准）。例如，债权人会议讨论和解协议草案，无异议而通过和解协议的，或者部分债权人有异议但经表决仍通过和解协议的，应当报请法院裁定许可。和解协议自法院裁定后生效。

债权人会议决议无须报法院裁定认可（批准）的，债权人会议主席在决议形成后也应当呈报法院备案。

三 不能形成债权人会议决议的救济

债权人会议形成决议，应由出席会议的有表决权的债权人过半数同意，且其所代表的债权额占债权总额的1/2以上。但是，破产案件涉及的债权人众多，若个别债权人所拥有的债权额巨大，而债权人会议不能依上述规定取得过半数的债权人同意形成决议时，势必影响破产程序的顺利进行，从而可能会给个别债权人造成重大损失。对于这种情况，法律不能不考虑相应的救济办法。

在破产立法例上，除接受和解协议的特别决议外，对于不能有效形成会议决议的情形规定有"经裁判而视为形成决议"的救济制度。当出席会议的有表决权的债权人不能以过半数形成决议时，但是同意债权人会议

---

① 参见最高人民法院《关于贯彻执行〈中华人民共和国企业破产法（试行）〉若干问题的意见》（1991年）第28项和第29项。

所议事项的债权人所代表的债权额,超过出席会议的有表决权的债权人的债权总额半数的,法院可以裁定视为形成决议。① 这种做法在一定程度上限制或者干预了债权人会议的自治,但有助于破产程序的顺利进行。

债权人会议经表决不能形成决议时,《企业破产法》没有规定"经法院裁判而视为形成决议"的救济制度,但规定了法院以裁定替代债权人会议未能形成决议的以下三项制度:

第一,债务人财产的管理方案和变价方案。债权人会议表决未通过债务人财产的管理方案、破产财产的变价方案的,由法院裁定。《企业破产法》第65条第1款规定,对于通过债务人财产的管理方案、通过破产财产的变价方案的事项,经债权人会议表决未通过的,由人民法院裁定。②

第二,破产财产的分配方案。债权人会议经二次表决未通过破产财产的分配方案的,由法院裁定。《企业破产法》第65条第2款规定,对于通过破产财产的分配方案的事项,债权人会议经二次表决仍未通过的,由人民法院裁定。③

第三,强制批准重整计划。重整计划草案经再次表决仍未通过的,由法院依法视情况裁定批准重整计划。《企业破产法》第87条规定:"未通过重整计划草案的表决组拒绝再次表决或者再次表决仍未通过重整计划草案,但重整计划草案符合下列条件的,债务人或者管理人可以申请人民法院批准重整计划草案:(一)按照重整计划草案,本法第八十二条第一款第一项所列债权就该特定财产将获得全额清偿,其因延期清偿所受的损失将得到公平补偿,并且其担保权未受到实质性损害,或者该表决组已经通过重整计划草案;(二)按照重整计划草案,本法第八十二条第一款第二项、第三项所列债权将获得全额清偿,或者相应表决组已经通过重整计划草案;(三)按照重整计划草案,普通债权所获得的清偿比例,不低于其在重整计划草案被提请批准时依照破产清算程序所能获得的清偿比例,或者该表决组已经通过重整计划草案;(四)重整计划草案对出资人权益的

---

① 参见日本《破产法》(1922年)第180条第1款,韩国《破产法》第164条第1款。

② 最高人民法院《关于贯彻执行〈中华人民共和国企业破产法(试行)〉若干问题的意见》(1991年)第31条规定,债权人会议经讨论,表决不能通过管理人提交的债务人财产的变价方案,由人民法院裁定。

③ 最高人民法院《关于审理企业破产案件若干问题的规定》(2002年)第44条规定:"清算组财产分配方案经债权人会议两次讨论未获通过的,由人民法院依法裁定。"

调整公平、公正，或者出资人组已经通过重整计划草案；（五）重整计划草案公平对待同一表决组的成员，并且所规定的债权清偿顺序不违反本法第一百一十三条的规定；（六）债务人的经营方案具有可行性。"

对于债权人会议未能形成决议的事项，由法院裁定的，债权人可否对法院的裁定提出异议呢？依照日本《破产法》（1922年）第180条的规定，当出席会议的有表决权的债权人不能以过半数形成决议时，法院的裁定视为债权人会议形成的决议，只要法院公告其裁定，债权人就不得表示不服。但是，我国《企业破产法》仍然给予债权人就法院裁定提出异议的机会。

依照《企业破产法》第66条的规定，债权人对人民法院作出的有关债务人的财产管理方案、破产财产的变价方案的裁定不服的，可以自裁定宣布之日或者收到通知之日起15日内向人民法院申请复议。债权额占无财产担保债权总额1/2以上的债权人，对人民法院作出的破产财产的分配方案裁定不服的，可以自裁定宣布之日或者收到通知之日起15日内向人民法院申请复议。但是，复议期间不停止裁定的执行。[①]

四　债权人会议决议的约束力

债权人会议的决议，是债权人团体为共同意思表示的结果，故对全体债权人均有约束力。不论债权人是否出席会议，也不论债权人是否享有表决权、或者放弃表决、或者表决时保留意见，更不论债权人是赞成决议还是反对决议，均受债权人会议决议的约束。[②]

债权人会议通过的一般决议以及通过和解协议的决议，对于有财产担保的债权人没有约束力。在我国，曾有观点认为，债权人会议通过和解协议的决议，限制有财产担保的债权人，使其不能行使优先受偿权。[③] 在

[①] 相关表决组可否对法院依照《企业破产法》第87条作出的裁定提出异议？《企业破产法》对此没有作出明文规定。但考虑到法院依照《企业破产法》第87条作出的裁定，对于重整程序的各方当事人均有约束力，并产生终结重整程序的效力，应当允许相关表决组依照《民事诉讼法》的相关规定申请再审。参见最高人民法院《关于审理企业破产案件若干问题的规定》（2002年）第44条第2款，债权人对法院的裁定有异议的，可以在法院作出裁定之日起十日内向上一级人民法院申诉。

[②] 参见《企业破产法》第64条第3款；我国台湾地区"《破产法》"第36条。

[③] 参见付洋《企业破产法简论》，群众出版社1988年版，第56页。

《企业破产法》的起草过程中，也有论点提出有财产担保的债权人应当受和解协议的约束。有学者认为，债权人会议的一般决议和通过和解协议的决议，实质上仅为无财产担保的债权人讨论协商后进行表决的产物，有财产担保的债权人并不参加决议的表决，而且不能参加此等决议的表决，会议决议不具有约束有财产担保的债权人的基础。再者，有财产担保的债权人，在债权人会议上不享有表决权，如其担保物权亦受债权人会议的约束，则承受了双重法律权利的损失，于理不合，显失公平，有违民法诚信原则。因此，有财产担保的债权人不受债权人会议的一般决议和通过和解协议的决议约束。[①] 还有学者认为，债权人会议的决议对全体债权人均有约束力，不够准确。依破产法之原理，有物权担保的债权人不应受债权人会议有关破产财产分配、和解等决议的约束，仍可就担保物单独受偿。因为债权人会议的决议不具有改变物权担保债权法定优先受偿权利的效力。而且，有物权担保债权人对这些事项的决议没有表决权，从权利与义务相对应的角度讲，也不应受其约束。[②]

实际上，笼统地说有财产担保的债权人不受债权人会议决议的约束是不准确的。科学的说法应当是，有财产担保的债权人在行使别除权（物的担保之优先权）时，不受债权人会议决议的约束。我国《企业破产法》并没有排除有财产担保的债权人所享有的表决权，充分尊重有财产担保债权人在债权人会议上的地位，除和解协议与破产财产分配方案的决议外，有财产担保的债权人对债权人会议可以决议的其他事项享有表决权。因此，除债权人会议关于和解协议与破产财产分配方案的决议外，有财产担保的债权人受债权人会议决议的约束。[③] 但应当注意的是，有财产担保的债权人受债权人会议决议约束，仅以其债权的行使受债权人会议决议的约束为限。

此外，债权人会议表决通过重整计划的决议约束有财产担保的债权人。破产立法例普遍规定重整程序限制有财产担保的债权人行使权利，并给予有财产担保的债权人以特别表决权，即有财产担保的债权人作为接受

[①] 参见邹海林《破产程序和破产法实体制度比较研究》，法律出版社1995年版，第153—154页。

[②] 王欣新：《论新破产立法中债权人会议制度的设置思路》，《法学家》2005年第2期。

[③] 参见邹海林、周泽新《破产法学的新发展》，中国社会科学出版社2013年版，第143页。

重整计划的一组成员，在重整程序中单独行使表决权。① 《企业破产法》第 82 条和第 92 条对此已有明文规定。有财产担保的债权人受债权人会议各表决组均表决通过重整计划的决议的约束；特别是，债权人会议通过的重整计划经法院裁定批准后，约束法院受理破产申请前成立的所有债权，而不论该债权是否有财产担保。

五　债权人会议决议的撤销

债权人若对债权人会议决议有异议，可以在决议通过后向法院提出异议而申请法院撤销债权人会议决议，或者申请法院责令债权人会议重新作出决议。《企业破产法》第 64 条第 2 款规定："债权人认为债权人会议的决议违反法律规定，损害其利益的，可以自债权人会议作出决议之日起十五日内，请求人民法院裁定撤销该决议，责令债权人会议依法重新作出决议。"

依照上述规定，债权人会议决议的撤销应当满足以下条件：(1) 决议违法而损害部分债权人的利益；(2) 仅受损害的债权人可以请求撤销决议；(3) 撤销决议的请求应当在决议作出后 15 日内提出；(4) 决议的撤销取决于法院的裁定。实际上，《企业破产法》所规定的法定 15 日期间，应当解释为程序上的除斥期间，债权人逾此期间未向法院请求撤销债权人会议决议的，不得再向法院提出撤销债权人会议决议的请求；债权人在法定 15 日期间经过后请求法院撤销债权人会议决议的，法院应当径行裁定驳回债权人的请求。

《企业破产法》对于债权人会议通过的违法而损害部分债权人利益的决议采取异议撤销的立场，本无可非议。但是，债权人会议决议没有损害部分债权人利益而是损害债权人的一般利益，或者决议仅违反法律但没有损害债权人的利益，是否应当以撤销进行救济呢？《企业破产法》缺乏明确规定②，属于法律漏洞。理论上，破产立法就后者的救济措施的规定应当更具有价值。如果债权人会议决议违反法律，一切有利害关系的人在破产程序进行中的任何期间，都可以申请法院裁定禁止决议的执行，法院也

---

① George M. Treister, etc., Fundamentals of Bankruptcy Law, the American Law Institute, 1993, p. 425. 另参见王书江《外国商法》，中国政法大学出版社 1987 年版，第 344—345 页。

② 我国破产立法对于违反法律的债权人会议决议的撤销曾经是有所规定的。《企业破产法（试行）》第 16 条第 3 款规定："债权人认为债权人会议的决议违反法律规定的，可以在债权人会议作出决议后七日内提请人民法院裁定。"

可以依职权裁定禁止决议的执行。

债权人会议的决议损害债权人的一般利益，债权人、债权人委员会、管理人均可以向法院申请撤销该决议或者申请法院禁止该决议的执行。[①]但是，有权请求法院撤销或者禁止执行债权人会议决议的债权人，以不同意债权人会议决议的债权人为限；在实务上，有权对债权人会议决议提出异议的债权人，限于表决时不同意债权人会议决议的破产债权人、表决时不能行使表决权的破产债权人、未出席债权人会议但已申报债权的破产债权人。[②]

破产程序的目的在于确保全体债权人的公平受偿利益，债权人会议决议必须服务于这个目的。破产程序是一种司法清理程序，以执行法律和维护法律的尊严为目标，债权人会议只是债权人在破产程序中的自治机构，没有超越法律之上的特权，其通过的决议必须符合法律的规定。因此，债权人会议的决议违反法律的规定，法院应当依职权或者依利害关系人的申请，裁定撤销或者禁止执行债权人会议的决议；债权人会议决议违反债权人的一般利益，法院应当依利害关系人的申请，裁定撤销或者禁止执行债权人会议的决议。债权人申请法院撤销或者禁止执行债权人会议决议被驳回的，若不服法院的裁定，可以向受理破产案件的法院申请复议，但不能提出上诉。

第七节 债权人委员会

一 债权人委员会的意义

债权人自治的辅助形式为债权人委员会。债权人委员会是债权人会议的代表机关，代表债权人的共同利益以监督破产程序的顺利进行。法院在破产程序中居于主导地位，对破产程序进行的诸环节实施审判上的日常监督。但是，债权人会议作为债权人团体的利益维护和意思表示机关，在破产程序中取得相对独立的自治地位，却无法对破产程序进行日常监督。特

[①] 我国台湾地区"《破产法》"第124条第1款规定："债权人会议之决议，与破产债权人之利益相反者，法院得依管理人、监查人或不同意之破产债权人之申请，禁止决议之执行。"

[②] 参见陈荣宗《破产法》，（台北）三民书局1986年版，第177页。

别是在债权人会议闭会期间，仅仅由法院监督债务人或者管理人的活动，尚不足以保护债权人的团体利益。因此，破产立法有必要设立债权人委员会制度，由债权人委员会代表债权人会议行使监督职能，以彻底实现债权人监督破产程序进行的自治需求。《企业破产法》规定有债权人会议代表制度，即在破产程序中设立债权人委员会制度，有重要的实践和理论意义。

第一，债权人委员会有助于债权人会议监督破产程序的彻底化。债权人会议行使权利和履行监督破产程序的职能具有时间性，只可以在会议召开时进行，在会议闭会期间，无法行使权利和监督破产程序。债权人会议主席虽可以代表债权人利益决定召开债权人会议，但其职能主要限于召集和主持会议，难以胜任代表债权人会议对破产程序予以日常监督的工作。法院主导破产程序的进行，但却是代表国家行使对破产案件的审判权的机关，不能具体反映和代表债权人的利益。债权人会议有必要选任其信任的债权人或者其他人员，代表债权人会议对破产程序进行的各阶段予以日常监督。

第二，债权人委员会有助于减少债权人会议召开的次数和节省费用。除第一次债权人会议外，其他的债权人会议在必要时召开。召开债权人会议费时耗力，既不经济又不利于破产程序的迅速进行。由债权人委员会专门行使债权人会议的监督职能，可以有效地避免频繁召开或者长时间召开债权人会议，从根本上节省召开债权人会议的费用，以利债权人的公平受偿。

第三，债权人委员会为债权人会议自治职能的自然延伸。债权人有权委托代理人参加债权人会议、行使表决权，债权人会议是债权人的团体意思表示机关，自然也应当有权以决议的方式，选任其信任的人员充任代表，对全体债权人负责。在我国的司法实务上，债权人会议选任代表履行监督破产程序的职能，甚至全体债权人委托或共同委托相应数量的代理人出席债权人会议，并不存在任何法律上的障碍。由债权人会议选任债权人委员会履行破产程序的监督职能，是债权人会议自治的应有之义，更是债权人会议发挥监督管理人职能的有效工具。

第四，债权人委员会的创设符合国际惯例。破产程序以保护债权人的公平受偿利益为宗旨，必须有维护破产程序迅速、有效、公正进行的严密机制，以防债务人财产受不当处分。破产立法例普遍规定有债权人委员会制度，而债权人委员会的机制运行在破产司法实务上已有数百年的历史，彰显着债权人委员会制度在世界范围内存在和发展的生命力。债权人委员会制度对债权人团体利益的维护是至关重要的。《企业破产法》规定债权人委员会作为债权人自治的辅助形式，使得我国破产立法的完善程度更加符合国际惯例。

二　债权人委员会的设置

在破产立法例上，债权人委员会的设置有法定和意定两种制度。

依债权人委员会法定制度，破产程序开始后，是否设置债权人委员会，不由债权人会议决定，债权人会议只能就债权人委员会的具体人选作出决定。所以，债权人委员会是破产程序开始后必须设置的机关，该机关的成员由债权人会议依法选任。依照债权人委员会法定制度，在召开第一次债权人会议时，就应当选任债权人委员会，以利后续破产程序的顺利进行。意大利等少数国家的立法例，采用债权人委员会法定制度。

我国台湾地区"《破产法》"第120条第1款规定，债权人会议得决议选任监查人一人或者数人，代表债权人监督破产程序的进行。该条未明示监查人法定设立，但在理论和实务上均认为，破产法没有准予免设监查人的规定，监查人为法定设置的机构，债权人会议不能决定免设监查人。[①]"前中华民国司法院"1936年院字第1529号解释也认为，"监查人系代表债权人监督破产程序之进行，债权人会议选任监查人，其决议之结果未能得破产法第一百二十三条所定之同意，应再开会选任，同法并无免设监查人的规定，自不得免设。但在未选出以前，关于同法第九十三条所定应得监查人同意之行为，法院得本其监督权之作用，酌量核定，以促破产程序的进行"。

依债权人委员会意定制度，破产程序开始后，债权人会议有权决定是否设置债权人委员会，以及决定债权人委员会的成员人数。在召开第一次债权人会议时，债权人可以依据破产案件的具体情况，以决议确定是否选任债权人委员会及其债权人委员会成员的人数。例如，泰国《破产法》第37条规定："债权人会议可以通过决议选任债权人委员会，在本法所

[①] 参见钱国成《破产法要义》，（台北）三民书局1983年版，第154页；陈计男《破产法论》，（台北）三民书局1986年版，第146页；柴启辰《破产法新论》，（台北）宏律出版社1982年版，第160页；陈荣宗《破产法》，（台北）三民书局1986年版，第179页。

定债务人财产的经营管理方面代表全体债权人。"多数破产立法例采用债权人委员会意定制度。

在债权人委员会意定制度下，若破产案件的情形比较简单，召开第一次债权人会议就足以决定债务人财产的经营或管理的所有事项，或者参加破产程序的债权人人数不多，没有必要再选任代表监督破产程序进行的机关，债权人会议可以决议不设债权人委员会，法院对此不加以干涉。于此情形，在破产程序中就不存在债权人委员会这种债权人自治的辅助形式。债权人会议决议不设债权人委员会的，管理人执行职务遇有涉及债权人利益的重大事项时，应当向债权人会议征询意见，以取得同意。① 债权人会议可以决议不设债权人委员会；但是，在破产程序的进行中，债权人会议又认为存在选任债权人委员会的必要时，仍然可以另为决议选任债权人委员会。这就是说，债权人会议在破产程序进行过程中，可以适时决议选任债权人委员会执行职务。例如，日本《破产法》（1922年）第170条规定："是否设置监查委员，应当于第一次债权人会议上作出决议。但是，其后的债权人会议得变更该决议。"② 从这里也可以看出，债权人委员会意定制度较为灵活，在实务上也具有很强的可操作性。

我国破产法实行债权人委员会意定制度。《企业破产法》第67条规定："债权人会议可以决定设立债权人委员会。债权人委员会由债权人会议选任的债权人代表和一名债务人的职工代表或者工会代表组成。债权人委员会成员不得超过九人。"依照上述规定，是否设立债权人委员会，债权人会议可以根据需要以决议确定。

在破产程序中，债权人会议考虑是否设置债权人委员会的因素主要有：（1）债权人人数的多少；（2）债务人财产的实际价值大小；（3）对债务人财产的清理、估价、变卖的复杂程度等。简单的破产案件，不必设置债权人委员会。③ 法院受理破产申请后，应当在债权申报期期限届满后15日内召开第一次债权人会议。在第一次债权人会议上，主持会议的法官应当安排债权人会议讨论，并以决议的形式确定是否设立债权人委员会。债权人会议决定设立债权人委员会的，应当及时选出债权人委员会成

---

① 泰国《破产法》第41条规定："若债权人会议未选任债权人委员会，本法规定须经债权人委员会事先许可的所有事项，管理人应当征得债权人会议的同意。"

② 参见韩国《破产法》第169条。

③ 参见柴发邦主编《破产法教程》，法律出版社1990年版，第96页。

员履行职责。第一次债权人会议未能就债权人委员会的设立形成决议的，或者决议不设债权人委员会的，不妨碍必要时召开的债权人会议通过设立债权人委员会的决议。

债权人会议通过设立债权人委员会的决议，应由出席会议的有表决权的债权人过半数通过，且其所代表的债权额应当占全部无财产担保债权总额的 1/2 以上。债权人会议决议设置债权人委员会的决议，为一般决议，只要有表决权的债权人双重简单多数通过即可。在这一点上，应当适用债权人会议的决议成立的一般规则。例如，日本《破产法》（1922 年）第 178 条第 1 款规定，债权人会议的决议，应当由出席会议的有表决权的债权人的过半数同意，且其所代表的债权额占债权总额的半数以上。我国《企业破产法》对此没有明文规定，在解释上可以适用《企业破产法》第 64 条有关债权人会议一般决议表决的规定。

三 债权人委员会成员的选任

债权人委员会的成员由债权人会议选任产生。但是，债权人会议如何选任债权人委员会，破产立法例的规定存在差异。

债权人会议应当选任什么样的人组成债权人委员会？有些破产立法规定，债权人会议以决议选任债权人委员会成员的，以有表决权的债权人为限。例如，英国《破产法》第 20 条规定："第一次债权人会议或者以后的债权人会议，均可以通过决议选举产生债权人委员会，应选人数为 3 人至 5 人；债权人委员会的成员应当是有表决权的债权人、或者有表决权的债权人的代理人。"泰国《破产法》第 37 条第 2 款规定："债权人委员会，应当从已为法院确认其求偿权的债权人中选任三人至七人组成。"但更多的破产立法对于债权人会议选任债权人委员会的成员，并不限定债权人委员会成员的资格或者范围。例如，韩国《破产法》第 170 条第 1 款规定："监查委员应为三人以上，由债权人会议选任之。"在实务上，除债务人或者破产人外，任何有行为能力的人均可被选为债权人委员会的成员。

依照《企业破产法》第 67 条的规定，债权人会议选任的债权人委员会成员，应当为有表决权的债权人和债务人的职工代表。一般而言，债务人的职工对债务人享有劳动债权，属于享有优先权的债权人，在破产程序中通常被称为劳动债权人而作为债权人会议成员，其与普通债权人一样被选为债权人委员会成员，并无不妥。在这个意义上，将债权人委员会视为由"债权人代表"组成的委员会,也是有道理的。但在这里要注意的是,并非债务人的职工都是劳动债权人。同时,我们还必须考虑到,所有的债权人均可以委托代理人参加破产程序行使权利,故将债权人委员会成员限定于"债权人",似乎没有多少实际意义。尤其是,债权人委员会成员并不代表某个债权人,而应当代表全体债权人。所以,笔者认为,债权人委员会成员由债权人会议选任,以取得债权人会议的信任为已足,不以债权人本人或其代理人充任为必要;债权人会议可以选任任何人充任债权人委员会成员。

依照《企业破产法》第 61 条和第 64 条的规定,债权人会议通过选任债权人委员会成员的决议,应由出席会议的有表决权的债权人过半数通过,且其所代表的债权额应当占全部无财产担保债权总额的 1/2 以上。

债权人会议选任的债权人委员会成员是否应当以数人为必要呢?有些破产立法规定了选任债权人委员会成员人数的下限和上限,债权人会议只能在法律规定的限度内选任债权人委员会成员。例如,英国《破产法》规定,债权人会议应当选任 3 人至 5 人组成债权人委员会。泰国《破产法》规定,债权人委员会由 3 人至 7 人组成。有些破产立法则规定选任的债权人委员会成员的最低人数限制,在此条件下,究竟选任多少人为债权人委员会成员,由债权人会议视情况予以决定。例如,韩国《破产法》和日本《破产法》(1922 年)均规定,"监查委员"应当选任 3 人以上。还有的破产立法专门规定了选任债权人委员会成员的人数上限,并没有下限的特别要求。例如,加拿大《破产法》第 116 条第 1 款规定,在第一次债权人会议或者以后的债权人会议上,债权人得选任一人或者数人为组成债权人委员会;但债权人委员会的人数不得超过 5 人。显然,在法律对债权人委员会的成员人数有特别规定的情形下,债权人会议选任债权人委员会成员时应当依从法律的特别规定。除此之外,在实务上,债权人会议选任债权人委员会成员时,一般选任数人。

依照《企业破产法》第 67 条的规定,债权人委员会成员不得超过 9 人。但该条并没有明示债权人委员会成员的人数下限。从理论上讲,债权人会议可以选任一人,也可以选任数人组成债权人委员会。[①] 但债权人委

[①] 若破产法对债权人委员会的选任人数未作专门规定,债权人会议可以选任一人,也可以选任数人为债权人委员会。我国台湾地区 " 《破产法》"第 120 条规定:债权人会议得以决议"选任监查人一人或数人,代表债权人监督破产程序之进行"。

员会的"名称"本身似乎表明该委员会由多人组成，而且《企业破产法》第 67 条规定有债权人委员会成员多元化的制度，至少有一名职工代表或工会代表。这样，债权人会议选任的债权人委员会应当由 3 名以上、9 名以下的成员组成。从必要性上讲，债权人会议在选任债权人委员会成员时，应视破产程序中管理债务人财产的事务规模大小、债权人人数多寡加以确定，不以选任数人为必要。① 唯有破产法对选任债权人委员会的人数已经规定为数人的，或者依债权人委员会在法律上的地位进行判断应当为数人的，债权人会议选任债权人委员会时，应当选任数人。考虑到债权人委员会为债权人会议的代表，代表不一定非要有数人，债权人委员会的人数多少又直接关系到债权人的切身利益，所以，选任多少人组成债权人委员会应当以适当和灵活为原则。

债权人委员会由债权人会议选任。但是，债权人会议选任的债权人委员会成员，并不能自动取得执行职务的地位，还应当经法院决定认可，才能执行职务。日本《破产法》（1922 年）第 171 条第 2 款规定："监查委员选任的决议，须经法院认可。" 韩国《破产法》第 170 条第 2 款规定："选任监查委员的决议，须经法院批准。" 《企业破产法》第 67 条第 2 款规定："债权人委员会成员应当经人民法院书面决定认可。" 法院可以根据破产案件的具体情况、已选任的债权人委员会成员的资格或能力等因素，对债权人会议选任的债权人委员会成员做出认可或者不认可的决定。债权人会议对法院不认可其所选任的债权人委员会成员的决定，可以申请法院复议。与此相适应，对债权人会议选任的债权人委员会成员有异议的债权人，可以向法院直接提出异议；法院在审查选任的债权人委员会成员的决议时，应当一并审查异议是否成立。有异议的债权人不服法院认可债权人会议选任的债权人委员会成员的决定，仍可以申请复议。

经债权人会议选任的债权人委员会成员，有权获取执行职务的报酬。② 例如，日本《破产法》（1922 年）第 175 条规定，有关管理人报酬之规定，准用于监查委员。德国《支付不能法》第 73 条规定，债权人委员会成员有权为自己的活动请求报酬，债权人委员会成员的报酬由法院确

---

① 参见邹海林《我国新破产法（草案）与债权人自治》，《法学家》2005 年第 2 期。
② 参见邹海林《破产程序和破产法实体制度比较研究》，法律出版社 1995 年版，第 162 页；李永军《破产法律制度研究》，中国法制出版社 2000 年版，第 148 页。

定。但我国《企业破产法》对此未有规定。笔者认为，基于债权人自治的理念，债权人会议在选任债权人委员会成员时可以决议确定债权人委员会成员的报酬，并报法院裁定认可。

四 债权人委员会成员的解任与辞任

债权人委员会成员由债权人会议选任，并经法院认可，方可执行职务。一般而言，债权人会议可以决议解任债权人委员会成员，法院可依利害关系人的申请或依职权解任债权人委员会成员。此外，债权人委员会成员有正当理由，可以申请辞任。除债权人会议有权更换债权人委员会成员外，《企业破产法》对于债权人委员会的解任和辞任没有相应的规定。

债权人会议认为已选任的债权人委员会成员不能胜任工作时，或者债权人向债权人会议提议解任债权人委员会成员的，债权人会议均可以通过决议解任之。例如，泰国《破产法》第39条第1款第3项规定：为解任债权人委员会成员，应当提前7日通知债权人，因此召开的债权人会议得解任债权人委员会的成员。韩国《破产法》第173条第1款规定：债权人会议得以决议随时解任监查委员。我国《企业破产法》第61条规定债权人会议有权"更换债权人委员会成员"。

依照《企业破产法》的规定，债权人会议解任债权人委员会成员的决议，应当由出席会议的有表决权的债权人过半数通过，且其所代表的债权额占无财产担保债权总额的半数以上；否则，债权人会议不能解任债权人委员会成员。债权人委员会成员的地位取决于法院的决定认可，故债权人会议解任债权人委员会成员的决议，亦应当报法院决定认可。

法院在破产程序中居于主导地位，有责任并有权决定破产程序进行的一切重大事项。在立法例上，在破产程序进行中，法院认为债权人会议选任的债权人委员会成员不能胜任工作、或债权人委员会成员疏于职守、或债权人委员会成员不能公正地代表全体债权人，则可以依职权或者依申请解任债权人委员会成员。例如，债权人委员会成员在职务执行完毕前，被法院依法宣告破产的，则不得再担任债权人委员会成员，法院应当依法解任该债权人委员会成员。[①] 日本《破产法》（1922年）第147条第2款规定："有重要事由时，法院得依利害关系人的申请解任监查委员。"德国

---

① 参见泰国《破产法》第39条第1款第2项。

《支付不能法》第 70 条规定:"以有重大事由为限,支付不能法院可以免除一名债权人委员会成员的职务。此项免职可以依职权进行,或者依债权人委员会该名成员的申请,或依债权人会议的申请进行。……"①

债权人委员会成员本人有正当理由的,可以向债权人会议或者法院申请辞去职务。债权人委员会成员向债权人会议申请辞任的,债权人会议同意其申请,应当作出准许债权人委员会成员辞任的决议;债权人委员会成员向法院申请辞任的,法院同意其申请,应当作出批准债权人委员会成员辞任的决定。债权人委员会成员申请辞任,除经过法院决定认可其辞任外,应当继续履行职务。

债权人委员会因为成员的解任或者辞任发生缺位的,法院或者债权人会议主席应当及时决定召开债权人会议,补选缺位的债权人委员会成员。在债权人会议补选出新的债权人委员会成员前,其他在位的债权人委员会成员应当继续履行职务,除非债权人委员会成员的缺员已使在位的债权人委员会成员人数不足债权人会议原先选任的债权人委员会成员人数的一半。泰国《破产法》第 39 条第 2 款和第 40 条规定,债权人委员会因为成员的解任或者辞任而致缺位时,管理人应当及时召集债权人会议,补选缺位的债权人委员会成员;在补选前,债权人委员会继续履行其职能,除非该委员会的其他成员人数不足原先选任的人数之半数。

五 债权人委员会的职权

债权人通过债权人委员会实现自治,只能在法律规定的活动范围内进行。这就必然涉及债权人委员会的职权范围问题。原则上,有关债权人委员会依法同意的事项,得由债权人会议的决议确定;债权人委员会的意见不同于债权人会议的决议时,应当服从债权人会议的决议。②

债权人会议对于监督破产程序拥有广泛的权利,但这并不表明代表债权人会议的债权人委员会亦可行使这些权利,债权人委员会可以在多大范围内实施对破产程序的有效监督,不仅要取决于破产立法的专门规定,而且要符合债权人会议的意图,后者则更具有实践意义。

---

① 杜景林、卢谌译:《德国支付不能法》,法律出版社 2002 年版,第 37 页。
② 参见加拿大《破产法》第 119 条,日本《破产法》(1922 年)第 183 条,韩国《破产法》第 167 条。

债权人委员会对破产程序进行日常监督,由债权人会议选任产生,在债权人会议闭会期间,代表债权人会议行使监督破产程序的职权。原则上,债权人委员会的职权由法律加以规定;法律未规定的,则视债权人委员会在债权人会议的职权范围内可以代行债权人会议的监督职权。理论上,除法定的债权人委员会的职权外,债权人会议可以在其职权范围内通过决议委托债权人委员会行使债权人会议的职权,但性质上专属于债权人会议的职权不得委托债权人委员会代行,诸如议决债务人财产的管理方案、破产财产的变价和分配方案等职权。债权人会议委托债权人委员会行使本属于债权人会议的职权,其可以委托的职权范围如何,值得讨论。例如,债权人会议可否将其申请更换管理人的职权委托给债权人委员会?再者,债权人委员会行使债权人会议委托的职权的具体方式,也值得研究。例如,企业破产法对债权人委员会行使职权的方式,无明文规定,债权人委员会行使债权人会议委托的职权的方式,可否由债权人自治?

《企业破产法》第 68 条第 1 款规定:"债权人委员会行使下列职权:(一)监督债务人财产的管理和处分;(二)监督破产财产分配;(三)提议召开债权人会议;(四)债权人会议委托的其他职权。"实际上,我国破产立法所规定的债权人委员会的债权,并不完整。从理论和实务的角度观察,债权人委员会应当享有下文所述的职权。

(一) 调查债务人财产状况

债权人委员会有权随时要求管理人,向其报告债务人财产的状况,指导和监督管理人清理、估价和保管财产,继续债务人的营业,以及管理、处分债务人财产等日常事务。《企业破产法》第 68 条第 2 款规定:"债权人委员会执行职务时,有权要求管理人、债务人的有关人员对其职权范围内的事务作出说明或者提供有关文件。"

调查债务人财产的状况,是债权人委员会的基本职能。为进行调查活动,债权人委员会除了要求管理人报告工作外,还可以查阅有关债务人财产的所有业务账簿和文件、询问债务人、询问管理人。债权人委员会就被调查的债务人财产状况有异议时,应当及时向法院提出异议,并有权要求召开债权人会议讨论有关事项。[①]

[①] 参见邹海林、王仲兴《论破产程序中的债权人自治》,载梁慧星主编《民商法论丛》(第 2 卷),法律出版社 1994 年版,第 190 页。

（二）审查管理人涉及债务人财产的重大处分行为

涉及债务人财产的重大处分行为，是指管理人所为破产立法明文规定的债务人财产中的不动产权益转让等重大处分财产的行为，如我国《企业破产法》第69条所规定之管理人所为涉及债务人财产的行为。理论上，破产程序开始后，非经法院许可，或者债权人会议的同意，任何人不得处分属于债务人财产的不动产、动产、财产权益、账簿、文书、资料和其他物品。特别是，管理人继续债务人财产的营业，为不动产或者不动产权利的转让，债权或者有价证券的转让，借款或者提供财产担保，承认别除权、取回权，出卖所有库存商品，提起有关财产的诉讼或者仲裁等行为时，应当事先征得法院的同意或债权人会议的同意。设置有债权人委员会的，管理人为涉及债务人财产的重大处分行为时，应当征得债权人委员会的同意。但是，《企业破产法》并没有作如上的规定。

《企业破产法》第69条规定："管理人实施下列行为，应当及时报告债权人委员会：（一）涉及土地、房屋等不动产权益的转让；（二）探矿权、采矿权、知识产权等财产权的转让；（三）全部库存或者营业的转让；（四）借款；（五）设定财产担保；（六）债权和有价证券的转让；（七）履行债务人和对方当事人均未履行完毕的合同；（八）放弃权利；（九）担保物的取回；（十）对债权人利益有重大影响的其他财产处分行为。"依照上述规定，管理人为涉及债务人财产的重大处分行为，应当及时报告债权人委员会。相应地，管理人向债权人委员会报告的，债权人委员会自有权审查管理人涉及债务人财产的重大处分行为。但是，债权人委员会对审查管理人涉及债务人财产的重大处分行为有异议时，如何能够责令管理人停止相应的活动，则缺乏明文规定。显然，依照《企业破产法》的规定，债权人委员会的监督地位是极为低下的，实际上很可能起不到代表债权人会议监督破产程序进行的作用。因此，债权人委员会的监督地位在我国破产立法上应当大幅提高，最为直接和简单的做法则是明确规定，管理人实施涉及债务人财产的重大处分行为的，应当及时报告债权人委员会，并征得债权人委员会的同意。[1]

对于债权人委员会监督管理人涉及债务人财产的重大处分行为的方式上存在的不足，或许还有另一种解决问题的思路。依照《企业破产法》

---

[1] 参见邹海林《我国新破产法（草案）与债权人自治》，《法学家》2005年第2期。

第 68 条之规定，债权人委员会可以行使债权人会议委托的职权。债权人会议在其职权范围内，应当可以将有关债务人财产的管理方面的职权，通过决议的形式委托给债权人委员会行使，并同时决议债权人委员会可以在必要时以决议的方式行使此等委托的职权，那么债权人委员会在收到管理人涉及债务人财产的重大处分行为的报告时，可以视情况通过决议以监督管理人为涉及债务人财产的重大处分行为。

（三）监督重整程序中的债务人

依照《企业破产法》的规定，重整程序开始后，经法院批准，债务人可以在管理人监督下自行管理财产和营业事务；法院裁定批准重整计划后，由债务人负责执行重整计划，管理人在重整计划规定的监督期内，监督重整计划的执行。[1] 重整程序中的债务人，由管理人予以监督，自无疑问；但债务人管理财产和营业事务的行为，将直接影响重整程序中的债权人的利益；债务人执行重整计划，应当有利于债权人依照重整计划享有的利益。"债务人管理财产和营业事务的行为，原本应当属于管理人之行为，这些行为将直接影响重整程序中的债权人的利益，债权人会议应当有权对重整程序中自行管理债务人进行监督；代表债权人会议监督破产程序的日常机构债权人委员会，亦应当有权对重整程序中的债务人进行监督，此为债权人自治的固有内容。"[2] 债权人委员会监督重整程序中的债务人时，有权要求债务人对其管理财产和营业事务的行为作出说明或者提供有关文件；债务人拒绝接受监督的，债权人委员会有权就监督事项请求法院作出决定。[3]

因为《企业破产法》没有明文规定债权人会议或债权人委员会对自行管理债务人的监督事项，凡涉及债权人会议或债权人委员会监督债务人的问题，都值得讨论。尤其是，在重整期间，自行管理债务人，若有《企业破产法》第 69 规定的涉及重要事项的处分行为，是否应当向债权人委员会报告，并接受债权人委员会的审查和征得债权人委员会的同意，更值得重视。再者，在重整期间，自行管理债务人，若其行为有害于债权人的利益，债权人委员会可以向法院申请解除债务人自行管理的资格，由

---

[1] 参见《企业破产法》第 73 条、第 89 条和第 90 条。
[2] 邹海林：《我国企业再生程序的制度分析和适用》，《政法论坛》2007 年第 1 期。
[3] 参见《企业破产法》第 68 条第 2 款和第 3 款。

管理人接管债务人的财产和营业事务。①

在重整期间，债务人应当向债权人会议或者债权人委员会报告其管理财产和营业的情况，包括但不限于企业的财务状况。债权人委员会可以对重整程序中的债务人的行为予以监督。例如，在重整期间，债务人有下列情形之一的，债权人会议或者债权人委员会可以请求法院裁定终止重整程序，并宣告债务人破产：(1) 债务人的经营状况和财产状况继续恶化，缺乏挽救的可能性；(2) 债务人有诈欺、恶意减少债务人财产或者其他显著不利于债权人的行为；(3) 由于债务人的行为致使管理人无法执行职务。②

此外，重整程序开始后，债权人委员会可以就重整计划的拟订和议决发表意见。

(四) 申请解任管理人

管理人由法院指定产生。但是，债权人委员会具体负责监督管理人的日常活动。如债权人委员会认为管理人不称职、或者怠于善良管理人的注意而有失当行为、或者有严重损害债权人利益的行为，有权申请法院解任管理人。

(五) 申请法院禁止执行债权人会议的决议

债权人会议决议的执行有可能损害债权人的一般利益的，债权人委员会有权向法院申请撤销债权人会议决议，或者禁止执行债权人会议决议。日本《破产法》(1922年) 第184条规定，债权人会议的决议违反债权人的一般利益时，法院可以根据"监查委员"的申请，禁止决议的执行。

一般而言，债权人会议决议有害于债权人的一般利益的，债权人委员会可以申请法院裁定撤销债权人会议决议，责令债权人会议重新作出决议。但是，债权人会议决议违反法律规定的，债权人委员会可以申请法院裁定债权人会议的决议无效。在前述情形下，债权人会议决议有执行内容的，债权人委员会并可同时申请法院禁止执行债权人会议决议。

(六) 申请召开债权人会议

在破产程序进行中遇有重大事项而有必要召开债权人会议的，债权人委员会可以申请法院或者债权人会议主席决定召开债权人会议。

---

① 参见邹海林《我国企业再生程序的制度分析和适用》，《政法论坛》2007年第1期。
② 参见《企业破产法》第78条。

六 债权人委员会的职务执行

《企业破产法》对于债权人委员会执行职务的方法，缺乏明文规定。理论上，债权人委员会执行监督破产程序的职务应当以决议的方式为之。债权人委员会决议，是指债权人委员会在其权限范围内或者经过债权人会议的授权而于授权范围内经表决形成的意见或者决定。具体而言，债权人委员会调查债务人财产状况，审查管理人涉及债务人财产的重大处分行为，监督重整程序中的债务人，申请解任管理人，申请法院撤销或禁止执行债权人会议决议，以及申请召开债权人会议的，应当形成决议。

债权人委员会的决议如何形成，《企业破产法》亦无相应规定。理论上，债权人委员会的决议应当以表决方式形成，即以出席会议的债权人委员会成员过半数同意作为决议成立的要件。[①] 例如，泰国《破产法》第38条规定："债权人委员会的决议，应由出席会议的债权人的过半数同意。但是，召开债权人委员会的法定人数不得低于债权人委员会的成员之半数。"

债权人委员会在职权范围内所形成的决议，无须征得债权人会议的专门同意。但是，债权人委员会的决议应当符合债权人会议的意图或者债权人会议决议，债权人委员会的决议不得同债权人会议的决议相左，如果同债权人会议的决议相冲突，则以债权人会议的决议为准。例如，加拿大《破产法》第119条第1款规定，当债权人委员会的决议与债权人会议的决议相冲突时，以债权人会议的决议为准。再者，债权人会议可以在债权人委员会的职责范围内，通过债权人会议决议取代任何债权人委员会的决议。

债权人委员会的决议若有执行内容，除须经法院裁定认可或批准的以外，应当交由管理人负责执行。管理人应当执行债权人委员会的决议。

但是，债权人委员会对管理人进行的日常监督，体现为债权人委员会成员的个别监督行为，不必形成决议。例如，加拿大《破产法》第120条第3款规定，债权人委员会成员应当随时核证银行资金平衡，审查管理人的账簿，确保管理人所提供担保的充分，以及审核管理人的收支报告和

[①] 这种情形仅仅适用于债权人委员会由两个以上的成员组成的情形。但债权人委员会仅有一名成员时，在其职权范围内可以独立决定，无须形成决议。

财产的变价报告。债权人委员会的重要职责在于监督管理人清理、保管、经营、处分和分配债务人的财产，各债权人委员会成员不需决议便可随时要求管理人报告关于债务人财产的状况、或者直接调查债务人财产的状况。

  债权人委员会在法律地位上只是债权人会议的代表，对债权人会议负责，应当以善良管理人的注意义务独立执行职务。债权人委员会执行职务违反善良管理人的注意义务，有损于债务人财产及利害关系人的利益，对利害关系人应负损害赔偿责任。但《企业破产法》对之没有相应的规定。[①] 因为债权人委员会成员的故意或者重大过失造成债务人或者债权人损害的，债权人委员会成员应当承担损害赔偿责任；在此情形下，债务人或者债权人也有权对可归责的债权人委员会成员提起损害赔偿的诉讼。

[①] 全国人大财经委员会2000年主持完成的《中华人民共和国企业破产与重整法（草案）》第60条曾规定："监督人应当忠于职守，依法履行监督职责，对全体债权人负责。监督人因为故意或者重大过失造成债务人或者债权人损失的，应当承担赔偿责任。"参见朱少平、葛毅《中华人民共和国破产法——立法进程资料汇编（2000年）》，中信出版社2004年版，第204页。2003年11月，全国人大财经委员会起草完成的《中华人民共和国破产法（草案）（征求意见稿）》第63条第3款规定："债权人委员会成员因为故意或者过失造成债务人或者债权人损失的，应当承担赔偿责任。"

第五章

破产程序中的财产

第一节 债务人财产

一 债务人财产的意义

债务人财产，是指受破产程序约束的债务人所有的责任财产的总和。依照我国民法的规定，债务人所有的全部财产，均为其债权人债权受偿的责任财产。但是，并非债务人所有的全部责任财产，均应当受破产程序的约束。在破产程序中如何定位债务人财产，直接关系到破产程序的继续进行与否，更重要的是关系到债权人的受偿利益。破产立法例对债务人财产的范围，不能不加以明确的规定。

债务人财产为破产法上的专有术语，仅以债务人受破产程序约束的责任财产为限。①《企业破产法》第30条规定："破产申请受理时属于债务人的全部财产，以及破产申请受理后至破产程序终结前债务人取得的财产，为债务人财产。"依照上述规定，债务人财产是法院受理破产申请时归属债务人所有的财产，以及债务人因为营业或法律上的原因在破产程序终结前取得的财产。债务人财产是法院受理破产申请后继续进行破产程序

---

① 《企业破产法》规定的破产程序，与美国联邦《破产法典》和德国《支付不能法》规定的破产程序极为类似。美国联邦《破产法典》将债务人财产称为"破产程序中的财产"（bankruptcy estate），指破产程序开始前属于债务人的财产以及债务人在破产程序开始后法定期间内因为遗嘱或继承、夫妻财产分割、人寿保险受益而取得的财产，参见11 USC §541 (a) (5)。德国《支付不能法》将债务人财产称为"支付不能财团"，即"支付不能程序涉及债务人在破产程序开始时所拥有的和其程序进行期间所取得的全部财产"。参见杜景林、卢谌译《德国支付不能法》，法律出版社2002年版，第22页。

的基础，若债务人财产不足以支付破产费用和共益债务，法院应当终结破产程序。

不论如何表述债务人财产，它都是《企业破产法》所使用的一个全新术语。"债务人财产"在范围和内涵上不同于我国《企业破产法（试行）》以及其后我国司法实务中所惯用的"破产财产"一语。债务人财产作为我国破产立法首次使用的一个术语，对于理论界和实务界而言，在使用和理解债务人财产时自然会显得有些生疏。

二 破产财产

破产财产为债务人财产的一种表现形态。在破产法理论、实务以及制度设计上，受破产清算程序约束的债务人财产，又被称为破产财产或破产财团（bankrupt estate, konkursmasse）。破产财产，是以清算程序为目标的破产法的专用术语。破产财产是债权人得以通过破产清算程序接受分配或清偿的物质保证。

在破产法理论上，没有学者拒绝使用破产财产这一术语，尽管存在应当使用"破产财团"或许更合理的争议。就破产财产这一术语及其内涵而言，我国破产法理论普遍认同其在破产程序中所具有的价值。凡涉及破产程序中的债务人所有的财产如何对待的问题，在我国发表的著作、论文甚至会议报告均用破产财产加以概括。

自1986年以来，我国破产立法一直使用"破产财产"这一术语。破产财产之所以获得普遍使用，是因为我国《企业破产法》颁布前的破产程序以破产清算为核心，破产程序的目标在于分配被宣告破产清算的债务人的财产。债务人被法院宣告破产清算后，沦为破产人，其财产应当受破产清算程序的支配，成为供做债权人接受清偿的标的；该债务人的财产脱离债务人的管理和处分，以破产分配为目的而存在。在这个意义上，将债务人受破产清算程序约束的财产称为破产财产，并无任何问题。例如，《企业破产法（试行）》第28条规定："破产财产由下列财产构成：（一）破产宣告时破产企业经营管理的全部财产；（二）破产企业在破产宣告后至破产程序终结前所取得的财产；（三）应当由破产企业行使的其他财产权利。已作为担保物的财产不属于破产财产；担保物的价款超过其所担保的债务数额的，超过部分属于破产财产。"

破产财产在我国的司法实务上也取得了受广泛尊崇的地位。最高人民法院在诸多涉及破产程序的司法解释中均毫无争议地使用"破产财产"一词。例如，最高人民法院《关于审理企业破产案件若干问题的规定》第 64 条规定："破产财产由下列财产构成：（一）债务人在破产宣告时所有的或者经营管理的全部财产；（二）债务人在破产宣告后至破产程序终结前取得的财产；（三）应当由债务人行使的其他财产权利。"第 65 条规定："债务人与他人共有的物、债权、知识产权等财产或者财产权，应当在破产清算中予以分割，债务人分割所得属于破产财产；不能分割的，应当就其应得部分转让，转让所得属于破产财产。"

仔细分析破产财产的内涵，我们不难发现《企业破产法（试行）》以及最高法院司法解释所使用的"破产财产"一词，与我国破产立法所设计的破产程序模式结构并不完全吻合。破产财产仅因为破产宣告而存在，被严格限定于破产宣告后的债务人的财产，那么在法院受理破产申请至宣告债务人破产清算前，属于债务人所有的财产又该称作什么呢？债务人在破产宣告前受破产程序的约束，不得为债务的个别清偿，不得为有害于债权人全体利益的处分财产的行为，这说明已经开始的破产程序对属于债务人所有的财产还是具有一定的约束力。但这个阶段的债务人所有的财产，无论如何不属于破产财产的范畴。再者，我们还注意到，法院受理破产申请后，破产程序对债务人所有或支配的财产具有概括的保全效力，属于债务人所有的全部财产自然受破产程序的约束，在这个程序阶段并不存在如同破产财产的制度设计。因此，在我国实行破产程序受理开始主义的体制下，使用破产财产一词描述应当受破产程序支配的债务人所有的财产，具有十分明显的局限性。这正是我国《企业破产法》使用债务人财产的一个原因。

当然，破产财产一词在我国的破产程序上还是有其特定内涵的，可以简单和清楚地表明债务人受破产清算程序约束的财产范围或状态。因此，在破产清算程序中，《企业破产法》继续使用破产财产来描述和限定受破产清算程序约束的债务人财产并不存在任何问题。在这个意义上，债务人财产为破产财产的种概念，二者在性质上是相同的，破产财产仅仅是债务人财产在破产清算程序中的具体表现形态。《企业破产法》第 107 条第 3 款规定："债务人被宣告破产后，债务人称为破产人，债务人财产称为破产财产。"

三 债务人财产的特征

（一）债务人财产限于债务人的责任财产

责任财产是指财产持有人或者占有人得以之承担清偿债务责任的财产。

责任财产原则上限于债务人自己享有所有权的财产。但在我国，由于国有企业对其财产只享有经营管理权，国有企业以其经营管理的财产独立承担责任。所以，国有企业经营管理的财产亦得为责任财产。在这个意义上，责任财产的实质是财产持有人或者占有人享有处分权并可用于清偿债务的财产。

一般而言，只有债务人在法院受理破产申请时有权处分的财产，才能够作为债务人财产；否则，不能作为债务人财产。例如，不属于债务人责任财产范围内的他人财产，财产权利人可以取回该财产。

（二）债务人财产受破产程序的约束

债务人财产的命运在于通过破产程序的约束以实现确保债权人利益不受损害的目的。故债务人财产必受破产程序的约束，非经破产程序，不得加以处分。破产程序对债务人财产的约束，通过多个机制得以实现。审理破产案件的法院，在破产程序中居于绝对的地位，对于债务人财产的管理、使用和处分有司法裁量权；在破产程序中，具体负责债务人财产管理和处分的管理人，直接占有、支配、收益和处分债务人财产；债权人自治则对债务人财产的管理和处分予以监督。通过这样的制度设计，债务人财产被完全置于破产程序的保全效力中。

但是，若债务人的责任财产并不受破产程序的约束，即债务人仍对之有占有、使用、收益和处分的权利，则该财产不属于债务人财产。凡法律规定用于债务人及其家庭成员生活必需的豁免财产（自由财产），以及法律规定不得被强制执行的债务人的财产，不属于债务人财产。应注意的是，我国现行破产法不适用于自然人，为债务人及其家庭生活必需的豁免财产或自由财产制度，并不存在于我国破产法上。[①]

（三）债务人财产由管理人接管

破产程序开始后，除重整程序中经法院许可债务人自行管理的以外，

---

① 我国破产立法曾经试图规定债务人的自由财产制度，债务人在破产程序进行期间，为本人或者其家庭成员生活所必需的财产，不属于债务人财产，不受破产程序的约束。全国人大财经委员会2000年主持完成的《中华人民共和国企业破产与重整法（草案）》第123条有如下规定："当破产人为自然人时，破产人机器所抚养的人的生活必需费用和必要的生活用品不属于破产财产，破产人经破产清算人的同意，有权取回。"参见朱少平、葛毅《中华人民共和国破产法——立法进程资料汇编（2000年）》，中信出版社2004年版，第214页。全国人大财经委员会起草完成的《中华人民共和国破产法（草案）》（2004年6月）第118条规定："……被宣告破产清算的破产人，有权保留本人及其家庭成员必要的生活费用。"

债务人财产应当由管理人接管。《企业破产法》第 13 条规定："人民法院裁定受理破产申请的，应当同时指定管理人。"第 25 条规定："管理人履行下列职责：（一）接管债务人的财产、印章和账簿、文书等资料……"管理人接管债务人财产，为破产程序保全债务人的责任财产的固有效力，且为破产程序贯彻管理人中心主义的重要标志。作为全体债权人受偿保证的债务人财产，非经管理人的同意，任何人都不得进行占有、使用和处分。管理人对债务人财产享有法律规定的专属支配权。因为管理人的接管，债务人丧失对债务人财产的占有、管理和处分的权利。

债务人财产必须由管理人接管，而不论债务人在破产程序开始时是否占有该财产。非债务人占有的债务人财产，该财产的占有人应当向管理人移转该财产的占有；债务人的债务人应当清偿到期债务的，应当向管理人清偿。《企业破产法》第 17 条规定："人民法院受理破产申请后，债务人的债务人或者财产持有人应当向管理人清偿债务或者交付财产。债务人的债务人或者财产持有人故意违反前款规定向债务人清偿债务或者交付财产，使债权人受到损失的，不免除其清偿债务或者交付财产的义务。"

第二节 债务人财产的限定

一 限定债务人财产的方法

债务人财产的限定是指破产法对于属于债务人财产的财产范围所为程序期间上的限定。前文已经提到，并非债务人所有或者有权处分的全部财产，均构成债务人财产。除依法不受破产程序约束的债务人所有的财产以外，归债务人所有的什么属性的财产属于债务人财产，还受破产程序期间的限制。对债务人财产施加破产程序期间上的限定，为立法例限定债务人财产的范围的基本方法。

《企业破产法》第 30 条规定："破产申请受理时属于债务人的全部财产，以及破产申请受理后至破产程序终结前债务人取得的财产，为债务人财产。"依照上述规定，法院受理破产申请时属于债务人所有的财产和财产权利，以及破产程序终结前债务人取得的财产和财产权利，为债务人财产。这表明，法院受理破产申请前属于债务人所有但在法院受理破产申请时已经让与他人的财产和财产权利、债务人在破产程序终结后取得的财产和财产权利,均不属于债务人财产。

除上述法律的原则规定以外,最高法院的司法解释对于债务人财产的范围还施加了某些种类上的限制,应当引起注意。我国最高人民法院的司法解释对债务人财产种类上的限制,主要有:

第一,债务企业(国有企业)占有的所有权专属于国家而不得转让的财产。[①] 所有权专属于国家的财产而依法不得转让的,在性质上就不能作为债务企业的责任财产;在债务人受破产程序支配时,该财产亦不受破产程序的约束。但问题是如何界定债务企业占有的财产为"所有权专属于国家而不得转让",在我国法律上是缺乏客观依据和标准的。

第二,债务人所有的公益性设施。[②] 对于一些企业兴办的社会福利设施和公益事业等财产不能一概而论。因为企业兴办的学校、医院、幼儿园、职工住房等社会福利设施和公益事业,对于社区的教育、卫生和社会保障具有重要意义。如果在债务人破产以后有必要继续开办,则为了避免更多的社会问题出现,政府应当主动接管;如果没有继续开办的必要,或者可以直接出让,则应列入破产财产。[③] 债务人的幼儿园、学校、医院等福利设施是否被纳入破产财产实际上取决于这类福利设施本身的规模,如果该福利部门规模很小,依附于债务人企业,仅为企业内部职工服务,则应纳入企业破产财产,否则不属于破产财产。职工宿舍是企业的不动产,企业是职工宿舍的所有权人和出租人,应将其纳入破产财产,但在变卖其房屋时,职工作为承租人享有优先购买权。[④] 债务人所有的公益性设施,仅仅为公益目的而存在;公益设施因为债务人被适用破产程序而被管理人接管,势必影响公益目的之达成。为社会公共利益的考虑,在一定程度上限制债务人所有的公益性设施归入债务人财产也属合理,但应当有法律的明文规定。

[①] 最高人民法院《关于审理企业破产案件若干问题的规定》(2002年)第71条规定:"下列财产不属于破产财产:……所有权专属于国家且不得转让的财产……"

[②] 最高人民法院《关于审理企业破产案件若干问题的规定》(2002年)第82条规定:"债务人的幼儿园、学校、医院等公益福利性设施,按国家有关规定处理,不作为破产财产分配。"

[③] 参见李曙光《〈中华人民共和国企业破产法〉制度设计与操作指引》,人民法院出版社2006年版,第84、85页。

[④] 参见王延川《破产法理论与实务》,中国政法大学出版社2009年版,第227页。

第三，债务人因为划拨而取得的国有土地使用权。[①] 破产企业土地使用权的处理应当分为两种情形进行：其一，在破产企业土地使用权是无偿划拨的方式取得的情形下，原则上应当由国家无偿收回。其二，在破产企业土地使用权是经过支付出让金后取得的情形下，原则上应将它纳入破产财产的范围。[②] 在非政策性破产中，债务人以有偿方式取得的土地使用权，应列入破产财产；对债务人以无偿划拨方式取得的土地使用权，原则上不列入破产财产，地方政府可行使取回权。但以划拨土地使用权作价入股的，就土地使用权拍卖的价款按照原作价入股额、土地出让金的顺序支付，支付后有余款的，仍列入破产财产。另外，对债务人投资改造土地以及支付的征地费用应获得的补偿列入破产财产。在政策性破产中，转让划拨土地使用权所得用于安置债务人职工后剩余的部分，应列入破产财产。[③] 债务人取得的国有土地使用权，虽有划拨和出让两种不同的取得方式，但国有土地使用权作为用益物权的性质却是相同的。在法理上，债务人自其因为划拨而取得国有土地使用权时起，土地使用权即构成债务人的责任财产。债务人被适用破产程序的，因为划拨而取得的国有土地使用权应当列入债务人财产。

二 限定债务人财产的争议

（一）争议产生的原因

如何设计有关债务人财产的范围受破产程序期间的限定制度，对于受破产程序约束的企业法人而言，没有太多的实际意义。企业法人所承担的责任与其财产不会发生分离，企业法人以其全部财产对各债权人承担责任。企业法人的清偿责任、财产与企业法人的人格共存亡。因此，企业法人受破产程序约束的，其所有的全部责任财产，不论该财产在法院受理破产申请时是否已经取得，只要破产程序没有终结，均属于债务

[①] 最高人民法院《关于破产企业国有划拨土地使用权应否列入破产财产等问题的批复》称："……破产企业以划拨方式取得的国有土地使用权不属于破产财产，在企业破产时，有关人民政府可以予以收回，并依法处置。纳入国家兼并破产计划的国有企业，其依法取得的国有土地使用权，应依据国务院有关文件规定办理。"

[②] 参见汤维建《破产程序与破产立法研究》，人民法院出版社2001年版，第267页。

[③] 参见李国光主编《新企业破产法理解与适用》，人民法院出版社2006年版，第207—210页。

人财产。《企业破产法》仅适用于企业法人,故其所规定的债务人财产范围,不仅不会而且不应当产生问题。所以,有关限定债务人财产的争议,在我国现行破产立法和司法实务上并不具有实益,仅具有理论探讨的价值。

与企业法人不同的自然人,其民事主体地位并不因破产程序的开始甚至终结而消灭。自然人在破产程序进行中,乃至破产程序终结后需要生存和发展,这时就应当作出价值判断:如何限定自然人的债务人财产范围更加合理。美国学者杰克逊(T. H. Jackson)在研究这个问题时指出,立法如何限定债务人财产的范围,是关系到破产人和债权人的切身利益的重大问题。[①]

破产立法例关于债务人财产的限定,因为价值判断或立场的不同而呈现出很大的差异。总体而言,关于债务人财产的限定,特别是在自然人被宣告破产清算的场合,破产立法例采用两个不同的立法原则或学说:固定主义和膨胀主义。

1. 固定主义

固定主义认为,破产清算程序中的债务人财产以破产人在破产宣告时所有的全部财产为限,不包括破产人在破产宣告后所取得的财产。显然,固定主义与膨胀主义完全不同。破产法改革前的德国[②]、美国、韩国等破产立法采取固定主义的立场。

依照固定主义,破产清算程序中的债务人财产被严格限定于破产宣告时债务人所有的财产。因此,破产宣告后,不论破产程序是否已经终结,破产人以其劳动、技术、知识或者其他法律上的原因取得的任何财产,属于破产人的自由财产,可由债务人自由处分,不受破产程序的约束。

破产立法例之所以采用固定主义,其价值判断的理由主要有:

第一,符合破产程序公平清偿新旧债权人的理想。破产债权以破产宣告前成立的债权为限,用于清偿破产债权的责任财产,也应当以破产宣告时形成的财产为限,从而使破产债权同债务人财产取得均衡公平。如果扩

---

① Thomas H. Jackson, *The Logic and Limits of Bankruptcy Law*, Harvard University Press, 1986, pp. 89–90.

② 德国改革后的破产法采取膨胀主义立场。德国《支付不能法》第 35 条规定:"支付不能程序涉及债务人在程序开始时所拥有的和其在程序进行期间所取得的全部财产(支付不能财团)。"参见杜景林、卢谌译《德国支付不能法》,法律出版社 2002 年版,第 22 页。

充债务人财产至破产宣告后破产人取得的财产,破产宣告后才对破产人取得债权的新债权人,不具备破产债权人的地位而不能参加分配,新债权人就失去了由破产人新取得财产受清偿的机会,实为不公正。一旦如此,势必造成新旧债权人由破产人的财产受偿的机会严重失衡,违背破产程序公平清偿债权人的宗旨。为了维持破产宣告前后新旧债权人的公平受偿利益,宜采用固定主义。

第二,符合破产程序节俭和迅速的原则精神。破产程序为概括的执行程序,要求简便、迅速和节省费用。以破产宣告时属于破产人的财产为债务人财产,范围明确、容易确定,有利于破产程序的迅速进行。相反,如果将债务人财产的范围扩及破产人在破产宣告后新取得的财产,债务人财产的范围则会因破产人新取得财产的不确定状态而无法适时确定,这势必影响债务人财产的清理、估价、变价和分配,从而影响破产程序的顺利进行,妨碍破产程序的及时终结。固定主义符合破产程序节俭和迅速的原则精神,有助于破产程序的顺利进行。

第三,有助于帮助破产人再兴事业。债务人财产限定破产人在破产宣告时所有的财产,则破产人在破产程序进行中,因为继承、受赠、劳作等原因所取得的财产,不能被债务人财产吸收,自然可以作为重新开始事业的基础,也为破产人重新过上美好生活提供了动力。相反,如果债务人财产扩及破产人在破产宣告后所取得的财产,则破产人在破产程序进行中根本不可能有再兴事业的物质基础,破产人也不会有意愿或者动力寻找取得财产的机会,结果是妨碍了破产人再兴事业的进行。固定主义为破产人尽早开始新生活创造了条件。

第四,有助于破产人同债权人达成和解。债务人财产以破产宣告时破产人所有的财产为限,债权人能受破产分配的财产范围和价值已为确定,债权人利用和解可以获得比破产分配更多的利益将成为债权人的首选。再者,破产人在破产宣告后新取得的财产不为债务人财产吸收,破产人可以其作为再兴事业的基础而获得更多的财产,并有动力积极通过其他方式获取更多的财产,这样,破产人可以把破产宣告后取得的财产,以及取得财产的机会,用于同债权人成立和解的物质担保,从而有助于促成和解协议的达成。

第五,不存在破产人浪费或者隐匿新取得财产的弊端。如果破产人在破产宣告后新取得的财产为债务人财产所吸收,破产人在该财产并入债务人财产之前通常实际占有或者控制该财产,则破产人出于其自身利益的考虑,难以避免浪费或者隐匿债务人财产。相反,采用固定主义,破产人新取得的财产不属于债务人财产,由破产人自由支配,破产人没有浪费或者隐匿财产的动机和必要。固定主义对于财产价值的充分利用、诚实人格的培养都具有现实意义。

第六,有助于鼓励破产人主动申请破产。债务人不能清偿债务或者停止支付债务时,债权人一般不会主动申请破产,主要希望通过民事执行程序实现债权。相反,如果破产程序给予债务人的利益有限,特别是在破产宣告后,破产人所取得的财产被债务人财产吸收,没有任何经济上的利益可图,再加上破产程序的时日迟迟不能使破产人重新开始新生活,债务人也会回避破产程序的适用,不去主动申请破产。应当适用破产程序而不适用破产程序,不能清偿的债权债务关系便无法及时了结,对债务人、债权人乃至社会都是不利的。所以,破产立法应当创立一种鼓励债务人主动申请破产的机制。

2. 膨胀主义

膨胀主义认为,破产清算程序中的债务人财产由破产人在破产宣告时所有的财产,以及破产宣告后至破产程序终结前所取得的财产构成。显然,依照膨胀主义,债务人财产不以破产宣告时破产人所有的财产为限,而是由两部分财产组成的:其一为破产人在破产宣告时所有的全部财产;其二为破产人在破产宣告后至破产程序终结前所取得的财产。

膨胀主义立法的核心内容在于,破产宣告后至破产程序终结前,破产的自然人以其劳动、知识、技能或者其他方式取得的一切财产,均受破产程序的约束,由债务人财产吸收而不能由债务人自由处分。法国、英国、奥地利、瑞士、意大利、葡萄牙、西班牙、荷兰、瑞典、阿根廷、挪威、巴西、智利、丹麦、墨西哥、新西兰、澳大利亚、印度、泰国等许多国家的破产立法采用膨胀主义。例如,英国《破产法》第283条规定,在破产程序开始时,属于或者归属破产债务人的所有财产,以及法律规定包括在前述财产中或者视为前述财产的其他财产,为债务人财产。同法第307条规定,管理人得以书面方式通知债务人,为债务人财产主张自破产程序开始后债务人取得或者移转于债务人的任何财产。

破产立法例之所以采用膨胀主义,其价值判断的理由主要有:

第一,对债权人的受偿利益可以提供更为充分的保障。债权人的受偿利益因债务人的破产必然会受不利益的损失，有必要在破产程序上对债权人尽可能地予以补救。把破产人在破产宣告后至破产程序终结前取得的财产并入债务人财产，实际上有助于增加债务人财产的价值，使债权人的债权受偿的机会相应增大，而债权人最终可以取得较多的清偿。

第二，防止破产人无益浪费新取得的财产。如果破产人在破产宣告后新取得的财产不属于债务人财产，仍由破产人自由处分和支配，难以避免破产人浪费或者滥用新取得的财产，以逃避债务的清偿。债务人对债权人应当负无限清偿责任，破产程序若给予债务人提供太多的便利，债务人可以自由处分新取得的财产，或者可以将之不用于清偿债务，对债权人而言极为不公正。所以，破产法对债务人财产范围的限定，既要有助于对破产人的保护，又要能够充分维护债权人的利益以防止破产人无益浪费或者滥用财产。

第三，能够避免对破产人实行强制执行或者再次适用破产程序。破产人在破产宣告后至破产程序终结前所取得的财产，若并入债务人财产，便没有可供其他债权人请求法院予以强制执行的基础，其他债权人也不可能再次申请法院宣告破产人破产。这样，既可以避免给破产人增加新的不幸，又可以防止增加法院执行或者适用破产程序的过多负担。在破产程序终结前，若能够有效地避免对破产人适用强制执行程序或者再次适用破产程序，也符合破产程序概括清理破产人的全部财产的本质特征。

第四，膨胀主义符合现代破产立法的趋势。多数国家和地区的破产立法例采用膨胀主义原则，为债权人提供了较为周密的保护。而且，破产免责主义已经发展成为现代破产立法的一大趋势，贯彻膨胀主义有助于更好地实现破产免责主义的基本精神，保护破产人但又合理地给予债权人更多的考量。在立法上实行膨胀主义，是现代破产立法在破产人和债权人的利益保障方面寻求平衡的恰当妥协。

(二) 争论的评价

关于债务人财产的限定，我国破产立法的条文在形式上似乎采取了膨胀主义的立法思路。但是，我国在破产立法的起草与改革过程中并没有就采取膨胀主义的合理性进行过论证，而且最终将自然人排除于破产程序之外。因此，我国破产立法上的形似膨胀主义的规范，例如《企业破产法》第30条，并不构成理论上争议的膨胀主义立法。

若将《企业破产法》第 30 条与《企业破产法（试行）》第 28 条第 1 款稍加对比，我们不难发现：《企业破产法》第 30 条仅仅是在《企业破产法（试行）》第 28 条第 1 款的基础上经修正而形成的。《企业破产法（试行）》第 28 条规定："破产财产由下列财产构成：（一）宣告破产时破产企业经营管理的全部财产；（二）破产企业在破产宣告后至破产程序终结前所取得的财产；（三）应当由破产企业行使的其他财产权利。"《企业破产法》第 30 条规定："法院受理破产申请时属于债务人的全部财产及财产权利，以及法院受理破产申请后至破产程序终结前债务人取得的财产及财产权利，为债务人财产。"

在分析这个问题之前，我们必然会问：在我国破产法上，对债务人财产的限定是否存在"膨胀主义"的立法原则？这是我们在考察《企业破产法》第 30 条的规定时必须回答的问题。

确实，《企业破产法（试行）》第 28 条第 1 款在我国破产法理论上曾被归结为"膨胀主义"的立法。[①] 前文已经说过，膨胀主义与固定主义的争论，仅仅对破产的自然人有意义。《企业破产法（试行）》并不适用于自然人，故其第 28 条的规定事实上与"膨胀主义"立法原则毫无关系。

在破产法理论上，我国台湾学者陈荣宗先生认为，"固定主义或膨胀主义之适用问题，仅于自然人破产情形，始有讨论之价值"。[②] 另一台湾学者陈国梁先生认为，法人或遗产破产清算时，没有采用膨胀主义之余地。[③] 日本学者也认为，"在法人的场合，破产成为解散的事由，因此，区别固定主义、膨胀主义就没有意义。对两者进行区别只是对自然人有意义"。[④] 我国学者王书江先生指出，由于破产为法人解散的原因，膨胀主义立法对法人并无实际意义。[⑤] 自然人破产后的民事主体地位仍然存在，其在破产程序终结前仍然可以自己的体力、手艺、其他合法手段以及法律允许其留存的财产从事民事活动，从而有可能取得财产以及形成新的债权债务关系，为了明确破产人新取得财产的归属、正确处理新旧债权的受偿

[①] 参见柯善芳、潘志恒《破产法概论》，广东高等教育出版社 1988 年版，第 163 页。

[②] 陈荣宗：《破产法》，（台北）三民书局 1986 年版，第 159 页。

[③] 参见杨建华《强制执行法·破产法论文选辑》，五南图书出版公司 1987 年版，第 272 页。

[④] 石川明：《日本破产法》，何勤华、周桂秋译，中国法制出版社 2000 年版，第 150 页。

[⑤] 王书江：《外国商法》，中国政法大学出版社 1987 年版，第 272 页。

地位，才有限定债务人财产的需要。法人以其财产对债权人承担责任，法人的财产与法人本身共存亡，法人因破产宣告而解散，不会存在限定法人破产清算时的财产范围的问题。《企业破产法（试行）》只适用于企业法人，故不存在采用膨胀主义或固定主义来限定债务人财产的实践基础。

很明显，《企业破产法》第 30 条所规定之债务人财产的限定，并非膨胀主义立法原则在我国破产程序制度上的延续。《企业破产法（试行）》第 28 条第 1 款所规定的内容只是被简单地移植到了《企业破产法》第 30 条中，这是立法技术上节约规范设计成本的一种巧合。

在我国未来的破产法改革过程中，若将自然人纳入破产程序的保护范围，膨胀主义恐怕是不得不考虑的问题。因此，当我国破产法适用于自然人时，相对于《企业破产法》而言，不论是否应当制定"个人破产法"或者"个人债务清理法"，债务人财产的限定问题都将呈现在立法者和司法实务界的面前。

基于前文所述，我们可以归纳出：固定主义和膨胀主义对立的焦点在于，两者对待破产清算程序中的破产人新取得的财产和协调新旧债权人间的关系的态度有所不同。但是，两者在适用上都有不足之处，并都有其自身的长处。固定主义的优点，往往是膨胀主义的缺点；膨胀主义的优点，又是固定主义的不足。我们难以对固定主义和膨胀主义的优劣一概而论，否则，在破产立法例上就不会存在两种原则的对立情形了。不过，现代破产立法采用破产免责主义已经成为趋势，为破产的债务人提供了较为优惠的利益，债权人受保护的利益相应减少。这样，在债务人财产的限定方面应当考虑给予债权人以较多的利益补偿，采用膨胀主义较为理想。[①]

我国破产法应当采取债务人财产限定的膨胀主义，其合理性恐怕取决于以下三个层面的价值判断：

第一，膨胀主义在我国的破产立法上有其存在的合理性。自然人被适用破产程序不是我国破产法的一般现象，故对自然人的债务人财产的限定方式没有引起社会的广泛关注。自然人被适用破产程序，对其财产采用膨胀主义还是固定主义，也不存在经过理性化思考的司法实践经验总结。在破产立法上选择膨胀主义或者固定主义，均具有相当的合理性。因此，简

[①] 参见邹海林《破产程序和破产法实体制度比较研究》，法律出版社 1995 年版，第 252—253 页。

单的处理方法就是像对待企业法人一样对待自然人,将破产程序终结前归属于债务人的财产全部归入债务人财产,甚为方便。对适用于自然人的膨胀主义立法原则,在我国破产立法上有其存在的合理性。

第二,膨胀主义符合我国破产程序的模式结构的需要。我国实行破产程序受理开始主义,法院受理破产申请时,债务人的财产应当由管理人接管;管理人接管的债务人财产所产生的收益,当属债务人财产的范围,若将破产程序开始后取得的财产作为债务人的自由财产,管理人势必将接管财产后产生的收益归还债务人占有,在理念和价值判断上均有所不公。再者,债务人在破产程序开始后受破产程序的约束,破产程序约束债务人主要是约束其财产;若债务人在破产程序开始后取得的财产不属于债务人财产,则难说破产程序对债务人有所约束。最后,债务人在破产程序开始后取得的财产归属债务人财产,应当由管理人接管,仅仅是一个短暂的现象,对债务人的生活和生计不会产生过于巨大的影响。因此,在我国实行破产程序受理开始主义的情形下,采取膨胀主义符合破产程序模式结构的需要。

第三,膨胀主义更加注重对债权人利益的维护。破产立法正在向过多地保护债务人的方向发展,对遭遇不幸的债务人体现了更多的人文关怀。破产程序开始后,所有的债权人应当参加破产程序行使权利,债务人不能清偿的债务将依法予以减免,债权人能够和债务人达成和解,也是迫于破产清算程序的不利后果而做出的妥协。破产程序制度的设计对于债权人而言失去了很多,尤其是债务人免责制度的确立,对债权人的保护更是脆弱。在这样的场合,破产立法所要考虑的事项,应当是如何更好地保护债权人的利益。债务人在破产程序开始后取得的财产归属债务人财产,为债权人提供了适当且必要的保护。基于保护债权人的思想,我国破产立法有必要采取膨胀主义。

第三节 债务人财产的范围

一 债务人财产范围的"两分法"

依《企业破产法》第 30 条的规定,债务人财产基本上由两部分组成:法院受理破产申请时,属于债务人的全部财产;以及债务人在法院受理破产申请后至破产程序终结前所取得的财产。

《企业破产法（试行）》第 28 条所规定的"破产财产"，基本上由三部分组成：破产宣告时破产企业经营管理的全部财产、破产企业在破产宣告后至破产程序终结前所取得的财产，以及应当由破产企业行使的其他财产权利。最高人民法院《关于审理企业破产案件若干问题的规定》第 64 条规定："破产财产由下列财产构成：（一）债务人在破产宣告时所有的或者经营管理的全部财产；（二）债务人在破产宣告后至破产程序终结前取得的财产；（三）应当由债务人行使的其他财产权利。"以上所规定之破产财产，均由三部分组成，其中的第三项规定似乎担心无法穷尽债务人财产，而以"其他财产权利"作补充性的限定。但实际上，第三条规定又并非是对第一项和第二项的补充，否则，第三条规定应当使用"其他财产"而非"其他财产权利"，这是否又说明第三条规定的财产分类构成债务人财产的独立分类，以示"财产"和"财产权利"有所不同？这就是我国破产立法先前对债务人财产采取的"三分法"方式。不论怎么评价，有关债务人财产的"三分法"方式的规定存在缺陷是难以避免的。[①]《企业破产法》对债务人财产并未继续采取"三分法"的处理方式。

基于《企业破产法》第 30 条的规定，债务人财产所指"属于债务人的全部财产"以及"取得的财产"，包括但不限于归属于债务人的物等有形财产和债务人享有的物权、知识产权、债权等无形财产。应当注意的是，《企业破产法》规定债务人财产的"两分法"方式仅具有相对的意义而不具有绝对性。

二 债务人在法院受理破产申请时所有的财产

（一）破产程序开始时归属于债务人的财产

法院受理破产申请时，债务人所有的全部财产构成债务人财产；当债务人为国有企业法人时，则以其经营管理的全部财产作为债务人财产。《民法通则》第 48 条规定："全民所有制企业法人以国家授予它经营管理的财产承担民事责任；集体所有制企业法人以企业所有的财产承担民事责任；中外合资经营企业法人、中外合作经营企业法人和外资企业法人以企

[①] 参见邹海林《破产程序和破产法实体制度比较研究》，法律出版社 1995 年版，第 260 页。

业所有的财产承担民事责任，法律另有规定的除外。"《公司法》第 3 条规定："公司是企业法人，有独立的法人财产，享有法人财产权。公司以其全部财产对公司的债务承担责任。"总之，企业法人应当以其所有的财产承担民事责任；国有企业法人以国家授予其经营管理的财产承担民事责任，即以其占有、使用、收益并得处分的所有生产资料和生活资料独立承担民事责任。

破产程序开始时，企业法人以其所有或经营管理的固定资产、流动资金、专项基金、无形资产等，不论此等财产是通过国家财政拨款、企业积累、银行贷款或者通过法律允许的其他方式形成，均构成债务人财产。债务人财产的构成依据，为债务人在法院受理破产申请时仍然保有对其财产的所有权。例如，最高人民法院《关于审理企业破产案件若干问题的规定》第 67 条规定："企业破产前受让他人财产并依法取得所有权或者土地使用权的，即便未支付或者未完全支付对价，该财产仍属于破产财产。"法院受理破产申请时债务人已经转让的财产，包括移转占有和所有权移转的财产、所有权已经移转但尚未移转占有的财产，不再列入债务人财产；但是，财产受让人取得财产不能对抗第三人的，不在此限。[①]

债务人财产包括有形财产和无形财产。债务人享有的财产权利，为债务人的无形财产；财产权利，一方面具有金钱价值，另一方面可以通过市场行为或者其他法律规定的方式变现为金钱。所以，债务人所享有的一切财产权利，均构成债务人财产。最高人民法院《关于适用〈中华人民共和国企业破产法〉若干问题的规定（二）》（2013 年）第 1 条规定："除债务人所有的货币、实物外，债务人依法享有的可以用货币估价并可以依法转让的债权、股权、知识产权、用益物权等财产和财产权益，人民法院均应认定为债务人财产。"

（二）破产程序开始时归属于债务人的特定种类的财产

法院受理破产申请时，对构成债务人财产的企业法人的全部财产，仍有必要特别说明如下。

1. 关于动产和不动产的权利

债务人基于物权支配动产和不动产。物权是权利人直接支配物的权利，具有排他性，为典型的财产权利。物权主要有所有权、用益物权、担

[①] 邹海林：《破产程序和破产法实体制度比较研究》，法律出版社 1995 年版，第 257 页。

保物权、占有以及准物权等权利。因这些物权而产生的对他人的物权请求权，当然构成债务人财产。例如，依《企业破产法》第 31 条和第 32 条所产生的财产返还请求权。

不动产用益物权为债务人财产中最重要的可以变现的权利。法院受理破产申请时，债务人已经取得的土地、水流、矿产等自然资源的使用权，应当作为债务人财产。债务人使用或者利用的土地、水流、矿产等自然资源，是国家（有些情形下包括集体）所有权的专有客体，债务人对之没有以获取物的交换价值为内容的处分权。土地、水流、矿产等自然资源本身不能作为债务人财产。但是，债务人享有的土地使用权、水面使用权、矿业权等不动产用益物权，则为可以变现的一种财产权利而可以有偿转让。破产程序开始时，债务人对自然资源所取得之用益物权属于债务人财产。

不动产用益物权中的土地使用权值得注意。以出让方式取得的土地使用权和以划拨方式取得的土地使用权，为设定于国家所有的土地上的用益物权。为了推行国有企业的计划兼并破产措施，国务院曾经就列入试点城市的兼并破产计划的国有企业破产清算时的土地使用权的处置作出过特别规定。国务院《关于在若干城市试行国有企业破产有关问题的通知》（1994 年）第 2 条规定，企业破产（清算）时，企业依法取得的土地使用权，应当以拍卖或者招标方式为主依法转让，转让所得首先用于破产企业职工的安置；安置破产企业职工后有剩余的，剩余部分与其他破产财产统一列入破产财产分配方案。依照上述规定，属于试点城市兼并破产计划内的国有企业在破产清算时，不论其土地使用权的取得方式，土地使用权均得以变价用于安置职工，变价的土地使用权安置职工后有剩余的，按照破产财产分配方案清偿破产清算的国有企业的债权。但是，最高人民法院《关于破产企业国有划拨土地使用权应否列入破产财产等问题的批复》（2003 年）则认为，破产企业以划拨方式取得的国有土地使用权不属于破产财产，在企业破产（清算）时，有关人民政府可以予以收回，并依法处置。纳入国家兼并破产计划的国有企业，其依法取得的国有土地使用权，应依据国务院有关文件规定办理。我国司法实务将以划拨方式取得的国有土地使用权排除于债务人财产的做法，是值得检讨的。

划拨仅仅是土地使用权取得的方式不同，并不表明因划拨而取得之土地使用权不是一个独立的财产权利。① 所以，债务人因出让取得之土地使用权和因划拨取得之土地使用权，尽管其权源有所不同，却没有性质上的差异。同时，还应当注意到，我国法律对债务人因划拨取得之土地使用权的用途和转让附加一些特别的限制，但并不否定债务人对划拨土地使用权所享有的处分权能。例如，《城市房地产管理法》第 50 条规定："设定房地产抵押权的土地使用权是以划拨方式取得的，依法拍卖该房地产后，应当从拍卖所得的价款中缴纳相当于应缴纳的土地使用权出让金的款额后，抵押权人方可优先受偿。"依照上述规定，债务人对于因划拨而取得之土地使用权，可以设定抵押以实现对土地使用权的交换价值的处分，与因出让取得之土地使用权的抵押并无根本的不同。所以，债务人因出让取得的土地使用权和因划拨取得的土地使用权，属于性质相同的用益物权，均为债务人的责任财产。在债务人被适用破产程序的情形下，因划拨取得的国有土地使用权应当属于债务人财产。

2. 关于利用资本市场形成的资产和权利

在法院受理破产申请前，债务人通过发行股票或者债券所筹集到的资金，或者利用募集资金形成的固定资产，在法院受理破产申请时构成债务人财产。

法院受理破产申请前，债务人因为票据行为、购买债券、购买股票等法律行为，取得票据、债券、股票等有价证券，作为上述证券持有人享有的证券所代表的财产权利，构成债务人财产。例如，债务人作为股东享有的股权、按照出资比例分取红利的权利等，属于债务人财产。

此外，因为出资认缴而使得债务人享有的出资缴纳请求权，为债务人财产。企业法人被适用破产程序时，不论其成员或者股东的出资期限是否已到出资期，凡认缴出资的企业法人成员或者股东，只要其尚未完全向债务人全额缴纳出资，均应当在破产程序开始时向债务人缴纳出资。管理人并享有即时要求企业法人的股东缴纳出资的请求权。《企业破产法》第 35 条规定："人民法院受理破产申请后，债务人的出资人尚未完全履行出资义务的，管理人应当要求该出资人缴纳所认缴的出资，而不受出资期限的限制。"管理人主张出资人向债务人依法缴付未履行的出资，出资人以认缴出资尚未届至公司章程规定的缴纳期限或者违反出资义务已经超过诉讼

---

① 参见梁慧星主编《中国物权法研究》（下），法律出版社 1998 年版，第 673 页。

时效等事由进行抗辩。①

3. 债权

依我国民法通则的规定，债权有因合同产生的合同债权、因侵权行为产生的损害赔偿请求权、因不当得利而发生的返还请求权、因无因管理而发生的费用返还请求权等。债务人在破产程序开始时对他人依法取得的债权，是一种积极的财产利益，应属债务人财产。

这里要说明的是，对于以承租方式取得的使用他人土地的权利，不是不动产的用益物权而是债权。国务院《城镇国有土地使用权出让和转让暂行规定》（1990年）第28条规定，土地使用者可以将土地使用权随同地上建筑物、其他附着物租赁给承租人使用。债务人以承租方式取得使用权的土地，因该土地所有权及其土地使用权并不属于承租土地的债务人，故其承租土地所有权和土地使用权不属于破产财产。但是，债务人基于承租关系所取得之使用承租土地的权利或利益，性质上为受合同法保护的债权，可以归入《企业破产法》第30条所规定之债务人的财产权利，属于债务人财产。

4. 关于知识产权

法院受理破产申请前，债务人已经取得之注册商标专用权、专利权、著作权、专利申请权、商号权、知名商品名称权、植物新品种权、专有技术和商业秘密等权益，在破产程序开始时仍然归属于债务人的，应当列入债务人财产。

5. 关于担保标的物

我国破产立法有关担保标的物是否属于债务人财产所采取的立场，前后有所不同。《企业破产法（试行）》第28条第2款规定，债务人已作为担保物的财产，仅以其超过担保债务数额的财产部分，作为债务人财产。《民事诉讼法》（1991年）第203条规定，破产企业提供的抵押物或者其他担保物的价款超过其所担保的债务数额的，超过部分属于破产还债的财产。最高人民法院发布的《关于审理企业破产案件若干问题的规定》（2002年）第71条规定，抵押物、留置物、出质物以及依照法律规定存在优先权的财产不属于债务人财产，但权利人放弃优先受偿权的或者优先

---

① 参见最高人民法院《关于适用〈中华人民共和国企业破产法〉若干问题的规定（二）》（2013年）第20条第1款。

偿付被担保债权剩余的部分除外。企业破产法并未将担保标的物明文排除于债务人财产之外,而第 109 条又规定"对破产人的特定财产享有担保权的权利人,对该特定财产享有优先受偿的权利",是否表明归属于债务人的担保标的物不属于债务人财产则是颇为值得讨论的。

有学者认为,《企业破产法(试行)》将担保财产排除在破产财产之外的规定既不必要,也不合理,应当予以修正。首先,将担保财产排斥于破产财产范围之外,不利于确保担保财产的安全性;其次,用作担保的客体,多属不可分割的统一体,对属于破产财产的超出担保债务额的部分财产,清算组难以行使管理处分权;再次,如此规定在立法逻辑上也陷于前后矛盾之中。担保物既然不属于破产财产,也就不能体现担保物债权人的受偿上的"优先";最后,国外法制一般均无此类规定。[①] 在破产宣告之后,当债务人为自然人时,其财产可分为两类,其一为债务人财产,应当由管理人接管;其二为自由财产,仍由债务人自由支配,用于维持其生活。在这两者之外,不应存在处于游离状态、归属不明的财产,所以归属于债务人但已作为担保物的财产,也应当属于债务人财产,否则,其安全便难以保证。[②]

我们需要考虑的问题是,债务人已经作为担保标的物的财产,在法院受理破产申请时属于债务人财产的依据何在?"将担保财产排除在破产财产之外,不符合债务人仍对担保物享有所有权的事实,且在破产实践中容易导致对担保财产管理上的真空,不利于债务人财产安全。担保物权的设定,并不动摇债务人对担保物的所有权,也不影响担保物依然为债务人财产的法律事实。将担保物排除在外,反而影响管理人对债务人财产履行管理职责。《企业破产法》对此作了重大调整,将担保财产纳入债务人财产范围,担保财产属于债务人财产已经十分明确。"[③] 债务人财产受破产程序的约束,管理人有权接管占有,担保标的物的权利人只能通过管理人才能行使其权利。况且,担保标的物的价值是否多于其所担保的债权,只有在权利人变价担保标的物行使权利后才能确定。所有这些事项若不通过管理人是无法完成的。因此,债务人已作为担保标的物的财产,《企业破产

---

① 参见汤维建《破产程序与破产立法研究》,人民法院出版社 2001 年版,第 264—265 页。
② 参见李国光主编《新企业破产法教程》,人民法院出版社 2006 年版,第 150 页。
③ 邹海林、周泽新:《破产法学的新发展》,中国社会科学出版社 2013 年版,第 154 页。

法》并没有明文规定其不属于债务人财产，故其在法院受理破产申请时仍应当属于债务人财产。[1]

6. 关于共有财产

共有财产可以作为责任财产，但应当进行"价值"分割；仅属于债务人所有的共有财产"份额"部分，才能供作清偿债务的责任财产。债务人和他人共有的财产，在法院受理破产申请时属于债务人财产；但管理人接管共有物时，应当进行分割。[2] 债务人对按份享有所有权的共有财产的相关份额，或者共同享有所有权的共有财产的相应财产权利，以及依法分割共有财产所得部分，属于债务人财产。[3] 共有财产不限于债务人与他人共有的物，债务人与他人共有的债权、知识产权等财产权利，亦在其列。

最高人民法院《关于适用〈中华人民共和国企业破产法〉若干问题的规定（二）》（2013年）第4条规定："债务人对按份享有所有权的共有财产的相关份额，或者共同享有所有权的共有财产的相应财产权利，以及依法分割共有财产所得部分，人民法院均应认定为债务人财产。人民法院宣告债务人破产清算，属于共有财产分割的法定事由。人民法院裁定债务人重整或者和解的，共有财产的分割应当依据物权法第九十九条的规定进行；基于重整或者和解的需要必须分割共有财产，管理人请求分割的，人民法院应予准许。"

7. 关于相对人已支付对价的买卖特定物

在特定物买卖中，特定物的所有权随占有的移转而移转，但法律另有规定或者买卖当事人另有意思表示的除外。若当事人对买卖特定物的所有权移转未作出相应的意思表示，相对人已经支付买卖对价的，标的物的所有权尚未移转给相对人，债务人仍就该特定物保有所有权，该特定物应当

---

[1] 参见最高人民法院《关于适用〈中华人民共和国企业破产法〉若干问题的规定（二）》（2013年）第3条。

[2] 最高人民法院《关于审理企业破产案件若干问题的规定》（2002年）第65条规定："债务人与他人共有的物、债权、知识产权等财产或者财产权，应当在破产清算中予以分割，债务人分割所得属于破产财产；不能分割的，应当就其应得部分转让，转让所得属于破产财产。"

[3] 参见最高人民法院《关于适用〈中华人民共和国企业破产法〉若干问题的规定（二）》（2013年）第4条第1款。

8. 让与担保标的物

让与担保设定人或担保权人被适用破产程序的，担保标的物应否属于债务人财产？在学说上存在不同的意见。有的学者认为，担保权人被适用破产程序的，担保标的物属于债务人财产；设定人被适用破产程序的，担保标的物不属于债务人财产。② 有的学者认为，担保权人被适用破产程序的，让与担保设定人在清偿被担保债权后，担保标的物的所有权回归设定人，担保标的物不属于债务人财产；设定人被适用破产程序的，因为担保权人仅有法律形式上的所有权，担保物仍属债务人财产。③

笔者认为，让与担保的当事人在设定让与担保时，已经充分认识到担保标的物所有权移转的风险；而让与担保的意义也在于通过让与担保标的物的所有权确保债权的受偿。因此，让与担保的担保标的物的所有权的移转对设定人和担保权人而言，都是没有争议的法律事实。让与担保的设定应当进行登记公示，经登记公示的让与担保对第三人具有相同的效果。破产程序开始后，在决定担保标的物的归属时，不应当过多地考虑让与担保设定人或者担保权人的利益分配，而应当按照担保标的物权利移转的事实予以决断较为公允。所以，设定人被适用破产程序的，担保物的所有权在让与担保设定后移转于担保权人，担保标的物不属于债务人财产；担保权人被适用破产程序的，担保权人所有的财产应当受破产程序的支配，属于债务人财产。④

9. 关于所有权保留的标的物

在所有权保留买卖中，标的物的所有权仍保留在出卖人手中，除非买受人支付买卖合同的全价，标的物的所有权才随买卖价金的支付而移转。债务人为所有权保留的标的物的出卖人的，相对人尚未支付买卖全价，在

---

① 《合同法》第133条并没有区分特定物和非特定物而就标的物所有权的移转分别加以规定，继续采取《民法通则》第72条所采取的立场。但问题也恰恰出现在这里。就特定物的买卖，当事人未就标的物所有权的移转另有意思表示时，该标的物的所有权只能基于交付而移转，由已经支付买卖价金的相对人承受债务人"交付"特定物不能的危险。在债务人被适用破产程序的情形下，这样处理问题的逻辑是否合适，仍有讨论的空间。

② 参见史尚宽《物权法论》，（台北）1979年自行出版，第388页。

③ 参见陈荣宗《破产法》，（台北）三民书局1986年版，第222页。

④ 参见邹海林、常敏《债权担保的理论和实务》，社会科学文献出版社2005年版，第407页。

法院受理破产申请时仍为标的物的所有权人，所有权保留的标的物为债务人财产。但是，相对人为出卖人的，债务人在法院受理破产申请时尚未支付买卖全价而取得标的物的所有权，所有权保留的标的物不作为债务人财产。[1]

10. 关于信托财产

信托财产是指受托人基于信托目的而占有委托人移转，且为受益人利益而管理和处分的财产。依照我国《信托法》的规定，信托财产是受托人因承诺信托而取得的财产；受托人因信托财产的管理运用、处分或者其他情形而取得的财产，也归入信托财产。所以，信托财产并非受托人的固有财产，当受托人被适用破产程序时，信托财产不属于债务人财产。[2]

11. 关于融资租赁标的物

债务人财产限于法院受理破产申请时归属债务人所有的财产，法院受理破产申请时不属于债务人所有的财产，但实际上由债务人支配控制并加以利用的，是否可以作为债务人财产？例如，债务人因融资租赁而取得占有和控制的财产应否属于债务人财产？

在英国法上，有所谓的"名义所有权"制度。若破产人受破产宣告时占有或者持有非其所有的财产，除非该财产的真正所有人在破产程序开始前能够取得对该财产的占有，则管理人有权视债权人的团体利益将该财产列入债务人财产，但应当满足下列五项条件：（1）该财产为货物或者动产；（2）破产人得以其营业或者贸易方式予以处分；（3）破产人为该财产的名义所有人（reputed owner）；（4）真正的财产所有人对破产人于营业中占有和使用该财产的行为表示认可；（5）破产人独立占有而非连带占有该财产。[3]

关于融资租赁标的物是否属于债务人财产的问题，我国破产立法和司法实务均没有直接涉及。融资租赁是指出租人根据承租人对租赁标的物的特定要求和对供货人的选择，出资向供货人购买租赁标的物并租给承租人

---

[1] 最高人民法院《关于审理企业破产案件若干问题的规定》（2002年）第71条规定：债务人在所有权保留买卖中尚未取得所有权的财产，不属于债务人财产。

[2] 《信托法》第16条规定："信托财产与属于受托人所有的财产（以下简称固有财产）相区别，不得归入受托人的固有财产或者成为固有财产的一部分。受托人死亡或者依法解散、被依法撤销、被宣告破产而终止，信托财产不属于其遗产或者清算财产。"

[3] See K. Smith and D. Keenan, *Mercantile Law*, Pitman, 1982, p. 368.

使用的合同；承租人分期向出租人支付租金，在租赁期内租赁标的物的所有权属于出租人所有，承租人仅拥有租赁标的物的使用权；依照约定在租期届满时，承租人按照融资租赁合同约定履行全部租金的支付义务，可以取得租赁标的物的所有权。

基于融资租赁的特点，出租人为融资租赁标的物的所有权人，在破产程序开始时，原则上以租赁标的物归属于出租人的事实确定租赁标的物是否属于债务人财产。但是，依照融资租赁交易的具体情形，在破产程序开始时若有理由认为承租人为融资租赁标的物的所有权人的[①]，则依照租赁标的物归属于承租人的事实确定租赁标的物是否属于债务人财产。

12. 关于工会的财产

工会为依法设立的组织，有其独立的财产。在企业法人中设立的工会，其所有和支配的财产和经费，虽主要来源于企业法人，但并不属于企业法人。因此，债务人的工会的财产，不论是否由债务人管理，债务人对其均没有处分权，独立于债务人财产之外，在法院受理破产申请时自然不属于债务人财产。[②] 与此相类似，在企业法人中存在的"党团组织"等社会团体所有的财产和经费，亦不属于债务人财产。

13. 关于债务人兴办的社会公益设施

债务人兴办的社会公益设施，主要是指债务人投资举办的非以营利为目的的托儿所、学校、医院、养老院（社区）等社会公益事业。这些社会公益设施，虽然是债务人出资兴办的，但通常享受着国家的多种直接或间接的优惠扶持，难以在权益归属上判定为债务人的独有财产。况且，这些社会公益设施对于维护社会生活秩序的基本稳定，有十分重要的意义。所以，对债务人兴办的非以营利为目的的社会公益设施，可以考虑不列入债务人财产。[③] 最高人民法院《关于审理企业破产案件若干问题的规定》

[①] 例如，最高人民法院《关于审理融资租赁合同纠纷案件适用法律问题的解释》（2013年）第4条规定："融资租赁合同被认定无效，当事人就合同无效情形下租赁物归属有约定的，从其约定；未约定或者约定不明，且当事人协商不成的，租赁物应当返还出租人。但因承租人原因导致合同无效，出租人不要求返还租赁物，或者租赁物正在使用，返还出租人后会显著降低租赁物价值和效用的，人民法院可以判决租赁物所有权归承租人，并根据合同履行情况和租金支付情况，由承租人就租赁物进行折价补偿。"

[②] 最高人民法院《关于审理企业破产案件若干问题的规定》（2002年）第71条规定："破产企业工会所有的财产"，不属于债务人财产。

[③] 邹海林：《破产程序和破产法实体制度比较研究》，法律出版社1995年版，第256页。

(2002年)第82条规定:"债务人的幼儿园、学校、医院等公益福利性设施,按国家有关规定处理,不作为破产财产分配。"

债务人兴办的社会公益设施不属于破产财产,在我国现阶段具有一定的合理性,应当符合以下条件:(1)社会公益设施的兴建和利用是为了服务于社会公益,不以营利为目的;(2)社会公益设施的利用不间断地服务于社会公益事业;(3)改变社会公益设施的用途将影响一定范围内的社会公益事业的发展。无论如何,债务人兴办的社会公益设施可以不列入债务人财产,在一定历史时期仅是处理破产案件的一种权宜之计,长远来看,其在我国法律制度构造上仍然存在相当大的讨论空间。

三 债务人在破产程序期间取得的财产

债务人在法院受理破产申请后至破产程序终结前取得的财产属于债务人财产,在我国破产法理论、实务和制度构造上都是没有疑问的。

企业法人以其所有的全部财产对债权人承担责任。在法院受理破产申请后至破产程序终结前,债务人的法人地位并没有消灭,其法人资格仍然存在,管理人以自己或者债务人的名义从事必要的民事活动,债务人具有保有、收益和取得财产的条件。企业法人在破产程序期间取得的财产,无例外地归属于企业法人。例如,管理人从事必要的民事活动或者继续债务人的营业,存在取得财产的可能性和现实性。债务人在法院受理破产申请后至破产程序终结前,通过管理人的行为所取得的任何财产,只不过是法人资本增值的结果,构成法人所有的财产的不可分离的组成部分。所以,债务人在破产程序期间取得的财产应当属于债务人财产。

债务人在破产程序期间取得的财产,主要表现为以下几个方面:

1. 取得物权。法院受理破产申请后至破产程序终结前,债务人因为法律行为或者法律规定而取得物权的,该物权属于债务人财产。

2. 因债务清偿取得财产。在破产程序开始后,债务人因其债务人清偿债务而取得财产。在法院受理破产申请前,对债务人负债的债务人,在法院受理破产申请后应向管理人清偿债务,管理人也可以请求该债务人清偿债务。债务人的债务人为清偿债务而向管理人所为给付,构成债务人在法院受理破产申请后所取得的财产。

3. 因合同的履行所取得的财产。法院受理破产申请后,对于债务人尚未履行的双务合同,管理人可以决定是否继续履行合同。若管理人决定继续履行尚未履行的双务合同的,合同相对人依照合同所为对待给付,构成债务人在法院受理破产申请后取得的财产。

4. 因投资取得的收益。债务人在法院受理破产申请前,向其他企业投资而取得投资份额或者购买债券、股票的,在法院受理破产申请后,根据投资份额所分配的所有投资净利润或者债券利息、股息等净收入,以及在破产程序期间因为转让投资所取得的净收入,均构成债务人财产。最高人民法院的司法解释认为,债务人与他人组成法人型或者合伙型联营体的,债务人作为出资投入的财产和应得收益应当收回;不能收回的可以转让。①

5. 债务人财产产生的孳息。在破产程序期间,因债务人财产所产生的孳息,包括法定孳息和自然孳息,属于债务人财产。

6. 因继续债务人的营业所取得的财产。法院受理破产申请后,管理人有权决定继续债务人的营业。因为债务人的继续营业所取得的财产,构成债务人财产。

7. 取得知识产权。在破产程序期间,债务人经国家授权机关核准而取得的注册商标专用权、专利权和植物新品种权,创作作品而取得的著作权,依法取得的商号、知名商品名称权、专有技术和商业秘密等,应当列入债务人财产。

8. 因其他原因而合法取得的财产。债务人在破产程序期间因为法律行为或者法律规定而取得财产的,该财产属于债务人财产。例如,债务人请求股东缴纳认缴的出资所取得之出资收益,属于债务人财产;② 债务人接受赠与、遗赠所取得的财产,属于债务人财产。

第四节 债务人财产的确认

一 确认债务人财产的基础

(一) 债务人财产的识别

管理人对其占有管理的全部财产予以识别,并对属于债务人财产的法

---

① 最高人民法院《关于贯彻执行〈中华人民共和国企业破产法(试行)〉若干问题的意见》(1991年)第60项。

② 最高人民法院《关于审理企业破产案件若干问题的规定》(2002年)第66条规定:"债务人的开办人注册资金投入不足的,应当由该开办人予以补足,补足部分属于破产财产。"

律事实作出判断的行为或过程，称为债务人财产的确认。债务人财产的确认为破产程序顺利进行的基础；缺乏对债务人财产的确认，破产程序对债务人财产所具有的保全效力将无法有效发挥，破产程序更无法顺利进行。

理论上，债务人财产是债务人所有的、受破产程序约束的全部财产的集合体。在破产程序开始时，管理人接管的债务人所占有的财产是否属于债务人财产，并不能确定。管理人仅是依照债务人占有财产的事实状态，接管债务人对财产的占有，管理人事后对其接管的财产应当予以甄别，以确定哪些财产属于债务人财产。实务上，债务人财产还常因多种因素的影响而发生变动或者不确定。债务人财产在破产程序进行的不同阶段，更呈现出不同的形态。在破产程序开始时，债务人财产表现为现实财团，管理人不管其属性，均一概加以接管；在破产程序进行中，管理人有目的、有意识地甄别现实财团中的他人财产或者不属于债务人财产的财产，并由此形成法定财团。法定财团为债务人财产的真实形态。

(二) 现实财团

现实财团又称为现有财团，是指法院受理破产申请后，由管理人接管的原先由债务人事实上占有和管理的全部财产。现实财团是管理人为维护债权人的利益，预先并不区分债务人占有和管理的财产归属而一并加以接管所形成的。

现实财团的形成，不仅不考虑管理人接管的财产是否属于债务人所有，而且不考虑该财产是否属于债务人的自由财产。这样，现实财团中必定会含有不属于债务人所有的财产，如他人所有的财产。现实财团中不属于债务人所有的财产，应当由该财产的权利人取回。在这个意义上，现实财团的范围或许过于宽泛而需要加以限定，例如应当由债务人自由支配的财产，管理人应当交予债务人占有支配。

再者，因为债务人占有财产的事实状态并不能完整再现归属于债务人的所有财产，破产程序开始时债务人未占有的属于债务人所有的财产，管理人在接管债务人财产时，也有可能不知其事实而没有接管这些财产，以致现实财团可能未包括应受破产程序约束的财产。在此情形下，管理人有责任采取措施追回现实财团所没有包括的债务人财产。例如，债务人在破产程序开始前临界期间为偏颇性行为而转让的财产，管理人应当请求法院撤销债务人的行为以追回该财产，并入债务人财产。

(三) 法定财团

法定财团是指依照破产法的规定，应当由管理人占有、支配的属于债务人所有的全部财产。破产立法例有关债务人财产的规定就是有关法定财团的规定。

法定财团具有不可变更性,依法构成和依法管理。法定财团是现实财团的确认基准。客观上,法定财团和现实财团之间并不能总是保持一致,管理人基于破产程序保全债务人财产的需要,在接管债务人占有的全部财产时,并不会先对法定财团进行识别而是一并加以接管。如此一来,不应当属于法定财团范围内的财产往往因为管理人的接管而被归入现实财团;应当属于法定财团范围内的财产又会因为管理人未接管而不包括在现实财团中管理人确认债务人的过程,就是消除法定财团和现实财团之间的差异之过程。管理人通过确认债务人财产的行为,最终要实现法定财团和现实财团的一致性。

(四) 确认债务人财产的效力

管理人确认债务人财产的目的,在于更好地维护债权人的受偿利益和破产程序中的其他利害关系人的利益。债务人财产的确认,是管理人有目的地能够引起债务人财产法律关系变动的行为。理论上,就管理人接管的全部财产(现实财团)而言,只要管理人有确认债务人财产的意思表示的,就应当产生确定法定财团范围内的财产之即时效力。[①] 这就是说,管理人确认债务人财产的意思表示,具有确定债务人财产的当然效力,其效力并不受破产程序中的其他利害关系人意思表示的影响。任何利害关系人对管理人确认债务人财产的行为有异议的,可以向管理人提出异议;并可以向受理破产申请的法院提起财产确认归属的诉讼。

《企业破产法》就管理人确认债务人财产的权力和效力,以及利害关系人异议管理人确认债务人财产的行为,均没有作出相应的规定。但在事实上,我国司法实务对管理人确认债务人财产的权力及其效果,已经表达了相当程度的认同。例如,最高人民法院《关于审理企业破产案件若干问题的规定》(2002年)第73条规定:"清算组应当向破产企业的债务人和财产持有人发出书面通知,要求债务人和财产持有人于限定的时间向清算组清偿债务或者交付财产。破产企业的债务人和财产持有人有异议

[①] 管理人在破产程序中依法独立执行职务,对债务人财产具有接管、占有、管理和处分的权力;若管理人调查确认的债务人财产因为异议而不能确定,则管理人无法接管异议财产并执行其职务。因此,在破产程序进行中,管理人作出的有关债务人财产的任何决定,除非经法院裁定认可或债权人会议的同意,均应当即时发生效力。

的，应当在收到通知后的七日内提出，由人民法院作出裁定。破产企业的债务人和财产持有人在收到通知后既不向清算组清偿债务或者交付财产，又没有正当理由不在规定的异议期内提出异议的，由清算组向人民法院提出申请，经人民法院裁定后强制执行；破产企业在境外的财产，由清算组予以收回。"无论如何，管理人确认债务人财产的权力和效力应当是管理人中心主义的应有之义。

二 确认债务人财产的方法

确认债务人财产的方法主要有两个：管理人经调查确认债务人财产和法院判决确认债务人财产。

（一）管理人经调查确认债务人财产

管理人接管债务人的财产和营业后，应当对其占有和管理的所有财产之归属进行调查，并以此为基础制作债务人财产目录，以及向法院和债权人会议提交债务人财产状况报告。在法院受理破产申请时，债务人（包括其代理人）占有管理的全部财产，应当无条件地由管理人接管；管理人接管的所有财产，除非已有证据表明某项财产不能归属债务人财产，则可以推定属于债务人财产。因此，管理人可以通过占有财产的事实状态推定确认债务人财产。

管理人经调查而制作的债务人财产目录，为管理人确认债务人财产的法律事实。凡记载于债务人财产目录中的各项财产，应当认为这些财产是管理人经调查确认的债务人财产。管理人经调查而记载于债务人财产目录中的各项财产，在破产程序进行期间具有确定其属于债务人财产的推定效力。对于管理人记载于债务人财产目录中的各项财产，若没有利害关系人提出异议，应当认定为债务人财产；即使有利害关系人提出异议，在异议经法院判决确定前，仍应当认定为债务人财产。凡被认定为债务人财产的各项财产均受破产程序的约束，由管理人接管、占有、管理和处分。

管理人在确认债务人财产过程中，有无权力放弃负担过重的财产或者财产权利呢？在破产立法例上，管理人有权经债权人会议或其代表的同意，放弃负担过重的债务人财产。例如，日本《破产法》（1922年）第195条规定：管理人经监查委员的同意，可以抛弃权利。英国早期的破产立法规定，管理人可以放弃下列财产：（1）负担义务过重的土地；（2）无利可图的公司股份或者股票；（3）无利可得的契约；（4）不得买卖之任何其他财产。① 依照美国联邦《破产法典》的规定，若债务人财产中的某些财产负担过重以及最终无益于债务人财产，管理人提前 15 日通知法院就可以放弃该财产。② 依照《企业破产法》第 69 条的规定，在及时报告债权人委员会或者法院的前提下，管理人在确认债务人财产时可以放弃部分财产或者财产权利。③ 我国法院的司法实务承认管理人可以放弃负担过重的财产，主要包括没有收益的投资收益权。④ 所以，管理人在确认债务人财产时，如果发现继续保有某些财产可能会成为强加于债务人财产上的负担或者不利益，对债务人财产的保值增值会产生负面影响，应当有权放弃这些财产。当然，管理人放弃负担过重的财产或者财产权利应当以有利于债权人团体利益为必要。

对管理人经调查确认债务人财产表示不服的利害关系人，包括但不限于债权人、别除权人、取回权人、抵销权人和债务人，均可以对管理人确认债务人财产的行为提出异议。当利害关系人提出异议的，管理人应当就利害关系人的异议进行调查。管理人经调查后认为利害关系人的异议成立，应当将涉及异议的财产从债务人财产目录中剔除；利害关系人的异议不成立的，管理人应当坚持债务人财产目录的记载，并通知利害关系人其异议不成立。

(二) 法院判决确认债务人财产

管理人经调查确认债务人财产，但利害关系人有异议的，不论管理人是否就其异议作出决定，该利害关系人均可以管理人为被告，向受理破产申请的法院提起确认财产归属的诉讼。同理，管理人对他人占有的应当归属于债务人财产的财产，要求该财产的持有人（占有人）向管理人交付财产而被拒绝的，管理人可以该财产的持有人（占有人）为被告，向受

---

① 英国《破产法》第 178 条和第 315 条分别规定由清算人和受托人放弃负有义务的财产的权力的制度。参见丁昌业译《英国破产法》，法律出版社 2003 年版，第 138—141、238—241 页。

② Jacqueline Varma, Bankruptcy Desk Reference: Integrated Code and Rules, McGraw-Hill Inc., 1993, pp. 31–32.

③ 依照《企业破产法》第 69 条的规定，管理人"放弃权利"应当及时报告债权人委员会。该条所称管理人"放弃权利"应当包含管理人放弃财产和财产权利的内容。

④ 最高人民法院《关于审理企业破产案件若干问题的规定》(2002 年) 第 77 条规定："债务人在其开办的全资企业中的投资权益应当予以追收。全资企业资不抵债的，清算组停止追收。"第 78 条规定："债务人对外投资形成的股权及其收益应当予以追收。对该股权可以出售或者转让，出售、转让所得列入破产财产进行分配。股权价值为负值的，清算组停止追收。"

理破产申请的法院提起确认债务人财产归属和返还的诉讼。

利害关系人或者管理人因债务人财产的归属争议而向法院提起诉讼的，应当向受理破产申请的法院提起诉讼。之所以有这样的要求，主要是因为考虑到调查债务人财产的状况的便利和效率，使破产程序的顺利进行免受债务人财产归属的个别民事诉讼的影响。《企业破产法》第21条规定："人民法院受理破产申请后，有关债务人的民事诉讼，只能向受理破产申请的人民法院提起。"上述规定是有关债务人财产的归属争议之诉讼管辖的特别规定，优先于民事诉讼法关于诉讼管辖（包括但不限于地域管辖、专属管辖）的规定。因此，有关债务人财产的归属争议所提起的民事诉讼，其管辖法院只能是受理破产申请的法院。

法院判决确认债务人财产，主要有以下三种情形：

1. 管理人拒绝利害关系人异议的诉讼。对于管理人已经占有的财产，管理人将之列入债务人财产，利害关系人提出异议而被管理人拒绝的，可以管理人为被告向法院提起确认财产归属和返还财产的诉讼。如果法院判决确认和支持原告的诉求，至判决确定时，管理人应当将财产交还给原告。

2. 管理人不为债务人财产记载的诉讼。对于管理人已经占有的财产，管理人若未将该财产列入债务人财产或者记载于债务人财产目录，或者将已经记载于债务人财产目录中的财产因为异议而被剔除，债权人或者债务人均可以向管理人提出异议，或者以管理人为被告向法院提起确认债务人财产的诉讼。如果法院判决确认和支持原告的诉求，至判决确定时，管理人应当将该财产记载于债务人财产目录。

3. 管理人追回财产的诉讼。对于他人持有（占有）的财产，若管理人认为属于债务人财产，有权通知该财产持有人（占有人）交付财产。例如，管理人撤销债务人转让财产的不当行为，有权通知受让该财产的持有人（占有人）向管理人交付或返还财产。[①] 对于第三者拒绝交出占有的财产，因为破产程序开始的决定对于第三者而言，并不具有执行效力，故

[①]《企业破产法》第31条规定："人民法院受理破产申请前一年内，涉及债务人财产的下列行为，管理人有权请求人民法院予以撤销：（一）无偿转让财产的；（二）以明显不合理的价格进行交易的；（三）对没有财产担保的债务提供财产担保的；（四）对未到期的债务提前清偿的；（五）放弃债权的。"

管理人不得直接请求法院强制第三人交出占有的债务人财产。① 在此情形下,管理人应当向法院提起债务人财产的确认和给付之诉。因此,财产持有人(占有人)拒不交付的,管理人可以财产持有人(占有人)为被告向法院提起诉讼,要求确认被告持有(占有)的财产为债务人财产,并要求被告向管理人交付或返还财产。② 管理人追回财产的诉讼主要有:(1) 债务人的财产持有人拒不向管理人交付财产的;(2) 因债务人的破产无效行为或者可撤销行为而受让财产的人拒不向管理人返还财产的;(3) 有出资义务的股东拒不履行出资义务的;(4) 债务人应当享有的其他财产权利归属发生争执的,例如涉及债务人享有的物权、债权、股权、专利权、注册商标专用权、著作权等财产权利所发生的争议等。管理人向法院提起追回财产的诉讼,可以申请法院采取财产保全措施。经法院判决确认为债务人财产的,被告应当向管理人交付或返还财产。

三 债务人的自由财产

债务人的自由财产是那些属于债务人所有但不受破产程序约束的财产。除法律规定不受破产程序约束的债务人所有的财产以外,虽然属于债务人所有但管理人认为没有必要进行管理和变价、对债务人财产的保值增值无实际意义而被管理人放弃的财产,也属于债务人的自由财产。③

债务人的自由财产为自然人被适用破产程序时特有的制度。当破产程序开始时,破产立法例上对于限定自然人所有的财产归入债务人财产的立场,存在膨胀主义和固定主义的区别。膨胀主义将债务人财产的范围,限定于破产程序终结前债务人所有或者取得的财产;而固定主义则将债务人

---

① 参见石川明《日本破产法》,何勤华、周桂秋译,中国法制出版社 2000 年版,第 207 页。

② 值得注意的是,我国司法实务对此问题长期以来采取管理人通知财产持有人交付财产、有异议法院裁定的方式解决债务人财产的争议。最高人民法院《关于审理企业破产案件若干问题的规定》(2002 年)第 73 条规定:"清算组应当向破产企业的债务人和财产持有人发出书面通知,要求债务人和财产持有人于限定的时间向清算组清偿债务或者交付财产。破产企业的债务人和财产持有人有异议的,应当在收到通知后的七日内提出,由人民法院作出裁定。破产企业的债务人和财产持有人在收到通知后既不向清算组清偿债务或者交付财产,又没有正当理由不在规定的异议期内提出异议的,由清算组向人民法院提出申请,经人民法院裁定后强制执行……"

③ 参见石川明《日本破产法》,何勤华、周桂秋译,中国法制出版社 2000 年版,第 150 页。

财产的范围，限定于法院受理破产申请时债务人所有的财产。膨胀主义和固定主义只解决了债务人财产限定的时限，没有解决位于时限范围内的债务人所有的全部财产是否均为债务人财产的问题。因此，在膨胀主义和固定主义之外，还存在一个限定债务人财产范围的重要问题：破产人的自由财产问题或者豁免财产（exempt property）问题。

正如债务人财产的概念及其特征所反映的那样，债务人财产限于受破产程序约束的财产。考虑到债务人及其家庭的生活或生计，以保障债务人的最低限度生活需求为必要，以人道主义和社会公共福利政策为基础，兼顾社会伦理道德和公共秩序，破产立法例特别允许债务人在破产程序进行中仍然保留法定的用于生活或生计的财产或者权利。破产程序中的债务人自由财产制度，进一步限定了债务人财产的范围。[1]

大陆法系破产立法例一般规定，债务人的自由财产由法院酌定，不受破产程序的约束；自由财产限于债务人在法院受理破产申请时以及破产程序终结前所必需的生活用品、职业或者教育用品、祈祷用品以及人身损害赔偿请求权等。英美法破产立法例则对债务人规定有不受破产程序约束的最低财产价值标准，低于该价值标准的财产以及专属于债务人的财产和利益，为债务人的自由财产。例如，美国联邦《破产法典》第522条（d）规定，债务人的下列财产不得为债务人财产：（1）价值不超过7500美元的居住不动产；（2）对机动车拥有不超过1200美元的利益；（3）不超过200美元的家庭陈设物、生活必需品；（4）价值不超过500美元的珠宝饰物；（5）价值不超过400美元的其他财产利益；（6）价值不超过750美元的职业必需品；（7）未到期的人寿保险合同；（8）不超过4000美元的人身保险金；（9）债务人及其抚养人的健康保健费用；（10）债务人取得社会保险金、失业救济金或者政府提供的物质帮助利益，以及赖以生存的人寿保险金或人身损害赔偿金等的权利。

债务人主张自由财产的，应当向管理人提出；管理人在确认债务人财产时，应当对债务人的自由财产主张进行必要的调查。经管理人调查确认债务人的自由财产主张成立的，应当将该财产剔除于现实财团，不得将这些财产记载于债务人财产目录，而应当将这些财产交付债务人占有、管理

---

[1] 参见邹海林《破产程序和破产法实体制度比较研究》，法律出版社1995年版，第254页。

和支配。债务人对管理人调查确认的自由财产有异议的，可以向管理人提出异议；管理人拒绝债务人异议的，债务人可以管理人为被告向法院提起确认和返还自由财产的诉讼。对于管理人未记载于债务人财产目录的债务人的自由财产，债权人有异议的，也可以向管理人提出异议；管理人拒绝债权人异议的，债权人可以管理人为被告向法院提起确认债务人财产的诉讼。

破产程序中的自由财产制度，只对受破产程序约束的自然人有意义。当我国破产法改革扩大适用范围于自然人时，限定债务人财产的自由财产制度将发挥更大的作用。在破产程序开始后，对于企业法人而言，原则上不会发生自由财产的问题。但是，管理人在确认债务人财产时，若认为占有和管理的归属于债务人的某项财产负担过重而不利于债权人团体利益的，可以决定放弃该财产；经管理人放弃的债务人财产在破产程序中沦为豁免财产，不再受破产程序的约束。

四 债务人位于境外的财产

《企业破产法》第 5 条第 1 款规定："依照本法开始的破产程序，对债务人在中华人民共和国领域外的财产发生效力。"依照上述规定，债务人位于我国境外的财产，受我国开始的破产程序的约束，属于债务人财产的一部分，应当由管理人接管。[①]

债务人位于我国境外的财产在我国法院的司法管辖权之外，管理人接管债务人位于我国境外的财产，可以直接对该财产的持有人（占有人）主张交付该财产。管理人经确认债务人位于我国境外的财产属于债务人财产，并要求该财产的持有人（占有人）向其交付财产被拒绝的，可以该财产持有人（占有人）为被告向有管辖权的法院提起追回财产的诉讼。

第五节 债务人财产的管理

一 管理债务人财产的专属性

为保持债务人财产的价值不受贬损，必须对债务人财产进行专业化的

[①] 最高人民法院《关于审理企业破产案件若干问题的规定》（2002 年）第 73 条第 4 款规定："破产企业在境外的财产，由清算组予以收回。"

管理。对债务人财产进行管理的权利，专属于管理人。[①] 管理债务人财产，包括但不限于管理人接管、清理、保管、估价、利用和处分债务人财产等诸项活动。依照《企业破产法》第 25 条的规定，债务人财产由管理人接管。管理人接管债务人财产后，可以决定债务人是否继续营业，决定债务人的日常开支和其他必要开支，接受第三人清偿债务和交付债务人财产，并依法处分债务人财产。

管理债务人财产的目的，在于防止债务人财产的不当减少或者意外灭失，并能够在法律允许的范围内谋求债务人财产的保值和增值。债务人财产的管理，为管理人在破产程序中独立执行职务的重要内容之一。在破产程序进行中，能否对债务人财产实施妥善的管理，避免遭受毁损和灭失，并维持债务人财产的应有价值，管理人以法律允许的方法管理债务人财产，构成破产程序进行的一个十分重要的课题。

为保证债务人财产管理的专业性和合理性，最大限度地提升债权人的团体利益，管理人对债务人财产的管理应当尽善良管理人的注意义务，并依法独立执行职务。[②] 债务人财产的管理是否妥当，直接关系到债权人团体的利益，债权人对管理人管理债务人财产有直接的利害关系；况且，债权人自治制度要求管理人在管理债务人财产时必须反映债权人的团体意思。所以，管理人在管理债务人财产过程中，应当接受债权人会议或者债权人委员会的监督，并承担向债权人会议或者债权人委员会报告债务人财产管理状况的义务。法院为破产程序的主导者，管理人管理债务人财产应当接受法院的监督，更自无疑问。

二　接管

接管是指管理人取得对债务人的全部财产和营业事务的概括的占有与控制。破产程序开始后，管理人应当接管债务人的财产和营业。债务人失去对其财产和营业事务的控制地位，债务人完全处于管理人的控制之下，并由管理人决定债务人的财产管理和营业事务。

管理人接管债务人的财产和营业时，债务人的法定代表人应当按照管

[①] 日本《破产法》（1922 年）第 7 条规定："对破产财团实行管理及处分的权利，专属于破产管理人。"

[②] 参见《企业破产法》第 23 条和第 27 条。

理人的要求办理移交手续；债务人的法定代表人同时应当组织企业财会人员、保管人员和业务人员，按照管理人的要求办理相应的业务交接手续。管理人接管债务人的财产，还包括接管债务人的账册（原登记造册的资产明细表、有形资产清册）、文书档案、印章、证照和有关资料等。① 管理人在接管债务人财产时，有权要求债务人提出财产状况说明书及债权人、债务人清册，说明书中应当详细列出所有财产的状况和所在地。

管理人接管债务人的财产和营业，不能一次办理完毕或者不能在短期内办理完毕交接手续的，应当申请法院对有关财产、账册、文书、资料、印章等采取保全措施，以防止债务人隐匿、毁损。②

三 清理、估价和保管

管理人接管债务人财产后，应当进行清理，并予以估价③，制作债务人财产目录，并采取合理的措施予以保管，防止债务人财产的意外损失或者减值。

（一）清理和估价

管理人接管债务人的财产和营业后，应当组织债务人企业的职工或者聘用必要的工作人员，及时对债务人财产进行清点，并就清点后的财产登记造册，以便调查和确认债务人财产。管理人清理和估价债务人财产，应当及时进行，不得拖延或者有所怠慢。例如，日本《破产法》（1922年）第188条规定，管理人应当从速会同法院书记官、执行官或公证人评定属于债务人财产的一切财产的价额。

管理人对登记造册的财产应当进行必要的调查，以确认债务人财产。经调查确认属于债务人财产的财产，管理人应当进行必要的估价，以查明债务人财产的价值，为清理债权债务关系创造条件。

---

① 最高人民法院《关于审理企业破产案件若干问题的规定》（2002年）第50条规定："清算组的主要职责是：（一）接管破产企业。向破产企业原法定代表人及留守人员接收原登记造册的资产明细表、有形资产清册，接管所有财产、账册、文书档案、印章、证照和有关资料。破产宣告前成立企业监管组的，由企业监管组和企业原法定代表人向清算组进行移交……"

② 最高人民法院《关于审理企业破产案件若干问题的规定》（2002年）第53条规定："清算组对破产财产应当及时登记、清理、审计、评估、变价。必要时，可以请求人民法院对破产企业财产进行保全。"

③ 最高人民法院《关于审理企业破产案件若干问题的规定》（2002年）第50条规定："清算组的主要职责是：……清理破产企业财产，编制财产明细表和资产负债表，编制债权债务清册，组织破产财产的评估……"

（二）债务人财产目录

债务人财产目录是由管理人制作的记载债务人财产的品名、种类或性质、数量、价值、坐落地点等信息的簿册。债务人财产目录是管理人对债务人财产进行管理、收益和处分的依据，表明债务人财产受破产程序的约束。未记载于债务人财产目录中的财产不受破产程序的约束。

管理人对于登记造册的财产应当进行调查，以确定是否属于债务人财产。经管理人调查确定属于债务人财产的财产，应当及时制作债务人财产目录，将该财产记载于债务人财产目录。管理人应当在债务人财产目录上签名或盖章，以示负责，并提交法院。债务人财产目录并应当提交债权人会议调查，以便债权人会议决定债务人财产的管理和处分方法。

（三）财产的保管

管理人应当对债务人财产采取必要的保管和保全措施，防止债务人财产的毁损或者灭失。保管和保全措施，视债务人财产的保值和增值的需要而定。

对于管理人占有的债务人财产，管理人应当依照消防、安全和生产操作方面的规定，采取必要的措施防止债务人财产发生损害；对于可能面临危险的债务人财产，管理人应当向保险公司投保债务人财产的损失保险；管理人对其占有的易损、易腐、跌价或者保管费用较高的债务人财产，应当及时变卖。对于管理人未占有的债务人财产，管理人应当及时要求该财产的持有人（占有人）返还财产；必要时，管理人还应当请求法院对该财产采取保全措施。对于某些不及时行使权利或者不采取必要的行使权利的措施将导致权利消灭的债务人财产，管理人应当及时行使权利或者采取必要的措施确保权利的有效。①

此外，对于债务人财产中的贵重物品，管理人不得自行决定如何管理，而应当按照法院或者债权人会议确定的保管方法予以保管。例如，日本《破产法》（1922年）第190条第2款规定，货币、有价证券和其他贵重物品的保管方法，由法院确定。

四 利用和处分

企业法人以营利为目的，其财产主要为营业财产。在破产程序开始

---

① 最高人民法院《关于审理企业破产案件若干问题的规定》（2002年）第54条规定："清算组应当采取有效措施保护破产企业的财产。债务人的财产权利如不依法登记或者及时行使将丧失权利的，应当及时予以登记或者行使；对易损、易腐、跌价或者保管费用较高的财产应当及时变卖。"

后，企业法人的财产若还有营业的价值，应当允许企业法人继续营业。债务人的营业，由管理人负责进行。继续债务人的营业，应当有利于增加债务人财产的价值或者防止债务人财产的贬值，并有利于债权债务关系的清理。管理人在管理债务人财产的过程中，经法院许可，可在必要范围内继续债务人的营业。第一次债权人会议后，管理人依照债权人会议的决定，可以继续债务人的营业。

再者，管理人在破产程序进行中，可以对债务人财产为必要的处分。债务人财产的管理和处分方法，原则上由债权人会议决定。管理人应当依照债权人会议关于处分债务人财产的方法、时间和地点的决议，处分债务人财产。

五 诉讼或仲裁的承受

在破产程序期间，管理人为有关债务人财产的诉讼或者仲裁的一方当事人。

有关债务人财产的未结诉讼，在破产程序开始时应当中止；在管理人接管债务人财产后，由管理人承继有关债务人财产的诉讼。管理人在破产程序开始后承受债务人有关债务人财产的诉讼地位，以原告或者被告的名义继续诉讼。有关债务人财产的仲裁程序，亦同。《企业破产法》第20条规定："人民法院受理破产申请后，已经开始而尚未终结的有关债务人的民事诉讼或者仲裁应当中止；在管理人接管债务人的财产后，该诉讼或者仲裁继续进行。"

破产程序开始后，任何利害关系人对管理人接管和管理债务人财产的行为有异议，均可以管理人为被告，向法院提起确认和返还财产的诉讼。《企业破产法》第21条规定，债务人、债权人或者其他利害关系人对债务人财产或债务人承担的债务有争议，可以向受理破产申请的人民法院提起诉讼。基于同样的道理，利害关系人依照仲裁协议向仲裁委员会提起确认和返还财产的仲裁的，亦同。

第六节 撤销与无效

一 破产无溯及主义

法院裁定开始的破产程序仅对债务人将来处分财产的行为发生效力而

无效于债务人过去处分财产的行为，称为破产无溯及主义。

在破产法理论和立法例上，有关破产程序对债务人处分财产的行为之效力，向来就存在着两种对立的立法原则：破产无溯及主义和破产溯及主义。

以德国法为代表的学者主张破产无溯及主义的立场。他们认为，破产程序的开始剥夺债务人管领和处分其财产的效力，只能及于债务人在破产程序开始后所为处分财产的行为，对债务人在破产程序开始前所为管领和处分其财产的行为不产生影响。破产无溯及主义受到众多大陆法系破产立法例的推崇。与破产无溯及主义相关联，派生出破产法上的撤销权制度。例如，德国《破产法》第 29 条至第 42 条、日本《破产法》（1922 年）第 72 条至第 86 条，均规定有基于破产无溯及主义的撤销权制度。

以英国法为代表的学者则提出了破产溯及主义的另一种理论，即破产程序的溯及效力原则（Doctrine of Relation Back）。他们认为，破产程序的开始具有剥夺债务人管领和处分其财产的效力，该效力溯及于破产程序开始前临界期间内债务人所为处分财产的行为而使之归于无效。[1] 破产溯及主义派生出破产程序开始前的债务人所为破产行为（act of bankruptcy）无效的制度。以英国法为蓝本的英美法系破产立法例，较为普遍地确认了破产程序的溯及效力原则。我国破产立法曾经规定了破产溯及主义。[2] 但是，世界范围内的英美法系破产立法的现代化改革运动，正在逐步废除破产程序的溯及效力原则，取而代之以破产无溯及主义，并进而在破产立法上规定管理人的撤销权制度。

破产无溯及主义和破产溯及主义是对立的，故因其派生出的实体法制度截然不同。[3]《企业破产法（试行）》第 35 条规定："人民法院受理破产案件前六个月至破产程序开始之日的期间内，破产企业的下列行为无效：（一）隐匿、私分或者无偿转让财产；（二）非正常压价出售财产；（三）对原来没有财产担保的债务提供财产担保；（四）对未到期的债务提前清偿；（五）放弃自己的债权。破产企业有前款所列行为的，清算组有权向人民法院申请追回财产。追回的财产，并入破产财产。"因为我国

---

[1] I. F. Fletcher, Law of Bankruptcy, Macdonald & Evans, 1978, p. 162.

[2] 参见《企业破产法（试行）》第 35 条。

[3] 参见邹海林、常敏《论破产程序开始的溯及效力》，《经济与法》1990 年第 7 期。

历史上缺乏破产立法的传统，中华民国时期颁布的《破产法》又以德国法为模型采行破产无溯及主义，《企业破产法（试行）》制定时更欠缺破产法的基础理论准备，以致我国不少学者将《企业破产法（试行）》第35条规定之破产行为无效制度等同于基于破产无溯及主义的撤销权制度。[①] 破产撤销权制度与民法中的撤销权"具有相同的法律性质和目的，二者在成立的基础上也是相同的，这种基础就是被撤销行为的有害性、恶意性和不健全性"[②]。当然，也有学者注意到了"无效"这个问题并企图回避它，提出了"否认权"理论[③]，但对于"否认权"理论的阐述又不能提出有力的根据。何况，"否认权"理论明显来自日本《破产法》（1922年）规定的否认权制度。日本《破产法》（1922年）规定的否认权与德国《破产法》规定的撤销权本是性质相同的一种制度。

我国学者将《企业破产法（试行）》第35条解读为破产撤销权，明显背离了《企业破产法（试行）》第35条的文义，直接借用大陆法系破产立法例规定的撤销权来假定和推论《企业破产法（试行）》第35条的基本内涵，必将导致破产法学理论的悖论。《企业破产法（试行）》第35条所列破产无效行为，属于特别法所规定的当然无效行为，根本就不可能构成撤销权的客体；实际上，《企业破产法（试行）》第35条规定的破产无效行为制度，是直接吸收英国法上的破产溯及主义的产物。[④]

破产无效行为制度为破产程序的溯及效力原则的具体化。《企业破产法（试行）》第35条对破产无效行为的时间构成和客体范围予以了具体的规定。破产程序的溯及效力仅有效于债务人在破产程序开始前临界期间所为处分财产的偏颇性行为。破产程序开始前的临界期间，是指限制管理人主张债务人在破产程序开始前的行为无效之法定期间，《企业破产法（试行）》将之规定为"人民法院受理破产案件前6个月"至破产程序开始之日的期间。债务人在临界期间内所为处分财产的偏颇性行为，将不可避免地归于无效。这对与债务人为交易的第三人的利益维护产生重大影响，以致损害交易安全。而且，债务人所为"隐匿、私

---

① 参见王欣新《析〈企业破产法（试行）〉中的撤销权》，《法学》1987年第8期。
② 柴发邦主编：《破产法教程》，法律出版社1990年版，第224页。
③ 参见韩长印等《浅析破产法上的否认权》，《法学研究》1993年第3期。
④ 参见邹海林《论破产程序的溯及效力》，《法学研究》1993年第6期。

分"财产的行为,客观上不发生私法上财产权利移转的效果,属于无私法上效果的民事行为,根本就不存在"无效"与否的问题。所以,《企业破产法(试行)》采取破产溯及主义的立场具有十分明显的局限性,应当有所改变。这样,《企业破产法》放弃了破产溯及主义的立场,改采破产无溯及主义的原则,第31条和第32条较为全面地规定了撤销权制度。撤销权制度能够满足破产程序周全保护债权人利益、维护债务人财产安全的需要。

二 破产撤销权

(一)破产撤销权的意义

破产撤销权是否认破产程序溯及效力的破产立法例普遍适用的制度,为民法所规定的撤销权在破产法上的扩张适用。债务人在破产程序开始前临界期间内所为有害于债权人团体利益的处分财产的偏颇性行为,管理人可以请求法院撤销并追回因该行为转让的财产或者利益的权利,称为破产撤销权。《企业破产法》第31条规定:"人民法院受理破产申请前一年内,涉及债务人财产的下列行为,管理人有权请求人民法院予以撤销:(一)无偿转让财产的;(二)以明显不合理的价格进行交易的;(三)对没有财产担保的债务提供财产担保的;(四)对未到期的债务提前清偿的;(五)放弃债权的。"第32条规定:"人民法院受理破产申请前六个月内,债务人有本法第二条第一款规定的情形,仍对个别债权人进行清偿的,管理人有权请求人民法院予以撤销。但是,个别清偿使债务人财产受益的除外。"[①]

债权人对于债务人的财产没有直接的支配权。债务人在破产程序开始前可以自由处分其财产,对无财产担保的债权人的利益会产生重大影响。为了维持债务人的财产作为责任财产的应有价值,防止债务人不当移转财产或者以其他手段危害债权人的共同利益,破产立法例给予管理人以特定

[①] 《企业破产法》第36条规定:"债务人的董事、监事和高级管理人员利用职权从企业获取的非正常收入……管理人应当追回。"该条所称高管人员的"非正常收入",其取得具有法律上的原因,只是不正常而已,为保护债权人团体利益,应当重新评价高管人员的"非正常收入"的正当性。在解释上,管理人依照前述规定追回高管人员已经获取的"非正常收入",首先应当撤销其取得收入的原因关系。管理人追回高管人员的"非正常收入"的制度,与撤销权制度具有相同的性质和功效。

的权利，撤销债务人在破产程序开始前临界期间内所为减少或降低债务人财产价值的偏颇性行为，以回复债务人财产上的不利益损失。这就是破产撤销权制度的基本目的。

理论上，撤销权又称"废罢诉权"，是债权人对债务人实施的诈害债权的行为请求法院予以撤销的权利。撤销权起源于古罗马法，分为无偿撤销和有偿撤销两类。但是，有偿撤销须以债务人有诈害债权人利益的意图和受益人知诈害事实为要件。发展到公元14世纪，意大利法律创立了不以主观恶意为必要的撤销权制度。随后，民商事成文法开始普遍规定债权人撤销权制度。债权人撤销权制度，首先为德国《破产法》所扩张，被变通适用于破产程序中，称为破产撤销权。日本《破产法》（1922年）将之称为否认权，我国台湾地区"《破产法》"仍称为撤销权。债权人撤销权和破产撤销权，在性质上并没有多大的差异；但是，由于后者更加注重维持破产程序公平受偿的宗旨，在适用范围方面比债权人撤销权更广，撤销权行使的方式和效果也与债权人撤销权有所不同。

（二）破产撤销权的客体

破产撤销权的客体是指管理人可以撤销的债务人在破产程序开始前临界期间内所为处分财产的偏颇性行为。破产立法例对于债务人在破产程序开始前临界期间的偏颇性行为均有明文规定。

破产立法例规定的偏颇性行为，破产法理论一般将之归纳为以下三种：

1. 一般诈害行为。在停止支付后，或者在有破产申请后，或者在停止支付前相对较短的法定期间内，或者在有破产申请前的相对较短的法定期间内，债务人所为有害于债权人一般利益的处分财产的偏颇性行为。一般诈害行为并不注重债务人为行为时的主观心理状态，着重考量的是债务人为处分财产的偏颇性行为时的急迫状况。例如，日本《破产法》（1922年）第72条规定："债务人在停止支付或者破产申请后所提供的担保、消灭债务，以及其他侵害破产债权人利益的行为，债务人在停止支付或者破产申请日前30日内所为提供担保、消灭债务的行为，破产管理人为破产财团的利益可以否认其效力。"

2. 无偿诈害行为。在停止支付或者有破产申请后，或者在破产申请前的相对较长的法定期间内，债务人无偿转让财产或者放弃利益的行为。债务人的无偿行为，指债务人所为无对价的所有处分财产的法律行为，例如赠与、免除债务、放弃权利、放弃时效利益、承诺使用借贷、无偿设定用益物权、不为中断时效、撤回诉讼、承认诉讼请求、放弃诉讼请求等行为。① 无偿诈害行为不考虑债务人为行为时的主观心理状态，仅以债务人处分财产的行为无偿或者近似于无偿的客观状态作为判断无偿诈害行为的基准。例如，日本《破产法》（1922年）第72条规定："债务人在停止支付后、或者破产申请后、或者破产申请前六个月内所为无偿行为，以及可视为无偿行为的有偿行为，破产管理人为破产财团的利益可以否认其效力。"

3. 故意诈害行为。债务人在破产程序开始前临界期间内，明知其处分财产的行为有害于债权人的利益而为之，且行为相对人已知其事实的，构成故意诈害行为。故意诈害行为，以债务人有损害债权人团体利益的故意和行为相对人的恶意（已知债务人的故意）为构成要件。例如，日本《破产法》（1922年）第72条规定："债务人知有害于债权人而实施的行为，破产管理人为破产财团的利益可以否认其效力；但是，因此而受利益者于其行为当时不知其事实的，不在此限。"

《企业破产法》对于破产撤销权的客体并没有作出如上的区分。就债务人处分财产的偏颇性行为而言，《企业破产法》第31条和第32条没有将债务人为处分财产的偏颇性行为时的主观心理状态作为判断因素，着重考虑的问题则是债务人在破产程序开始前临界期间内处分财产的偏颇性行为所具有的有害于债权人利益的客观方面。② 就破产程序开始前临界期间而言，《企业破产法》区分债务人处分财产的偏颇性行为不当性的危害程度，规定了期间长短不同的临界期间，目的主要在于既能有效防止债务人为处分财产的偏颇性行为，又不过分影响交易安全。对于债务人支付不能而清偿个别债务的行为，临界期间为法院受理破产申请前6个月；对于其他有害于债权人而处分财产的偏颇性行为，临界期间为法院受理破产申请

---

① 陈荣宗：《破产法》，（台北）三民书局1986年版，第256页。

② 关于破产撤销权的客体，我国台湾地区"《破产法》"第78条和第79条有较为原则和灵活的规定，并没有着重考虑债务人为行为时的主观心理状态：债务人在破产程序开始前分为无偿行为和有偿行为，对债权人的权利有损害的，依民法的规定可以撤销时，破产管理人应申请法院撤销之；债务人在破产程序开始前六个月内，对现有债务提供担保和清偿未到期的债务，破产管理人撤销之。

前1年。①

依照《企业破产法》的规定，管理人可撤销的债务人处分财产的偏颇性行为有以下6种：

1. 无偿转让财产。无偿转让财产，是指债务人在法院受理破产申请前一年内，将本属于债务人财产的财产或利益，以无代价或几近无代价的方式让渡给第三人的行为。例如，债务人财产的赠与行为。

2. 以明显不合理的价格进行交易。以明显不合理的价格进行交易，是指债务人在法院受理破产申请前一年内，与第三人交易时的价格明显高于或者低于交易标的的正常价格的行为。债务人以明显不合理的低价出售财产或者以明显不合理的高价收购财产的，均可构成此项行为。

3. 对没有财产担保的债务提供财产担保。对没有财产担保的债务提供财产担保，是指债务人在法院受理破产申请前一年内，对已经发生的普通债权增加或补充设定财产担保的行为。债务人以自己所有的特定财产，对已经发生的普通债权设定财产担保，使普通债权人在破产程序中取得优先受偿的地位，违背破产程序债权公平受偿的宗旨。

4. 对未到期的债务提前清偿。对未到期的债务提前清偿，是指债务人在法院受理破产申请前一年内，对尚未届清偿期的债务予以部分或全部清偿的行为。法律允许债务人提前清偿债务。但是，当债务人有破产原因时，对未到期债务予以清偿，势必造成债权人的受偿机会不均等，违背破产程序公平受偿的原则。

5. 放弃自己的债权。放弃自己的债权，是指债务人在法院受理破产申请前一年内，明示或默示地放弃债权利益而将其利益让渡给债权人的行为。放弃自己的债权有作为和不作为两类。

6. 清偿个别债权。清偿个别债权，是指债务人在法院受理破产申请前6个月内，已有不能清偿到期债务的情形发生，仍然清偿个别债权人之债权的行为。

（三）破产撤销权的行使主体

破产撤销权的行使主体，仅限于管理人。管理人在破产程序中接管债务人的财产和营业事务，以自己的名义为有关债务人财产的民事行为。管

---

① 这里仍要说明一下，《企业破产法》以"月"和"年"来表述临界期间，实际上在计算时并不十分准确，若能改采"日"，则会更加客观与合理，也宜于实务操作。

理人行使撤销权,为其占有和处分债务人财产的固有内容。除管理人以外,债权人或者债务人均不得依据《企业破产法》第31条和第32条主张撤销债务人处分财产的偏颇性行为。①

管理人行使破产撤销权,属于管理人职责范围内的事项。管理人不仅有权撤销债务人处分财产的偏颇性行为,而且亦有责任撤销债务人处分财产的偏颇性行为。基于管理人的勤勉注意义务,管理人已知或者应当知道债务人由应予撤销的处分财产的偏颇性行为,怠于行使撤销权致使债务人财产受到损害的,应当承担损害赔偿责任。最高人民法院《关于适用〈中华人民共和国企业破产法〉若干问题的规定(二)》(2013年)第9条第2款规定:"管理人因过错未依法行使撤销权导致债务人财产不当减损,债权人提起诉讼主张管理人对其损失承担相应赔偿责任的,人民法院应予支持。"

(四) 破产撤销权的行使方法

破产撤销权性质上为形成权,但管理人应当以诉讼的方式向法院行使破产撤销权。在诉讼之外,管理人向债务人或者债务人处分财产的相对人主张撤销债务人的偏颇性行为,不发生撤销债务人处分财产的偏颇性行为的效果。

1. 管理人撤销之诉的当事人。管理人行使破产撤销权,应当以原告身份向法院起诉。因撤销之诉的标的为债务人处分财产的偏颇性行为,故撤销之诉的被告可以是债务人。管理人在提起撤销之诉时,若仅撤销债务人的偏颇性行为,债务人的行为为单独行为的,应当以债务人为被告;债务人的行为为双方行为的,则应当以债务人和行为相对人为共同被告。管理人提起撤销之诉并主张追回债务人处分财产的偏颇性行为之相对人所取得的财产的,则应当以债务人、相对人或者受益人为共同被告。最高人民法院《关于适用〈中华人民共和国企业破产法〉若干问题的规定(二)》(2013年)第9条规定:"管理人依据企业破产法第三十一条和第三十二

---

① 但是,债权人可否基于《合同法》第74条的规定主张撤销债务人处分财产的偏颇性行为是值得讨论的。最高人民法院《关于适用〈中华人民共和国企业破产法〉若干问题的规定(二)》(2013年)第13条规定:"破产申请受理后,管理人未依据企业破产法第三十一条的规定请求撤销债务人无偿转让财产、以明显不合理价格交易、放弃债权行为的,债权人依据合同法第七十四条等规定提起诉讼,请求撤销债务人上述行为并将因此追回的财产归入债务人财产的,人民法院应予受理。"

条的规定提起诉讼，请求撤销涉及债务人财产的相关行为并由相对人返还债务人财产的，人民法院应予支持。"

2. 撤销之诉的管辖法院。《企业破产法》第21条规定，对于涉及债务人的民事诉讼，由受理破产申请的法院管辖。受理破产申请的法院对管理人所为撤销之诉有专属管辖权。因此，管理人应当且只能向受理破产申请的法院提起撤销之诉。但是，"受理破产申请的人民法院，如对有关债务人的海事纠纷、专利纠纷、证券市场因虚假陈述引发的民事赔偿纠纷等案件不能行使管辖权的，可以依据民事诉讼法第三十七条的规定，由上级人民法院指定管辖"[①]。

3. 管理人的举证责任。管理人请求法院撤销债务人处分财产的偏颇性行为，应当举证证明债务人所为处分财产的偏颇性行为属于《企业破产法》第31条或第32条所规定之行为，并举证证明此等行为发生于法院受理破产申请前临界期间内。至于债务人的行为是否损害了债权人的利益，除《企业破产法》第32条"但书"之规定外，管理人不承担举证责任。管理人行使破产撤销权，应当以保全债务人财产的必要为限度，不得过分超出债务人财产的"应有价值"行使撤销权。例如，对于已届清偿期的债权，债务人本应清偿，只是因为债务人发生不能清偿债务的情形，才限制其清偿已届清偿期的债权。《企业破产法》第32条"但书"规定，对债务人财产受益的个别清偿，不得主张撤销。[②] 何者构成对债务人财产受益的个别清偿，应当由获得清偿的债权人举证证明，管理人对债权人的举证负有反驳的责任。同样，对于债务人所为行为是否存在恶意，行为之

[①] 最高人民法院《关于适用〈中华人民共和国企业破产法〉若干问题的规定（二）》（2013年）第47条第3款。

[②] 最高人民法院《关于适用〈中华人民共和国企业破产法〉若干问题的规定（二）》（2013年）第14条规定："债务人对以自有财产设定担保物权的债权进行的个别清偿，管理人依据企业破产法第三十二条的规定请求撤销的，人民法院不予支持。但是，债务清偿时担保财产的价值低于债权额的除外。"第16条规定："债务人对债权人进行的以下个别清偿，管理人依据企业破产法第三十二条的规定请求撤销的，人民法院不予支持：（一）债务人为维系基本生产需要而支付水费、电费等的；（二）债务人支付劳动报酬、人身损害赔偿金的；（三）使债务人财产受益的其他个别清偿。"

相对人取得财产或利益时是否存在恶意，管理人亦不必举证。①

（五）破产撤销权的除斥期间限制

破产撤销权为形成权。管理人行使破产撤销权应当在除斥期间经过前为之。但是，破产撤销权为特别法所适用的制度，不便适用普通法所规定的除斥期间制度，故破产立法例对于破产撤销权的行使期间，均规定有专门的诉讼时效或除斥期间。例如，日本《破产法》（1922 年）第 85 条规定："否认权自破产程序开始日起 2 年间不行使的，因时效而消灭；自行为之日起经过二十年者，亦同。"德国《破产法》第 41 条规定，破产撤销权应在破产程序开始后 1 年内行使，期间的进行准用民法典关于消灭时效的规定。我国台湾地区"《破产法》"第 81 条则规定有破产撤销权行使的 2 年除斥期间。

《企业破产法》对破产撤销权的行使期间未作任何规定，实对交易安全的保护不利，也不利于督促管理人及时行使破产撤销权以勤勉尽责，应当引起司法实务的关注。《企业破产法》第 123 条规定，在破产程序终结之日起 2 年内，若发现债务人有可撤销的行为而转让的财产，债权人还可以请求法院追回因该行为而转让的财产进行追加分配。上述破产程序终结后 2 年期间的规定，并非针对破产撤销权的行使之期间规定，仅是债权人请求追加分配的时效期间。债权人请求追加分配的请求权的时效期间，应当以撤销权的行使作为条件或基础，撤销权消灭的，追加分配的基础权利（返还财产的请求权）将不复存在。因此，在解释《企业破产法》第 123 条规定的时效期间时，应当注意以上的区别。若管理人的撤销权因除斥期间而消灭的，则不存在适用《企业破产法》第 123 条的余地。笔者以为，在企业破产法对破产撤销权的行使期间尚未有明文规定前，最高法院可以司法解释规定破产撤销权行使的除斥期间为 2 年，自法院受理破产申请之

---

① 但应当注意的是，管理人行使撤销权并不当然有效于债务人的偏颇性行为所处分的财产之转得人。债务人为偏颇性行为处分财产的转得人，并非债务人偏颇性行为的相对人，而是因为相对人的行为才取得债务人原本属于债务人的财产。转得人不以一次转得或一人为限；至于转得人取得财产或者权利，是依赖于法律行为还是执行行为、债权行为还是物权行为，在所不问。参见陈荣宗《破产法》，（台北）三民书局 1986 年版，第 263 页。为维护交易安全，转得人的利益应当受到特别的尊重。日本《破产法》（1922 年）第 83 条规定，转得人在转得当时，已知对其各自前手有否认原因的，破产管理人可对转得人行使否认权。因此，仅在转得人取得财产时知债务人有处分财产的偏颇性行为，管理人才可对转得人主张破产撤销权。于此场合，管理人对转得人的恶意负有举证责任。

日起算。破产撤销权行使的除斥期间经过后,管理人不得再向法院主张《企业破产法》第 31 条和第 32 条规定的撤销权。

(六) 破产撤销权行使的效果

管理人向法院起诉行使破产撤销权,经法院审理判决确定,发生恢复原状的效果。债务人同相对人间的法律关系,恢复到被法院判决撤销的债务人行为成立前的状态:债务人尚未履行的给付,不再履行;债务人提供的担保,失去效力;相对人已取得的财产或者利益,应当返还给债务人财产。

管理人行使破产撤销权,发生相对人已取得的财产或者利益返还给债务人财产的效果,故管理人对相对人亦有返还财产的请求权。相对人向债务人财产返还财产的,原物存在的,应当返还原物;原物不存在的,应当返还原物的价额(损害赔偿)。特别是,管理人行使撤销权,只能发生管理人请求相对人恢复原状的债权请求权,对于因债务人处分财产的偏颇性行为转让的财产并没有追及力。因此,在管理人请求相对人返还而相对人也被适用破产程序时,管理人只能作为相对人的债权人行使权利,不得对相对人已取得的财产行使取回权。[①]

破产撤销权的行使发生恢复原状的效果,与债务人为交易的相对人向债务人所为给付,也应当恢复原状。债务人在法院受理破产申请前,因为被法院判决撤销的偏颇性行为已经取得之相对人的利益,例如相对人所为对待给付、相对人因为债务人清偿债务而消灭的债权等,应当返还给相对人。日本《破产法》(1922 年) 第 78 条规定,在债务人的行为被否认的情形下,若债务人所受对待给付现存于破产财团,相对人可以请求返还,因为对待给付产生的利益现实存在时,相对人可以在该利益限度内作为共益债权人行使权利;但是,因对待给付产生的利益现已不存在时,相对人仅能以其价额的偿还作为债权人行使权利。第 79 条规定,在债务人的行为被否认的情形下,相对人在返还其所受给付或偿还其价额后,其债权恢复原状。

在我国,相对人在管理人行使破产撤销权的情形下如何请求管理人承担恢复原状的义务,《企业破产法》没有规定。基于破产程序的法理,笔者认为应作如下解释:相对人请求管理人返还财产的,原物存在的,应当

[①] 参见刘清波《破产法新论》,(台北)东华书局 1984 年版,第 233 页。

返还原物；原物不存在的，应当返还原物的价额（损害赔偿）。相对人请求返还原物的，其请求权基础为取回权；相对人请求返还原物的价额的，其请求权基础为债权。相对人以债权请求管理人返还财产的，导致该债权发生的原因形成于破产程序开始前的，为普通债权；导致该债权发生的原因形成于破产程序开始后的，则为共益债权。

三 涉及债务人财产的无效行为

涉及债务人财产的无效行为，是指涉及债务人财产而不具备民事法律行为生效要件的特定民事行为，包括隐匿财产、为逃避债务而转移财产、虚构债务、承认不真实的债务和侵占债务人财产。无效行为之所以无效，并非因为有破产程序而无效；不论是否对债务人开始破产程序，涉及债务人财产的无效行为，均是自始无效和当然无效的。

《企业破产法》第33条规定："涉及债务人财产的下列行为无效：（一）为逃避债务而隐匿、转移财产的；（二）虚构债务或者承认不真实的债务的。"[①] 这里所称涉及债务人财产的无效行为，均是不产生私法上权属变动效果的处分行为或者负担行为；此等"行为"的相对人也并不能依照此等"行为"取得属于债务人的财产或利益。在这个意义上，隐匿财产、为逃避债务而转移财产、虚构债务、承认不真实的债务和侵占债务人财产的行为，无须破产立法的专门规定，即为当然无效的行为。因此，不论是否存在《企业破产法》第33条和第36条的规定，债务人所为隐匿财产、为逃避债务而转移财产、虚构债务、承认不真实的债务和侵占债务人财产的行为，以及其他法律、行政法规规定的涉及债务人财产的无效行为，均具有相同的法律意义，即任何人因涉及债务人财产的无效行为而取得的债务人财产，管理人均有权追回。

依法理，民事行为无效发生恢复原状或损害赔偿的后果；给付财产的，还应当返还财产。但在民法上，因无效而发生之物的返还请求权，属于何种性质的权利，学者对其有两种解释。一为债权性质的不当得利返还请求权，二为物权性质的物权返还请求权。我国台湾学者对此也有类似的

[①] 需要注意的是，《企业破产法》第36条规定，"债务人的董事、监事和高级管理人员……侵占的企业财产"，应当追回；侵占债务人财产的行为在性质上仍为无效，与"涉及债务人财产的无效行为"相同。

解释，但是因行为人行为当时是明知、应知或不知，其后果有所不同。①我国民法上因无效而发生的物的返还请求权，应当考虑行为人的主观恶意程度分别定性。无效行为因行为相对人明知或者应知有无效的情形者，应以侵权行为论后果；因侵权而取得他人财产时，权利人得以其物权返还请求权主张物的返还，物的返还不能时，相对人应负损害赔偿责任，相对人对物的返还不能是否有过错，在所不问。无效行为因相对人不知有无效的情形者，应以不当得利论后果；因不当得利取得他人财产，权利人享有债权性质的不当得利返还请求权，财产返还不能时，相对人仅对其有过错的行为负损害赔偿的责任；从民法公平原则的角度出发，我们也不应当要求无效行为的无过错的相对人，负返还不能的责任。②

在这里，我们应当特别注意的是，《企业破产法》规定的涉及债务人财产的无效行为仅限于隐匿财产、为逃避债务而转移财产、虚构债务、承认不真实的债务和侵占债务人财产的行为；而上述行为客观上除了会引起债务人财产的占有移转外，并不会引起债务人财产的权属关系的变动。因此，管理人追回债务人财产的，其请求权基础为物的所有权返还请求权或者物的占有不当得利返还请求权，相对人为因债务人所为涉及债务人财产的无效行为而取得债务人财产占有之财产持有人（占有人）。因此，不论债务人和相对人主观上是否有恶意（知道或者应当知道隐匿财产、为逃避债务而转移财产、虚构债务、承认不真实的债务和侵占债务人财产的事实），管理人均可对债务人财产的持有人（占有人）主张债务人财产的所有权返还；在此情形下，若应予返还的财产因灭失或毁损而不能返还的，不论财产持有人（占有人）对此是否有过错，管理人对其均享有损害赔偿请求权。与此相同的是，管理人也可对债务人财产的持有人（占有人）主张债务人财产的占有不当得利返还；在此情形下，若应予返还占有的财产因灭失或毁损而不能返还的，不论财产持有人（占有人）对此是否有过错，管理人对其亦享有损害赔偿请求权。

因债务人所为涉及债务人财产的无效行为而取得债务人财产占有的相对人，又将债务人财产转让给善意第三人而返还不能的，管理人对相对人仅有损害赔偿请求权。但是，债务人财产的转得人为恶意时，管理人请求

---

① 参见刘清波《民法概论》，（台北）开明书店1979年版，第142—143页。
② 参见邹海林《论破产程序的溯及效力》，《法学研究》1993年第6期。

返还债务人财产的所有权返还请求权对转得人取得占有的债务人财产具有追及效力，在转得人返还债务人财产不能时，相对人与转得人负连带责任。

管理人请求债务人所为涉及债务人财产的无效行为的相对人返还债务人财产的，不以诉讼为必要。诉讼只是管理人行使追回债务人财产的权利的一种方式，但不是唯一的方式。以诉讼外的方式主张债务人财产返还请求权不能的，管理人才有必要以诉讼方式请求法院实现其请求权。[①] 最高人民法院《关于适用〈中华人民共和国企业破产法〉若干问题的规定（二）》（2013年）第17条规定："管理人依据企业破产法第三十三条的规定提起诉讼，主张被隐匿、转移财产的实际占有人返还债务人财产，或者主张债务人虚构债务或者承认不真实债务的行为无效并返还债务人财产的，人民法院应予支持。"管理人以诉讼行使债务人财产的返还请求权的，应当向受理破产申请的法院提出确认之诉和给付之诉。管理人因涉及债务人财产的无效行为而追回的财产，并入债务人财产。

理论上，管理人因涉及债务人财产的无效行为而产生的债务人财产之所有权返还请求权，不受诉讼时效的限制；但是，因为所有权返还请求权行使不能而发生的损害赔偿请求权，以及债务人财产的占有不当得利返还请求权，受诉讼时效的限制。破产法对管理人追回债务人财产的权利之行使另有特别期间限制的，应当适用破产法的规定。例如，《企业破产法》第一百二十三条规定："自破产程序依照本法第四十三条第四款或者第一百二十条的规定终结之日起二年内，有下列情形之一的，债权人可以请求人民法院按照破产财产分配方案进行追加分配：（一）发现有依照本法……第三十三条、第三十六条规定应当追回的财产的……"

[①] 我国破产立法曾经将管理人追回无效行为转让的财产的方式限定为诉讼。参见《企业破产法（试行）》第35条第2款。

第六章

破产程序中的权利

第一节 破产程序中的类型化权利

破产程序开始后，因为债务人财产的概括执行效力，对债务人财产享有实体民事权利的人，不得在破产程序之外对债务人或债务人财产行使权利。对债务人享有权利的人，在破产程序开始后，应以管理人（债务人财产）为行使权利的相对人。

对债务人或债务人财产享有的民事实体权利，因其发生的时间、原因或基础的不同，在破产程序中具有不同的位阶。因此，对债务人财产享有的民事实体权利的位阶不同，决定了破产程序中的实体民事权利类型化的立场。依照破产立法例的规定，破产程序中的类型化权利，主要有破产费用和共益债务请求权、破产取回权、别除权、破产抵销权和可受分配请求权。这些类型化的权利，相对于债务人财产而言，均属债务人财产上的负担。

破产费用请求权，是指要求由债务人财产优先支付的、在破产程序期间应当支付的程序费用以及保管、清理、处理和分配债务人财产而发生的费用的权利。共益债务请求权，是指要求由债务人财产优先清偿的、在破产程序期间发生的债务的权利。破产费用请求权和共益债务请求权，可以统称为共益债权，均为债权人的团体利益而在破产程序进行中发生，由债务人财产随时清偿。破产费用和共益债务的清偿直接引起债务人财产的减少。

破产取回权，是指财产权利人不依破产程序，从管理人占有管理的财产中取回原不属于债务人所有的财产之权利。对于管理人占有和管理的财产，若有不应当列入债务人财产的他人财产，该财产的权利人自可以通过管理人取回该财产。权利人通过管理人取回财产，对管理人占有和管理债务人财产的状态会产生直接的影响，并会引起相关的费用发生。

别除权，是指权利人将本属于债务人财产的担保标的物"别除"于破产程序而优先受偿的权利。受别除权支配的债务人财产，称为别除标的物。在破产程序开始前，以债务人财产为标的设定的抵押、质押、留置等担保以及依法取得的优先权，构成债务人财产的担保负担。债务人财产的担保负担不受破产程序开始的影响，而担保负担的清偿将直接降低管理人占有支配的债务人财产的价值。

破产抵销权，是指债权人在破产程序开始后可以抵销其对债务人财产所负债务的权利。债权人在破产程序开始前对债务人负有债务的，在破产程序开始后可以向管理人主张抵销，债权人所享有的抵销利益，亦构成债务人财产上的负担。债务人财产上的抵销负担不受破产程序开始的影响，而抵销负担的清偿将直接降低管理人占有支配的债务人财产的价值。

可受分配请求权，是指参加破产程序的权利人按照法定程序和方式能够接受分配的请求权，包括但不限于劳动债权、社保费用请求权、税收请求权以及普通债权。可受分配请求权是破产程序中最为重要的类型化权利，而破产程序基本上是围绕可受分配请求权的实现而展开的程序。可受分配请求权中居于中心地位的权利为普通债权，在破产清算程序中又称为破产债权。

第二节 破产费用和共益债务

一 破产费用和共益债务的意义

破产费用，是指在破产程序期间为破产程序的顺利进行而必须支付的程序费用，以及管理、估价、清理、变卖和分配债务人财产和继续债务人的营业而必须支付的费用。破产费用由债务人财产优先拨付。《企业破产法》第41条规定："人民法院受理破产申请后发生的下列费用，为破产费用：（一）破产案件的诉讼费用；（二）管理、变价和分配债务人财产的费用；（三）管理人执行职务的费用、报酬和聘用工作人员的费用。"显然，破产费用是为债权人的共同利益而在破产程序期间必须支出的法定合理费用。

共益债务，是指管理人为全体破产程序的债权人的共同利益，因为管理、营业、处分和分配债务人财产而负担的债务。共益债务的对称，为共益债权。《企业破产法》第42条规定："人民法院受理破产申请后发生的下列债务，为共益债务：（一）因管理人或者债务人请求对方当事人履行双方均未履行完毕的合同所产生的债务；（二）债务人财产受无因管理所产生的债务；（三）因债务人不当得利所产生的债务；（四）为债务人继续营业而应支付的劳动报酬和社会保险费用以及由此产生的其他债务；（五）管理人或者相关人员执行职务致人损害所产生的债务；（六）债务人财产致人损害所产生的债务。"

《企业破产法》所规定之破产费用和共益债务，与我国破产立法所采破产程序受理开始主义的立场相关。只要有破产程序的开始，不以债务人被宣告破产清算为条件，就会发生破产费用或者共益债务。破产程序开始后，管理人接管债务人财产而负责保管、清理、营业、处分或者分配债务人财产或者继续债务人的营业必然会产生费用或债务。我国破产立法规定的破产费用和共益债务，与奉行破产程序宣告开始主义的破产立法例规定的"财团费用和财团债务"相比，在发生的原因、范围和时间节点上并不完全相同，但在理论上所揭示的这些概念的内涵在性质上具有相通性。[①]

破产费用和共益债务均因破产程序而发生，并以债权人的团体利益为目的，没有本质上的差别。破产费用的具体表现形式主要是债务人财产的管理费用、清理费用、估价费用、变价费用、分配费用和因此而产生的税费，破产案件的诉讼费用，管理人的报酬以及聘用工作人员的费用，召开债权人会议的费用，债权人委员会执行职务的费用和报酬等。共益债务则主要包括管理人继续债务人的营业而发生的债务，管理人请求履行双务合同而产生的债务，管理人执行职务而侵害他人权益所发生的债务，债务人

[①] 破产程序宣告开始主义的破产立法将因为破产财团的占有、管理、变价和分配所支付的必要费用以及发生的债务，称为"财团费用和财团债务"或者"财团债权"。前者如德国《破产法》第96条和95条的规定，后者如日本《破产法》（1922年）第47条的规定。财团费用和财团债务是用以区别破产宣告后的破产债权的一类优先权。

财产受无因管理所产生的债务，以及债务人财产取得不当得利所产生的债务。① 破产费用和共益债务的本质相同，均由债务人财产随时拨付或清偿；但因其发生原因的差异而与债务人财产受偿的地位稍有差别，债务人财产不足以清偿所有破产费用和共益债务的，先行清偿破产费用。② 《企业破产法》将破产费用和共益债务分别加以规定，方便司法实务对破产费用和共益债务进行识别。③

二 破产费用和共益债务的属性

破产费用和共益债务因为债权人的共同利益而发生，具有以下相同的四个属性。

（一）受债务人财产优先拨付

破产费用和共益债务由债务人财产获得优先受偿；破产费用和共益债务的优先地位，是相对于从债务人财产受偿的其他财产请求权而言的。在债务人财产清偿其他请求权之前，应当先行清偿破产费用和共益债务。破产费用和共益债务的优先受偿地位，还受债务人财产随时清偿的方式的保证。正因如此，当债务人财产不足以清偿破产费用和共益债务时，法院应当终结破产程序。

破产费用和共益债务受债务人财产的优先清偿，有些类似于别除权的受偿。但是，破产费用和共益债务以债务人财产中的不特定财产作为受偿标的，不同于别除权；后者以债务人财产中的特定财产为标的。另外，债务人财产中已作为别除权的标的之债务人财产，在别除权人行使权利后尚有剩余或价值的，可用于清偿其他请求权，包括破产费用和共益债务。在这个意义上，除非已作为别除权的标的之债务人财产的价值超过所担保的债务数额的，该财产不能作为破产费用和共益债务的受偿保证。

（二）依附于破产程序而存在

在破产程序开始前，对债务人享有的财产请求权，或为优先顺位的请

---

① 参见德国《破产法》第58条和第59条，日本《破产法》（1922年）第47条，韩国《破产法》第38条。

② 参见《企业破产法》第42条第2款。

③ 我国破产立法曾经只规定破产费用而没有明文规定共益债务，参见《企业破产法（试行）》第34条。破产立法规定的缺失曾经致使我国的破产法理论和实务采取了不同的处理立场。理论上，学者们普遍认同共益债务的存在。但司法实务似乎并未公开承认共益债务，最高人民法院《关于审理企业破产案件若干问题的规定》（2002年）就没有反映共益债务的规定。

求权，或为普通债权，或为别除权，不存在破产费用和共益债务的问题。在破产程序终结后，除有实施追加分配的必要，也不可能发生破产费用和共益债务的问题。破产费用和共益债务只能产生于破产程序的开始，并附随于破产程序的进行。只要存在破产程序，就有债务人财产的管理和营业活动或者管理人职务的执行，就必然发生破产费用和可能产生共益债务。

破产费用和共益债务依附于破产程序而存在。法院受理破产案件后，至破产程序终结前，为债权人的共同利益所支出的一切费用为破产费用；管理人在破产程序开始后，为债权人的共同利益为民事行为所负担的债务为共益债务；在破产程序终结后的法定期间内，因实施追加分配而产生的费用或者债务，亦应当按照破产费用和共益债务的方式受偿。

(三) 为债权人的共同利益而发生

债权人对债务人的财产请求权，虽然产生于破产程序进行中，但不是为债权人的共同利益而发生的，例如债权人参加破产程序的费用，就不能作为破产费用或者共益债务请求优先受偿。从法律规定的角度观察，不论是破产案件的诉讼费用，还是管理人执行职务所发生的费用，不仅必需而且其目的都在于维护债权人的共同利益。为债权人的共同利益而发生，是破产费用和共益债务由债务人财产受偿而区别于别除权、优先顺位请求权和普通债权的典型特征。

(四) 不依破产程序随时受偿

破产费用和共益债务以债务人财产作为其受偿的责任财产，不依破产程序而随时受偿。破产费用和共益债务的随时受偿，是其区别于优先顺位请求权、普通债权等由债务人财产受偿的可受分配请求权的显著标志。

破产费用和共益债务为破产程序进行所必须支出的费用和承担的债务，根本目的在于保证债权人的公平受偿利益。既然破产费用和共益债务为债权人之共同利益而支出，理应由债务人财产随时拨付或者清偿，以免发生浪费债务人财产的危险。例如，债务人财产不足以支付破产费用和共益债务时仍然进行破产程序而导致的浪费。对于破产费用的拨付或者共益债务的清偿，管理人可以根据需要由债务人财产随时为之；在破产清算程序中，破产费用的拨付或者共益债务的清偿，也不必列入债务人财产分配方案。但是，管理人以债务人财产随时拨付破产费用或者清偿共益债务的，应当将破产费用的拨付和共益债务的清偿情况向债权人会议报告并接受债权人会议的审查。

三 破产费用和共益债务之债务人

(一) 关于破产费用和共益债务之债务人的学说

破产费用和共益债务由债务人财产优先受偿,但何者为真正的债务人?理论上存在诸多争执。破产立法例对破产费用和共益债务之债务人并无相应的规定,以大陆法系破产立法为基础的破产法理论,对于破产费用和共益债务之债务人提出了四种学说:破产人说、债权人团体说、破产财团说和管理人说。[①]

1. 破产人说

破产人说认为,破产人因受破产宣告而丧失对其财产的管理处分权,但破产人仍然为破产财团的财产的所有人;破产费用和共益债务由破产财团的财产受优先清偿,实际上是由破产人所有的财产受偿,在程序上类似于民事执行程序的费用由被执行人所有的财产受偿。因此,破产费用和共益债务之债务人,应当是破产人。

对于破产人说的理论,有学者提出了两点批评意见:(1)自然人受破产宣告,破产人和其家庭的必要生活费用依法列入破产费用,破产人不仅可以请求由破产财产支付此项费用,而且还要承担此项费用支付的义务,破产人既是债权人又是债务人,与法理不合。(2)在破产免责主义的立法体制下,破产人为破产费用和共益债务之债务人,如果破产财产不足以清偿所有的破产费用和共益债务,则破产人必须以其自由财产清偿破产费用和共益债务或者负担无限清偿责任,此又与破产免责主义的立法意图相悖。

2. 债权人团体说

债权人团体说认为,破产费用和共益债务是为债权人的团体利益而发生的,破产财团的最终受益人亦为债权人团体,所以破产费用和共益债务的受偿,并不单纯体现为破产财团的所有人与破产费用和共益债务之间的关系,实际上体现了破产费用和共益债务与债权人团体之间的利益关系,这种关系以破产财团为媒介。因此,破产费用和共益债务之债务人为债权人团体。

---

① 参见陈荣宗《破产法》,(台北)三民书局1986年版,第201—204页;柴发邦主编《破产法教程》,法律出版社1990年版,第192—193页。

对债权人团体说持反对意见的学者认为，债权人团体说在以下两个问题上难以自圆其说：（1）债权人团体不是法律上的权利主体，无民事权利能力和行为能力，难以成为承担债务的责任主体，更无法参加诉讼，破产费用和共益债务请求权人向债权人团体行使权利，在法律上为不可能发生的事件。（2）债权人团体为破产费用和共益债务之债务人，当破产财团不足以清偿破产费用时，债权人团体势必承担清偿责任；若这样，债权人不仅不能由债务人财产受偿，反而要承担清偿破产费用和共益债务的责任，在理论上有违适用破产程序的目的，在实务上也根本行不通。

3. 破产财团说

破产财团说认为，破产财团是债务人的全部财产的拟人化形态，应当视为非法人主体而有权利能力，并可以独立承担义务。在破产清算范围内所产生的破产费用和共益债务，自然应当由破产财团负担。破产费用和共益债务之债务人不能为破产人和债权人，也不能是管理人。管理人只是破产财团的机关，破产财团的机关行为所发生的费用和债务，应由破产财团本身来承担，只有管理人执行职务有故意或者过失致使破产财团受到损害的，才应当与破产财团对他人负连带赔偿责任。所以，破产财团为破产费用和共益债务之债务人。

破产财团说以破产财团具有非法人主体地位为前提，并以管理人为破产财团的机关作为假设，如果法律和理论否认破产财团的非法人主体地位和管理人地位之破产财团代表说，那么这种学说便没有适用余地了。

4. 管理人说

管理人说认为，债务人受破产程序约束而丧失对其财产的管理处分权，债务人的财产转由管理人占有和支配，管理人取得破产财团的受托人地位，对破产财团享有信托所有权。有关破产财团的所有权利和义务均由管理人承担，涉及破产财团的财产之诉讼，以管理人为原告或者被告。因此，破产费用和共益债务之债务人只能是管理人。管理人说实际上为德国和日本破产法学界昔日多数学者所认同的理论，并受到司法实务的相当程度的支持。

（二）管理人为破产费用和共益债务之债务人

对于破产费用和共益债务之债务人，我国理论界已经有所涉及。有学者认为，破产程序开始后，债务人只丧失对其财产的管理处分权，仍然保有对债务人财产的所有权,而破产费用实际由债务人财产优先拨付,债务人当然是破产费用的债务人。① 还有学者认为,破产费用和共益债务的债务人应当具备以下条件:(1)具有财产基础,能够直接满足破产费用和共益债务请求权的清偿要求;(2)能够充分实现破产法的目的,不能因为运行破产程序而无谓扩大支付主体的责任;(3)避免债务人与债权人同一性的矛盾以及破产程序运行中各项制度之间的矛盾。衡量以上三个条件,债务人因丧失了对破产财产的管领能力,不具有清偿破产费用和共益债务的能力;债权人团体也不能直接支配债务人财产而缺乏承担清偿破产费用和共益债务的基础;破产管理人虽然对破产财产有管领能力和支配权利,但又不能避免时而出现的债权人和债务人同一性的矛盾。因此,债务人财产说更接近并符合以上三个条件。破产费用和共益债务的债务人为债务人财产,更符合破产程序的目的和法理。②

有学者认为,我国立法不承认破产财团这一概念,破产财团说不适合于我国的国情;又因债权人团体缺乏统一的人格,无力担负债务人的责任,故债权人团体说也不能成立;再者,依我国破产立法的规定,企业法人被宣告破产,法人地位即告终止,完全丧失了对自己财产的处分权,没有承担财产责任的物质能力,破产企业不宜作为破产费用的债务人。破产清算组织作为债务人财产的唯一合法管理机构,有权依法进行必要的民事活动,并得以自己的名义独立起诉和应诉,可以作为破产费用的债务人。③ 还有学者认为,既然破产费用应当从破产财产中随时偿付,那么履行这种偿付义务的行为主体就只能是唯一代表破产财产,并有权处分破产财产的破产清算人。所以在实务中,有关破产费用的请求,应当以破产清算组为对象提出。④

破产人说、债权人团体说以及破产财团说,在我国破产立法上没有任何依据。破产程序开始后,债务人丧失对债务人财产的管理处分权,不得再有涉及债务人财产的任何处分行为,有关债务人财产的权利和义务均由管理人承担;破产费用和共益债务的拨付只与债务人财产发生关系,由管理人从债务人财产中支付,与债务人本人无直接关联。故债务人不是破产

---

① 参见柯善芳、潘志恒《破产法概论》,广东高等教育出版社1988年版,第223页。
② 参见韩长印《破产法学》,中国政法大学出版社2007年版,第84页。
③ 参见柴发邦主编《破产法教程》,法律出版社1990年版,第193—194页。
④ 王卫国、朱晓娟:《破产法原理、规则、案例》,清华大学出版社2006年版,第201页。

费用和共益债务之债务人。再者，在我国法律上，债务人财产并没有取得法律上的权利主体地位，即使在破产程序中亦如此。债务人财产构成破产程序支配的对象，为破产费用和共益债务请求权、优先顺位请求权、普通债权的权利客体，自然不能作为破产费用和共益债务的债务人。所以，债务人财产不是破产费用和共益债务之债务人。最后，债权人团体在破产程序上以债权人会议的形式取得独立的地位，但是债权人团体并不具有民法上的权利主体或者非法人主体的地位，从而不具有责任能力；更何况，债权人团体虽然对债务人财产有直接的利害关系，但并非债务人财产的所有人，亦非债务人财产的代表，破产费用和共益债务的请求权人无法向债权人团体行使权利。因此，债权人团体不能作为破产费用和共益债务之债务人。

相对而言，以破产管理人作为共益债务和破产费用的债务人更具合理性，也具有法律上的基础。破产管理人为破产程序上的独立主体，其管领并支配债务人财产，有履行债务的财产基础，其所承担的责任只以债务人财产为限，但管理人执行职务因故意或者过失而应当承担赔偿责任的除外。破产程序开始后，管理人为接管债务人财产、独立实施民事行为的主体，依照破产法的规定行使权利和承担义务，并仅以自己的名义执行职务。管理人在破产程序中的独立地位，使其具有承担破产费用和共益债务的责任能力。破产管理人以自己的名义执行破产事务，而对共益债务的履行和对破产费用的支付又属破产事务的内容。在破产程序的进行中，破产管理人可以自己的名义起诉和应诉，能够满足因共益债务和破产费用所生纠纷的诉讼需要。因此，管理人作为破产费用和共益债务之债务人是最合适的。

四 破产费用的范围

依照《企业破产法》的规定，破产费用的项目与债务人财产的管理活动或者破产程序事务发生关联，基本上限于"成本性"的支出，属于法定支出的范畴。破产立法未明文规定的费用支出，不得计入破产费用。依照《企业破产法》第41条的规定，破产费用包括三项：破产案件的程序费用、债务人财产的管理费用以及管理人费用。

（一）破产案件的程序费用

破产案件的程序费用，又称破产案件的诉讼费用，是指自破产程序开始至破产程序终结期间，法院审理破产案件所应当收取或者应当由债务人财产负担的程序上的费用，主要包括破产案件受理费、职权调查的实际费用、公告费、送达费、法院召集债权人会议的费用、证据保全费用、财产保全费用、鉴定费用、勘验费用、翻译费用以及法院认为应由债务人财产支付的其他程序上的费用。显然，破产案件的程序费用不限于破产案件受理费，破产案件受理费仅构成破产案件的程序费用的一部分。再者，破产案件的程序费用必须是为债权人共同利益而在破产程序进行期间应当依照规定支付的费用；在破产程序进行中，个别债权人因其债权异议而发生诉讼的费用，不在其列。

破产案件的程序费用应当依照最高人民法院发布的《人民法院诉讼收费办法》的有关规定收取。具体而言，破产案件的程序费用包括破产案件受理费和破产案件杂费两类。

1. 破产案件受理费

破产案件受理费，按照债务人财产总值依照财产案件收费标准计算，减半缴纳，最高不超过 10 万元。财产案件的收费标准则是按照争议金额的下列比例缴纳：不满 1000 元的，每件交 50 元；超过 1000 元至 50000 元的部分，按 4% 缴纳；超过 50000 元至 100000 元的部分，按 3% 缴纳；超过 100000 元至 200000 元的部分，按 2% 缴纳；超过 200000 元至 500000 元的部分，按 1.5% 缴纳；超过 500000 元至 1000000 元的部分，按 1% 缴纳；超过 1000000 元的部分，按 0.5% 缴纳。[①]

2. 破产案件杂费

破产案件杂费，是指法院受理破产案件后因为处理破产程序事项，并应当由债务人财产负担各项实际费用支出。破产案件杂费包括下列费用：勘验费用、鉴定费用、公告费用和翻译费用，证人、鉴定人、翻译人员在法院决定日期出庭的交通费、住宿费、生活费和误工补助费，采取诉讼保全措施的申请费和实际支出的费用，执行判决、裁定或者调解协议所实际支出的费用，以及法院认为应当由债务人财产负担的其他程序费用。[②]

[①] 参见最高人民法院《〈人民法院诉讼收费办法〉补充规定》（1999 年）和最高人民法院《人民法院诉讼收费办法》（1989 年）第 5 条。

[②] 参见最高人民法院《人民法院诉讼收费办法》（1989 年）第 2 条和第 4 条。

(二) 债务人财产的管理费用

债务人财产的管理费用，是指管理人接管债务人财产后所为债务人财产的保值、增值措施而支出或者应当支出的合理费用。破产程序开始后，债务人丧失占有、管理其财产的地位，债务人财产由管理人接管。管理人接管债务人财产后，在破产程序进行中独立执行职务，具体行使债务人财产的管理和处分权利。管理人为债务人财产的管理，具体负责债务人财产的保管、清理、估价、处分和分配事务，必然要支出相应的费用。具体而言，债务人财产的管理费用主要包括管理费、变价费、分配费和其他必要费用。

1. 管理费

管理费是管理人为占有、清理和保管债务人财产或者继续债务人的营业而必须支出的费用，包括但不限于债务人财产的保管费用、仓储费用、清理费用、维护费用、运输费用、保险费用、行政管理费用、营业税费[1]、公告费用、通知费用等一切为管理行为所支出的合理费用等。管理费是保证管理人正常从事债务人财产的管理和营业的基础。管理费用并不以上述列举的费用为限，凡是管理人为管理债务人财产而发生的费用均在其列。例如，法院宣告债务人破产所指定的必要留守人员的工资和劳动保险费用，应当列入破产费用。[2] 管理人为收回债务人财产而进行诉讼发生的费用，如聘请律师、会计师的代理费用等，亦应当包括在管理费用范围内。

2. 变价费

变价费是管理人处分债务人财产而支付的费用。债务人财产中的非金

---

[1] 破产程序开始后，应债务人财产的营业而产生的应缴税款，应当归类于债务人财产的管理费而属于破产费用。《企业破产法》对此没有明文规定，在解释上难免会有疑问。依日本《破产法》(1922 年) 第 47 条的规定，债务人所欠税款以及破产宣告后应对破产财团课征的税款，一律列入破产费用受偿。我国台湾地区 "《破产法》" 对于破产宣告后课征的税费，可否为破产费用没有明文规定，但学者认为债务人应当缴纳的税款，发生于破产宣告后者，列入破产费用；在实务上，我国台湾地区 1976 年发布的 "《税捐征稽法》" 第 7 条明文规定："破产财团成立后，其应纳税捐为财团费用，由管理人依破产法之规定清偿。" 考虑到管理人为债权人的共同利益而进行有关债务人财产的营业，由此发生的营业税、所得税、增值税、印花税等，应当列入破产费用受债务人财产的优先清偿。

[2] 最高人民法院《关于贯彻执行〈中华人民共和国企业破产法（试行）〉若干问题的意见》(1991 年) 第 49 项和第 66 项。

钱财产，在必要时，管理人有权予以处分，而将之换价为金钱。管理人处分债务人财产而支出的费用，包括但不限于债务人财产的估价费用、鉴定费用、公证费用、公告费用、通知费用、拍卖费用、执行费用、登记费用、变价债务人财产应当缴纳的税费等。

3. 分配费

分配费是管理人为将债务人财产分配给债权人所发生的费用，主要包括债务人财产分配表的制作费用、公告费用、通知费用、交付分配额的费用、提存分配额的费用等。

4. 其他必要费用

管理人为债务人财产的管理所支付费用，如果不能被《企业破产法》第41条第2项规定的法定费用项目所包含，应当依照费用支付的目的和费用支付的实际情况，以"其他必要费用"加以概括而列入债务人财产的管理费用。① 例如，管理人为追回债务人财产向法院提起确认之诉或者给付之诉而支付的费用②；债权人会议选任债权人委员会的，债权人委员会执行职务的费用及其成员的报酬；债权人会议主席决定召开债权人会议而支出的公告费、通知费和开会费用等。这些费用均应当列入债务人财产的管理费用。

（三）管理人费用

管理人费用，是管理人依照破产立法的规定履行职责而支付并应当由债务人财产负担的破产费用。管理人费用围绕管理人执行职务的行为而发生，具体包括管理人执行职务的费用、管理人的报酬以及管理人聘任工作人员的费用三项。③

在这里应当注意，管理人执行职务的费用是否包含所有的债务人财产的管理费用，就是一个不小的问题，因为前述债务人财产的管理费用，均

---

① 这个问题是因为《企业破产法》第41条在列举破产费用的项目时没有"兜底条款"而遗留的问题。该法第41条所列举的破产费用项目事实上不能穷尽应当属于破产费用项目的所有类型，存在明显的法律漏洞。但可以通过法律解释的途径将破产程序中为债权人共同利益而支付的、与债务人财产管理有关的其他必要费用列入破产费用。

② 例如，最高人民法院《关于审理企业破产案件若干问题的规定》（2002年）第88条规定，"催收债务所需费用"属于破产费用。

③ 参见《企业破产法》第41条第3项。

因管理人执行职务的行为而发生。再者，管理人聘任工作人员的费用[①]，亦与管理人执行职务有密切的关系，将之作为管理人执行职务的费用也是合适的，况且管理人聘任工作人员的费用均因债务人财产的管理、变价和分配而发生，将之列入债务人财产的管理费用，更为妥当。所以，管理人费用与前述债务人财产的管理费用之间，是很难划出一个较为清晰的界限的。管理人费用和债务人财产的管理费用事实上具有相互重叠的关系。前述债务人财产的管理费用应当包括《企业破产法》第41条第3项所称"管理人执行职务的费用、报酬和聘任工作人员的费用"。笔者认为，《企业破产法》第41条第3项所称"管理人执行职务的费用、报酬和聘任工作人员的费用"，属于破产费用中的债务人财产的管理费用之同一项目，只不过以不同的角度对相同项目的破产费用进行了重复描述。

五 共益债务的范围

共益债务是债务人财产在破产程序进行期间所负担的债务，多因管理人执行职务的行为而发生。破产立法例对共益债务的规定基本上是类似的。我国台湾地区"《破产法》"第96条规定，共益债务包括下列四项：（1）管理人关于破产财团所为行为而生之债务；（2）管理人为破产财团请求履行双务契约所生之债务，或因破产宣告后应履行双务契约而生之债务；（3）为破产财团无因管理所生之债务；（4）因破产财团不当得利所生之债务。

《企业破产法（试行）》没有规定"共益债务"，而是以范围相当广泛的破产费用包括了共益债务。但学者在理论上仍将共益债务单独列出，与破产费用并列加以研究。有学者认为，共益债务又称为财团债务，是指管理人为全体债权人的共同利益，管理、变价和分配破产财产而负担的债务。《企业破产法（试行）》未规定共益债务，但在司法实务上可以准用破产费用的规定对待共益债务。具体而言，共益债务主要包括：（1）管理人在管理破产财产过程中所负担的债务，如继续债务人未履行的双务合同产生的债务、处分取回权人的财产所产生的赔偿责任等；（2）破产程

[①] 管理人聘任工作人员的费用，不同于《企业破产法》第42条所称"为债务人的继续营业而应支付的劳动报酬和社会保险费用"。前者仅限于为管理人提供专业服务的人员的费用，后者则是与债务人保有劳动合同关系的从业人员的费用。

序开始后因对破产财产无因管理所产生的债务；（3）破产程序开始后因破产财产不当得利所发生的债务。① 还有学者提出，共益债务的范围应当包括以下几项：（1）为破产企业的继续营业而与第三人交易所负担的债务。（2）在破产程序进行过程中应支付给雇员的工资。（3）因要求履行双务契约所生的债务。（4）破产程序开始后因无因管理而对破产企业享有的债权。（5）破产程序开始后因破产企业不当得利而产生的债务。（6）破产程序开始后因侵权行为而对破产企业产生的债权。② 这些研究为我国破产法的改革提供了理论支持。

《企业破产法》第 42 条规定："人民法院受理破产申请后发生的下列债务，为共益债务：（一）因管理人或者债务人请求对方当事人履行双方均未履行完毕的合同所产生的债务；（二）债务人财产受无因管理所产生的债务；（三）因债务人不当得利所产生的债务；（四）为债务人继续营业而应支付的劳动报酬和社会保险费用以及由此产生的其他债务；（五）管理人或者相关人员执行职务致人损害所产生的债务；（六）债务人财产致人损害所产生的债务。"依照上述规定，共益债务发生的基础关系主要有合同、侵权行为、不当得利和无因管理。

六　共益债务的类型化

以共益债务发生的原因为基础，可以将共益债务区分为以下三类：管理人执行职务负担的债务、债务人财产因受无因管理所产生的债务以及债务人财产因取得不当得利所发生的债务。

（一）管理人执行职务负担的债务③

管理人执行职务负担的债务，是指管理人在破产程序进行期间执行职务于债务人财产上所设定的负担，例如，管理人决定继续履行债务人未履行的合同所产生的债务，管理人为债务人的继续营业借款而产生的债务；

---

① 参见邹海林《破产程序和破产法实体制度比较研究》，法律出版社 1995 年版，第 344、356—358 页。

② 参见李永军《破产法律制度》，中国法制出版社 2000 年版，第 217—220 页；沈贵明《破产法学》，郑州大学出版社 2004 年版，第 221—223 页。

③ 重整程序开始后，若法院准许债务人在管理人的监督下自行管理财产和营业事务的，管理人的职权由债务人行使。自行管理的债务人在重整期间行使管理人的职权所负担的债务，视为管理人执行职务负担的债务。

或者因管理人执行职务造成他人损害而应承担的民事赔偿责任，管理人处分取回权人的财产所产生的损害赔偿责任。

《企业破产法》对于管理人执行职务负担的债务所为规定不是十分清晰，但应当包括管理人在破产程序期间执行债务所产生的所有债务。依照《企业破产法》第 41 条的规定，管理人执行职务负担的债务主要包括以下四类：(1) 因管理人请求履行对方当事人履行双方均未履行完毕的合同①所产生的债务；(2) 破产程序开始后为债务人的继续营业而应支付的劳动报酬和社会保险费用；(3) 管理人或相关人员执行职务致人损害所产生的债务；(4) 为债务人的继续营业而产生的其他债务，包括但不限于管理人为债务人的继续营业为借款等法律行为而产生的各项债务。以下三项管理人执行债务产生的共益债务，有特别说明的必要。

1. 管理人请求继续履行未履行的合同所产生的债务

就破产程序开始前成立的债务而言，债务人和相对人均未履行或履行完毕的，管理人有权决定解除或者继续履行该合同。管理人解除未履行的合同的，相对人由此发生的损害赔偿请求权，依照破产程序行使权利。但是，当管理人决定继续履行未履行的合同时，其行为实为债权人的共同利益。这时，管理人成为履行未履行的合同之当事人一方，管理人对合同的履行负责。管理人执行职务承担责任的基础是债务人财产，管理人决定继续履行未履行的合同，该合同的相对人应当受到债务人财产的优先保护；否则，相对人得以债务人已丧失偿付能力而主张不安抗辩权或者拒绝自己义务的履行。因此，管理人决定继续履行未履行的合同，因该合同的履行产生的债务为共益债务；管理人决定继续履行未履行的合同后又解除该合同或者违反该合同所负担的债务，由此产生的损害赔偿责任，亦属于共益债务。②

---

① 此处所称"未履行完毕的合同"仅以破产程序开始前成立的、破产程序开始后未履行或未履行完毕的合同为限，不包括管理人在破产程序开始后为继续债务人财产的营业而成立的合同。

② 法院受理破产申请后，为债务人的继续营业，管理人决定继续履行劳动或雇佣合同而应当支付的劳动报酬和社会保险费用，解释上也可以归入管理人请求继续履行未履行的合同所产生的债务之范畴。但是，《企业破产法》第 42 条第 1 款第 4 项对之已有明文规定，管理人请求继续履行未履行的合同所产生的债务，不包括管理人决定继续履行劳动或雇佣合同而应当支付的劳动报酬和社会保险费用。

这里有一个问题值得讨论。管理人行使破产撤销权而对撤销行为的相对人所承担的对待给付返还的义务，是否为共益债务？我国法院的司法实务认为，法院根据管理人的请求撤销涉及债务人财产的以明显不合理价格进行的交易的，买卖双方应当依法返还从对方获取的财产或者价款，对于债务人应返还受让人已支付价款所产生的债务，受让人可以请求作为共益债务清偿。[①]

在破产程序开始前临界期间，债务人以明显不合理的低价进行交易的，是损害债务人财产或债权人团体利益的偏颇性行为，行为相对人在通常情形下具有恶意，管理人撤销以明显不合理的低价进行交易的行为所承担的向相对人返还对待给付的义务，其发生原因成立于破产程序开始前，将之列为共益债务似有不妥。如果比较管理人解除合同和行使破产撤销权，相对人因管理人解除合同所享有的损害赔偿请求权为普通债权，因管理人撤销以明显不合理的低价进行交易所享有的恢复原状的权利（多可转化为损害赔偿请求权）为共益债务，对于相对人和债权人团体而言均有失公允。所以，管理人行使破产撤销权而对撤销行为的相对人所承担的对待给付返还的义务不应当属于共益债务。

2. 管理人执行职务而为民事法律行为产生的新债务

破产程序开始后，管理人接管债务人财产而以自己的名义为民事行为；若管理人继续债务人财产的营业，必然存在发生新债务的可能。例如，管理人为营业的必需、经债权人会议同意借款产生的债务；管理人为处理债务人财产而租赁运输工具产生的债务；管理人为继续债务人营业而发包债务人的营业产生的债务等。

管理人执行债务的目的在于保全和增值债务人财产，以更加有利于债权人的共同利益。所以，破产程序开始后，凡管理人执行职务而为民事法律行为产生的新债务，属于共益债务而由债务人财产优先清偿。也只有这样做，才能合理地保持破产程序开始前的债权人和新债权人的利益平衡。

3. 管理人执行职务致人损害的赔偿责任

破产程序开始后，管理人执行职务，不论其主观上是否有过错，均应当视为为债权人的共同利益所为。因此，管理人执行职务时，故意或者过

[①] 参见最高人民法院《关于适用〈中华人民共和国企业破产法〉若干问题的规定（二）》（2013年）第11条。

失造成第三人人身或者财产损害的,应当对受害人承担损害赔偿责任;①管理人执行职务聘用的必要工作人员在执行业务活动过程中致人损害的,管理人应当对其致害行为承担责任。债务人财产为管理人所控制、管理,因为债务人财产的"缺陷"造成第三人损害的,虽非管理人执行职务所直接造成损害的发生,但基于物的所有人责任或物的管理人责任理论,管理人应当对债务人财产致人损害的后果承担责任。依照《企业破产法》第42条的规定,管理人或相关人员执行职务致人损害所产生的债务、债务人财产致人损害所产生的债务,应当由管理人承担赔偿责任。管理人执行职务致人损害的赔偿责任属于共益债务,由债务人财产优先受偿。此外,管理人基于重整或者和解的需要有权请求分割共有财产,因分割共有财产导致其他共有人损害产生的债务,亦为共益债务。②

这里需要补充说明的是,管理人对因其故意或者过失产生的共益债务,对共益债务的债权人负有连带清偿责任;债务人财产不足以支付共益债务的,管理人仍应当对共益债务的债权人负损害赔偿责任。首先,管理人因为实施法律行为而设定共益债务的,若管理人已知债务人财产不足以支付其所设定的共益债务,当共益债务不能完全由债务人财产获得清偿时,管理人应当对共益债务的债权人承担损害赔偿的责任。③ 其次,管理人执行职务的行为构成对他人的侵权行为时,债务人财产和管理人对受害人负损害赔偿的连带责任。④ 在我国,管理人或者相关人员在执行职务过程中,因故意或者重大过失不当转让他人财产或者造成他人财产毁损、灭失,导致他人损害产生的债务作为共益债务,由债务人财产随时清偿;债务人财产不足以弥补权利人损失的,管理人或者相关人员应当对权利人承担补充赔偿责任。⑤

---

① 例如,别除权人因为管理人的故意或者过失而不能行使别除权的,可以其损害赔偿请求权作为共益债权,主张由债务人财产优先于普通债权随时获得清偿。
② 参见最高人民法院《关于适用〈中华人民共和国企业破产法〉若干问题的规定(二)》(2013年)第4条第2款和第3款。
③ 参见德国《支付不能法》第61条。杜景林、卢谌译:《德国支付不能法》,法律出版社2002年版,第34页。
④ 参见陈荣宗《破产法》,(台北)三民书局1986年版,第209页。
⑤ 参见最高人民法院《关于适用〈中华人民共和国企业破产法〉若干问题的规定(二)》(2013年)第33条第1款。

(二) 债务人财产因受无因管理所产生的债务

债务人财产因为无因管理而受益的，应当偿还无因管理人为无因管理所支付的必要费用。无因管理，是为避免他人利益遭受损失，没有约定或法定的义务而对他人财产或事务进行管理。无因管理人有权要求受益人偿付其因管理行为所支付的必要费用。《民法通则》第93条规定："没有法定的或者约定的义务，为避免他人利益受损失进行管理或者服务的，有权要求受益人偿付由此而支付的必要费用。"无因管理有助于推动社会互助行为在市场经济条件下的成长，并贯彻了受益人承担费用的原则。构成无因管理，为管理行为的人必为善意的第三人，且对管理之财产没有法定或者约定的义务；而且，为管理行为的人的行为客观上又使被管理的财产免受不应有的损失。在这种情形下，受益人依法应向无因管理人偿付进行管理或者提供服务所支出的必要费用。

破产程序开始后，他人对债务人财产进行无因管理，客观上有利于债务人财产的价值维护，从而有利于债权人的团体利益，无因管理人因管理费用的支出所受经济上的损失，应当由债务人财产直接予以补偿。因此，破产程序开始后，债务人财产因他人为无因管理所产生的债务属于共益债务。

这里应当说明的是，对债务人财产进行无因管理所发生的债务作为共益债务的，仅以破产程序开始后发生者为限。对债务人财产进行无因管理所发生的债务成立于破产程序开始前的，不得作为共益债务；但无因管理行为开始于破产程序开始前，在破产程序开始后仍持续的，则破产程序开始后持续的无因管理所发生的债务应当作为共益债务。

(三) 债务人财产因取得不当得利所发生的债务

债务人财产因为取得不当得利而受益的，应当将所受之利益返还给受损害的人。不当得利，是指没有合法根据使他人受到损失而自己获得利益。《民法通则》第92条规定："没有合法根据，取得不当利益，造成他人损失的，应当将取得的不当利益返还受损失的人。"依照上述规定，破产程序开始后，债务人财产取得不当得利的，应当将其利益返还给受损失的人。

债务人财产因为取得不当得利而受益，有利于债权人的团体利益；但因为债务人财产取得利益没有法律上的原因，由债权人团体继续保有债务人财产取得的利益，而受损失的人不能请求利益的返还，有所不公。故债务人财产取得不当得利的，应当将取得之不当利益返还给受损失的人。

当债务人财产取得不当得利之事实发生于破产程序开始前，不当得利返还请求权应当依照破产程序行使权利。但破产程序开始后，债务人财产取得不当得利的，该不当得利本不应当归债务人财产享有，却增加了债务人财产不应取得的价值，这部分财产利益应当属于共益债务，由债务人财产直接返还给受损失的人。因此，破产程序开始后，因为债务人财产取得不当得利所产生的债务属于共益债务。例如，破产程序开始后，无效合同的一方向债务人财产为给付的，债务人财产应当将取得之利益列为共益债务返还；管理人将他人财产归入债务人财产，致使他人财产原物返还不能的，则可以成立债务人财产不当得利，管理人应当将该利益优先返还给取回权人。①

七 破产费用和共益债务的受偿

破产费用和共益债务不论是否已为管理人预先支付或者将要支付，均应当由债务人财产受偿。管理人不得用债务人财产以外的财产清偿破产费用和共益债务。例如，债务人的自由财产，由债务人自行支配，不受破产程序的约束，不能用于清偿破产费用和共益债务。再者，管理人不得处分设定有物权担保负担的财产，如债务人财产中的别除标的物，将其用于清偿破产费用和共益债务；除非别除标的物的价值超过其所担保的债务数额或者权利人放弃别除标的物上的担保利益。《企业破产法》第43条规定："破产费用和共益债务由债务人财产随时清偿。债务人财产不足以清偿所有破产费用和共益债务的，先行清偿破产费用。债务人财产不足以清偿所有破产费用或者共益债务的，按照比例清偿。"

（一）破产费用和共益债务的先行清偿

在破产程序进行期间，凡有破产费用和共益债务发生的，管理人应当先行清偿破产费用和共益债务，才能够进行其他债务的清偿。② 依据《企业破产法》的规定，破产费用和共益债务的先行清偿，与破产费用和共益债务的随时清偿和优先清偿具有相同的含义。尤其是在清算程序中，管

---

① 参见陈荣宗《破产法》，（台北）三民书局1986年版，第213页。
② 我国台湾地区"《破产法》"第97条明文规定："财团费用和财团债务，应先于破产债权，随时由破产财团清偿之。"

理人为破产财产的分配前，应当先行清偿破产费用和共益债务；否则，管理人不得进行破产财产的分配。①破产立法例对于破产费用和共益债务的受偿，均规定由债务人财产优先受偿。破产费用和共益债务由债务人财产先行清偿，既有助于保障破产费用和共益债务受偿的现实性，也有助于查明债务人财产支付破产费用和共益债务的能力，从而防止进行无实益的破产程序。

　　破产费用和共益债务由债务人财产先行受偿，但债务人财产非经管理人的行为不受任何处分，故先行清偿破产费用和共益债务应当由管理人为之。考虑到管理人负责债务人财产的管理、营业、处分和分配，用债务人财产优先偿付破产费用和共益债务，事关债务人财产的处分和债权人的团体利益，管理人在先行清偿破产费用和共益债务时，应当尽善良管理人的注意义务以防发生损害债务人财产或者债权人利益的事件。在破产立法例上，管理人承认和拨付破产费用和共益债务，应当事先征得债权人会议或者债权人委员会的同意。我国《企业破产法》对此没有相应的规定，在解释和实务上，应当认为管理人在先行清偿破产费用和共益债务时，应当进行查证以确认属实与合法，尤其应当经债权人会议同意，方可进行。②因有《企业破产法》第69条的规定，解释上至少可以这样认为，破产费用和共益债务的先行清偿，应属"对债权人利益有重大影响的其他财产处分行为"，管理人先行清偿破产费用和共益债务的，应当及时报告债权人委员会。

　　（二）破产费用优先于共益债务受偿

　　当债务人财产不足以清偿破产费用和共益债务时，应当如何清偿破产费用和共益债务？破产立法例对于这个问题，实行两种不同的处理原则：(1)平等清偿主义。不论破产费用和共益债务的构成和种类、发生的先后，当债务人财产不足以清偿时，按照比例清偿破产费用和共益债务。美国、英国、日本、韩国等国破产立法实行这种原则。例如，韩国《破产法》第42条规定，破产财团不足以清偿财团债权的，则按照尚未受偿的

---

　　① 破产程序终结后，发现或者查明债务人有其他应当进行追加分配的财产，在追回财产为追加分配前，应当先行清偿未受偿的破产费用和共益债务。例如，《企业破产法（试行）》第40条规定，自破产程序终结之日起一年内被查出的债务人有不法转让财产的行为，由人民法院追回财产，优先拨付破产费用后，按照破产财产分配方案予以清偿。

　　② 参见我国广东省《公司破产条例》（1993年）第50条。

财团债权额的比例清偿。(2) 顺位清偿主义。依据破产费用和共益债务发生的原因和类别，破产立法对因不同原因发生的不同种类的破产费用和共益债务，分别规定不同的清偿顺位；当债务人财产不足以清偿全部破产费用和共益债务时，按照破产费用优先于共益债务的顺位清偿。例如，《企业破产法》第43条规定，债务人财产不足以清偿所有破产费用和共益债务的，先行清偿破产费用。

当管理人清偿应当负担的破产费用和共益债务时，发现债务人财产不足以清偿全部破产费用和共益债务的，应当先行清偿破产费用；只有清偿破产费用后，债务人财产尚有剩余的，才可用以清偿共益债务。需要注意的是，法律规定的清偿破产费用和共益债务的先后顺序是对出现债务人财产不足的情形时尚待清偿的破产费用和共益债务而言。在此之前已经随时清偿的不在此限。在实践中，管理人应随时掌握债务人的财产数额和破产费用、共益债务的数额，一旦发现债务人财产不足以清偿破产费用和共益债务，就应当首先安排破产费用的清偿。[1]

在理论上，平等清偿主义和顺位清偿主义对于管理人清偿破产费用和共益债务都不具有绝对的意义。在破产程序进行期间，依照《企业破产法》的规定，破产费用和共益债务由债务人财产随时清偿。在实务操作上，破产费用和共益债务往往按其发生的先后顺序依次拨付，而不必考虑不同种类的破产费用和共益债务的受偿顺位问题，[2] 客观上使得破产费用优先于共益债务受偿成为破产程序中的一种非常态现象。因此，有些学者认为，破产费用和共益债务在受偿时并没有先后之别，原则上应当依从"先发生者，先受清偿"，"后发生者，后受清偿"，"同时发生者，同时受清偿"。[3] 再者，管理人在清偿破产费用和共益债务时，很难将债务人财产与破产费用和共益债务进行对比，并在得出债务人财产是否不足以清偿破产费用和共益债务的结论后，再行清偿破产费用和共益债务。在这个意义上，《企业破产法》第43条所规定之顺位清偿主义实际意义并不显著。

(三) 破产费用和共益债务的比例清偿

按照《企业破产法》第43条第2款的规定，破产费用优先于共益债

---

[1] 参见王卫国《破产法精义》，法律出版社2007年版，第126—127页。

[2] 参见邹海林《破产程序和破产法实体制度比较研究》，法律出版社1995年版，第361页。

[3] 参见柴启辰《破产法新论》，(台北) 宏律出版社1982年版，第168页。

务接受清偿。不论破产费用或者共益债务的构成和种类、发生的先后，当管理人清偿应当负担的破产费用或者共益债务时，发现债务人财产不足以清偿的，应当按照比例清偿尚未清偿的破产费用或者共益债务。因此，按照《企业破产法》第43条第3款的规定，破产费用和共益债务的比例清偿应当区别为两种情形：（1）当债务人财产不足以支付所有的破产费用时，仅在破产费用的范围内按照比例清偿各项破产费用。（2）当债务人财产清偿完破产费用后，若剩余财产不足以清偿共益债务的，在共益债务的范围内按照比例清偿各项共益债务。

（四）破产费用和共益债务清偿的争议

因破产费用和共益债务的清偿发生争议的，破产费用和共益债务的请求权人可以管理人为被告向法院提起诉讼。管理人对于其已经清偿的破产费用和共益债务，若认为清偿不当而应予收回的，得向相对人请求返还；相对人拒不返还的，可以依法诉请法院强制其返还。

此外，对管理人承认和先行清偿破产费用和共益债务的行为有异议的债权人，有权提请债权人会议或者债权人委员会对管理人的行为履行监督职能，或者直接向法院对管理人的行为提出异议。

第三节 破产取回权

一 取回与破产取回权

取回，是指财产的权利人请求管理人返还其占有的不属于债务人财产的财产的行为。破产取回权，简称取回权，是指财产权利人不依破产程序，由管理人占有管理的财产中取回原不属于债务人所有的财产之权利。破产取回权是一种民事实体法上的请求权，为民法规定之物的返还请求权在破产法上的适用。[①]

民法上物的返还请求权，是权利人基于其所有或者占有物的事实以及法律上的原因，请求无权占有人返还其所有物或者占有物，以恢复权利人所有或者占有状态的权利。物的返还请求权发生的原因是相对人的无权占有。不论在破产程序开始前还是在破产程序开始后，只要管理人占有权利

---

① 取回权是实体法上的请求权，还是诉讼上的异议权，颇有争议，本节下文将有分析。

人的财产无合法根据的，由管理人继续占有管理属于他人的财产构成无权占有，应当返还给权利人。正是由于权利人取回财产的相对人是管理人，并且发生在破产程序开始后，物的返还请求权才被称为取回权。

取回权是为了消除或者纠正管理人占有管理的现实财团和法定财团之间的不一致现象而设立的权利制度。现实财团是管理人依债务人占有财产的现状而予以接管的所有财产的总称。法定财团则是受破产程序约束而供作全体债权人清偿"担保"的债务人的责任财产。取回权为现实财团向法定财团的回归提供了制度工具。

破产程序开始时，不论债务人占有的财产是否为债务人的责任财产，均移转于管理人占有支配，未经管理人的同意，任何人不得对债务人占有的财产加以处分。而且，法律并不要求管理人在接管债务人的财产时，先查明债务人的责任财产。由此，管理人在接管债务人财产时，为保全债权人的共同受偿利益，应当将债务人占有的所有财产不加区别地一并接管。这样，就有可能将原不属于债务人财产的他人财产，也归入债务人财产加以管理。管理人占有的他人财产，不能作为债务人财产用以清偿债务或者分配，应当允许真正的权利人取回其财产。破产立法例普遍规定有取回权制度。例如，德国《破产法》第43条规定：权利人对不属于债务人财产之财产，根据其物权或债权，不依破产程序取回。《企业破产法》第38条规定："人民法院受理破产申请后，债务人占有的不属于债务人的财产，该财产的权利人可以通过管理人取回。但是，本法另有规定的除外。"[①]

取回权具有两个方面的作用：其一，取回权有助于财产权利人恢复其

[①] 取回权制度为适用于破产程序所有阶段的制度，重整程序、和解程序以及破产清算程序均有取回权制度的适用。在《企业破产法》的起草过程中，前后数个《企业破产法（草案）》均将取回权制度规定于破产清算程序中，给人的印象似乎是仅在破产清算程序中才有"取回"财产的现象。笔者在2000年7月的研讨会上对此提出过异议，认为取回权应当规定于破产程序开始后的债务人财产章节后，如同破产费用、共益债务等制度作为破产程序的一般规则加以规定。参见朱少平、葛毅主编《中华人民共和国破产法——立法进程资料汇编（2000年）》，中信出版社2004年版，第42页。也有学者对《企业破产法（草案）》提出批评，认为破产法草案相关概念的把握和问题的归纳并不十分科学，规范安排互不对应，取回权不应当规定于破产清算章节。参见肖海军、高峰《〈中华人民共和国破产法〉（草案）条款结构的若干建议》，《法制日报》2005年2月24日。《企业破产法》第38条和第39条将取回权制度规定于债务人财产部分作为破产程序的一般规范，值得肯定。

对财产的权利或占有状态；其二，取回权有助于管理人纠正占有他人的不能受破产程序支配的财产的现象，切实将他人财产剔除于债务人财产之外。

二　取回权的类别

依照成立的根据的不同，取回权可以分为一般取回权和特殊取回权两类。通常所称取回权，若不加特别说明，仅限于一般取回权。一般取回权是财产权利人以民法物的返还请求权为基础，从管理人处取回其财产的权利。《企业破产法》第 38 条规定的取回权，即为一般取回权。

特殊取回权是财产权利人依破产法或者商事特别法的专门规定，请求由管理人占有管理的财产中取回其财产的权利。特殊取回权可以具体分为出卖人取回权、行纪取回权和代偿取回权三种。[①] 关于特殊取回权，《企业破产法》已有相应的规定，例如《企业破产法》第 39 条规定的出卖人取回权。但值得注意的是，特殊取回权的成立与行使条件与一般取回权存在较为明显的差异。

三　取回权的性质

取回权的性质涉及取回权是诉讼上的异议权还是实体法上的请求权的问题。对此，在学理上仍存在着很大的争议。如何回答这个问题，直接关系到权利人该如何行使取回权的问题。

主张取回权是诉讼上的异议权者认为，破产程序的实质是强制执行程序，管理人占有管理债务人支配的全部财产，类似于法院强制执行债务人财产的查封措施；当管理人将他人财产归入债务人财产，侵害了第三人的财产权利，该第三人可以请求排除对特定财产的破产执行行为，并以诉讼方式行使其取回财产的权利，取回权则只能是强制执行程序上的异议权。若将取回权归结为诉讼上的异议权，则取回权人非以诉讼的方式不得行使其权利。

主张取回权是实体法上的请求权者认为，取回权不是破产法新创设的权利，只是财产权利人在实体法上自始享有的权利；权利人在实体法上的

---

① 我国台湾地区"《破产法》"对出卖人取回权作出了规定，在司法实务及解释上还承认行纪人取回权，但不承认代偿取回权。

请求权的性质，不因破产程序开始、管理人将其财产不当列入债务人财产而受影响；只不过因为发生了破产程序，权利人不能再向债务人主张权利，只能向管理人主张权利，才将权利人实体法上的请求权称为取回权。① 若将取回权定性为实体法上的请求权，则权利人可以实体法上请求返还财产的一切方式行使权利，但权利人请求返还财产的相对人，由债务人变更为管理人。

将取回权定性为诉讼上的异议权，在我国法律上是没有依据的。取回权作为诉讼上的异议权，权利人从债务人财产中取回其财产，只能通过强制执行异议之诉来实现。强制执行异议是针对法院的其中执行程序提出的，其对象为法院的执行官。破产程序虽然具有概括执行程序的效力，主要限于保全财产的效力，但我国破产程序中的管理人，不论从哪个意义上说，都不具有执行程序中的执行官的地位。再者，如果权利人行使取回权必须通过诉讼，不论该诉讼是必要的还是不必要的，管理人都是诉讼的被告，势必增加破产程序进行的难度和加大破产程序的费用支出，不符合破产程序迅速节俭的原则；同时也会增加权利人行使取回权的复杂程度。在实践中，这些疑虑对破产程序的当事各方都不利。况且，《企业破产法》第38条关于取回权的规定，并没有限定权利人行使取回权必须通过诉讼。因此，在我国破产立法上，取回权不是诉讼上的异议权。权利人有权通过管理人取回其财产，仅当管理人对取回财产有异议时，权利人才有必要向法院提起取回其财产的诉讼。②

取回权是实体法上的请求权，即物的返还请求权。实体法上物的返还请求权，或为对物请求权，或为对人请求权，均为权利人要求相对人返还财产而回复其对财产的合法所有或者占有状态的权利，权利的行使方法并不限于诉讼方法。当债务人占有权利人的财产而被适用破产程序时，管理人成为该财产的新占有人，权利人只能以管理人为相对人请求返还其财产；该项请求可以在诉讼外向管理人提出，也可以管理人为被告向法院提起返还之诉。权利人以诉讼主张取回权，只是其行使权利的一种方式，不构成行使取回权的唯一方式。总之，取回权以物的返还请求权为本源，只

---

① 参见陈荣宗"《破产法》"，(台北) 三民书局1986年版，第219—220页。
② 参见孙佑海、袁建国《企业破产法基础知识》，中国经济出版社1988年版，第114页；柯善芳、潘志恒《破产法概论》，广东高等教育出版社1988年版，第177页；最高人民法院《企业破产法讲座》，人民法院出版社1990年版，第110页。

不过是物的返还请求权在财产占有人被适用破产程序的情形下的变通适用。

四 取回权的基础

(一) 取回权基础

取回权源自民法上物的返还请求权,故取回权之构成,无须特别的成立要件,只以符合民法关于物的返还请求权的规定为已足。取回权是基于民法上的原因而享有的权利。所以,权利人欲取回被不当归入债务人财产的财产时,应当有合法原因存在。不妨将成立取回权的合法原因称为取回权基础。取回权基础是民法所规定之物的返还请求权的发生原因。

物的返还请求权,因其发生原因的不同而有所不同,但不以所有权为限。与所有权有同一地位的财产权(如注册商标专用权、专利权)、占有返还请求权、用益物权、担保物权以及债权返还请求权,均在其列。[①] 德国《破产法》第43条明文将取回权的基础归结为物权和债权。《企业破产法》第38条所规定之取回权人,显然也不以物的所有权人为限。[②]

取回权基础的基本形式为权利人对取回权标的物享有的所有权。所有权是权利人占有、使用、收益和处分特定财产的排他性的支配权,包括保留货物所有权、信托财产所有权等特殊形态的所有权。在我国,与所有权居于相同地位的权利,还有国有企业对取回权标的物享有的经营管理权[③]和公司法人对取回权标的物享有的法人财产权[④]。属于他人所有的财产不能作为债务人财产。不论债务人以何种原因取得他人所有的财产之占有,只要管理人不再拥有合法占有的根据,所有权人随时可以请求取回。这里所称所有权人,还应当包括债务人财产之共有权人。共有权人得请求分割与债务人共有的财产而取回其应当分割的财产部分;但是,与债务人负连带责任的合伙人请求分割作为债务人财产的合伙财产的除外。

债务人在破产程序开始前不法占有他人所有的财产,破产程序开始

[①] 参见陈荣宗《破产法》,(台北)三民书局1986年版,第221—225页。

[②] 《企业破产法》第38条规定之取回权基础不限于所有权和其他物权,还应当包括债权请求权。该条之规定,在立法技术上继承了《企业破产法(试行)》第29条之规定。《企业破产法(试行)》第29条规定:"破产企业内属于他人的财产,由该财产的权利人通过清算组取回。"

[③] 《民法通则》第48条。

[④] 《公司法》(2013年) 第3条第1款。

后，所有权人主张取回，自不必说。但是，债务人在破产程序开始前因租赁、保管、加工承揽、运输、使用借贷、信托、居间、抵押等合同关系，占有他人所有的财产的，在破产程序开始后，只要取得该财产占有的前述合同关系终止或者被管理人解除，所有权人均可以主张取回该财产。例如，实际占有质物的质权人被适用破产程序的，出质人可以通过清偿质押担保的债务而取回质物。但是，权利人主张取回而管理人对该财产享有留置权的，管理人可以拒绝权利人取回财产。例如，权利人行使取回权时未依法向管理人支付相关的加工费、保管费、托运费、委托费、代销费等费用，管理人可以拒绝其取回相关财产。[1]

取回权基础的其他形式为对取回权标的物享有的他物权和债权返还请求权。他物权是所有权以外的物权，包括用益物权、担保物权和占有。他物权为非所有人直接支配物的权利。管理人占有的他人财产，没有合法根据时，对该财产享有他物权的权利人，有为所有权人的利益或者自己的利益取回该财产的权利。债权返还请求权，是债权人依据合同的约定，请求依合同取得标的物占有的债务人返还标的物的权利。不过，以债权主张取回权，债权人主要是基于租赁、借贷、保管、承运等合同，请求管理人返还非债务人所有的财产。最高人民法院司法解释认为，债务人基于仓储、保管、加工承揽、委托交易、代销、借用、寄存、租赁等法律关系占有、使用的他人财产，不属于债务人财产，[2] 财产权利人有权取回。[3] 在这种情形下，当债权人为物的所有人时，发生所有权返还和债权返还请求权的竞合，权利人可以选择主张取回权的基础。

（二）所有权保留

在分期付款买卖的交易中，一方当事人为确保交易价金的全部清偿，向另一方当事人移转标的物的占有时，依照特约仍然保留标的物的所有权，直至另一方当事人付清全部交易价金。以一方当事人保留交易标的物的所有权以担保另一方当事人价金债务之履行的行为，称为所有权保留。

---

[1] 参见最高人民法院《关于适用〈中华人民共和国企业破产法〉若干问题的规定（二）》（2013 年）第 28 条。

[2] 参见最高人民法院《关于适用〈中华人民共和国企业破产法〉若干问题的规定（二）》（2013 年）第 2 条。

[3] 参见最高人民法院《关于审理企业破产案件若干问题的规定》（2002 年）第 72 条。

所有权保留的方法,可以适用于所有种类的标的物的买卖。①

在所有权保留之场合,买受人破产时,出卖人对买卖标的物有无取回权?出卖人破产时,买受人对买卖标的物有无取回权?对此,学者意见不一。有学者认为,在所有权保留的场合,买受人受破产宣告时,因标的物的所有权仍属于出卖人,所以,出卖人得以其保留标的物的所有权为由,主张取回权;如果所附停止条件为买受人支付价金,则管理人可以支付全价使条件成就而取得标的物的所有权。出卖人受破产宣告时,标的物的所有权属于出卖人,买受人尚未取得标的物的所有权,买受人不得主张取回权;但买受人可以支付全部价金而取得标的物的所有权。② 还有学者认为,因为买受人的债务不履行,分期付款买卖合同被解除后,买受人受破产宣告时,出卖人对标的物有取回权;反之,买受人受破产宣告时,分期付款买卖合同仍然有效,或者在买受人受破产宣告后管理人解除分期付款买卖合同的,出卖人对标的物不得行使取回权,但可以行使别除权。同理,出卖人受破产宣告时,出卖人的管理人不得以所有权保留为由,从买受人处取回标的物,并入破产财产。③

所有权保留是附停止条件地将买卖标的物的所有权移转给买受人,在所附停止条件成就前,出卖人是标的物的所有权人。出卖人保留的标的物的所有权,是确认出卖人在破产程序中取回标的物的基础权利。"债务人在所有权保留买卖中尚未取得所有权的财产"不属于债务人财产。④ 因此,买受人受破产程序约束时,出卖人得以其保留标的物的所有权为由,主张取回权,但管理人可以支付全价而取得标的物的所有权。出卖人受破产程序约束时,保留所有权的标的物属于债务人财产,管理人可以要求买受人向其交付保留所有权的标的物而并入债务人财产。⑤ 但是,在出卖人受破产程序约束时,买受人已经支付保留所有权的标的物总价款75%以上或者第三人善意取得保留所有权的标的物所有权或者其他物权的,管理

---

① 参见刘得宽《民法诸问题与新展望》,五南图书出版公司1995年版,第3页。
② 参见陈荣宗《破产法》,(台北)三民书局1986年版,第221页。
③ 刘得宽:《民法诸问题与新展望》,五南图书出版公司1995年版,第22页。
④ 参见最高人民法院《关于适用〈中华人民共和国企业破产法〉若干问题的规定(二)》(2013年)第2条。
⑤ 参见邹海林《破产程序和破产法实体制度比较研究》,法律出版社1995年版,第285页。

人不得再要求买受人交付保留所有权的标的物。[①]

(三) 让与担保

让与担保,是指债务人或者第三人以移转担保物的权利担保债务履行的非典型担保。债务人或者第三人为担保债务的履行,将担保物的权利移转于担保权人,在债务清偿后,担保物返还于债务人或者第三人,在债务不履行时,担保权人可以就担保物取偿。让与担保所移转的担保物的权利,一般限于所有权。[②]

让与担保设定人或担保权人被适用破产程序的,担保物是否应属于债务人财产?学者对此意见不一。有学者认为,担保权人被适用破产程序的,设定人对担保物没有取回权,担保物属于债务人财产;设定人被适用破产程序的,担保权人对担保物有取回权。[③] 还有学者认为,担保权人被适用破产程序的,让与担保设定人在清偿被担保债权后,担保物的所有权回归设定人,设定人对担保物有取回权;设定人被适用破产程序的,因为担保权人仅有法律形式上的所有权,担保物仍属债务人财产,担保权人不能行使取回权,但对担保物可以行使别除权。[④]

让与担保标的物是否属于债务人财产,应当以该担保物的所有权状态作为基础。设定人被适用破产程序的,担保物的所有权在让与担保设定后移转于担保权人,设定人并非担保物的所有权人而占有担保物时,担保权人可基于其对担保物的所有权,请求取回担保物。担保权人被适用破产程序的,担保权人所有的财产应当受破产程序的支配,因让与担保标的物之所有权已经移转于担保权人,故担保物应当受破产程序的支配,设定人没有取回权。[⑤]

(四) 信托财产

信托财产是指受托人基于信托的目的而占有委托人移转、为受益人利益而管理和处分的财产。依照我国《信托法》的规定,信托财产是受托人因承诺信托而取得的财产;受托人因信托财产的管理运用、处分或者其

[①] 参见最高人民法院《关于适用〈中华人民共和国企业破产法〉若干问题的规定(二)》(2013年)第35条。

[②] 参见邹海林、常敏《债权担保的方式和应用》,法律出版社1998年版,第399页。

[③] 参见史尚宽《物权法论》,中国政法大学出版社1979年版,第388页。

[④] 参见陈荣宗《破产法》,(台北)三民书局1986年版,第222页。

[⑤] 参见邹海林、常敏《债权担保的方式和应用》,法律出版社1998年版,第409页。

他情形而取得的财产,也归入信托财产。信托财产并非受托人的固有财产,受托人被适用破产程序的,不得将信托财产作为债务人财产。

因此,受托人被适用破产程序的,因信托财产不属于债务人财产,信托财产的受益人可以向管理人请求取回信托财产。

五 取回的要件

取回的要件是财产权利人行使取回权的条件。破产程序开始后,财产权利人行使取回权,应当符合以下四个条件:取回权基础应具备完全的对抗力、取回权标的物限于现实存在之物、管理人为取回权行使的唯一相对人和管理人丧失占有的基础。

(一) 取回权基础应具备完全的对抗力

取回权基础必须能够对抗破产程序中的债权人,否则,不得行使取回权。[①] 特别是,在物权移转方面,立法例上有登记生效主义和登记对抗主义的制度差异。在立法采取登记对抗主义的情形下,权利人取得物之所有权或其他物权,未经登记就不得对抗第三人。例如,我国《海商法》第9条规定:"船舶所有权的取得、转让和消灭,应当向船舶登记机关登记;未经登记的,不得对抗第三人。"依该条的规定,船舶受让人在船舶出卖人受破产程序约束时,如果尚未向船舶登记机关办理所有权转移登记,则不能对抗第三人,船舶受让人在破产程序开始后就不能以物的所有权人身份主张船舶归己所有,从而不能行使取回权。

因为民事行为无效或被撤销而请求返还财产的,可否在破产程序开始后向管理人主张取回权?依《民法通则》第58条、第59条和第61条之规定,因行为人意思表示不真实而无效或被撤销的民事行为,一方取得的财产应当返还给另一方。但是,我国民法没有规定因为无效或被撤销而请求返还财产是否可以对抗善意第三人。依照日本《民法》,意思表示不真实所为无效或被撤销的民事行为,不能对抗善意第三人。[②]

为保护善意第三人的利益,我国民法对于因意思表示不真实而无效或被撤销、请求返还财产的行为,应当作"不得对抗善意第三人"的解释。在破产程序开始前,债务人受让他人所有权或其他权利,因意思表示不真

[①] 徐发成:《试论破产法中的取回权》,《青海社会科学》1991年第4期。

[②] 参见日本《民法》第94条和第96条。

实而无效或被撤销，权利人自然可以否认债务人已取得的权利而请求返还；但因为权利人不得对抗善意第三人，而破产程序中的债权人处于善意第三人的地位，对该财产的取回有实质的利害关系，那么权利人便不能对抗破产程序中的债权人而取回财产。① 即使破产程序中的债权人中只有一人为善意，权利人亦不得行使取回权。②

（二）取回权标的物限于现实存在之物

取回权是权利人就特定财产主张取回的权利。取回权的基础是物的返还请求权。物的返还请求权是产生于特定物上的权利，如果标的物已经灭失或毁损，或者已有效地转让给他人③，权利人就不能请求返还原物，只能请求损害赔偿。"原物的售出或灭失便使取回权消灭。"④

因此，在破产程序开始后，已经纳入债务人财产管理的他人所有的财产，不论是由管理人直接占有还是间接占有（如仍由债务人的原代理人、受委托人持有），唯有继续客观存在的，才可以从债务人财产中区别出来让权利人取回。此外，债务人占有的他人财产毁损、灭失，因此获得的保险金、赔偿金或者代偿物尚未交付给债务人，或者代偿物已经交付给债务人但能与债务人财产予以区分的，权利人有权主张取回就此获得的保险金、赔偿金或者代偿物。⑤

取回权的基础是实体法上物的返还请求权。当物的返还请求权因为标的物灭失而行使不能时，权利人的取回权将转化为损害赔偿请求权。这里所称标的物的"灭失"，包括但不限于标的物的存在的物理性状的毁损、变化、消失，还包括标的物移转于第三人而致权利人不能支配标的物的状

---

① 参见邹海林《破产程序和破产法实体制度比较研究》，法律出版社 1995 年版，第 287 页。
② 参见陈荣宗《破产法》，（台北）三民书局 1986 年版，第 224 页。
③ 例如，最高人民法院《关于适用〈中华人民共和国企业破产法〉若干问题的规定（二）》（2013 年）第 30 条规定："债务人占有的他人财产被违法转让给第三人，依据物权法第一百零六条的规定第三人已善意取得财产所有权，原权利人无法取回该财产的，人民法院应当按照以下规定处理：（一）转让行为发生在破产申请受理前的，原权利人因财产损失形成的债权，作为普通破产债权清偿；（二）转让行为发生在破产申请受理后的，因管理人或者相关人员执行职务导致原权利人损害产生的债务，作为共益债务清偿。"
④ 王欣新：《企业破产法中的别除权、取回权与抵销权》，《法学评论》1988 年第 4 期。
⑤ 参见最高人民法院《关于适用〈中华人民共和国企业破产法〉若干问题的规定（二）》（2013 年）第 32 条第 1 款。

态。以下三种情形有必要进行特别说明。

1. 标的物因可归责于债务人的灭失

取回权人向管理人行使取回权，如果取回标的物在破产程序开始前，因可归责于债务人灭失的，权利人不再享有取回权，只能主张损害赔偿请求权。物的返还请求权因可归责于债务人的灭失转化为损害赔偿请求权，该损害赔偿请求权发生在破产程序开始前，作为破产程序中的普通债权，经申报参加破产程序行使权利。

2. 标的物因可归责于管理人的灭失

取回权人向管理人行使取回权，如果取回标的物在破产程序开始后因可归责于管理人灭失的，权利人不再享有取回权，只能主张损害赔偿请求权。但是，取回权人因可归责于管理人所取得的损害赔偿请求权，不作为破产程序中的债权对待，应当列入共益债权，由债务人财产优先受偿。不过，作为由债务人财产优先受偿的损害赔偿请求权，应当以管理人执行职务的行为所产生的赔偿请求为限。[1]

3. 标的物的意外灭失

取回权标的物因不可抗力或意外事件灭失的，如何救济权利人的取回权行使不能之利益，应当区别以下四种情形分别作出独立的判断：（1）债务人或者管理人有法律上的原因（如租赁、使用借贷、抵押等合同关系）取得他人财产的占有，在合法占有期间，除非当事人之间就标的物的风险负担另有约定，标的物因不可抗力或意外事件灭失，权利人对债务人或者管理人不得请求损害赔偿。（2）债务人或者管理人因无因管理占有他人之物，标的物因不可抗力或意外事件灭失，债务人或者管理人不承担损害赔偿责任。（3）债务人或者管理人有法律上的原因取得他人财产的占有，但是当事人间约定，由债务人或者管理人承担物的意外灭失风险，权利人因取回标的物的意外灭失而不能行使取回权的，可以请求债务人或者管理人赔偿损失。权利人请求债务人赔偿的权利，作为破产程序中的债权；权利人请求管理人赔偿的权利，作为共益债权。（4）债务人或者管理人无法律上的原因占有他人之物的，对其不法占有的标的物的意外灭失，债务人或者管理人应当承担赔偿责任，权利人可以要求损害赔偿。损害赔偿的权利发生于破产程序开始前的，以破产程序中的债权行使权利；发生在破

---

[1] 参见柴发邦主编《破产法教程》，法律出版社1990年版，第189页。

产程序开始后的，以共益债权行使权利。①

(三) 管理人为取回权行使的唯一相对人

破产程序开始后，债务人占有管理的所有财产均由管理人接管；管理人成为债务人财产的唯一占有人。尽管权利人可以不通过破产程序取回其财产，但是取回权标的物因已由管理人接管，不论该财产位于何地、由何人直接占有，权利人都只能向管理人主张取回权。向管理人行使取回权，是权利人取回其财产的先决条件。

取回权人向管理人主张取回权，管理人是否允许取回权人取回其财产，应当征询债权人会议或者债权人委员会的意见。德国《破产法》第133条规定，管理人承认取回权应经债权人委员会批准；日本《破产法》(1922年) 第197条规定，管理人承认取回权，须经监查委员同意。这就是说，管理人承认取回权未经债权人会议或者债权人委员会的同意，由此造成债务人财产损害的，应当承担损害赔偿责任。

《企业破产法》没有规定管理人承认取回权应当报告债权人委员会或者法院，亦没有规定管理人承认取回权应当征得债权人委员会的同意或者法院的许可。笔者以为，管理人承认取回权对债务人财产的完整性有重大的影响，直接关系到债权人的团体利益。在这个意义上，管理人承认取回权无异于管理人为涉及债务人财产的重大处分行为，在第一次债权人会议召开之前，应当征得法院的许可；在第一次债权人会议后，至少应当向债权人委员会报告或者向法院报告。②

(四) 管理人丧失占有的基础

取回权的行使应当以管理人在法院受理破产申请后丧失对取回标的物的合法占有的基础作为条件。《企业破产法》第38条对此未作明文规定。在解释上，管理人占有的他人财产，不论在法院受理破产申请前是否有合法依据，在法院受理破产申请时，该财产的权利人请求取回财产的权利不再受此前的占有依据的限制，可以行使取回权。

但是，在某些特殊情形下，管理人若有继续占有取回权标的物的合法依据或理由，则其占有足以对抗取回权的行使。例如，依照《企业破产

---

① 参见邹海林《破产程序和破产法实体制度比较研究》，法律出版社1995年版，第292—293页。

② 参见《企业破产法》第26条和第69条。

法》第 38 条但书的规定，债务人经法院裁定进行重整的，在重整期间，管理人或者债务人对他人财产有合法占有的基础，则取回权人主张取回，应当符合事先约定的取回财产的条件。① 最高人民法院《关于适用〈中华人民共和国企业破产法〉若干问题的规定（二）》（2013 年）第 40 条规定："债务人重整期间，权利人要求取回债务人合法占有的权利人的财产，不符合双方事先约定条件的，人民法院不予支持。但是，因管理人或者自行管理的债务人违反约定，可能导致取回物被转让、毁损、灭失或者价值明显减少的除外。"

六 取回权与诉讼时效

取回权的基础是实体法上的物的返还请求权。实体法上的请求权应当受民法诉讼时效的约束。如果权利人以物的返还请求权主张取回管理人占有的不属于债务人财产的财产，除非物的返还请求权在性质上不适用诉讼时效，例如所有权返还请求权不受诉讼时效的限制，凡是逾民法规定之诉讼时效期间的，管理人可以诉讼时效期间已完成进行抗辩。法院对逾诉讼时效期间的请求权不予保护。如果权利人向管理人主张取回权的基础已逾诉讼时效期间，则不受法院的保护，权利人自然不能向管理人行使取回权。②

七 特殊取回权

特殊取回权是财产权利人依照破产法或者商事特别法的专门规定，请求由管理人占有管理的财产中取回其财产的权利。特殊取回权具体可以分成出卖人取回权、行纪人取回权和代偿取回权。

（一）出卖人取回权

1. 出卖人取回权的法律依据

出卖人取回权，是指异地买卖成立后，尚未收取全部价款的出卖人已经发运货物，买受人尚未收到货物而被适用破产程序的，出卖人可以取回在运途中的货物的权利。

---

① 《企业破产法》第 76 条规定："债务人合法占有的他人财产，该财产的权利人在重整期间要求取回的，应当符合事先约定的条件。"

② 在破产程序开始后，若管理人故意或者过失放弃时效利益承认取回权的，取回权人可继续向管理人行使取回权。但取回权的行使给债权人造成损害的，管理人应当负损害赔偿责任。

出卖人取回权源自英国早期的货物买卖法所创立的"中途止付权"（Stoppage in Transitu）。"中途止付权"纯粹是为了担保卖方取得价金的权利而创设的制度，要比出卖人取回权的适用范围广泛得多。① 所以，在英美法系国家的立法上，只有"中途止付权"，而不存在出卖人取回权。在英国货物买卖法中，"中途止付权"是独立于所有权观念之外、以对抗买受人货物所有权的物权。② 出卖人取回权只不过是"中途止付权"在破产程序中的变通适用。出卖人取回权普遍存在于大陆法系的破产立法中。例如，德国《破产法》第 44 条、日本《破产法》（1922 年）第 89 条和韩国破产法第 81 条等，对出卖人取回权均有相应的规定。应当注意的是，出卖人取回权的行使条件与"中途止付权"相比较，存在明显差异。《企业破产法》第 39 条规定："人民法院受理破产申请时，出卖人已将买卖标的物向作为买受人的债务人发运，债务人尚未收到且未付清全部价款的，出卖人可以取回在运途中的标的物。但是，管理人可以支付全部价款，请求出卖人交付标的物。"

2. 出卖人取回权的性质

出卖人取回权究竟是何种性质的权利？破产法理论上历来就有债权说、物权说和履行撤回权说的争执。

债权说认为，出卖人取回权的行使以解除买卖合同为前提，解除买卖合同产生买受人返还原物的结果，所以，出卖人取回权实为出卖人请求买受人返还所有权及回复原物占有的债权请求权。③ 物权说认为，出卖人取回权对所有权已转移的货物具有追及效力，可以回复出卖人对货物的重新占有，并最终导致货物所有权移转的无效，出卖人取回权只能是物权。履行撤回权说认为，出卖人取回权只针对买卖双方的物权契约而存在，出卖人发运货物已经完成物权契约的意思表示，法律为保护未收讫货款的出卖人的利益，才赋予其取回权以使其可以撤销物权契约的意思表示；出卖人撤销物权契约，使物权契约移转货物所有权的效果归于消灭，从而回复出卖人对货物的所有权。所以，出卖人取回权是法定的履行撤回权。④

---

① 参见邹海林《论买卖合同之卖方的中途止付权》，《法学研究》1992 年第 5 期。
② K. Smith and D. Keenan, Mercantile Law, Pitman, 1982, p. 153.
③ 参见刘清波《破产法新论》，（台北）东华书局 1984 年版，第 221 页。
④ 参见陈荣宗《破产法》，（台北）三民书局 1986 年版，第 228 页。

上述三种见解，虽然有所不同，但有一个共同点：出卖人取回权的行使产生货物所有权复归于出卖人的效果。这反映了大陆法系国家在此问题上崇拜所有权的浓厚的形式主义色彩。实际上，出卖人取回权同货物的所有权如何复归无关，它是法律为救济出卖人而专门设立的特别法制度，构成一种新型物权。①

3. 出卖人取回权的适用

较为传统的观点认为，出卖人取回权只适用于异地动产买卖合同，且买卖标的物的所有权已经移转于买受人的特定情形。从理论上说，即使在非异地的情况下，也有可能发生出卖人已经将货物发出而买受人尚未收到破产宣告的情形。在此情况下，也应承认出卖人的取回权。② 实际上，无论是异地买卖还是同城买卖，只要发送货物与收到货物之间存在一定的时间间隔，都有产生出卖人取回权的可能。③ 具体言之，出卖人取回权的适用应受以下三种情形的限制：

（1）非以动产为标的的买卖，不适用出卖人取回权。出卖人取回权只以动产买卖为限，以动产为标的的买卖限定了出卖人取回权的适用范围。

（2）非以第三人承运的方式所为动产买卖，不适用出卖人取回权。不论是异地买卖还是同地买卖，买卖标的物的交付即时完成的，如买受人自提货物，买受人即时取得对买卖标的物的占有，出卖人不再有可能重新回复对标的物的占有。如果出卖人自己向买受人送货，出卖人并没有丧失对买卖标的物的占有，没有必要借助出卖人取回权保护自己的利益。只有在买卖标的物由第三人承运时，出卖人因为向第三人托付承运而丧失对买卖标的物的占有，买受人尚未收到买卖标的物而取得对标的物的占有，才创造了出卖人阻止尚处于在运途中的买卖标的物继续交付的条件。

（3）尚未移转标的物所有权的买卖不适用出卖人取回权。出卖人取回权只适用于所有权已移转的买卖标的物。买卖标的物的所有权未移转的，出卖人无须借助所有权以外的权利主张对标的物的占有回复，只

---

① 邹海林：《破产程序和破产法实体制度比较研究》，法律出版社1995年版，第295页。
② 参见李永军《破产法律制度》，中国法制出版社2000年版，第250—251页。
③ 参见韩长印《破产法学》，中国政法大学出版社2007年版，第139页。

有标的物的所有权已经移转，出卖人不能再以所有权人的身份行使权利时，才会借助非所有权返还的其他救济。为了保全出卖人收取买卖价款的权利，法律特别赋予出卖人以取回权对抗已取得买卖标的物所有权的买受人。

4. 出卖人取回权的行使要件

出卖人取回权成立并有效于破产程序开始时。依照《企业破产法》第39条的规定，出卖人取回权的行使应当具备以下三个要件。

（1）出卖人已将买卖标的物发运，但尚未收讫买卖价款。出卖人取回权的目的在于救济出卖人能够收讫买卖价款。如果买受人在破产程序开始前已经支付出卖人全部买卖价款，出卖人应当依约交付买卖标的物，没有取回权适用的余地。出卖人已将买卖标的物发运，是指出卖人将标的物交付于第三人代为送达买受人，买卖标的物已经脱离出卖人的占有。出卖人未收讫买卖价款，是指出卖人尚未收讫全部买卖价款，而不论买受人是否已经支付了部分买卖价款。

（2）出卖人善意发运买卖标的物。在买受人受破产程序约束前，出卖人发运买卖标的物，或者法院裁定受理破产申请后，但出卖人不知其事实发运买卖标的物的，均为出卖人善意发运买卖标的物。出卖人善意发运买卖标的物，而买受人受破产程序约束将严重损害出卖人收取买卖价金的利益，应当给予妥当的救济，出卖人有取回权。应当注意的是，出卖人在法院受理破产申请公告后发运买卖标的物，视为出卖人知破产程序开始的事实，不再享有取回权。再者，如果针对买受人的破产程序已经开始而出卖人尚未发运货物的，出卖人可以要求管理人付清或者保证付清全部买卖价款以决定是否发运买卖标的物；否则，出卖人可以主张同时履行抗辩权、不安抗辩权或者预期违反合同而拒绝发运买卖标的物，不存在出卖人取回权的问题。

（3）买受人在破产程序开始时尚未收到买卖标的物。在破产程序开始时，买受人已经收到买卖标的物，不仅是买卖标的物的所有权人，而且是买卖标的物的占有人，仍允许出卖人取回买卖标的物，有损于交易安全，而且对参加破产程序的债权人不公。在这个意义上，破产程序开始时，买受人已经收到买卖标的物的，出卖人再无取回权可言。买受人在破产程序开始时尚未收到买卖标的物，为出卖人取回权的成立和行使要件。这里应当注意，我国司法实务认为，出卖人依据《企业破产法》第39条向管理人主张取回权的,应当在货物未达管理人前向管理人主张取回在运途中标的物;出卖人对在运途中标的物未及时行使取回权,在买卖标的物到达管理人后,不得向管理人行使在运途中标的物取回权。① 上述立场对出卖人取回权的行使予以限缩,附加了出卖人应当在买卖标的物到达管理人前行使取回权的条件,超出了《企业破产法》第 39 条对出卖人取回权的行使要件所为规定的应有文义,具有将出卖人取回权与理论上的"中途止付权"混同的嫌疑,值得检讨。依照《企业破产法》第 39 条的规定,买受人在破产程序开始时尚未收到买卖标的物,不论破产程序开始后接管买受人财产的管理人是否已经收到买卖标的物,出卖人均可以不受限制地行使取回权。买受人在破产程序开始时,"只要尚未取得标的物的实际占有,买卖标的物'处于在运途中'便取得绝对意义,出卖人取得无可争辩的取回权"②。

5. 出卖人取回权的行使与买卖合同的解除

出卖人取回权的行使,是否以出卖人解除买卖合同的意思表示为条件?破产立法例的规定并不完全相同。例如,我国台湾地区"《破产法》"第 111 条规定,出卖人已将买卖标的物发送,买受人尚未收到,亦未付清全价而受破产宣告者,出卖人得解除契约,并取回其标的物。不少学者解释认为,出卖人取回权应当以出卖人解除买卖合同为要件。③《企业破产法》第 39 条在规定出卖人取回权时,并没有提及或者暗示出卖人行使取回权时应当解除买卖合同。有学者认为,出卖人取回权并不以买卖合同的解除为前提,出卖人取回权的基础是物权,而非买卖合同解除后产生的债权。买受人进入破产程序后,在出卖人已向买受人发运了标的物且买受人未付清全部价款时,出卖人并不绝对拥有解除买卖合同的权利,因为如果管理人付清了全部价款,出卖人必须依管理人的请求向买受人交付标的物,而不能解除合同。④

---

① 参见最高人民法院《关于适用〈中华人民共和国企业破产法〉若干问题的规定(二)》(2013 年)第 39 条。

② 邹海林:《破产程序和破产法实体制度比较研究》,法律出版社 1995 年版,第 297 页。

③ 参见刘清波《破产法新论》,(台北)东华书局 1984 年版,第 220 页;柴启辰《破产法新论》,(台北)宏律出版社 1982 年版,第 195 页;耿云卿《破产法释义》,五南图书出版公司 1987 年版,第 331 页。

④ 参见王延川《破产法理论与实务》,中国政法大学出版社 2009 年版,第 237 页。

笔者认为，只要具备前述三个条件，在破产程序开始时，出卖人即取得取回买卖标的物的权利，该权利具有追及买卖标的物的属性，为物权性权利。因此，出卖人在破产程序开始后的任何期间，均可行使取回权，至于是否解除买卖合同，与出卖人行使取回权没有关系。出卖人取回权的行使不妨碍管理人决定继续履行买卖合同①或者解除买卖合同。买卖合同是否解除取决于管理人解除合同的意思表示或者出卖人的催告。

6. 出卖人取回权的行使

破产程序开始时只要具备前述三个条件，出卖人即可对买卖标的物的实际占有人（例如买卖标的物的承运人）行使取回权。出卖人取回权的行使，只需出卖人向买卖标的物的实际占有人为取回买卖标的物的意思表示，就可以产生取回权行使的效果。破产程序开始后，如果管理人已经收取买卖标的物，则出卖人应当以管理人为相对人行使出卖人取回权。只要出卖人行使取回权，管理人就可以付清或者保证付清全部买卖价款，或者主张抵销以消灭出卖人的价金请求权进行对抗。

（二）行纪人取回权

为委托人的利益发运货物后，委托人在尚未收到货物时被适用破产程序的，行纪人可以取回已发运的货物的权利，为行纪人取回权。

行纪是行为人以自己的名义、为他人之利益进行货物买卖并接受报酬的契约。《合同法》第414条规定："行纪合同是行纪人以自己的名义为委托人从事贸易活动，委托人支付报酬的合同。"在行纪关系中，委托人如未付清托买货物的全部价金而被适用破产程序的，若行纪人已经向委托人发运货物，行纪人收取其报酬或请求买卖价金的地位和处境，与普通买卖关系中的出卖人完全一样。② 行纪人取回权发生在行纪人接受委托代委托人购入货物之时，其与卖主取回权的机理完全相同，所不同的是行纪人以自己的名义购入货物后，相对于委托人取代了卖主的地位和身份。③ 所以，破产立法规定出卖人取回权，亦相应规定行纪人取回权。例如，日本

---

① 值得注意的是，在出卖人行使取回权的场合，管理人不能依照《企业破产法》第18条之规定决定继续履行买卖合同，但可以依照《企业破产法》第39条但书之规定，决定继续履行买卖合同。

② 参见邹海林《破产程序和破产法实体制度比较研究》，法律出版社1995年版，第294页；范健、王建文《破产法》，法律出版社2009年版，第163页。

③ 韩长印：《破产法学》，中国政法大学出版社2007年版，第139、140页。

《破产法》（1922年）第 90 条规定，出卖人取回权之规定，准用于受物品买入委托的行纪人向委托人发运物品的情形。

有学者认为，行纪人取回权是基于所有权或留置权而发生的，应从委托人与行纪人之间的实质关系进行考察分析。行纪契约实为委托人利益设定，即使行纪人先从第三人处取得所有权，也是形式上的、暂时的，委托人是真正意义上的所有权人。法律之所以规定行纪人的取回权，乃是保证其酬金的取得，因而其存在的基础是留置权而非所有权。[①] 在行纪业务中，实际涉及两个法律关系：一是行纪人与委托人的关系；二是行纪人为完成委托事项而与第三人的交易行为。按照第一种法律关系，行纪人有义务将取得的权利按照合同约定交付于委托人，即先从第三人处取得所有权，然后再交给委托人，因此，行纪人取回权的基础为所有权。[②] 以上见解将行纪人取回权的基础放在委托人与行纪人之间的实质关系上，思考路径无疑具有重要意义，但是以所有权或者留置权作为行纪人取回权的基础之结论过于简单，值得商榷。

在破产立法例上，因为考虑到行纪人与出卖人具有相同地位和处境这样一种特殊情形，才规定行纪人取回权作为一种特殊取回权，并可以准用出卖人取回权的制度规定。以此情形为限定，行纪人取回权实际为出卖人取回权的扩张适用；其成立要件，准用出卖人取回权的成立要件。因此，行纪人取回权的基础如同出卖人取回权一样，是特别法规定的行纪人保全其价金或者酬金的一种新型物权，具有对抗委托人已经取得的货物所有权的效果。除此之外，行纪人对于管理人接管的委托人财产中的哪些财产享有取回权，则应当依照一般取回权的基础权利加以判断，行纪人的取回权可以为所有权、他物权甚至返还物之占有的债权。因此，我们应当注意区分行纪人取回权和一般取回权的不同，行纪人取回权仅以"为委托人的利益发运货物后，委托人在尚未收到货物时被适用破产程序的，行纪人可以取回已发运的货物的权利"为限。

《企业破产法》没有明文规定行纪人取回权，属于法律漏洞。对于行纪人取回权应否存在和适用的问题，可以对出卖人取回权做扩张解释，将

[①] 参见李永军《破产法律制度》，中国法制出版社 2000 年版，第 253 页。
[②] 参见李永军《破产法——理论与规范研究》，中国政法大学出版社 2013 年版，第 256 页。

"出卖人"扩张解释为包括行纪人这一特殊情形,以补充《企业破产法》存在之法律漏洞。

(三) 代偿取回权

1. 代偿取回权的意义

代偿取回权,是指权利人在取回权标的物被转让他人或由于其他原因灭失时,以受让人或其他义务人的对待给付代替原物取回的请求权。为防止发生取回权因为标的物灭失而消灭的危险,以代偿取回权替代一般取回权对权利人予以救济。代偿取回权的标的物已非权利人得以取回的原物,因原物灭失而转变为替代物,故代偿取回权不同于一般取回权,有其特殊的行使要件,构成特殊取回权的一种。

取回权的本质为物的返还请求权,该权利因为取回标的物的灭失而消灭;对于取回权标的物的灭失有应当承担责任的第三人的取回权将转化为损害赔偿请求权。但是,损害赔偿请求权在许多情形下,不足以救济取回权行使不能的权利人的利益。为保护取回权人在特定情形下的利益,破产立法例专门规定代偿取回权,作为对取回权行使不能的补救。例如,德国《破产法》第46条规定,原可由破产财产取回之物,在破产宣告前被债务人、破产宣告后被管理人售出,取回权人有权要求财产受让的对待给付;并可以要求破产宣告后仍属债务人财产的财物为对待给付。[①] 我国《企业破产法》没有明文规定代偿取回权,但司法实务承认代偿取回权的存在和适用。

2. 代偿取回权的适用

一般而言,取回权标的物灭失而第三人负有的对待给付义务是否已经履行,成为代偿取回权适用的基础条件。

(1) 对待给付尚未做出的。取回权标的物灭失,第三人负有对待给付义务但尚未做出对待给付的,取回权人可以行使代偿取回权。例如,在破产程序开始前,债务人转让取回权标的物的,受让人尚未做出对待给付,取回权人在破产程序开始后可以向管理人主张取回标的物受让人尚未履行的对待给付。德国《支付不能法》第48条规定,可请求取回的物在破产程序开始之前被债务人,或者在破产程序开始后被管理人不当处分

---

① 参见日本《破产法》(1922年)第91条、韩国《破产法》第83条和德国《支付不能法》第48条。

的，以尚未履行对待给付为限，取回权人可以请求让与对待给付请求权。《最高人民法院关于适用〈中华人民共和国企业破产法〉若干问题的规定（二）》（2013年）第32条第1款规定，债务人占有的他人财产毁损、灭失，因此获得的保险金、赔偿金、代偿物尚未交付给债务人的，权利人有权主张取回就此获得的保险金、赔偿金或代偿物。

（2）已为对待给付的。取回权标的物灭失，负有对待给付义务的第三人已经向债务人或者管理人为对待给付，仅当其给付能够和债务人财产中的其他财产相区别而构成特定物的，取回权人可以行使代偿取回权，向管理人请求取回该特定物；否则，取回权消灭。德国《支付不能法》第48条规定，取回权人可以请求债务人财产为对待给付，但以对待给付于债务人财产中尚可区分者为限。《最高人民法院关于适用〈中华人民共和国企业破产法〉若干问题的规定（二）》（2013年）第32条第1款规定，债务人占有的他人财产毁损、灭失，代偿物虽已交付给债务人但能与债务人财产予以区分的，权利人有权主张取回就此获得的代偿物。

第四节　别除权

一　别除和别除权

债务人财产供作债权人行使权利接受清偿的责任财产，受破产程序的支配。任何债权人接受债务人财产的清偿，均应当通过破产程序来实现。但是，对债务人财产中的特定财产享有担保权的权利人，不论其是否为债权人，对担保标的物直接行使权利，不受破产程序的约束，如此支配和处分担保物的现象，称为别除。别除使得本应当受破产程序约束的债务人财产上的权利人，行使权利不受破产程序的约束。

法院受理破产申请后，属于债务人所有的全部财产构成债务人财产，由管理人接管和支配。对债务人享有债权的请求权人，应当通过破产程序向管理人行使权利，由债务人财产获得公平受偿。但是，对债务人财产享有担保权的权利人，不论其是否为债权人，依法对担保标的物有优先受偿的权利，权利人可以直接对担保标的物行使权利。可见，别除权本质上属于权利人对债务人财产享有的担保权。

《企业破产法（试行）》第32条规定："破产宣告前成立的有财产担

保的债权,债权人享有就该担保物优先受偿的权利。"该规定是否就是我国破产法理论所称别除权呢?在这里,应当注意的是,有财产担保的债权不能等同于别除权。因为有财产担保的债权,在内涵和外延上均不确定。有财产担保的债权所附担保,担保标的物或为债务人提供,或为第三人提供;如果担保标的物为债务人以外的第三人所提供,债权人对第三人的特定财产行使担保权,与破产程序无关。再者,有财产担保的债权,仅限于债权人对债务人所享有的债权,如果债务人以其特定财产为第三人负担的债权提供担保,则该担保权人并不属于有财产担保的债权。《企业破产法(试行)》事实上没有规定别除权制度,仅仅为债权人就债务人的特定财产作为担保物的优先受偿权作出了尝试性的规定,而对以债务人的特定财产为他人债务所提供担保的权利人如何行使权利缺乏规定。这是《企业破产法(试行)》的短板。别除权的实质在于他人对债务人的特定财产所享有的担保物权,而不论该担保物权人对债务人是否享有债权。《企业破产法》使用"对债务人的特定财产享有的担保权"来表述和构建别除权制度更加科学。

我国破产立法至今未使用别除权或别除权人的术语,而是相应表述为"对债务人的特定财产享有的担保权"或者对债务人的"特定财产享有担保权的权利人"。[①] 但在破产法理论上,学者普遍使用别除权来表述对债务人的特定财产享有的担保权,那么该担保权的权利人也被相应称为别除权人。别除权作为法律术语,具有高度概括性;别除权这一术语,形象科学地描绘了权利人对债务人的财产享有之担保物权、不受破产程序约束行使权利的本质特征。我国破产立法极有必要使用别除权这一术语。

别除权就其法律性质而言,当属物权。别除权以破产程序开始前对债务人的特定财产或者权利所成立的担保物权为基础,并非破产法新创设的权利。别除权以质押权、抵押权、留置权等担保物权以及其他法定优先权为基础,其实质是为他人对债务人的特定财产所享有的担保物权,是担保物权及法定优先权在破产法上的具体运用。[②]

[①] 参见《企业破产法》第75条、第96条第2款和第109条。
[②] 参见邹海林、周泽新《破产法学的新发展》,中国社会科学出版社2013年版,第165页。

二 别除权的特征

别除权为基于担保物权而不依破产程序就债务人财产中的特定财产行使的权利，具有以下三个特征：

第一，别除权支配债务人所有的财产。别除标的物必须是属于债务人所有的财产，才可能发生别除权人不依破产程序行使权利的问题。权利人对不属于债务人所有的财产行使之权利，纵使属于担保物权，也与别除权无关。不属于债务人所有而由其占有的财产，即使作为债权担保的标的物，所有权人或者担保物权人对之行使的权利是破产取回权。别除权支配的财产为债务人所有，使得别除权和取回权相区别。别除权支配的属于债务人所有的财产是动产还是不动产，或者是物还是财产权利，对别除权的存在不产生影响。

第二，别除权仅支配债务人所有的特定财产。别除标的物必须特定，对债务人非特定的财产不能成立别除权。别除权仅支配债务人所有的特定财产，使得别除权与其他由债务人财产优先受偿的请求权相区别。优先于普通债权受偿的请求权，并不限于别除权。在破产程序中，享有优先受偿地位的请求权，还包括破产费用请求权、共益债权、法定的优先顺位请求权等。但是，这些优先受偿的请求权，以不特定的债务人财产为责任财产，并由不特定的债务人财产获得清偿。相反，别除权仅仅支配债务人所有的特定财产（担保标的），该特定财产因毁损、灭失而不存在，别除权即告消灭，别除权人不得对其他债务人财产主张别除权；相应地，若该特定财产的价值不足以清偿其所担保的权利人的债权，别除权因为担保权的实行而消灭，权利人就其未获清偿的债权部分也不得对其他债务人财产主张别除权。

第三，别除权不依破产程序行使。对债务人的财产享有的破产费用请求权、共益债权、法定的优先顺位请求权和普通债权，只能依破产程序接受清偿，因其受偿标的为不特定之债务人财产。别除权则与之不同。别除权直接支配债务人所有的特定财产，权利人可以在破产程序之外，随时对别除权支配的债务人所有的特定财产行使权利。别除权的行使，虽以管理人为相对人，但并不受破产程序的约束；别除权人可以通过个别的民事执行程序对别除标的物行使权利。但是，破产立法对别除权的行使予以限制的，别除权人行使权利则受相应的破产程序约束。例如，《企业破产法》

第75条第1款规定:"在重整期间,对债务人的特定财产享有的担保权暂停行使。但是,担保物有损坏或者价值明显减少的可能,足以危害担保权人权利的,担保权人可以向人民法院请求恢复行使担保权。"

三 法定的别除权之基础权利

别除权的基础权利,是指对债务人的特定财产享有的实体法上规定的担保物权。对债务人的特定财产享有的担保物权,包括《物权法》规定的担保物权和其他法律规定的法定优先受偿权。《物权法》规定的担保物权和其他法律规定的法定优先受偿权,具有相同的性质。前者有抵押权、质权和留置权;后者则有优先权和建筑工程优先受偿权等。

(一) 抵押权

抵押权是债权人因为抵押而对抵押物所享有的担保物权。抵押权直接支配标的物的交换价值。受抵押担保的债权人对于债务人或者第三人不移转占有而提供担保的财产,有以其变价金优先受清偿的权利。依照我国法律的规定,抵押权支配的标的物可以分为不动产(不动产权利)和动产(视为动产的财产权利)。

法律对抵押权的设定有特殊规定的,必须符合特殊规定,否则,抵押权不成立或者不能对抗第三人。例如,我国《海商法》第13条规定:"设定船舶抵押权,由抵押权人和抵押人共同向船舶登记机关办理抵押权登记;未经登记的,不得对抗第三人。"对于未经登记不生效力或者不能对抗第三人的抵押权,抵押权人在破产程序开始后,不得主张别除权。

(二) 质权

质权是债权人因为质押而对质物所享有的担保物权。质权在性质上为动产担保物权,质权人取得对质物的占有并直接支配质物的交换价值。因质押标的的不同,质权被区别为动产质权和权利质权。质权人对于债务人移转占有而提供担保的动产或动产权利有保持继续占有的权利和以其变价金受优先清偿的权利。

(三) 留置权

留置权是债权人对其占有的债务人的财产依法予以留置而迫使债务人履行债务的权利。留置权不以债权人和债务人之间有约定为条件,其为债权人因为法律规定而直接支配留置物所享有的权利,为法定担保物权,其标的物限于动产。在同一动产上有抵押权或者质权和留置权的,留置权优先于抵押权或者质权。

在立法例上,留置权的性质和效力有巨大的差异,这些差异也会反映在破产立法上。破产立法例对于留置权作为别除权的基础权利所持立场,各不相同。有些国家的法律虽然承认留置权为担保物权,但却限制留置权的优先受偿效力,民事留置权不得为别除权的基础权利,商事留置权可以为别除权的基础权利。例如,依照日本《民法》第297条第1款的规定,留置权人仅得就留置标的物的孳息优先受偿,故留置权人不得对留置物主张别除权。日本《破产法》(1922年)第93条第2款明文规定,除商事留置权以外的留置权,对破产财团失去效力。在我国,也有学者认为,留置权不是从留置物上直接得到清偿的权利,民事留置权在破产法上不能成为别除权的基础权利,我国不存在民事留置权和商事留置权的划分,所以留置权不能作为别除权优先得到清偿。① 还有一些国家的法律完全不承认留置权具有担保物权性,留置权只是债权人拒绝向债务人为给付的抗辩权,没有担保债权优先受偿的效力。例如,法国《民法典》和德国《民法典》规定的留置权不具有任何物权效力,不能成为别除权的基础权利。与民事留置权不同的商事留置权,依照破产立法的规定,如德国《破产法》第49条第1款第4项,则可以成为别除权的基础权利。日本《破产法》(1922年)第93条第1款规定,依商法的规定对债务人的财产享有之留置权,得行使别除权。

我国法律始终将留置权定位于担保物权。理论上,留置权是债权人非因侵权行为占有债务人的财产,于债务人不履行同该财产有关联的债务时,享有扣留该财产并置于其控制下,以及依法变价该财产而优先清偿其债权的权利。我国法律规定的留置权,在适用范围上较理论上表述的留置权为狭。② 债权人合法占有对方的财产,在对方不履行合同债务时,占有人有权留置该财产,并依照法律规定折价或变卖而优先受偿的权利。③ 我国法律将留置权定位于动产担保物权,留置权作为别除权的基础权利,理论上和法律上均不存在障碍。这里应当注意的是,对于所有权保留的动产买卖而言,在买受人支付全部价金前,出卖人仍是标的物的所有权人。当

---

① 参见谢邦宇主编《破产法通论》,湖南大学出版社1987年版,第124—125页。
② 参见邹海林《留置权基本问题研究》,《法学研究》1990年第2期。
③ 参见《民法通则》第89条、《担保法》第82条和《物权法》第230条。

针对出卖人的破产程序开始时，管理人要求买受人向其交付已经占有但尚未取得所有权的买卖标的物的，应当返还买受人已经支付的价金；买受人的价金返还请求权对其占有的买卖标的物有留置权；于此场合，留置权成为买受人请求返还价金而对所有权保留的买卖标的物行使别除权的基础。①

（四）优先权

优先权是权利人对于债务人的特定财产享有的优先于其他一切民事上的请求权而受偿的权利。非有法律的明文规定，任何人不得享有优先权。我国法律规定的优先权主要有船舶优先权和民用航空器优先权。

船舶优先权，是指法定的海事请求权人向船舶所有人、光船承租人、船舶经营人提出海事请求，对产生该海事请求的船舶所具有的优先受偿的权利，包括船长、船员和在船上工作的其他在编人员根据劳动法律、行政法规或者劳动合同所产生的工资、其他劳动报酬、船员遣返费用和社会保险费用的给付请求权；在船舶营运中发生的人身伤亡的赔偿请求权；船舶吨税、引航费、港务费和其他港口规费的缴付请求权；海难救助的救助款项的给付请求权；以及船舶在营运中因侵权行为而产生的损害赔偿请求权。

民用航空器优先权，是指救助民用航空器的报酬请求权人、保管维护民用航空器的费用请求权人，向民用航空器所有人、承租人提出赔偿请求，对产生该赔偿请求的民用航空器所具有的优先受偿的权利。

（五）建设工程价款优先受偿权

建设工程价款优先受偿权是建设工程承包人对其承建的建筑物所享有的法定担保权利。《合同法》第 286 条规定："发包人未按照约定支付价款的，承包人可以催告发包人在合理期限内支付价款。发包人逾期不支付的，除按照建设工程的性质不宜折价、拍卖的以外，承包人可以与发包人协议将该工程折价，也可以申请人民法院将该工程依法拍卖。建设工程的价款就该工程折价或者拍卖的价款优先受偿。"

建设工程价款优先受偿权是我国《合同法》特别规定的以建设工程担保承包人的建设工程价款之法定权利。法定之建设工程价款优先受偿

---

① 参见邹海林《破产程序和破产法实体制度比较研究》，法律出版社 1995 年版，第 285 页。

权，在本质上具有优先权的性质，且其效力优于抵押权和其他债权。[1]

四 解释上的别除权之基础权利

解释上的别除权之基础权利，是指虽非法律明文规定的担保物权，但权利人行使其权利产生的效果与担保物权的效果相同或者近似。这样的权利具有特殊的担保功能，有必要将其扩张而归入别除权的基础权利。例如，在我国台湾地区，"《破产法》"第108条明文规定别除权的基础权利为质权、抵押权和留置权。但学者多认为，具有用益物权和担保物权双重功能的典权可以为别除权的基础权利；[2] 台湾地区法院的司法实务还将海商法规定的优先于船舶抵押权受偿的海上优先权归入别除权的基础权利。[3] 当然，解释上的别除权的基础权利是值得深入研究的问题。

笔者以为，在我国，除担保物权和法定的优先受偿权以外，可以作为别除权的基础权利者，主要有：

第一，优先于担保物权的税收优先权。税收优先于无担保的债权，但《企业破产法》并未将税收作为别除权的基础权利，而是作为法定第二顺位的优先顺位请求权。[4] 但我国税收征管的立法却将税收规定为优先于抵押权、质权或者留置权的法定优先权。《税收征收管理法》第45条规定："税务机关征收税款，税收优先于无担保债权，法律另有规定的除外；纳税人欠缴的税款发生在纳税人以其财产设定抵押、质押或者纳税人的财产被留置之前的，税收应当先于抵押权、质权、留置权执行。"依照上述规定，欠缴的税款发生在纳税人以其财产设定抵押、质押或者纳税人的财产被留置之前的，税收优先于抵押权、质权或者留置权。当债务人的特定财产上有抵押权、质权或者留置权时，债务人欠缴的税款先于此等担保物权发生，该税收优先权取得较担保物权更优的地位，已经不再是《企业破产法》第113条所称债务人"所欠税款"，应当视其为别除权的基础权利。

第二，出卖人取回权。出卖人行使取回权将取得对所有权已移转的在运途中的货物的重新占有，并可以要求买受人支付全部买卖价金或者由此而发生的损害赔偿。因出卖人并非该买卖标的物的所有权人，但可以继续

---

[1] 参见最高人民法院《关于建设工程价款优先受偿权问题的批复》（2002年6月11日）。
[2] 参见陈荣宗《破产法》，（台北）三民书局1986年版，第239页。
[3] 参见耿云卿《破产法释义》，五南图书出版公司1987年版，第319页。
[4] 参见《企业破产法》第113条。

占有（留置）买卖标的物，迫使买受人支付买卖价金或者损害赔偿。出卖人行使取回权仍不能获得全部买卖价金的，可以处分买卖标的物而获得优先受偿。所以，出卖人取回权可以作为别除权的基础权利。

第三，典权。典权为我国特有的一种用益物权制度，是指承典人支付典价而占有他人（出典人）的不动产并为使用收益的一种权利。在出典人和承典人约定的典期届满时，出典人不能回赎不动产的，承典人依照契约取得不动产的所有权。在确保典价回收的作用上，典权具有担保物权的效用。我国的民事立法上没有规定典权制度，但司法实务对于典权的存在始终持一种肯定的立场。例如，最高人民法院《关于贯彻执行民事政策法律的意见》（1979 年 2 月 2 日）认为，"劳动人民的房屋典当关系，应予承认。典期届满，准予回赎。土改中已经解决的不再变动。典当契约载明过期不赎作为绝卖的，按契约规定处理。典当契约未载明期限或过期不赎作为绝卖的，在处理回赎问题时，应照顾双方的实际需要，如果承典人确无房住，而出典人又不缺房的，可将此房屋全部或者部分卖给承典人，典价折算可协商解决，如发生纠纷，原则上应按国家规定的实物价格计算，但也要考虑到双方的经济条件、回赎目的等实际情况"。典权所具有的担保物权性，使其可以成为别除权的基础权利。

五 别除权的行使

别除权是权利人支配别除标的物的交换价值的权利。原则上，权利人可以对别除标的物直接行使优先受偿权，其行使方法依照《物权法》有关担保物权的行使方法确定。

（一）对别除标的物行使权利

别除权人行使别除权不受破产程序的约束。破产立法对别除权人行使权利会附加某些程序上限制，诸如行使权利的期间或者程序条件等，但不能改变别除权的行使不受破产程序约束的本质。例如，最高人民法院司法解释曾经认为，有财产担保的债权人就其抵押物或者其他担保物享有优先受偿权；抵押权人或者其他担保物权人在破产案件受理后至破产宣告前请求优先受偿的，应经人民法院准许。①《企业破产法》第 75 条规定："在

---

① 参见最高人民法院《关于适用〈中华人民共和国民事诉讼法若干问题〉的意见》（1992 年）第 241 项。

重整期间，对债务人的特定财产享有的担保权暂停行使。但是，担保物有损坏或者价值明显减少的可能，足以危害担保权人权利的，担保权人可以向人民法院请求恢复行使担保权。"第 96 条第 2 款规定："对债务人的特定财产享有担保权的权利人，自人民法院裁定和解之日起可以行使权利。"第 109 条规定："对破产人的特定财产享有担保权的权利人，对该特定财产享有优先受偿的权利。"因为别除权的基础权利为担保物权，具有直接支配别除标的物的物权效力，别除权人可以直接对别除标的物行使权利。别除权的行使具有不可分性。不论别除标的物是动产、不动产或者法律允许设定担保的其他财产或权利，也不论别除标的物的占有状态，更不论别除标的物是否可分、价值大小，别除权人均可以对别除标的物的全部行使权利。

在这个意义上，不受破产程序约束的别除权人应当依民法规定的担保物权的行使方法，行使别除权。不论别除权人是否占有别除标的物，在行使别除权时，不以取得法院的事先准许或者管理人的事先同意为条件，可以依照法律规定的担保物权行使方式直接变价别除标的物或者请求法院强制变价别除标的物优先受偿。要注意的是，依照我国法律的规定，担保权人对担保标的物行使权利时，可以协商折价或变卖担保标的物，协商不成的，可向法院起诉拍卖担保标的物。考虑到法院受理破产申请后，管理人接管债务人的财产和营业事务，别除权人行使权利无法完全脱离管理人的意思或行为。别除权人以协商折价或变卖别除标的物行使权利的，应当征得管理人的同意。管理人与别除权人协议以别除标的物折价清偿债务或者协商变卖的，属于对债权人利益有重大影响的涉及债务人财产的重大处分行为，应当及时报告债权人委员会；未设立债权人委员会的，管理人应当及时报告人民法院。[①] 就别除标的物折价清偿债务或者变卖协商不成的，别除权人可以管理人为被告向受理破产申请的法院起诉行使别除权。

别除权因为别除标的物毁损或灭失而行使不能的，别除权人可以对别除标的物毁损或灭失而转化的价值形态（代位物）行使别除权。担保物权具有物上代位性，其支配担保标的物的交换价值的效力，可以及于担保标的物的变形物或代替物，权利人对担保标的物毁损或灭失而取得之赔偿

[①] 参见最高人民法院《关于适用〈中华人民共和国企业破产法〉若干问题的规定（二）》(2013 年) 第 25 条。

给付、保险给付或者其他对待给付有优先受偿的权利。① 但该第三人对债务人或管理人有损害赔偿责任的，别除权人可以对有损害赔偿责任的第三人主张物上代位，就第三人应当支付的赔偿金优先受偿。《物权法》第147条规定，"担保财产毁损、灭失或者被征收等，担保物权人可以就获得的保险金、赔偿金或者补偿金等优先受偿"。② 所以，别除标的物毁损或者灭失的，别除权人对债务人或管理人因此取得之赔偿金、补偿金或者保险金仍有优先受偿的权利。

此外，别除权人行使权利的，可以在变价别除标的物前，请求管理人清偿债务以消灭别除权的基础权利；管理人也可以清偿担保债务，或者提供相当的替代担保，以消灭别除权的基础权利。但是，管理人拟通过清偿债务或者提供担保以消灭别除权的基础权利的，属于对债权人利益有重大影响的涉及债务人财产的重大处分行为，应当及时报告债权人委员会；未设立债权人委员会的，管理人应当及时报告人民法院。③

别除标的物的价值超过其所担保的债务的，在别除权人行使权利后会留有溢值。别除标的物因行使别除权产生的溢值应当交付给管理人，由管理人归入债务人财产予以管理。

（二）利息先于本金受偿

别除标的物的变价款足以清偿债权本息的，先清偿利息还是本金没有区别的实益。当别除标的物的变价款不足以清偿行使别除权的费用和债权本息时，应当首先清偿行使别除权的费用，然后清偿债权所产生的利息，最后清偿债权本金。破产立法例对行使担保物权应当清偿的被担保债权的次序一般有明文规定。例如，德国《破产法》第48条规定，别除权人行使权利所取得之担保物的价款，首先清偿变价标的物的费用，其次偿还利息，最后偿还本金。我国破产立法对此没有明文规定。但司法实务承认行使担保物权而变价标的物的价款和扣押担保标的物而产生的孳息，应当按

---

① 参见邹海林、常敏《债权担保的理论与实务》，社会科学文献出版社2005年版，第16页。
② 参见《担保法》第58条和第73条；最高人民法院《关于适用〈中华人民共和国担保法〉若干问题的解释》（2000年）第80条、第96条和第114条。
③ 参见最高人民法院《关于适用〈中华人民共和国企业破产法〉若干问题的规定（二）》（2013年）第25条。

照费用、利息和本金的顺序予以清偿。① 为维护别除权的担保物权性，别除标的物的变价金应当按照利息先于本金的顺序进行清偿。

应当注意的是，行使别除权而应当优先受偿的利息是否包括法院受理破产申请后产生的利息？破产程序开始后，普通债权的利息只算定到法院受理破产申请时，目的是保持参加破产程序的各债权人在算定普通债权的时间上达到客观和公平。② 别除权则与普通债权不同。别除权人不依破产程序行使权利，故其行使权利时不受破产立法关于破产程序开始后停止计算债权的期间利息的规定限制，别除权所担保的债权利息可以计算至全部债权获得清偿之日。③ 别除权人不依破产程序行使权利，不论别除权所担保的债权是否为对债务人享有的债权，债权利息的计算应当依照债权发生时当事人的意思或者规范债权发生的法律规定，不应当受破产程序开始的限制。别除权所担保的债权利息可以计算至全部债权获得清偿之日，包括法院受理破产申请后产生的利息。

（三）行使别除权后的残额

对债务人享有债权的别除权人行使别除权而未能就别除标的物优先受偿的债权额部分，称为别除权行使后的残额。别除权行使后的残额列入普通债权，依照破产程序行使权利。《企业破产法》第110条规定，有别除权的债权人行使优先受偿的权利未能完全受偿的，未受清偿的部分，作为普通债权。别除权行使的残额，包括别除权人放弃优先受偿权利的债权额，以及未能由担保标的物的变价金足额清偿的债权额。别除权行使后的残额适用破产法有关普通债权的成立、申报、确认、算定和受偿的所有规定。

第五节　破产抵销权

一　破产法上的抵销

（一）破产抵销权的意义

破产法上的抵销，是指债权人在破产程序开始时对债务人负有债务，

---

① 参见最高人民法院《关于适用〈中华人民共和国担保法〉若干问题的解释》（2000年）第64条和第74条。

② 《企业破产法》第46条第2款规定："附利息的债权自破产申请受理时起停止计息。"

③ 参见陈荣宗《破产法》（增订新版），（台北）三民书局2001年版，第252—253页。

不论其债权同所负债务的种类是否相同，也不论其债权是否已到清偿期，可不依破产程序主张抵销其对债务人所负债务而其消灭其所负债务的现象。债权人在破产程序开始后抵销其对债务人财产所负债务的权利为破产抵销权。

债权人行使破产抵销权，将使其由债务人财产获得较其他债权人优先的分配利益，但为了便于债务人财产和债权债务的清理，破产立法例通常准许债权人在破产程序中行使抵销权，而且相应放宽了债权人行使破产抵销权的条件。例如，日本《破产法》（1922年）第98条规定，破产债权人在破产程序开始时，对于债务人负有债务者，可不依破产程序而为抵销。①《企业破产法》第40条规定："债权人在破产申请受理前对债务人负有债务的，可以向管理人主张抵销。"

破产抵销权是为简化破产程序而保护债权人利益特设的一项制度。破产抵销权得以实现的债权本体，原来就是债权人在私法上依照其意思即可实现的权利。因此，破产抵销权并非破产立法新创设的权利，只是民法上的抵销权在针对债务人而开始的破产程序中的扩张适用。②

（二）民法上的抵销

破产抵销权的基础为民法上的抵销权制度。抵销权产生于古罗马法后期，为近代各国立法普遍接受。例如，法国1804年颁布的《拿破仑民法典》第1289条规定：二人互负债务，得以其债务相互抵销。不同法域的民法关于抵销权的规定，几乎均沿用了《拿破仑民法典》第1291条的经典描述，"抵销，只在两个债务的标的物同为一定数额的金钱或同种类的消费物，而且均为确定并已到清偿期者，始得成立"。显然，民法上的抵销必须符合四个要件：（1）抵销双方互负债务。（2）双方所负债务均为同种类的给付。（3）双方所负债务均已到清偿期。（4）双方所负债务性质或者依法可以抵销。可见，民法上的抵销是有较为严格的抵销权成立和行使条件的。

针对债务人的破产程序开始后，如果仍然坚守民法上的抵销权而无适当的变通，不仅对债权人无多大的实益，而且也无助于破产程序的简化和

---

① 参见韩国《破产法》第89条和德国《支付不能法》第94条。
② 参见邹海林《破产程序和破产法实体制度比较研究》，法律出版社1995年版，第321页。

迅速进行。因此，破产立法有必要扩充民法上的抵销权的适用范围，弱化民法上的抵销权的适用条件，特别规定破产抵销权。

（三）破产抵销权的制度逻辑

债务人破产程序开始前对债权人享有的债权，在破产程序开始时属于债务人财产，应当由管理人受领清偿。债权人在破产程序开始前对债务人所享有的债权，则为普通债权，依照破产程序行使权利。允许债权人行使抵销权，在效果上相当于直接用债务人财产来清偿应当依照破产程序受偿的普通债权。这样，债权人可以避免因为破产程序减值清偿的损失，无异于债权人不依破产程序行使权利由债务人财产获得了优先清偿。在这个意义上，破产抵销权具有保护对债务人负有债务的债权人利益的功效。

债权人在破产程序开始后的受偿机会和地位均等。任何债权人在破产程序中都不能由债务人财产取得优先的受偿利益。但是，在破产程序上贯彻和适用破产抵销权对于债权人团体利益的维护也具有十分显著的意义。

一方面，破产抵销权使得债权人以其债权充抵其对债务人所负的债务，不必参加破产程序接受分配，抵销不经过诉讼而简单易行，客观上具有缓和破产程序参加人利益冲突的作用，有助于简化破产程序的复杂过程，从而有利于债权人的团体利益。

另一方面，破产抵销权将极大地减轻管理人执行职务的事务性工作的强度。当债权人主张抵销时，管理人只需确认抵销是否成立，而不必要求债权人先向债务人财产履行债务，而后再将包含有债权人已经或者应当履行之债务的债务人财产分配给债权人。破产抵销权的适用将极大地减轻管理人的工作负担，节省债务人财产的管理和分配费用，加速破产程序的进行，从而有利于债权人的团体利益。

（四）破产抵销权的适用限制

依照破产立法例，债权人行使抵销权的条件较为宽松，可以不受债务清偿期限、债务种类的影响。面对这样宽松的抵销利益，如果不对破产抵销权的适用作出必要的限制，破产抵销权将会被滥用而损害债权人的团体利益。所以，破产立法例对于破产抵销权的适用都会加以限制。例如，我国台湾地区《破产法》第114条规定："有左列各款情形之一时，不得为抵销：一、债权人，在破产程序开始后，对于破产财团负债务者。二、债务人之债务人，在破产程序开始后，对于债务人取得债权或取得他人之破产债权者。三、债务人之债务人，已知其停止支付或申请破产后而取得债权者，但其取得系基于法定原因或基于其知悉以前所生之原因者，不在此限。"①

《企业破产法（试行）》第33条对破产抵销权仅有原则性的规定，没有建构限定破产抵销权适用的相关制度。最高法院的司法解释对此进行了尝试性的解释，认为破产程序开始后"受让的破产债权"不得在破产程序中主张抵销。② 我国破产立法现已建构了限定破产撤销权适用的制度。

《企业破产法》第40条规定："债权人在破产申请受理前对债务人负有债务的，可以向管理人主张抵销。但是，有下列情形之一的，不得抵销：（一）债务人的债务人在破产申请受理后取得他人对债务人的债权的；（二）债权人已知债务人有不能清偿到期债务或者破产申请的事实，对债务人负担债务的；但是，债权人因为法律规定或者有破产申请一年前所发生的原因而负担债务的除外；（三）债务人的债务人已知债务人有不能清偿到期债务或者破产申请的事实，对债务人取得债权的；但是，债务人的债务人因为法律规定或者有破产申请一年前所发生的原因而取得债权的除外。"

二 破产抵销权的特征

相对于民法上的抵销权，破产抵销权具有以下三个特征：

第一，破产抵销权的权利人只以债权人为限。民法上的抵销权，互负债务的双方当事人均可主张抵销。破产程序开始后，如果要抵销债权人对债务人所负债务，抵销权人只限于债权人。法院受理破产申请后，债务人丧失管理和处分债务人财产的权利，债权人对债务人所负的债务构成债务人财产，应当由管理人收受债务并入债务人财产。管理人应当以善良管理人的注意执行职务，不得随意放弃权利和优先清偿部分债权人。若管理人主动抵销，实际上等于放弃请求债权人履行债务的权利，会造成债务人财产的价值减少，无异于用债务人财产优先清偿"可以主张抵销"的债权。这样做的结果有利于部分债权人，相应地会损害债权人的共同利益。所以，管理人不能对债权人主张抵销权。最高人民法院《关于适用〈中华人民共和国企业破产法〉若干问题的规定（二）》（2013年）第41条第2

---

① 日本《破产法》（1922年）第104条和德国《支付不能法》第96条有相应的规定。
② 最高人民法院《关于审理企业破产案件若干问题的规定》（2002年）第60条第2款。

款规定:"管理人不得主动抵销债务人与债权人的互负债务,但抵销使债务人财产受益的除外。"这就是说,破产抵销权只是破产立法专门赋予债权人的一项权利。

第二,破产抵销权不受债务种类和履行期限的限制。民法上的抵销权只适用于双方互负给付种类相同和均已届履行期的债务。破产程序开始后,债权人对债务人所负的债务的种类(例如给付标的)和履行期,与其对债务人享有的债权相比,不论是否相同都可以主张抵销。破产抵销权不受债务种类和履行期限的限制,实际上是债权人的债权和债务人财产等质化的结果。① 在破产程序开始时,对债务人享有的债权不论是否为金钱债权,都必须按照金钱债权的评价标准算定债权额,从而将所有的债权都转化成了金钱债权;与此相适应,债权人对债务人所负的债务,不论其种类,也应当算定为金钱债务并入债务人财产以供分配。这样,债权和债务都因为破产分配等质化的要求,在法院受理破产申请之日转化为同种类的债权和债务,债权人主张抵销不存在实体法上的障碍。就债权的履行期而言,即使在破产程序开始时未到期的债权和债务,在破产程序开始时也视为已到期的债权和债务。所以,破产程序的开始使得受破产程序支配的债权和债务的给付种类趋于相同、履行期均算定于破产程序开始时。在这个意义上,破产抵销权如果仍强调民法关于抵销权的债权债务种类相同和均已届清偿期,并不具有任何实际意义。债权人行使破产抵销权,管理人不得以下列理由对抗债权人的抵销主张:(1)破产申请受理时,债务人对债权人负有的债务尚未到期;(2)破产申请受理时,债权人对债务人负有的债务尚未到期;(3)双方互负债务标的物种类、品质不同。②

第三,债权人主张抵销对债务人所负债务,以破产程序开始前负担的债务为限。民法上的抵销权,其成立不受双方债权成立的时间先后的影响,不论双方互负的债务成立于何时,只要其给付种类相同并已到履行期,在性质上或者依法可以抵销的,均可以实行等额抵销。但是,在破产程序开始后,债权人主张抵销权,实际上是以债务人财产优先清偿其普通债权,直接关系到其他债权人的受偿利益;若再允许债权人以其普通债

---

① 参见邹海林《破产程序和破产法实体制度比较研究》,法律出版社 1995 年版,第 322 页。

② 参见最高人民法院《关于适用〈中华人民共和国企业破产法〉若干问题的规定(二)》(2013 年)第 43 条。

权，抵销其于破产程序开始后才对债务人财产所负的债务，极不公允。为维护债权人的共同利益，防止抵销权制度在破产程序中的不当运用，必须限定债权人主张抵销的债务范围。所以，债权人主张抵销的债务，仅限于破产程序开始前发生的债务。

三　破产抵销权的适用

（一）抵销权的适用

破产抵销权的立足点，在于将民法上的抵销权扩张适用于破产程序中。在民法上，因为不符合抵销条件而不能抵销的债务，在破产法上或许可以抵销。债权人行使破产抵销权的，不受债权给付期间、条件和种类的限制。因此，破产抵销权的适用，不考虑债权人对债务人所负债务的种类和履行期限，也不考虑债权人的债权是否附有条件，只要债权人对债务人负有债务的，就可以主张抵销。

债权人的债权已逾诉讼时效期间的，可否主张抵销其对债务人所负债务？这个问题值得讨论。笔者以为，诉讼时效已完成的债权，债权人不得主张抵销。债权人逾诉讼时效期间不行使权利，其请求权归于消灭，不得再请求债务人履行债务，或者债务人有拒绝履行抗辩权，更不受法院强制力的保护。此类债务属于自然债务，除非债务人自愿履行或者放弃时效利益。抵销为债务消灭的原因，为债权行使的一种方式，债权人因为时效完成不能行使债权的，自然也不能主张抵销。再者，在破产程序开始前，债权人对债务人的债权因为时效完成，不能参加破产程序行使权利，也不能在破产程序开始后对管理人主张抵销。[①]

（二）给付种类不相同的债务的抵销

抵销常见之于金钱债务或同种类债务。若债权人与债务人相互间互负金钱债务，或者所负债务种类相同，适用抵销自然没有障碍。但是，在破产程序上可以主张抵销的债务，并不以金钱债务或者同种类债务为限。非金钱债务和给付种类不相同的债务，也可以抵销。例如，我国台湾地区"《破产法》"第113条第1款规定，破产债权人对债务人所负债务，不论给付种类是否相同，均得为抵销。债权人在主张抵销时，不论债权还是债

---

① 参见邹海林《破产程序和破产法实体制度比较研究》，法律出版社1995年版，第329—330页。

权人对债务人所负债务的种类、价值,均可以破产程序开始时的债权或者债务评价额算定为金钱债权在等额范围内予以抵销。

(三) 未到期债权的抵销

在破产法上,未到期债权在破产程序开始时,视为已到期债权。因此,未到期债权因为破产程序的开始而加速到期,可以与债权人对债务人所负债务进行抵销。

未到期债权不附利息的,在进行抵销时,其抵销债权额应当扣除抵销时未到期的法定利息;附有利息的,则抵销债权额计算至抵销时。[1] 因此,未到期债权的抵销,以债权人主张抵销时的债权评价标准算定债权额,作为抵销债权额。债权人对债务人所负债务未到期的,债权人主张抵销时,因其明知该债务未到清偿期而自愿同其抵销,可以视为自动放弃债务未到清偿的期间利益,算定该债务额时,原则上可以不扣除该债务未到期的法定利息。[2]

(四) 附条件的债权的抵销

在破产程序中,附条件的债权,除其接受分配的方式与普通债权(不附条件的债权) 有所不同外,其与普通债权并无差别。所以破产立法例没有理由拒绝附条件的债权适用抵销。附期限的债权在破产程序中进行抵销的,亦同。[3] 但是,附条件的债权在进行抵销时,因为获得了实质上的清偿,其清偿的效力应当与破产立法限制附条件的债权接受分配的效果相当。

1. 附停止条件的债权的抵销

附停止条件的债权在条件成就前尚未生效,债权人不能即时主张权利,至于所附停止条件是否可以成就尚属未知数。所以,附停止条件的债权人在破产程序中只能接受提存分配,抵销亦同。例如,日本《破产法》

---

[1] 抵销权人不依破产程序行使权利,故债权人主张抵销的债权之利息,不以计算至法院受理破产申请时的债权利息为限;法院受理破产申请后产生的债权利息,债权人仍可以主张抵销。

[2] 参见陈计男《破产法论》,(台北) 三民书局1986年版,第209—210页。

[3] 应当注意的是,附期限的债权不同于未到期债权。附期限的债权是指以将来确定事实或日期的到来作为债权生效或消灭的条件之债权,包括附始期的债权和附终期的债权。附始期的债权于期限到来时发生效力,附终期的债权在期限届至时失去效力。破产立法例一般允许附期限的债权进行抵销。例如,我国台湾地区 "《破产法》"第113条第2款规定:债权人之债权为附期限的债权,得为抵销。

(1922年)第100条规定,附停止条件的债权或者将来求偿权,为便于日后抵销,可以请求在债权额的限度内,提存其抵销额。这就是说,在破产程序上,债权人主张抵销附停止条件的债权时,管理人应当将抵销额提存,在破产财产最终分配前,停止条件成就,债权人可以请求管理人交付已提存的抵销额;若停止条件未成就,则已提存的抵销额应当重新归入债务人财产作最后分配。

2. 附解除条件的债权的抵销

附解除条件的债权为已生效的债权,债权人可行使权利。但是,由于债权所附解除条件是否成就关系到债权的效力,当解除条件成就时,债权失去效力。为交易安全起见,债权人在破产程序中主张清偿或者抵销附解除条件的债权时,应当对清偿额或者抵销额提供相当的担保,或者由管理人提存清偿额或者抵销额,视债权所附解除条件在破产财产最终分配前是否成就而作相应的处理。例如,日本《破产法》(1922年)第101条规定,附解除条件的债权为抵销时,债权人应当为抵销额提供担保,或者提存抵销额。这就是说,在破产程序中,债权人主张抵销附解除条件的债权时,应当向管理人提供相当的担保,或者由管理人提存抵销额;在最终分配时,解除条件成就的,债权人受领的抵销额构成债权人的不当得利,应当返还于债务人财产(相应的担保也解除效力),或者管理人将已提存的抵销额重新归入债务人财产作最终分配;解除条件未成就的,则债权人已提供的担保应予解除,或者管理人应向债权人交付已提存的抵销额。

3. 债权和附条件的债务的抵销

不论债权人在破产程序中主张抵销的债权是否为附条件的债权,如果债权人对债务人所负债务为附条件的债务,债权人主张抵销时,不应当再考虑债权人对债务人所负债务的条件是否成就。原则上,债权人以附条件的债务作为抵销对象主张破产抵销权的,应当视为债权人放弃其所承担的债务所附条件相对应的利益;在债权人为抵销的行为后,不论其抵销的债务所附条件成就与否,债权人均不得主张债务人财产受不当得利而请求管理人返还。[①]

[①] 参见邹海林《破产程序和破产法实体制度比较研究》,法律出版社1995年版,第326页。

四 民法抵销在破产程序中的适用

破产抵销权是债权人的专有权利,仅适用于破产程序开始前成立的债权和债权人对债务人所负债务的场合。正因为如此,在有适合于民法抵销的场合,如果抵销不损害债权人的共同利益,破产程序没有理由限制民法抵销的适用,以为破产抵销权的适用补充。在法院受理破产申请后,民法抵销的适用主要限于以下两种情形。

(一) 共益债权的抵销

共益债权包括破产费用请求权和共益债务请求权,均为债权人的团体利益而在破产程序进行中发生,由债务人财产随时清偿。共益债权的抵销,不会影响债权人的团体利益,也不会造成债务人财产价值的贬损,反而节省债务人财产的管理变价和债务清偿的费用,有利于全体债权人的受偿利益。所以,共益债权有民法上适合抵销的情形发生时,管理人或者共益债权人均得主张债务的互为抵销。我国司法实务认为,抵销使债务人财产受益的,管理人可以主动抵销债务人与债权人的互负债务。[①] 共益债权的抵销,原则上应当适用民法关于抵销的规定,但是抵销使债务人财产受益的,也可以不受债权和债务种类相同、均已届清偿期的限制。

(二) 作为债务人自由财产之债权的抵销

债务人的自由财产,是指不受破产程序支配而由债务人自行管理和处分的个人财产。自由财产制度适用于债务人为自然人的情形。破产程序开始后,若债务人对债权人取得债权,此项债权依法构成债务人的自由财产的,对债务人享有债权的人,可以主张抵销其对债务人所负债务;债务人亦得以其自由财产中的"债权"抵销其在破产程序开始前对债权人所负债务。受破产程序约束的债权与作为债务人自由财产之债权相互抵销,属于破产程序外的事项,对受破产程序约束的债权人团体利益没有任何不利的影响,反而有利于债权人的团体利益,可以适用民法关于抵销的规定,由债权人或者债务人在破产程序外互为抵销。

五 破产抵销权行使的限制

债权人享有破产抵销权已受到了相当优厚的保护。为维护债权人的共

[①] 参见最高人民法院《关于适用〈中华人民共和国企业破产法〉若干问题的规定(二)》(2013年)第41条第2款。

同利益，保持债权人行使权利的公平，破产立法例对债权人行使抵销权的范围通常会加以相应的限制。依照《企业破产法》第40条的规定，恶意取得的他人债权、恶意负担的债务、恶意产生的债权，债权人不得行使破产撤销权。[①] 此外，债务人的股东债权人不得以其债权主张抵销债务人对其享有的下列权利：（1）债务人对股东债权人享有的出资缴纳请求权和因为股东抽逃出资而取得的权利；（2）债务人对股东债权人因为滥用股东权利或者不正当关联关系而享有的权利。[②]

（一）事后取得的他人债权

事后取得的他人债权，是指次债务人（债务人的债务人）在破产程序开始后因法律规定或者法律行为而取得他人（第三人）在破产程序开始前对债务人享有的债权。

次债务人负担的债务属于债务人财产，次债务人应当向管理人为清偿。他人债权则应当依破产程序受偿。他人债权因有破产程序的减值清偿风险而实际价值不高，该债权若在破产程序开始后转让给次债务人，仍允许次债务人进行抵销，次债务人因实行抵销而可以消灭其对债务人所负全部或部分给付义务，实际上将直接减少债务人财产的价值，而且还会诱发次债务人在破产程序开始后低价收买他人债权的道德危险，损害其他债权人的利益，严重危害破产程序的公平受偿宗旨。

所以，次债务人在破产程序开始后取得他人债权的，不论其取得原因，不得主张抵销其对债务人负担的债务。《企业破产法》第40条仅限制次债务人在破产程序开始后取得的他人债权进行抵销，次债务人在破产程序开始前已知债务人有破产原因或者破产申请的事实而取得他人债权的，可否主张抵销则没有规定，构成法律漏洞。再者，次债务人因为法律规定[③]事后取得的他人债权具有正当性的，例如次债务人在破产程序开始后因为继承、混同或者法院判决而取得他人债权，可否抵销更是值得讨论的。在这里，我们应当注意到我国司法实务所采取的缓和立场：次债务人

[①] 参见德国《支付不能法》第96条、日本《破产法》（1922年）第104条、我国台湾地区"《破产法》"第114条。

[②] 参见最高人民法院《关于适用〈中华人民共和国企业破产法〉若干问题的规定（二）》（2013年）第46条。

[③] 无因管理、不当得利、侵权行为是债权债务关系发生的法定原因。债权债务关系还因为法律规定的法院判决、债务的混同等其他事实而发生变动。

事后取得的他人债权，若有债务人的特定财产作为担保，则次债务人可以担保标的物的价值为限，以其事后取得的他人债权抵销债务人对次债务人在破产程序开始前享有的债权。①

（二）恶意负担的债务

恶意负担的债务，是指债权人已知债务人有不能清偿到期债务或者破产申请的事实而对债务人负担的债务。债权人的恶意，仅限于债权人已知或者明知债务人不能清偿到期债务或者破产申请的事实的主观心理状态。法院受理破产申请并发布公告的，不论债权人是否收到法院受理破产申请的通知，均视为债权人已知破产申请的事实而存在恶意。债权人在破产程序开始后对债务人财产所负担的债务，应当解释为债权人恶意负担的债务。

破产抵销权的行使，对债务人财产和债权人的公平受偿利益有直接的影响，在适用上必然要从严掌握。债权人在已知债务人有破产原因或者破产申请时，对债务人负债而允许与其在破产程序开始前享有的债权相抵销，不仅引起债权人的受偿机会不均等，还必然加剧债权人在破产程序开始后对债务人财产负债而主张抵销的危险程度，造成债权人无所顾忌地对债务人负债以抵销其应当依照破产程序受偿的债权，这与破产抵销权的制度目的相悖，无异于债权人滥用抵销权，直接危害其他债权人的公平受偿利益。为了防止债权人在已知债务人有破产原因或者破产申请时，对债务人负债并以抵销的方式将其债权的破产分配损失转嫁由其他债权人承担，破产立法例禁止债权人为此项抵销。

所以，债权人已知债务人有破产原因或者破产申请的事实而对债务人负担债务的，不得抵销。但是，债权人若能证明其负担的债务并非恶意的，可以抵销。例如，债权人不知债务人有破产原因或者破产申请的事实，或者因为法律规定②或者因破产程序开始前临界期间（如债务人申请破产1年前）所发生的原因而负担的债务，均非恶意负担的债务，可以抵销。③再者，由债务人的特定财产担保的债权（别除权）之债权人，以

---

① 参见最高人民法院《关于适用〈中华人民共和国企业破产法〉若干问题的规定（二）》（2013年）第45条。

② 例如债权人因债务人的无因管理而负担债务的情形。

③ 参见日本《破产法》（1922年）第104条第1款第2项。

别除标的物的价值为限,可以主张抵销其对债务人恶意负担的债务。[1]

(三) 恶意取得的债权

恶意取得的债权,是指次债务人已知债务人有不能清偿到期债务或者破产申请的事实而对债务人取得的债权,即依照法律规定或者约定而对债务人直接取得的债权。次债务人的恶意,仅限于次债务人已知或者明知债务人不能清偿到期债务或者破产申请的事实的主观心理状态。

次债务人已知债务人有破产原因或破产申请的事实,对债务人取得债权的,该债权成立于破产程序开始前,除因无效或者撤销而不受保护的外,其债权人应当依照破产程序行使权利。次债务人所承担的债务,构成债务人财产,应当向管理人为清偿。在这种情形下,若允许次债务人以其恶意取得债权进行抵销,不符合诚实信用原则,而且更不能保证全体债权人的清偿利益之公允。

所以,次债务人已知债务人有不能清偿到期债务或者破产申请的事实而对债务人取得债权的,不得抵销。但是,次债务人若能证明其对债务人取得债权并无恶意的,可以抵销。例如,次债务人不知债务人有破产原因或者申请破产的事实,或者因为法律规定[2]或者因破产程序开始前临界期间(如债务人申请破产 1 年前)所发生的原因而取得的债权,均非恶意取得的债权,可以抵销。[3] 再者,次债务人恶意取得的债权,若有债务人的特定财产作为担保,则次债务人可以担保标的物的价值为限,以其恶意取得的债权抵销债务人对次债务人在破产程序开始前享有的债权。[4]

六 破产抵销权的行使

(一) 破产抵销权行使的相对人

债权人行使破产抵销权应以管理人为相对人。最高人民法院《关于适用〈中华人民共和国企业破产法〉若干问题的规定(二)》(2013 年)

---

[1] 参见最高人民法院《关于适用〈中华人民共和国企业破产法〉若干问题的规定(二)》(2013 年)第 45 条。

[2] 例如次债务人因为债务人不当得利或债务人侵权行为而取得债权的情形。

[3] 参见日本《破产法》(1922 年)第 104 条第 1 款第 4 项;我国台湾地区"《破产法》"第 114 条第 1 款第 3 项。

[4] 参见最高人民法院《关于适用〈中华人民共和国企业破产法〉若干问题的规定(二)》(2013 年)第 45 条。

第 41 条第 1 款规定："债权人依据企业破产法第四十条的规定行使抵销权，应当向管理人提出抵销主张。"

破产程序开始后，债权人对债务人享有的债权和承担的债务，均移转由管理人承担和享有，债权人不能向管理人以外的任何人主张债权和清偿债务。抵销为债务消灭的原因，债权人对债务人财产所负担的债务，可因抵销而消灭。债权人行使破产抵销权为其行使权利的一种方法，也是其消灭债务的一种原因，在破产程序开始后只能向管理人为之。

（二）破产抵销权行使的方式

破产抵销权为债权人民法上的抵销权在破产程序中的扩张适用，故其性质认定为请求权。债权人行使请求权不以诉讼为必要，但以其向相对人为权利行使的意思表示为必要。债权人向管理人为抵销的意思表示的，即构成破产抵销权的行使。

破产立法例一般规定破产抵销权不依破产程序行使。例如，日本《破产法》（1922 年）第 98 条规定，债权人可不依破产程序实行抵销。[①] 债权人不依破产程序行使破产抵销权，究竟意味着什么？债权人行使破产抵销权的相对人为管理人，这并不表明破产抵销权的行使受破产程序的约束，仅仅表明破产抵销权作为请求权、其行使的相对人由债务人变更为管理人而已。破产抵销权的行使是否受破产程序的约束，其核心问题在于：债权人是否应当依照破产程序行使权利，诸如是否应当申报债权并主张抵销？学者在这个方面的认识还是存在分歧的，有积极说、消极说和折中说。[②]

积极说认为，债权申报为债权人行使权利的前提，经债权申报后的调查确认程序，债权人才能取得参加破产程序的当事人地位，享有表决权和受分配的权利；未经申报、调查和确认的债权，不能通过破产程序受偿，也不应当以抵销取得受偿机会。债权人行使抵销权，实质仍为行使其债权的一种方式，受债权申报制度的约束，自然不应当有所例外。尤其是，有财产担保的债权未经申报都不能取得债权的地位，何况债权的抵销。另外，管理人承认抵销权，应当经债权人会议或其代表的同意，债权经过申报和确认才能具备管理人承认抵销权的基础。所以，债权人行使抵销权必

[①] 我国台湾地区"《破产法》"第 113 条第 1 款有类似的规定。

[②] 参见陈荣宗《破产法》，（台北）三民书局 1986 年版，第 287—288 页。

须申报债权。

消极说认为，债权人是否参加破产程序是债权人的权利而非义务，法律并没有强制债权人申报债权的理由，何况法律明文规定抵销权不依破产程序行使。债权人向管理人行使抵销权，管理人承认抵销权只同管理人的职务行为相关，不能以此断定债权人行使抵销权应当申报债权。所以，债权人无须申报债权就可以有效行使抵销权。

折中说综合了积极说和消极说的相容点，认为债权人行使抵销权，原则上无须申报债权。但是，管理人对债权人主张抵销的债权额多少、或者主张抵销的债权成立与否有争执时，债权人应当申报债权。

《企业破产法》没有明文规定债权人不依破产程序行使破产抵销权，又该如何解释？

笔者以为，债权人通过破产程序行使权利，仅能取得与其他债权人平等的利益，任何债权人都不能取得超出破产程序应有利益的"额外利益"或"个别利益"。债权人行使破产抵销权，恰恰取得了不同于其他债权人的个别清偿利益，破产抵销权的行使本身就是对破产程序约束的排除。仅在这一点上就可以认为债权人不依破产程序行使破产抵销权。再者，破产抵销权为请求权，债权人行使权利不以寻求司法程序的救济为必要，债权申报为债权人参加破产程序行使权利的条件，并非债权人在破产程序之外行使权利的条件，如果债权人在破产程序之外行使破产抵销权，自无申报债权的必要。为免除疑虑，有破产立法例明文规定，债权人行使抵销权无须申报债权。例如，德国《破产法》第53条规定："债权人在抵销权范围内，不必申报其债权。"[①] 至于如何对待债权人未申报债权而主张抵销又未能完全清偿其债权的现象，与破产抵销权的行使是否受破产程序约束无关，仅发生债权人不能依照破产程序行使权利的后果，此等后果并不能成为债权人行使抵销权应当申报债权的依据。

总之，在我国破产法上，应当认为债权人不依破产程序行使破产抵销权。也就是说，破产程序对债权人行使权利的任何限制，对债权人行使破产抵销权不产生影响。

---

① 德国《支付不能法》第94条有如下规定："在支付不能程序开始时，一个支付不能债权人依法或依协议有权抵销的，此项权利不因程序而受影响。"杜景林、卢谌译：《德国支付不能法》，法律出版社2002年版，第49页。

(三) 破产抵销权行使的期间

《企业破产法》并未限定破产抵销权行使的期间，债权人可以在破产程序进行的任何期间行使抵销权。此立场反映着破产抵销权不依破产程序行使的基本精神。

在我国，破产程序由重整程序、和解程序和清算程序组成，这些具有差异化的程序对债权人行使破产抵销权不产生差异化的影响。原则上，债权人在破产程序开始后的任何期间，均可以行使破产抵销权。破产程序终结的，债权人行使权利不再受破产程序的约束，清偿债务亦同，为简化破产程序和节省费用规定的破产抵销权制度自无适用的余地。所以，破产程序终结前，债权人均可以对管理人行使撤销权。

(四) 破产抵销权行使的效果

债权人对债务人所负债务因为破产抵销权的行使而消灭，为破产抵销权行使的效果。债权人向管理人为破产抵销的意思表示（如抵销的通知）是否就会发生抵销的效果？前已言之，破产抵销权为请求权。因此，债权人为抵销的意思表示，仅发生请求相对人为抵销的效果，债务是否消灭仍要依赖于相对人为抵销的意思或者行为。这就是说，抵销的效果并不会因为债权人有行使破产抵销权的意思表示而当然发生。破产抵销权行使的效果取决于管理人对债权人抵销的意思表示之承认。管理人承认债权人的抵销请求的，即发生抵销的效果。[①] 债权人行使破产抵销权而管理人不予承认或者提出异议的，不发生抵销的效果；债权人可以选择以管理人为被告向受理破产案件的法院提起确认债务因抵销而消灭的诉讼。

对于破产抵销权行使的效果问题，我国司法实务的做法没有遵循破产抵销权为请求权的解释路径。最高人民法院《关于适用〈中华人民共和国企业破产法〉若干问题的规定（二）》（2013年）第42条规定："管理人收到债权人提出的主张债务抵销的通知后，经审查无异议的，抵销自管理人收到通知之日起生效。管理人对抵销主张有异议的，应当在约定的异议期限内或者自收到主张债务抵销的通知之日起三个月内向人民法院提起诉讼。无正当理由逾期提起的，人民法院不予支持。人民法院判决驳回管

[①] 管理人承认破产抵销权行使的行为，应当解释为《企业破产法》第69条所规定的管理人对债权人利益有重大影响的涉及债务人财产的重大处分行为。管理人承认破产抵销权的行使，应当及时报告债权人委员会；未设立债权人委员会的，应当及时报告人民法院。

理人提起的抵销无效诉讼请求的，该抵销自管理人收到主张债务抵销的通知之日起生效。"上述解释性规定有违破产抵销权的请求权性质，值得检讨。

破产抵销权的形式以等额抵销为原则。债权人行使破产抵销权超出抵销债务额的债权或者超出抵销债权额的债务不因债权人的抵销行为而消灭。因此，债权人行使破产抵销权后，尚存的未能抵销的债权额仍属普通债权，应当依照破产程序行使权利；未能抵销的债权人对债务人的负债额仍然构成债务人财产，债权人应当向管理人为债务的清偿。

第六节 可受分配请求权

一 可受分配请求权

破产程序不论其结构为重整程序、和解程序还是破产清算程序，都是一种分配程序。可受分配请求权包括但不限于劳动债权、社会保险费用请求权、税收请求权以及破产债权。其中劳动债权、社会保险费用请求权和税收请求权为优先于破产债权的优先顺位请求权，其不仅在破产程序上具有特殊地位，而且在实质上享有接受分配的优先地位。

二 优先顺位请求权

优先顺位请求权具体包括劳动债权、社会保险费用请求权和税收请求权三项。劳动债权在可受分配请求权中，居于最优先的地位；社会保险费用请求权和税收请求权，则后于劳动债权但优先于破产债权。

劳动债权是指企业的劳动者（雇员）基于劳动关系而对债务人企业（雇主）享有的各种请求权的总和，如工资、各种非工资形式的报酬、福利等。破产程序中的劳动债权，则是指在破产程序中享受优先分配地位的、因破产程序开始前的劳动关系而发生的债权，包括"债务人所欠职工的工资和医疗、伤残补助、抚恤费用，所欠的应当划入职工个人账户的基本养老保险、基本医疗保险费用，以及法律、行政法规规定应当支付给职工的补偿金"[①]。另外，债务人所欠其董事、监事和高级管理人员的工

[①] 参见《企业破产法》第82条第1款（二）项和第113条第1款（一）项。

资，仅以其"按照该企业职工的平均工资计算"的数额作为劳动债权。[1]

社会保险费用请求权是指因债务人在破产程序开始前欠缴社会保险费用所形成的债权，社会保险费用包括但不限于社会保险机构依法应当征缴的养老保险费、医疗保险费、工伤保险费、失业保险费和生育保险费等。但是，债务人欠缴的"应当划入职工个人账户的基本养老保险、基本医疗保险费用"，不在此限。[2]

税收请求权是指破产程序开始前形成的税收债权，具体表现为债务人在破产程序开始前应缴而未缴或欠缴的税款所形成的国家税收请求权。应当注意，在破产程序开始后形成的税收债权为破产费用，不属于可受分配请求权。再者，居于优先受偿地位的税收请求权不包括税收滞纳金和罚款。[3]

三 破产债权

(一) 破产债权的意义

破产债权是依破产程序申报并依破产程序接受分配的财产请求权。在这里，破产债权一词泛指破产程序中的所有普通债权，与破产程序中的债权同义。

理论上，我国学者将破产债权区分为实质意义上的破产债权和形式意义上的破产债权。[4] 实质破产债权是指破产宣告前成立的可对破产人行使的财产请求权，包括债权人已经依法申报并可依破产程序受偿的债权，债权人未依法申报而不能由破产程序受偿的债权，但是已过诉讼时效期限的债权，不能成为破产债权。形式破产债权是指债权人依法申报并可由破产程序受偿的实质破产债权。这种破产债权以能参加破产分配为自己的唯一目的，因而又可称为分配债权。形式破产债权为实质破产债权因破产程序而发生转化的结果。[5]

---

[1] 参见《企业破产法》第113条第3款。
[2] 参见《企业破产法》第113条第1款（二）项。
[3] 参见最高人民法院《关于审理企业破产案件若干问题的规定》(2002年) 第61条。
[4] 参见李永军《破产法律制度》，中国法制出版社2000年版，第172页；沈贵明《破产法学》，郑州大学出版社2004年版，第127页；齐树洁主编《破产法研究》，厦门大学出版社2004年版，第312页。
[5] 参见郑远民《破产法律制度比较研究》，湖南大学出版社2002年版，第67—68页。

实际上，破产债权一词相当程度上对应于形式意义上的债权，即破产程序中的类型化债权：破产宣告后能接受破产分配的债权。破产债权仅是破产程序中的债权的一个下位概念。我们还应当注意到，破产债权在我国法律上的表述场景通常特指破产清算程序，仅在破产清算程序中使用破产债权，例如《企业破产法》第107条第2款的规定。相对于其他类型的破产程序或非清算程序阶段，我国法律则称为债权，不使用破产债权。例如，《企业破产法》第44条规定："人民法院受理破产申请时对债务人享有债权的债权人，依照本法规定的程序行使权利。"因此，在我国破产法理论上，对应于破产债权的使用，重整程序中的债权被称为重整债权，和解程序中的债权则被称为和解债权。这些债权的不同称谓，表明了债权在不同的破产程序中的形式意义，但其实质均为债权。

就不同称谓的债权内容而言，清算程序中的破产债权与重整程序中的重整债权、和解程序中的和解债权并无不同，它们均是成立于破产程序开始前、在破产程序开始后经申报确认并可接受分配的债权。因此，这些称谓上的区别在破产程序上并无实质意义。①

（二）破产债权的时间限定

破产债权成立于破产程序开始前。为实现公平清偿债权人的破产程序目的，应当确定一个时点对破产债权的算定予以固定，这一时点便是破产程序的开始。破产债权"成立于破产程序开始前"，是指债权成立的原因于破产程序开始前已有效存在，而不论该债权是否已发生效力。基于破产程序开始前的原因成立的债权，包括未到期的债权、附条件的债权、附期限的债权、有财产担保的债权等，均属于破产债权。

破产程序开始后，管理人为破产财产的管理、变卖、分配及从事必要法律行为等活动中负担的债务，属于破产费用与共益债务，请求权人优先从债务人财产中受偿，不属于破产债权。但是，以下三种情形下的债权，虽然发生或者成立于破产程序开始后，仍不失为破产债权：

1. 票据承兑人或付款人因承兑和付款而产生的债权。我国司法实务认为，票据出票人被适用破产程序的，付款人或承兑人不知其事实而付款

---

① 参见邹海林、周泽新《破产法学的新发展》，中国社会科学出版社2012年版，第208页。

或承兑产生的债权，为破产债权。①《企业破产法》第 55 条规定："债务人是票据的出票人，被裁定适用本法规定的程序，该票据的付款人继续付款或者承兑的，付款人以由此产生的请求权申报债权。"

2. 管理人解除合同而产生的损害赔偿请求权。法院受理破产申请后，对于当事人双方均未履行完毕的合同，管理人有权决定解除并通知对方当事人。管理人自破产申请受理之日起 2 个月内未通知对方当事人，或者自收到对方当事人催告之日起 30 日内未答复的，视为解除合同。管理人决定继续履行合同而对方当事人要求管理人提供担保的，管理人不提供担保视为解除合同。②因管理人解除合同而使对方当事人产生的损害赔偿请求权。我国司法实务认为，管理人解除合同，对方当事人依法或者依照合同约定产生的对债务人可以用货币计算的债权，为破产债权。③《企业破产法》第 53 条规定，管理人"依照本法规定解除合同的，对方当事人以因合同解除所产生的损害赔偿请求权申报债权"。

3. 受托人善意处理委托事务而产生的债权。债务人被适用破产程序，其受托人不知其事实而继续处理委托事务，因此发生的债权为破产债权。我国司法实务认为，债务人的受托人在债务人破产后，为债务人的利益处理委托事务所发生的债权，为破产债权。④《企业破产法》第 54 条规定："债务人是委托合同的委托人，被裁定适用本法规定的程序，受托人不知该事实，继续处理委托事务的，受托人以由此产生的请求权申报债权。"

(三) 破产债权限于可强制执行的债权

可受分配请求权仅限于能够强制执行的请求权，破产债权亦同。不能强制执行的债权，在破产程序上缺乏执行依据，故不能作为破产债权。债权不能强制执行，意味着债权丧失了国家保护的可能。破产程序作为概括执行程序，必须以能够强制执行为前提。不能予以强制执行的债权主要包括基于不法原因所产生的债权、可撤销的债权、无效债权以及以禁止执行

---

① 参见最高人民法院《关于审理企业破产案件若干问题的规定》（2002 年）第 55 条第 1 款第 4 项。

② 参见《企业破产法》第 18 条。

③ 参见最高人民法院《关于审理企业破产案件若干问题的规定》（2002 年）第 55 条第 1 款第 5 项。

④ 参见最高人民法院《关于审理企业破产案件若干问题的规定》（2002 年）第 55 条第 1 款第 6 项。

的财产为标的物的债权。不能强制执行的债权,不能通过破产程序而获得清偿。其中,已过诉讼时效的债权属于不受法院强制力保护的权利,自然不受破产程序的保护,也不能作为破产债权。

(四) 有财产担保的债权

有财产担保的债权是否为破产债权,因有《企业破产法(试行)》第30条的规定,我国学说曾有"否定说"和"肯定说"。

否定说认为,有财产担保的债权优先于无财产担保的债权受偿,债权人得基于其担保物权而不通过破产程序行使权利,不属于破产债权。《企业破产法(试行)》第30条规定:"破产宣告前成立的无财产担保的债权和放弃优先受偿权利的有财产担保的债权为破产债权。"上述规定将有财产担保的债权排除在破产债权之外。有学者认为,债权之有无财产担保分别与民法上的对物请求权和对人请求权相对应。对物请求权在破产法上表现为别除权、取回权等;后者在破产法上则体现为破产债权。破产宣告前成立的有财产担保的债权,不通过破产程序而优先受偿。破产债权应为无财产担保的债权或者放弃优先受偿权的有财产担保的债权。[①]

肯定说认为,就其本体而言,有财产担保的债权仍然为债权,该债权所附财产担保,仅是增强了债权的受偿机会,并没有改变债权的属性,该债权只要成立于破产程序开始前,应当属于破产债权。肯定说对《企业破产法(试行)》第30条否认有财产担保的债权为破产债权的规定提出了批评。不论为债权人设定担保物权的特定物是否为债务人所有,债权人在行使权利时,既可以对债务人行使对人请求权,也可以对特定的担保物行使对物请求权。债权人对债务人所享有的债权,不因其享有担保物权而受到影响。所以,将有财产担保的债权排斥在破产债权之外,是没有任何道理的。[②] 再者,对物请求权和对人请求权毕竟是不同的两种请求权,其如何行使应由权利人自己决定,限制债权人选择行使对人请求权,违背私权自治原则;否认有财产担保的债权人以破产债权人之地位,要求其先行

[①] 参见汤维建《破产程序与破产立法研究》,人民法院出版社2001年版,第195—196页;沈贵明《破产法学》,郑州大学出版社2004年版,第131页;齐树洁《破产法》,厦门大学出版社2009年版,第220页。

[②] 参见李永军《破产法律制度》,中国法制出版社2000年版,第176页;齐树洁主编《破产法研究》,厦门大学出版社2004年版,第318页。

主张对物请求权或放弃优先受偿的权利,违背了法的公平价值。①

总之,以债权数额超过担保物价款或者债权人放弃优先受偿权利为条件,承认有财产担保的债权为破产债权,是缺乏正当性基础的。事实上,有财产担保的债权就担保物价值优先受偿的效力来自担保物权,而非债权本身。担保物权的存在并没有改变债权的本来性质。将有财产担保的债权排除于破产债权,不仅不合法理,而且没有任何法律上的正当理由。所以,《企业破产法》不再对有担保的债权作为破产债权附加任何限制。这就是说,有财产担保的债权为破产债权。

(五) 劣后债权和除斥债权

劣后债权是指劣后于破产债权接受破产程序分配的债权。在破产程序开始后,还会发生某些费用与债权,除破产费用和共益债务外,尚有破产程序开始后的债权利息、债务不履行所生损害赔偿金及违约金、债权人参加破产程序的费用和因破产程序开始后的原因发生的、对债务人享有的非为共益债权的其他财产请求权。这些产生于破产程序开始后,但毕竟是因合法原因而发生的债权,在破产程序中有受到保护的必要性和合理性,破产程序应给予其一定的受偿机会。将这些债权列为劣后债权不影响其他债权人的权利。② 理论上,劣后债权应当包括以下债权:(1) 债权人参加破产程序所支付的费用;(2) 破产程序开始后的利息;(3) 破产程序开始后因合同不履行产生的违约金;(4) 自然债权;(5) 未依法申报的债权;(6) 尚未执行的滞纳金、罚款、罚金和没收财产;(7) 破产人配偶的债权及其利息。③

除斥债权是指被排除在破产程序之外,不能依破产程序接受分配的债权。我国司法实务并不承认劣后债权,对于某些具有法律上的原因而发生的债权,仅当作除斥债权:(1) 行政、司法机关对破产企业的罚款、罚金以及其他有关费用;(2) 人民法院受理破产案件后债务人未支付的应付款项的滞纳金,包括债务人未执行生效法律文书应当加倍支付的迟延利息和劳动保险金的滞纳金;(3) 破产受理后的债务利息;(4) 债权人参加破产程序所支出的费用;(5) 破产企业的股权、股票持有人在股权、

---

① 参见李国光《新企业破产法教程》,人民法院出版社 2006 年版,第 226—227 页。
② 参见李永军《破产法律制度》,中国法制出版社 2000 年版,第 187—188 页。
③ 参见汤维建《破产程序与破产立法研究》,人民法院出版社 2001 年版,第 198—201 页。

股票上的权利;(6)破产财产分配后向破产管理人申报的债权;(7)超过诉讼时效的债权;(8)债务人开办单位对债务人未收取的管理费、承包费。①

需要说明的是,劣后债权和除斥债权在本质上都属于债权,是相对于破产债权而言的一种类型化债权。劣后债权关注的仍是该债权的可受破产程序分配属性,除斥债权则否认该债权的可受破产程序分配属性,二者在可受破产程序分配与否的问题上存在差异。

---

① 参见最高人民法院《关于审理企业破产案件若干问题的规定》(2002年)第61条。

第七章

重整程序

第一节 重整程序的制度价值

一 重整程序的概念

重整程序，是指经由利害关系人的申请，法院裁定许可债务人继续营业，并与债权人等利害关系人协商后形成重整计划以清理债权债务的程序。重整程序的关键在于重整计划的提出和形成；没有重整计划的提出和形成，就谈不上重整程序。在重整计划中，债务人不仅要有重整企业的营业以清理债权债务的意愿，而且要有实现重整计划的方案及所要采取的措施。在这个意义上，重整程序是积极帮助债务人摆脱困境的拯救程序。

重整程序（rehabilitation，reorganization）的创立为破产程序现代化的标志。经由利害关系人的申请，在法院的主持和利害关系人的参与下，对具有重整原因和重整能力的债务人进行生产经营上的整顿和债权债务关系上的清理，以期摆脱财务困境，重新获得经营能力的特殊法律程序，本质上是破产预防程序体系中的组成部分。[1] 破产法的现代改革主要是围绕着重整程序的设计及其运行效果展开的，《企业破产法》的改革亦不例外。自1994年开始起草《企业破产法》，重整程序在破产程序中的地位及其规范创设都是《企业破产法》改革的核心内容。《企业破产法》将重整程序与破产清算程序等进行了整合，专门规定有拯救困境企业的重整程序。"《企业破产法》所构造的破产程序，彰显了破产法作为企业再生法的全

---

[1] 汤维建：《破产程序与破产立法研究》，人民法院出版社2001年版，第374页。

新理念，并围绕着这一理念展开了企业再生程序的制度设计，完成了《企业破产法》由清算主导型的破产程序制度向再生主导型的破产程序制度的转变。"①

清理债务是重整程序不可或缺的内容，但就重整程序的设计初衷来讲，主要还是出于挽救困境企业、恢复其经营机能的考虑。若非如此，传统的清算程序和和解程序就足以完成清理债务的目的，且其产生的直接成本要较重整程序更小，没有再另设重整制度的必要。另外，重整程序在内容上更为复杂，要通过重整计划的制订、表决、批准和执行等步骤来实施。因此，综合重整程序的制度目的与程序内容，重整程序应当是指在债务人业已发生不能清偿债务或有不能清偿债务之虞时，经利害关系人的申请，法院裁定许可债务人继续营业，并依利害关系人通过并得到法院批准的重整计划，清理债权债务关系以实现债务人再生的一种司法程序。②

二 重整程序存在的正当性

重整制度的产生，不仅为无力清偿债务的债务人摆脱困境和走向复兴提供了制度基础，而且成为优化资本配置以更好地保护公司债权人利益的新途径。公司重整对债权人保护的最大优势是：在保持公司继续营业的前提下，可以使债权人所获得的价值最大化，如果重整成功，债权人可以获得全部清偿，即公司重整在拯救困境中的公司的同时也拯救了债权人。③

(一) 破产清算程序的局限性及其克服

固有意义上的破产程序为破产清算程序。破产清算程序作为一种程序制度，存在自身无法克服的诸多缺陷，主要表现为以下三个方面：④

1. 破产清算妨碍发生财务危机的债务人的复苏。适用清算破产程序，债务人的全部财产将被变价分配给债权人，很难再有足够的财力从事新的事业或者恢复昔日的经营能力，使得债务人失去复苏的机会。而且，适用破产清算程序，债务人的财产将被廉价变卖分配，有可能进一步损害债务

---

① 邹海林：《我国企业再生程序的制度分析和适用》，《政法论坛》2007年第1期。
② 参见邹海林、周泽新《破产法学的新发展》，中国社会科学出版社2013年版，第229页。
③ 参见汪世虎《公司重整：债权人利益保护的新途径》，《特区经济》2006年第10期。
④ 参见邹海林《破产程序和破产法实体制度比较研究》，法律出版社1995年版，第163—164页。

人的应有利益。破产清算程序的适用,在客观上将阻断债务人复苏的物质基础。同时,债务人受破产宣告沦为破产人,法人受破产宣告而消灭其民事主体地位,债务人的人格发生变化或者其行为受法律的限制,债务人可能丧失从事特定目的事业的资格或者机会。在这个意义上,破产清算程序对于债务人的继续生存或者发展过于苛刻。

2. 破产清算相当程度上有损于债权人的利益。通过破产清算程序处理债务人的财产,一方面所花费的程序费用高昂,耗费时间和精力,这是债权人不愿意承担但又必须承担的后果。另一方面,债务人不能清偿债务,其信用和财产已无法避免无形价值的耗损,如果再以破产分配处置债务人的财产,让渡债务人财产的机会和价值将被人为压低,债权人可以从债务人财产中获得清偿的成数会进一步降低。适用破产清算程序,其结果是使债权人接受其不愿意接受的廉价分配。在这个意义上,破产清算程序会加剧债权人受偿不能的损失的危险程度。

3. 破产清算对社会经济和社会生活产生无法估量的影响。市场经济的发展不时地改变着债权债务关系的面貌,但这样的变化是因为交易或者竞争而发生的。破产清算作为社会资源或财富重新配置的一种方式,仅仅在迫不得已的场合具有价值,这种财富的重新配置是以债务人失去市场竞争的地位作为代价的,这本身就是对市场秩序的一种损害。而且,一个债务人的破产清算足以或者可能引起债务危机的连锁反应,致使社会经济生活的正常运转发生困难,给社会生产力造成无法估量的损失;如果事态严重,还可能造成经济危机。另外,适用破产清算程序还会造成劳动力的失业,加重社会保障或社会救济的负担,影响社会生活的稳定,由此更会产生难以预测的后果。

破产清算程序的目的与手段的单一性,使其自身所无法克服以上局限性。重整程序的目标多样性(保护、协调与平衡多方面的利益)与手段的复合性(债务人企业的内部关系与外部关系的综合调整,甚至引入第三方参与重整),在相当程度上能够克服破产清算程序所具有的上述局限性。

(二) 破产制度改革的需求

我国法院自 1988 年底以来,每年审理的数千件破产案件,几乎清一色地属于破产清算案件。每一个案件的处理都或多或少地存在前述破产清算程序的固有缺陷,而这些缺陷也导致社会观念对破产程序制度的认识片面，似乎破产案件就是企业清算案件。"长期以来，在企业破产问题上，存在着一个似乎是约定俗成并且无可动摇的观念，破产就是倒闭清算。"①破产清算制度存在的以上固有缺陷，给立法者提出了一个问题：可否创设既可以使债务人免于破产清算、使债权人少受损失，又能稳定社会经济和社会生活秩序的破产程序制度？

破产立法的历史表明，防止破产清算为目的的企业再生程序制度因为实践的需要而产生了。企业再生程序自其产生后，确实经历了一个由低级向高级发展的过程。企业再生程序可以区分为两种形式：企业再生程序的低级形式为和解程序，它也是企业再生程序的最初成果；企业再生程序的高级形式为重整程序，它是和解程序在制度构造和价值方面的升华。②

建立和实行重整程序制度，目的在于拯救发生财务危机的企业，从而最大限度地避免或者克服破产清算程序的缺陷。重整程序制度可以克服破产清算程序制度存在的固有缺陷，使破产程序制度的存在价值更具合理性。企业重整程序的创设和应用，不仅能够保证债权人的公平受偿利益，而且能照顾到债权人的意思自治和债务人应有的利益，特别是排斥破产清算程序的适用而给予债务人参与市场竞争的机会，并有效地保护市场的竞争秩序和生产力资源，维护社会生活的稳定。也正是在这个意义上，重整程序赋予了破产程序在现代市场经济环境下更加鲜活的生命力。有学者认为："现代重整制度的诞生和成长，开辟了在公平清理债务的前提下实现困境企业再建和复兴的途径，从而更新了破产法的观念和结构，并拓展了民商法的思维空间。"③

我国《企业破产法（试行）》曾经规定有拯救困境国有企业的和解制度。该制度由和解与整顿两部分组成。和解与整顿制度构成我国引进和建立重整程序制度的雏形。和解与整顿制度的目的在于挽救濒于破产的国有企业。同样，我国1991年修改《民事诉讼法》时，以"企业法人破产还债程序"为章名规定有"和解"制度。以上拯救困境企业重整制度的初步设计，出发点或目的并无不当，但因为上述立法所规定的程序制度在适用上的局限性④，结果造成我国法律上初创的拯救困境企业的重整程序制

---

① 王卫国：《论重整制度》，《法学研究》1996年第1期。
② 参见邹海林《我国企业再生程序的制度分析和适用》，《政法论坛》2007年第1期。
③ 王卫国：《论重整制度》，《法学研究》1996年第1期。
④ 参见邹海林《我国破产程序中的和解制度及其革新》，《法学研究》1994年第5期。

度并无多少适用的价值。我国需要创新型的重整程序制度。

(三) 拓展重整程序制度的适用空间

《企业破产法》规定的重整程序（包括和解程序）并非《企业破产法（试行）》所创设的重整制度的简单复制，而是一种全新的程序设计。在《企业破产法》的起草过程中，立法者曾经有这样的想法，"在企业出现'不能清偿到期债务'的情况时，有破产清算、和解、重整三种程序供债务人和债权人根据自己的具体情况予以选择。如果能通过和解得到的利益优于破产清算，债权人出于自己的利益也会同意和解；对符合产业政策和公共利益，又有复苏希望的企业法人，国家和政府主管部门也可以通过注入资本金或申请重整等手段，使其摆脱困境，免于破产，只有在各种措施都无济于事的情况下才会实际破产清算"。[①] 因此，重整程序构成《企业破产法》的首选程序制度，《企业破产法》整个程序制度设计实际上都是围绕重整程序而展开的。重整程序制度需要将债务清偿与企业拯救两个目标紧密结合，《企业破产法》在这个方面是有成就的。一方面，通过对债务关系的调整，消除破产原因，避免企业破产；另一方面，将债权人权利的实现建立在债务人企业复兴的基础上，全面采取重整措施，力图保留企业的营运价值，以企业继续经营所得偿还债务，最终使债权人得到较破产清算更多的清偿。通过重整程序，还可以防止出现企业连锁破产、职工失业以及由此引发的社会不稳定等问题，对于我国建立和谐社会具有重要的现实意义。[②]

重整程序的正当性基础或者制度价值是多维的。重整程序积极致力于困境企业再建，力图使已经发生财务危机或有财务危机可能的企业恢复正常经营机能。围绕这个目的，重整程序应当包容更多的技术措施以维护重整企业的营运价值，避免企业资产因清算而受到低估。特别是，重整程序要着眼于实现债权人受偿利益的最大化。重整程序虽然不能满足债权人立即获得清偿的愿望，但却随着债务人清偿能力的逐步恢复，可以提高债权人的债权受偿比例，甚至不排除完全受偿的可能。另外，重整程序在维护重整企业的营运价值的同时，基于同债权人等利害关系人的合作，可以最

[①] 朱少平、葛毅编著：《中华人民共和国破产法——立法进程资料汇编（2000年）》，中信出版社2004年版，第26页。

[②] 参见王欣新《破产法》（第二版），中国人民大学出版社2007年版，第345页。

大限度地保护企业职工的就业利益，避免职工因企业破产清算而失业，由此减轻社会负担和政府压力，维护社会稳定有序。最后，重整程序能够以较低的成本实现社会资源的再配置。一般认为，破产清算可使破产企业占用的社会资源重新分配至高效的部门，从而实现社会资源配置上的优化。但破产清算这种资源重配方式具有破坏性，社会成本大。相对而言，重整程序也可实现市场资源的重新配置，实质上重整计划所确定的清偿方案和重整措施就是对市场资源重新配置所作出的安排，但它不会以解构的方式对社会经济环境造成破坏，优化资源配置的成本要小。[①]

三 重整程序的类型化

破产立法例（尤其是我国的破产立法）上用于防止企业破产清算的重整程序制度，主要表现为两种类型：直接开始的重整程序和经破产程序转化的重整程序。

（一）直接开始的重整程序

直接开始的重整程序，是指法院裁定受理利害关系人的重整申请而开始的重整程序。依照《企业破产法》的规定，债务人有法定的破产原因或者重整原因时，债务人或者债权人可以直接申请法院对债务人进行重整。金融机构有法定的破产原因或者重整原因时，除债务人和债权人的直接申请外，金融监督管理机构也可以直接申请法院对该金融机构进行重整。

重整程序具有避免对债务人适用破产清算程序的直接效果，尤其是在实行破产程序受理开始主义的立法体例下，重整程序的这一效果更加突出。因此，直接开始的重整程序，具有避免对债务人适用破产清算程序的直接效果。法院依照当事人的选择开始重整程序的，除非有法律的明文规定，不得对债务人开始破产清算程序。《企业破产法》对阻止破产清算程序开始的重整程序并无明文规定，但是，依照该法规定的债务清理程序所应有的基本内涵，重整程序、和解程序与破产清算程序均为目的和手段不能相容的独立程序，若法院对债务人已经开始重整程序或和解程序的，则不得宣告债务人破产清算，除非重整程序提前终止或者出现法定的宣告债

[①] 参见邹海林、周泽新《破产法学的新发展》，中国社会科学出版社 2013 年版，第 233—234 页。

务人破产清算的事由。①

（二）经破产程序转化的重整程序

经破产程序转化的重整程序，是指法院在破产程序开始后裁定受理重整申请而开始的重整程序。非以重整为目的的破产程序开始后，若债务人有再生的意愿并具备启动重整程序的条件，利害关系人可以在破产程序进行中申请对债务人进行重整，以避免法院宣告债务人破产清算。依照破产程序受理开始主义的立法模式，破产程序的开始以法院受理当事人的破产申请为标志，法院受理破产申请，并不意味着当然宣告债务人破产清算；法院受理的破产申请，若为破产清算申请，只有在经过审理后才能作出是否宣告债务人破产清算的裁定；法院受理的破产申请，若为和解申请，则对债务人适用和解程序。

因此，在破产程序开始后，只要法院尚未宣告债务人破产清算，利害关系人均有机会向法院请求对债务人进行重整。《企业破产法》第70条第2款规定，"债权人申请对债务人进行破产清算的，在人民法院受理破产申请后、宣告债务人破产前，债务人或者出资额占债务人注册资本十分之一以上的出资人，可以向人民法院申请重整"。

四 重整程序的特点

我国学者对于重整程序的特征，进行了多角度的表述。有学者认为，重整程序具有以下基本特征：（1）重整对象的特定化。因重整程序代价巨大，耗资惊人，故其适用对象通常限定为股份公司；（2）重整原因宽松化。债务人财务发生困难即可申请或被申请重整，不以债务人已具不能清偿届期债务的事实为必要；（3）程序启动多元化。债权人、债务人以及公司股东均可提出重整申请；（4）措施多样化。重整计划内容丰富，措施多样，不仅包括债权人对债务人的妥协与让步，还包括企业的整体出让、合并与分离、追加投资、租赁经营等；（5）程序优先化。重整程序不仅优先于一般民事执行程序，也优先于和解程序与清算程序；（6）担保物权的非优先化。重整程序的效力及于担保物权，限制担保物权的行使；（7）参与主体的广泛化。重整程序的主体不限于债权人和债务人，

---

① 参见《企业破产法》第78条、第79条、第88条、第99条等。

还包括债务人股东。[①] 还有学者认为，重整程序的基本特征有四个：（1）启动的私权化。重整程序只有经利益关系人的申请才能开始，法院不依职权主义发动重整程序。（2）过程的公权化。重整程序较之任何破产程序都更多地贯彻国家干预主义的原则。（3）程序的优位化。包括民事诉讼在内的任何法律程序一经遇及重整程序，都要暂时让位。（4）目标的多元化。重整程序不仅要清理债务人的对外负债，更要从根本上恢复其生产经营能力。[②]

笔者以为，依照《企业破产法》的规定，重整程序具有如下的特征：[③]

第一，重整程序的独立性。重整程序构成我国破产程序的组成部分，但又具有独立性。《企业破产法》规定的破产程序，包括重整程序、和解程序和破产清算程序，故重整程序构成我国破产程序的固有内容。但是，重整程序因有其独特的适用原因、目的和制度结构，重整程序又是清理债务人的债权债务的独立程序，不能与清算程序、和解程序混同，更不能互相替代。重整程序构成我国拯救困境企业的独立程序。

第二，重整程序的适用范围限定。重整程序适用于企业法人。理论上，重整程序的适用并不限于企业法人，企业法人以外的自然人、合伙企业等也可以适用重整程序进行拯救。但是，为使重整程序的适用更加有效，《企业破产法》将重整程序的适用限定于企业法人，非法人的企业以及自然人不能主张适用重整程序清理债务。

第三，重整程序的申请主义。重整程序的启动取决于利害关系人的申请，非有利害关系人向法院申请重整，法院不得依职权开始重整程序。能够申请重整的利害关系人包括债务人和债权人；在债务人非自愿破产清算程序开始后，持有债务人出资额10%以上的出资人，可以申请对债务人进行重整；国务院金融监督管理机构可以依法申请对发生重整原因的金融机构进行重整。

[①] 参见李永军《破产法律制度》，中国法制出版社2000年版，第389—390页。
[②] 参见汤维建《破产程序与破产立法研究》，人民法院出版社2001年版，第374页；付翠英《关于建构中国企业重整程序制度的思考》，《北京航空航天大学学报》（社会科学版）2003年第2期；钟勇生《破产法案例与评析》，中山大学出版社2006年版，第278页。
[③] 参见李永军、王新欣、邹海林《破产法》，中国政法大学出版社2009年版，第186—187页。

第四，重整程序的利益多元化。重整程序不仅涉及债权人和债务人的债权债务关系的清理，而且涉及债务人财产上的其他负担的清理，更加涉及债务人的资本结构以及产业结构的清理，事关不同群体的多方利益。所以，在重整程序中，代表不同利益的利害关系人均要在彼此照顾的基础上进行合作，更好地协调或者平衡各方存在的利益冲突。债权人（包括有财产担保的债权人）、债务人及债务人的出资人等各方利害关系人均有参与重整程序的权利，并有充分表达其利益诉求的机会。基于重整程序的利益多元化，重整企业有可能而且有必要运用多种重整措施，达到恢复经营能力、清偿债务、避免破产清算的目的。除延期或减免偿还债务外，还可采取向重组参与人无偿转让全部或部分股权，核减或增加注册资本，向特定对象定向发行新股或债券，将债权转为股份，转让营业或资产等方法。重整程序因为多方利害关系人的参与和协作，才会产生应有的程序效力。

第五，重整程序的优先效力。重整程序具有优先于民事执行程序的效力，依法开始重整程序后，对债务人财产采取的财产保全和执行程序，应当中止效力。重整程序同时具有限制担保权人行使担保权的优先效力，对债务人的特定财产享有优先受偿权的任何人，在重整程序开始后均不得行使其优先受偿权。除法律另有规定外，在重整期间，对债务人的特定财产享有的担保权应当暂停行使。此外，重整程序具有优先于破产清算程序或者和解程序适用的效力，对同一债务人分别提出破产清算申请和重整申请的，应当优先考虑重整申请而开始重整程序。已经开始的重整程序同时具有阻止其他利害关系人对债务人提出破产清算申请的效力，除非重整程序被依法终止。

第二节　重整程序的制度构造

一　重整程序的立法结构

企业破产法对我国破产程序制度的改革，实现了破产程序由清算主导型的程序制度向重整主导型的程序制度的转变。在立法结构上，企业破产法的章节设计首先考虑的是重整程序的适用，第 1 章总则及其后的相关章节，均为重整程序的启动和适用考虑良多，第 8 章特别规定有重整。实际上，《企业破产法》第 8 章的规定，并不构成独立完整的重整程序。因此，要准确地理解和适用我国的重整程序，只有将《企业破产法》第1章至第7章的规定与第8章结合，方能展现出独立完整的重整程序。

总体而言，《企业破产法》为满足重整主导型的破产程序的要求，在以下四个方面作出了具有实质意义的规定：

第一，程序启动的原因多样灵活。破产程序适用的原因更加灵活，给予法院准许启动重整程序更大的自由裁量空间。① 例如，《企业破产法》第2条不仅规定有重整程序和清算程序适用的一般原因，即不能清偿债务，而且专门规定有企业法人适用重整程序的特殊原因，即明显丧失清偿能力的可能。

第二，重整程序的当事人自治主导机制。强调破产程序作为当事人自治主导型的债务清理程序的特性，使得重整程序能够在破产程序参加人的充分有效的合作状态下获得适用，使得重整程序存在和实践的价值目标更具现实性。② 例如，《企业破产法》第73条有关债务人自行管理制度创设，为当事人自由选择重整程序创造了更大的空间。

第三，重整程序的保护性措施。对处于破产程序中的企业（债务人）规定了更多的保护性措施，为重整程序的目标实现提供了较为有效的制度安排。③《企业破产法》有关重整程序的效力之规定，使得债务人位于中国境外的财产能够归入债务人财产，足以确保债务人财产和营业的完整性，使得债务人继续营业的基础更加牢固。再如，《企业破产法》有关共益债务的规定，为企业在破产程序开始后继续营业获取更多的商业机会（尤其是融资）提供了便利；有关债务人财产的争议之诉讼中止和另行诉讼、执行程序的中止，保全措施的解除，担保权行使的限制等，则为债务人的继续营业提供了更多的手段支持。

第四，国家公权力的适度干预。企业破产法的规定，适度增强了国家公权力（包括法院和国家行政机关）对破产程序的当事人自治的干预程度，有助于促使债务人选择重整程序。例如，依照《企业破产法》的规定，对于特定行业（如金融行业）的企业，国家监督管理机构有权向法院申请启动重整程序，这在相当程度上扩大了启动重整程序的当事人范

---

① 参见《企业破产法》第2条、第7条等。
② 参见《企业破产法》第3章、第7章和第8章的相关内容。
③ 参见《企业破产法》第5条、第18条、第19条、第21条以及第5章和第8章的相关内容。

围；基于当事人自治主导型的重整程序，破产程序各方当事人的合作若不能顺利达成重整计划，则有必要增加法院干预重整程序的措施，《企业破产法》还专门规定了法院强制批准重整计划的制度。

二　重整程序的制度构造

依照《企业破产法》的规定，重整程序的制度构造主要包含以下几个要素：重整程序的申请、重整申请的受理、重整期间的营业、重整计划草案的拟定、重整计划的批准以及重整计划的执行。

（一）重整程序的申请

重整程序的启动取决于利害关系人的申请，非有利害关系人向法院申请重整，法院不得依职权开始重整程序。能够申请重整的利害关系人包括债务人和债权人；在债务人非自愿破产清算程序开始后，持有债务人出资额 10% 以上的出资人，可以申请对债务人进行重整；国务院金融监督管理机构可以依法申请对发生重整原因的金融机构进行重整。

（二）重整申请的受理

利害关系人申请对债务人进行重整，法院经审查认为重整申请符合《企业破产法》规定的重整条件的，应当裁定准许债务人重整。重整程序自法院裁定准许债务人重整之日开始。重整程序开始时，法院应当指定管理人，接管债务人的财产和营业；但债务人申请法院准许其自行管理的，管理人接管债务人的财产和营业的权利，由自行管理债务人行使。

（三）重整期间的营业

重整程序开始后，债务人的营业不受重整程序的影响，除非债务人的营业有损于债权人的利益，管理人或者自行管理债务人应当继续企业的营业。[①] 重整程序开始后的债务人继续营业，因为受到重整程序的特别保护[②]，债务人营业的商业机会将大幅增加。

（四）重整计划草案的拟定

重整程序开始后，管理人或者自行管理债务人应当在法定的期间内拟

[①] 对于债务人在重整开始后的营业，《企业破产法》缺乏专门的规定，似有不足。重整期间的债务人之营业，与债务人在和解程序或者清算程序开始后的继续营业应当有所差别。有关债务人的营业，参见《企业破产法》第 25 条、第 26 条和第 61 条。

[②] 例如，《企业破产法》第 5 章有关共益债务的规定，将更有力地保护债务人营业，并有助于提升与债务人交易的相对人的信任度。

定重整计划草案,并提交给利害关系人商议和表决。重整计划草案构成重整程序的参加人(利害关系人)相互合作的基础,不仅要规定利害关系人在重整计划中的权利和利益,而且要规定债务人满足利害关系人的权利要求的具体措施或步骤。①

(五) 重整计划的批准

利害关系人按照其重整程序中的权利地位的差异形成不同的表决组,对重整计划草案进行表决。重整计划草案经所有的相关利害关系人表决组表决通过的,应当报法院裁定批准。部分表决组没有通过重整计划草案的,管理人或自行管理债务人依照《企业破产法》第87条规定的条件,可以申请法院强制批准重整计划草案。法院裁定批准重整计划草案的,重整程序终结。

(六) 重整计划的执行

重整程序的最终目的是通过执行重整计划而使债务人获得复苏,故重整计划的执行成为重整程序是否达到目的的衡量标准。一个完整的重整程序,应当包括重整计划的执行这个阶段。依照《企业破产法》的规定,重整计划由债务人负责执行。经法院批准的重整计划,对所有的参加重整程序的利害关系人具有约束力;尤其是债务人应当执行重整计划。若重整计划中规定有重整计划执行的监督期,则管理人还应当监督债务人执行重整计划。

第三节 重整程序的开始

一 重整申请

法院裁定开始重整程序,相当程度上取决于债务人或利害关系人的选择。这反映着重整程序适用的自治主导理念。重整程序的开始,以债务人或其他利害关系人向法院申请重整为必要。没有债务人或者利害关系人的重整申请,法院不得依职权开始重整程序。重整申请为重整程序开始的绝对要件。②

---

① 参见邹海林《我国企业再生程序的制度分析和适用》,《政法论坛》2007年第1期。
② 同上。

重整申请是债务人或者债权人向法院请求对债务人进行重整的意思表示。重整申请以债务人或者债权人享有审判上的重整申请权为基础。当然，依照《企业破产法》的规定，享有审判上的重整申请权的利害关系人并不限于债务人和债权人，债务人的出资人以及其他法定的具有国家监管职能的机构，也会有条件地取得重整申请权。债务人向法院申请重整，除向法院提交重整申请书外，还应当提交财产状况说明书、债务清册、债权清册、有关财务报告、企业职工情况和安置预案、职工工资和社会保险费用支付情况说明以及债权债务清理方案，如初步设想的重整计划方案。[1]

重整申请人原则上限于债务人和债权人。《企业破产法》第 70 条第 1 款规定："债务人或者债权人可以依照本法规定，直接向人民法院申请对债务人进行重整。"重整原本是为挽救业已有破产原因或有破产原因之虞的债务人而设计的一项程序救济制度，由债务人申请重整当然也是重整程序制度的应有之义。债务人为了解自身的财产状况以及可依重整程序获得再生的可能，由债务人申请重整，有利于重整制度效用的最大化。[2] 对于债权人来说，赋予其重整申请权也具有重大意义。因为如果不赋予债权人申请权，那么债务人极有可能在已处于极度恶化的状态下才寻求重整保护，而此时公司现有财产对债权人可能只剩下很低的清偿率，要让债权人被动作出让步以支持公司重整想必是非常困难的。所以，债权人具有重整申请权，可以及时启动重整程序，这既符合公司重整的目的，也符合债权人的利益。[3]《企业破产法》对于债务人和债权人申请重整，均没有附加程序上的特别限制。

---

[1] 参见《企业破产法》第 8 条。

[2] 就债务人申请重整的问题，有学者提出应当赋予债务人的监事或监事会以公司名义申请重整的主张。在正常经营状况下，监事或监事会不与公司外部发生法律关系，专司监管职责，但如果董事不仅经营管理水平低下而且还有各种渎职行为以至于造成公司濒临破产，监事或监事会就应以公司的名义提出重整的申请。参见张世君《公司重整的法律构造——基于利益平衡的解析》，人民法院出版社 2006 年版，第 135 页。但也有学者认为，重整属于公司的经营管理事项，作为专司监督职能的监事会或监事不宜介入。如果赋予监事会或监事以重整申请权，将导致公司经营管理权能混乱，对公司治理结构与正常经营秩序造成冲击。参见王欣新《破产法理论与实务疑难问题研究》，中国法制出版社 2011 年版，第 324 页。

[3] 参见汪世虎《公司重整中的债权人利益保护研究》，中国检察出版社 2006 年版，第 97 页。

在特殊情形下，依照《企业破产法》的规定，重整申请人还包括：（1）清算法人的清算组织①；（2）持有法定出资份额的出资人②；（3）国务院金融监督管理机构③。

就重整申请而言，以下两个问题尤为值得关注：（1）出资人申请重整的问题。（2）金融监督管理机构申请重整的问题。

二 关于出资人的重整申请

企业法人不能清偿债务而债权人申请对债务人破产清算的，破产清算不仅将终止债务人的法人地位，而且直接分配其财产，关系到企业法人的出资人之投资利益。考虑到企业法人的出资人对企业法人的存续状况的改善有积极作用，在特定情况下赋予企业法人的出资人以重整申请权。实际上，赋予出资人以重整申请权，主要目的在于照顾和保护企业的中小投资者的利益，以增加重整程序的适用机会。④

因此，持有法定出资份额的出资人，可以向法院申请对债务人进行重整。持有法定出资份额的出资人作为重整申请人，以其"出资额占债务人注册资本十分之一以上"为已足。单独持有债务人注册资本1/10以上出资额的出资人，可以为重整申请人；合并持有债务人注册资本1/10以上出资额的出资人，可以共同为重整申请人。

《企业破产法》对于出资人申请重整的人数未加限制。债务人的破产清算不会给股东带来任何利益，重整程序就是为了发挥股东的积极作用，允许股东提出重整申请，没有必要对提出申请的股东给予人数上的限制。重整程序的适用对象不仅仅是股份有限公司，还包括有限责任公司，限制人数就等于限制了股东提出申请的积极性，毕竟股东对其因破产清算受到的损害是有所预见的。⑤

但是，持有法定出资份额的出资人行使重整申请权的，以非自愿破产申请和法院尚未宣告债务人破产清算作为条件。⑥ 如果债务人自愿申请破

---

① 参见《企业破产法》第7条，《公司法》（2013年）第187条。
② 参见《企业破产法》第70条第2款。
③ 参见《企业破产法》第134条。
④ 参见邹海林《我国企业再生程序的制度分析和适用》，《政法论坛》2007年第1期。
⑤ 参见付翠英《破产法比较研究》，中国人民公安大学出版社2004年版，第261页。
⑥ 参见《企业破产法》第70条第2款。

产清算，或者债权人申请债务人破产清算而法院已经裁定宣告债务人破产清算的，持有法定出资份额的出资人不得再申请对债务人进行重整。如此制度设计多少有些僵化，其妥当性自然会受到质疑。

在债权人提出破产申请并为法院受理时，债务人的出资人方能申请重整，而法院受理破产申请，是以企业已经发生破产原因为前提的，这时才允许出资人提出重整申请，往往为时已晚，使企业丧失重整复苏的最佳时机，甚至因此可能使这一规定本身失去实际意义。我国立法应当允许债务人的出资人在债务人未申请重整的情况下直接申请重整。[1] 我国《公司法》（2005年）第183条规定持有一定比例表决权的股东在公司经营管理发生严重困难时可以独立申请解散公司，而公司解散后必须进行的清算也可能会是破产清算，那么无论是从法律解释学的类推原则出发，还是从立法的合理性角度考虑，不允许持有相同出资份额的出资人在债务人、债权人未申请重整的情况下及时提出重整申请，恐怕也是不妥的。立法应允许债务人的出资人在债务人、债权人未申请重整的情况下申请重整。但此时出资人行使申请权应受到一定的限制，如应履行一定的前置救济程序，证明其已要求债务人的权力机构提出重整申请，但遭到拒绝或者超过合理期限未获答复等。[2]

笔者以为，债务人的出资人申请重整要受非自愿破产申请的条件限制，实无必要。《企业破产法》对于出资人申请重整已有出资额的比例限制，相当程度上可以防止出资人滥用重整申请权。而这里的问题并不是应当如何防止出资人滥用权利以损害公司或者其他股东利益的问题，而是出资人申请重整的实效问题。持有法定出资比例的出资人在公司发生财务困难时最为了解公司，出于出资人自身利益的需要也最愿意帮助公司摆脱财务困难，出资人具有申请重整的冲动，尤其在债务人自愿申请破产清算的场合。为拓展重整程序的适用空间，《企业破产法》应当取消出资人申请重整以非自愿申请破产作为前提的限制。

三 关于金融监督管理机构的重整申请

商业银行、证券公司、保险公司等金融机构发生不能清偿债务或者不

---

[1] 参见王欣新《破产法》（第二版），中国人民大学出版社2007年版，第350页。
[2] 参见王欣新、徐阳光《重整程序立法若干问题研究》，《政治与法律》2007年第1期。

能清偿债务的可能的情形时，不仅影响与之交易的债权人的信用安全，而且会对不特定的社会公众造成影响，增加社会信用成本，金融监督管理机构应当进行必要的干预。这里要着重考量的问题，并不仅仅限于企业中的各方当事人的利益，更要"着眼于企业在社会经济生活中的地位以及企业的兴衰存亡对社会生活的影响"。① 因此，国务院金融监督管理机构向法院提出对存在财务困难的金融机构进行重整，将直接提升重整程序的制度价值。②《企业破产法》第 134 条规定："商业银行、证券公司、保险公司等金融机构有本法第二条规定情形的，国务院金融监督管理机构可以向人民法院提出对该金融机构进行重整或者破产清算的申请。"

在金融机构有不能清偿债务的情形时，金融监督管理机构有权提出重整申请，是否具有阻止金融机构自己提出破产申请的效果，学者间存在较大争议。

一种观点认为，金融机构作为关系到国民经济与公众利益的特殊机构，若被频繁申请破产，将会极大增加金融行业的系统风险，对市场经济的稳定发展构成潜在威胁，因此，法律限制了数量众多的金融机构债权人申请该金融机构破产的权利；同时，因为金融机构一旦破产，影响巨大，故法律也限制金融机构自愿申请破产的权利，而是将这一权利赋予国务院金融监督管理机构。③ 无论是债权人还是债务人都不能启动对金融机构开始破产程序，只有国务院金融监督管理机构才能启动。④

另一种观点认为，《企业破产法》第 134 条的规定，主要考虑到两个背景：一是国有金融机构的破产申请肯定是由国务院金融监督管理机构提出的，而非国有金融机构的破产则不一定经金融监督管理机构的申请这个程序；二是商业银行法、证券法、保险法规定银行、证券、保险三类金融机构的破产须经金融监督管理机构批准，而其他金融机构的破产申请则不一定经金融监督管理机构批准。但《企业破产法》第 134 条并未排除金融机构自身在遵守国家有关法律法规的前提下，自愿提出破产申请。⑤ 根

---

① 参见王卫国《破产法》，人民法院出版社 1999 年版，第 228 页。
② 参见邹海林《我国企业再生程序的制度分析和适用》，《政法论坛》2007 年第 1 期。
③ 参见《〈中华人民共和国破产法〉释义》编写组《企业破产法律理论与实务》，南海出版公司 2006 年版，第 316 页。
④ 参见李永军《破产法的程序结构与利益平衡机制》，《政法论坛》2007 年第 1 期。
⑤ 参见李曙光《新企业破产法与金融机构破产的制度设计》，《中国金融》2007 年第 3 期。

据《企业破产法》第 134 条规定，金融监督管理机构可以向法院提出对发生破产原因的金融机构进行重整或者破产清算的申请，但并未禁止金融机构以自己的名义提出破产申请，而金融机构经金融监督管理机构同意，可以向法院申请破产。[①]

笔者以为，金融监督管理机构履行监管职责，清楚金融机构的经营风险，对处于困境的金融机构处置手段的选择能够作出合理判断。与普通企业破产不同，金融机构破产涉及金融安全等社会公共利益，金融监督管理机构作为公共利益的代表者，享有申请金融机构重整或破产清算的权利符合利益相关者原则。但是，法律赋予金融监督管理机构申请金融机构重整或清算的权利，并未剥夺债务人自愿申请破产（包括重整、和解与清算）的权利，且从破产法的私法自治及破产程序的适用上看，作为债务人的金融机构应当享有破产申请权。在金融监督管理的制度框架内，作为债务人的金融机构申请破产的，应事先得到金融监督管理机构的同意。[②]

四 重整申请的审查

法院在受理重整申请前，应当在法定期限内对债务人或债权人提出的重整申请予以审查，审查的事项包括债务人有无破产能力、申请人提出的重整申请是否符合法律的规定等。

法院受理重整申请前，应当如何对重整申请进行审查？如有学者认为，法院受理重整申请前进行的审查不外乎形式审查和实质审查两个方面：（1）形式审查。形式审查的事项主要包括：拟重整企业是否属法律规定的重整对象；受理法院对重整事件有无管辖权；申请人有无重整申请权；申请人是否提出合格重整申请书；申请重整的企业是否确认宣告破产、是否依破产法达成和解协议或是否解散；申请人是否缴纳申请费用。（2）实质审查。形式审查合法后，法院应进行实质审查，即应审查被申请重整的债务人是否具备重整能力和重整原因。[③] 就法院受理重整申请前的审查而言，我国学者在审查方式与实质审查内容上是存在分歧的。就审查方式而言，有学者主张实质审查与形式审查并重；有学者主张形式审查

---

① 参见王卫国《破产法精义》，法律出版社 2007 年版，第 392 页。
② 参见邹海林、周泽新《破产法学的新发展》，中国社会科学出版社 2013 年版，第 304 页。
③ 参见韩长印《破产法学》，中国政法大学出版社 2007 年版，第 164 页。

与实质审查分置,受理前为形式审查,受理后为实质审查;也有学者则强调对重整申请的实质审查。就实质审查内容而言,部分学者认为包括对债务人的重整能力与重整原因的审查,另有部分学者则认为对债务人是否有重整希望的审查也应当属于实质审查的范畴。

法院在受理重整申请前,对重整申请的审查理应包括实质审查和形式审查两个方面。但具体是实质审查与形式审查并重,还是仅以形式审查为限,主要还是要依重整申请提出的场合而定。如果重整申请是针对债务人提出的初始申请,即先前并未对债务人开始破产清算或和解程序,则法院在对重整申请进行形式审查的同时,也要对债务人是否具有重整能力和重整原因进行实质审查。如果重整申请是在针对债务人已经开始的破产清算程序或和解程序中提出的,因适用破产清算或和解程序的原因已经经过审查,法院再无重复审查重整原因的必要,对重整申请的审查以形式审查为限。[①]

笔者以为,这里应当格外注意,法院如何对重整申请进行实质审查,本身就是不小的问题。实质审查是法院在受理重整申请阶段所不能胜任和完成的审判活动。如前述破产申请的审查应以形式审查为限,重整申请的审查亦同。所以,重整申请受理前的审查,应当仅限于形式审查。经形式审查,若重整申请符合《企业破产法》的有关规定,法院应裁定受理重整申请。

五 重整程序开始的原因

债务人具有重整原因才能开始重整程序,自无疑问。《企业破产法》第 2 条规定:"企业法人不能清偿到期债务,并且资产不足以清偿全部债务或者明显缺乏清偿能力的,依照本法规定清理债务。企业法人有前款规定情形,或者有明显丧失清偿能力可能的,可以依照本法规定进行重整。"如何理解重整原因,已如前述破产原因,不再赘述。此外,还应当注意到,重整程序开始的原因并非就是一个单纯的重整原因问题。

对于直接开始的重整程序而言,债务人申请重整的,重整程序开始的原因即为《企业破产法》第 2 条所规定的重整原因;但如果是债权人申

---

① 参见邹海林、周泽新《破产法学的新发展》,中国社会科学出版社 2013 年版,第 241 页。

请债务人重整的,重整程序开始的原因不应当仅理解为《企业破产法》第 2 条所规定的重整原因,还包括《企业破产法》第 7 条第 2 款规定的"债务人不能清偿到期债务"的重整申请原因。债权人以"债务人不能清偿到期债务"申请债务人重整的,债务人有权对债权人的重整提出异议,债务人不提出异议的,应当推定债务人具有《企业破产法》第 2 条规定的重整原因,法院可以裁定开始重整程序。对于经破产程序转化的重整程序而言,因为非以重整为目的的破产程序已经开始,有关利害关系人申请对债务人进行重整的,重整程序开始的原因已经不是应否开始重整程序的条件,而此时应当着重考虑的问题则是非以重整为目的的破产程序转化为重整程序的"正当性理由",《企业破产法》对此缺乏具有指引性的规定,值得我国破产法理论和司法实务深入讨论。

债务人不具有重整原因的,法院不得裁定开始重整程序。现在面临的问题是,在重整申请阶段,应当如何识别或者判断重整原因的存在呢?

笔者以为,在法院收到重整申请至作出受理重整申请的裁定前,对于债务人是否具有《企业破产法》第 2 条规定的重整原因,因为不具备调查并确认债务人是否具有重整原因的程序条件和措施,法院不宜对此事项作出实质审查。重整原因的认定。只有在法院裁定受理重整申请后才能完成;重整程序开始后应当由管理人调查债务人的财产状况,并就债务人是否具有重整原因向法院作出说明,或者在债务人自行管理的情形下,由债务人就其是否具有重整原因向法院作出说明。法院依据管理人或自行管理债务人的陈述,作出债务人是否具有重整原因的判断。因此,在重整申请阶段,法院对于重整原因的审查限于形式审查。经形式审查认为债务人不具有《企业破产法》第 2 条规定的重整原因的,法院应当依照《企业破产法》第 12 条第 2 款裁定驳回重整申请。

六 重整程序开始的裁定

重整程序的开始取决于法院作出受理重整申请的裁定。受理重整申请的裁定,是指法院经审查认为重整申请符合《企业破产法》的规定而予以接受,并准许债务人进行重整的司法上的审判行为。经审查,如果重整申请符合《企业破产法》的规定,法院应当裁定受理重整申请。《企业破产法》第 71 条规定:"人民法院经审查认为重整申请符合本法规定的,应当裁定债务人重整,并予以公告。"

法院作出受理重整申请的裁定为重整程序开始的标志。法院裁定受理重整申请的，应当发布公告。不论是利害关系人直接申请重整还是在破产程序开始后申请重整，法院裁定受理重整申请均应当发布公告。受理重整申请的公告，应当载明如下内容：（1）重整申请人、被申请人的名称或者姓名；（2）人民法院受理重整申请的时间；（3）申报债权的期限、地点和注意事项；（4）管理人的名称或者姓名及其处理事务的地址；（5）第一次债权人会议召开的时间和地点；（6）对债务人的特定财产享有的担保权暂停行使；（7）批准债务人自行管理之事项；（8）重整计划的制作人及其期限；（9）人民法院认为应当公告的其他事项。

在破产程序进行期间，法院裁定受理重整申请的，此前已经开始的破产程序自动转化为重整程序，已经进行的程序对重整程序仍然有效；法院指定的管理人在重整程序中继续执行职务。利害关系人直接申请对债务人进行重整的，法院裁定受理重整申请时，应当同时指定管理人，接管债务人的财产和营业。值得注意的是，法院受理重整申请时，若债务人已经申请法院准许其自行管理的，法院可以批准债务人自行管理。在此情形下，法院指定的管理人应当向债务人移交财产和营业实务，管理人仅对债务人自行管理的行为承担监督责任。

七 重整程序开始的效力

法院裁定受理重整申请，重整程序开始；在重整期间，各项重整保护措施开始发生效力。《企业破产法》第72条规定："自人民法院裁定债务人重整之日起至重整程序终止，为重整期间。"

（一）债务人财产受重整程序约束的效力

重整程序开始后，非经重整程序，任何人不得处分债务人财产或者在债务人财产上设定负担。重整程序的开始不仅确立了管理人全面接管债务人的财产和营业事务之地位，任何单位和个人不得非法处理债务人的财产、账册、文书、资料和印章等，而且要求债务人的债务人和财产持有人应当向管理人清偿债务和交付财产，对债务人财产享有担保权益的权利人、取回权人、抵销权人，均应当向管理人主张或者行使权利。重整程序开始后，所有的债权人应当向管理人申报债权，以参加重整程序的方式行使其权利；禁止债务人清偿个别债务或者部分清偿债务。①

重整程序开始后,管理人接管债务人的财产和营业,债务人的民事主体地位发生变更,有关债务人财产的诉讼或者仲裁,应当由管理人承继,债务人不能继续已经开始但尚未审结的民事诉讼程序或仲裁程序。《企业破产法》第20条规定:"人民法院受理破产申请后,已经开始而尚未终结的有关债务人的民事诉讼或者仲裁应当中止;在管理人接管债务人的财产后,该诉讼或者仲裁继续进行。"② 同时,对债务人财产已经开始的执行程序或者采取的保全措施,均与重整程序对债务人财产的约束力冲突,应当停止其效力。《企业破产法》第19条规定:"人民法院受理破产申请后,有关债务人财产的保全措施应当解除,执行程序应当中止。"

保全措施的解除,并不因为法院采取保全措施的原因而有所差异。对债务人财产采取的保全措施,无须管理人请求,采取保全措施的法院在重整程序开始后,均应当无条件地解除对债务人财产的保全措施。当然,已经对债务人财产采取的保全措施,并不会因为重整程序的开始而自动解除,采取保全措施的法院应当裁定解除保全措施。③ 对债务人财产采取的保全措施,如果是受理重整申请的法院作出的,受理重整申请的法院应当在裁定受理重整申请之日无条件地裁定解除保全措施;其他法院裁定解除保全措施的,应当在收到受理重整申请的通知之日为之,或者在受理重整申请的法院发布公告之日为之。

在破产程序开始后,对债务人财产的民事执行程序应当中止。这是重整程序的优先效力所致。破产立法例就破产程序开始后尚未执行完毕或者尚未开始执行的案件,均以中止执行的方式取代已经开始的执行程序。例如,美国联邦《破产法典》第362条(自动中止)规定,因法院受理破产申请前已取得执行名义的判决,对债务人的财产或者破产财团的财产开始的执行程序,自动中止。《企业破产法》第19条也采取有关债务人财产的执行程序中止的立场。"有关债务人财产的执行程序",是指法院依照发生法律效力的民事判决、裁定,或者刑事判决、裁定中的财产部分,

---

① 参见《企业破产法》第15条、第17条、第38条、第40条、第44条、第16条。

② 参见最高人民法院《关于适用〈中华人民共和国企业破产法〉若干问题的规定(二)》第21条。

③ 参见最高人民法院《关于适用〈中华人民共和国民事诉讼法〉若干问题的意见》(1992年)第109项。

或者其他依法应受执行的法律文书,对债务人的财产已经开始执行但尚未执行完毕的程序。在解释上,对债务人财产尚未开始执行的程序,并不包括在内。对债务人财产尚未开始的执行程序,不存在应否中止的问题;因为破产程序的优先效力,对债务人财产尚未开始的执行程序,自然不得开始。[①] 法院受理重整申请后,有关债务人财产的执行程序,应当无条件地中止。中止对债务人财产的执行,是法律规定的执行法院的义务,任何人不得违反;在重整程序开始后,执行法院以任何借口或者理由不中止执行的,所为执行应当无效,受理重整申请的法院可以追回被违法执行的财产。有关债务人财产的执行程序,如果是受理重整申请的法院作出的,受理重整申请的法院应当自裁定受理重整申请之日无条件中止执行;其他负责执行的法院应当在收到受理重整申请的通知之日或者公告之日无条件地中止执行。

(二) 担保权行使的限制效力

重整程序的开始,具有冻结对债务人的特定财产享有的担保权之效力。对债务人的特定财产享有的担保权,包括担保物权和其他法律规定能够优先受偿的权利。重整程序限制担保权的行使,是在确保担保权人的基本利益不受损害的前提下推行的程序制度,以限制担保权人行使权利为债务人提供更加便利的继续营业的财产基础,符合重整程序的公共政策目标。在重整期间,对债务人的特定财产享有的担保权暂停行使。担保权人的权利不论是否已经具备行使的条件,只要重整程序开始,担保权均不得行使。《企业破产法》第75条第1款规定:"在重整期间,对债务人的特定财产享有的担保权暂停行使。但是,担保物有损坏或者价值明显减少的可能,足以危害担保权人权利的,担保权人可以向人民法院请求恢复行使担保权。"

重整程序对担保权行使的限制效力,仅仅具有程序上的效果。担保权行使的限制,仅在于约束担保权人不能个别地对债务人财产中的特定财产主张或者行使权利,担保权人应当以参加重整程序的方式行使权利,诸如对重整计划草案进行表决、接受重整计划的分配等。再者,担保权行使的限制,并不影响担保权人对债务人财产中的特定财产所享有的实体民事权利或者利益。例如,除非担保权人已有意思表示,担保权人的权利不得被

[①] 参见邹海林《我国企业再生程序的制度分析和适用》,《政法论坛》2007年第1期。

削减、担保权迟延清偿的利息损失应受清偿等。

值得注意的是，重整程序开始后，担保权人只是被暂时冻结行使权利，如果担保权人面对着在债务人的继续经营过程中担保物的贬值风险，仍然冻结担保权人行使权利，不仅有损于重整程序中担保权人的利益，而且有损于担保制度的信用水准。所以，在重整期间，当担保物有损坏或者价值明显减少的危险时，该危险足以危害担保权人的权利，担保权人可以向人民法院请求恢复行使担保权。

（三）重整程序中的管理人地位弱化

依照《企业破产法》的规定，管理人在破产程序中居于中心地位。法院裁定受理破产申请（包括重整申请）时应当同时指定管理人。管理人负责接管债务人的财产、印章、账册、文书等资料，调查债务人的财产状况和制作财产状况报告，决定债务人的内部管理和日常开支，以及管理和处分债务人财产等。管理人依照《企业破产法》的规定，在重整程序中独立执行职务，债务人的有关人员还应当按照管理人的要求，如实回答管理人的询问，并配合管理人的工作。[①]

为重整程序的需要，尤其是考虑债务人在重整期间营业之便利或自由，管理人在重整程序中的地位呈现出弱化的趋势，并相应给予债务人在重整程序中的主动地位。这样做一方面可以鼓励和调动债务人参与重整的积极性，另一方面可以借助债务人的公司治理结构从事经营以降低重整费用。依照《企业破产法》第73条的规定，重整程序开始后，经法院批准，债务人可以在管理人监督下自行管理财产和营业；管理人在破产程序中应当行使的职权，由自行管理债务人行使。自行管理债务人制度实际上是对管理人中心主义的否定；但《企业破产法》并没有走得这么远，仍然保留管理人，只是在一定程度上通过发挥自行管理债务人的作用，取代了管理人在破产程序中的作用，表现为管理人在破产程序中的中心地位的弱化。[②] 自行管理债务人制度首先表明债务人的法人治理结构将在重整程序中直接发挥作用，其应有的功能并不会因为重整程序的开始而受到实质性影响。在这个意义上，自行管理债务人制度是重整程序对债务人利益的一项非常重要的保护性措施。

---

① 参见《企业破产法》第15条。
② 参见邹海林《我国企业再生程序的制度分析和适用》，《政法论坛》2007年第1期。

自行管理债务人制度弱化管理人的地位，但引申出许多法律上尚待解决的问题，也就是说如何落实自行债务人制度，恐怕还存在许多法律上的漏洞。

《企业破产法》仍然规定管理人监督债务人自行管理，管理人在多大程度上监督债务人自行管理？管理人以什么方式监督债务人自行管理？这是我国司法实务中将会面对的最大问题。

同样，因为管理人中心主义而设计的各项监督机制，例如债权人会议和债权人委员会对管理人的监督机制，是否仍然有效于自行管理债务人？理论上，在重整期间，自行管理债务人由管理人予以监督，自无疑问。但是，债务人自行管理财产和营业事务的行为，原本应当属于管理人的行为，这些行为将直接影响重整程序中的债权人的团体利益，债权人会议应当有权对重整程序中自行管理债务人进行监督；债权人委员会是代表债权人会议履行破产程序的日常监督职能的机构，也应当有权对自行管理债务人进行监督，此为债权人自治的固有内容。如果这个问题的回答是肯定的，那么债权人会议和债权人委员会又该如何监督债务人自行管理？债权人委员会监督重整程序中的自行管理债务人时，是否有权要求债务人对其管理财产和营业事务的行为作出说明或者提供有关文件，因欠缺《企业破产法》的明文规定，值得讨论。如果债务人拒绝接受债权人委员会的监督，债权人委员会是否有权就监督事项请求法院作出决定，也值得讨论。尤其是在重整期间，自行管理债务人如果有《企业破产法》第 69 条规定涉及债务人财产的重大处分行为，是否应当向债权人委员会报告，并接受债权人委员会的审查和征得债权人委员会的同意，更值得重视。① 在重整期间，如果自行管理债务人的行为有害于债权人的利益，债权人委员会可否以对待监督管理人的方式②申请法院解除债务人自行管理的资格，由管理人接管债务人的财产和营业事务？

尤其是当管理人取得对自行管理债务人的监督地位时，其与债权人会议和债权人委员会监督自行管理债务人的职权如何协调，则是管理人中心

---

① 参见邹海林《我国企业再生程序的制度分析和适用》，《政法论坛》2007 年第 1 期。
② 最高人民法院《关于适用〈中华人民共和国企业破产法〉若干问题的规定（二）》（2013 年）第 23 条第 2 款规定："债权人通过债权人会议或者债权人委员会，要求管理人依法向次债务人、债务人的出资人等追收债务人财产，管理人无正当理由拒绝追收，债权人会议依据企业破产法第二十二条的规定，申请人民法院更换管理人的，人民法院应予支持。"

主义的弱化所派生出来的更复杂的问题。

笔者以为，自行管理债务人制度作为重整程序保护债务人利益的一项特殊安排，与其采用弱化管理人中心主义的做法，不如直接否定重整程序中的管理人中心主义。我国未来破产法的改革不妨考虑，如果法院准许重整程序的债务人自行管理，那么自行管理债务人将取得破产程序中的管理人的地位，法院在破产程序开始时指定的管理人终止执行职务，相应取消管理人监督自行管理债务人的制度设计，实行债权人会议或者债权人委员会监督自行管理债务人的制度。

（四）重整期间营业限制的相对化

重整程序限制对债务人财产的执行、保全以及担保物权的个别行使，目的在于鼓励和支持债务人继续营业。鼓励和支持债务人继续营业，为重整程序保护债务人利益的最为重要的举措。理论上，债务人进入重整程序，除非管理人接管了债务人的财产和营业事务，债务人的正常营业应当不受影响。债务人营业所受的限制，仅限于重整程序开始前的债权债务的清理，不得有部分或者个别清偿行为。在重整期间，管理人或者债务人为继续营业而借款的，还可以为该借款设定财产担保。而在实务上，重整程序开始后，如果没有债务人的继续营业以及鼓励债务人继续营业的措施，重整程序便没有优势可言，利用重整程序克服债务人的经营或财务困难的目的也难以达成。因此，重整程序开始后，重整程序对债务人的营业限制应当是一个相对宽松的限制，鼓励债务人继续营业应当成为利用重整程序的基本价值选项。[①]

重整程序开始后的债务人自行管理，就是实现重整程序鼓励和支持债务人继续营业的工具。债务人自行管理的行为，原本属于管理人的行为，自行管理债务人的地位相当于破产程序中的管理人。自行管理债务人的行为，尤其是营业行为，将直接影响重整程序中的债权人的团体利益，故债权人会议应当有权对重整程序中的自行管理债务人进行监督；代表债权人会议履行破产程序日常监督职能的债权人委员会，也应当有权对重整程序中的自行管理债务人进行监督。对于债务人的继续营业和财产处分行为，管理人依照《企业破产法》的规定应当征得债权人会议同意的，自行管理债务人为相同的行为，应当征得债权人会议的同意；管理人应当向债权

[①] 参见邹海林《我国企业再生程序的制度分析和适用》，《政法论坛》2007年第1期。

人委员会报告的，自行管理债务人也应当向债权人委员会报告。此外，债权人委员会监督重整程序中的自行管理债务人时，有权要求债务人对其管理财产和营业事务的行为作出说明或者提供有关文件；债务人拒绝接受监督的，债权人委员会有权就监督事项请求法院作出决定。

《企业破产法》对于破产程序开始后的债务人继续营业还是有诸多限制的。管理人或者自行管理债务人决定继续债务人的营业，在第一次债权人会议前，应当经人民法院许可；而债权人会议对债务人的继续营业则享有决定权。特别是，管理人或者自行管理财产的债务人为不动产或者不动产权利的转让、债权或者有价证券的转让、借款或者提供财产担保、承认别除权、取回权、出卖所有库存商品、提起有关财产的诉讼或者仲裁等行为时，应当事先征得法院的同意或债权人会议的同意。债权人会议选任债权人委员会的，管理人为上述行为时，应当向债权人委员会报告。如何缓和这些限制，是衡量重整程序鼓励和支持债务人继续营业的重要因素。重整程序开始后，当法院或者债权人会议面对涉及债务人继续营业的事项时，不论决定权在哪个机构手中，应当以鼓励和支持债务人继续营业为原则，限制债务人继续营业则是例外。因此，重整程序开始后，除非有特别的不利于债权人团体利益的理由，应当允许债务人继续营业，债权人会议甚至有必要以决议概括授权管理人或者自行管理债务人继续债务人的营业。

第四节　重整计划的制作和批准

一　重整计划的概念

重整计划，是指重整程序中形成的规范债务人营业振兴措施和债权债务清理方案的法律文书。重整程序为重整计划的制作而开始，亦为重整计划的完成（执行）而结束。可以这样说，重整程序是围绕着重整计划的制作、批准和执行而展开的债务清理程序。重整计划形成于重整期间。

重整程序开始后，债务人、债权人和其他利害关系人将围绕债务人营业的振兴措施和债权债务清理方案进行磋商，并达成一致意见，经法院批准后形成重整计划。经重整程序各方利害关系人磋商形成的重整计划，在法院裁定批准后，是具有与生效的法院判决效力相同的法律文书，对参与重整计划磋商的各方利害关系人有约束力，并成为重整程序终结的法律事实。

二 重整计划的特点

重整计划是在重整程序进行中形成的法律文件，具有以下两个鲜明的特点。

第一，重整计划的目的性明确。重整计划围绕重整程序的目的而展开，是为了拯救处于财务困境中的债务人而制作的具有法律约束力的措施、方案和权利义务关系调整的集成，具有十分明确的目的性：改善债务人的经营，恢复债务人的正常营业以及有序清理债权债务。重整计划虽然涉及债务人全部债权债务的清理，但其核心则是要解决债务人面对的经营中的困难，通过对债务人经营中的困难的克服，达到恢复债务人正常经营的目的。因此，重整计划应当在法律规定的期限内提出并交付利害关系人表决，以防止重整计划制作的拖延而影响债务人的营业；重整计划中应当含有债务人经营方案的内容，以示债务人将要采取的经营措施与克服经营困难的关联性与可行性，没有改善债务人经营管理或者营业措施的构想与方案，不构成重整计划。

第二，重整计划的约束力普遍。重整计划形成于重整程序进行中，具有普遍的法律约束力。重整计划是经利害关系人表决和法院裁定认可的司法文件，不仅成为终结重整程序的法律事实，而且约束参加重整程序的各利害关系人（包括但不限于债务人、担保权人、优先顺位请求权人、普通债权人和债务人的出资人等）。除非重整计划被撤销或者不能执行，参加重整程序的各利害关系人不得主张重整计划规定外的利益。再者，重整计划是衡量重整程序能否达到重整目的的标准。经法院裁定批准后，利害关系人不得更改重整计划的内容，亦不允许债务人不执行或者选择性执行重整计划规定的内容。因此，重整计划应当获得各利害关系人的普遍遵循，并应当获得全面执行。

三 重整计划（草案）的内容

重整计划（草案）的内容与债务人重整的目的和手段相关。不同目的的重整，必将采取不同的手段，重整计划（草案）的内容也会有所不同。在理论上，重整可以划分为再建型重整和清算型重整。但《企业破产法》规定的重整，仅以再建型重整为限。再建型重整的目的是恢复处于财务危机状态的债务人的营业，因此如何恢复债务人的营业，势必成为重整计划（草案）的核心内容。

如何恢复债务人的营业，将涉及两个十分重要的方面：债务人振兴营业的措施和既有债权债务的清理。前者涉及诸如债务人营业资金的再筹集、营业项目的变更或转让、债务人的出资结构调整、法人治理结构的改善等事项；后者涉及诸如既有债权债务的分类、债务减免、债务展期、担保的处置和债务清偿等事项。重整计划的提出者应当围绕这两个方面的内容制作和调整重整计划的内容。

重整计划（草案）的内容是当事人自治的产物，法律不可能对重整计划（草案）的内容预先作出硬性规定。但法律可以对当事人如何确定重整计划（草案）的内容予以引导，以增强当事人制作重整计划（草案）的预见性、合理性与可行性。[1]《企业破产法》第81条对于重整计划（草案）的内容作出了提示性的规定，即重整计划（草案）应当包括下列内容：（1）债务人的经营方案；（2）债权分类；（3）债权调整方案；（4）债权受偿方案；（5）重整计划的执行期限；（6）重整计划执行的监督期限；（7）有利于债务人重整的其他方案。

有学者认为，《企业破产法》就重整计划（草案）的内容所为规定比较简单，一方面固然可以因其开放性体系而设定具体内容，从而更加契合企业重整的实际需要；但是，另一方面又要看到，立法要给实践以适当指导，过于简略的内容设定，不利于重整计划合法、及时、全面地构建，从而会影响其有效性和可操作性。同时，也可能导致重整计划（草案）的反复设计，进而影响效率。[2]但也有学者认为，对重整计划（草案）的内容，法律不应有过多的强制性和限制性规定，相反应当注重在重整程序的框架内，由当事人自由协商最终决定。重整计划（草案）的内容和运作将预示着债务企业的经营前景，它代表着各主体对重整程序的经济预期，而且这种预期有时是很难估量的。通过协商的重整计划（草案）会对存在的多种利益选择做出一个安排，并使这种安排能够为大多数关系人所接受。换言之，法律应当允许由市场来决定各经济主体在重整计划（草案）

---

[1] 参见李永军、王欣新、邹海林《破产法》，中国政法大学出版社2009年版，第197页。
[2] 王延川：《破产法理论与实务》，中国政法大学出版社2009年版，第62页。

中做出适当的商业决策。因此，法律对重整计划（草案）的设计不应当过于详细，只要作一些原则性、程序性的规定就可以了。[1]

重整计划（草案）不得含有法律禁止规定的内容，即重整计划（草案）的内容不得违反法律的强制性规定或者社会公共利益。例如，重整计划（草案）不得规定减免劳动债权之事项。劳动债权是对债务人所欠职工的工资和医疗、伤残补助、抚恤费用，所欠职工的应当划入职工个人账户的基本养老保险、基本医疗保险费用，以及法律、行政法规规定应当支付给职工的补偿金等的总称。[2]

四 重整计划草案的制作

（一）重整计划草案的制作人

重整计划草案的制作，是重整程序的首要环节。没有重整计划草案的制作，重整程序的后续环节就无法展开。重整程序顺利进行的先决条件，是要依法制作重整计划草案。

重整计划草案的制作，首先要解决的问题是何人有权并且有义务制作重整计划草案。重整程序的参加人涉及众多利害关系人，让所有的重整程序参加人都参与重整计划草案的制作，事实上没有必要也无法实施，而且妨碍重整程序进行的效率。重整计划草案涉及债务人营业的振兴和债权债务关系的清理，对债务人的营业和财产状况具有充分了解的人制作重整计划草案较为合适。因此，立法者不可能允许所有的重整程序参加者都参与重整计划草案的制作，均以选择性立场规定管理人或者债务人为重整计划草案的制作人。

就重整计划草案的制作人而言，《企业破产法》规定了"谁管理谁制作"的规则。采用"谁管理谁制作"的规则，有利于制作人在充分掌握债务人信息和开展多方谈判的基础上，制订出切实可行的重整方案。根据"谁管理谁制作"的标准，作为重整计划草案的制作人，债务人比较熟悉自身信息和财产及经营状况，有较好的管理经验和经济知识，但由于与其本身有利益关系，容易倾向于维护自身利益而损害债权人或其他利益关系人的利益。一般来说，管理人能够较中立地制作重整计划草案，能够在制

---

[1] 参见张艳丽《重整计划比较分析》，《法学杂志》2009年第4期。
[2] 参见《企业破产法》第83条。

作过程中与债权人、债务人、职工代表和其他利益关系人进行讨论，并听取出资人和专家的意见，形成较能为各方当事人接受的重整计划方案。[①]单独由债务人或管理人提出重整计划草案，固然可以发挥债务人对自身情况的熟悉和管理人的专业知识优势，有利于重整计划草案的通过。但是，由债务人制定出的重整计划草案很难取得债权人的信任。而由管理人制定出的重整计划草案，由于缺乏对债务人的彻底了解，也很难使重整计划草案科学、合理和顺利执行。对重整计划草案的提出和制定主体应当实行多元化。依据"谁管理谁制作"的原则，在债务人担任营业机构的情况下，以债务人为主，管理人协助和监督提出重整计划；在管理人担任营业机构的情况下，以管理人为主，债务人协助提出重整计划。[②]

依照企业破产法的规定，重整计划草案由债务人或者管理人制作。《企业破产法》第79条第1款规定："债务人或者管理人应当自人民法院裁定债务人重整之日起六个月内，同时向人民法院和债权人会议提交重整计划草案。"债务人自行管理的，由债务人制作重整计划草案；管理人负责管理债务人财产和营业事务的，由管理人制作重整计划草案。《企业破产法》第80条规定："债务人自行管理财产和营业事务的，由债务人制作重整计划草案。管理人负责管理财产和营业事务的，由管理人制作重整计划草案。"

（二）重整计划草案的制作和提交期限

重整程序开始后，债务人或者管理人应当在法定期限内制作并提交重整计划草案。重整程序应当具有效率，不能久拖不决，为防止重整计划草案的制作和提交迟延而影响重整程序各方利害关系人的利益，破产立法对重整计划草案的制作和提交规定有相对严格的期限。在重整期间，债务人或管理人经过对债务人财产和经营事务的调查，应当在合理的期间内制作并提交重整计划草案。这个期限不能规定得过长，否则债务人可能由于重整程序过长而使其经营状况和财产状况恶化；也不能规定得过短，否则，在债务人经营状况和财产状况复杂的情况下，债务人或管理人难以在很短的时间内制作出可行的重整计划草案。[③]

---

① 参见王卫国《破产法精义》，法律出版社2007年版，第241—242页。
② 参见张艳丽《重整计划比较分析》，《法学杂志》2009年第4期。
③ 参见王艳华《破产法学》，郑州大学出版社2009年版，第249页。

依照《企业破产法》的规定,债务人或者管理人应当自人民法院裁定债务人重整之日起6个月内,完成重整计划草案的制作,并向人民法院和"债权人会议"提交重整计划草案。债务人或者管理人在法定期限内制作完成重整计划草案,应当同时向人民法院和"债权人会议"提交,主要目的在于便利重整计划草案的及时表决和批准。

重整计划草案的制作和提交期限,实际上开始于重整程序开始之日;对于重整程序开始后债务人申请法院自行管理的,债务人制作和提交重整计划草案的期限,也同样自重整程序开始之日计算。当然,考虑到重整计划草案制作过程的复杂性,若债务人或者管理人在法定之日起6个月内不能完成重整计划草案的制作和提交,应当在该期限届满前申请人民法院准许延期;若有正当理由的,人民法院可以裁定延期3个月。

重整计划的提交已有法定的期限,规定时限有助于确保重整程序的进行不受迟延,但需防范下述风险:最后期限过于僵硬,施加限制十分武断,不能满足大型案件的需要;如果没有适当制裁的话,时限又无法得到遵守。重整计划草案的提交时限,可由法院予以延长,但条件是只再延长一段有限的时期,不能无限制地一延再延。[①]

(三) 重整计划草案未按期提交的后果

《企业破产法》对于重整计划草案的制作人已有明文规定,而且对于重整计划的制作与提交规定了较为严格的法定期限。债务人或者管理人怠于制作重整计划草案,基本上可以表明债务人或者管理人对处于困境的企业进行重整采取消极立场,而不是积极推进重整程序。在此情形下,继续重整程序将有害于参加重整程序的各利害关系人的利益。《企业破产法》第79条规定:"债务人或者管理人应当自人民法院裁定债务人重整之日起六个月内,同时向人民法院和债权人会议提交重整计划草案。前款规定的期限届满,经债务人或者管理人请求,有正当理由的,人民法院可以裁定延期三个月。债务人或者管理人未按期提出重整计划草案的,人民法院应当裁定终止重整程序,并宣告债务人破产。"

依照上述规定,债务人或者管理人未能在法定期限内向人民法院和"债权人会议"提交重整计划草案的,构成重整程序终止的法律事实。在此情形下,人民法院应当裁定终止重整程序,并宣告债务人破产清算。重

---

① 参见李国光《新企业破产法教程》,人民法院出版社2006年版,第297页。

整程序是有成本的，而这种成本最终是由债权人承担的。而且，重整的营业保护制度使担保物权被冻结，如果任由重整债务人进行长时间和无效率的重整，会损害债权人的利益。因此，债务人或管理人在法定期限内不能提出重整计划草案的，无论是由于何种原因，法院均应裁定终止重整程序并宣告债务人破产。此种情况下的终止裁定属于依职权的裁定，无须管理人或者利害关系人提出申请。①

债务人或者管理人未能在法定期限内提交重整计划草案，法院裁定提前终止重整程序，本无可非议。但是，如果法院裁定开始重整程序的原因为《企业破产法》第2条第2款规定之"有明显丧失清偿能力的可能"的，债务人或者管理人未能在法定期限内提交重整计划草案，法院是否应当裁定债务人破产清算，将取决于债务人于法院裁定终止重整程序时是否具有《企业破产法》第2条第1款规定之"不能清偿债务"这样的法律事实。若债务人仍然处于"有明显丧失清偿能力的可能"之状态，法院不能裁定宣告债务人破产清算，仅能裁定重整程序终结。《企业破产法》第79条规定，法院在裁定提前终止重整程序时应当宣告债务人破产清算，存在明显的法律漏洞，应当以《企业破产法》规定的重整程序的基本目的为基点，通过限缩解释将不应当宣告债务人破产清算的案型排除于第79条的规范之外，避免对债务人不当适用破产清算程序。②

五　重整计划草案的讨论

债务人或者管理人在法定期限内向人民法院和债权人会议提交重整计划草案的，人民法院应当及时召开债权人会议讨论重整计划草案，并安排各表决组进行表决。依照《企业破产法》的规定，人民法院在收到重整计划草案之日起30日内，应当召开债权人会议，对重整计划草案进行讨论和表决。债权人会议主席主持重整计划草案的讨论，并按照债权人会议的议程在讨论结束后，将重整计划草案交付各表决组进行表决。债权人会议讨论重整计划草案的，可以按照法定的表决组进行分组讨论。

在重整计划草案交付法定的表决组进行表决之前，参与破产程序自治的各利害关系人有权对债务人或管理人提交的重整计划草案发表意见，并

---

① 参见王卫国《破产法精义》，法律出版社2007年版，第240页。
② 参见邹海林《我国企业再生程序的制度分析和适用》，《政法论坛》2007年第1期。

有权要求债务人或管理人修改已经提交的重整计划草案。因此，债务人或者管理人有义务列席讨论重整计划草案的债权人会议，向债权人会议就重整计划草案作出说明，并回答债权人的询问。《企业破产法》第 84 条第 3 款规定："债务人或者管理人应当向债权人会议就重整计划草案作出说明，并回答询问。"为增强重整计划草案的可行性，在债权人会议讨论重整计划草案时，债务人的出资人代表还可以列席债权人会议，并在债权人会议要求时发表出资人代表的意见。《企业破产法》第 85 条第 1 款规定："债务人的出资人代表可以列席讨论重整计划草案的债权人会议。"

经债权人会议讨论后，不论债权人会议讨论重整计划草案的结论如何，债权人会议主席应当将重整计划草案交付法定的表决组进行分组表决。

六 分组表决制度

（一）分组表决的意义

重整计划草案的表决，实行分组表决制度。参加重整程序的利害关系人的权益分配顺序存在差异，例如有物上担保的债权人、优先权人、普通债权人、债务人的出资人，他们对于重整债务人的财产享有的权益有先后之别，且相互间存在利益冲突，难以在表决重整计划草案时同等对待；否则，重整计划草案的表决难免会出现"僵局"。因此，重整计划草案的表决，实行分组表决。

重整计划草案的分组表决，是实现重整计划草案"公平对待"所有的利害关系人的程序工具，在体现不同的利害关系人的不同利益时，可以防止参与重整计划草案讨论和表决的各表决组及其成员的"肆意"，利用"多数决"的表决机制损害个别成员的利益。①

（二）法定的表决组

依照学者的归纳，破产立法例对重整计划草案的分组表决原则基本一致，但对于划分表决组的标准不尽相同，大致可分为法定型、自治型、折中型三种。《企业破产法》第 82 条明确规定，重整计划草案的表决组划分的标准属于法定型。②

---

① 参见邹海林《我国企业再生程序的制度分析和适用》，《政法论坛》2007 年第 1 期。
② 参见张艳丽《重整计划比较分析》，《法学杂志》2009 年第 4 期。

《企业破产法》第 82 条规定："下列各类债权的债权人参加讨论重整计划草案的债权人会议，依照下列债权分类，分组对重整计划草案进行表决：（一）对债务人的特定财产享有担保权的债权；（二）债务人所欠职工的工资和医疗、伤残补助、抚恤费用，所欠的应当划入职工个人账户的基本养老保险、基本医疗保险费用，以及法律、行政法规规定应当支付给职工的补偿金；（三）债务人所欠税款；（四）普通债权。人民法院在必要时可以决定在普通债权组中设小额债权组对重整计划草案进行表决。"该法第 85 条第 2 款规定："重整计划草案涉及出资人权益调整事项的，应当设出资人组，对该事项进行表决。"

依照上述规定，除出资人组外，将债权人划分为法定的四个表决组：

1. 担保权人表决组。《企业破产法》第 82 条第 1 款规定"对债务人的特定财产享有担保权的债权"构成担保权人表决组，存在法律漏洞。对担保权人表决组的识别，不以"债权"为基础而应当以担保物权为基础。有必要对《企业破产法》的上述规定作出扩张解释。担保权人表决组，是对债务人的特定财产享有担保权的权利人组成的表决组，包括对债务人的特定财产享有担保权的债权人以及对债务人不享有债权但对其特定财产享有优先受偿权的担保物权人。

2. 劳动债权人表决组。对债务人有工资请求和其他劳动者利益请求的职工组成的表决组，包括因债务人欠付工资和医疗、伤残补助、抚恤费用而享有请求权的职工，因债务人欠缴应当划入职工个人账户的基本养老保险、基本医疗保险费用的请求权人，以及依照法律、行政法规规定而对债务人享有补偿金的职工。

3. 税款人表决组。因债务人欠缴税款而对其追缴税款的国家税务机关、地方税务机关、关税征收机关等组成的表决组。

4. 普通债权人表决组。由债务人的所有普通债权人组成的表决组。在普通债权人表决组中，还可以设立小额债权人表决组。

在重整计划草案的表决分组方面，我国司法实务严格遵循《企业破产法》第 82 条的规定，按照利害关系人对债务人财产的权利分配顺序，将重整计划草案的表决分组限定为物上担保权人表决组、职工债权人表决组、税款请求权人表决组和普通债权人表决组。重整计划草案涉及出资人权益调整的，设出资人表决组。

（三）小额债权人表决组

普通债权人表决组的人数众多，在绝大多数或者绝少部分为小额债权人的时候，为平衡小额债权人和其他普通债权人之间的权益，法院应当设立小额债权人表决组，对重整计划草案进行单独表决。《企业破产法》第82条第2款规定："人民法院在必要时可以决定在普通债权组中设小额债权组对重整计划草案进行表决。"小额债权人表决组的法律地位与普通债权人表决组相同，仅仅为普通债权人表决组的内设表决组。在表决重整计划时确有必要设立小额债权人表决组的，小额债权人表决组的表决规则，亦与普通债权人表决组相同。

应当注意的是，小额债权人表决组的设立，仅仅是为表决的便利设立的，并未就此将普通债权人的权利进行类型化而改变其在破产程序中的权利状态。所以，就重整计划草案对待小额债权人的公平利益问题而言，与普通债权人表决组也不应当存在差别。小额债权人表决组的设立，不应当对重整计划公平对待同一表决组的基本原则产生影响。

（四）出资人表决组

重整程序开始后，债务人的出资人并没有丧失因为出资而形成的股东权益。重整计划草案在涉及债务人的出资人的股东权益调整事项时，应当给出资人提供参与重整程序的机会。有学者认为，股东在关系人会议中的表决权，只有在债务人企业还有剩余的资产净值或者没有剩余资产净值但股东愿意注资挽救企业的情况下才能行使，但股东仍有作为关系人参加重整程序的权利，即使在没有表决权的情况下也应当保护股东的参与权，这样才能保护股东的重整利益，保证重整程序的公正性、透明性。[①] 对于陷入财务困境的企业重整，并不是单纯涉及债权人的利益，更涉及股东的利益。为充分调动各方利害关系人在重整程序中的积极性，必须让股东参与到重整程序之中。在对重整方案进行表决时，应当允许出资人参与，设置出资人表决组，对重整计划草案中的相关事宜进行表决。[②]

《企业破产法》第85条第2款规定："重整计划草案涉及出资人权益调整事项的，应当设出资人组，对该事项进行表决。"依照上述规定，当重整计划草案含有调整出资人权益的内容，例如出资人股权的变更、增加出资、引入第三方投资、债权转股权等事项，法院应当设立出资人表决组，对该内容进行表决。事实上，出资人表决组并没有权利对重整计划草

[①] 陈昶屹：《重整程序制度的建立与完善》，《法律适用》2005年第2期。
[②] 王利明：《破产立法中的若干疑难问题探讨》，《法学》2005年第3期。

案的全部内容进行表决，仅仅应当就重整计划草案中有关出资人权益调整的内容进行表决。①

（五）法定的表决组的变通适用

重整计划的分组表决是一个影响重整计划的批准（包括重整计划的强制批准）的法定因素。尤其是在涉及重整计划的强制批准时，应当遵循最低限度接受规则。最低限度接受规则具有限制强制批准的作用，但也仅仅具有形式上的意义。如果分组表决是灵活的，即依照协商重整计划草案谋取不同利益的利害关系人的共同利益的需要，在法定的表决组基础上灵活设置表决组，强制批准重整计划就不会受最低限度接受规则的严格约束了。这在美国《破产法》上尤为明显，重整计划草案的表决组可以依照利益平衡的需要设立；灵活设立表决组的结果，使得最低限度接受规则发生作用的空间相当有限了。

无论是强行性分组还是任意性分组，都是将债权人按照他们的权利性质和利害关系进行分组，目的都是使地位相似的债权人能够获得平等、公正的待遇。就两种分组方式比较而言，任意性分组更具有灵活性，更能保证同一组的成员拥有实质上相同的权益，更能体现重整程序的公平理念，从而更有利于重整计划草案的表决通过。② 由于重整程序对不同类型的债权人等利害关系人利益的影响程度不同，故各国（地区）破产法大多对重整计划草案的表决采取分组表决的方式。与集中表决相比，分组表决的机制可以更全面、准确地反映利害不同的债权人的意见，提高重整程序的整体效率。③

在我国，《企业破产法》以权益分配的顺序确定重整计划草案的表决分组的标准，属于强行法，不得有所违反，已如上述。但在法定的表决组的基础上设立具体的表决组，如小额债权人表决组，则应当以最大化地实现重整程序磋商重整计划草案的便利为出发点。也就是说，重整计划草案表决组的设立在形式上应当具有灵活性。在我国司法实务中，法院不应当固守法定的表决分组形式，在法定的同一表决组内，依照需要可以引导当事人设立不同的表决组，对重整计划进行分组表决，主要理由如下：④

---

① 参见李永军、王新欣、邹海林《破产法》，中国政法大学出版社2009年版，第200页。
② 参见汪世虎《重整计划与债权人利益的保护》，《法学》2007年第1期。
③ 参见范健、王建文《破产法》，法律出版社2009年版，第217页。
④ 参见邹海林《法院强制批准重整计划的不确定性》，《法律适用》2012年第11期。

第一，在重整程序的实务上存在继续细分重整计划表决组的内生动力。在法律规定的同一表决组内部，表决组成员相互间的利益仍然存在冲突，不同成员因为其表决的"权重"大小，有可能"绑架"其他成员或者被其他成员"绑架"，故有必要在同一表决组内继续细分不同的表决组。例如《企业破产法》第82条第2款所称"普通债权人表决组"中的"小额债权人表决组"。在实务上，在"物上担保权人表决组"和"出资人表决组"内部继续细分表决组，更有必要。

第二，《企业破产法》没有对同一表决组的继续细分加以禁止。该法关于表决组的划分，所要解决的根本问题是什么性质的权利人应当被划在一个组里，并享有同等对待的成员权利，但并没有要求被划在同一个表决组内的成员必须共同协商重整计划。重整程序是一个协商撮合的商业交易平台，以什么样的形式协商重整计划以便吸收更多的共同意思，应当交由当事人自治来解决。为促进重整计划的制作、完善和顺利通过，法院应当采取适当形式引导债权人参与重整计划的制作和磋商过程；只要不违反《企业破产法》第82条规定的表决组分组标准，并遵循《企业破产法》第87条规定的公平对待同一表决组的原则，依照当事人协商重整计划草案的需要，法院就可以引导管理人或利害关系人协商将同一表决组继续细分为两个以上的表决组，对重整计划草案进行表决。

第三，重整计划涉及债务人出资人权益调整的，出资人表决组更有细分的必要。《企业破产法》第85条仅规定设出资人表决组，但出资人表决组中的股东，尤其是多数股东（大股东）和少数股东（中小股东）、普通股股东和特别股股东之间，因为出资权益的调整往往呈现十分激烈的利益冲突，更有必要设相对独立的出资人表决组。出资人表决组仅对重整计划草案中调整出资人权益的内容进行表决，实行"资本多数决"的表决制度，适用《公司法》的有关规定。在出资人表决组中细分为两个以上的表决组，没有任何法律上的障碍。

第四，重整计划表决分组的灵活性，相当程度上可以有效保护对重整计划草案持有异议的表决组少数成员的应得法定利益。不接受重整计划草案的表决组，在法院批准重整计划时，其应得法定利益受特别保护；但是，对于通过重整计划草案的表决组，那些对重整计划持有异议的表决组少数成员只能接受重整计划所约定的分配利益，其应得法定利益被剥夺。① 法定的表决组只有四类，略显僵化，更容易造成同一表决组内的成员利益的剧烈冲突，导致不同意重整计划的位于相同表决组的成员的利益失衡。如此现象通过灵活设立表决组可以得到纠正。在法定的重整计划表决分组的基础上，继续细分表决组，在协商重整计划时，完全可以将持有异议的少数成员列入不接受重整计划的表决组，实现对不接受重整计划的表决组成员的同等保护。

七　重整计划草案的表决

破产程序为当事人自治主导型的程序，而债权人自治又居于至高无上的地位。对于重整程序的命运，实际上被操控在债权人或利害关系人的手中。债务人利用破产法规定之重整程序，能否达成拯救企业的目的和效果，相当程度上取决于债务人或管理人与债权人的协商。《企业破产法》第7章有关债权人会议的规定，充分肯定了债权人会议"通过重整计划"的职权，体现了债权人在重整程序中的高度自治地位，并以双重多数表决控制模式来实现债权人对重整程序的自治地位。《企业破产法》第84条第2款规定："出席会议的同一表决组的债权人过半数同意重整计划草案，并且其所代表的债权额占该组债权总额的三分之二以上的，即为该组通过重整计划草案。"

债务人或者管理人制作的重整计划草案，应当提交债权人会议讨论和表决。重整计划草案未经债权人会议表决，将不会产生任何法律效力。债权人会议对重整计划草案的表决是重整计划能够产生法律约束力的先决条件。

这里有必要说明的是，重整计划草案的表决并非仅仅是债权人会议的表决。债权人会议对重整计划草案有表决权，但参加重整程序的其他本非债权人的利害关系人也有表决权。重整程序涉及的关系人之利益复杂，已然超出债权人的范畴，原本不属于债权人范畴的利害关系人，诸如劳动工资请求权人、税收请求权人以及对债务人不享有债权的担保权人，甚至企业法人的出资人等，均有依照其意思对重整计划予以表决的权利。② 这就是说，《企业破产法》第61条所称债权人会议"通过重整计划"，仅仅在普通债权人和有财产担保权利的债权人的层面上有其意义。再者，《企

---

① 参见《企业破产法》第87条第2款第1—4项。
② 参见《企业破产法》第59条、第61条、第82条和第85条。

破产法》第 84 条第 1 款规定"法院应当自收到重整计划草案之日起 30 日内召开债权人会议,对重整计划草案进行表决",其中所称债权人会议并不限于《企业破产法》第 61 条规定的债权人会议,还应当包括对债务人不享有债权的担保权人、企业法人的出资人等"分组表决权人"。

此外,在分组表决的表决权计算基准上,由于《企业破产法》第 84 条规定之重整计划草案的双重多数表决控制模式的计算基准是"债权人"和"债权额",而各表决组的权利人行使表决权的身份并非均为"债权人",其基础权利也并非均为"债权",以债权人或债权额作为计算重整计划草案表决结果的基准不严谨,也不科学。① 因此,有关重整计划草案的表决应当作如下的表述:经出席会议的同一表决组的表决权人过半数同意重整计划草案,并且其所代表的表决权数额占该组表决权总和的 2/3 以上的,重整计划草案在该表决组获得通过。任何一个表决组对重整计划草案进行表决,同意重整计划草案的表决权人未达出席会议的表决权人的半数,或者其所代表的表决权数额未达该组表决权总额的 2/3 以上的,重整计划草案在该表决组未获得通过。

基于当事人自治的理念,没有通过重整计划草案的表决组,经债务人或者管理人要求,可以决定是否进行第 2 次表决;若该表决组同意进行第 2 次表决的,该表决组可以再表决 1 次。②《企业破产法》第 86 条第 1 款规定:"各表决组均通过重整计划草案时,重整计划即为通过。"

还应当注意的是,《企业破产法》对于出资人表决组如何表决重整计划草案未有相应的规定,是否适用《企业破产法》就债权人会议规定的双重多数表决控制模式?我国学者对此是有分歧的。

一种观点认为应当依照《企业破产法》的规定,出资人表决组的表决采用双重多数额规则,即出席表决会议的出资人过半数同意重整计划草案,并且其所代表的出资额占企业出资总额的 2/3 以上的,为出资人组通过重整计划草案。③ 另一种观点则认为,《企业破产法》规定的债权人会议的决议规则不应当适用于出资人表决组,出资人表决组对重整计划草案的表决应参照公司股东会的决议规则,以股东所持表决权的 2/3 以上多数

---

① 参见邹海林《我国企业再生程序的制度分析和适用》,《政法论坛》2007 年第 1 期。
② 参见《企业破产法》第 87 条第 1 款。
③ 参见王卫国《破产法精义》,法律出版社 2007 年版,第 254 页。

通过，或依公司章程规定。例如，有观点提出，各国立法中的双重多数表决控制模式仅适用于各债权人表决组，而不适用于股东组。《企业破产法》规定股东有权就出资人权益调整事项进行表决，但是对股东组议决规则没有明确作出规定。股东组的表决实行单一多数标准即可，以便与公司法上的表决制度相协调。由于重整计划对股东权益的调整对于股东的权利有重大影响，应当作为公司法上的特别决议事项，由股东所持表决权的2/3以上通过。但是，公司章程另有规定的，从其规定。[①] 出资人表决组应当参照股东会修改公司章程的表决程序，经出席表决会议的股东所持表决权的2/3以上通过，更符合公平、公正的原则。[②] 最高人民法院《关于审理上市公司破产重整案件工作座谈会纪要》（2012年）指出："出资人组对重整计划草案中涉及出资人权益调整事项的表决，经参与表决的出资人所持表决权三分之二以上通过的，即为该组通过重整计划草案。"

总体而言，《企业破产法》规定的"双重多数表决规则"可以兼顾效率与公平，不失为一种相对合理的制度选择。但是，因为《企业破产法》没有明确股东组的表决规则，股东组表决适用《公司法》的规定似更为可取。[③]

八 重整计划的批准

重整计划要产生法律上的约束力，应当经法院批准。重整计划草案获得各表决组的通过，法院经审查认为符合《企业破产法》规定的，应当裁定予以批准。除法院强制批准重整计划外，《企业破产法》第86条第2款规定："自重整计划通过之日起十日内，债务人或者管理人应当向人民法院提出批准重整计划的申请。人民法院，应当自收到申请之日起三十日内裁定批准，终止重整程序，并予以公告。"

法院批准经各表决组通过的重整计划草案，是达成重整程序目的最为理想的一种情形。首先，法院批准经各表决组通过的重整计划草案，体现了重整程序中私权利与司法权力在重整计划上的统一，并以最经济的方式

[①] 参见李志强《企业重整程序的正当性基础及规范建构》，博士学位论文，中国社会科学院研究生院，2009年。

[②] 参见刘宁、张庆等《公司破产重整法律实务全程解析》，北京大学出版社2011年版，第185页。

[③] 邹海林、周泽新：《破产法学的新发展》，中国社会科学出版社2013年版，第251页。

实现了对多种重整资源的有效利用。其次，经批准生效的重整计划，具有更多的合法性基础。各表决组通过的重整计划草案已承载了多数利益相关人的同意，以此作出利益调整依据，符合所涉私法主体的意志。再加上法院为批准重整计划草案所进行的合法性审查，使法院批准经各表决组通过的重整计划草案，具有更为坚实的法律基础。最后，法院批准经各表决组通过的重整计划草案，将具有更好的实施效果。经利害关系人通过又获得法院批准的重整计划可以在最大范围内整合各方重整力量，形成推动企业重整的合力，为重整计划的切实执行奠定基础。[①]

法院批准经各表决组通过的重整计划草案，还有"经审查认为符合本法规定的"的前提条件。重整计划草案"符合法律规定"为一般性条款，究竟何种情形属于符合法律规定，理论和司法实务均有讨论的空间。例如，有学者认为，重整计划草案是否符合法律规定，法院原则上应当审查：重整计划草案提出的目的是否诚实，是否规避法律；重整计划草案中债权人所受到的利益是否大于破产清算利益；重整计划草案是否对各种费用的支付进行了安排；重整计划草案拟采取的措施是否有保障等。[②] 也有学者提出，法院在批准经各表决组通过的重整计划草案前，通常须审查下列事项：（1）重整计划草案的各个条款是否符合法律的规定；（2）重整计划草案的制定和表决等过程是否符合程序规定；（3）重整计划草案制作人在主观上是否善意、符合诚信原则；（4）重整计划草案是否对负责经营债务人业务的有关人员作出说明；（5）重整计划草案是否具有成功的可能性；（6）重整计划草案是否符合债权人利益最大化原则等。[③] 但是，因为《企业破产法》没有具体明确法院批准已获各表决权组表决通过的重整计划的具体条件，学者担忧此等规定是否足以为参与重整的各利害关系人的利益提供充分有效的保护，有可能导致法院批准重整计划时的权力滥用，危害债权人为核心的各方当事人的权益。有观点提出，《企业破产法》对于法院批准经各表决组通过的重整计划草案的相关条件，应当有所规定。首先，应该明确企业重整计划是否符合法律规定，审查重整计划的内容和程序是否合法，是否体现公正与效率。其次，企业重整计划

[①] 参见邹海林、周泽新《破产法学的新发展》，中国社会科学出版社2013年版，第251页。

[②] 参见付翠英《破产法比较研究》，中国人民公安大学出版社2004年版，第268—269页。

[③] 参见罗培新、伍坚《破产法》，格致出版社2009年版，第274—275页。

是否善意,即是否使用了法律禁止的手段或诈欺不公的方式作出。最后,企业重整计划是否符合债权人最大利益原则、是否可行。[①]

笔者以为,对于重整计划草案应当符合《企业破产法》规定的一般性条款的理解,应当以充分尊重重整计划草案经各表决组通过这一法律事实作为基础。"凡依法提交的重整计划草案,经各表决权组表决通过,若其程序符合《企业破产法》的规定,并具有法律规定的必备内容,无明显违反法律强制性规定的情形,法院经审查应当批准。这样理解《企业破产法》的原则规定,一方面体现了立法者对重整程序的积极态度,另一方面也体现了对当事人意思自治的尊重。"[②]

各表决组均通过重整计划草案的,债务人或者管理人应当及时向法院申请批准重整计划。依照《企业破产法》的规定,债务人或者管理人应当在自重整计划通过之日起10日内,申请法院批准重整计划。法院是否批准经各表决组通过的重整计划草案,应当对重整计划草案的表决程序和内容进行审查。经各表决组通过的重整计划草案,在通过程序上应当符合《企业破产法》的规定的程序,在内容上不得违反法律、行政法规的强制性规定。法院审查并决定是否批准重整计划的,应当在收到债务人或者管理人申请后30日内作出裁定。经审查认为重整计划草案符合《企业破产法》规定的,法院应当裁定批准重整计划。法院批准重整计划的,应当同时裁定终止重整程序,并发布公告。

第五节 强制批准重整计划

一 重整计划强制批准的意义

重整计划强制批准,是指法院依照破产法规定的程序和条件对于未获得部分表决组通过的重整计划草案予以批准并使之产生法律约束力的司法裁判行为。重整计划的强制批准是破产立法贯彻落实企业再生主导型的破产程序的工具或手段,但在相当程度上与当事人自治主导型的破产程序的宗旨还是有所冲突的。但是,"当利害关系人自治而不能通过重整计划时,

---

① 参见丁国锋《试论我国重整程序计划制度之完善》,《法治研究》2010年第1期。
② 邹海林、周泽新:《破产法学的新发展》,中国社会科学出版社2013年版,第253页。

为社会整体利益的考虑，有必要借助公权力干预以实现重整的目的"①。

早在颁布《企业破产法》前，我国就有不少学者呼吁破产法应当引入强制批准重整计划的制度。国外破产立法对重整计划不获关系人会议通过的强行许可的补救，对我国重整立法有极大的参考价值。如果我国重整立法不对此作出补救，则重整程序除限制担保物权的行使外，与和解程序并无任何区别，那么在重新起草的破产法草案中规定重整程序也就失去了意义。② 就强制批准重整计划而言，法院更多考虑的是社会公益或其他利益。对此，破产立法应当设定一些基本条件。这些条件一般分为三个方面：一是最少限度组别同意，即至少一组债权人或利害关系人同意重整计划草案；二是符合公平补偿原则，即如果一组债权人或股权持有人反对一项重整计划，则该项重整计划就要保证这些持反对意见的组别获得公平对待；三是绝对优先原则，指在清算程序中处在优先顺序中的组别，如果反对重整计划，则它在重整计划中的受偿应优先于位于其后的组别。③

依照《企业破产法》第 82 条的规定，重整计划草案由法定的表决组分组表决，此为重整程序利害关系人自治的固有内容。但是，各表决组及其成员均有其特定的利益，各表决组之间甚至存在利益的冲突，因不同的表决组基于其自身的利益考量而拒绝通过重整计划草案，重整程序的目的难以达成。因此，出于对社会利益和其他利益加以保护的考虑，以强制批准取代当事人的意思自治，也可以实现重整困境企业的目的。这是强制批准重整计划的立法论上的理由。"重整程序是一种成本高、社会代价大、程序复杂的制度，它更多的是保护社会整体利益，而将债权人的利益放在次要位置。"④ "强制性地批准重整计划，法院更多考虑的是社会公益或其他利益。"⑤

《企业破产法》第 87 条第 2 款规定："未通过重整计划草案的表决组拒绝再次表决或者再次表决仍未通过重整计划草案，但重整计划草案符合

---

① 邹海林：《我国企业再生程序的制度分析和适用》，《政法论坛》2007 年第 1 期。
② 参见李永军《破产法律制度》，中国法制出版社 2000 年版，第 460 页。
③ 参见汤维建《我国破产法草案在重整程序设计上的若干争议问题之我见》，《法学家》2005 年第 2 期。
④ 李永军：《重整程序制度研究》，中国人民公安大学出版社 1996 年版，第 48 页。
⑤ 《中华人民共和国企业破产法》起草组编：《中华人民共和国企业破产法释义》，人民出版社 2006 年版，第 271 页。

下列条件的,债务人或者管理人可以申请人民法院批准重整计划草案:(一)按照重整计划草案,本法第八十二条第一款第一项所列债权就该特定财产将获得全额清偿,其因延期清偿所受的损失将得到公平补偿,并且其担保权未受到实质性损害,或者该表决组已经通过重整计划草案;(二)按照重整计划草案,本法第八十二条第一款第二项、第三项所列债权将获得全额清偿,或者相应表决组已经通过重整计划草案;(三)按照重整计划草案,普通债权所获得的清偿比例,不低于其在重整计划草案被提请批准时依照破产清算程序所能获得的清偿比例,或者该表决组已经通过重整计划草案;(四)重整计划草案对出资人权益的调整公平、公正,或者出资人组已经通过重整计划草案;(五)重整计划草案公平对待同一表决组的成员,并且所规定的债权清偿顺序不违反本法第一百一十三条的规定;(六)债务人的经营方案具有可行性。"

二 强制批准重整计划的程序条件

(一) 强制批准的申请

强制批准重整计划,以债务人或管理人的申请为条件。重整计划草案未获得全部表决组通过的,债务人或者管理人可以申请法院依照《企业破产法》规定的条件批准重整计划。重整计划草案未获得全部表决组通过的,债务人或者管理人没有申请法院批准重整计划,法院不得强制批准重整计划,应当依照《企业破产法》第88条的规定裁定宣告债务人破产清算。

在程序上,重整计划草案未获全部表决组通过,债务人或者管理人可以与未通过重整计划草案的表决组协商再次表决一次;协商不成或者再次表决仍未通过的,债务人或者管理人可以申请法院强制批准。但《企业破产法》对于债务人或管理人与未通过重整计划草案的表决组之协商或再次表决,缺乏时限的规定;同样,债务人或管理人向法院申请强制批准的,《企业破产法》对债务人或管理人的申请也缺乏时限的规定。解释上,前述时限应以合理期间为必要。重整计划草案未获全部表决组通过的,债务人或者管理人经过合理期间未申请法院强制批准重整计划,法院应当裁定债务人破产清算或终结重整程序。

(二) 最低限度接受规则

最低限度接受规则,是指重整计划草案经表决未获通过但至少有一个表决组通过了重整计划草案的规则。在涉及重整计划的强制批准时,程序上应当遵循最低限度接受规则。最低限度接受规则，为法院强制批准重整计划的程序条件。在满足最低限度接受规则的程序性要求时，经管理人或债务人申请，法院才能依照破产法规定的实质条件作出是否强制批准重整计划的司法判断。

最低限度接受规则本身就表明，重整计划草案的不同表决组及其成员之间出现了利益冲突。《企业破产法》第87条第1款规定了强制批准的最低限度接受规则，即"部分表决组未通过重整计划草案的，债务人或者管理人可以同未通过重整计划草案的表决组协商。该表决组可以在协商后再表决一次。双方协商的结果不得损害其他表决组的利益。未通过重整计划草案的表决组拒绝再次表决或者再次表决仍未通过重整计划草案……债务人或者管理人可以申请人民法院批准重整计划"。上述规定较为客观地表述了最低限度接受规则。因此，法院强制批准重整计划的，仅限于部分表决组未通过重整计划草案的情形；所有的表决组均未通过重整计划草案的，不能适用重整计划的强制批准制度。

在实务上，如果发生全部表决组均未通过重整计划草案的情形，债务人或者管理人可否同全部或者部分表决组协商再次表决，以期符合最低限度接受规则？对此，《企业破产法》未有禁止性的规定。考虑到重整程序为事关各利害关系人的协商程序，债务人或管理人所采取的促成重整的各项措施应当受到鼓励，全部表决组均未通过重整计划草案的原因或许可以消除，有必要灵活对待债务人或管理人在重整计划草案被全部表决组否决情形下的"协商"再次表决的努力。全部表决组均未通过重整计划草案，债务人或者管理人可以同全部或者部分表决组协商再表决一次，经协商同意再次表决仍未通过重整计划草案，但至少有一个表决组通过重整计划草案的，债务人或者管理人仍可以申请法院强制批准重整计划。

三 强制批准重整计划的实质条件

强制批准重整计划的实质条件，是指重整计划草案符合《企业破产法》第87条第2款规定的公平对待原则和经营方案可行性。

（一）公平对待原则

关于强制批准重整计划的实质条件，集中于重整计划的各表决组的利益平衡，未获全部表决组通过的重整计划草案是否公平对待了受重整计划约束的所有利害关系人。

《企业破产法》第 87 条第 2 款将公平对待原则表述为：（1）按照重整计划草案，债务人的特定财产所担保之"债权"就该特定财产将获得全额清偿，担保权人因延期清偿所受的损失将得到公平补偿，并且其担保权未受到实质性损害，或者担保权表决组已经通过重整计划草案；（2）按照重整计划草案，债务人所欠劳动债权和税款将获得全额清偿，或者相应表决组已经通过重整计划草案；（3）按照重整计划草案，普通债权所获得的清偿比例，不低于其在重整计划草案被提请批准时依照破产清算程序所能获得的清偿比例，或者普通债权表决组已经通过重整计划草案；（4）重整计划草案对出资人权益的调整公平、公正，或者出资人表决组已经通过重整计划草案；（5）重整计划草案所规定的债权清偿顺序不违反企业破产法所规定的债权清偿顺位，并且公平对待同一表决组的成员。

我国法律的上述规定所表述的公平对待原则，不仅具有评价重整计划草案平衡法定的表决组内部成员之间的利益的作用，而且具有保护优先顺位权利人的利益不受损害的积极作用。尤其是，担保权人表决组的成员利益不受实质损害、劳动债权或优先顺位请求权应受全额清偿的表述，以及普通债权人表决组的受偿不低于破产清算所能获得的清偿比例的表述，十分清晰地表达了不同顺位请求权人在重整计划草案中的最低限度的受偿待遇。这就是说，当债务人的财产与营业的重整价值按照重整计划草案能够给予权利人的清偿待遇不能达到以上最低清偿要求的，债务人的出资人的权益是不受保护的。① 因此，《企业破产法》第 87 条第 2 款以平衡不同表

---

① 这些内容实际上有些类似美国破产法（Bankrupty Act）上的"绝对优先原则"（absolute priority rule）。绝对优先原则的核心内容在于先手表决权组（senior classes）的受偿利益未获得足额清偿前，后手表决权组（junior classes）不能由重整计划取得任何利益；当普通债权人（general unsecured creditors）未获得足额清偿前，债务人的出资人不能保有其所有者权益。参见［美］布赖恩·A. 布卢姆《破产法与债务人/债权人：案例与解析》（第二版），中信出版社 2004 年版（影印系列），第 463 页。绝对优先原则的适用场景有限，而且有些不灵活，改革后的美国联邦《破产法典》（Bankruptcy Code）第 1129 条（b）使用了更具有弹性的术语"公平对待"（fair and equitable）来评价重整计划草案应否被强制批准，亦被称为公平对待原则（fair and equitable rule）。公平对待原则并不排斥绝对优先原则，因为这些原则都是美国法院判例法体系在不断解释和修正过程中形成的，但公平对待原则一定程度上缓和了绝对优先原则的适用。在适用于不同的重整案件时，对于公平对待的解释标准或要求也会不同。在许多场合，解释性标准的差异仅仅是使用了不同的词汇来表达绝对优先原则的应有之义。George M. Treister, etc., Fundamentals of Bankruptcy Law, 3rd edition, American Law Institute, 1993, p. 453.

决组及其成员之间的利益冲突的条件或标准为基础，表达了我国法律上的公平对待原则之内涵，即所有表决组及其成员的利益在重整计划草案中都应当得到公平对待。

重整程序中的利益冲突如何得以平衡，这是法院在强制批准重整计划时所必须考虑的核心条件：重整计划的权益分配是否公平对待了所有的表决组及其成员。重整计划草案公平对待所有的表决组及其成员，是强制批准的出发点；受重整计划约束的表决组及其成员不能因为强制批准而受到不公平的损害。但不论怎么说，公平对待不同表决组或者不同表决组未受到不公平的损害，作为法院强制批准重整计划草案的实质条件，毕竟还是抽象的一般条款；我国司法实务如何具体落实公平对待原则还有很长的路要走。

（二）关于社会利益优先的问题

在立法论上，强制批准基于社会利益优于个体利益的法理念，符合社会观念中的公平正义，自有其正当性。但是，强制批准的立法论上的理由，能否成为法院在裁判个别案件时应当遵循的指导思想，或者说成为法院强制批准重整计划的依据或条件？这个问题是值得讨论的。《企业破产法》第87条对强制批准规定的内容宽泛、原则，限定的条件也不充分，但并没有将社会利益优先作为强制批准重整计划的一个条件。

社会利益往往是抽象的、非具体的。在我国，当一个企业进入重整程序时，因为重整失败而可能发生的劳动者失业产生的就业压力、社会救济不充分引起的社会不稳定、防止国有资产流失的忧虑，以及产业结构调整的社会需求等，都可能被当作社会利益。基于社会利益的保护而构建的重整程序，若在强制批准的场合仍然引入社会利益作为考量因素，重整计划的任何表决组的利益，若与社会利益相比较，都会显得微不足道，强制批准的制度性基础就会彻底丧失，则滥用强制批准就难以避免。"在中国的市场经济环境和信用机制条件下，由于立法、司法经验的不足，法院仍然担负着防止重整程序被滥用的重任。"[1] 在部分表决组不接受重整计划时，社会利益可能会因为重整失败而受到不利影响，但这不能成为强制批准就具有妥当性的理由，司法实务上的强制批准，也不担负实现社会利益受优先保护的使命。

---

[1] 刘敏、池伟宏：《法院批准重整计划实务问题研究》，《法律适用》2011年第5期。

(三) 经营方案可行性

《企业破产法》要求重整计划草案应当有"债务人的经营方案"的内容。重整计划草案中规定的"债务人的经营方案"应当具有可行性，此为强制批准的"必要条件"。

"债务人的经营方案"是否可行，属于重整程序的利害关系人在商业上作出合理判断的内容，不应当交给不熟悉商业运作的法官判断。尽管在理论和实务上，人们提出引入"听证会"或者"专家听证会"，甚至与政府相关机构的"会商"等形式，帮助法官对重整计划中的"债务人的经营方案"是否具有可行性作出判断。但实际情况却是，重整计划中的"债务人的经营方案"通常都是为了有"经营方案"而写出来的，方案不具体、不明确已是常态。"当重整计划不包括资产重组方案时，债权人往往更加关注债权调整和受偿方案而对经营方案不感兴趣"，"经营方案在重整计划中就成为可有可无的摆设品，没有实质性的内容。在此情况下，法院对经营方案的可行性审查成为现实中的短板，严重偏离了立法对重整制度的期待"。[①] 事实上，对于重整计划的强制批准，法院在程序上会进行更多的审查，在实体上则局限于对清偿率高低的审查，对于其他实质性内容如重整计划的可行性、各方利益的平衡性等模糊性规定，除非显失公平，法院一般不会将其作为不批准重整计划的因素。[②] 重整计划草案中规定的"债务人的经营方案"，若与利害关系人的权益分配无关，仅能作为重整程序的当事人的自治选项，其可行与否不应当作为法院强制批准重整计划时考量的实质条件，那么法院在审查重整计划草案是否符合破产法规定的实质条件时，不必再对债务人的经营方案是否具有可行性予以审查。

四 重整原因的多样性对强制批准重整计划的影响

各表决组在重整程序中形成的利益格局，因为重整原因的不同，形态各异。关于重整原因，《企业破产法》第 2 条的规定十分灵活，赋予法院准许启动处于财务困境的企业的重整程序更大的自由裁量空间。依照《企业破产法》第 2 条的规定，重整原因可以归类为以下三种：（1）债务

[①] 刘敏、池伟宏：《法院批准重整计划实务问题研究》，《法律适用》2011 年第 5 期。
[②] 参见王建平、张达君《重整程序计划批准制度及反思》，《人民司法·应用》2010 年第 23 期。

超过且不能清偿到期债务；（2）明显缺乏清偿能力且不能清偿到期债务；（3）丧失清偿能力的可能性。

应当注意到的是，《企业破产法》第 87 条关于强制批准重整计划的宽泛规定，并没有提及法院应当对重整原因进行审查。但这并不表明，法院可以不考虑重整原因的审查，而仅仅依照第 87 条规定的"条件"或"标准"，就可以批准重整计划。重整计划草案是建立在债务人具有重整原因的基础上的，债务人不具有法定之重整原因，即使重整计划的内容符合"公平对待"全体利害关系人的要求，法院也不能批准重整计划，应当直接驳回重整申请，裁定重整程序终结。因此，法院在强制批准重整计划时，必须对重整原因作出审查并加以认定，这是不言自明的重整程序的应有之义。

《企业破产法》第 2 条规定的重整原因，在法院裁定开始重整程序后，至各表决组表决重整计划草案之前，并非固定不变的法律事实，而是一个动态的法律事实。即便法院在受理重整申请时，已经查明债务人有重整原因；但经历管理人或者债务人和债权人协商重整计划草案的程序后，重整申请受理时已经查明的重整原因可能已经发生变化，法院在强制批准重整计划时，应当对可能或者已经发生变化的重整原因作出司法认定，以确保批准的重整计划的基础稳定。[①] 这里还需要特别说明的是，法院受理重整申请的原因，并不能等同于《企业破产法》第 2 条规定的重整原因。[②] 法院依照利害关系人的申请裁定对债务人适用重整程序的，主要是依据《企业破产法》第 7 条规定的原因。法院在审查重整申请时，仅应当作形式审查；特别是依照《企业破产法》规定的程序，法院在受理重整申请时，不具有查明债务人是否具有重整原因的条件。重整原因的查明，则是重整程序开始后的调查程序所要解决的问题。

重整原因的查明属于事实问题，应当由管理人[③]完成，即管理人依照《企业破产法》承担"调查债务人的财产状况"的职责。[④] 在申请强制批准前或申请强制批准时，管理人应当向法院提交完整的债务人财产状况的

[①] 参见邹海林《法院强制批准重整计划的不确定性》，《法律适用》2012 年第 11 期。

[②] 参见韩长印《破产界限之于破产程序的法律意义》，《华东政法学院学报》2006 年第 6 期。

[③] 法院批准债务人执行管理的，则应当由债务人自己完成。

[④] 参见邹海林主编《中国商法的发展研究》，中国社会科学出版社 2008 年版，第 159 页。

调查报告或者债务人的偿债能力分析报告；前述报告应当陈述债务人的重整原因的具体形态，以便法院审查认定。

再者，重整原因的审查认定，构成重整计划草案规定的平衡各表决组利益冲突的基础。"偿债能力分析报告是制作重整计划草案的重要依据，也是强制批准的重要依据，其分析结论是否客观公正、是否公允，将对每一位债权人的利益构成潜在的实质性影响。"[①] 在实务上，"法院批准重整计划时坚持能动审查。法院在对重整计划批准之前坚持严格审查，主要集中在三个方面：第一，鉴于重整方案的表决主要涉及表决组内部利益的冲突，审查主要针对投反对票的债权人的异议理由，着重对异议债权人利益的合法保护进行形式上的审查；第二，审查重整计划草案中债务人经营方案的内容是否违反法律、行政法规的强制性规定，重整计划草案是否涉及国家行政许可事项；第三，审查重整方案中对出资人原有股权的调整"。[②] 但如果重整原因的形态不明，就各表决组的权益分配，再如何严格审查，都可能是空中楼阁。

经法院审查认定的重整原因，将直接影响法院审查重整计划草案是否公平对待各表决组及其成员的基本价值取向。

第一，债务人有"债务超过且不能清偿到期债务"的重整原因的。在此情形下，重整计划草案中有关调整债务人的出资人权益的内容就有了合理的基础，"资不抵债"是对出资人权益进行削减的"前提"。[③] 此时，债务人的经评估的清算价值为负，法院审查重整计划草案中各表决组的权益分配的重心应当向所有的债权人倾斜，债权人应受保护的利益"绝对"优先于债务人的出资人；在所有的债权人获得公平清偿（足额清偿或最低限度的清偿）前，债务人的出资人不能通过重整计划获得利益。

第二，债务人有"明显缺乏清偿能力且不能清偿到期债务"的重整原因的。在此情形下，债务人经评估的清算价值为正值，但债务人有被清算的危险，债务人的出资人能够由破产程序获得的利益将大打折扣，债权人的分配利益也会有折扣。在此情形下，不具有调整债务人的出资人权益的合理基础，对债权人的权益分配做实质调整的基础也不存在。法院审查

---

① 刘敏、池伟宏：《法院批准重整计划实务问题研究》，《法律适用》2011年第5期。
② 参见江苏省苏州市中级人民法院民二庭《能动发挥重整程序作用实现对危困企业的司法拯救》，《人民司法·应用》2010年第19期。
③ 参见刘敏、池伟宏《法院批准重整计划实务问题研究》，《法律适用》2011年第5期。

重整计划草案中各表决组权益分配的重心应当是重整原因对各表决组及其成员的分配利益所产生的不利影响，不接受重整计划草案的表决组或表决组成员所受分配利益的损失是否与重整原因的不利影响相当。

第三，债务人有"丧失清偿能力的可能性"的重整原因的。在此情形下，重整计划草案对各表决组的权益分配进行相应调整的基础，是因为债务人有推迟或延后清偿债务的客观需求；同时，债务人也不存在清算价值问题，各表决组的权益分配没有直接发生损失的危险。法院即使拒绝批准重整计划，因债务人不具有《企业破产法》第2条第1款规定的应当被清算的原因，也没有理由依照《企业破产法》第88条的规定，直接裁定宣告债务人破产清算。法院审查重整计划草案中各表决组权益分配的重心，应当向不同意重整计划草案的表决组或表决组成员方面倾斜，注重对债权人因为重整计划而失去的利益（主要是期间利益）的保护，防止债务人利用强制批准重整计划逃避债务。

五　强制批准重整计划的公平对待原则

公平对待原则是法院强制批准重整计划的特有制度。当重整计划草案获得全部表决组通过的，法院在审查重整计划草案时，没有公平对待原则的适用问题。《企业破产法》第87条第2款在规定强制批准重整计划的实质条件时，对于各表决组的权益保护都有"表决组已经通过重整计划草案"的规定，原因就在这里。所以，我们在讲到公平对待原则时，一定是以未通过或不接受重整计划草案的表决组的利益为前提的。

如何理解与适用《企业破产法》第87条第2款规定的公平对待原则，不仅是一个理论问题，更是一个实践问题。在这里，我们至少应当考虑以下三个问题：（1）重整计划草案公平对待所有的权利人；（2）重整计划草案公平对待所有的出资人；（3）重整计划草案公平对待权利人和出资人。

（一）公平对待所有的权利人

重整计划草案应当公平对待所有的权利人。这里所要解决的核心问题，是要在权利人相互间找到利益平衡点。重整计划公平对待所有的权利人有以下含义。

第一，重整计划草案中的分配，具有顺序性。重整计划草案规定的分配顺序性，不得违反《企业破产法》规定的权利分配顺序。就债权人而言，重整计划草案规定的债权分配，不论其比例如何，均要保证先行清偿顺序在前的债权人后，才能够清偿顺序在后的债权人。也就是说，顺序在后的债权人在重整计划草案中的分配利益，应当服从于顺序在前的债权人的分配利益，顺序在前的债权人依照重整计划草案获得充分（足额）清偿前，顺序在后的债权人不能从重整计划草案中获得分配利益。

第二，同一表决组内的各成员按照重整计划草案享受的分配比例相同。例如，对于普通债权人表决组而言，债权人表决组不同意接受重整计划草案的，该重整计划草案规定的债权分配比例，对于同一表决组内的各债权人应当相同，尤其是在设置小额债权人表决组时，重整计划草案规定的债权分配比例，对于细分的普通债权人表决组和小额债权人表决组应当相同，除非普通债权人表决组或相关表决组内有成员愿意接受更低比例的重整计划权益分配。①

第三，重整计划草案以保证所有权利人的应受分配的法定利益为必要。重整计划草案规定的分配利益，不得低于权利人应从债务人财产中获得的法定利益，但同意接受低于应得法定利益的权利人不在此限。不同意重整计划草案的表决组的所有成员，不论其对重整计划草案是否持有异议，享有的应得法定利益不应当受到损害。有物的担保的权利人的应得法定利益，以其担保物的变价金全额清偿其债权本息为必要；优先顺位请求权（劳动债权和税款请求权）人的应得法定利益，以其债权额的全额接受清偿为必要；普通债权人的应得法定利益，则以其受偿不低于申请强制批准重整计划时经评估的债务人财产的清算价值为必要。② 同时，重整计划草案还应当保证不同意重整计划草案的表决组的应得法定利益，同样有效于任何同意重整计划的表决组内对重整计划持有异议的债权人。③ 应当注意的是，公平对待原则在内容上是宽泛的，或许在不同的重整案件中也不具有绝对的意义。这在客观上为司法实务运用强制批准重整计划干预当

---

① 参见《企业破产法》第 87 条第 2 款第 5 项。

② 参见《企业破产法》第 87 条第 2 款第 1—3 项。在评估债务人的清算价值时，有学者认为还应当引入时间价值因素，考虑债权延期偿付时资金的时间价值。参见贾纯《企业重整程序中债权人利益保护研究》，《金融理论与实践》2011 年第 1 期。

③ 参见李志强《关于我国重整程序计划批准制度的思考》，《北方法学》2008 年第 3 期；辛欣《我国重整程序中强制批准问题探究》，《法律适用》2011 年第 5 期；刘敏、池伟宏《法院批准重整计划实务问题研究》，《法律适用》2011 年第 5 期。

事人的自治提供了较为广阔的空间。法院依照该规定确实享有非常广泛的自由裁量权。但是,自由裁量不能简单地认为重整计划草案的内容"符合"《企业破产法》第 87 条第 2 款的规定,强制批准就是妥当的。重整计划草案的内容"符合"《企业破产法》第 87 条第 2 款的规定多具有"形式上"的意义,例如,重整计划有关各表决组的权益分配符合《企业破产法》规定第 113 条的清偿顺序,且同一表决组的成员获得了"相同比例"的权益,而应当更加细致地分析在"相同比例"的背后是否存在违反公平对待原则的事实。

强制批准干预重整程序的当事人自治,并非企业破产法构建重整程序的目的,仅仅是一种可供选择的重建困境企业的手段或方法。就公平对待原则而言,法院在个案中强制批准重整计划是否真的符合各利害关系人的根本利益、合理且有效,是值得反复讨论和谨慎对待的问题。虽然"在实践中,法院对重整计划的强制批准执行起来也很严格,需要反复考量和层层审批。但整体来看,法院仍多倾向于能批准则尽量批准,目标还是追求重整成功"。[1] 重整程序当事人自治的方式和内容,存在多样性和变数,利益平衡就成为强制批准的基点,利益平衡的目的是重整计划要"公平对待"所有的利害关系人,欠缺各表决组以及各表决组内部的利害关系人的利益平衡考量,以追求重整成功为目的,强制批准重整计划就不具有妥当性。

公平对待原则的宽泛性规定,不是鼓励法院基于其自由裁量权适用强制批准,恰恰是在警示法院慎用强制批准。"强制批准在《企业破产法》第 87 条规定的框架下,因为要干预当事人的自治而引入社会利益优先、重整计划应当可行等许多要考量的因素,具有立法设定制度的合理性;但强制批准只能以重整计划'公平对待'各表决组及其成员的利益作为基础,重整计划欠缺'公平对待'的,司法实务上的强制批准的妥当性则要大打折扣。"[2]

(二) 公平对待所有的出资人

重整计划涉及出资人权益调整的,其内容应当公平对待所有的出资

---

[1] 王建平、张达君:《重整程序计划批准制度及反思》,《人民司法·应用》2010 年第 23 期。

[2] 参见邹海林《法院强制批准重整计划的不确定性》,《法律适用》2012 年第 11 期。

人。这是一个争议不可能在短时间内平息的问题，其复杂性远超重整计划公平对待所有的权利人的问题。重整计划草案涉及的债务人的出资人权益调整的内容，是否公平对待了所有的出资人，《企业破产法》没有给出相应的评价标准或者指引，仅仅要求"重整计划草案对出资人权益的调整公平、公正，或者出资人组已经通过重整计划草案"①。依照上述规定，出资人组已经通过重整计划草案，法院强制批准时，是否不再考虑重整计划草案是否公平对待了所有的出资人？出资人组未通过重整计划草案的，重整计划草案规定的出资人权益的"同比例调整"，是否就是公平对待了所有的出资人？在司法实务中的主流观点是，如果出资人表决组反对重整计划草案，该项重整计划草案应当保证持反对意见的出资人表决组获得公平对待，即对于出资人权益的调整应当保证所有出资人"按比例削减"②。在这里，重整计划按比例调整出资人权益，仅仅是重整计划公平对待出资人的最低要求，但它不是公平对待所有出资人的标准。事实上，按比例调整出资人权益，构成对出资人的公平对待，仅仅具有形式上的意义，若无其他事实存在，推定重整计划的按比例调整公平对待了所有的出资人。真正的问题是，按比例调整出资人权益，掩盖了许多出资人对债务人享有的出资权益的事实上的不公平。例如，控股股东的股权按照比例调整，与中小投资人的股权按比例调整，通常的意义就不相同。控股股东、实际控制人及其关联方在上市公司的重整程序开始前因违规占用、担保等行为对上市公司造成损害的，制定重整计划草案时是否应当根据其过错对控股股东及实际控制人支配的股东的股权做相应减少的调整？若债务人的经营困境是因为控股股东的经营造成的，按比调整出资人权益，无异于将控股股东造成的债务人财务困境的不利后果，让没有责任的中小投资者承担，将他们的股权均按比例调整，难谓"公平"。

重整计划草案涉及出资人权益调整的，我国司法实务应当探寻更接近公平对待出资人的方式：

第一，在程序上按照债务人企业的实际情况，设一个或者多个出资人表决组，以确保出资人在事关出资人权益调整的事项上充分表达各自的利益诉求，防止因为"资本多数决"机制而发生部分出资人"绑架"其他

---

① 参见《企业破产法》第 87 条第 2 款第 4 项。
② 参见刘敏、池伟宏《法院批准重整计划实务问题研究》，《法律适用》2011 年第 5 期。

出资人的不公平现象。属于同一表决组的出资人，其出资人权益调整的各项条件，应当相同。

第二，在评估出资人权益调整时，不能仅仅关注"按相同比例调整"的因素，应当引入评估出资人在债务人财产上相对比较真实的权益更多因素。债务人开始重整的，控股股东的出资人权益和中小股东的出资人权益，因为诸多中小股东所不能控制的原因，存在很大的差异；普通股股东和特别股股东对债务人财产享有的出资人权益，也不相同。同股同权只能在"资产负债表"上见到，而在现实中见不到。因此，在评估出资人的真实权益时，可以引入对出资人权益有影响的关联交易、可归责于出资人的损害、上市公司以股票形式承载的"壳资源"等因素，测算出真实的出资人权益，再对其进行相同比例和条件的调整。最高人民法院《关于审理上市公司破产重整案件工作座谈会纪要》（2012年）提出，"控股股东、实际控制人及其关联方在上市公司破产重整程序前因违规占用、担保等行为对上市公司造成损害的，制定重整计划草案时应当根据其过错对控股股东及实际控制人支配的股东的股权作相应调整"。这就是说，《企业破产法》所称"公平对待"所有的出资人，不是一个简单地按相同比例调整的问题，而是一个寻求真实的出资人权益按照相同的比例和条件予以调整的问题。[①] 重整计划草案的出资人权益调整的比例尽管不同，但其调整的方法和条件能够平衡所有的出资人利益，法院也可以强制批准重整计划。

第三，重整计划草案的出资人权益调整应当保证经调整后的出资人权益不低于其应得法定分配利益，但同意接受低于出资人的应得法定分配利益的出资人，不在此限。原则上，出资人的应得法定分配利益，以经评估的债务人财产的清算价值或者营业价值、扣除全额清偿所有的债权的剩余部分为准。[②] 再者，依照《公司法》（2005年）第75条的规定，对重整计划草案持有异议的股东有权要求债务人公司回购其股份。[③] 出资人依法享有的异议股东回购请求权，可以视为出资人应得法定分配利益的一种形式，重整计划草案不得限制或者损害异议股东的回购请求权。

[①] 这正是《企业破产法》第87条第2款第4项在对待出资人权益调整时，没有将"出资额"或"出资比例"规定为"公平对待"出资人标准的缘由。

[②] 参见《企业破产法》第87条第2款第1—3项。

[③] 参见谢刚《股权重整制度的立法建议》，《中国投资》2006年第5期。

(三) 公平对待权利人和出资人

在重整程序中，权利人和出资人是对立的，但他们也有共同的利益。债务人进入重整程序，权利人和出资人就成为利益共同体。但是，重整能否成功多属于未知的状态，权利人和出资人都想通过重整获得更多的利益，重整计划草案有关权益分配的安排，对权利人和出资人而言，往往是难以调和的。当利害关系人的利益对立时，如何公平对待这些利害关系人，就成为强制批准重整计划时不能回避的问题。重整计划草案只有公平对待权利人和出资人的分配利益，法院才能够强制批准。问题是，公平对待权利人和出资人的分配利益的标准如何？《企业破产法》第87条第2款的规定似乎没有提供指引。

"公平对待债权人和出资人的重整计划，应当首先保证涉及债务人财产权益分配的绝对优先原则获得贯彻。"[①] 如果重整计划违反"绝对优先原则"，就是欠缺公平对待债权人和出资人。《企业破产法》没有明文规定"绝对优先原则"，并不表明在我国法律上也缺乏"绝对优先原则"。绝对优先原则不需要借助《企业破产法》的专门规定，它作为一项公理性且为我国其他法律和法规明文规定的债务人财产的权益分配原则[②]，应当适用于重整程序。我国《公司法》（2013年）第186条第2款明文规定有"债权人的受偿利益"绝对优先于出资人对公司财产的分配利益，公司财产在"清偿公司债务后的剩余财产"，按照股东的出资比例或者持有股份的比例分配。《企业破产法》第87条第2款要求重整计划草案对出资人权益的调整公平公正，但人们在理解这个问题时可能没有意识到出资人权益的调整在重整计划草案中属于对债务人财产的"分配"。在司法实务上，对此应当有充分的认识，出资人权益在重整计划中的调整，属于出资人表决组成员分配债务人财产的一种形式。当出资人参与债务人财产的分配时，首先应当绝对保证普通债权人的优先受偿利益。

已如前述，公平对待原则实际上已经表明债权人的利益优先于出资人的利益。《企业破产法》第87条第2款规定的公平对待原则在处理债权人和出资人的分配利益问题时，已经贯彻了绝对优先原则；在这一特定场

[①] 邹海林：《法院强制批准重整计划的不确定性》，《法律适用》2012年第11期。

[②] 参见《中外合资经营企业法实施条例》（1983年）第106条；《城镇集体所有制企业条例》（1991年）第18条、第19条；《公司法》（1993年）第195条和《合伙企业法》（1997年）第61条。

合，公平对待原则或绝对优先原则只是表述的方式的差异，其内涵并无不同。

依据上海证券交易所和深圳证券交易所网站上的上市公司公告，在18个重整程序案件中，共有4个案件因强制批准重整计划而终结。在这4个案件中，原有股东分别持有了重整后的公司的60%、70%、92%、100%的出资人权益，普通债权组仅仅得到了部分清偿。在＊ST宝硕案中，普通债权组的清偿比例约为13.08%，原有股东共持有重整公司约60.18%的股权。在普通债权组经过两次投票仍然坚决反对重整计划草案的情形下，该计划最终还是获得法院的批准。在另外的14个重整案件中，原有股东持有的重整后公司股权比例的平均值为80%，根据其中的8个重整案公开的信息，普通债权组的清偿比例的平均值为35%。在这些案件中，财富分配模式是原有股东取得重整后公司的大部分股权，无担保债权组仅取得部分清偿，甚至很低比例的清偿。① "从目前的重整程序案例看，有的企业重整程序中对股东权益没有进行调整，即使进行了股东权益调整的企业，基于中小股东利益保护及社会稳定的考虑，对股东权益调整的比例要远远小于对债权的调整比例。如在沧化股份的重整程序中，重整计划草案中关于出资人权益调整的比例仅为11%，而普通债权的债权减免比例高达80%，明显不合理。"②

在权利人和出资人的权益分配问题上，之所以会出现这样的情形，一是因为《企业破产法》第87条第2款规定的普通债权表决组在重整计划中的权益分配高于债务人的清算价值的，管理人就可以申请法院批准重整计划；二是因为《企业破产法》缺乏绝对优先原则的规定，直接导致了重整计划草案中的财富分配模式在债权人和出资人之间失衡。③ "重整计划削减了债权人的债权数额，并同时保留了股东的权益，那么从字面上并不违反第87条第2款第（五）项的规定。只要符合其他条件，法院可以强制批准这样的重整计划。然而，这是非常不公平的，将使重整程序变为逃债的合法手续。"④ 对于存在此等情形的重整计划草案，不论其形成的原因如何，在处理权利人和出资人的分配利益时都明显违反了公平对待原

---

① 参见任永青《绝对优先原则与我国破产法的缺失》，《河北法学》2011年第10期。
② 参见贾纯《企业重整程序中债权人利益保护研究》，《金融理论与实践》2011年第1期。
③ 参见任永青《绝对优先原则与我国破产法的缺失》，《河北法学》2011年第10期。
④ 参见李志强《关于我国重整程序计划批准制度的思考》，《北方法学》2008年第3期。

则。尤其是在债务人财产的清算价值不足以清偿普通债权的情形下，如果重整计划草案规定的出资人权益调整不以普通债权人的债权获得全额清偿为条件，无例外地违反公平对待原则，除非普通债权人同意接受重整计划草案的安排，那么法院不得强制批准重整计划。

六　强制批准重整计划的裁定

债务人或者管理人申请法院强制批准重整计划的，法院应当自收到申请之日起 30 日内作出是否批准重整计划的裁定。法院经审查认为重整计划草案符合《企业破产法》规定的强制批准重整计划的程序条件和实质条件的，应当裁定批准重整计划，同时裁定终止重整程序，并予以公告。

对于法院依照《企业破产法》第 87 条强制批准重整计划的裁定，相关表决组可否提出复议，《企业破产法》对之未明文规定，能否适用《企业破产法》第 66 条规定的复议程序救济，存在疑问。考虑到法院依照《企业破产法》第 87 条作出的裁定，对于重整程序的各方当事人均有约束力，并产生终结重整程序的效力，应当允许不接受重整计划草案的相关表决组（利害关系人）对法院的裁定表示不服或者异议。参照《民事诉讼法》(2012 年)第 199 条有关申诉的规定，并参考最高人民法院《关于审理企业破产案件若干问题的规定》(2002 年)第 44 条第 2 款的规定，相关表决组（利害关系人）对法院强制批准重整计划的裁定有异议的，可以在法院作出裁定之日起 10 日内向上一级人民法院申诉。

第六节　重整计划的执行

一　重整计划终止重整程序的效力

经法院批准的重整计划具有终止重整程序的效力。法院裁定批准重整计划的，应当同时裁定终止破产程序。[①] 除经批准的重整计划对所涉及的利害关系人具有约束力外，因为重整程序的开始而产生的对债务人和其他利害关系人的约束力，均因重整程序的终止而告消灭。例如，《企业破产法》第 89 条第 2 款规定："人民法院裁定批准重整计划后，已接管财产

[①] 参见《企业破产法》第 86 条第 2 款和第 87 条第 2 款。

和营业事务的管理人应当向债务人移交财产和营业事务。"

然而,《企业破产法》仍规定有重整计划执行的监督制度,即由管理人监督债务人执行重整计划。法院批准重整计划的,重整程序虽然终止,但构成重整程序的组成要素之管理人仍继续存在,监督债务人执行重整计划。在这个意义上,重整程序所具有的程序效力,并没有随重整计划的批准而彻底消灭。《企业破产法》第90条规定:"自人民法院裁定批准重整计划之日起,在重整计划规定的监督期内,由管理人监督重整计划的执行。在监督期内,债务人应当向管理人报告重整计划执行情况和债务人财务状况。"

二 重整计划对债务人和债权人的约束力

经法院批准的重整计划,对债务人和债权人具有约束力。《企业破产法》第92条规定:"经人民法院裁定批准的重整计划,对债务人和全体债权人均有约束力。债权人未依照本法规定申报债权的,在重整计划执行期间不得行使权利;在重整计划执行完毕后,可以按照重整计划规定的同类债权的清偿条件行使权利。债权人对债务人的保证人和其他连带债务人所享有的权利,不受重整计划的影响。"

经批准的重整计划对债务人的约束力,具体表现为债务人应当按照重整计划的内容全面执行重整计划,不得对重整计划进行调整或者更改。债务人未完全执行重整计划前,不得对个别债权人给予重整计划外的特殊利益。债务人依重整计划取得相对免责利益,以执行重整计划为条件免于承担债权人在重整计划中让步的债务清偿责任;债务人执行重整计划后,按照重整计划减免的债务,债务人不再承担清偿责任。但是,债务人依照重整计划享有的免责利益,不及于债务人的保证人和其他连带债务人。

经批准的重整计划对全体债权人(包括担保权人)均有约束力,不论债权人是否在破产程序中依法申报其权利。债权人(包括担保权人)在重整计划执行期间,仅能依照重整计划规定的内容行使权利,不得主张重整计划规定内容以外的权利或者利益。但是,受重整计划约束的债权人,如果未依照《企业破产法》的规定申报债权的,在重整计划执行期间不得行使权利;仅能在重整计划执行完毕后,按照重整计划规定的同类债权的清偿条件行使权利。再者,因债务人不能执行或者不执行重整计划而经人民法院裁定终止执行重整计划的,债权人因执行重整计划所受的清偿仍然有效，但债权人在重整计划中作出的债权调整的承诺失去效力，未受清偿的债权部分作为破产债权。①

应当注意的是，债权人对债务人的保证人和其他连带债务人所享有的权利，不受重整计划的影响。② 经批准的重整计划对债权人的约束力，并不及于债权人对债务人的保证人和其他连带债务人所享有的权利。债务人的保证人和其他连带债务人不得以重整计划规定的条件，对抗债权人的清偿要求。在重整计划执行期间，债权人可以按照重整计划规定的条件，请求债务人履行重整计划规定的清偿义务，亦可以其对债务人享有的债权，请求债务人的保证人和其他连带债务人清偿债务。在重整计划执行完毕后，债权人在重整计划中作出让步而未能受清偿的债权部分，仍可以请求债务人的保证人和其他连带债务人清偿。

三 重整计划的约束力边界

重整计划对利害关系人的约束力，不限于对债务人和债权人的约束力。《企业破产法》有关重整计划的约束对象之规定，显然是不完整的。

理论上，重整计划对于所有参与重整计划的利害关系人，不论其是否为重整程序的当事人，如债务人和相应的表决组成员，只要参与了重整计划草案的协商并接受重整计划的约束的利害关系人，均应当受法院批准的重整计划的约束。例如，美国《联邦破产法》第1141条（a）规定，"计划经批准后，对于债务人，任何根据计划发行证券或取得财产的人，以及所有债权，股东或受计划削减的合伙人，均有约束力，而不论其是否同意计划"。上述规定，已将重整计划的约束力边界延伸到了重整程序的当事人外的其他利害关系人。

《企业破产法》则对之欠缺应有的规定，同时也缺乏相应的指引，那些既非债务人亦非债权人的利害关系人，例如债务人的出资人或股东、继受股东地位的新股东、为重整计划的债务清理或者营业提供担保的第三人等，是否受重整计划的约束以及如何受重整计划的约束，成为理论和实务面对的问题。

重整计划本质上是不同的利害关系人基于"多数决原理"而形成的

---

① 参见《企业破产法》第93条第2款。
② 参见《企业破产法》第92条第3款。

集体契约，对于参与这个契约形成过程的所有利害关系人，诸如债务人和债权人，不论其是否接受重整计划中的所有条件，均受重整计划的约束，他们依照重整计划的安排享受权利和承担义务。再者，对于没有参与这个契约形成过程的利害关系人（如为重整计划提供担保的第三人、同意接受重整计划的融资安排的投资人等）以及间接参与重整计划形成的利害关系人（如债务人的出资人，即使出资人不接受重整计划的股权调整方案，法院亦可以强制批准重整计划），同样受重整计划的约束，这些人因为其承诺或者其与重整债务人的特殊关系，在法院批准重整计划后，只能按照重整计划享受权利和承担义务。例如，重整计划约束为重整计划的执行提供担保的担保义务人，即使法院裁定终止执行重整计划的，担保义务人为重整计划的执行所提供的担保继续有效。[1]

四 重整计划的执行人

重整计划的执行，是指法院裁定终止重整程序后，由执行机构具体落实重整计划规定的内容之行为或过程。负责重整计划的执行机构，在不同的立法例下，有不同的规定，但基本上分为两种：由专门的重整执行人负责执行重整计划和由债务人负责执行重整计划。

起初，我国学者认为重整计划应当由管理人执行。管理人为最合适的重整计划执行人，在经历了对债务人财产的清理、债权债务的调查及制定重整计划草案的过程后，对所有事项较为熟悉，比重新任命执行人对重整事业更为有利。另外，因管理人地位特殊，较债务人充当执行人更为公正、安全，利于各利害关系人。[2]《企业破产法》草案曾规定，在重整计划执行期间，破产案件仍未终结，重整计划由根据该计划确定的重整执行人负责执行。这是一种对债务人信任度较低、程序成本较高的方案。但随着我国企业破产制度改革的深入，立法者更加关注和尊重债务人在重整计划的执行阶段的地位。在2004年修改《企业破产法》草案时，采用了由债务人执行、管理人监督的体制，表明起草者在重整计划执行问题上采取了对债务人较为信任的立场。这反映了我国市场经济走向成熟的现实和趋

---

[1] 参见《企业破产法》第93条第4款。
[2] 参见李永军《破产法律制度》，中国法制出版社2000年版，第463页。

势，有利于提高重整效率和降低司法成本。①

《企业破产法》主要从重整计划执行的效率和便利的角度考虑，规定重整计划由债务人负责执行。《企业破产法》第89条规定："重整计划由债务人负责执行。人民法院裁定批准重整计划后，已接管财产和营业事务的管理人应当向债务人移交财产和营业事务。"

债务人执行重整计划，应当全面执行重整计划的内容，不得附加重整计划没有规定的其他条件，亦不得变更重整计划的内容。债务人要围绕重整计划规定的"振兴营业的措施"和"既有债权债务的清理"，具体落实重整计划规定的内容。例如，重整计划规定的清偿债务的条件，包括但不限于清偿债务的数额、方式、时间、地点、担保等条件，债务人应当按照重整计划规定的条件，全面履行重整计划规定的清偿义务。

五　重整计划的执行监督

重整计划由债务人负责执行，而且是在重整程序终结后由债务人负责执行，如何确保债务人执行重整计划，成为立法者和司法实务普遍关心的问题。《企业破产法》专设重整计划执行的监督制度。《企业破产法》第90条规定："自人民法院裁定批准重整计划之日起，在重整计划规定的监督期内，由管理人监督重整计划的执行。在监督期内，债务人应当向管理人报告重整计划执行情况和债务人财务状况。"重整计划执行的监督制度为《企业破产法》规定的法定制度，所有的重整计划在内容上都应当有"重整计划执行的监督期限"的预先安排。②

我国重整制度是以债务人自助自救，自己执行重整计划为原则，有必要设立重整监督人。管理人是由法院指定的破产案件中的常设机构，同时管理人也具备相关的专业知识，因此是监督重整计划执行的最合适人选。管理人在重整计划规定的执行监督期限内，对债务人执行重整计划予以监督。债务人必须向管理人报告重整计划执行情况和债务人财务状况债务人是否安装重整计划实施重整；重整计划是否改善了重整企业濒临破产的状况，重整计划规定的经营方案是否能够得以执行，债务人是否能按照重整计划约定的清偿办法清偿债务，都必须在监督重整计划执行的管理人的掌

---

① 参见王卫国《破产法精义》，法律出版社2007年版，第266页。
② 参见《企业破产法》第81条。

握之中。①

　　管理人在重整计划执行的监督期限内，对债务人执行重整计划予以监督。重整计划执行的监督期限，由重整计划事先规定；重整计划规定的执行监督期限，应当等于或者短于重整计划的执行期限。重整计划的执行期限，为重整计划执行的开始日至重整计划执行完毕的截止日，应当依照重整任务目标和执行要求事先确定，不同的债务人应当有不同的重整计划的执行期限，事实上属于债务人和利害关系人各方均认可的执行重整计划的合理期间，法律对之不作硬性规定，由债务人和利害关系人自由协商确定。管理人监督重整计划的执行，并非要监督重整计划执行的全部过程，更不存在超过重整计划执行期限仍监督债务人执行重整计划的问题，故其监督债务人执行重整计划的期限应当短于或者等于重整计划的执行期限。当重整计划执行的监督期限短于重整计划的执行期限，而在监督期限届满时，管理人认为有必要继续监督债务人执行重整计划的，可以申请人民法院延长重整计划执行的监督期限；人民法院裁定延长重整计划执行的监督期限的，管理人在延长的监督期限内继续履行监督债务人执行重整计划的职责。②

　　《企业破产法》并没有明确规定管理人的具体监督职能，但是依该法第93条的规定，管理人有权在债务人不能执行或者不执行重整计划时，请求法院裁定终止重整计划的执行，并宣告债务人破产。可以认为，管理人的监督职能就是防止以及制止债务人在执行重整计划过程中违反重整计划的不当行为。③管理人监督债务人执行重整计划的事项，主要限于"重整计划执行情况和债务人财务状况"。围绕以上事项，管理人有权要求债务人定期或者不定期向其报告重整计划的执行情况和财务状况，并对债务人执行重整计划的行为以及债务人的财务状况进行检查和督导。债务人应当接受管理人的检查和督导，并为管理人的检查和督导提供便利，按照管理人的要求向管理人报告工作。④管理人对重整计划执行情况的监督，主要侧重于债务人对重整计划的执行行为和执行效果即债务人财务状况两个方面。前者主要是防范债务人的董事、经理等高管人员的不适法行为，并

---

① 参见李国光《新企业破产法理解与适用》，人民法院出版社2006年版，第426页。
② 参见李永军、王新欣、邹海林《破产法》，中国政法大学出版社2009年版，第207页。
③ 参见王卫国《破产法精义》，法律出版社2007年版，第267—268页。
④ 参见李永军、王新欣、邹海林《破产法》，中国政法大学出版社2009年版，第207页。

对已经发生的违反行为予以及时纠正。后者主要是防范债务人财务状况恶化，维持债务人的再建希望，保护债权人利益。[①]

监督期届满时，管理人应当向人民法院提交监督报告。管理人向人民法院提交的监督报告，受重整计划约束的利害关系人有权查阅。自监督报告提交之日起，管理人的监督职责终止。

六　重整计划的终止执行

（一）终止执行重整计划的原因

法院裁定批准重整计划后，重整计划对债务人与全体债权人产生约束力，债务人应当按照重整计划的约定执行其在重整计划中作出的各项承诺。但是，债务人在执行重整计划过程中，不执行或者不能执行重整计划的，立法者已经为救济利害关系人提供了相应的制度安排。《企业破产法》第93条规定："债务人不能执行或者不执行重整计划的，人民法院经管理人或者利害关系人请求，应当裁定终止重整计划的执行，并宣告债务人破产。"

有学者认为，债务人不能执行重整计划，是因债务人之外的原因发生，包括不可抗力，也包括第三人的原因，但无论如何，都不影响对债务人不能执行重整计划的认定；债务人不执行重整计划，则是因债务人而起，不限于债务人不作为，还应包括债务人乱作为，即债务人违反重整计划内容而擅行，损害利害关系人在重整计划中的既定利益。故债务人不能执行重整计划，是指并非由于债务人的过错使重整计划无法执行，如市场情况发生变化等。债务人不执行重整计划，是指债务人主观上不按照重整计划列明的内容执行。债务人不能执行或者不执行重整计划，包括对重整计划内容的全部和部分不能执行或不执行。[②]

一般而言，债务人不能执行重整计划，是指债务人的财务状况或者营业有所变化，而致债务人不能落实重整计划规定的振兴营业和清理债权债务的措施。债务人不能执行重整计划，可以依照以下情形判断：（1）债务人的财务状况恶化，足以影响债务人清偿重整债务；（2）债务人在重

[①] 参见邹海林、周泽新《破产法学的新发展》，中国社会科学出版社2013年版，第260页。

[②] 参见李国光《新企业破产法理解与适用》，人民法院出版社2006年版，第431—432页。

整计划执行期间给予个别债权人额外利益,足以损害其他债权人的整体利益的;(3)债务人在重整计划执行期间隐匿财产或者非法转移财产;(4)债务人在执行重整计划期间有毁弃账簿、变造财务会计报表的行为;(5)债务人在重整计划执行期间以非正常的价格交易财产;(6)债务人放弃权利,足以影响债权人的清偿利益;(7)债务人拒绝管理人的监督或者妨碍管理人履行监督重整计划执行的职务的。债务人不执行重整计划,是指债务人拒绝按照重整计划规定的措施或者条件执行重整计划的行为,或者债务人采取的措施或作出的行为违反重整计划规定的内容。[1]

(二) 终止执行重整计划的后果

债务人不能执行重整计划或者不执行重整计划的,经管理人或利害关系人请求,人民法院应当裁定终止执行重整计划,并裁定宣告债务人破产清算。《企业破产法》第93条第1款规定:"债务人不能执行或者不执行重整计划的,人民法院经管理人或者利害关系人请求,应当裁定终止重整计划的执行,并宣告债务人破产。"

法院裁定终止执行重整计划,债权人在重整计划中作出的债权调整的让步失去效力,其未受清偿的债权部分作为破产债权;但债权人因执行重整计划所受的清偿有法律上继续保有的依据,仍然有效。但是,第三人为重整计划的执行提供的担保继续有效。《企业破产法》第93条第2款规定:"人民法院裁定终止重整计划执行的,债权人在重整计划中作出的债权调整的承诺失去效力。债权人因执行重整计划所受的清偿仍然有效,债权未受清偿的部分作为破产债权。前款规定的债权人,只有在其他同顺位债权人同自己所受的清偿达到同一比例时,才能继续接受分配。有本条第一款规定情形的,为重整计划的执行提供的担保继续有效。"

法院裁定终止执行重整计划,债权人对债权调整作出承诺的条件发生变化,其约束力随着情事的变更而失去了存在的基础。只是考虑到已清偿部分有重整计划作为执行的依据,仍然有效,未受清偿的部分则作为破产债权,在其他同顺位债权人获得同比例清偿时,才能继续接受分配。为重整计划的执行提供的担保继续有效,主要在于激励社会成员能够为重整企业提供资金和物质支持,从而为企业重整提供条件。[2] 为重整计划提供的

---

[1] 参见李永军、王新欣、邹海林《破产法》,中国政法大学出版社2009年版,第207页。
[2] 参见薄燕娜《破产法教程》,对外经济贸易大学出版社2009年版,第198页。

担保，目的就在于防止因债务人不履行重整计划而受到损害，应当继续有效。①

理论上，第三人为重整计划的执行提供的担保，包括物的担保和保证。第三人所提供的担保，对于债权人信赖债务人能够执行重整计划以及确保债务人执行重整计划，具有积极的意义。考虑到重整计划被法院裁定终止执行，但债务人在重整计划中承诺的清偿债务的责任并没有免除，第三人提供的担保所担保的重整计划的债务清偿责任仍然存在，第三人提供的担保具有继续存在的基础；再者，若第三人提供的担保因为法院宣告债务人破产清算而失效，则企业破产法规定的为重整计划的执行而由第三人提供担保的制度的存在价值，就颇为令人怀疑。实务上，第三人为重整计划的执行提供的担保，应当发挥担保重整计划得以执行的效用。所以，债务人不能执行或者不执行重整计划而被人民法院宣告破产清算的，重整计划虽失去效力，第三人为重整计划的执行提供的担保，继续有效。被担保的债权人不得超出重整计划规定的债务清偿条件和范围，对提供担保的第三人主张担保权益。②

（三）问题讨论：宣告债务人破产清算的妥当性

依照《企业破产法》的规定，债务人不能执行或不执行重整计划，法院裁定终止重整计划的执行，在程序上意味着破产清算程序的开始。如此的规定总体来说，似乎并不存在问题。重整程序的开始基于债务人存在破产原因，而不执行或不能执行重整计划原则上并不会消灭债务人既存的破产原因，故法院裁定宣告债务人破产清算，应有其宣告的依据。但是，重整程序因为重整计划的批准而终结，债务人执行重整计划，对其既存的破产原因多少会有些影响，甚至对其清偿能力已经大有改善，破产立法上所为债务人不执行或不能执行重整计划应被宣告破产清算的规定，应属"推定"债务人仍有破产原因之范畴，这样的解释恐怕较为妥当。

债务人不能执行或不执行重整计划，是否必然导致重整计划执行上的终止或清算程序的开始，仍然是值得讨论的。债务人不能执行或不执行重整计划情形发生时，须由管理人或利害关系人向法院提出终止执行请求，再经法院对请求事项进行审查，之后方有终止执行重整计划的可

---

① 参见王艳华《破产法学》，郑州大学出版社2009年版，第262—263页。
② 参见李永军、王新欣、邹海林《破产法》，中国政法大学出版社2009年版，第208页。

能。这样一种司法程序的设置，不仅仅是体现司法主导下的当事人自治，实际上也说明，当债务人不能执行或不执行重整计划，对重整计划的继续执行并未造成重大不利或根本性的障碍时，重整计划的执行在客观上依然是可行的，此时也应当允许通过另外的方式解决重整计划的执行问题。①

特别是考虑到，如果法院裁定开始重整程序的原因为《企业破产法》第 2 条第 2 款规定的"有明显丧失清偿能力的可能"，如果债务人不能执行或不执行重整计划，法院是否应当裁定宣告债务人破产清算？回答这个问题将取决于债务人在法院裁定终止执行重整计划时是否具有《企业破产法》第 2 条第 1 款规定的"不能清偿债务"这样的法律事实。如果债务人仍然处于"有明显丧失清偿能力的可能"的状态，法院不能裁定宣告债务人破产清算，仅能裁定重整程序终结。② 所以，《企业破产法》第 93 条之规定，存在明显的法律漏洞。法院在裁定终止执行重整计划时，在解释和适用《企业破产法》第 93 条时，应当首先考虑债务人是否具有《企业破产法》第 2 条第 1 款规定之情形，再作出是否裁定宣告债务人破产清算的判断。

第七节　重整程序的非正常终结

一　重整程序的非正常终结

重整程序开始后，因为存在法律规定的事由，未能形成经法院批准的重整计划，受理重整申请的法院应当裁定终止重整程序的，构成重整程序的非正常终结。重整程序的非正常终结，实质上是重整程序的提前终结。

破产立法例规定的重整程序为重整提供了手段或方式。重整程序的目标在于挽救有财务困难的企业，适用重整程序挽救企业是否能够成功，并不完全取决于重整程序的设计和应用。重整通常为一个长期的过程，依赖于对未来经济状况的预测、债务人的偿债能力以及债权人的合作或者其他

---

① 参见邹海林、周泽新《破产法学的新发展》，中国社会科学出版社 2013 年版，第 262 页。
② 参见邹海林《我国企业再生程序的制度分析和适用》，《政法论坛》2007 年第 1 期。

利害关系人的合作。① 当债务企业利用重整程序而不能摆脱财务困境,破产立法应当为利用该程序的企业提供救济的途径,以免增加或浪费重整程序的资源,造成更大的损失。破产程序开始后,"除有某些特定的限制外,债务人和其他利害关系人可以申请法院将依照特定规定开始的破产案件转变为依照其他规定开始的破产案件"②。所以,重整程序开始后,若重整程序目的不能实现,应当有重整程序向其他债务清理程序转化的机制。《企业破产法》对此已有相应的规定。

二 重整程序非正常终结的原因

依照《企业破产法》的规定,重整程序的非正常终结,仅因法律明文规定的原因之发生而发生。

1. 债务人有妨碍重整程序的行为。在重整期间,债务人有以下情形之一的,经管理人或者利害关系人的请求,法院应当裁定终止重整程序:(1) 债务人的经营状况和财产状况继续恶化,缺乏挽救的可能性;(2) 债务人有诈欺、恶意减少债务人财产或者其他显著不利于债权人的行为;(3) 由于债务人的行为致使管理人无法执行职务。③

2. 未按期提出重整计划草案。重整程序开始后,债务人或者管理人在法院裁定债务人重整之日起6个月内,或者经法院裁定延期后的3个月内,未拟定并向法院和债权人会议提交重整计划草案的,法院应当裁定终止重整程序。《企业破产法》第79条第3款规定,债务人或者管理人未按期提出重整计划草案的,法院应当裁定终止重整程序。

3. 全部表决组未通过重整计划草案。出席债权人会议讨论重整计划草案的各表决组,均未获得出席会议的该表决组成员的过半数同意,或者同意重整计划草案的出席会议的各表决组成员所代表的表决权数额,均不足该组表决权总额的2/3以上的,法院应当裁定终止重整程序。《企业破产法》第88条规定,重整计划草案未获得通过且未获得法院强制批准的,法院应当裁定终止重整程序。

4. 法院拒绝批准重整计划。经债权人会议讨论,各表决组均通过重

---

① 参见〔美〕布赖恩·A. 布卢姆《破产法与债务人/债权人:案例与解析》(第二版),中信出版社2004年版(影印系列),第153页。

② 同上书,第161页。

③ 参见《企业破产法》第78条。

整计划草案，但法院经审查认为表决通过的重整计划草案违反《企业破产法》的规定，裁定不予批准重整计划，或者法院裁定不批准部分表决组未通过的重整计划草案的，应当裁定终止重整程序。①

三 重整程序非正常终结的后果

一般而言，因为存在前述重整程序非正常终结的原因，法院在重整程序结束前裁定终止重整程序的，应当同时裁定宣告债务人破产清算。② 在这个意义上，重整程序的非正常终结，为法院宣告债务人破产清算的重要法律事实。而且，法院裁定宣告债务人破产清算，为非正常终结重整程序的唯一选项。

非正常终结重整程序的原因是较为宽泛的，但法院在裁定宣告债务人破产清算时，是否应当审查债务人是否具有《企业破产法》第2条第1款规定的破产清算的事由？这个问题存在讨论的空间。

当债务人具有《企业破产法》第2条第1款规定的原因时，不论重整程序是依照申请直接开始的还是经破产程序转化而开始的，非正常终结重整程序时，法院裁定宣告债务人破产清算，原则上无程序适用上的问题。但是，如果重整程序开始的原因为《企业破产法》第2条第2款规定之"有明显丧失清偿能力的可能"，仅仅因为债务人或者管理人未能在法定期限内提交重整计划草案，非正常终结重整程序时，法院是否应当裁定宣告债务人破产清算，将取决于债务人于法院裁定终止重整程序时是否具有《企业破产法》第2条第1款规定"不能清偿债务"的法律事实。如果债务人仍然处于"有明显丧失清偿能力的可能"的状态，法院裁定宣告债务人破产清算是缺乏依据的，仅能裁定重整程序终结。所以，重整程序非正常终止时，以债务人破产清算作为重整程序提前终结的唯一结果，存在明显的法律漏洞，我们应当以《企业破产法》规定的重整程序的基本目的为基点，对此予以限缩解释，将不应当宣告债务人破产清算的案型排除于相应规范之外，避免对债务人不当适用破产清算程序。③

---

① 参见《企业破产法》第88条。
② 参见《企业破产法》第78条、第79条和第88条。
③ 参见邹海林《我国企业再生程序的制度分析和适用》，《政法论坛》2007年第1期。

第八章

和解程序

第一节 和解程序的制度价值

一 和解程序的概念

和解程序，是指债务人和债权人经协商达成和解协议以概括清理债权债务的司法程序。和解程序为破产程序的组成部分之一，或者为破产程序的构成要素之一，它是为克服和避免破产清算程序的弊端而创设的一种概括清理债权债务的司法程序。

当债务人不能清偿债务时，为避免受破产宣告或者破产分配，债务人可以在法院主持下，经与债权人团体磋商谈判，取得债权人谅解而达成一揽子清理债权债务关系的协议（和解协议）。债务人和债权人团体达成的和解协议，经法院裁定认可，具有终止和解程序的效力，并对债务人和全体债权人产生约束力。

和解程序的目的在于公平清理全部债权债务，与破产清算程序清理债务的性质并无本质的差异。但和解程序清理债务的手段以及程序的功能性目标，与破产清算程序不同，和解程序在相当程度上可以发挥挽救债务人或者避免债务人破产清算的作用。《企业破产法》第9章对于和解程序有特别的规定[①]；但第9章的规定并非和解程序的全部，只有将《企业破产

[①] 值得注意的是，仅仅为法律制度构造的行文便利，《企业破产法》第9章第105条规定有"自行和解制度"。自行和解制度并不同于《企业破产法》第9章规定之和解程序，其本身也不构成破产程序的组成部分。再者，企业破产法将"自行和解制度"规定于第9章，也并不表明自行和解制度与和解程序具有相同的意义；当债务人和全体债权人自行和解时，不应当适用《企业破产法》第9章有关和解程序的规定。

法》第1章至第7章与第9章结合，才能展现出我国用于清理债务的完整和解程序。

二 和解程序的制度价值

和解程序作为债务清理程序而被应用，主要是因为它能够克服破产清算程序的缺陷，并在破产清算程序之外扩展破产程序的功能。

固有意义上的破产程序为破产清算程序。破产清算程序具有其自身无法克服的诸多缺陷[①]，已如前述。

破产清算制度存在的以上固有缺陷，给各国立法者提出了一项要求：创立既可以使债务人免于破产清算、使债权人少受损失，又能稳定社会经济和社会生活秩序的新制度。于是，以破产清算为手段的破产程序制度发展到近代，便产生了具有克服破产清算程序缺陷的和解程序制度。和解程序在相当程度上可以克服破产清算程序存在的固有缺陷。和解程序能够保证债权人的公平受偿利益，又能照顾到债权人的意思自治和债务人应有的利益，特别是排斥破产清算程序的适用，将给予债务人参与市场竞争的机会，并有效地保护市场的竞争秩序和生产力资源，维护社会生活的稳定。因为和解程序具有克服破产清算程序的缺陷的制度价值，从而使得破产程序的制度设计更加合理并呈现出多样化的特征。在这个意义上，和解程序扩展了作为债务清理程序的破产程序的制度功能。当债务人不能清偿债务时，为保障债权人的公平受偿利益，不仅可以选择破产清算程序清理债务，更可以选择和解程序清理债务。

三 和解程序的类型化

和解程序究竟应当如何发挥扩展破产程序的制度功能的作用，将取决于和解程序的多样化程序结构。和解程序的结构，与和解制度期望达成的目的或者发挥的作用直接相关。因为和解程序的目的或者作用场景不同，相应地存在三种不同形式的和解程序。

（一）独立于破产程序的和解程序

独立于破产程序的和解程序，是指专门立法规定的、用于防止法院宣

[①] 参见邹海林《破产程序和破产法实体制度比较研究》，法律出版社1995年版，第163—164页。

告债务人破产清算的和解程序。这种形式的和解程序,以避免对债务人适用破产清算程序为直接目的,和解程序的开始及其效果,与破产清算程序是并列的,二者分别适用不同的法律,且依法开始的和解程序具有优先于破产清算程序的效力。在立法和程序适用上,独立于破产程序的和解程序几乎与破产清算程序呈对立的状态。在破产清算程序开始前,债务人有破产原因时,可以主动向法院申请和解;若法院许可债务人和解后,和解程序开始;债务人和债权人会议之间达成和解协议的,和解程序因为法院许可而终结,债务人和全体债权人受和解协议的约束。

破产立法例在近代开始采用和解程序时,多选择独立于破产程序的和解程序,并制定有相应的和解法。例如比利时《和解法》(1886年)及其规定的和解程序,日本《和议法》(1922年)及其规定的和议程序,德国《和解法》(1935年)及其规定的和解程序。依照上述立法例,如果债务人先于债权人申请破产清算而请求法院和解的,法院应当依法开始和解程序清理债权债务。法院依法开始和解程序的,除非和解程序的目的不能达成,否则不得开始破产清算程序清理债权债务。

但是,随着现代破产立法的发展,人们已经充分认识到和解程序与破产清算程序并非是格格不入的债务清理程序,它们具有清理债务的相同性质,仅仅是清理债务的手段或功能性目的存在差异;尤其是现代破产立法的观念已经发生巨大变化,破产清算程序已经逐步居于破产程序的非主流地位,以重整债务人为目的之程序已经上升为破产程序的主流地位,独立于破产程序的和解程序存在的正当性受到挑战,专门用以避免破产清算的独立和解程序正在走向衰落。例如,德国《支付不能法》的颁布废除了《和解法》及其规定的和解程序,以支付不能程序取而代之。在我国破产法上,并不存在独立于破产程序的和解程序。

(二) 破产清算前的和解程序

破产清算前的和解程序,是指作为破产程序组成部分的和解程序,以避免法院在破产程序开始后宣告债务人破产清算为功能性目的,具有防止法院在破产程序开始后宣告债务人破产清算的制度结构。

破产清算前的和解程序,与独立于破产程序的和解程序之间存在巨大的差异。后者将和解程序与破产清算程序对立,破产程序被严格限定在破产清算程序的范畴内,并由此决定了和解程序与破产程序的制度设计的格格不入,无法将和解程序与破产程序融入同一部法律中加以规范。前者并没有将和解程序与破产清算程序对立起来，而是将和解程序作为破产程序的组成部分对待，极大地缓和了和解程序与破产清算程序的对立，破产程序的内涵与外延获得了有效的扩展，并以破产程序受理开始主义作为程序制度设计的基础；如此理念足可以将和解程序与概括清理债务的其他程序（如重整程序、清算程序）规定在一部法律中，并有效实现功能性目的不同的程序之间的转换。

我国破产立法自始就将和解程序作为破产程序的组成部分对待。依照破产程序受理开始主义，破产程序的开始以法院受理当事人的破产申请为标志，法院受理破产申请，并不意味着当然要宣告债务人破产清算；法院受理破产申请后，经过审理才能作出是否宣告债务人破产清算的裁定。在破产程序开始后，法院宣告债务人破产清算前，债务人有充分的机会向法院申请和解，若债务人提出的和解的意思表示经债权人会议同意并达成协议，法院应当适用和解程序清理债权债务。

（三）破产宣告后的和解程序

破产宣告后的和解程序，是指法院宣告债务人破产清算后，债务人与债权人团体协商并通过和解协议清理债务的程序。破产宣告后的和解程序，直接目的在于避免通过破产清算变价分配债务人的财产。法院宣告债务人破产清算后，应当对债务人的财产予以变价并分配给债权人。为防止债务人财产的破产分配而发生不应有的变价损失和分配费用损失，债务人和债权人可以和解清理债权债务，以终结破产清算程序。

此种形式的和解程序构成破产程序的组成部分，但不以避免法院宣告债务人破产清算为目的，仅以防止法院以清算程序分配债务人财产为目的。

四 和解程序的立法例及其在我国的发展

和解程序作为概括清理债权债务关系的司法程序，存在于立法例上已经有一百多年的历史。和解程序具有避免以清算程序分配债务人财产的效果，为近代破产立法的创造。就立法例而言，英国是事实上最早规定和解程序制度的国家。

英国 1883 年将和解程序制度引入破产程序，以法律规定债务人在破产程序中同债权人会议达成和解的，可免受破产宣告。此为英国法中的和解前置主义。英国法上的和解程序制度对美国、澳大利亚、加拿大、新西兰等英美法系国家的破产立法产生了很大的影响。美国 1933 年开始采用英国法上的和解制度,将和解程序规定于《破产法》(1938年)中。[①]英国法上的和解程序制度现仍为英国破产法规定的重要程序制度。

比利时1886年颁布了以预防破产为目的的《和解法》。比利时《和解法》对大陆法系各国的破产立法产生了空前的影响,促使欧洲大陆各国纷纷效仿。比利时《和解法》的颁布,开创了和解分离主义的立法先例。法国、德国、意大利、葡萄牙、西班牙、阿根廷、智利、巴西、墨西哥、日本、泰国、韩国等大陆法系国家,均效仿比利时《和解法》分别制定了《和解法》,例如日本《和议法》(1922年)、德国《和解法》(1935年)、韩国《和议法》(1962年),并以此建立了预防和避免破产宣告程序的和解程序制度。另外,除和解分离主义的立法外,大陆法系诸国的破产法还规定有"强制和解"制度。破产法规定的强制和解,为破产清算程序的组成部分,不同于和解法规定的和解程序制度,为后者的重要补充。值得注意的是,因为借鉴美国破产法上的重整程序制度并受其影响,和解分离主义正在走向没落。

我国引进和解程序制度开始于20世纪30年代。1935年,在国民政府时期颁布了《破产法》,首次较为完整地规定了和解程序。此一立法例没有采用英国法上的和解前置主义,在和解程序与破产程序的适用方面,采取和解程序和破产程序分离的规则,债务人有破产原因时,享有绝对的自由来选择适用和解程序。但是,在法典编撰体例上模仿了英美法的立法结构,将和解程序单列并规定于破产法中,但又将之区分为商会和解与调协(法院强制和解)两类。《破产法》(1935年)在"总则"中还规定有和解程序和破产清算程序适用的一般原则,最大特色是创立了取材于我国民间商会和解习惯的商会和解制度。该法及其规定的和解程序,现仍适用于我国台湾地区。

我国破产立法将和解程序作为破产程序的组成部分,这与大陆法系近代破产立法上的和解程序制度不同,主要表现在两个方面:

第一,我国破产立法从未承认独立于破产程序的和解程序制度。自《企业破产法(试行)》颁布至今,我国破产立法始终将和解程序视作破产程序的组成部分。这与我国破产立法实行破产程序受理开始主义有直接

[①] 美国《破产法》(1938年)规定的和解程序被一直保留到1978年完成破产法改革之时。1978年,美国联邦《破产法典》第11章规定的重整程序彻底取代了和解程序。

的关系。在破产程序受理开始主义的程序模式之下，若单独考虑独立的、个别的和解程序制度似乎并无必要。

第二，和解程序防止债务人被宣告破产清算的功能简单直接。这个方面与近代破产立法所推崇的再建型和解程序制度（如独立于破产程序的和解程序制度）相似，但因为我国的和解程序制度构成破产程序的组成部分，故其防止债务人被宣告破产清算的功能目的更加显著。《企业破产法（试行）》尝试性地规定有"和解与整顿"程序，就是为了防止债务人被宣告破产清算；《企业破产法》则为债务人利用和解程序终结破产程序规定得更加宽松和灵活，在破产程序开始后的任何阶段，只要法院尚未宣告债务人破产清算，债务人即可利用和解程序来终结已经开始的破产程序。

第二节 和解程序的选择

和解程序在我国存在的时间并不长，而且在司法实务中，和解程序被利用的机会和案型也屈指可数。作为破产程序组成部分的和解程序，究竟有无存在的合理性或者价值，到目前仍然是值得深入讨论的问题。在起草《企业破产法》的过程中，对此问题曾经引起争论。争论的焦点在于，我国1986年颁布的《企业破产法（试行）》规定有"和解与整顿"程序，几乎没有什么用处，和解程序是否有价值令人怀疑；况且，《企业破产法》规定有挽救发生财务危机的企业之重整程序，是否还有必要规定一个类似于重整程序的和解程序，更加令人怀疑。和解程序是否应当包含在我国的破产程序中，这不仅是一个破产法的基本理论问题，更是一个可能影响我国和解程序制度适用的实践问题。

一 《企业破产法（试行）》与和解程序

众所周知，《企业破产法（试行）》规定有和解制度。该法第四章规定：债权人申请宣告债务人破产的，债务人的上级主管部门，在法院受理破产案件后3个月内，可以申请对债务企业进行整顿；整顿申请提出后，债务人应当向债权人会议提交和解协议草案；债权人会议与债务人达成和解协议的，经法院裁定认可后，发布公告，中止破产程序；债务人的上级主管部门负责确定债务企业的整顿方案，对债务企业进行整顿，整顿的期间不超过2年，整顿情况应当定期向债权人会议报告；债务人经过整顿，能够执行和解协议的,由法院裁定终结破产程序;债务人在整顿期间,不执行和解协议、或者财务状况继续恶化、或者实施严重损害债权人利益的行为,由法院裁定终结债务人的整顿,并宣告其破产;债务人整顿期满,不能执行和解协议的,由法院宣告债务人破产。

(一)《企业破产法(试行)》规定的和解程序的特点

《企业破产法(试行)》规定的和解程序并非单纯的和解程序,具有以下三个特点:

1. 和解是整顿的前提,整顿是和解成立的必然结果。债权人申请宣告债务人破产的,债务人力图经过整顿复苏而能够清偿债务,首先必须同债权人会议达成和解协议,只有和解协议生效后,整顿才能够进行;与之相应,和解协议生效后,债务人必须进行整顿。没有和解,就不会有整顿。和解与整顿是破产程序开始后避免破产宣告的不可分割的两个阶段。

2. 和解与整顿是两个相对独立的程序。和解是破产程序的组成部分,只能在破产程序开始后进行,达成和解的过程是破产程序进行的结果,和解的成立导致破产程序的中止。和解因破产程序的中止而完结。破产程序中止后,债务人开始进行整顿,整顿机构或为政府行政机构、或为国有资产管理机关、或为国有资产的授权管理机关。整顿是相对独立于破产程序之外进行的活动,不是破产程序的组成部分。

3. 整顿是最终实现和解目的的手段。和解程序本身只着眼于调节债务人和债权人之间的债权债务关系,并不去关心债务人如何改善自身的经营以图复苏。和解成立后,债务人如何采取措施履行和解协议,应当在和解协议中予以规定,或者由债务人自己决定。将和解与整顿制度结合在一起,实际上要解决债务人实现和解目的之手段的法律化和程序化,给债务人履行和解协议增加了采取措施改善经营的义务。债务人不能进行整顿或者整顿不能达到目的,法院应当终结和解,裁定宣告债务人破产,继续进行破产程序。

(二)《企业破产法(试行)》规定的和解程序的缺陷

《企业破产法(试行)》规定的和解与整顿制度存在缺陷也是显然的,这些缺陷使得我国具有现代观念的和解程序的实践价值被大打折扣。总体上讲,《企业破产法(试行)》规定的和解制度存在四个方面的缺陷:[①]

[①] 参见邹海林《我国破产程序中的和解制度及其革新》,《法学研究》1994年第5期。

1. 和解与整顿制度在立法体例和适用上的差异化。和解程序作为防止或者避免破产清算程序适用的制度，应当由统一的立法加以规定，以保持程序制度设计在各个方面的协调。《企业破产法（试行）》规定了适用于国有企业的和解与整顿制度，《民事诉讼法》（1991年）则规定了适用于非国有企业的和解制度。立法上的不统一，导致适用具体程序制度的不一致，适用于国有企业的和解制度，包括对企业的整顿内容；而适用于非国有企业的和解制度，则为单纯的和解制度。显然，依照《企业破产法（试行）》和《民事诉讼法》（1991年）第19章的规定，其各自规定的和解程序的适用条件不同。在我国建立和发展社会主义市场经济体制的环境下，这种以所有制为基础的立法体例、以所有制为基础的多重和解程序制度，难以适应市场经济主体地位平等化的需求。

2. 政府行政参与和解程序的色彩过重。和解程序作为破产程序的组成部分，政府行政不应当参与过深，更不应当超越法院的地位而成为和解程序进行的主要机构。依照《企业破产法（试行）》的规定，债权人申请宣告债务人破产时，是否申请和解，债务人本身没有决定权，其上级主管部门（政府行政）享有决定权。而且，债务人的上级主管部门负责确定债务企业的整顿方案，对债务企业进行整顿，整顿的期间不超过2年。行政机关积极参与债务人的和解与整顿，不利于和解程序的妥当适用；而且有政府行政干预法院独立行使破产案件审判权和管辖权之嫌，与政府行政对市场活动实施宏观调控的改革方向不相吻合。

3. 僵化的程序制度妨碍了和解和整顿制度的灵活运用。和解程序的适用，受两个前提条件的限制：其一，可以请求和解的破产案件以债权人申请破产的案件为限，债务人自己申请的破产案件，不得再申请和解；其二，申请和解应当在法院受理破产案件后3个月内提出。这两个限制严重妨碍债务人灵活选择和解的时机，使和解制度的作用不能得到充分的发挥。

4. 忽视了法院在和解程序上的主动作用，淡化了和解程序的司法能动性。由于政府行政参与和解程序的影响，法院在和解程序的启动以及和解的后果等问题上的能动性受到怀疑。特别是，对于非自愿破产案件，国有企业的上级主管部门是否申请对企业进行整顿，法院似乎只有"等待"政府行政部门决定的地位，能否依不能清偿债务的事实宣告国有企业破产，颇值得怀疑。当政府行政部门申请整顿债务人时，法院是否只能

"消极地"表示同意,也找不到法律上的依据。因此,法院并没有真正取得控制和解程序的绝对地位。

二 《民事诉讼法》(1991年)与和解程序

我国《民事诉讼法》(1991年)第19章企业法人破产还债程序规定有和解程序。第200条第2款规定:债权人可以组成债权人会议,讨论通过和解协议。第202条规定:企业法人与债权人会议达成和解协议的,经法院认可后,由法院发布公告,中止破产还债程序;和解协议自公告之日起具有法律效力。但存在的问题是,民事诉讼法规定的和解程序,在理论上确有其独立的存在价值,但因为缺乏具体内容,在程序的适用方面缺乏依据。例如,债务人申请和解的条件如何?债权人会议如何通过和解协议?和解协议有何约束力?不能执行和解协议的会发生什么后果?等等。

对于诸如此类的问题,依最高人民法院的司法解释,法院依照民事诉讼法审理破产案件时,可以参照《企业破产法(试行)》的有关规定。[①] 究竟在实务上应当如何参照《企业破产法(试行)》规定的和解制度,恐怕是存在问题的,因为《企业破产法(试行)》规定的和解制度不仅存在显而易见的缺陷,而且并不具有普遍的适用价值。

暂且不论《民事诉讼法》(1991年)规定的和解程序是否完备,其所规定的和解程序至少具有宣示和解程序效果的意义。法院裁定开始破产还债程序后,不论是否已经宣告债务人破产,债务人均可以请求同债权人会议进行和解;若债务人和债权人会议达成和解协议,则法院可以裁定认可,发布公告并中止破产程序。《民事诉讼法》(1991年)所规定的和解程序,不仅有防止或者避免宣告债务人破产的作用,而且有避免对债务人财产实施破产分配的作用,较《企业破产法(试行)》规定的和解程序更加灵活、方便,适用空间更有所拓展。

除上述以外,最高法院对于和解程序还作了相应的解释,认为:法院受理企业破产案件后,在破产程序终结前,债务人可以向法院申请和解。法院在破产案件审理过程中,可以根据债权人、债务人的具体情况向双方提出和解建议。法院作出破产宣告裁定前,债权人会议与债务人达成和解协议并经法院裁定认可的,由法院发布公告,中止破产程序。法院作出破

[①] 见最高人民法院1992年7月14日法发〔1992〕22号第253项。

产宣告裁定后,债权人会议与债务人达成和解协议并经法院裁定认可,由法院裁定中止执行破产宣告裁定,并公告中止破产程序。债务人不履行或者不能履行和解协议的,经债权人申请,法院应当裁定恢复破产程序。和解协议系在破产宣告前达成的,法院应当在裁定恢复破产程序的同时,裁定宣告债务人破产。① 这是司法实务对我国和解程序制度的有益增补。

三 《企业破产法》与和解程序

《企业破产法》规定有防止企业破产清算的重整程序,是否有必要继续规定和解程序,曾经引发了争议。争议源自和解程序与重整程序所具有的某些共有价值。例如,和解程序和重整程序均具有避免法院宣告债务人破产清算,并促进企业再生的功能。但问题是,重整程序是否应当取代和解程序呢?

和解程序只不过是一种不同于破产清算的债权债务清理方式,和解程序的目的仅在于通过债务人和债权人的谅解让步而尽快了结债权债务,在某种程度上具有帮助债务人复苏的功能,但并不以债务人复苏为唯一目标,和解程序在帮助债务人复苏方面是消极的。重整程序摆脱了和解程序消极避免适用破产清算程序的不利方面,是一种预防破产清算的积极制度。一般而言,和解程序具有费用低廉、耗时较短、程序简单的特点,而且极为重视债权人自治的机制,并照顾个别债权人的利益。重整程序较为复杂,各方利害关系人所负担的成本费用高昂,重整的手段和目标是多方位的,故重整程序仅能适用于出现财务危机但具有再建希望的企业,重整程序在挽救企业方面更为积极。程序制度目的方面存在的差异,使得重整程序不能取代和解程序。《企业破产法》对和解程序继续予以规定。

依照《企业破产法》的规定,在和解程序的适用方面,既照顾到了债务人的利益,尽量给予债务人选择和解的充分机会,对和解的适用未附加过多的限制,同时在程序制度的选择上,也尽量简化手续,以利于促成和解成功。《企业破产法》规定的和解程序,在适用上表现得更加灵活,而且利用自行和解又会进一步弥补和解程序对当事人的束缚,使得和解程序更加开放,存在适用的广阔空间。实际上,一个较为完善的和解程序制

---

① 最高人民法院《关于审理企业破产案件若干问题的规定》(2002年)第25条和第27条。

度，应当包括以下 4 个方面的主要制度：和解申请及其法院审查制度；和解协议的议决和法院认可制度；和解协议的效力制度以及和解废止制度。《企业破产法》关于和解程序的专门规定共有 12 个条文，分别规定有和解的申请、和解申请的许可、和解协议的议决、和解协议的裁定认可、和解不成立的后果、和解协议的约束力、诈欺和解的后果、和解协议的执行、债务人违反和解协议的后果、自行和解等事项。

四 和解程序的实益

和解程序的实益围绕和解制度的目的而展开。和解程序的实益，可以归纳为三个方面：新破产程序的抑制、破产（清算）宣告的防止和破产分配的终止。

（一）新破产程序的抑制

和解程序启动于破产程序开始前，则债权人不得对债务人提出申请适用目的有异的其他破产程序。和解程序具有抑制新破产程序的效用。

在我国破产法上不存在破产程序开始前的和解程序。我国的和解程序为破产程序的组成部分，债务人申请和解而启动和解程序的，破产程序就开始了。破产程序由破产清算程序、重整程序和和解程序组成。债务人有破产原因，直接向法院申请和解并和债权人会议达成和解协议，经法院裁定认可和解协议后，和解协议对债务人和全体债权人产生约束力。除《企业破产法》第 103 条和第 104 条规定的情形外，和解程序开始后，债权人不得再申请法院开始破产清算程序。在这个意义上，和解程序具有阻止债权人申请新破产程序的效力。

（二）破产（清算）宣告的防止

破产程序开始后，债务人可以在破产（清算）宣告前提出和解申请；债务人经与债权人会议达成和解协议，经法院裁定认可后，不得宣告债务人破产清算而应当终结破产程序。为防止破产（清算）宣告而请求和解的，债务人应当在法院宣告债务人破产清算前提出和解申请；法院宣告债务人破产清算后，债务人不得再申请阻止破产（清算）宣告的和解。这就是所谓的"和解前置主义"，即和解程序应当在破产（清算）宣告前启动。

对于破产程序开始后的和解程序，《企业破产法》实行和解前置主义。依照和解前置主义，债务人申请和解的基本目的在于防止法院作出破产宣告的裁定。因此，在破产程序开始后，只要债务人未被宣告破产清算，即使对债务人开始的程序为重整程序，债务人仍可以申请法院许可其和解。在这些情形下，债务人和债权人会议达成和解协议的，除《企业破产法》另有规定外，法院不得宣告债务人破产清算，应当裁定认可和解协议，并终止破产程序。债务人通过执行和解协议实现债权债务的清理。

(三) 破产分配的终止

法院宣告债务人破产后，为了避免通过破产分配处分债务人的财产，防止债权人受破产分配的不利损失，采取较为缓和的债务清偿方式来清理债务，也是一种可以选择的程序方案。特别是在自然人被宣告破产后，自然人的民事主体地位并不受影响，通过和解方式终止破产分配以清偿债权，或许更有利于债权人和债务人双方。因此，在债务人被宣告破产后，立法例允许债务人同债权人全体进行和解。例如，日本《破产法》（1922年）规定的"强制和议"[①]和我国台湾地区"《破产法》"规定的"强制和解"。但是，在破产宣告后，债务人请求和解的，应当在破产财产最终分配方案实施前提出；否则，和解不能成立。

为防止债务人财产经破产分配而发生不应有的损失，我国法院的司法实务认识到终止破产分配之和解程序的意义，认为在法院宣告债务人破产清算后，债务人和债权人仍可以和解清理债权债务，以中止破产清算程序。[②]《企业破产法》没有明文规定债务人在破产宣告后仍可以提出和解；但至少没有禁止。《企业破产法》第 105 条规定的自行和解制度，同样没有排除在破产宣告后债务人和债权人全体自行和解的案型。因此，在破产宣告后，债务人和全体债权人自行达成和解协议，并经法院裁定认可的，破产程序终结。总之，破产宣告后的和解，具有及时终结破产分配的效力，此时，债务人执行和解协议成为清理债权债务的应有选项。

---

① 日本《破产法》（1922 年）规定有避免破产分配的"强制和议"制度，但该制度因为 2004 年 6 月修改破产法而被废止，以"简易分配"和"同意分配"制度取代了"强制和议"制度。

② 最高人民法院《关于审理企业破产案件若干问题的规定》（2002 年）第 25 条第 3 款规定："法院作出破产宣告裁定后，债权人会议与债务人达成和解协议并经法院裁定认可，由法院裁定中止执行破产宣告裁定，并公告中止破产程序。"

五　我国和解程序的特征

(一) 债务人和解申请主义

和解程序实行债务人申请主义。和解程序的进行以债务人主动促成和解为基础，只能以债务人向法院提出和解申请为必要。而且，只有债务人有申请和解的权利，债权人以及其他利害关系人没有申请和解的权利，故是否开始和解程序将完全取决于债务人本人的选择。未有债务人申请和解的意思，法院不得依职权开始和解程序。债务人申请和解，是和解成立的绝对要件。这是和解程序区别于破产清算程序和重整程序的一个特点。

破产程序开始后，除法律有特别规定者外，债务人可以向法院申请和解。申请和解，除向法院提交和解申请书外，还必须提交和解协议草案、财产状况说明、债务清册、债权清册、有关财务报告、企业职工情况和安置预案、职工工资和社会保险费用支付情况。

(二) 债权人双重多数表决控制模式

债务人申请和解，能否达到债务人预期的目的，取决于债权人会议讨论和解协议草案后作出的决议。和解的成立，以债权人会议表决接受和解条件为必要。只有债权人会议表决同意接受债务人所提和解条件的，和解才能够成立。但是，债权人会议表决通过债务人所提和解条件时，表示同意的债权人应当超过出席会议的有表决权的债权人的半数，且其所代表的债权额应当占全部无财产担保的债权总额的 2/3 以上。债权人会议以双重多数表决通过债务人提出的和解条件，为债权人会议接受债务人和解申请的特有方式。所以，债权人会议仅以简单多数通过决议接受和解条件的，不发生效力。

(三) 法院裁定生效原则

和解程序为司法清理程序，其程序的开始和变动，均须经过法院的裁定。债务人和解申请主义仅仅表明和解程序开始于债务人的申请，并不表明债务人的申请定会开始和解程序。债务人提出和解申请后，法院依职权予以审查，符合破产法规定的和解条件，法院裁定予以许可，和解程序始得开始。

和解程序开始后，债务人和债权人会议达成和解协议的，仅仅表明和解成立具有了基础，和解协议能否发生终结破产程序的效果，尚需法院作出裁定认可。债务人和债权人之间达成和解协议将产生程序法上的效力，而程序法上的效力不经法院裁定无从发生。债务人与债权人会议达成和解协议的，必须报请法院裁定认可，经法院裁定认可后，和解协议发生终止破产程序的效力。

（四）和解程序的相对优先效力

和解程序具有优先于破产清算程序的效力。债务人直接向法院申请和解的，经法院裁定许可和解，债权人不得申请法院宣告债务人破产清算；破产程序开始后进行和解，若和解成立，破产程序应当终止，债权人受和解协议的约束，不得主张和解协议约定外的利益，更不得申请法院宣告债务人破产清算，除非债务人不履行或者不能履行和解协议。

因此，已经开始的和解程序或者生效的和解协议，具有阻止债权人申请法院宣告债务人破产清算的效力。但是，和解程序的优先效力仅具有相对的意义，债务人和债权人会议未能达成和解协议、或者和解协议违法、或者和解协议应当被撤销、或者债务人不履行或不能履行和解协议，债权人均可申请法院宣告债务人破产清算。

（五）强制执行和解协议的禁止

和解协议为和解成立或破产程序终止的基础。债务人在破产程序终止后应当按照和解协议规定的条件清偿债务。但是，和解协议仅仅是确定债务人清偿债务、债权人作出让步的新条件，在债务人执行和解协议前，其不具有确定和变更债务人和债权人之间的实体债权债务关系的效力。《企业破产法》第106条规定："按照和解协议减免的债务，自和解协议执行完毕时起，债务人不再承担清偿责任。"和解程序具有的相对优先效力，仅在债务人执行和解协议后才可以完全实现。

所以，经法院裁定认可的和解协议，在债务人执行和解协议完毕前，没有给债权人提供申请法院强制执行和解协议的诉讼上的依据。在这个意义上，法院裁定认可的和解协议不具有强制执行力。债务人不能执行或者不执行和解协议规定的，债权人不得请求法院强制执行和解协议，仅能申请法院宣告债务人破产清算。债务人被宣告破产清算的，债权人在和解协议中作出的让步相应失去效力。

关于和解协议不具有强制执行力，仍有两个问题值得讨论：

1. 关于债务人和全体债权人自行和解达成的协议。债务人和全体债权人自行达成和解协议的，该和解协议经法院裁定认可，发生重新安排或者调整债务人和各债权人间的债务关系的效力。不论债务人是否重新受破产程序的约束，债权人在自行和解协议中作出的让步均有效力，债权人不得以债务人未履行或者未能履行自行和解协议，而主张其在自行和解协议中作出的让步失去效力。自行和解协议的约定具有重新确定债务人和债权人之间的法律关系的效力。在这个意义上，自行和解达成的和解协议，应当具有强制执行力。

2. 关于终止破产分配的和解协议。在我国，依照《企业破产法》有关和解的精神和最高人民法院的司法解释，存在以终止破产分配为目的而进行和解的案型。在破产宣告后破产分配开始前，债务人和债权人会议达成和解协议的，经法院裁定认可后，同样发生终结破产程序的效力。此时，已经被宣告破产的债务人并不能因为和解协议的生效而恢复其原有的企业法人地位，该债务人应当在破产程序终结时办理注销登记。这就要求，债务人在破产程序终结时应当执行完毕和解协议。在此情形下，不存在债务人不执行或者不能执行和解协议的案型，对于终止破产分配的和解协议而言，和解协议是否具有强制执行力没有讨论的意义。[①]

第三节 和解程序的开始

一 和解申请

和解申请，是指债务人向法院提出的以达成和解协议的方式清理债权债务的意思表示。和解申请具有中断债权人的债权诉讼时效的效力，而不论法院是否受理债务人的和解申请。和解申请为和解程序开始的先决条件。债务人申请和解，是和解成立的绝对要件。《企业破产法》第95条第1款规定："债务人可以依照本法规定，直接向人民法院申请和解；也可以在人民法院受理破产申请后、宣告债务人破产前，向人民法院申请和解。"

和解申请人仅限于债务人。只要债务人具有破产原因的，就可以申请

[①] 在允许宣告自然人破产的立法例下，债务人被宣告破产的，其民事主体地位并不因破产宣告而消灭。债务人或者在法院裁定终结破产程序时依照和解协议约定的条件履行了清偿义务，或者在破产程序终结后按照和解协议约定的条件继续履行清偿义务。当债务人不能按照和解协议约定的条件履行清偿义务时，债权人可申请法院再次宣告债务人破产清算，和解协议有无强制执行力就具有意义了。

和解。因此，债务人有破产原因时，可以直接向法院申请和解；在破产程序开始后，不论已经开始的破产程序为重整程序还是清算程序，亦不论已经开始的破产程序是自愿申请还是非自愿申请的程序，债务人均可以向法院申请和解。

债务人申请和解应当向法院提交和解申请书。和解申请书为债务人申请和解的形式要件。和解申请书应当载明下列事项：(1) 申请人债务人的基本情况；(2) 申请目的和解；(3) 申请和解的事实和理由；(4) 法院认为债务人应当记载的其他事项。

债务人申请和解，除向法院提交和解申请书外，还应当提交有关证据。债务人有破产原因而直接向法院申请和解的，在申请和解时，应当向法院提交企业法人营业执照（副本）、法定代表人身份证明、和解协议草案（若有）、财产状况说明、债务清册、债权清册、有关财务会计报告、企业职工情况和安置预案、职工工资和社会保险费用支付情况。债务人在法院受理破产案件后申请和解，若破产案件是债务人自己申请的，则在申请和解时，应当向法院提交和解协议草案（若有）；若破产申请是债权人提起的，且债务人尚未依照《企业破产法》第11条第2款的规定提交有关证明材料，应当在申请和解时，向法院提交企业法人营业执照（副本）、法定代表人身份证明、和解协议草案（若有）、财产状况说明、债务清册、债权清册、有关财务会计报告、职工工资和社会保险费用支付情况。

二　和解协议草案

债务人申请和解应当向法院提交和解协议草案。《企业破产法》第95条第2款规定："债务人申请和解，应当提出和解协议草案。"一般而言，债务人提出的和解协议草案，应当包括以下内容：(1) 和解债务人的财产状况；(2) 和解债权的总额；(3) 清偿和解债权的方式、比例、时间；(4) 执行和解协议的担保或者其他措施等。

债务人申请和解应当提交和解协议草案，但《企业破产法》并没有要求债务人在申请和解时向法院提交和解协议草案。债务人在申请和解时，未向法院提交和解协议草案的，法院不得仅以债务人未提交和解协议草案拒绝裁定许可债务人和解。再者，和解协议草案的内容并非法院许可债务人和解时必须审查的事项，但和解协议草案的提交是促成法院许可债务人和解的考量因素。和解协议草案的提交与否在相当程度上可以表明债务人申请和解的诚意。故债务人申请和解时未提交和解协议草案的，可以在法院裁定是否受理和解申请前向法院提交和解协议草案。

三　许可和解裁定

是否准许债务人开始和解程序，以法院是否作出许可和解裁定为准。许可和解裁定，是指法院受理债务人和解申请的裁定。和解程序自法院受理债务人的和解申请之日开始。债务人申请和解的，法院经审查认为和解申请符合《企业破产法》规定的条件，应当作出受理和解申请的裁定。《企业破产法》第96条第1款规定："人民法院经审查认为和解申请符合本法规定的，应当裁定和解，予以公告，并召集债权人会议讨论和解协议草案。"

（一）和解申请的审查

法院裁定受理和解申请前，应当对债务人的和解申请予以审查。法院审查和解申请时，虽然会涉及形式审查（如债务人申请和解是否提供了齐备的证明材料和书面的和解申请）和实质审查（如债务人有无申请和解的能力、是否具备开始和解程序的条件）的问题，但总体上还是应当以和解申请的具体情形加以确定。如果和解申请是债务人直接向法院提出的初始申请，即先前并未对债务人开始破产程序，则法院在对重整申请进行形式审查的同时，也要对债务人是否具有破产能力和破产原因进行实质审查。如果重整申请是债务人在破产程序开始后提出的，因适用的原因已经经过审查，法院再无重复审查开始和解程序的原因的必要，对重整申请的审查以形式审查为限。

但在这里应当格外注意，法院如何对和解申请进行实质审查，本身就是不小的问题。理论上，实质审查是法院在受理和解申请阶段所不能胜任和完成的审判活动。已如前述破产申请的审查应以形式审查为限，和解申请的审查亦同。所以，受理和解申请前的审查，应当仅限于形式审查。经形式审查，若和解申请符合《企业破产法》的有关规定，法院应当裁定受理和解申请。

除此之外，债务人在破产程序开始后提出和解申请的，法院在审查和解申请时应当征求管理人的意见。法院在收到债务人的和解申请书以及其他申请材料，如和解协议草案，有必要将债务人的和解申请材料副本转交管理人，并听取管理人的意见。

(二) 许可和解裁定的送达

法院裁定受理和解申请的，和解程序正式开始。法院应当将和解受理和解申请的裁定送达债务人和债权人，并发布公告。依照《企业破产法》的规定，和解裁定因为债务人申请的程序阶段不同，其送达有所不同。

1. 债务人直接申请和解的。债务人直接申请和解的，法院应当在收到和解申请后 15 日内裁定是否受理。法院裁定许可债务人和解的，应当同时指定管理人。在此情形下，法院应当依照《企业破产法》第 11 条的规定，自裁定作出之日起 5 日内将受理和解申请的裁定送达债务人；依照《企业破产法》第 14 条的规定，自裁定作出之日起 25 日内通知已知债权人，并予以公告。

2. 债务人在破产程序开始后申请和解的。在破产程序开始后，债务人申请和解的，法院应当在收到债务人申请后 15 日内裁定是否受理。法院裁定许可债务人和解的，除公告外，应当如何送达债务人和已知的债权人，《企业破产法》未作明确的规定。在解释上，参考《企业破产法》有关受理破产申请的裁定之送达，法院应当在裁定许可债务人和解后 5 日内送达债务人，自裁定作出之日起 25 日内通知已知债权人，并予以公告。自法院裁定受理和解申请之日起，已经开始的破产程序转变为和解程序。

(三) 驳回和解申请的裁定

债务人提出和解申请，法院经审查认为和解申请不符合《企业破产法》的规定，应当作出驳回和解申请的裁定。法院驳回和解申请的裁定的，即时生效；但法院应当将驳回和解申请的裁定送达债务人。

债务人直接向法院申请和解的，若其申请不符合《企业破产法》规定的和解条件，诸如债务人不具有申请和解程序的能力或资格、不存在破产原因，或者债务人的申请和解的材料不符合法律规定，法院应当裁定驳回和解申请。在破产程序开始后，债务人向法院申请和解的，若债务人未依照《企业破产法》的规定提供齐全的证明材料，法院经审查认为没有必要责令债务人补正的，应当裁定驳回和解申请。法院经审查认为和解申请不符合《企业破产法》规定，而责令债务人补正的，经过法院指定的期间，债务人未补正，或者债务人明示表示不予补正，或者债务人补正后的证明材料仍不符合《企业破产法》的规定，法院应当裁定驳回和解申请。

法院驳回和解申请的裁定，债务人是否可以提出上诉？依照《企业破产法》第 12 条的规定，债务人对人民法院不受理破产申请或者驳回破产申请的裁定，可以提出上诉。和解申请等同于《企业破产法》第 10 条所称破产申请。因此，债务人向法院申请和解，法院裁定驳回和解申请的，债务人不服法院驳回和解申请的裁定，可以自裁定送达之日起 10 日内向上一级法院提起上诉。

四　许可和解裁定的效力

许可和解裁定的效力，是指和解程序开始的效力；其与我国《企业破产法》规定的破产程序开始的效力并无不同。债务人申请和解的，法院裁定受理和解申请，和解程序即告开始，遂产生破产程序的约束力。

当债务人直接申请和解时，法院裁定受理和解申请，破产程序开始的效力当然发生，例如，管理人接管债务人财产、对债务人财产的执行程序和保全措施的中止、涉及债务人财产的诉讼的中止、债权人（在和解程序开始后称为和解债权人）申报债权以行使权利等。在破产程序开始后，债务人申请和解的，法院裁定受理和解申请，已经开始的破产程序转变为和解程序，许可和解裁定的效力系已经开始的破产程序的效力之继续。

在《企业破产法》规定的破产程序结构下，许可和解裁定对于担保物权人的权利会产生什么影响？这或许是一个较为特别的问题，值得重视。

破产程序仅具有保全债务人财产的效力，对债务人财产中的特定财产享有的担保物权不受破产程序的约束，故有破产程序中的别除权制度。别除权不受破产程序约束是有例外的，即别除权人在重整程序开始后行使权利受重整程序的约束。和解程序作为破产程序的构成要素或者作为独立清理债权债务的程序，性质和目的不同于重整程序，和解程序的开始并不影响担保物权人行使权利。在和解程序中，同样存在别除权的问题。

债务人直接申请和解，或者在非以重整为目的的破产程序期间申请和解，法院裁定受理和解申请而开始和解程序的，对债务人的特定财产享有担保物权的权利人，不依和解程序行使权利。也就是说，和解程序的开始不影响别除权人行使权利。但是，债务人在重整程序期间申请和解，法院裁定受理和解申请的，重整程序对别除权人行使权利的限制[①]，应当自法

---

① 参见《企业破产法》第 75 条。

院裁定受理和解申请之日起解除，别除权人自可以行使权利。《企业破产法》第 96 条第 2 款规定："对债务人的特定财产享有担保权的权利人，自人民法院裁定和解之日起可以行使权利。"

此外，别除权人对别除标的物行使权利不受和解程序的约束，具有不同于普通债权人的优势地位，其在债权人会议上的表决权应予限缩，以维持普通债权人的公平受偿利益。和解程序开始后，对债务人财产中的特定财产享有担保权的债权人，只要其未放弃就别除标的物优先受偿的权利，对和解协议草案不享有表决权，不能参加和解协议草案的表决，自然也不受债权人会议通过的和解协议草案的约束。[①]

五　管理人

债务人自行直接向法院申请和解的，法院作出和解裁定时，应当同时指定管理人。管理人负责接管债务人的财产、印章、账册、文书等资料，调查债务人的财产状况和制作财产状况报告，并决定债务人的内部管理和日常开支、管理和处分债务人的财产等。自和解程序开始，债务人丧失对其财产的管理处分权和营业事务的决定权。管理人依照《企业破产法》的规定，独立执行职务。债务人的有关人员应当按照管理人的要求，如实回答询问。

债务人在破产程序开始后申请和解的，管理人因破产程序的开始而取得独立执行职务的地位，并不因为债务人申请和解而有所影响。管理人在和解程序进行期间继续占有、管理和处分债务人财产，并负责债务人的营业事务。债务人的有关人员还应当按照管理人的要求，如实回答询问。

法院裁定认可和解协议的，和解程序终止，管理人停止执行职务，并应当向债务人移交财产和营业事务。《企业破产法》第 98 条规定："债权人会议通过和解协议的，由人民法院裁定认可，终止和解程序，并予以公告。管理人应当向债务人移交财产和营业事务，并向人民法院提交执行职务的报告。"

六　和解程序中的债权人会议

债权人会议在破产程序中的自治地位，并不因为和解程序而有所不

[①] 参见《企业破产法》第 59 条第 3 款、第 97 条和第 100 条。

同。鉴于和解程序的核心问题是达成和解协议以清理债权债务,通过债权人会议达成和解协议,成为债权人会议在和解程序中显示其自治地位的显著标志。《企业破产法》第96条专门规定:"人民法院经审查认为和解申请符合本法规定的,应当裁定和解,予以公告,并召集债权人会议讨论和解协议草案。"

依照上述规定,讨论和解协议草案债权人会议,由法院召集。由此,法院应当在确定债权人会议讨论和解协议草案的议程、时间和地点后,提前15日以公告的方式通知债权人参加会议。但是,和解程序开始后尚未召开第一次债权人会议的,如果法院确定第一次债权人会议讨论和解协议草案的,则应当按照《企业破产法》规定的召开第一次债权人会议的规定,通知和公告第一次债权人召开的时间、地点和会议日程,并特别列明会议日程包括讨论和解协议草案。

和解程序开始后,和解债权人有权参加讨论和解协议草案的债权人会议,并享有表决权。对债务人的特定财产有担保权的债权人虽为债权人会议成员,有权参加会议并发表意见,但对和解协议草案没有表决权。债权人会议表决和解协议草案,实行双重多数表决机制。债权人会议经表决通过和解协议草案的,应当制成债权人会议决议,并由债权人会议主席签署。债权人会议主席应当在通过和解协议草案的债权人会议决议形成后,及时将和解协议报请法院裁定认可。

七 和解协议草案的表决

除法院裁定驳回和解申请者外,债务人制作的和解协议草案应当依法提交给债权人会议讨论和表决。债权人会议表决和解协议草案是和解程序实质性阶段。经过表决,债权人会议通过和解协议草案的,应当以"出席会议的有表决权的债权人过半数表示同意,且其所代表的债权额占全部无财产担保的债权额的三分之二以上"为必要。《企业破产法》第97条规定:"债权人会议通过和解协议的决议,由出席会议的有表决权的债权人过半数同意,并且其所代表的债权额占无财产担保债权总额的三分之二以上。"

对和解协议草案有表决权的债权人,限于和解债权人,主要是指那些依法申报债权的普通债权人。应当注意的是,有表决权的债权人未依法申报债权的,不得依照破产程序行使权利,故不能参加债权人会议就和解协议草案进行表决。另外，依法申报债权的债权人，若其债权的存在或者数额发生争议而不能确定，除人民法院能够临时确定其行使表决权的债权额外，亦不得就和解协议草案行使表决权。不得就和解协议草案行使表决权的债权人，其所代表的债权额也不应当记入计算表决基数的无财产担保的债权总额。

和解协议草案的表决以一次表决为原则。债权人会议一旦将和解协议草案付诸表决，同意接受和解协议草案的债权人不足出席会议的有表决权的债权人过半数，或者其所代表的债权额不足无财产担保债权总额的2/3以上，和解协议草案未获债权人会议通过，不得再次召开债权人会议表决和解协议草案。但是，司法实务应当提倡和鼓励以和解程序清理债权债务。和解协议草案明显不会被债权人会议接受的，除非债权人会议另有意思表示，债务人可以请求债权人会议暂缓表决和解协议草案；同样，债权人会议若对债务人提交的和解协议草案约定的条件不满意，也可以要求债务人修改或者补充和解协议草案，并另行确定期日开会讨论和表决修改后的和解协议草案。

八 认可和解协议的裁定

和解协议的生效并不单纯取决于债务人和债权人会议的合意，而最终要取决于法院的裁定认可。法院裁定认可和解协议前，应当审查和解协议的必要条款具备性、议决程序合法性、和解条件公平合理性、内容的合法性等诸方面。

再者，利害关人对债权人会议通过和解协议的决议有异议，已依法向法院提出异议的，法院还应当审查异议人所提异议是否成立。法院审查利害关系人所提异议时，应当传唤异议人，必要时，并应当讯问债务人和征询管理人的意见。

法院经审查认为和解协议符合法律规定，应当以裁定认可和解协议。法院裁定认可和解协议是无条件的。法院不得以裁定对债务人和债权人会议达成的和解协予以变更，或者裁定附条件地认可和解协议。法院裁定认可和解协议的，发生以下效果：（1）和解协议生效并产生约束力。法院裁定认可和解协议的，和解协议生效。依法生效的和解协议，对债务人和全体和解债权人产生约束力。债务人应当按照和解协议约定的条件清偿债务；和解债权人按照和解协议约定的条件行使权利。（2）破产程序终止。

法院裁定认可和解协议的,应当终止和解程序,并予以公告。法院裁定终止和解程序的,应当通知管理人停止执行职务。管理人应当向债务人移交财产管理和营业事务,并向法院提交执行职务的报告。

九 和解程序目的受挫

(一) 和解程序目的受挫的含义

和解程序和解目的受挫,是指发生法律规定的事由致使债务人申请和解的目的不能实现的现象。和解程序目的受挫为和解程序终止和宣告债务人破产清算的原因事实。

法院裁定许可债务人和解后,债务人和债权人会议未能达成和解协议,则债务人申请和解避免破产清算的目的直接落空,将导致和解程序终止;纵使债务人和债权人会议达成和解协议,但因为和解协议存在不受法律保护的缺陷,法院裁定不予认可和解协议的,债务人申请和解避免破产清算的目的也会落空,将导致和解程序终止。在此情形下,宣告债务人破产清算将成为清理债务人的债权债务关系的符合逻辑之选择。《企业破产法》第99条规定:"和解协议草案经债权人会议表决未获得通过,或者已经债权人会议通过的和解协议未获得人民法院认可的,人民法院应当裁定终止和解程序,并宣告债务人破产。"

(二) 债权人会议否决和解协议

债权人会议经表决未通过和解协议草案的,构成债权人会议否决和解协议。

和解协议的达成为债务人避免被宣告破产清算的基础条件。能否达成和解协议,除债务人的意思外,还要取决于债权人是否有作出让步的意思。经表决,同意和解协议草案的债权人不足出席会议的债权人的半数,或者同意和解协议草案的债权人所代表的债权额不足全部无财产担保的债权额的2/3,属于债权人会议否决和解协议。在此情形下,债权人会议主席应当将债权人会议否决和解协议的事实,及时报告给人民法院。债权人会议拒绝和解的,法院应当裁定宣告债务人破产清算。

(三) 法院不认可和解协议

债权人会议通过的和解协议,法院经审查裁定不予认可的,应当裁定终止和解程序,并宣告债务人破产清算。

对于法院不予认可和解协议的事由,《企业破产法》没有明文规定;

除第 103 条规定的和解协议无效的事由，即"债务人的诈欺或者其他违法行为"外，解释上应当以和解协议不具备合法性，或者和解协议违反法律的强制性规定或社会公共利益为必要。一般而言，和解协议不具备合法性，主要表现为：（1）和解协议的内容违反法律、行政法规的强制性规定；（2）和解协议的内容违反社会公共利益和善良风俗；（3）和解协议的表决程序违反法律规定，或者和解协议的内容损害债权人的公平受偿利益；（4）和解协议以合法形式掩盖非法目的；（5）因债务人诈欺或其他不法行为达成和解协议。

和解协议是否不具有合法性，不论利害关系人是否已对和解协议提出异议，法院都应当依职权对和解协议的合法性进行审查。对于和解协议的合法性的审查，为实质审查。必要时，法院可以传讯与和解协议有关的当事人到庭陈述。

第四节　和解协议的执行

一　和解协议的约束力

和解协议约束债务人和债权人。受和解协议约束的债务人，为和解债务人。受和解协议约束的债权人，为和解债权人。《企业破产法》第 100 条第 1 款规定："经人民法院裁定认可的和解协议，对债务人和全体和解债权人均有约束力。"债务人为达成和解协议的一方，自然受和解协议的约束。债权人会议作为债权人全体的意思表示机关，同意接受和解协议的，表示全体债权人均接受和解协议，全体债权人无例外地受和解协议的约束。

和解债权人，是指在法院受理破产申请前对债务人享有债权的人。所有的和解债权人，不论其是否申报债权或者是否出席债权人会议同意和解协议草案，其债权的行使均受和解协议的约束；但是，和解债权人的债权附有担保的，担保权的行使不受和解协议的约束。《企业破产法》第 100 条第 2 款规定："和解债权人是指人民法院受理破产申请时对债务人享有无财产担保债权的人。"上述规定将附有担保权的债权人排除于和解债权人之外，实有不妥。法院受理破产申请时对债务人享有债权的人，均可依照《企业破产法》的规定通过破产程序行使权利；若其债权附有担保，其担保不论是否由债务人的特定财产提供，其债权人的身份和地位并无任何变化；唯一不同的是，该债权人还享有就担保标的物优先受偿的权利。有财产担保的债权人行使担保权，不受和解协议的约束，但其若行使对债务人享有的债权，应当受和解协议的约束。因此，凡在法院受理破产申请时对债务人享有债权的人，不论其债权是否附有担保，均为和解债权人。

和解协议经法院裁定认可后，除非法院裁定和解废止并宣告债务人破产清算，和解债务人与和解债权人均不得主张超出和解协议规定条件以外的任何利益。然而，和解债权人未依法申报债权的，在和解协议执行期间暂缓行使权利；只有在和解协议执行完毕后，才可以按照和解协议规定的清偿条件行使权利。《企业破产法》第100条第3款规定："和解债权人未依照本法规定申报债权的，在和解协议执行期间不得行使权利；在和解协议执行完毕后，可以按照和解协议规定的清偿条件行使权利。"

二 和解债务人的地位

（一）执行和解协议的条件

和解协议规定的清偿债务的条件，是衡量债务人是否履行和解协议规定的清偿义务的标准。《企业破产法》第102条规定："债务人应当按照和解协议规定的条件清偿债务。"债务人拒绝或者不能按照和解协议规定的条件清偿债务的，构成债务人违反和解协议。

和解协议为和解债权人作出让步后的产物。和解债务人应当无保留地按照和解协议规定的条件清偿债务。经法院裁定认可的和解协议，不允许和解债务人在执行和解协议时提出附加条件或者延缓和解协议规定的债务清偿，和解债务人在执行和解协议的过程中提出新的条件的，将被视为违反和解协议。

和解协议规定的清偿债务的条件，包括但不限于清偿债务的数额、方式、时间、地点、担保等条件。债务人应当按照和解协议规定的条件，全面履行和解协议规定的清偿义务。和解协议对清偿债务的数额、方式、时间、地点有明确规定的，债务人应当按照和解协议规定的清偿债务的数额、方式、时间、地点，向和解债权人清偿债务。债务人按照和解协议规定的条件清偿债务，无须和解债权人催告，债务人应当主动按照和解协议规定的条件清偿债务。

（二）和解债务人的偏颇行为

和解债务人的偏颇行为，是指和解债务人在执行和解协议前给予个别和解债权人和解协议约定外的利益的行为。和解协议规定的清偿债务的条件，对于所有的和解债权人而言，都是相同的；和解债务人应当按照和解协议约定的条件向所有的和解债权人为公平清偿，不得违反和解协议规定的条件而给予个别和解债权人以特殊利益。破产立法例极力防止和解债务人的偏颇行为。例如，日本《破产法》（1922年）第305条规定，破产的债务人不依和解条件而给予个别破产债权人以特殊利益的行为无效。

和解债务人的偏颇行为，足以损害其他和解债权人的清偿利益。例如，和解协议规定有债务清偿期和数额条件，债务人在债务清偿期届满前，提前向个别和解债权人清偿全部债务的，则有可能损害其他和解债权人的利益。和解债务人在和解协议执行完毕前，不得对个别和解债权人给予和解协议规定条件以外的特殊利益；和解债务人给予个别和解债权人以额外利益的，其行为不得对抗其他和解债权人。

和解债务人为偏颇行为，性质上属于违反和解协议，和解债权人可依照《企业破产法》第104条的规定，请求法院裁定和解废止并宣告债务人破产清算。

（三）和解债务人的相对免责利益

和解债务人的相对免责利益，是指和解债务人以按照和解协议规定的条件清偿债务为条件所取得的不再承担其他清偿义务的利益。

和解协议免除了和解债务人即时清偿所有届期债务的责任，和解债务人取得按照和解协议规定的条件清偿债务的利益；而且，和解债务人以执行和解协议为条件，将免于承担和解债权人在和解协议中让步的债务清偿责任。《企业破产法》第106条规定："按照和解协议减免的债务，自和解协议执行完毕时起，债务人不再承担清偿责任。"

但是，和解债务人的免责利益不及于和解债务人的保证人和其他连带债务人。与和解债务人共同担保清偿和解债权责任的连带债务人，对和解债权人承担连带清偿责任。和解债务人的保证人，不论其保证责任为一般保证还是连带保证，在和解程序开始时均对和解债权人承担连带清偿责任。和解债务人的保证人与和解债务人的连带债务人，对和解债权人承担之连带清偿责任，并无性质上的差异。例如，日本《破产法》（1922年）第326条第2款规定，和解协议不影响债权人对于破产人的保证人、其他连带债务人的权利，不影响为债权人提供的担保。当债务人受和解程序约束时，债权人仍得对债务人的保证人和其他连带债务人行使权利，债务人的保证人和其他连带债务人，可以其对债务人的将来求偿权，申报债权参加破产程序，但其对债权人承担的清偿责任，则不受破产程序的影响。对和解债权人提供担保的物上保证人，其所承担的担保责任，亦同。《企业破产法》第101条规定："和解债权人对债务人的保证人和其他连带债务人所享有的权利，不受和解协议的影响。"依照该条的规定，在和解程序开始以及和解协议生效后，和解债务人的保证人和其他连带债务人，对债权人所承担的继续清偿和解债务的连带责任，并不因和解的成立而受任何影响。虽然该条并没有涉及和解债务人的物上保证人问题，但物上保证人的地位，在法解释上应当包括在债务人的保证人的范畴内。

和解债务人违反和解协议而被法院宣告破产的，其所取得的免责利益归于消灭。《企业破产法》第104条第2款规定："人民法院裁定终止和解协议执行的，和解债权人在和解协议中作出的债权调整的承诺失去效力。"

三　和解债权人的地位

和解债权人受和解协议的约束。不论和解债权人是否申报债权，亦不论和解债权人是否出席债权人会议表决同意和解协议草案，均受和解协议的约束。受和解协议约束的和解债权人，应当依照和解协议规定的条件行使权利，而且，和解债权人只能依照和解协议规定的条件行使权利。和解债权人非依和解协议规定的条件，不得行使权利，更不能对债务人要求和解协议规定的条件以外的利益。债务人依和解协议已免除的债务，除非债务人违反和解协议而被法院宣告破产清算，和解债权人不得再为主张。

这里应当注意，和解债务人的保证人和其他连带债务人，不得以和解协议规定的条件对抗和解债权人的清偿要求；和解债务人的物上保证人不得以和解协议规定的条件对抗和解债权人行使担保权。在和解协议执行期间，和解债权人可以按照和解协议规定的条件，请求和解债务人按照和解协议规定的条件清偿债务，亦可以其对和解债务人享有的全部债权，请求和解债务人的保证人和其他连带债务人清偿债务，或者就物上保证人提供的担保物行使权利。在和解协议执行完毕后，和解债权人在和解协议中作出让步而未能受清偿的债权部分，仍可以请求和解债务人的保证人和其他连带债务人清偿，或者就物上保证人提供的担保物行使权利。

和解债权人依和解协议已接受的清偿为有效的清偿；此等清偿即使在

续行的破产清算程序中，也可以对抗任何第三人。《企业破产法》第103条规定："因债务人的诈欺或者其他违法行为而成立的和解协议，人民法院应当裁定无效，并宣告债务人破产。有前款规定情形的，和解债权人因执行和解协议所受的清偿，在其他债权人所受清偿同等比例的范围内，不予返还。"第104条第2款规定："人民法院裁定终止和解协议执行的，和解债权人在和解协议中作出的债权调整的承诺失去效力。和解债权人因执行和解协议所受的清偿仍然有效，和解债权未受清偿的部分作为破产债权。"但是，和解债权人所受有效的清偿，仅限于和解债务人按照和解协议规定的条件所为之清偿。和解债务人未按照和解协议规定的条件清偿的债务，和解债权人因此所受清偿，不得对抗其他和解债权人。

债务人不按或者不能按和解协议规定的条件清偿债务的，和解债权人可以请求法院裁定和解废止并宣告债务人破产清算。法院宣告债务人破产清算的，和解债权未受偿的部分作为破产债权；在续行的破产清算程序中，任何一位和解债权人，只有在其他债权人所受的清偿达到同一比例时，才能继续接受分配。① 例如，和解债权人甲因为债务人执行和解协议所受清偿达到其债权的20%时，债务人被宣告破产，债权人乙和丙所受和解清偿仅占其债权额的15%；则债权人甲在破产清算程序中，等债权人乙和丙接受破产分配后，其债权受偿额达到其债权总额的20%（包括债务人执行和解协议所受15%的清偿），债权人甲才可以和债权人乙、债权人丙继续接受破产分配。

和解债权人未依法申报债权的，同样受和解协议的约束。但此等和解债权人仅能在和解协议执行完毕后，才可以按照和解协议规定的清偿条件行使权利。《企业破产法》第100条第3款规定："和解债权人未依照本法规定申报债权的，在和解协议执行期间不得行使权利；在和解协议执行完毕后，可以按照和解协议规定的清偿条件行使权利。"这就是说，在和解协议执行完毕后，未依法申报债权的和解债权人可以按照和解协议规定的清偿条件对债务人行使权利。

四　不受和解协议约束的请求权

受和解协议约束的权利仅以和解债权为限。对债务人享有的和解债权

---

① 参见《企业破产法》第104条。

以外的其他权利，不受和解协议的约束。不受和解协议的约束的权利，主要有别除权、抵销权、共益债权、优先顺位请求权以及不属于和解债权的其他权利。

（一）别除权

以债务人的特定财产担保和解债权的受偿，该债权人有别除权；以债务人的特定财产担保第三人所负债务的受偿，该担保权人有别除权。别除权是对债务人的特定财产享有的担保物权，包括《物权法》规定的担保物权和其他法律规定的法定优先受偿权。《物权法》规定的担保物权和其他法律规定的法定优先受偿权，具有相同的性质。前者有抵押权、质权和留置权；后者则有优先权和建筑工程优先受偿权等。

别除权的行使不受破产程序的约束，自不受和解协议的约束。例如，我国台湾地区"《破产法》"第37条规定，和解不影响有担保或者优先权之债权人的权利，但经该债权人同意者，不在此限。和解协议约定的债务人清偿债务的条件，对别除权人行使别除权不产生任何影响；即便债务人执行和解协议完毕后，亦如此。

别除权之所以不受和解协议的约束，乃源自别除权人所行使的权利，并非和解债权，而是担保物权。在破产法理论上，在法院受理破产申请前，对债务人的特定财产享有担保权益的债权人，不受和解协议的约束，该债权人可以在破产程序约束之外行使担保权益。但别除权人有滥用其担保权人地位的现实性和可能性，所以，别除权人如何行使和解债权成为破产立法规制的问题，这也成为破产立法排除有财产担保的债权人对和解协议行使表决权的理由。《企业破产法》第59条规定，"对债务人的特定财产享有担保权的债权人，未放弃优先受偿权利的"，对和解协议没有表决权。

在法解释论上，上述规定的立场具有其合理性。有财产担保的债权人对和解协议没有表决权，并非其行使权利不受和解协议约束的理由，当然，如果别除权人行使的权利仍为和解债权，该债权人当受和解协议的约束。例如，别除权人放弃和解债权所附之担保物权而行使权利，或者就别除权行使后的残额行使权利的，受和解协议的约束。

（二）抵销权

抵销权是债权人在破产程序开始后可以抵销其对债务人财产所负债务的权利。和解债权人在破产程序开始前对债务人负有债务的，在和解程序开始后向管理人主张抵销，不受和解程序的约束，故和解债权人行使抵销权，不受和解协议的约束。同样，和解程序因和解协议的生效而终止后，和解债权人可以民法规定的抵销条件对债务人主张抵销，更无受和解协议约束的理由。

和解债权人对债务人所享有的债权为普通债权，应当依照破产程序行使权利，并受和解协议的约束。但破产立法允许和解债权人行使抵销权，是赋予对债务人负有债务的债权人的一项特别保护利益，在效果上相当于直接用债务人财产（债权人对债务人所负债务）来清偿应当依照破产程序受偿的和解债权，使得和解债权人可以避免因为破产程序减值清偿的损失。这样，和解债权人行使抵销权所获得之清偿利益，不论其受偿的比例是否超出和解协议约定的清偿比例，更不论其受偿的时间是否先于和解协议约定的清偿时间，债权人均可以保有其所获得的清偿利益。

（三）共益债权

共益债权为破产费用请求权和共益债务请求权的统称，应当由债务人的财产随时清偿。破产费用请求权是请求由债务人的财产优先支付的、在和解程序期间应当支付的程序费用，以及保管、清理、处理和分配债务人财产而发生的费用的权利。共益债务请求权是请求由债务人财产优先清偿的、在和解程序期间发生的债务的权利。[1]

共益债权产生于破产程序或和解程序开始后，仅仅为全体债权人的利益而存在，不属于和解债权。共益债权之债权人在和解程序期间可以随时要求管理人清偿其债权，不受和解程序的约束。共益债权的债权人在和解程序进行期间未能获得清偿的债权部分，在法院裁定认可和解协议并终止破产程序后，亦得随时要求债务人清偿。共益债权不受和解协议的约束。

应当注意的是，在法院裁定受理和解申请后，第三人（物上保证人或者保证人）为和解协议的执行提供担保，对债务人享有的求偿权，是否为共益债权？在法解释论上，物上保证人或保证人为和解协议的执行所提供之担保，受和解协议的约束，且其有效性和执行力不受法院裁定和解废止的影响，[2] 物上保证人或保证人对债务人享有的求偿权，应当受到特

---

[1] 参见《企业破产法》第41条和第42条。

[2] 参见《企业破产法》第104条。

别的保护；何况，此等求偿权发生于和解程序进行期间，债权人团体因之而受有利益。因此，为和解协议的执行提供担保之物上保证人或保证人的求偿权，应当归入共益债权。

（四）优先顺位请求权

优先顺位请求权包括劳动债权、社会保险费用请求权和税收请求权。

债务人企业的职工对和解债务人所欠职工的工资和医疗、伤残补助、抚恤费用，所欠的应当划入职工个人账户的基本养老保险、基本医疗保险费用，以及法律、行政法规规定应当支付给职工的补偿金等享有的权利，在破产程序中为第一顺位优先受偿的权利，不属于和解债权，不依照和解协议约定的条件接受清偿，自不受和解协议的约束。①

和解债务人在法院受理破产申请前所欠应当缴纳的社会保险费用，社会保险机构对和解债务人因此享有社会保险费用请求权，包括但不限于基本养老保险、基本医疗保险、失业保险、工伤保险、生育保险等费用的请求权，② 在破产程序中为第二顺位优先受偿的权利，不属于和解债权，不依照和解协议约定的条件接受清偿，自不受和解协议的约束。

因和解债务人在法院受理破产申请前所欠税款而发生的税收请求权，就和解债务人的财产较和解债权人享有优先受偿的权利，在破产程序中为第二顺位优先受偿的权利，不属于和解债权，不依照和解协议约定的条件接受清偿，自不受和解协议的约束。

（五）不属于和解债权的其他权利

和解债权人享有的保证债务人请求权和连带债务请求权，虽与和解债权有关，但不属于和解债权，不受和解协议的约束。《企业破产法》第101条规定："和解债权人对债务人的保证人和其他连带债务人所享有的权利，不受和解协议的影响。"

五 执行和解协议的效果

和解债务人按照和解协议规定的条件清偿债务的，不再承担按照和解协议减免的债务。《企业破产法》第106条规定："按照和解协议减免的

---

① 劳动者因为和解债务人解除劳动合同而依法或者依照劳动合同享有的补偿金请求权视同工资请求权，亦不受和解协议的约束。

② 以第二顺位优先受偿的社会保险费用请求权，不含因和解债务人所欠的应当划入职工个人账户的基本养老保险、基本医疗保险费用而发生的请求权。

债务，自和解协议执行完毕时起，债务人不再承担清偿责任。"与此相对应，和解债权人在和解协议中作出的债权调整承诺或者减免债务人债务的承诺，在债务人执行和解协议完毕后，确定发生效力，不得再向和解债务人主张超出和解协议约定的任何权利或者利益。未依法申报债权的和解债权人对于和解债务人所能主张的权利，在和解债务人执行和解协议完毕后，亦同。

债务人执行和解协议的，不再承担依照和解协议减免的债务的清偿责任，但对于债务人的保证人、其他连带债务人所承担的清偿和解债权人之全部债权的责任，并不产生任何影响。因此，和解债权人在和解协议中作出让步而未能受清偿的债权部分，仍可以继续对债务人的保证人、其他连带债务人行使权利。[①]

第五节　和解废止

一　和解废止

（一）和解废止的意义

和解废止，又可称为取消和解协议的执行或者终止和解协议的执行，是指法院根据债权人的申请或者依职权裁定终止执行和解协议的司法审判行为。法院裁定和解废止，为宣告和解债务人破产清算的法律事实。

法院裁定认可和解协议后，和解程序终止。和解协议对债务人和和解债权人产生约束力，债务人应当按照和解协议约定的条件清偿债务。债务人与债权人不再受破产程序的约束。但是，和解债务人在执行和解协议过程中，如果违反和解协议，如何救济和解债权人，破产立法对之应当有所安排。况且，和解协议虽经法院裁定认可而生效，然而和解协议有无效或

---

① 依照《企业破产法》第 105 条的规定，债务人和全体债权人自行和解而达成处理债权债务的协议，债务人的担保义务人对债权人所承担的担保责任，是否因自行和解而达成的协议的影响，颇为值得研究。笔者以为，此等情形下的和解协议，并非破产程序中的"和解"，而应当将之视同当事人在破产程序之外达成的处理债权债务关系的"民事和解"，自行和解协议具有变更当事人之间的实体权利义务关系的私法效力。因此，和解债务人执行自行和解的协议的，担保义务人的担保责任应当限于自行和解的协议所约定的债务部分，其担保责任应当随自行和解的协议之执行而归于消灭。

者可撤销的原因,继续执行和解协议将有损于和解债权人的利益,破产立法者为救济和解债权人亦应当有所安排。基于这些缘由,破产立法规定有和解废止的制度。和解废止的基本内容就是,法院裁定终止执行和解协议,并宣告债务人破产清算以救济和解债权人的利益。

依照《企业破产法》的规定,和解废止可以划分为法院依申请裁定和解废止与法院依职权裁定和解废止。

(二) 法院依申请裁定和解废止

法院依申请裁定和解废止,是指法院依照和解债权人的请求,裁定终止和解协议的执行。破产程序中的当事人自治,一定程度上排斥法院依职权裁定废止和解;故法院依法定事由裁定废止和解的,应当依照和解债权人的申请。《企业破产法》第104条第1款规定:"债务人不能执行或者不执行和解协议的,人民法院经和解债权人请求,应当裁定终止和解协议的执行,并宣告债务人破产。"

《企业破产法》没有明文规定法院可依职权裁定和解废止。尤其是在债务人违反和解协议的情形下,法院裁定和解废止应当以格外"经和解债权人请求"为必要。①

(三) 法院依职权裁定和解废止

法院依职权裁定和解废止,是指法院依法定事由直接裁定终止和解协议的执行。理论上,债务人违反和解协议或者债务人以不法手段成立和解协议,为保护债权人团体的利益,维护破产程序的严肃性和强制性,法院可依职权裁定和解废止。法院依职权裁定和解废止,基本目的是维护法律的尊严和保护债权人团体的合法利益。但是,破产立法例对于法院依职权裁定和解废止,一般是有保留的,因为法院依职权裁定和解废止,有可能损害民事领域的私法自治原则。例如,日本《破产法》(1922 年) 第 333 条仅规定,当破产人犯有诈欺破产罪而确定时,法院可依职权撤销和解。对于法院依职权裁定和解废止,我国台湾地区"《破产法》"没有任何条文加以规定。

---

① 《企业破产法(试行)》第21条和第22条没有明文规定法院裁定和解废止应当依照利害关系人的申请。但在我国的司法实务上,法院则依债权人的申请裁定和解废止。最高人民法院《关于审理企业破产案件若干问题的规定》(2002 年) 第 27 条规定:"债务人不履行或者不能履行和解协议的,经债权人申请,人民法院应当裁定恢复破产程序。和解协议系在破产宣告前达成的,人民法院应当在裁定恢复破产程序的同时裁定宣告债务人破产。"

《企业破产法》第103条第1款规定："因债务人的诈欺或者其他违法行为而成立的和解协议，人民法院应当裁定无效，并宣告债务人破产。"依照上述规定，在和解协议执行期间，如果发现和解协议因债务人的诈欺或者其他不法行为而成立，法院可以裁定和解协议无效，但法院裁定和解协议无效是否应当基于和解债权人的请求，法无明文。① 笔者以为，在法解释论上，若有《企业破产法》第103条第1款规定之事由，法院可依职权裁定和解协议无效，并宣告债务人破产。《企业破产法》第103条第1款多少为法院依职权裁定和解废止提供了依据。

二 和解废止的申请

只有和解债权人可以提出和解废止的申请。和解债务人违反和解协议的，依照《企业破产法》第104条的规定，和解债权人即可向法院申请和解废止。和解债权人为和解协议约定利益的直接享有者，和解债务人是否执行和解协议或者是否损害和解债权人的利益，和解债权人最为清楚、利害关系最为直接，因此，和解债权人可以申请法院裁定和解废止。

《企业破产法》仅规定法院裁定废止和解以"和解债权人的请求"为必要，而对于请求法院裁定和解废止的"和解债权人"未附加任何限制。当债务人诈欺或者有其他不法行为致使债权人会议接受和解协议的，或者债务人在执行和解协议期间违反和解协议的，任何希望恢复其在和解协议中作出的让步之和解债权人均可申请法院裁定和解废止，似无任何疑问。但是，和解废止的结果事关和解债务人的身份地位，更关乎所有的和解债权人之利益，不加限制地允许任何和解债权人提出和解废止的申请，有可能损害多数和解债权人的利益。依照日本《破产法》（1922年）第332条的规定，债务人不执行和解协议时，申请和解废止的债权人应当超过已申报债权的债权人半数，且其所代表的债权额占已申报债权总额的3/4以上；于此情形，法院始可作出和解废止的裁定。这个问题在我国值得讨论。破产立法对于申请法院裁定和解废止的和解

---

① 但应当注意的是，法院依职权裁定和解废止仅为和解废止的辅助形式。只有在因债务人的诈欺或者其他不法行为而成立和解协议的场合，且和解协议的执行严重损害和解债权人的利益，法院才有必要依职权裁定和解废止。

债权人在人数和其所代表的债权额方面应当有所限定，以维护多数债权人的合法权益。

和解废止的申请是否仅限于和解债权人？这涉及和解债务人可否申请法院裁定和解废止的问题。理论上，和解废止是为救济不能获得和解协议规定条件之清偿的和解债权人而设计的制度，和解债务人申请法院裁定和解废止，形式上看不具有救济和解债权人的功能，仅仅具有帮助和解债务人摆脱和解协议约束的功效。那么，和解债务人似乎不能申请法院裁定和解废止。但是，我们不能将和解废止作绝对化的理解。实际上，拒绝和解债务人申请和解废止，没有任何实益；和解债务人完全可以通过故意违反和解协议的方式迫使和解债权人申请和解废止，实现其申请和解废止的意图，故强调仅有和解债权人申请法院裁定和解废止，未免在程序上过于僵化。另外，《企业破产法》并不禁止和解债务人在执行和解协议期间向法院申请破产清算。笔者以为，和解债务人不能执行和解协议的，可以申请法院裁定和解废止，并宣告其破产清算。

和解债权人申请和解废止的，应当向法院提出书面请求。法院应当将和解废止的申请通知和解债务人，并依法进行审查；必要时，法院应当举行听证会，听取和解债务人和和解债权人的意见。经审查，法院认为和解债务人有《企业破产法》规定的和解废止的法定事由，可以裁定和解废止并宣告债务人破产。法院在作出和解废止的裁定时，应当指定管理人接管破产财产，并发布公告通知债权人。

三 和解废止的法定事由

（一）和解债务人诈欺或有其他不法行为

在协商和解协议的过程中，债务人有诈欺或者其他不法行为的，债权人可以请求法院确认和解协议无效。和解协议经法院确认为无效的，应当终止和解协议的执行。

债务人诈欺或者有其他不法行为，是法院裁定和解废止的法定事由之一。除债务人的诈欺外，其他不法行为主要是指和解债务人所为的胁迫、乘人之危、恶意串通等不法行为。

因和解债务人的诈欺或者其他不法行为而达成的和解协议，严重损害和解债权人的团体利益，受损害的任何和解债权人均可以申请法院裁定和解废止,以恢复其在和解协议中作出的让步。于此情形,法院也可以依职权裁定和解废止。

(二) 和解债务人违反和解协议

和解债务人违反和解协议,是指和解债务人不按和解协议规定的条件清偿债务,或者不能按和解协议规定的条件清偿债务。

和解债务人不按和解协议规定的条件清偿债务,主要有以下情形:(1) 拒绝执行和解协议。债务人拒绝按照和解协议规定的条件清偿债务。(2) 不适当执行和解协议。主要是指和解债务人清偿债务不符合和解协议规定的条件,诸如清偿和解债务迟延、交付错误而又不能补救、清偿部分和解债务等。(3) 不能执行和解协议。和解债务人非因其所愿而不能按和解协议规定的条件清偿债务。不能执行和解协议以和解债务人客观上难以执行和解协议作为判断的标准。例如,和解债务人的财务状况有所变化而存在不能清偿和解债务的客观状况或者可能。

但是,实务上对于和解债务人违反和解协议,或许要比上述列举的情形复杂得多。在理论上,除上述列举的情形外,可将以下因素作为判断和解债务人有不能执行和解协议的基准。如果和解债务人有以下行为,足以损害和解债权人的利益的,即推定和解债务人不能执行和解协议:(1) 和解债务人给予个别和解债权人额外利益;(2) 和解债务人提前清偿个别和解债务,或者提前清偿其他债务;(3) 和解债务人以非正常的价格交易财产;(4) 和解债务人放弃权利;(5) 和解债务人的财务状况继续恶化;(6) 和解债务人隐匿财产或者非法转移财产;(7) 和解债务人毁弃账簿、财务会计报表;(8) 和解债务人拒绝债权人会议或者债权人委员会的监督,诸如拒不报告和解协议的执行情况。

四 和解废止的效果

(一) 程序上的效果

法院依申请裁定和解废止的,应当同时裁定宣告债务人破产。法院作出的和解废止的裁定,应当通知债务人与和解债权人,并发布公告。和解债务人不服法院和解废止的裁定的,不得提出上诉;和解废止的裁定,自人民法院裁定之日起生效。

法院裁定和解废止的,发生宣告债务人破产清算的当然程序效果。在法院裁定和解废止并宣告债务人破产清算时,应当依照《企业破产法》

第 13 条的规定同时指定管理人,接管债务人的财产和营业事务。①

(二) 和解债权人的让步失效

法院裁定和解废止的,和解协议对和解债权人不再具有任何约束力,和解债权人在和解协议中作出的让步皆告失效。《企业破产法》第 104 条第 2 款规定:"人民法院裁定终止和解协议执行的,和解债权人在和解协议中作出的债权调整的承诺失去效力。"和解债权人在和解协议中作出的让步,包括但不限于债务人的延期清偿债务和减债清偿等。与此相对应,和解债务人依照和解协议取得的延期清偿或减债清偿等让步利益,在法院裁定和解废止时,应当恢复到和解协议生效以前的状态。

(三) 和解清偿的对抗力

法院裁定和解废止的,和解债权人可以其原债权全额扣除按照和解协议所受清偿额后的债权余额作为破产债权加入破产分配。② 但应当注意的是,法院裁定和解废止的,和解协议自裁定和解废止之日起失去效力。和解协议的终止执行对和解债权人因为和解协议的执行所取得的清偿不具有溯及力,和解债权人对之不承担返还责任。这就是说,和解债权人依和解协议所受的清偿,可以在和解废止后开始的破产清算程序中对抗其他债权人。

《企业破产法》第 104 条第 2 款规定:"人民法院裁定终止和解协议执行的,和解债权人在和解协议中作出的债权调整的承诺失去效力。和解债权人因执行和解协议所受的清偿仍然有效,和解债权未受清偿的部分作为破产债权。"具体而言,(1) 和解债权人未依和解协议受到任何清偿,则其在和解协议中作出的所有让步失去效力,债权人可以其原债权的全额加入破产分配。(2) 和解债权人已依和解协议受全部清偿,则其可以和解协议废止后因为让步失效而恢复的减免债权额,加入破产分配。(3) 和解债权人依和解协议仅受部分清偿的,则债权人可以合并未受清偿的和解

---

① 法院也可以通知因和解程序终止而停止执行职务的管理人,直接进入破产清算程序执行职务。在此等情形下开始的破产清算程序,是否构成因为和解协议生效而终止的破产程序(和解程序)的继续,颇为值得研究。若将其视为一个新开始的破产程序,则应当重新申报债权,所有的债权人均处于平等的受偿地位。当然,若从破产程序的便利角度考虑,将其视为终止的破产程序之继续,则不会发生债权重新申报的程序问题,但在和解程序进行期间及其后发生的债权,应当归入共益债权,又将造成债权人之间的地位不平等。

② 参见德国《支付不能法》第 255 条,日本《破产法》(1922 年) 第 338 条。

债权额与和解协议废止后因让步失效而恢复的减免债权额，加入破产分配。

（四）不当得利返还

和解废止的，和解债权人所受清偿具有对抗力。和解债权人依照和解协议所受的清偿利益具有法律上的原因，和解债权人可以继续保有此等利益。

依法理，法律行为无效的，自始不发生效力。故和解协议被法院裁定无效的，自始不发生效力。和解债权人因为无效的和解协议所取得之清偿，因为和解协议的自始无效而应当予以返还。但是，债务人因为和解协议规定的条件所为清偿，涉及众多债权人的利益，如果要求所有的已受清偿的债权人返还，与破产程序的不可逆转的执行效力相冲突；而且，如果各和解债权人依照和解协议所受的实际清偿比例相同，并没有发生和解债权人受偿利益不平等的现象，要求受清偿的债权人返还，并无实益。《企业破产法》第103条规定："因债务人的诈欺或者其他违法行为而成立的和解协议，人民法院应当裁定无效，并宣告债务人破产。有前款规定情形的，和解债权人因执行和解协议所受的清偿，在其他债权人所受清偿同等比例的范围内，不予返还。"

但是，因为债务人的诈欺或者其他不法行为而成立的和解协议，如果法院裁定和解废止（和解协议无效）的，其情形与债务人不执行或者不能执行和解协议的情形毕竟有所不同。事实上，和解债权人因和解协议的执行所受实际清偿，在清偿程度上可能会有所不同；特别是，在债务人因不法行为达成和解协议的情况下，债务人极有可能给予个别和解债权人更加优厚的利益，此等不公平的现象应当加以防止。如果个别债权人所受清偿优于其他债权人，则其继续保有所受清偿利益，有失公平。因此，法院因债务人诈欺或者有其他不法行为裁定和解废止的，债权人因和解协议的执行所受实际清偿，超过其他和解债权人所受清偿同等比例的部分构成不当得利，应当返还给破产财产。

（五）和解担保义务人的担保责任

债务人申请和解并允诺为和解债权人的利益提供担保，对实现和解程序的目的往往是有效的。第三人在债务人和债权人会议达成和解协议时，可以为和解协议的履行提供担保。为和解协议的履行提供担保的人，为和解担保义务人，以债务人以外的第三人为限，包括保证人和物上保证人。

和解担保义务人所提供的担保，对于和解债权人信赖债务人能够执行和解协议以及确保债务人执行和解协议，具有积极的意义。《企业破产法》第104条第4款规定，债务人违反和解协议，法院裁定终止和解协议执行的，为和解协议的执行提供的担保继续有效。

法院裁定和解废止的，和解协议失去效力，和解担保义务人为和解协议的成立和执行提供的担保，是否继续有效？这不仅是一个理论问题，更是一个实践问题。和解担保义务人为和解协议的履行提供的担保，本应当为有效的和解协议所提供；若和解协议因为和解废止而失去履行的基础，和解担保义务人提供的担保自应当归于消灭。但是，若考虑到和解债务人因为违反和解协议被法院宣告破产清算，其在和解协议中承诺的清偿和解债务的责任并没有免除，和解担保义务人提供的担保所担保的和解债务的清偿仍然有其基础，故和解担保义务人提供的担保应当继续有效。再者，若和解担保义务人提供的担保因为法院宣告债务人破产清算而失效，则破产立法规定的和解程序中第三人提供担保的制度的存在价值，就颇为令人怀疑了。因此，和解担保义务人为和解协议的成立和执行提供的担保，应当发挥担保债权人债权受偿的效用。依照企业破产法的规定，债务人被宣告破产清算的，和解担保义务人为和解协议的执行提供的担保继续有效。在此情形下，和解债权人除行使破产债权请求破产分配外，还可以请求和解担保义务人承担担保责任。

值得注意的是，为和解协议的执行提供的担保之效力，取决于和解担保义务人与和解债权人在和解程序中的意思表示。和解担保义务人所提供的担保，虽不因和解废止而失去效力，但并不具有绝对的意义。担保的提供为私法自治的事项，就和解担保义务人在为和解债权人所提供的担保而言，如果当事人就担保之效力另有意思表示的，在法院因为债务人违反和解协议而裁定和解废止时，应当依照当事人的意思表示确定担保的效力。再者，依照《企业破产法》第104条的规定，因债务人违反和解协议（不能执行或者不执行和解协议）而终止执行和解协议的，为和解协议的执行提供的担保继续有效。如果因为其他事由，例如因为债务人诈欺或有其他不法行为，法院裁定和解协议无效的，为和解协议的执行所提供的担保是否继续有效，值得讨论。笔者以为，依照《企业破产法》第103条规定之和解废止原因，法院裁定和解协议无效的，为该和解协议提供的担保无效，和解义务担保人对和解债权人应当承担缔约过失责任；但是，和解担保义务人与和解债权人另有意思表示，从其意思表示。

第六节 自行和解

一 自行和解的意义

自行和解，是指在法院受理破产申请后，债务人和债权人全体自行协商达成清理债权债务的协议而终结破产程序的方式。自行和解不同于《企业破产法》第9章规定的和解程序，它是债务人与全体债权人不受破产程序约束的协商行为，可以在破产程序期间的任何阶段进行。自行和解并非破产程序的组成部分，也不需要法院的主持或参与。不论法院受理的破产申请的类型，债务人和全体债权人经协商，均可自行和解。《企业破产法》第105条规定："人民法院受理破产申请后，债务人与全体债权人就债权债务的处理自行达成协议的，可以请求人民法院裁定认可，并终结破产程序。"

《企业破产法》只是将自行和解作为法院裁定终结破产程序的法律事实，并未就自行和解规定相应的程序。自行和解没有特定的程序要求，在破产程序进行的任何期间，只要债务人和全体债权人有自行和解的愿望，并达成了清理债权债务的协议，均可以请求法院裁定认可自行和解协议并终结破产程序。因此，自行和解不以法院宣告债务人破产清算前为限，即使在法院宣告债务人破产清算后，债务人和全体债权人仍可以自行和解。

债务人可以请求与债权人自行和解；债权人也可请求与债务人自行和解。自行和解达成的协议，作为一种法律事实，在性质上属于债务人和全体债权人订立的重新安排其相互间的债权债务关系的共同行为。

二 自行和解协议的达成

自行和解达成协议的过程，基本上可以归结为协议的要约与承诺两个阶段。请求自行和解的意思表示，构成自行和解的要约；接受自行和解的意思表示，构成自行和解的承诺。发出自行和解要约的人，可以是债务人，也可以是债权人。债务人发出自行和解要约的，其要约的相对人为全体债权人；债权人发出自行和解要约的，若发出要约的债权人并非全体债权人，则该要约的相对人为债务人和其他债权人。请求自行和解的要约，应当包括债务人全面清理债权债务的具体和解方案或条件。

发出自行和解要约的人，无须将其请求自行和解的意思表示向法院提出，但可以请求受理破产申请的法院向自行和解的相对人"传达"自行和解的意思，或者请求管理人向自行和解的相对人"传达"自行和解的意思。因此，请求自行和解的，债务人或者债权人无须向法院专门提出自行和解的申请。

自行和解的要约之相对人，若接受自行和解要约提出的条件，并将其接受的意思表示送达发出自行和解要约的债务人或者债权人，则自行和解达成协议。自行和解协议的达成，可以在债权人会议上进行协商，也可以在破产程序之外进行协商，如何协商则取决于债务人和全体债权人的意思。

债务人请求自行和解的，全体债权人为自行和解的相对人。收到债务人的自行和解和解方案或条件的任何一位债权人，均有权就自行和解方案或条件的内容的拒绝、修改补充或者接受发表意见。仅在所有的债权人对债务人提出的自行和解方案或条件表示接受，则债务人和全体债权人之间便达成清理债权债务的自行和解协议。一般而言，债务人请求自行和解的，为自行和解协议达成的便利起见，全体债权人可以要求召开债权人会议，就债务人的自行和解方案或条件进行讨论，若全体债权人均表示接受，或者没有任何债权人持异议或保留的，可以采用"债权人全体一致通过书面决议"的形式，达成自行和解协议。

债务人和全体债权人达成的自行和解协议，在性质上不同于依照《企业破产法》第98条规定的和解协议。自行和解协议须经全体债权人接受和解条件，故其较宜适用于债权债务关系简单、债权人人数不多的破产案件。

三 自行和解的当事人

自行和解能否成功，取决于全体债权人能否和债务人达成自行和解的协议。自行和解的当事人，限于债务人和全体债权人。当然，债务人的保证人或其他连带债务人，可以作为自行和解的当事人，参与自行和解协议的订立。债务人的保证人或其他连带债务人不参与达成自行和解协议的，并不影响债务人和全体债权人自行和解。

除债务人以外，作为当事人的自行和解之债权人限于"全体债权人"。但是，全体债权人的范围如何？未依照破产法的规定申报债权的债权人、对债务人的特定财产享有担保权的债权人、债权存在争议尚未确定的债权人等，是否应当包括在"全体债权人"之列？《企业破产法》第105条并没有明文规定。

法院受理破产申请后，依法申报债权的债权人，经债权人会议调查，对其记入债权表的债权没有异议，由法院裁定后，该债权人的债权即为确定。依法申报且债权确定的债权人，应当为自行和解的当事人，本无异议。但是，依法申报但债权的存在或其数额存在争议，自与债权确定的债权人不同；未依法申报的债权人，本不能参加破产程序行使权利，与依法申报的债权人也有所不同；对债务人的特定财产享有担保权的债权人，可以就该担保标的物获得优先受偿，其债权获得满足并不依赖于破产程序，故其与没有财产担保的债权人亦有不同。这些差异，是否能够成为排除这些债权人作为自行和解的当事人的理由呢？

前已言之，自行和解并非破产程序的组成部分，而是当事人在破产程序之外就其相互间的债权债务重新作出安排的共同行为。再者，自行和解是债务人和全体债权人之间的"交易"，成功与否取决于全体债权人同意，故其并不涉及各个债权人的债权额计算问题。所以，诸多因为破产程序的开始而形成的债权人之间存在的差异化因素，都不应成为阻碍或影响债权人参与自行和解的理由。不论债权人是否依法在破产程序开始后申报债权，亦不论其债权有无债务人的特定财产作担保、数额是否存在争议，只要债权存在或者引起债权发生的原因有效存在，该债权人就应当成为自行和解的当事人。

四 自行和解协议的效力

（一）终结破产程序的法律事实

自行和解协议经法院裁定认可后生效，对债务人和前提债权人均有约束力。

债务人和全体债权人自行和解达成协议的，债务人或者债权人均可以申请法院裁定认可自行和解协议。法院收到债务人或者债权人申请的，应当对自行和解协议进行审查。自行和解协议因为有债权人全体接受作为基础，法院审查自行和解协议应当集中于自行和解协议的内容和达成是否违反法律的强制性规定。自行和解协议不违反社会公共利益和法律、行政法规的强制性规定的，法院应当裁定认可自行和解协议。法院裁定认可自行和解协议的，应当同时裁定终结破产程序。

法院裁定认可自行和解协议并终结破产程序的，应当在裁定作出后及时通知债务人和管理人，并发布公告。管理人自收到法院通知之日起终止执行职务，并向法院提交执行职务的报告。

(二) 担保义务人的责任

担保义务人对债权人所承担的责任，不因债务人和全体债权人达成自行和解协议而消灭，除非债权人和担保义务人另有意思表示。

但是，自行和解协议作为债务人和债权人重新安排或调整其债权债务的法律事实，引起债务人和债权人相互间实体民事权利义务的变动，债务人对自行和解协议成立前的债务不再承担清偿责任，债务人的清偿责任仅以自行和解协议的约定为限。担保义务人所承担的责任，因为债务人的清偿责任的减免而相应地归于消灭，故担保义务人所承担的责任仅以自行和解协议约定的清偿义务为限。与此相对应，债务人执行自行和解协议的，担保义务人的担保责任应当随自行和解协议的执行而归于消灭。

(三) 自行和解协议的强制执行力

破产程序终结后，债务人应当按照自行和解协议规定的条件清偿债务。自行和解协议为债务人和债权人全体就债务清偿达成的合意，具有实体法上确认债权人减免债务人债务的效力。又因法院裁定认可，自行和解协议具有强制执行力。债权人在自行和解协议中放弃的债权利益，不论债务人是否执行自行和解协议，均不得再行主张。除非自行和解协议另有约定。

原则上，债务人拒不按照自行和解协议规定的条件清偿债务，或者清偿债务不符合自行和解协议规定的条件，或者不能按照自行和解协议规定的条件清偿债务的，债权人均可以向法院申请强制执行自行和解协议。

第九章

破产清算程序

第一节 破产清算程序的构造

一 破产清算程序的概念

破产清算程序，是指债务人不能清偿债务时，为满足债权人的清偿要求而集中变卖破产财产以清偿债权的程序。清算程序是企业破产法规定的破产程序的组成部分之一，与重整程序、和解程序并列为独立的债务清理程序。清算程序适用于不能清偿债务而又缺乏其他清偿债务替代措施的债务人。

我国实行破产程序受理开始主义，即破产程序开始于法院受理债务人或者债权人提出破产申请之时；法院受理破产申请时，除非法律另有规定，均应当由法院指定的管理人接管债务人财产以清理债务。因为破产程序受理开始主义的缘故，我国的破产清算程序可以分为广义的破产清算程序和狭义的破产清算程序两种。

广义的破产清算程序，是指经债务人或者债权人申请破产清算而开始的债务清理程序，其间并未出现重整或者和解等中断程序的事由。广义的破产清算程序，不以法院裁定债务人破产清算为必要，仅以法院受理债务人或者债权人提出的破产清算申请为必要，故该程序可以有条件地向重整程序或者和解程序转化。广义的破产清算程序，可以泛指破产宣告前的债务清理程序，例如破产清算的申请、破产清算申请的受理、管理人的指定和债务人财产的接管等；也可以泛指破产宣告前的债务清理程序和破产宣告后的债务清理程序之结合，例如包括破产清算的申请、破产清算申请的受理、管理人的指定和债务人财产的接管、破产宣告、破产财产的变价与分配和破产清算程序的终结等诸环节结合的完整程序。

狭义的破产清算程序,是指法院宣告债务人破产清算后进行的债务清理程序,实为破产分配程序。在这个意义上,破产清算程序开始于法院对债务人作出的破产清算裁定;没有法院作出的破产宣告裁定,就没有破产清算程序。债务人经法院宣告为破产人后,债务人财产沦为破产财产。在破产清算程序中,管理人为唯一享有占有、保管、清理、估价、变价和分配破产财产的权利人,非经管理人的同意,任何人不得占有和处分破产财产。清算程序的最终结果是,管理人依法变价破产财产而将之公平分配给所有的债权人。《企业破产法》第10章的规定,是对狭义的破产清算程序作出的专门规定。本章所讨论的破产清算程序,主要限于狭义的破产清算程序。

二 破产清算程序的特点

依照《企业破产法》第10章的规定,破产清算程序具有以下三个特点:

第一,破产清算程序以债务人不能清偿债务为适用条件。不论债务人以何种理由进入破产程序,若对债务人适用清算程序,仅能以债务人不能清偿债务作为条件,亦即债务人"不能清偿到期债务,并且资产不足以清偿全部债务或者明显缺乏清偿能力"。如果债务人仅有"不能清偿到期债务"的情形,但并不存在资产不足以清偿全部债务,或者明显缺乏清偿能力的情形,不能对债务人适用破产清算程序。在这个意义上,破产清算程序是以债务人不能清偿债务作为适用条件的债务清理程序。

第二,破产清算程序以变价和分配破产财产为目的。清算程序以变价和分配破产财产为目的,债务人在程序进行期间不仅丧失对其财产的管理和处分权,而且在程序结束时将因变价和分配而失去对破产财产的法律上的权利和利益,导致债务人丧失继续生存和交易的物质基础。这是清算程序与再建型或者再生型债务清理程序的显著区别。

第三,破产清算程序以破产宣告为标志。债务人不能清偿债务的,法院依照当事人的请求或者法律的规定,宣告债务人为破产人的,破产清算程序正式开始。在这一点上,破产清算程序与《企业破产法》规定的重整程序与和解程序存在明显的差异。法院受理重整申请或者和解申请,重整程序或者和解程序即告开始;但法院受理清算申请,破产清算程序并不当然开始，破产清算程序是否开始，取决于法院是否宣告债务人破产清算。因此，没有破产宣告，就没有破产清算程序，破产清算程序是破产宣告后的债务清理程序。

三 破产清算程序的结构

破产清算程序的结构，由破产清算的申请与受理、破产宣告、破产财产的变价、破产分配、破产清算程序的终结、免责与复权等制度组成。

应当注意的是，破产清算的申请与受理并非破产清算程序在结构上的必要组成部分。依照《企业破产法》的规定，重整程序、和解程序与破产清算程序是可以转化的，在有企业再审程序提前终止、终止执行重整计划或者和解废止的情形下，法院裁定债务人破产清算的，破产清算程序的结构仅以法院宣告债务人破产清算后的程序所应有的结构组成为必要，即破产清算程序是由破产宣告、破产财产的变价、破产分配、破产清算程序的终结、免责与复权等制度组成的。

第二节 破产清算的申请与受理

一 破产清算的申请

破产清算的申请，又称为清算申请，是指债务人或者债权人向法院提出的旨在变价债务人财产而分配给债权人的意思表示。一般而言，清算申请人包括债务人和债权人。

首先，债务人有破产原因的，可以直接向法院申请清算。债务人直接向法院申请破产清算的，称为自愿清算申请。但是，不具有破产原因的债务人，不得提出清算申请。其次，债务人有破产原因的，债权人可以直接向法院申请宣告债务人破产清算。债权人向法院申请债务人破产清算，相对于债务人而言，可称为非自愿清算申请。再次，已经解散的企业法人有破产原因的，对该企业法人清算负有责任的人或组织，应当向法院申请该债务人破产清算。最后，商业银行、证券公司、保险公司等金融机构有破产原因的，国务院金融监督管理机构可以向法院申请该金融机构破产清算。[1]

---

[1] 参见《企业破产法》第7条、第134条，《合伙企业法》第92条。

债务人或者债权人向法院申请破产清算的,应当提交破产清算申请书。破产清算申请书应当载明下列事项: (1)债务人的基本情况;(2)申请目的清算;(3)申请清算的事实和理由;(4)申请书应当记载的其他事项。破产清算申请书为债务人或者债权人申请清算的形式要件。

债务人直接申请破产清算的,除向法院提交破产清算申请书外,还应当提交有关"证据",主要包括:企业法人营业执照(副本)、法定代表人身份证明、财产状况说明、债务清册、债权清册、有关财务会计报告、企业职工情况和安置预案、职工工资和社会保险费用支付情况。[①]

债权人直接申请债务人破产清算的,除向法院提交破产清算申请书外,还应当提交有关债务人不能清偿到期债务的"证据",包括但不限于涉及债权的成立、债权届期未获清偿等方面的"证据"。在债权人直接申请债务人破产清算的场合,债务人有权在收到人民法院的破产清算申请通知之日起7日内,对申请提出异议,并提交支持其异议的相应"证据"。

原则上,破产清算程序以债务人或者债权人向法院提出破产清算申请为条件。没有破产清算申请的,法院不得依职权对债务人适用破产清算程序。但是,依照《企业破产法》规定的清理债务的破产程序结构,依法开始的重整程序或者和解程序,可以有条件地转化为破产清算程序;在重整程序或者和解程序进行期间,若发生应当宣告债务人破产清算的法定事由,即使没有破产清算申请,法院亦可依职权宣告债务人破产清算,而以清算程序清理债务。

清算申请并非法院裁定开始清算程序的绝对条件。在依法开始重整程序或者和解程序后,在破产程序进行期间,若有法定的应当宣告债务人破产清算的事由出现时,不论是否有利害关系人请求法院宣告债务人破产,法院均可以依照职权并依照法律的规定开始破产清算程序。例如,《企业破产法》第79条第3款规定,债务人或者管理人未按期提出重整计划草案的,人民法院应当裁定终止重整程序,并宣告债务人破产;第99条规定,和解协议草案经债权人会议表决未获得通过,或者已经债权人会议通过的和解协议未获得人民法院裁定认可的,人民法院应当裁定终止和解程

---

① 除上述以外,国有企业向法院申请破产清算时,应当提交其国有资产管理部门同意其破产清算的文件;其他企业应当提供其开办人或者股东会议决定企业破产清算的文件。参见最高人民法院《关于审理企业破产案件若干问题的规定》(2002年)第5条。

序，并宣告债务人破产。

二　破产清算申请的受理

清算申请的受理，是指法院经审查认为破产清算的申请符合《企业破产法》的规定而予以接受，并开始破产程序的司法上的审判行为。法院在受理清算申请前，应当在法定期限内对债务人或债权人提出的清算申请予以审查，审查的事项包括债务人有无破产能力、申请人提出的清算申请是否符合法律的规定等。清算申请受理前的审查，应当以形式审查为限。经审查，若破产清算申请符合《企业破产法》的规定，法院应当裁定受理破产清算申请。

法院作出受理破产清算的申请之裁定时，对于债务人是否具有《企业破产法》第2条第1款规定之"破产原因"，因为不具备调查并确认债务人有否"破产原因"的程序条件，往往难以作出宣告债务人破产清算的裁定。法院受理破产清算的申请，并不表明债务人财产必定沦为破产财产，也不表明已经开始的清算程序必定产生破产分配的效果。仅当债务人自行申请破产清算的场合，若已有较为充分的事实表明债务人具备《企业破产法》第2条第1款规定之"破产原因"，法院可以在受理破产清算的申请时，一并作出宣告债务人破产的裁定。

法院受理破产清算的申请，并不意味着具有分配效果的破产清算程序的开始。法院受理清算申请，仅仅表明破产程序已经开始，但已经开始的破产程序可能向重整程序或者和解程序方向发展。在因破产清算的申请而开始破产程序的场合，是否开始具有分配效果的破产清算程序，仍将取决于法院经审理后作出宣告债务人破产与否的裁定。一般而言，法院受理破产清算的申请后，债务人是否具有"破产原因"，应当根据管理人执行其"调查"债务人财产状况职务的结果予以判定。依照《企业破产法》第25条的规定，管理人有责任调查债务人的财产状况，制作财产状况报告。管理人在接管债务人财产和营业后，应当对债务人的财产状况予以调查，并向法院提交债务人财产状况报告。管理人经调查而制作的债务人财产状况报告，将成为法院认定债务人是否具有《企业破产法》第2条第1款规定之"破产原因"的依据。在法院受理破产清算申请后，若法院查明债务人有《企业破产法》第2条第1款规定之"破产原因"，除非经利害关系人申请而开始重整程序或者和解程序，法院应当裁定宣告债务人破产清算。

第三节 破产宣告

一 破产宣告的概念与特征

破产宣告，是法院对债务人不能清偿债务而应当被清算的事实所作出的法律上的判定。它具有以下四项特征：

第一，破产宣告只适用于不能清偿债务的债务人。债务人有清偿债务的能力，法院不能以任何理由宣告其破产清算。债务人能够清偿债务，拒不清偿的，通过民事诉讼和执行程序强制其清偿债务。债务人有清偿能力，只是因为请求清偿的债权人众多，逐个清偿债权在程序上有所不便，也不能宣告债务人破产清算，应当适用共同诉讼或者集团诉讼加以解决。破产宣告只能适用于不能清偿债务的债务人。通过宣告其破产清算，债务人沦为破产人。

第二，破产宣告是审理破产案件的法院的司法审判行为。破产案件专属法院管辖，法院以外的其他任何机构或者国家行政机关，都没有权力对债务人不能清偿债务而应当被清算作出具有特定法律意义的宣告判定。破产宣告是法院行使破产案件专属管辖权的具体形态，表现为法院对债务人的应被清算的事实作出的司法判断，其结果具有强制执行力。

第三，破产宣告是具有分配效果的清算程序开始的标志。法院受理破产申请后，债务人并非已被宣告破产清算，此时破产程序已经开始，但具有分配效果的清算程序并未开始，管理人不能对债务人财产进行变价和分配。唯有债务人被宣告破产清算时，其全部财产沦为破产财产，破产财产成为管理人实施破产分配的标的。破产宣告构成破产程序公平分配债务人财产的核心阶段，没有破产宣告，就没有破产财产的形成，也就不可能有破产分配。因此，破产宣告为具有分配效果的清算程序开始的标志。

第四，破产宣告发生破产法规定的程序效力。破产宣告首先确定了债务人在破产程序上的地位，并以其特有的程序效力约束参加破产程序的债权人，影响与债务人发生交易的其他利害关系人的权利或利益。破产宣告的程序效力的核心内容在于，非经清算程序，任何人不得处分破产财产，亦不得对破产财产行使权利。

二 破产宣告的原因和事实

(一) 法律规定与自由裁量

债务人有破产原因发生时，法院才能够作出破产宣告的裁定。法院宣告债务人破产，应当以债务人具有法律规定的破产原因为必要，即债务人或者企业法人不能清偿到期债务，并且资产不足以清偿全部债务或者明显缺乏清偿能力。债务人具有破产原因，法院裁定宣告债务人破产清算并非唯一和必然的选择；即使债务人具有破产原因且自行申请破产清算，法院也不一定非要作出破产宣告的裁定。

在破产程序开始后，法院应当在何时并依照何种理由宣告债务人破产清算，不仅仅是破产立法所要关注的问题，更是法院审判实务的技术操作问题。债务人具有破产原因，只是给出了法院裁定宣告债务人破产的一个空间，表明法院对宣告债务人破产清算的自由裁量权是充分的。因此，债务人具有破产原因，法院依据债务人或者债权人的申请，可以适时裁定宣告债务人破产清算。债务人具有破产原因而应当被即时宣告破产清算的，法院可以在裁定受理破产清算的申请时，一并裁定宣告债务人破产清算。

为使法院的自由裁量更加具有效率，破产立法例往往会具体规定法院宣告债务人破产清算的个别情形。例如，依照英国《破产法》的规定，破产法院在受理破产案件后的任何期间，除依债务人的请求宣告其破产清算外，亦需在下列情形下，宣告债务人破产清算：(1) 债权人会议决议同意宣告债务人破产清算的；(2) 第一次债权人会议未通过任何决议的；(3) 不能如期举行债权人会议的；(4) 债权人会议拒绝债务人提出的和解条件的；(5) 法院公开审查债务人后14日内，债务人同债权人会议未达成和解协议，或者在法院同意的宽限期经过后仍未达成协议的；(6) 第一次债权人会议因出席人数不足而被延期的；(7) 管理人向法院证实债务人潜逃或者债务人没有和解意愿的；(8) 法院公开审查债务人被无限期地推迟的；(9) 债务人无正当理由而不提交财务状况说明书的；(10) 债务人迟延履行和解义务、或者法院认为和解协议不能公正履行、或者和解协议的履行有损于债权人的利益、或者债务人以诈欺取得法院许可和解协议的。[①]

---

① I. F. Fletcher, Law of Bankruptcy, Macdonald & Evans, 1978, pp. 135–136.

除债务人有破产原因而应当被宣告破产清算的原则规定外,破产立法例对法院宣告债务人破产清算的具体情形也会有所规定,主要集中于企业再生程序的提前终止、终止执行重整计划及和解废止等方面。将企业再生程序的提前终止、终止执行重整计划或者和解废止作为法院宣告债务人破产清算的事由,一方面有助于法院把握作出破产宣告的判断基准的适当性,另一方面又相应地避免了债务清理程序的重复而节省了司法审判的资源。

《企业破产法》对于破产宣告已有较为完整的规定,不仅赋予了法院裁定宣告债务人破产清算的自由裁量的空间,而且有诸多条文规定法院应当裁定宣告债务人破产清算。债务人不能清偿债务,法院依据债务人或者债权人的申请,裁定宣告债务人破产清算。债务人有破产原因而应当被宣告破产清算的,法院可以在裁定受理破产申请时,一并裁定宣告债务人破产清算。但是,法律规定有破产宣告的障碍者,不在此限。例如,《企业破产法》第108条规定:"破产宣告前,有下列情形之一的,人民法院应当裁定终结破产程序,并予以公告:(一)第三人为债务人提供足额担保或者为债务人清偿全部到期债务的;(二)债务人已清偿全部到期债务的。"

需要说明的是,法院宣告债务人破产清算,以有破产清算申请为原则。但是,在个别特殊情况下,债务人不能清偿债务的,为保护多数债权人的公平受偿利益,法院有必要不依破产清算申请而依职权宣告债务人破产清算。债务人不能清偿债务,不适用破产程序分配债务人的财产,实际后果将会造成债权人受偿机会不均等、受偿利益无保障;相反,宣告债务人破产清算,并非债务人与个别债权人之间的私事,涉及多数债权人的公平受偿利益的保护,更涉及社会公益的维系,法院作为国家公权力机关有必要予以适度的干预。但我国破产立法和司法实务目前均不承认法院职权宣告债务人破产清算。随着我国破产法律制度的完善,有必要规定法院职权宣告债务人破产清算。人民法院在民事诉讼程序或者民事执行程序中,发现债务人不能清偿债务的,应当依职权宣告债务人破产清算。①

(二)企业再生程序的提前终止

法院受理重整申请或者和解申请的,再生程序开始并发生效力。再生

---

① 参见邹海林《破产程序和破产法实体制度比较研究》,法律出版社1995年版,第195页。

程序具有阻止法院宣告债务人破产清算的效果。但是，基于法定的事由，再生程序提前终止的，已经开始的破产程序，则有可能向破产清算程序转化。

再生程序开始后，因为法律规定的事由出现，受理破产申请的法院应当裁定终止再生程序的，构成再生程序的提前终止。一般而言，法院裁定提前终止再生程序的，若债务人具有《企业破产法》第2条第1款规定的原因，应当同时裁定宣告债务人破产清算。在这个意义上，再生程序的提前终止，为法院裁定债务人破产清算的重要法律事实。例如，《企业破产法》第99条规定："和解协议草案经债权人会议表决未获得通过，或者已经债权人会议通过的和解协议未获得人民法院认可的，人民法院应当裁定终止和解程序，并宣告债务人破产。"依照企业破产法的规定，再生程序的提前终止，因下列情形或原因而发生：

1. 债务人有妨碍重整的行为。重整程序开始后，债务人有《企业破产法》第78条规定的妨碍重整的行为之一的，诸如债务人的经营状况和财产状况继续恶化，缺乏挽救的可能性；债务人有诈欺、恶意减少债务人财产或者其他显著不利于债权人的行为；由于债务人的行为致使管理人无法执行职务，法院应当裁定终止重整程序。

2. 未按期提出重整计划草案。重整程序开始后，债务人或者管理人在法院裁定债务人重整之日起6个月内，或者经法院裁定延期后的3个月内，未按期提出重整计划草案的，法院应当裁定终止重整程序。①

3. 全部表决组否决重整计划草案。出席会议议决重整计划草案的各表决组，未获得出席会议的该表决组成员的过半数同意，或者同意重整计划草案的出席会议的该表决组成员所代表的债权额，不足该组表决权总额的2/3以上的，法院应当裁定终止重整程序。②

4. 法院拒绝批准重整计划。部分表决组否决重整计划草案，且法院未依照《企业破产法》第87条的规定，强行批准重整计划，或者法院未批准已经各表决组通过的重整计划的，应当裁定终止重整程序。③

5. 债权人会议拒绝和解。和解协议草案经债权人会议表决，若同意

---

① 参见《企业破产法》第79条。
② 参见《企业破产法》第84条和第88条。
③ 参见《企业破产法》第88条。

和解协议草案的债权人不足出席会议的债权人的半数，或者同意和解协议草案的债权人所代表的债权额不足全部无财产担保的债权额的 2/3，构成债权人会议拒绝和解，法院应当裁定终止和解程序。[①]

6. 法院拒绝认可和解协议。债权人会议通过的和解协议，不得违反社会公共利益，也不得违反法律、行政法规的规定；债权人会议通过的和解协议，违反法律、行政法规的，法院应当裁定不予认可。经法院裁定不予认可和解协议的，应当裁定终止和解程序。[②]

凡有以上再生程序提前终止的情形发生时，法院应当依照《企业破产法》的规定，裁定终止重整程序或者和解程序，并宣告债务人破产清算。提前终止再生程序时，是否应当裁定宣告债务人破产清算，应当区别终止再生程序时债务人被适用再生程序的原因差异而分别作出判断。

债务人有上述第 5 点和第 6 点两种和解程序的提前终止情形发生时，因《企业破产法》第 2 条第 1 款规定的适用和解程序和清算程序的原因相同，法院直接裁定宣告债务人破产清算，并无程序上适用的任何障碍，这也应当是再生程序提前终止时的必然结果，故破产清算成为清理债务人的债权债务关系的最后选择。但是，如果法院裁定对债务人适用重整程序的原因为《企业破产法》第 2 条第 2 款规定之"有明显丧失清偿能力的可能"，则债务人在上述第 1、2、3、4 点所述情形下，法院是否应当裁定宣告债务人破产清算，将取决于债务人在法院裁定终止重整程序时是否具有《企业破产法》第 2 条第 1 款规定之"不能清偿债务"这样的破产原因，如果债务人仍然处于"有明显丧失清偿能力的可能"的状态，法院则不能裁定宣告债务人破产清算，而仅能裁定重整程序终结。

（三）终止执行重整计划

法院裁定批准重整计划后，重整计划对债务人与全体债权人产生约束力。债务人应当按照重整计划的规定执行其在重整计划中作出的各项承诺。但是，债务人违反重整计划的，法院依管理人或者利害关系人请求，应当裁定终止重整计划的执行。《企业破产法》第 93 条规定："债务人不能执行或者不执行重整计划的，人民法院经管理人或者利害关系人请求，应当裁定终止重整计划的执行，并宣告债务人破产。"

[①] 参见《企业破产法》第 99 条。
[②] 同上。

依照前述的规定，凡债务人不能或者不执行重整计划时，经管理人或利害关系人请求，法院裁定终止执行重整计划，并宣告债务人破产清算，似乎并不存在问题。重整程序的开始基于债务人有破产原因，而不执行或不能执行重整计划原则上并不会消灭债务人既存的破产原因，故法院裁定终止执行重整计划并宣告债务人破产清算，是具有相当的依据的。

然而，重整程序因为重整计划的批准而终结，债务人执行重整计划，对其既存的破产原因多少会有些影响，甚至对其清偿能力已经大有改善，破产立法规定债务人不执行或不能执行重整计划应被宣告破产清算的，应属"推定"债务人仍有破产原因，如此解释或许较为妥当。特别是考虑到，如果法院依照《企业破产法》第2条第2款裁定对债务人适用重整程序的，那么债务人不执行或者不能执行重整计划时，法院是否应当裁定债务人破产清算，只能取决于债务人在法院裁定终止执行重整计划时是否具有《企业破产法》第2条第1款规定的"不能清偿债务"这样的法律事实。于此情形，如果债务人仍然处于《企业破产法》第2条第2款所述"有明显丧失清偿能力的可能"的状态，法院不能裁定宣告债务人破产清算。

因为《企业破产法》第93条的规定存在明显的法律漏洞，法院在裁定终止执行重整计划时，应当首先考虑债务人是否具有《企业破产法》第2条第1款规定的情形，方能作出应否宣告债务人破产清算的判断。

（四）和解废止

法院裁定认可和解协议后，和解协议对债务人与和解债权人产生约束力。债务人应当按照和解协议约定的条件清偿债务。但是，和解债权人违反和解协议，或者已经生效的和解协议存在无效或者可撤销的原因，法院可以裁定和解废止，并宣告债务人破产清算。

法院裁定和解废止有以下两种情形：（1）和解债务人违反和解协议的。发生此情形，法院经和解债权人申请可以裁定和解废止，并宣告债务人破产清算。在这里，法院裁定和解废止并宣告债务人破产的依据为《企业破产法》第104条第1款的规定。（2）和解协议存在无效情形的。依照《企业破产法》第103条第1款的规定，和解协议因债务人的诈欺或者其他违法行为而成立的，法院应当裁定和解协议无效，并宣告债务人破产清算。在和解协议执行期间，如果发现和解协议有无效原因存在，例如和解协议因债务人的诈欺或其他不法行为而成立，法院裁定和解废止

（和解协议无效）的，不以和解债权人的请求为必要。

三 破产宣告的裁定

（一）破产宣告的裁定

破产宣告的裁定，是法院认定债务人不能清偿债务而符合宣告债务人破产清算的情形时作出的司法判定。法院作出宣告债务人破产清算的裁定，为清算程序开始的标志。因破产宣告的裁定，债务人沦为破产人。

法院宣告债务人破产清算，应当以裁定为之。裁定是法院为解决程序性问题所作出的判定，以及为解决某些实体问题而作出的判定。在破产程序中，裁定是法院行使对破产案件的司法管辖权和裁量权的基本方式。法院宣告债务人破产清算的裁定，应当制成书面形式，由审判人员、书记员署名，并加盖法院印章。

（二）破产宣告裁定之内容

法院作出的破产宣告裁定书，主要内容由首部、主文和尾部组成。

破产宣告裁定书的首部，应当写明法院的全称、破产案件的年号和编号，并详细写明破产人的姓名（名称）、住所（地址）。破产人为法人的，要写明法人的名称、住所地、法人代表的姓名、性别、年龄、住所等必要事项。[①]

破产宣告裁定书的主文，是破产宣告裁定书的核心部分，要写明裁定的事实、理由和裁定结论。事实包括破产申请人提出的请求、根据，以及法院认定债务人不能清偿债务的事实；理由是法院审查破产案件确认的事实与观点，以及作出破产宣告所适用的法律；结论是法院作出的宣告债务人破产清算的决定。

破产宣告裁定书的尾部，应当写明破产宣告裁定是否为终审裁定，是否可以上诉，并写明作出裁定的时日。由于破产宣告的裁定直接关系到债务人和债权人的实体民事权利实现的方式，法院在作出破产宣告的裁定时，必须记明裁定年月日，并写明是否准许上诉。

（三）破产宣告裁定的生效

法院宣告债务人破产清算的裁定，自裁定作出之日起生效。裁定生

---

① 破产人为自然人的，破产宣告裁定书应当写明破产人的姓名、身份或身份证号码、性别、年龄、住址等自然情况。

效，是否不得上诉呢？

破产宣告的裁定对于债务人及其财产、债权人权利的行使在裁定生效时产生约束力，其不仅是程序上的约束力，而且涉及债务人的民事法律地位，不允许上诉，理由并不充分。英国、美国、德国、意大利、日本、韩国等众多国家的破产立法均原则规定，不服法院宣告债务人破产清算的裁定，破产人、债权人或者利害关系人均可以提起上诉。例如，日本《破产法》（1922年）第112条规定，"对于破产程序之审判，除本法有特别规定者外，利害关系人可为即时抗告"。我国台湾地区"《破产法》"对破产宣告的裁定可否上诉未加规定，但是准用"《民事诉讼法》"关于抗告的规定，学理和司法实务均承认，破产人对法院宣告其破产清算的裁定，有权提起抗告。依照上述立法例的规定，破产宣告的裁定即时生效，即自法院作出裁定之日起发生效力，并不受利害关系人上诉与否的影响，除非上诉法院裁定撤销破产宣告的裁定。

我国破产立法对于破产宣告的裁定是否可以上诉，没有明文规定。因为破产立法对破产宣告的裁定是否可以上诉缺乏明文规定，依照《民事诉讼法》（1991年）的相关规定，破产宣告的裁定似可属于"不得提起上诉"的裁定。我国司法实务则坚持破产宣告的裁定不准上诉的立场。当事人对裁定有异议的，可以向作出裁定的原审法院申请复议，复议期间，不停止破产宣告裁定的执行。[①] 最高人民法院《关于审理企业破产案件若干问题的规定》（2002年）第38条规定："破产宣告后，债权人或者债务人对破产宣告有异议的，可以在人民法院宣告企业破产之日起十日内，向上一级人民法院申诉。上一级人民法院应当组成合议庭进行审理，并在三十日内作出裁定。"

《民事诉讼法》（2013年）第154条所规定的可以上诉的裁定，虽不包括法院宣告债务人的裁定，但是否足以表明破产宣告的裁定就属于其他不得上诉的裁定，值得讨论。观察《民事诉讼法》（2013年）第154条，裁定涉及的事项基本上限于程序问题，即便是可以提起上诉的"裁定"，更限于程序问题而不涉及当事人的实体权利义务关系。破产宣告的裁定并不单纯是对程序问题作出的司法判定。在这个意义上，民事诉讼法上的裁

[①] 参见最高人民法院《关于贯彻执行〈中华人民共和国企业破产法（试行）〉若干问题的意见》（1991年）第75项。

定与破产法上的裁定还是有所不同的,不能将破产法上的裁定等同于民事诉讼法上的裁定,这就是《企业破产法》第 12 条专门规定"裁定不受理破产申请"和"裁定驳回破产申请"、申请人可以提出上诉的缘由。① 理论上,在我国建立企业破产制度后,就不断有学者提出,利害关系人对法院宣告债务人破产清算的裁定可以提起上诉。② 破产宣告的裁定在效果上不同于法院单纯就程序问题作出的判定,它不仅具有变更和限制众多的利害关系人实体权利义务关系的程序效力,以清算程序所特有的程序效力限制债务人和其他利害关系人行使权利,而且导致债务人的民事主体地位发生变更(债务人沦为破产人)。因此,为充分保障利害关系人在破产程序中的合法权利的行使,诉讼上的权利不因破产程序而受到减损,应当允许利害关系人对法院所为破产宣告的裁定提出上诉。③ 应当注意的是,破产宣告的裁定即时发生效力,利害关系人提出上诉,并不会停止破产宣告裁定的执行。十分遗憾的是,《企业破产法》对此问题仍有忽略。

《企业破产法》对于破产宣告的裁定可否上诉未有明文规定,但我们不能简单地引用民事诉讼法的相关规定,就得出利害关系人对法院宣告债务人破产清算的裁定不得提出上诉的结论。对于破产宣告的裁定而言,允许利害关系人提出上诉,恰恰尊重和保护了利害关系人通过正当程序寻求法律救济的诉权。破产宣告的裁定即时发生效力,不应当成为否认利害关系人可以提出上诉的理由;允许利害关系人对裁定提起上诉,不以裁定尚未生效为条件;利害关系人对破产宣告的裁定提起上诉,不影响破产清算程序的进行。我国破产法的未来改革应当正视这个问题,对于破产宣告的裁定是否可以上诉应有明文规定。在目前的司法实务上,最高法院的司法解释立场应当朝着允许利害关系人对破产宣告的裁定提出上诉的方向转变。

(四) 破产宣告的裁定的送达

原则上,法院送达裁定的方式,是向各受送达人发出书面通知,并附破产宣告裁定书副本;向债务人送达破产宣告的裁定时,应附破产宣告裁

---

① 参见《企业破产法》第 12 条和《民事诉讼法》(2013 年) 第 154 条第 1 款和第 2 款。

② 谢邦宇主编:《破产法通论》,湖南大学出版社 1987 年版,第 232 页;柴发邦主编:《破产法教程》,法律出版社 1990 年版,第 126 页。

③ 参见邹海林《破产程序和破产法实体制度比较研究》,法律出版社 1995 年版,第 197 页。

定书正本。破产程序涉及的利害关系人众多，应当以公告送达为基本方式。公告是法院送达破产宣告的裁定的必要形式，是对破产程序的全体利害关系人的送达。法院应当在作出破产宣告的裁定后的法定期间内发布公告，法律没有规定期间的，应当在裁定后的合理期间内进行。[①] 在我国，法院应当在作出破产宣告的裁定后的30日内，发布破产宣告的公告。

法院裁定宣告债务人破产，应当公开进行，即宣告破产向社会公开，允许第三人旁听和新闻报道。所谓公开进行，是指法院在宣布裁定债务人破产清算时，应当公开进行，不包括法院对破产案件的审理。依我国法律，不论破产案件审理是否公开，法院在作出破产宣告的裁定时，均应当公开进行。

法院以通知和公告送达破产宣告的裁定时，通知和公告至少应当载明以下内容：（1）破产申请人、被申请人（债务人）的名称或者姓名；（2）法院宣告债务人破产清算的时间。除此之外，如果法院在受理破产清算申请同时宣告债务人破产清算的，通知和公告还应当载明以下内容：（1）申报债权的期限、地点和注意事项；（2）管理人的名称或者姓名及其处理事务的地址；（3）债务人的债务人或者财产持有人应当向管理人清偿债务或者交付财产的要求；（4）第一次债权人会议召开的时间和地点；（5）法院认为应当通知和公告的其他事项，诸如有关债务人的财产、账册、文书、资料和印章等的保管事项。[②]

破产宣告的公告，事关破产人的身份地位、财产权利的限制，涉及债权人和其他利害关系人的权利的行使，应当在法院或者政府专门发行的公告刊物上发布公告，并同时选择其他传播媒体登载，以示慎重。例如，依照英国《破产法》的规定，对宣告债务人破产的裁定，破产法院应当在伦敦公报（London Gazette）发布公告，并同时登载于一份地方报纸上。依照日本《破产法》（1922年）第115条的规定，法院为破产宣告的公告，应当以官报或者专门登载公告事项的报纸为之。在我国，《企业破产法》对破产宣告的裁定之公告形式未有明文规定。依照我国的司法实务，

[①] 《企业破产法》第107条第1款对于法院送达破产宣告裁定的通知规定有时限，但对于公告的时限没有任何规定。参见最高人民法院《关于审理企业破产案件若干问题的规定》（2002年）第17条规定之"应当于三十日内在国家、地方有影响的报纸上刊登公告"，法院裁定宣告债务人破产清算后，应当于30日内发布公告。

[②] 参见《企业破产法》第14条第2款的规定。

法院为破产宣告的裁定的公告，除应当张贴于法院的公告栏以外，还必须以法院的名义在全国发行的报纸上或刊物上登载，或者通过广播、电视播出公告。破产宣告的裁定经公告，所有的利害关系人均视为已知破产宣告的事实。

第四节 破产财产的变价

一 破产财产的形成

破产财产为《企业破产法》限定的债务人财产的一种形态。破产财产是在法院宣告债务人破产后形成的债务人财产，是债权人得以通过破产清算程序接受清偿的物质保证。破产财产是以破产清算程序为目标的破产法的专用术语。

破产财产一词在《企业破产法》上有其特定内涵，清楚地表明债务人受破产清算程序约束的财产范围或状态。在这个意义上，债务人财产为破产财产的种概念，破产财产仅仅是债务人财产在破产清算程序中的具体表现形态。《企业破产法》第107条第2款规定："债务人被宣告破产后，债务人称为破产人，债务人财产称为破产财产。"

二 破产财产的变价

破产财产的变价，是指管理人将非金钱的破产财产，依照法定的条件和方式出让给他人而转化为金钱形态的行为及其程序。破产财产只有经过变价，才能分配给对破产财产享有请求权的人。破产财产的变价为破产分配的前提条件。

破产清算程序的目的在于通过变价债务人财产而将之最终分配给债权人，以尽可能地满足债权人的清偿要求。破产分配应当公平，公平的标准为分配的财产和接受分配的要求应实现等质化。因此，在分配债务人财产之前，必须要实现破产财产的等质化和受分配债权的等质化，即把二者依法变现为金钱，以保证破产分配的公正与合理。

三 破产财产的变价方法

（一）变价方法与意思自治

破产财产的变价涉及众多利害关系人的利益，尤其涉及债权人的受偿利益。在法院宣告债务人破产清算后,破产财产实际上为债权人的利益而存在,如何变价破产财产直接影响债权人的受偿利益。为保护破产程序的利害关系人的利益,破产财产的变价应当采取公开的方式进行,以确保破产财产变价的公正和公平,破产立法例一般规定,破产财产的变价应当以拍卖的方式进行。

但是,破产财产存在的状态千差万别,究竟应当以何种方式变价破产财产,才能最符合债权人的利益,不是法律强制性规定可以解决的问题。因此,当事人自治主导型的破产清算程序,只能以债权人的团体意思来限定破产财产的变价方法。在这个意义上,以何种方式变价破产财产,取决于破产债权人的意思。《企业破产法》第112条第1款规定:"变价出售破产财产应当通过拍卖进行。但是,债权人会议另有决议的除外。"依照上述规定,债权人会议对于变价破产财产的方法已有决议的,管理人应当按照债权人会议决议确定的方法变价破产财产;仅在债权人会议对于破产财产的变价方法没有形成决议时,管理人应当以拍卖的方式变价破产财产。

(二)拍卖破产财产

拍卖是拍卖机构以公开的竞价方式出售财产的买卖行为,分为自愿拍卖和强制拍卖。破产财产的拍卖,由管理人确定,性质上应当属于强制拍卖。管理人采取拍卖方式变价破产财产的,应当委托拍卖机构进行。管理人将破产财产委托给拍卖行或拍卖商,按照法定的拍卖程序通过公开竞价来变卖破产财产,足以确保破产财产变价的公正和公平。但是,以拍卖变价破产财产,要支付较高昂的拍卖费用。

(三)以拍卖以外的方式变价破产财产

债权人会议在决议变价破产财产的方法时,除拍卖以外,还可以决议单独采用以下的方法或合并使用以下的方法:

1. 招标出售。管理人可以通过发出标书征询投标人购买破产财产,由出价最高的投标者买得破产财产。这种形式类似于拍卖,但不会产生过巨的变价费用,在一定程度上较经济合理。

2. 标价零售。在破产财产所在地、或者管理人的办公场所、或者其他适宜变价财产的场所,以标明破产财产的售价寻找买主的方式。这是一种很简单的方法,实际为破产财产的零售。

(四)以法律规定的特有方式变价破产财产

待变价的破产财产中有不能通过拍卖或者公开出售的方式变卖的财

产，管理人应当依法定的其他方式予以变价。《企业破产法》第 112 条第 3 款规定："按照国家规定不能拍卖或者限制转让的财产，应当按照国家规定的方式处理。"例如，待变价的破产财产属于限制性流转物（诸如黄金）的，不论债权人会议对破产财产的变价是否已有决议，该物的变价均由国家指定的部门按照法律的规定收购。

（五）破产财产变价的特殊规定

1. 破产企业的变价

破产企业的变价，是指将企业破产后的所有财产整体（包括破产企业的营业）予以出售，以维持变价后的破产企业仍具有相对独立的营业价值的变价方式。破产企业的变价，仅仅为破产财产的变价的一种类型。有助于保存破产财产中具有特殊营业价值的财产的特定使用价值，有助于提高破产财产的售价，实现破产财产变价的价值最优化。破产企业的变价客观上还有助于社会生产力免受损失。《企业破产法》第 112 条第 2 款规定："破产企业可以全部或者部分变价出售。企业变价出售时，可以将其中的无形资产和其他财产单独变价出售。"依照上述规定，只有将破产企业的全部财产或者主要财产作为一个整体进行变价的，变价后的企业仍具有相对独立的营业价值，才能称为破产企业的变价；否则，应当归入破产财产的变价。是否以破产企业的变价出售破产财产，以及何种破产财产构成破产企业的变价的目标财产，以债权人会议的决议确定之。

以破产企业的变价出售破产财产的，其中对破产企业的继续营业不具有决定意义的财产，如果债权人会议的决议未将之列入破产企业的变价的目标财产，诸如专利权、商标专用权等知识产权，以及库存原材料、产成品等其他动产，可以单独进行变价。

2. 成套设备的变价

对于破产财产中的成套设备，依照债权人会议的决议进行单独变价时，应当"整体"出售。成套设备，是指由机械配件（主机、辅机和其他机件）组合起来的、用于特定生产或经营目的的设备。成套设备的概念是相对的，不具有绝对的意义，它甚至还可以包括破产人营业的厂房在内。破产财产中的成套设备，一般具有特定的使用价值。成套设备一旦被确定，那么与之相关的辅件和备件，都应当包括在内。因为成套设备的使用价值，最终决定着它的价格高低。整体出售成套设备，有助于保存该设备的特定使用价值，并有助于提高破产财产的售价。

《企业破产法》对于成套设备的变价并没有专门的规定。但是，我国破产立法对于这个问题曾有原则性的规定，而且司法实务也推崇成套设备整体变价的方法。[①] 就破产财产中的成套设备而言，管理人在制作破产财产变价方案或者实施变价时，应当以整体出售的方式对待成套设备，以期获得更高的变价收益，较为符合破产程序中的债权人的受偿利益。

对破产财产中的成套设备，应当尽可能地避免分散出售。整体出售成套设备，只不过是变价破产财产中的成套设备的一种优选方法。但是，成套设备不能整体出售的，诸如依合法的形式整体出售成套设备时，因客观原因不能成交，或者虽然可以成交但价金极不正常而比不上分散出售的，就不能整体出售成套设备。若债权人会议决议成套设备整体出售，而管理人无法实现变价的，可以采用分散出售成套设备的方法变价成套设备，但应当事先征得债权人会议的同意。分散出售成套设备，是对整体出售成套设备不能时所采用的补充性的变价手段，是将成套设备的各种组成部分单独定价出售的办法。

四　破产财产变价时的优先购买权

管理人以法定或者债权人会议决议的方法变价破产财产时，对于待变价的破产财产享有优先购买权的利害关系人，可否行使优先购买权呢？

在立法例上，对于待变价的破产财产有优先购买权的利害关系人，不得对管理人依照破产程序变价的破产财产主张优先购买权，属于原则性的规定。例如，依德国《民法典》第512条和第1098条的规定，对变价的标的物有优先购买权的人，在强制执行程序或者（破产）管理人变价优先购买权标的物的情形下，不得行使优先购买权；但是，不动产的优先购买权人，在（破产）管理人任意出售不动产的情形下，对该不动产可以行使优先购买权。依照德国民法的规定，破产程序中的管理人变价破产财产属于对优先购买权标的物的强制执行，优先购买权人不得在执行程序中主张优先购买权；但是，管理人任意变价负担有优先购买权的不动产时，其变价行为属于民法上的处分行为，优先购买权人可以行使优先购买权。

[①] 《企业破产法（试行）》第36条规定："破产财产中的成套设备，应当整体出售；不能整体出售的，可以分散出售。"最高人民法院《关于审理企业破产案件若干问题的规定》（2002年）第87条规定："破产财产中的成套设备，一般应当整体出售。"

优先购买权作为一种民事权利，因为法律的特殊规定而广泛存在。例如，《合同法》第230条规定："出租人出卖租赁房屋的，应当在出卖之前的合理期限内通知承租人，承租人享有以同等条件优先购买的权利。"《公司法》(2013年)第71条第3款规定："经股东同意转让的股权，在同等条件下，其他股东有优先购买权。两个以上股东主张行使优先购买权的，协商确定各自的购买比例；协商不成的，按照转让时各自的出资比例行使优先购买权。"我国民法对于特定标的物上的利害关系人的优先购买权及其权利行使，缺乏一般性的规定，更欠缺管理人变价破产财产时涉及优先购买权行使的规定。然而，《公司法》(2013年)第72条的规定是个例外，应予注意："人民法院依照法律规定的强制执行程序转让股东的股权时，应当通知公司及全体股东，其他股东在同等条件下有优先购买权。其他股东自人民法院通知之日起满二十日不行使优先购买权的，视为放弃优先购买权。"

在我国的司法实务上，曾经有限度地承认破产财产变价时的优先购买权。最高人民法院《关于贯彻执行〈中华人民共和国企业破产法（试行）〉若干问题的意见》(1991年)第60条规定，破产企业与他人组成法人型或合伙型联营体的，破产企业作为出资投入的财产和应得收益应当收回；不能收回的可以转让，联营对方在同等条件下享有优先购买权。最高人民法院发布的《关于审理企业破产案件若干问题的规定》(2002年)没有再次表明与上述类似的立场，是否意味着破产财产变价时的优先购买权不能行使？理论上，优先购买权人对破产财产行使优先购买权的基础在于购买条件相同，优先购买权的行使并不会减少破产财产的变价收入，不妨碍破产债权人的利益，因此，管理人变价破产财产时，对该财产有优先购买权的人，可以行使优先购买权。[①] 但是，当管理人委托拍卖机构变价破产财产或者公开招标变价破产财产的，此等变价方法在性质上与优先购买权的行使发生冲突，优先购买权人对该破产财产不得行使优先购买权。

五　破产财产的变价程序

就非金钱形态的破产财产而言，管理人应确保该财产的价值不因变价而受到贬损。特别是在我国，当国有企业被宣告破产清算时，因国有企业

[①] 参见邹海林《破产程序和破产法实体制度比较研究》，法律出版社1995年版，第369页。

资产的管理尚不尽完善，国有企业的破产已经在价值总量上减少了国有资产的保有量，如再不从严控制国有的非金钱资产的变价，可能造成国有资产流失。破产程序的目的，一方面要保护债权人的公平受偿利益，另一方面又必须维护破产人的利益。因此，变价破产财产必须防止财产在变价时继续贬损，并建立变价破产财产的相应程序制度。

(一) 破产财产的变价人

关于破产财产的变价，破产立法所要解决的核心问题是由谁变价破产财产和如何变价破产财产，以保持破产财产不受变价损失而最大限度地维护债权人的共同利益。破产立法例一般规定，破产财产由管理人予以变价。但是，管理人变价破产财产时，应当征得债权人会议或者债权人会议代表机关的同意。依照《企业破产法》的规定，管理人具有处分债务人财产的职责，应当及时制作破产财产变价方案，并按照债权人会议通过的破产财产变价方案适时变价破产财产。[①]

(二) 破产财产的估价

管理人在变价破产财产前，应当对待变价的破产财产作预先的估价。《企业破产法》并没有明文规定，管理人在变价破产财产前，应当对待变价的财产予以估价；但是，作为一个谨慎和勤勉尽责的管理人，对破产财产予以估价当属管理人调查破产财产状况的内容；若不对破产财产予以估价，缺乏变价破产财产时交易价格的计算参照，不仅不利于管理人执行职务，而且不利于破产财产的价值维护。在变价破产财产前，管理人应当对待变价的破产财产进行估价。

估价破产财产，应当考虑破产财产的种类、性能或者用途、坐落地点、市场供求状况、折旧以及现行市场价格等多种因素。预先估价破产财产，管理人可以自己的执业资格和水平亲自进行，也可以委托专业人员或者国家指定的财产评估机构代为办理。我国法院在司法实务中认为，破产人的固定资产，在变价前必须重新估价，"已经折旧完毕的固定资产，应对其残值重新估价，残次变质财产应当变价计算，不需要变价的，按原值计价"[②]。最高人民法院《关于审理企业破产案件若干问题的规定》第83

---

① 参见《企业破产法》第25条和第111条。

② 参见最高人民法院《关于贯彻执行〈中华人民共和国企业破产法（试行）〉若干问题的意见》（1991年）第57条。

条规定，变价破产财产前，可以确定有相应评估资质的评估机构对破产财产进行评估；第 84 条规定，除破产财产中的国有资产外，债权人会议对破产财产的市场价格无异议的，经人民法院同意后，可以不进行评估。另外，对于破产财产中的无形资产，主要包括土地使用权、商号和商誉、特许营业权、专利权、注册商标权、版权、股权等，在变价前更有必要由专门的估价机构予以估价。

预先估价破产财产，是破产管理人制作破产财产变价方案、采取适时的变价措施的重要步骤。对于破产财产的估价，债务人或者债权人有疑问的，管理人应当予以说明。

（三）破产财产的变价方案

在破产程序进行期间，管理人在破产财产变价方案形成前，不得变价破产财产，但是，管理人为破产财产营业或者保值的必要而变价特定的破产财产，或者变价性质上不予及时变价将受损失的特定的破产财产，不在此限。依照《企业破产法》第 111 条第 1 款的规定，管理人应当及时制作破产财产变价方案，提交债权人会议讨论。破产财产变价方案，是指管理人变价破产财产的具体计划或者安排，它是管理人变价破产财产的依据。

破产财产变价方案，应当规定估定的待变价破产财产的价值总量、财产类别、分项财产的价值和坐落地点、变价破产财产的原则和具体方式、变价地点和预计变价时间、预期的变价费用和变价收益等有关破产财产变价的内容。管理人编制的破产财产变价方案，并不具有执行的效力，管理人应当将之提交债权人会议讨论。经债权人会议讨论并以决议的形式通过的破产财产变价方案，才会产生执行的效力。

债权人会议以决议通过的破产财产变价方案，是否应当征得法院的裁定？《企业破产法》对之没有任何规定。最高人民法院《关于贯彻执行〈中华人民共和国企业破产法（试行）〉若干问题的意见》（1991 年）第 60 项解释认为，破产财产的"处理"方案，经债权人会议讨论通过后，应当报请人民法院裁定后执行。笔者以为，以上司法解释，事实上将会增加破产财产变价的复杂性，使得法院不适当地介入破产程序的当事人意思自治可以解决的事项中，事先由法官对当事人的利益进行商业判断，具有法院干预当事人意思自治并为当事人的商业利益作出判断可能不当的风险。破产清算程序为当事人自治主导型的债务清理程序，当事人就破产财产的变价以决议所作出的意思表示，仅仅事关当事人自身的利益，属于破产程序参加人意思自治的范畴，没有施加司法干预的必要。况且，破产财产的变价在性质上属于管理破产财产的一项技术性工作，由债权人会议或者债权人委员会对管理人的行为实施监督，足以达成破产程序公平保护利害关系人的目的。《企业破产法》同时对破产财产变价方案有异议的债权人也提供了相应的救济措施，他们可以向法院提出异议以禁止管理人执行债权人会议通过的破产财产变价方案。因此，债权人会议以决议通过的破产财产变价方案，无须提交法院裁定认可，管理人应当执行破产财产变价方案实施破产财产的变价。

管理人编制的破产财产变价方案，如果债权人会议经两次表决未能通过的，法院可以直接裁定破产财产的变价方案。经法院裁定的破产财产变价方案，直接产生执行的效力，管理人应当依照法院裁定的破产财产变价方案，适时变价破产财产。

债权人会议通过或者经法院裁定的破产财产变价方案，是否就可以解决所有的破产财产的变价问题？或者说，有了破产财产变价方案，管理人只需执行该方案规定的内容，就可以完全实现破产财产的变价？对于这个问题的回答，应当是否定的。破产财产的变价是一个非常复杂的技术性问题，也是一个法律问题，仅仅依靠破产财产变价方案，是难以实现完全变价破产财产的目的的。

破产财产变价方案，本质上应当原则规定破产财产的变价范围、时间、地点、估价以及变价方法等，以确定管理人变价破产财产的原则和基本方法，约束管理人变价破产财产的行为。破产财产变价方案不应当也不可能细致地规定每一项待变价的破产财产的变价方式、地点、数量、条件和时间。因为具体的破产财产的变价，受多种市场因素的制约，管理人应以什么方式、在什么地点，以及在什么时间实施变价最有利于债权人，应当根据具体情形加以判断。再者，变价破产财产，不可能一次完成（除非破产财产需变价的情形极为简单），要求债权人会议开会一次决定包容各项财产变价的破产财产变价方案，也不尽合理。破产财产变价方案并不足以解决破产财产变价的所有具体问题。此外，若把破产财产变价方案限定于具体财产的变价，则管理人须在整个破产财产的变价过程中，不时要求债权人会议通过破产财产变价方案，这又显然不符合破产程序节俭的立法精神。笔者以为，《企业破产法》规定的破产财产变价方案，仅仅是一个合格并谨慎的管理人编制的变价破产财产的原则方案,至于破产财产应当如何变价,相当程度上将取决于管理人和债权人会议(债权人委员会)的有效率的沟通与合作。

(四) 破产财产变价的实施

管理人应当依照破产财产变价方案适时变价破产财产。《企业破产法》第111条第2款规定:"管理人应当按照债权人会议通过的或者人民法院依照本法第六十五条第一款规定裁定的破产财产变价方案,适时变价出售破产财产。"德国《支付不能法》第159条规定,以债权人会议的决议没有相反的规定为限,管理人应当不迟延地变价属于支付不能财团的财产。

管理人变价破产财产,为执行破产财产变价方案的职务行为,受债权人会议或者债权人委员会的监督。管理人变价破产财产的行为是否妥当,要以其是否尽到善良管理人的注意义务为基准;而评价管理人尽到善良管理人的注意义务的重要方面,则为管理人是否在变价破产财产时接受了债权人会议或者债权人委员会的监督。

在立法例上,管理人在变价破产财产时,不仅要尽善良管理人的注意义务,而且在变价法律规定的财产或者限额内财产时,诸如不动产物权、船舶、全部或者部分营业、矿业权等特许权、知识产权、全部库存商品、限额以上的动产、债权和有价证券等,应征得债权人会议或者债权人委员会的同意。例如,日本《破产法》(1922年)第196条规定,破产管理人变价重要财产,应当征得监查委员的同意。德国《支付不能法》第160条规定也有类似的规定。

《企业破产法》第10章有关管理人变价破产财产的规定,未涉及管理人依照破产财产变价方案变价破产财产是否应当报告或者接受债权人会议或债权人委员会的监督的问题。对于管理人变价破产财产的行为的监督问题,应当考虑适用《企业破产法》第2章和第7章的有关债权人会议或者债权人委员会监督管理人的各种措施之规定,如变价破产财产和的说明与报告等。尤其是要考虑适用《企业破产法》第69条的规定,即管理人变价破产财产涉及债务人财产的重大处分行为,应当及时报告债权人委员会;未设立债权人委员会的,应当及时报告法院。

依照债权人会议的决议,若破产财产经变价会极度贬损,而不利于债权人的整体受偿利益的,管理人以善良管理人的注意义务,可以决定延缓变价或者不变价，但应当通知债权人委员会；未选任债权人委员会的，应当通知法院。对于此等变价不能的破产财产，管理人在征得债权人委员会或者法院的同意后，可以合理作价直接分配给相关的债权人。

六 管理人变价破产财产的效力

管理人为破产财产的变价，属于处分行为，若其行为符合法律行为的成立与生效要件，当然产生受法律保护的私法上的权利义务关系。但是，管理人变价破产财产违反破产法的规定，是否有效？

管理人变价破产财产违反破产法的规定，主要表现为以下行为：(1) 管理人在第一次债权人会议召开前，未经法院许可变价债务人财产；(2) 管理人未制作破产财产变价方案，直接变价破产财产；(3) 管理人制作的破产财产变价方案未获债权人会议通过，仍以其制作的方案变价破产财产；(4) 管理人未按照债权人会议通过的破产财产变价方案，变价破产财产；(5) 管理人变价法律规定应当通知债权人委员会或者法院的破产财产，未进行通知而直接变价的。

一方面，破产法本为程序法，管理人依照破产法的规定取得破产程序中执行职务的独立地位，并成为债务人财产的唯一代表机关，具有处分债务人财产的行为能力。管理人变价债务人财产的行为，依照破产法的规定当然构成有权处分。另一方面，管理人变价破产财产是否遵照债权人会议的决议（破产财产变价方案）或者征得债权人委员会的同意，或者取得法院的许可，属于管理人执行职务监督的程序法问题，性质上属于管理人和债权人会议之间的内部关系，对管理人变价破产财产的行为的效力不产生影响。例如，德国《支付不能法》第164条规定，管理人的财产处分行为（包括变价破产财产）的效力，不因管理人未征得债权人会议（债权人委员会）的同意或者法院的许可，或者违反债权人会议（债权人委员会）的意思而受影响。再者，以保护交易安全为必要，不得以管理人变价破产财产违反了变价时期的限制、或者未征得监查委员的同意、或者未征得法院的许可为由，对抗善意第三人。[①]

对管理人违反破产法而变价破产财产的行为的效力，《企业破产法》没有特别的规定。在解释上应当认为，管理人变价破产财产的行为的效

---

① 参见日本《破产法》（1922年）第196条、第197条、第198条和第201条。

力，不因管理人变价破产财产违反破产法的规定而受影响，理由已如上述。管理人变价破产财产违反破产法的规定，虽然不影响其变价破产财产的行为的效力，但其变价破产财产的行为显然违反其善良管理人的注意义务，如果因此造成债务人或债权人损害的，并应当承担相应的损害赔偿责任。再者，管理人变价破产财产违反破产法的规定，应当承担破产法规定的其他法律责任或者不利于管理人的后果。例如，管理人变价破产财产违反破产法的规定，债权人会议可以依照《企业破产法》第22条第2款的规定，申请法院更换管理人。

第五节 破产分配

一 破产分配及其特征

破产分配，又称为破产财产的分配，是指管理人将变价后的破产财产或者无法变价的破产财产，在优先清偿破产费用和共益债务后，依照法定的清偿顺位公平分配给各请求权人的行为及其程序。破产分配是管理人变价破产财产后的必然程序选择，除非破产人同债权人团体达成避免破产分配的和解协议。

破产分配完毕，法院应当裁定终结破产清算程序。破产分配为破产程序终止的法律事实，具有以下四个特征：

第一，破产分配以有可供分配的破产财产为必要。管理人以破产财产为限实施破产分配。不属于破产财产的他人财产、破产人的自由财产等不能用以清偿债权的财产，不能作为破产分配的标的。管理人接管破产财产后，经取回权人、别除权人、抵销权人行使权利以及拨付破产费用和共益债务后，若无剩余破产财产的，则丧失进行破产分配的基础，管理人应提请法院裁定终结破产清算程序。唯有可供债权人分配的剩余财产时，管理人才应当适时地进行破产分配。

第二，接受破产分配的债权人限于破产债权人。这里所称破产债权人只是一个广义的理解，包括《企业破产法》规定的优先顺位请求权人和普通债权人，严格地说是可受分配请求权人。对破产财产享有担保权益的债权人，未放弃优先受偿权利的，不依破产程序就担保物优先受偿；有抵销权的债权人，行使抵销权不依破产程序而使其债权受抵销清偿；破产费用和共益债务，在破产分配前由破产财产优先拨付，诸如此类的请求权均不通过破产分配而受清偿。这就是说，只有破产债权人可以接受破产分配。再者，破产债权人接受破产分配，必须申报债权；未申报债权的破产债权人不能参加破产分配。

第三，破产分配为依照法定顺位进行的公平分配。为实现不同的社会公共利益目的以及破产程序的公平受偿宗旨，破产立法例对破产分配予以清偿的请求权规定了不同的受偿顺位，并同时保持同一顺位请求权的平等。因此，管理人为破产分配时，必须依据法律规定的受偿顺位的先后，逐一清偿。唯有在满足上一顺位的请求权后，仍然存在可供分配的财产，才能够清偿次一顺位的请求权。可供分配的财产不足以清偿同一顺位的所有请求权的，按比例进行分配。

第四，破产分配具有强制执行力。破产清算程序为一种概括的强制执行程序，管理人所为分配的依据及其效果具有强制执行力。管理人实施破产分配，除应当征得债权人会议的同意外，还应当取得法院的裁定认可；未经法院裁定认可，管理人不得进行破产分配。[①] 再者，债权人会议不同意进行破产分配的，管理人仍可以请求法院裁定后进行分配。[②] 在这个意义上，管理人为破产分配，与法院裁定的执行并无本质上的差异。

二 破产分配前的优先清偿

破产分配前的优先清偿，是指管理人用破产财产清偿优先于可受分配请求权的共益债权的行为。共益债权为破产费用请求权和共益债务请求权的合称。《企业破产法》第113条规定："破产财产在优先清偿破产费用和共益债务后，依照下列顺序清偿：（一）破产人所欠职工的工资和医疗、伤残补助、抚恤费用，所欠的应当划入职工个人账户的基本养老保险、基本医疗保险费用，以及法律、行政法规规定应当支付给职工的补偿金；（二）破产人欠缴的除前条规定以外的社会保险费用和破产人所欠税款；（三）普通破产债权。破产财产不足以清偿同一顺序的清偿要求的，按照比例分配。"依照上述规定，在实施破产分配前，应当优先清偿破产

[①] 参见《企业破产法》第115条和第116条。
[②] 参见《企业破产法》第65条。另见最高人民法院《关于贯彻执行〈中华人民共和国企业破产法（试行）〉若干问题的意见》（1991年）第31项；最高人民法院《关于审理企业破产案件若干问题的规定》（2002年）第44条第1款。

费用和共益债务。管理人未优先清偿破产费用和共益债务的，不得实施破产分配。

破产费用，是指在破产程序进行中，为破产程序的顺利进行以及债务人财产的管理、营业、估价、清理、变卖和分配而必须支付的、并应当由债务人财产优先拨付的费用。破产费用为破产程序的债权人的共同利益而支出，应当先于破产程序中的各项债权获得优先清偿。共益债务，是指管理人为全体破产程序的债权人的共同利益，因为管理、营业、处分和分配债务人财产而负担的债务。《企业破产法》第 43 条规定："破产费用和共益债务由债务人财产随时清偿。债务人财产不足以清偿所有破产费用和共益债务的，先行清偿破产费用。债务人财产不足以清偿所有破产费用或者共益债务的，按照比例清偿。"

破产费用和共益债务的随时清偿，足以彰显破产费用和共益债务的优先地位，但随时清偿并不表明在清偿破产费用和共益债务前可以实施破产分配。为确保破产费用和共益债务的优先受偿地位，《企业破产法》第 113 条特别强调，破产分配应当在优先清偿破产费用和共益债务之后实施。

相对于破产分配，破产费用和共益债务的优先受偿，还应当注意以下两点：第一，已经发生的破产费用和共益债务，先于破产分配获得清偿；第二，尚未发生但有可能发生的破产费用和共益债务的清偿，在破产分配前应由破产财产提存。在实务操作上，管理人在已经拨付或者预先提留供清偿破产费用和共益债务的财产后，仍有剩余财产可供破产分配的，应当按照破产分配的顺位实施分配。

三 破产分配的顺位

（一）分配顺位的法律规定

《企业破产法》第 113 条规定："破产财产在优先清偿破产费用和共益债务后，依照下列顺序清偿：（一）破产人所欠职工的工资和医疗、伤残补助、抚恤费用，所欠的应当划入职工个人账户的基本养老保险、基本医疗保险费用，以及法律、行政法规规定应当支付给职工的补偿金；（二）破产人欠缴的除前条规定以外的社会保险费用和破产人所欠税款；（三）普通破产债权。破产财产不足以清偿同一顺序的清偿要求的，按照比例分配。"

依我国破产法的规定，破产分配顺位分为以下三种：第一顺位为劳动债权；第二顺位为社会保险费用请求权和税收请求权；第三顺位为破产债权。第一顺位和第二顺位请求权，相对于破产债权而言，为优先顺位请求权。在破产分配顺位的基础上，破产立法还应当贯彻公平原则，即同一顺位的请求权，就破产财产的受偿地位平等；当破产财产不足以清偿同一顺位的请求权的全部要求的，按照比例予以分配。将可受分配请求权区分为优先顺位请求权和破产债权，是立法者考虑到社会公共利益的需要而作出的选择。这种破产分配顺位的差异，在破产财产不足以清偿所有的财产请求权时，具有实际意义。

债权是否应当公平受偿，特别是涉及没有抵押担保的银行债权的受偿顺位的规定，在我国的法律上经历了一个曲折的过程。

早在20世纪50年代，我国在债权处理实践上承认所有债权人的地位平等，银行债权与其他债权并无不同。例如，中央财政经济委员会《关于国营企业及机关团体在债权问题上应同等处理函》，认为人民银行为国家企业机关，在债权债务问题上应与其他机关团体同等处理，如债务人的财产不足偿还其全部债务，损失应由各债权人按比例分担。但是，中央政府的规范性文件很快改变了立场，特别注意维护银行债权的优先受偿地位，凡是国家银行债权，不论是否附有抵押担保，均优先于其他普通债权人受偿。维护银行债权的优先地位的立场，最终还被写进我国的立法中。1982年3月8日，《中华人民共和国民事诉讼法（试行）》第180条规定："被执行人被执行的财产，不能满足所有申请人要求的，按下列顺序清偿：（一）工资、生活费；（二）国家税收；（三）国家银行和信用合作社贷款；（四）其他债务。不足清偿同一顺序的申请人要求的，按比例分配。"

20世纪70年代末开始的经济体制改革，在经济生活中逐步普及了债权平等的观念，银行债权和因其他交易产生的债权并没有性质上的差异。1986年12月2日，《企业破产法（试行）》第37条明确将国家银行和信用合作社的贷款作为破产债权，与其他债权同等对待，取消了银行债权长期以来所具有的优先于其他债权的受偿地位。至1991年4月9日，修正后的《民事诉讼法》（1991年）第204条对于银行债权也采取了与《企业破产法（试行）》相同的立场，彻底结束了银行债权的优先受偿地位。[①]

[①] 在企业破产法的起草过程中，还是出现了应当考虑国家银行债权的优先地位的声音，但立法者坚定不移地选择了债权平等的制度设计。

(二) 第一顺位请求权：劳动债权

劳动债权是指债务人企业的劳动者（雇员）基于破产程序开始前的劳动关系而对债务人企业（雇主）享有的债权，包括"债务人所欠职工的工资和医疗、伤残补助、抚恤费用，所欠的应当划入职工个人账户的基本养老保险、基本医疗保险费用，以及法律、行政法规规定应当支付给职工的补偿金"[1]。这里所称劳动者，以破产企业在法院受理破产申请前所雇用的职工为限，包括终身雇用的职工与定有雇用期限的职工、临时工等。在我国的现行劳动制度之下，劳动债权中的附带给付还应当包括债务人欠付劳动工资而产生的补偿费用、解除劳动合同而发生的补偿费用等。

这里应当注意，破产企业的董事、监事和高级管理人员的工资，因为这些人在企业破产前所处的地位和从事的工作，数额较高，甚至超出破产企业的劳动者（雇员）的平均工资的数倍乃至几十倍，若将其全部纳入第一顺位请求权，不甚公平。依照《企业破产法》的规定，对于破产企业的董事、监事和高级管理人员，按照该企业职工的平均工资计算的工资额，才能作为劳动债权，列入第一顺位请求权；与之相应，破产企业所欠其董事、监事和高级管理人员的工资，超出该企业职工平均工资的部分，不属于劳动债权。

在债务人破产清算的情形下，维护劳动者的生计及其应当享有的社会福利，是国家和政府义不容辞的责任，同时也是国家文明和社会进步的表现；劳动债权依照法律的规定而产生，在观念上属于弱势群体享有的权利，自然应当受到法律的特别保护。劳动债权属于破产分配的第一顺位请求权。如果破产财产不足以清偿全部劳动债权的，则按比例清偿。

(三) 第二顺位请求权：社会保险费用请求权和税收请求权

社会保险费用请求权是请求债务人缴纳在破产程序开始前欠缴的养老保险费、医疗保险费、工伤保险费、失业保险费和生育保险费的权利。应当注意的是，社会保险机构要求债务人缴纳"应当划入职工个人账户的基本养老保险、基本医疗保险费用"的权利，并不属于第二顺位受偿的优先权，而是第一顺位受偿的优先权。因此，依照企业破产法的规定，社会保险费用请求权实际上被区分为两个不同顺位受偿的优先权。

税收请求权是因债务人在破产程序开始前应缴而未缴或欠缴的税款所

---

[1] 参见《企业破产法》第82条第1款（二）项和第113条第1款（一）项。

形成的国家税收请求权。在解释上，破产人所欠税款应以法院受理破产申请前所发生的欠缴税款为限；在法院受理破产申请前，国家依法对破产人应当征收的各项费用，如能源、交通基金费和教育费附加等费用，与税收具有同一的地位，如破产人尚未缴纳此等已发生的应缴费用，可以视为所欠税款。税收请求权属于第二顺位受偿的优先权。应当注意，在破产程序开始后形成的税收债权为破产费用，不属于可受分配请求权。再者，居于优先受偿地位的税收请求权不包括税收滞纳金和罚款。①

严格地说，社会保险费用请求权和税收请求权并非真正意义上的民事权利，该权利的行使具有社会公益性特征，受法律的特殊保护，具有正当性。破产程序开始后，对于债务人享有的财产权利应当通过破产程序获得满足，才将社会保险费用请求权和税收请求权视为民事权利，但赋予其优先受偿的顺位。

破产财产在清偿劳动债权后尚有剩余的，则用于清偿社会保险费用请求权和税收请求权；如果不足以清偿破产企业所欠全部社会保险费用和税款的，以社会保险费用请求权和税收请求权所占全部第二顺位请求权的比例，由破产财产获得清偿。

(四) 第三顺位请求权：**破产债权**

破产财产满足优先顺位请求权后仍有剩余时，则用于清偿破产债权。破产债权人地位平等，破产财产不足以清偿所有的破产债权的，按照比例分配。

(五) **特别法规定的优先顺位请求权**

破产分配的顺位问题不单纯是企业破产法的问题。当被宣告破产清算的债务人为金融机构时，破产分配的顺位还必须考虑特别法对金融机构清偿债务的顺位之规定。对金融机构所享有的特别法规定种类的债权，不仅具有优先于破产债权的地位，而且具有优先于税收请求权的优越地位。

例如，《商业银行法》（2015年）第71条第2款规定："商业银行破产清算时，在支付清算费用、所欠职工工资和劳动保险费用后，应当优先支付个人储蓄存款的本金和利息。"依照上述规定，商业银行破产清算时，个人储蓄存款的本金和利息债权，位于清算费用和劳动债权之后，优先于其他债权获得清偿。

---

① 参见最高人民法院《关于审理企业破产案件若干问题的规定》（2002年）第61条。

再如，《保险法》（2009年）第91条规定："破产财产在优先清偿破产费用和共益债务后，按照下列顺序清偿：（一）所欠职工工资和医疗、伤残补助、抚恤费用，所欠应当划入职工个人账户的基本养老保险、基本医疗保险费用，以及法律、行政法规规定应当支付给职工的补偿金；（二）赔偿或者给付保险金；（三）保险公司欠缴的除第（一）项规定以外的社会保险费用和所欠税款；（四）普通破产债权。"依照上述规定，保险公司破产清算时，被保险人或受益人对保险公司享有的保险给付请求权，仅仅置后于劳动债权而优先于保险公司所欠社会保险费用和税款获得清偿。

四　破产财产分配方案

（一）破产财产分配方案的制订

破产财产分配方案，又称破产分配表，是用于记载破产财产如何分配给债权人的书面文件，是管理人执行破产分配的依据。

在立法例上，破产财产分配方案由管理人制作并付诸实施。例如，德国《支付不能法》第188条规定，在进行分配前，管理人应当将在进行分配时所应当考虑的债权编制成表册，并公告其债权总额和可供分配的破产财产数额。

在我国，破产财产分配方案由管理人制作。《企业破产法》第115条规定："管理人应当及时拟订破产财产分配方案，提交债权人会议讨论。破产财产分配方案应当载明下列事项：（一）参加破产财产分配的债权人名称或者姓名、住所；（二）参加破产财产分配的债权额；（三）可供分配的破产财产数额；（四）破产财产分配的顺序、比例及数额；（五）实施破产财产分配的方法。"

管理人制作的破产财产分配方案，应当包括至少以下三项主要内容：

1. 可供破产分配的财产总额。破产财产分配方案是管理人分配破产财产的依据，必须记载可供分配的破产财产总额。不能用于破产分配的财产，不计入破产财产分配方案。例如，为优先拨付破产费用而提存的财产，以及已经支付破产费用的财产，不属于破产分配，用于支付破产费用的破产财产部分，不必记载于破产财产分配方案。再者，属于破产财产但实际已不能收回供作分配的部分，也不能用于破产分配，不计入破产财产分配方案。就可供分配的财产总额而言，管理人在制作破产财产分配方案时，对已变价的财产和变价不能的财产应分别说明。

2. 可受破产分配的财产请求权。可受破产分配的财产请求权有三类不同顺位的请求权，包括劳动债权、社会保险费用请求权与税收请求权和破产债权。可受破产分配的财产请求权，不限于管理人制作破产财产分配方案时已经确定的财产请求权；对于尚未确定而应当予以提存分配的财产请求权，管理人在制作破产财产分配方案时应当特别说明。再者，破产财产分配方案对不同顺位的财产请求权应当分别列明，详细记载各项请求权的权利人的姓名（名称）、处所、请求权数额以及应受分配的比例和数额。

3. 破产分配的方式、时间和地点。以分配的先后为标准，破产分配可以分为初次分配、中间分配和最终分配三种。以分配的标的为标准，破产分配又可以分成金钱分配和非金钱分配。破产财产分配方案，应当对分配方式、时间和地点等内容，作出明确的规定。

(二) 破产财产分配方案的效力

管理人制作的破产财产分配方案，是否应当经由法院的认可才有执行的效力，破产立法例所持立场有所不同。

有的破产立法例规定，管理人制作的破产财产分配方案，经公告后，无须债权人会议讨论通过，直接产生执行的效力。例如，日本《破产法》规定，管理人应当制作分配表，提交于法院供利害关系人阅览，并应当公告参加分配的债权总额和可分配的金额；债权人对于分配表的记载有异议，可以向法院提出异议，请求法院裁定更正分配表。[①] 对于破产财产分配方案的效力的发生，德国《支付不能法》也作出了类似的规定。[②]

在我国，由管理人制作的破产财产分配方案是不生效力的。破产财产分配方案只有经过债权人会议讨论通过，并经法院裁定认可，才会有执行的效力。《企业破产法》第 115 条规定，债权人会议行使通过破产财产分配方案的职权；管理人应当及时拟订破产财产分配方案，提交债权人会议讨论；债权人会议通过破产财产分配方案后，由管理人将该方案提请法院裁定认可；破产财产分配方案经法院裁定认可后，由管理人执行。显然，管理人制作的破产财产分配方案，未经债权人会议讨论并形成通过该方案

---

① 参见日本《破产法》（1922 年）第 258 条、第 259 条、第 260 条和第 264 条。
② 参见杜景林、卢谌译《德国支付不能法》，法律出版社 2002 年版，第 100 页。

的决议，不具有执行的效力；即使债权人会议通过破产财产分配方案，未经法院裁定认可，亦不具有执行的效力。

依照《企业破产法》的规定，债权人会议对管理人提交讨论的破产财产分配方案，以召开会议的方式进行讨论，如该方案符合法律的规定而又没有损害债权人利益的情事，应当以决议通过该方案。债权人会议讨论破产财产分配方案时若有异议，则可以要求管理人予以更正或者重新制定。债权人会议讨论通过破产财产分配方案，应当由出席会议的有表决权的债权人的过半数通过，且其所代表的债权额占无财产担保债权总额的1/2 以上。经债权人会议讨论通过的破产财产分配方案，对全体债权人均有约束力，并由管理人提请法院裁定认可。此外，债权人会议讨论破产财产分配方案经两次表决不能通过的，由法院裁定。

管理人有分配债务人财产的法定职能。管理人基于其"勤勉尽责，忠实执行职务"的法定责任，在分配债务人财产的环节，对债权人利益的影响甚少。特别是，债务人财产的分配属于管理人在清算程序结束前满足债权受偿的最简单的事务性工作，在债权已经确定、债务人财产已经变价的情形下，破产分配主要取决于债权的确定以及可供分配的财产的等质化，故其对债权人利益的影响并不如破产财产的变价那样显著，完全可以不经繁杂的程序而节俭处理。以管理人公告破产财产分配方案的内容、债权人提出异议的方式来确保破产财产分配方案的公正与否，已属相当充分，相当程度上能够契合破产程序当事人自治的目的。

因此，管理人制订的破产财产分配方案，若再行提交债权人会议讨论通过和法院裁定认可，人为增加了不必要的程序及其费用支出，实际上并不利于债权人的受偿利益。同时考虑到，《企业破产法》已经将破产程序定位于当事人自治主导型的债务清理程序，并且以管理人中心主义来提升破产程序运行的效率，破产分配作为满足债权的环节事实上不再需要借助于债权人会议的协作。《企业破产法》有关破产财产分配方案经债权人会议讨论通过并由法院裁定认可的规定，是值得检讨的。

五　破产分配的实施

（一）破产分配的执行人

破产分配由管理人实施。《企业破产法》第 116 条规定："破产财产分配方案经人民法院裁定认可后，由管理人执行。"经法院裁定认可的破产财产分配方案，具有强制执行的效力，管理人和债权人会议均不得再对之予以更改。在有可分配的财产时，管理人应当依照破产财产分配方案适时进行分配。

（二）破产分配实施的公告

管理人实施破产分配前，不论是多次分配还是一次分配，均应当进行公告。破产分配的公告是为通知债权人接受破产分配的时间、可供分配的财产额以及可接受分配的债权额。《企业破产法》第 116 条第 2 款规定："管理人按照破产财产分配方案实施多次分配的，应当公告本次分配的财产额和债权额。管理人实施最后分配的，应当在公告中指明，并载明本法第一百一十七条第二款规定的事项。"

（三）多次分配

破产分配不限于一次分配，管理人可以依照破产财产分配方案实施多次分配。管理人实施一次分配还是多次分配，应当在破产财产分配方案中予以明示。管理人承诺实施多次分配的，应当在破产财产分配方案列明最终分配前实施破产分配的次数、各次分配的时间和地点。尤其是，破产财产分配方案要列明实施初次分配和最终分配的时间和地点。多次分配因其分配时序上的差异，被区分为初次分配、中间分配和最后分配。

初次分配，是指管理人依照破产财产分配方案实施的第一次分配。在分配一次不能完成破产分配的情形下，有进行初次分配的必要。介于破产财产初次分配和最终分配之间的各次分配，被称为中间分配。管理人实施中间分配的目的，在于确保从速分配而不至于使债权人遭受时间上的损失。原则上，初次分配后，只要有可供分配的破产财产，就可以实行中间分配。

管理人为初次分配和中间分配时，对于将来行使的请求权、有异议或者涉讼未决的债权、附条件的债权，应当进行替代分配。替代分配有担保分配和提存分配两种形式，只是对债权人的暂时分配，不具有最终分配的效力。担保分配是以债权人提供相当的担保为条件而对该债权进行的分配。债权人所提供的担保，在其债权适于破产分配时予以解除。提存分配是为保障债权人的受偿利益而由管理人提存分配额所进行的一种特殊分配。在我国破产法上，替代分配仅有提存分配一种形式。《企业破产法》第 117 条第 1 款规定："对于附生效条件或者解除条件的债权，管理人应当将其分配额提存。"第 119 条规定："破产财产分配时，对于诉讼或者仲裁未决的债权，管理人应当将其分配额提存。"

最后分配，又称为最终分配，是指管理人依照破产财产分配方案实施的最后一次分配。仅在实施多次分配的情形下，才有最后分配。最后分配是破产清算程序终结的标志。《企业破产法》第120条第2款规定："管理人在最后分配完结后，应当及时向人民法院提交破产财产分配报告，并提请人民法院裁定终结破产程序。"

（四）破产分配的方式

破产分配对于所有的债权人应当公平，公平的基本要素是分配方式相同。破产分配的基本方式为金钱分配。金钱分配，是指管理人以货币的形式清偿对破产人所享有的各种请求权。金钱分配的标的为金钱或货币。前述破产财产的变价，实际上就是为了实现金钱分配。破产财产中的金钱（货币）无须变价，可直接用于破产分配；但破产财产中的非金钱（货币）财产，因为缺乏等质化的基准而必须进行变价，将它们换价成金钱（货币），才可以实施破产分配。《企业破产法》第114条规定："破产财产的分配应当以货币分配方式进行。但是，债权人会议另有决议的除外。"

破产分配应以金钱分配为原则，以其他分配形式为补充。当破产财产不能或者无法变价而难以实施金钱分配的，可以进行非金钱分配。非金钱分配，是指管理人不以金钱（货币）为分配标的而进行的破产分配。非金钱分配有时难以做到公允，因为分配标的的价值核定会受到多种因素影响。对于债务人财产中的非金钱财产，如果变价不能，管理人可以采用实物分配的方式，将实物合理作价后分配给债权人；对于在分配时未获清偿的债务人享有的债权，管理人可以将该债权按比例分配给可受分配请求权人。最高人民法院《关于审理企业破产案件若干问题的规定》（2002年）第94条规定："列入破产财产的债权，可以进行债权分配。债权分配以便于债权人实现债权为原则。将人民法院已经确认的债权分配给债权人的，由清算组向债权人出具债权分配书，债权人可以凭债权分配书向债务人要求履行。债务人拒不履行的，债权人可以申请人民法院强制执行。"

应当注意的是，管理人采用非金钱分配方式的，以债权人会议的决议为条件。这就是说，破产财产分配方案应对非金钱分配的范围和具体办法作出规定。

（五）破产分配额的受领

管理人为破产分配的公告后，应受破产分配的请求权人可以按照公告规定的时间、地点和方式，受领破产分配额。应受破产分配的请求权人未依管理人的通知或者公告受领分配额的，管理人可以提存该请求权人的分配额，因提存所发生的费用，由逾期受领的请求权人负担。应受破产分配的请求权人领取破产分配的财产时，应当出具请求权人身份证明材料。[①]应受破产分配的请求权人基于管理人实施破产分配而取得的受偿额，具有法律上保有其受偿额的确定效力。应受破产分配的请求权人依破产分配公告要求给付分配额而被管理人拒绝的，可以提请法院依破产财产分配方案强制执行。

(六) 提存分配及其效果

1. 附条件债权的提存分配

破产分配时，管理人应当提存附条件的债权的分配额。《企业破产法》第117条第1款规定："对于附生效条件或者解除条件的债权，管理人应当将其分配额提存。"在破产法上，附生效条件或者附解除条件的债权，能否获得分配并保有分配的利益，取决于最后分配公告日此等债权所附条件的成就与否。

在最后分配公告日前，债权所附生效条件尚未成就，但该债权已经成立的事实并不因条件未成就而受到影响，仅仅是该债权尚未发生效力，债权人不能请求债务人履行债务。债权所附生效条件在最后分配公告日前具有随时成就的可能，若不给予附生效条件的债权受偿的机会，对该债权人不公平。故附生效条件的债权在条件成就前，债权人可以其破产程序开始时的债权全额，向管理人申报并行使债权。同时，附生效条件的债权毕竟存在条件不成就而不发生效力的或然性，债权人在条件成就前不能由破产分配获得确定的清偿。因此，对附生效条件的债权，管理人在实施破产分配时，应当提存其分配额。

附解除条件的债权，在最后分配公告日前条件未成就的，此等债权为已经成立并生效的债权，债权人可以向债务人行使权利。但因为此等债权所附解除条件在最后分配公告日前具有成就的或然性，债权存在消灭的可能，允许此等债权人受领破产分配，对其他债权人不公平。因此，对附解除条件的债权，管理人在破产分配时，应当提存其分配额。

[①] 参见最高人民法院《关于贯彻执行〈中华人民共和国企业破产法（试行）〉若干问题的意见》（1991年）第68项和第69项。

《企业破产法》第 117 条第 2 款规定："管理人依照前款规定提存的分配额，在最后分配公告日，生效条件未成就或者解除条件成就的，应当分配给其他债权人；在最后分配公告日，生效条件成就或者解除条件未成就的，应当交付给债权人。"

这里应当注意，以最后分配公告日确定附条件的债权接受破产分配的效果，实际上仅仅存在于管理人实施多次分配的场合。若管理人向债权人会议提交的破产财产分配方案，采取"一次分配"破产财产的形式，一次分配即为破产清算程序终结的最后分配，不存在破产财产的初次分配和中间分配。这样，管理人依照该破产财产分配方案所为一次分配的公告日，成为事实上的最后分配公告日，对附条件的债权则没有提存分配的必要。管理人在一次分配的公告日足以决定是否对附条件的债权实施分配。

2. 未确定债权的提存分配

未确定债权，是指在破产分配时仍存在异议或者诉讼未决或者仲裁未决的已依法申报的债权。例如，债权人向管理人申报债权后，管理人经审查而否认债权存在或者对债权的数额表示异议，不论该债权人已向法院起诉要求确认债权，法院在破产分配时尚未作出确认债权的终审判决，该债权属于未确定债权。未确定债权毕竟有经判决或仲裁裁决而确定的可能，此等债权的破产分配利益应当受到照顾，故管理人在实施破产分配时，应当提存未确定债权的分配额。《企业破产法》第 119 条规定，"破产财产分配时，对于诉讼或者仲裁未决的债权，管理人应当将其分配额提存"。

未确定债权能否接受分配而获清偿，取决于该债权能否在最后分配日之前经判决或仲裁裁决确定，或者在破产清算程序终结后的法定期间内经判决或仲裁裁决确定。未确定债权在最后分配日届至前确定的，管理人应当将提存的分配额在该债权确定之日或者最后分配日交付给债权人。未确定债权在最后分配日届至前仍不能确定的，管理人应当继续提存该债权的分配额；未确定债权在清算程序终结后 2 年内经判决或仲裁裁决确定时，管理人应当将提存的分配额交付给债权人。

未确定的债权，自破产清算程序终结之日起满 2 年仍不能确定的，管理人已经提存的分配额应当归入破产财产而分配给其他债权人。《企业破产法》第 119 条规定："破产财产分配时，对于诉讼或者仲裁未决的债权，管理人应当将其分配额提存。自破产程序终结之日起满二年仍不能受领分配的，人民法院应当将提存的分配额分配给其他债权人。"

应当注意的是，未确定债权自破产清算程序终结之日起满 2 年仍不能确定的，由人民法院将已经提存的分配额分配给其他债权人，尽管此项分配发生于破产清算程序终结后，但不同于《企业破产法》第 123 条规定的追加分配。

3. 未受领的破产财产分配额的提存

管理人为破产分配时，债权人虽无受领破产财产分配额的义务，但有受领破产财产分配额的权利。在债权人受领破产财产分配额之前，管理人可以提存方式消灭其向债权人分配破产财产的义务；为债权人受领破产分配的利益计算，管理人更有以提存来保全债权人受领破产分配利益的义务。对于管理人提存的未受领的破产财产分配额，债权人可于最后分配公告日后 2 个月届满前的任何时间，向管理人或者法院受领提存的破产财产分配额。《企业破产法》第 118 条规定："债权人未受领的破产财产分配额，管理人应当提存。债权人自最后分配公告之日起满二个月仍不领取的，视为放弃受领分配的权利，管理人或者人民法院应当将提存的分配额分配给其他债权人。"

管理人对于债权人未受领的破产财产分配额予以提存，是以照顾债权人的受偿利益而采取的分配方法；债权人不受领破产财产分配额，并非债权人的债权未确定，而是债权人迟延受领破产分配额或者放弃受领破产分配额。债权人放弃破产分配额的，法律并不加以干预，管理人应当将该债权人放弃的破产分配额分配给其他债权人。同样，为敦促债权人及时受领管理人已实施的破产分配，不致影响管理人的分配行为和其他债权人的合法利益，管理人仅能在法律规定的期间内提存未受领的破产分配额；超过法律规定的提存期间，债权人仍不受领的，不论该债权人是否有放弃破产分配的意思，均发生债权人放弃受领破产分配的效果，已经提存的未受领的破产财产分配额，管理人或者法院应当分配给其他债权人。债权人未受领的破产财产分配额的提存，不论是初次分配还是中间分配，均以最后分配公告日后的法定期间（2个月）作为应受分配请求权人放弃权利的"绝限"。

第六节　破产清算程序的终结

一　破产清算程序的终结

破产清算程序的终结，又称为破产清算程序的终止，是指在破产清算程序进行中,发生终结破产清算程序的法定原因时,由法院裁定结束破产清算程序的现象。作为一项程序制度,破产立法例对破产清算程序的终结,均有相应的规定。

依照《企业破产法》的规定,破产清算程序作为破产程序的组成部分,仅以法院裁定宣告债务人破产清算后进行的程序为限,并不包括法院裁定债务人破产清算前所进行的程序,故破产清算程序的终结相对于破产程序的终结,范围较狭。

破产清算程序开始的目的,在于公平分配债务人的财产,以满足多数债权人的清偿要求。在破产清算程序开始后,债务人已无财产可供分配或者债权人已无受偿的可能,或者债权人已经通过其他方式(诸如担保权的实行)获得公平清偿,或者债权人已经接受破产分配,继续进行破产清算程序已无必要,法院应当依职权或者依申请,裁定终结尚在进行的破产清算程序。诚然,法院在破产清算程序中居于主导地位,有权决定破产清算程序的进行与否。在破产清算程序进行中,除债务人或破产人申请终结破产清算程序的个别情形外,法院在职务上已知发生终结破产清算程序的法定原因而有终结破产清算程序的必要时,应当依职权终结清算程序。[①] 有终结破产清算程序的法定原因时,利害关系人以及管理人都可以申请法院终结破产清算程序。

二 破产清算程序终结的申请主义

《企业破产法》第 120 条原则规定,破产人无财产可供分配的,管理人应当请求人民法院裁定终结破产程序;管理人在最后分配完结后,应当及时向人民法院提交破产财产分配报告,并提请人民法院裁定终结破产程序。此外,法院裁定债务人破产清算后,管理人在破产分配前经调查发现,破产财产已经不足以支付破产费用或者共益债务的,应当提请法院终结破产清算程序。[②]

依照上述规定,在发生终结破产清算程序的法定事由时,经管理人申请,法院才能裁定结破产清算程序。破产清算程序作为当事人自治主导型的程序,程序的进行有无必要,唯有管理人最为清楚。因

---

① 陈荣宗:《破产法》,(台北)三民书局 1986 年版,第 383 页。
② 参见《企业破产法》第 43 条第 4 款。

此，由管理人申请法院终结破产清算程序，构成终结清算程序的一个基本选项。

再者，破产宣告后，债务人和债权人会议达成和解协议以替代破产分配的，和解协议经法院裁定认可，管理人应当提请法院中介破产清算程序。① 破产宣告后，债务人与债权人全体之间自行和解以避免破产财产的变价乃至破产分配的，也有《企业破产法》上的依据。依照《企业破产法》第105条的规定，法院裁定债务人破产清算后，债务人和全体债权人自行达成清理债权债务的和解协议，可以请求法院裁定认可；法院裁定认可自行和解协议的，管理人应当提请法院裁定终结破产清算程序。

三　破产清算程序终结的原因

(一) 可供分配的破产财产不足

当破产财产不足以清偿破产费用或共益债务、或者无财产可供破产分配时，经管理人申请，法院应当裁定终结破产清算程序。破产立法例一般规定，破产财产不足以清偿共益债权的，经管理人申请，法院应当裁定终结清算程序。例如，我国台湾地区"《破产法》"第148条规定："破产宣告后，如破产财团之财产不敷清偿财团费用及财团债务时，法院因破产管理人之申请，应以裁定宣告破产终止。"

破产清算程序为当事人自治主导型的债务清理程序，管理人在破产程序中居于中心地位，享有接管和分配债务人财产的权利，负有调查债务人财产状况的责任。管理人经对债务人财产状况的调查，应当对债务人财产是否足以清偿共益债权，甚至可否为破产分配作出及时的判断。法院以可供分配的破产财产不足裁定终结破产程序的，应当以管理人对破产财产的判断为依据。可供分配的破产财产不足，表明破产财产的变价和破产分配不可能进行，继续进行破产清算程序无益于参加破产程序的各方利害关系人，正在进行的破产清算程序应当终结。

在我国，可供分配的破产财产不足，表现为以下两种情形：

1. 破产财产不足以清偿共益债权。依照《企业破产法》第43条的规定，破产财产不足以清偿破产费用的，管理人应当提请法院终结破产程

---

① 参见最高人民法院《关于审理企业破产案件若干问题的规定》(2002年) 第25条。

序。应当注意的是,《企业破产法》第 43 条的规定仅以破产财产不足以清偿破产费用作为法院裁定终结清算程序的事由,并不周延,存在隐含的法律漏洞。破产费用有别于共益债务,显然不包括共益债务;如果破产财产能够支付破产费用,但不足以清偿共益债务的,解释上也无法进行破产分配,破产清算程序也应当终结。因此,当破产财产不足以清偿破产费用和共益债务,管理人应当向法院申请终结清算程序。

2. 无破产财产可供分配。《企业破产法》第 120 条第 1 款规定,破产人无财产可供分配的,管理人应当请求人民法院裁定终结破产程序。上述规定所称"无财产可供分配",并非仅限于没有可以实施分配的破产财产这样一种情形,而是包括有破产财产但破产财产变价不能而无法实施实物分配、或者破产财产的价值过少而没有继续破产分配的必要等情形。所以,无破产财产可供分配是一个相对复杂的事实问题,管理人应当以破产分配的实施有无必要作为判断的基准。

除上述以外,这里有必要讨论一个与破产分配有关的程序问题。破产程序开始后尚未宣告债务人破产清算前,经管理人调查发现债务人财产明显过少或者不足以清偿共益债权的,管理人申请法院裁定终结破产程序时,法院应否再裁定宣告债务人破产清算呢?

已经开始但尚未宣告债务人破产清算的破产程序,在债务人财产不足以清偿共益债权时继续进行无疑构成浪费,法院应当依照管理人的申请裁定终结。在此情形下,如果法院仅仅裁定终结破产程序而不裁定宣告债务人破产清算,在程序上是有讨论的空间的。在程序上,债务人财产不足以清偿共益债权,宣告其破产清算,不单是为了破产分配,还有更为显著的其他法律意义,比如债务人的民事法律地位的变更,而这些是不应当仅因为债务人财产不足以清偿共益债权导致程序终结而被忽略。已经开始的破产程序若仅因债务人财产不足以清偿共益债权便匆匆终结而不宣告债务人破产清算,不仅无助于将债务人破产倒闭的事实公布于众,而且不利于债权人行使权利和保护善意第三人。所以,在司法实务上,如果债务人财产不足以清偿共益债权但尚未宣告债务人破产清算的,法院应当依照管理人的请求,裁定宣告债务人破产清算,并同时终结破产清算程序。

(二) 破产分配完成

破产分配完成,又称破产财产分配完毕,是指管理人依据破产财产分配方案，将所有的破产财产（无论变价与否）分配给各请求权人的法律事实。《企业破产法》第 120 条第 2 款规定："管理人在最后分配完结后，应当及时向人民法院提交破产财产分配报告，并提请人民法院裁定终结破产程序。"

管理人是破产财产的管理、变价和分配的法定机关。管理人在实施最后分配后，基于其勤勉尽责的注意义务，应当及时申请法院终结已无必要继续存在的破产清算程序，一方面可以解除破产清算程序对债务人的行为和财产、对债权人行使权利的约束；另一方面可以停止产生不必要的程序费用。管理人申请法院终结破产清算程序的，应当同时向法院提交破产财产分配报告，供法院考量是否终结破产清算程序。最后分配的实施或者破产财产分配完毕，是清算程序终结的基本原因。

(三) 破产清算程序终结的其他原因

除前述两个基本原因外，破产立法例还规定有破产清算程序终结的其他原因，如日本《破产法》规定的同意废止和我国破产法规定的自行和解。

破产人取得已经申报的所有债权人的同意时，或者对不同意的债权人提供担保时，可以申请法院终结已经开始的破产清算程序；法院据此发布公告并听取利害关系人的意见后，决定终结破产程序的，为同意废止。[①] 日本《破产法》（1922 年）第 347 条第 1 款规定："破产人经在债权申报期间内申报的全体破产债权人同意，或经其他破产债权人同意，由破产财团向不同意的破产债权人提供了担保时，可以申请破产废止。"破产人申请破产废止的，除经全体债权人同意外，应当向法院提交申请终结清算程序的书面文件；法院应当公告申请的内容，并备置有关申请文件供利害关系人阅览。破产债权人以及管理人对破产人的破产废止申请，可以向法院陈述意见。法院在公告异议期后，认为破产废止符合法律规定的条件，应当作出破产废止的裁定，并发布公告。破产清算程序自法院裁定破产废止之日起终结。

理论上，破产清算程序是为债权人的团体利益设定的程序制度，各债权人有权处分破产清算程序赋予其各自的利益。况且，《企业破产法》第

[①] 参见石川明《日本破产法》，何勤华、周桂秋译，中国法制出版社 2000 年版，第 218 页。

105 条所规定的"自行和解"制度，为当事人申请法院终结破产清算程序提供了制度支持。所有的债权人对于终止破产清算程序没有异议的，我国法律应当允许管理人（破产企业）向法院申请终止破产清算程序。因此，破产企业和全体债权人自行和解的，可以成为法院裁定终结破产清算程序的一种原因。

四 破产清算程序终结的裁定

管理人申请法院终结清算程序的，除非法院认为管理人终结破产程序的申请不当，应当在收到管理人终结清算程序的申请后的法定期间内，以裁定终结清算程序。[①] 法院裁定终结清算程序的，不论其终结清算程序的法定原因如何，均应当予以公告。《企业破产法》第 120 条第 3 款规定："人民法院应当自收到管理人终结破产程序的请求之日起十五日内作出是否终结破产程序的裁定。裁定终结的，应当予以公告。"

利害关系人对法院终结清算程序的裁定不服的，不允许上诉。例如，日本《破产法》（1922 年）第 282 条 2 款规定，对法院所为破产终结的决定，不得申请不服。《企业破产法》对于这个问题没有明文规定，解释上应当认为不得提出上诉，但可以申请复议。例如，最高人民法院《关于贯彻执行〈中华人民共和国企业破产法（试行）〉若干问题的意见》（1991 年）第 75 条规定，当事人不服法院裁定终结清算程序的，不得提出上诉；当事人对终结破产程序的裁定有异议的，可以向原审法院申请复议。

五 破产清算程序终结的法律效果

破产清算程序的终结，表明破产程序的彻底结束，因为破产程序的开始而对债务人、债权人和其他利害关系人产生的约束归于消灭。破产清算程序的终结具有不可逆转性，在破产清算程序终结后，不得以任何理由恢复已经终结的破产清算程序：依照破产程序变价的破产财产，产生法律上处分财产的确定效力；依照破产程序所接受的分配，亦产生法律上保有分配利益的确定效力。

就破产清算程序终结后的法律效果而言，应当特别注意以下三点：

（一）破产企业的法人地位终止

自破产清算程序终结之日起，债务人的企业法人地位消灭。法人地位

---

① 参见最高人民法院《关于审理企业破产案件若干问题的规定》（2002 年）第 96 条。

终止的债务人,其法人登记应当注销。破产企业的法人地位终止的注销登记,由管理人负责办理。管理人应当自破产清算程序终结之日起10日内,持法院终结破产程序的裁定,向破产企业的原登记机关办理注销登记。[①]管理人不得以破产清算程序终结停止执行职务为由,怠于或者拒绝办理破产企业的注销登记。

(二) 管理人终止执行职务

管理人的法律地位,起始于法院裁定受理破产申请时的决定。理论上,管理人终止执行职务,也应当要有法院的决定,即法院裁定终结破产程序时,应当作出管理人是否终止执行职务的决定。这就是说,在破产清算程序终结时,管理人终止执行其职务,不是自动发生的。《企业破产法》第122条规定:"管理人于办理注销登记完毕的次日终止执行职务。但是,存在诉讼或者仲裁未决情况的除外。"在司法实务上,法院裁定终结破产程序的,管理人应当向法院提交执行职务的报告,并提请法院决定其终止执行职务;法院作出同意管理人的请求之决定的,发生管理人停止执行职务的效果。

除破产清算程序终结外,管理人提请法院同意其终止执行职务,应当满足以下两个条件:

1. 破产企业的注销登记已经办理完毕。管理人在破产清算程序终结后仍有义务办理破产企业的注销登记。在为破产企业的注销登记前,管理人继续承担"勤勉尽责、忠实执行职务"的责任。自办理破产企业的注销登记完毕的次日,管理人可以终止执行职务。

2. 不存在诉讼或者仲裁未决的情形。管理人在破产程序进行中,凡涉及破产财产的争议而以自己的名义作为当事人参与诉讼或仲裁的,在破产清算程序终结时,以管理人作为当事人的诉讼或者仲裁尚未了结,管理人应当继续未决的诉讼或者仲裁。

(三) 未受偿的债权继续有效

除债务人依法取得之破产免责利益外,债权人未能依照破产清算程序受偿的债权不受破产清算程序终结的影响,继续有效。首先,自破产清算程序终结之日起2年内,发现可供分配的破产财产的,债权人可以请求法院按照破产财产分配方案进行追加分配。其次,在破产清算程序终结后,

---

① 参见《企业破产法》第121条。

破产人的保证人和其他连带债务人对债权人依照破产清算程序未受清偿的债权，继续承担清偿责任。未受破产分配清偿的债权人，得以其未受偿的债权部分向破产人的保证人、连带债务人继续追偿。

六 追加分配

（一）追加分配的意义

破产清算程序终结后发现可供分配的破产财产时，经法院许可而对破产债权人实行的补充分配，称为追加分配。追加分配在性质上属于破产分配的继续，破产财产分配方案是追加分配的依据。只是因为这种分配发生在破产清算程序终结后，通常由法院实施，才称为追加分配。

《企业破产法》第 123 条规定："自破产程序依照本法第四十三条第四款或者第一百二十条的规定终结之日起二年内，有下列情形之一的，债权人可以请求人民法院按照破产财产分配方案进行追加分配：（一）发现有依照本法第三十一条、第三十二条、第三十三条、第三十六条规定应当追回的财产的；（二）发现破产人有应当供分配的其他财产的。有前款规定情形，但财产数量不足以支付分配费用的，不再进行追加分配，由人民法院将其上交国库。"依照上述规定，追加分配以破产清算程序终结后存在可供分配的财产和有补充分配的必要性作为实质条件。

（二）追加分配的条件

实施追加分配，应当符合法律规定的条件。依照《企业破产法》的规定，实施追加分配的条件有以下四个：

1. 以特定原因的破产清算程序终结为限。只有因为"可供分配的破产财产不足"或者"破产分配完成"而终结破产清算程序的，才能实施追加分配。破产清算程序因为其他情形终结的，不适用追加分配。将追加分配限定于特定原因终结破产清算程序的场合，是因为在破产清算程序进行中，尚未发现的破产财产未能有效纳入可供分配的财产，致使债权人依照破产程序应当由破产财产获得清偿或部分清偿而未获清偿，以追加分配给予债权人相应的救济。

2. 有可供追加分配的财产。可供追加分配的财产为实施追加分配的物质基础。凡在破产清算程序终结后可用于清偿债务的属于债务人（破产财产）的任何财产，均可作为可供追加分配的财产。为司法实务的便利，《企业破产法》第 123 条第 1 款将可供追加分配的财产作出了如下列举：（1）因债务人在破产程序开始前所为可撤销行为或无效行为而应当追回的财产，即有《企业破产法》第 31 条、第 32 条、第 33 条和第 36 条规定的情形而应当追回的财产。（2）除以上财产以外的其他可供债权人受偿的财产。这项列举属于兜底性规定，可以包括任何类型的应当追回并实施分配的财产。例如，对于有异议或者涉讼未决的债权在破产分配时提存的分配额，在破产清算程序终结后，因为债权人败诉或者部分败诉而不能交付的已提存的分配额之全部或者部分，可供追加分配。再如，因为管理人执行职务发生错误不当处分的破产财产，应当并可以追回的财产；或者因为管理人违反其善良管理人的注意义务而应当对破产财产承担的赔偿责任，均应当复归于破产财产而供追加分配。实际上，在破产清算程序终结后，只要发现有可以复归于破产财产的财产，不论该财产是否已经追回，更不论该财产应当追回的原因，均属于可供追加分配的财产。

3. 破产清算程序终结后尚未逾 2 年期间。实施追加分配受 2 年除斥期间的限制。在破产清算程序终结后的任何时间，如果发现可供追加分配的财产，都允许实施追加分配，对债权人利益的保护固然周到，但不利于交易安全，更会造成追加分配的不可预知的程序复杂性。破产立法例均以破产清算程序终结后的除斥期间限制实施追加分配。在我国，追加分配的除斥期间，为破产清算程序终结后 2 年，该 2 年期间自法院裁定终结破产程序之日起计算，该期间不得延长或者中止。超过法定的 2 年除斥期间，即使存在可供分配的破产财产，亦不得进行追加分配。

4. 有追加分配的必要性。追加分配的必要性，是指追加分配以存在分配的可能并且必要为条件。发现可供分配的财产，如果分配不可能或者没有必要则不能实施追加分配。法院为追加分配以必要者为限，有追加分配的可能和必要，并属于追加分配的除斥期间内，可以实施追加分配。[①] 例如，有可供分配的破产财产，但该破产财产因回复占有的成本过高而没有必要追回的，或者该破产财产难以追回的，或者追回的破产财产数额过少而不足以支付追加分配的费用的，实施追加分配对各方利害关系人均无益处，则不能实施追加分配。至于什么状况构成"有追加分配的必要性"，则属于事实问题，由法院根据具体案情作出判断。有可供分配的财

[①] 参见陈荣宗《破产法》，（台北）三民书局 1986 年版，第 374 页。

产但没有追加分配的必要性的,应当将此等破产财产上缴国库。①

(三) 追加分配的实施

依照《企业破产法》第 123 条的规定,符合实施追加分配的条件的,破产债权人可以请求法院按照破产财产分配方案进行追加分配。在这里,追加分配以债权人的请求为必要,债权人请求追加分配的,不以债权人多人为必要,只要有一个债权人请求即可;债权人未请求的,法院不得依职权实施追加分配。追加分配的执行人为法院,法院收到债权人的请求,应当审查是否可以实施追加分配;经审查符合条件的,应当按照破产财产分配方案实施追加分配。追加分配的实施,不以一次为限;符合追加分配的条件的,可以实施多次。

但是,《企业破产法》第 123 条规定的追加分配的实施,仍有值得讨论的空间,以下两点值得重视:

1. 追加分配的执行人问题。追加分配在性质上为破产分配的继续,管理人实施破产分配,由管理人实施追加分配,具有合理性。前已言之,管理人在破产清算程序终结后,并不当然终止执行职务;尤其是在有未决诉讼或者仲裁的情形下,管理人应当继续执行职务,由管理人实施追加分配,具有程序上的基础。以法院取代管理人实施追加分配,陡增程序操作的复杂性。因此,追加分配应当由管理人实施;唯有管理人在破产程序终结后终止执行职务的,追加分配才应当由法院实施。

2. 追加分配的依据问题。追加分配的依据为破产财产分配方案,在实施追加分配前,可供分配的破产财产应当先行清偿追加分配的费用,然后按照破产程分配方案规定的债权顺位和比例进行追加分配。但是,破产清算程序因破产财产不足以清偿共益债权而终结的,不存在破产财产分配方案,如何进行追加分配?这时候如果再要求管理人依照《企业破产法》第 115 条规定制订破产财产分配方案,显然不现实也不可能。在此情形下,管理人仍在执行职务,由管理人依照《企业破产法》第 113 条规定的破产分配顺位和原则,以可供追加分配的破产财产和破产程序终结时已确定债权为基础,临时制作破产财产追加分配方案,并按照该方案实施分配;管理人终止执行职务的,由实施追加分配的法院依照《企业破产法》

---

① 参见《企业破产法》第 123 条第 2 款。这样规定在价值判断上似有不妥。破产清算程序终结后不适宜追加分配的破产财产,应当交付给债务人或其出资人,较为妥当。

规定的破产分配顺位和原则，以可供追加分配的破产财产和破产程序终结时已确定债权为基础，制作破产财产追加分配方案以实施分配。

第七节 破产免责

一 破产免责的意义

破产免责，是指在破产清算程序终结后，依照破产法的规定免除破产人不能依破产程序清偿的债务的继续清偿责任的制度。除个别情形的自动免责外，破产免责普遍实行法院许可免责制度。例如，美国联邦《破产法典》第727条规定，除非债务人有法定不能免责之情形，法院应当许可债务人免责；经法院许可，则免除债务人在破产免责令签发前所负担之所有债务，但法定不许免责之债务，不在此限。因为破产免责须经法院许可，所以在英美破产法理论上，破产免责是一种特许的利益而非权利。[1]

已如前述，是否给予破产人以免责，破产立法例上有免责主义和不免责主义两种不同主张。免责主义和不免责主义的区分，仅当债务人为自然人时才有实际意义；破产免责是针对债务人为自然人而设计和适用的制度，法人被宣告破产清算，不存在破产免责与否的问题。唯在自然人破产时，破产人的民事主体地位不受影响，破产人仍有生存和进行活动的能力，债权人未依破产程序受清偿的债权并不因为破产宣告而消灭，这就产生了是否应由破产人继续清偿的问题。

美国联邦《破产法典》第7章规定规定了清算程序中的免责，当债务人为自然人（individual）时，法院应当许可债务人免责。虽然适用清算程序的债务人并非仅有自然人，还包括合伙（partnership）与公司（corporation），但破产清算程序中的许可免责，只适用于自然人。[2]

德国《支付不能法》第286条规定："债务人为自然人的，依照本法第287条至第303条的规定，免除其对支付不能债权人负担的、在支付不能程序中未清偿的债务。"上述规定表明，仅当债务人为自然人时，才有

---

[1] Robert N. Corley, Principles of Business Law, Prentice-Hall, 1983, p. 549.

[2] George M. Treister, etc., Fundamentals of Bankruptcy Law, 3rd edition, American Law Institute, 1993, p. 333.

破产免责的问题，法人和非法人的企业将在清算程序被清算，因而没有破产免责的必要。①

二 破产免责的立法例

以法国和德国破产法为代表的立法例，认为给予债务人破产的机会，就已经给予了债务人相当的恩惠；况且，债务人对债权人应承担无限清偿责任，因债务人自身原因造成的破产而免除其未清偿债务的清偿责任，对债权人有失公允。所以，大陆法系破产立法例多倾向于不免责主义。② 在这种立法例下，破产清算程序终结后，破产人恢复对其财产的占有和管理，债权人免受破产程序的约束，可以独立向破产人请求清偿未了的债务，破产人负有继续清偿所有未清偿债务的责任，债权人并且可依据在破产程序进行中制作的债权表，对破产人的财产申请强制执行。显然，破产不免责主义绝对维护了债权人的受偿利益。

英美法系各国的破产立法认为，诚实的债务人受破产宣告已遭不幸，不应当在破产清算程序终结后仍使其负担未清偿的债务。否则，破产人永无重新开始新生活的希望和基础，要求债务人在破产清算程序终结后仍然承担继续清偿未依清算程序清偿的债务，未免过于残酷。

既然法律给予债务人破产清算的机会，实际上也就是要债权人和债务人共同分担债务不能受偿的风险，有必要继续给予债务人破产清算后经济上自立的机会。再者，出于社会公益的要求，债务人破产后往往要依赖于社会保险救济，不许可债务人免责，又会加重社会的负担，不利于促使债务人重新开始经营事业。所以，英美法系国家普遍实行破产免责主义。破产免责主义，成为现代英美破产立法鼓励债权人宽容债务人、最大限度地给予债务人重新经营事业的机会的政策的核心内容，并可以被视为法律创造的自然人承担有限责任的一种形式。③

破产免责制度起源于英国法。英国1542年开始发布有关破产的法令，没有规定破产免责制度。到1705年颁布的破产立法，开始允许破产的商

---

① 参见莱因哈德·波克《德国破产法导论》（第6版），王艳柯译，北京大学出版社2014年版，第197页。

② 参见德国《破产法》第164条、第176条和第197条。但是，德国改革破产法后，1999年生效的《支付不能法》实行免责主义，专章规定了"剩余债务的免除"制度。

③ T. H. Jackson, The Logic and Limits of Bankruptcy Law, Har. Uni., 1986, pp. 225 – 229.

人申请免责。在英国，最初实行破产免责的目的较为简单，试图以免责促使债务人公示其财产，尽力协助破产清算，以维护破产债权人的利益。英国破产法至今还保留着此一痕迹。例如，破产人已经破产程序清偿了其 50% 以上的债务，并有免责诚意的，可向法院申请免责并取得免责利益。[1] 但是，英国破产立法规定的免责制度，在适用条件方面，要求相当严格，极大地限制了破产人的许可免责。许可免责制度的适用并不普遍，只有约 1/4 或者 1/5 的破产人向法院申请了免责。[2] 随着社会文明程度的进步，免责制度也在发展，英国破产法上的允许债务人申请免责的条件正在逐步放宽。尤其是，英国 1976 年颁布的《无力偿付法》(The Insolvency Act) 第 7 条新创了自动免责 (Automatic Discharge) 制度，即破产人自破产宣告之日起逾 5 年自动免责。

美国破产立法发展了英国法创立的许可免责制度，将破产免责作为保障破产人开始新生活的重要手段，实现了破产免责制度在观念上和运用上的革新。美国联邦《破产法典》第 727 条规定有如下的核心内容：除非债务人为非自然人、债务人有法定不能免责之情形，法院应当许可债务人免责；经法院许可，则免除债务人在破产免责令签发前所负担之所有债务，但法定不许免责之债务，不在此限。

英美破产法上的破产免责制度对大陆法系破产法产生了相当大的冲击，甚至已经被部分以大陆法系为传统的国家所接受，例如日本、韩国和德国等。在第二次世界大战以前，日本实行破产不免责主义。但是，战后的日本受美国法制的影响很大，遂于 1952 年在引进美国的公司重整制度时，修正《破产法》(1922 年) 而实行破产免责主义。[3] 日本破产法上的破产免责，使得诚实的破产人容易在经济上再生，并使其免受因为害怕破产清算所产生的恐惧以及经济上的窘迫，实现了自然人对于其债务承担无限责任的"有限责任化"。[4] 德国《破产法》对于债务人的破产清算实行不免责主义，但这样做会导致一个常见的后果，债务人没有能力再重新创

---

[1] K. Smith & D. Keenan, Mercantile Law, Pitman, 1982, p. 375.

[2] I. F. Fletcher, Law of Bankruptcy, Macdonald & Evans, 1978, p. 284.

[3] 参见日本《破产法》(1922 年) 第 366 条 (2) 及其以下条款。以日本的破产立法为蓝本，韩国 1962 年颁布的《破产法》第 339—357 条也规定了相同的破产免责制度。

[4] 参见石川明《日本破产法》，何勤华、周桂秋译，中国法制出版社 2000 年版，第 244—245 页。

建一个持续、有保障的经济生活。① 随着德国破产法制度的改革，权衡不同的利益，大幅引进了诸多英美破产立法中的富有成效的程序制度，其中就包括破产免责。德国《支付不能法》第 286 条规定了破产免责的原则，第 287 条至第 303 条则规定了债务人申请和法院许可的免责制度。

破产立法例规定的破产免责制度，以法院许可破产人免责为基本形式。破产人符合破产法规定的免责条件时，应向破产法院申请免责；免责申请经法院许可，才会产生免责的效果，未经法院许可，不产生效力。相比较而言，因为破产立法例规定的许可免责的条件有所不同，许可免责的宽严程序会呈现差异，英国破产法的要求严格一些，日本破产法次之，美国破产法则较为宽松。

就破产免责而言，我国台湾地区"《破产法》"第 149 条规定了"当然免责"制度，学者称其为当然免责主义。② 依该条规定，破产债权人依调协（强制和解）或破产程序受清偿的，其未能受清偿的债权部分，请求权视为消灭；但是，破产人因犯诈欺破产罪而受刑事处罚宣告的，不在此限。这就是说，债务人在破产清算程序终结时，除非犯有诈欺破产罪，无须申请并经法院许可，因破产程序的终结而当然取得免责利益。我国台湾地区"《破产法》"第 149 条的立法理由，主要有三点：（1）破产乃债务人的不幸，免责有助于其另图生计；（2）破产程序终结后，随时执行债务人未清偿的债务过于残酷，不符合我国的固有习惯；（3）膨胀主义对债权人的保护已相当周到，对破产人的利益亦应同时有所照顾。③

三 破产免责与我国的破产立法

我国现行破产法仅适用于企业法人，不适用于自然人，故不存在破产免责的问题及其制度。企业法人在破产程序终结后，虽然也存在经破产程序未清偿的债务是否承担继续清偿责任的问题，诸如债务人执行和解协议或者重整计划，按照和解协议或者重整计划减免的债务，债务人不再承担

---

① 参见莱因哈德·波克《德国破产法导论》（第 6 版），王艳柯译，北京大学出版社 2014 年版，第 197 页。

② 关于我国台湾地区"《破产法》"所定当然免责制度，参见陈荣宗《破产法》，（台北）三民书局 1986 年版，第 379—382 页；刘清波《破产法新论》，（台北）东华书局 1984 年版，第 288—289 页。

③ 1935 年"前中华民国立法院"《中华民国破产法草案初稿说明书》。

清偿责任,① 但这些不同于我们在清算程序中所说的破产免责。

破产免责是债务人通过清算程序未能清偿的债务依照法定的条件予以免除的特殊制度。企业法人在破产宣告后以清算程序分配其财产的,企业法人最终会丧失其民事主体地位,已经以其财产对债权人承担了无限责任,债权人未受偿的债权因为企业法人地位的消灭而消灭,不会发生破产宣告免除企业法人的继续清偿责任的问题。所以,破产免责与企业法人被宣告破产不发生关联。在这个意义上,我国现行破产法上并不存在破产免责制度。②

我国现行破产法因其适用范围的限制,没有规定破产免责制度。但并不表明我国破产立法没有触及国破产免责问题。事实上,全国人大财经委员会主持起草的破产法草案,多次涉及破产免责制度的创建。《中华人民共和国企业破产和重整法》(草案 2000 年 6 月)第 155 条规定了破产免责的原则(未依照第 156 条规定免责的自然人承担继续清偿义务)、第 156 条规定了债务人当然免责的条件及其效果。③ 2004 年 6 月,由财经委员会主持起草完成的《中华人民共和国破产法(草案)》第 149 条和第 150 条规定了与上述法律草案内容基本相同的破产免责制度。我国破产立法曾经试图对自然人破产清算实行有条件的当然免责主义,因为破产法的适用范围限定于企业法人,破产免责制度没能出现在我国的破产立法上。

我国破产法的未来改革无法回避自然人的破产问题。一旦将自然人纳入破产程序的适用范围,破产免责就是破产法必须面对和解决的问题。从文明国家的发展这个角度来考虑问题,我国破产法对自然人破产后的债务清偿责任,采取免责的立场,毋庸置疑。这可以说是现代破产立法的发展

---

① 参见《企业破产法》第 106 条和第 94 条。

② 《企业破产法(试行)》第 38 条规定,破产程序终结后,未得到清偿的债权不再清偿。该规定引起了我国学者的一些误读,将之等同于破产免责。参见谢邦宇主编《破产法通论》,湖南大学出版社 1987 年版,第 336 页;柯善芳、潘志恒《破产法概论》,广东高等教育出版社 1988 年版,第 157 页;柴发邦主编《破产法教程》,法律出版社 1990 年版,第 255 页。目前,我国破产法理论并不认为我国破产法上有破产免责制度,而是力倡破产法的改革应当允许自然人破产,并相应建构适用于自然人的破产免责制度。

③ 参见朱少平、葛毅《中华人民共和国破产法——立法进程资料汇编(2000 年)》,中信出版社 2004 年版,第 200—221 页。

趋势。①

破产免责因有当然免责和许可免责的区分，我国破产立法应当实行何种免责制度，理论上有不同的见解。

有学者认为，我国应当采取当然免责制度，但可以借鉴美国法的做法，对当然免责规定一个异议期，在该期限内没有利害关系人对债务人提出不许可其免责的异议，债务人无须经过申请和许可的手续，自动取得免责利益。当然免责制度更加符合私法的本旨。②

也有学者认为，我国不宜采用当然免责制度，而应当实行许可免责制度。当然免责制度不利于防止破产人滥用破产免责制度，容易造成债权人和破产人之间发生新的纠纷，不能真正解决破产人的免责问题。破产免责是对诚实又不幸的债务人于破产宣告后所给予的照顾或恩惠，应当依照法定的程序施予，而不应当然发生。这样可以减少破产人的痛苦，寻求债权人的宽容，保持社会和谐，有序免除破产人未能依破产程序清偿的债务。破产人于破产程序进行中或者破产清算程序终结后，符合法律规定的免责条件时，均可申请法院许可其免责；法院经审查确认破产人符合免责的条件的，应当以裁定许可破产人免责；破产人于许可其免责的裁定生效时，取得免责利益。③

还有学者主张，我国应当实行许可免责制度与当然免责制度相结合的立法方式。破产程序终结后，债权人处于分散状态，很难监督债务人的履行债务情况，当下不诚信的现象较为突出，当然免责很容易导致争议；如果对破产人全部实行许可免责，对于那些经历了一定时期而没有犯罪和不当行为就可以免责的破产人而言，徒增一段没有实质审查意义的许可免责程序，必要性不大。因此，在破产清算的场合，破产人的偿债比例较高或者有其他不能清偿债务的客观原因，经法院裁定给予破产人免责利益；未免责的破产人在破产宣告时自动失权，经历3—5年的时间，没有破产诈

---

① 参见邹海林《破产程序和破产法实体制度比较研究》，法律出版社1995年版，第396页。
② 参见李永军《论破产法上的免责制度》，《政法论坛》2000年第1期。
③ 参见邹海林《破产程序和破产法实体制度比较研究》，法律出版社1995年版，第396—397页。

欺和不当行为的，自动免责。①

原则上讲，债务必须清偿，除非债务人有法定的免责事由。《民法通则》第 108 条规定："债务应当清偿。暂时无力偿还的，经债权人同意或者人民法院裁决，可以由债务人分期偿还。有能力偿还拒不偿还的，由人民法院判决强制偿还。"在此原则下，债务人不能清偿债务而被宣告破产的，破产清算程序终结后，破产人应当继续偿还其依破产程序未清偿的债务，破产宣告并非债务消灭的原因。破产清算程序终结后，作为自然人的破产人如何能够取得免责利益，只能取决于法律的特别规定。

笔者以为，我国破产立法究竟是实行当然免责抑或许可免责制度，只不过是在对待债务人破产免责的条件方面有所差异而已。如果我们注重免责条件的程序正当性，就有必要实行许可免责制度；如果我们注重免责条件的实质正义，就可以实行当然免责制度。破产法的核心问题是程序问题，许可免责制度构成破产法的程序制度的组成部分，实行许可免责制度更加符合破产制度的程序理念。

四 许可免责制度的要素

许可免责制度的内容，可以作如下的表述：在破产清算程序开始后，破产人符合法律规定的免责条件时，均可申请法院许可其免责；法院经审查确认破产人符合免责的条件的，应当裁定许可破产人免责。破产人在法院许可其免责的裁定生效时，取得免责利益。

（一）破产人与免责申请

许可免责制度实行免责申请主义，非有破产人申请免责，不会发生破产免责的效果。例如，德国《支付不能法》第 287 条第 1 款规定，剩余债务的免除，以债务人申请为要件。

但是，并非所有的破产人都可以申请免责。可以申请免责的破产人必须为诚实的破产人。破产法的权威注释坚持认为，破产免责唯能被适用于"诚实但不幸"的破产人。② 一般而言，所有的破产人均可视为诚实的破产人，除非破产人有诈害债权人利益的偏颇性处分行为、破产犯罪行为、

---

① 参见刘静《个人破产制度研究——以中国的制度构建为中心》，中国检察出版社 2010 年版，第 233 页。

② T. H. Jackson, The Logic and Limits of Bankruptcy Law, Har. Uni., 1986, p. 273.

拒不履行法定说明义务或者提交义务、拒不出庭接受询问等违反破产法的行为。

免责申请是破产人向法院作出的寻求破产免责利益的意思表示。破产人向法院申请免责的，应当向法院提交免责申请书和印证免责申请书所述事实的相应证据材料。例如，日本《破产法》（1922年）第366条（3）规定，破产人在免责申请的同时，应当提出记载已知债权人姓名及住所、破产债权额及原因，有别除权时，其标的及行使不能而应受清偿的债权额的债权人名册；如不能与免责申请同时提出，则应于尔后从速提出。

理论上，破产人向法院申请破产免责，除破产申请书外，应当以其提出破产免责申请的时间为准，决定其应当向法院提交的其他材料。例如，破产人在向法院申请破产时，同时申请破产免责的，除破产免责申请书外，还应当向法院提交财产状况说明、债务清册、债权清册、有关财务会计报告、无犯罪或其他不当行为的陈述以及预期的清偿债权方案等。如果破产人在破产分配后向法院申请免责，除破产免责申请书外，应当向法院提交破产分配的情况说明、无犯罪或不当行为的陈述、在破产程序进行期间遵守破产法的规定的陈述、破产程序终结时的财产状态和未清偿债务状况、预期的清偿债权方案等。

（二）免责申请的审查

法院收到破产人的免责申请，应当对其进行审查，以决定是否准许破产人免责。一般而言，经法院审查，如果破产人有不准许免责的法定事由，法院应当裁定驳回破产人的免责申请。对于法院裁定驳回破产人免责不服的，破产人可以提出上诉。

法院审查破产人的免责申请，主要涉及以下两个方面的制度：

1. 免责申请提出的时点。破产立法应当规定允许破产人提出免责申请的时点，破产人是否可以在破产清算申请时同时申请免责？抑或或者破产人只能在破产程序终结后申请免责？多数立法例允许破产人在提出破产清算申请当时就提出免责申请。但也有立法例在破产程序进行的特殊时点上，不允许破产人申请免责。例如，例如，日本《破产法》（1922年）第366条（2）规定，破产人已申请强制和解或者申请破产废止的，除非法院已驳回该等申请，不得向法院申请免责。

2. 免责申请的异议程序。法院收到破产人的免责申请后，应当确定审查破产人免责申请的时间、地点，并予以公告。法院应当及时将破产人的免责申请通知管理人、所有的已知的受免责效力影响的债权人和其他利害关系人，如为破产人提供担保的物上保证人。必要时，法院还应当将破产人的免责申请通知破产人住所地的公安机关。在破产程序进行期间，管理人有义务调查债务人的财产状况和行为。为便于审查破产人的免责申请，法院可以指令管理人就破产人有无不准许免责的法定事由进行调查，并向法院提交调查报告。① 在免责审查日，破产人应当到庭接受法院的必要询问；法院应当征询管理人的意见，并听取债权人等利害关系人的异议。破产人无正当理由，不出庭或者出庭而拒绝陈述的，法院可以驳回其免责申请。

（三）不准许破产人免责的法定事由

对于不允许破产人免责的法定事由，破产立法例均有规定。不准许破产人免责的法定事由，又称为许可免责的消极条件，即破产人有法定的不许可免责的情形，即使破产人申请免责，法院应当驳回其免责申请。

依照英国法院的判例，破产人有下列情形之一的，法庭可以作出不允许破产人免责的判决：（1）破产人的财产不足以清偿所有债务的50%的；（2）破产程序开始前3年内，破产人始终未对其经营账目作适当记录和保留的；（3）破产人在明知自己无力清偿后仍继续经营的；（4）破产人在明知毫无清偿希望时仍订立合同设立合同债务的；（5）破产人没有对其财产的损失或者减少作出合理解释的；（6）因破产人的草率，投机冒险，生活过度挥霍，赌博，或者对业务有应受处罚的疏忽大意情事以至造成其破产的；（7）破产人因挑起毫无意义的诉讼或因无理拖延诉讼造成不必要的开支，致使其破产的；（8）在接管令发布后3个月内，破产人明知无力清偿全部债务却对某些债权人不当地特惠支付；（9）在接管令发布前3个月内，破产人有意对无担保的普通债权支付了50%以上，以致造成无法清偿的责任的；（10）破产人过去曾经有过被宣告破产的经历，或者曾经历过和解程序或者重整程序的；（11）破产人曾犯有诈欺罪，或者曾有过违反信托的不法行为；（12）破产人曾有过与破产有关的其他犯罪的。②

---

① 参见日本《破产法》（1922年）第366条（5）。
② 参见董安生等《英国商法》，法律出版社1991年版，第557页。

就不允许破产人免责的法定事由而言，美国联邦《破产法典》第727条（a）、日本《破产法》（1922年）第366条（9）、韩国《破产法》第346条、德国《支付不能法》第290条等都有较为细致的相应规定。但这些破产立法例规定的不准许破产人免责人的条件，在宽严程度方面有所差异。例如，日本《破产法》（1922年）规定，破产人前次获得破产免责未经过10年，不得再次申请破产免责；美国联邦《破产法典》将该期间规定为6年；德国《支付不能法》将该期间规定为法院受理破产申请未经过10年，英国的破产立法没有期间的限制，但不允许破产人再次提出免责申请。

原则上，破产立法对于不准许破产人免责的事由应当予以列举，将可能滥用破产免责的情事都予以考虑，同时给予法院一定程度的裁量空间，真正发挥破产免责制度的功能，防止权利被滥用。[①] 不准许破产人免责的事由，主要包括：（1）破产人有诈害债权人一般利益的犯罪行为的；（2）破产人于申请免责前1年内有与本破产案件有关的商业诈欺行为的；（3）破产人拒绝向法院为陈述或者为虚伪陈述的；（4）破产人已有前次免责而未经过法定允许免责期间的；（5）破产人违反破产法规定的其他义务的。[②]

（四）许可免责的裁定

法院审查破产人的免责申请，未发现破产人有不准许免责的情形，应当作出许可破产人免责的裁定。

在破产人有不准许免责的法定事由时，如果该事由并不足以影响破产人的诚实守信，法院可以裁定许可破产人附条件免责。在英国的司法实务上就有救济破产人的免责不能的一些变通做法。当破产人有违反破产法的行为或者损害债权人利益的行为、或者不符合许可免责的条件时，法院可以拒绝许可破产人免责，也可以采取下列变通措施以许可破产人免责：（1）法院可以许可破产人免责，但破产人在法院规定的期间内不享受免责利益；（2）如果破产人清偿其负债的比例尚未达到50%，法院可以许可其免责，但中止其享受免责利益直至其清偿债务的比例达到50%以上；

[①] 参见刘静《个人破产制度研究——以中国的制度构建为中心》，中国检察出版社2010年版，第236页。

[②] 参见邹海林《破产程序和破产法实体制度比较研究》，法律出版社1995年版，第398页。

(3) 法院可以附加其他条件许可破产人免责。德国《支付不能法》第291条规定有类似的制度，即破产人申请免责不具有第290条规定的条件，法院可以裁定准许破产人免责，但其必须履行第295条规定的义务，且不存在第297条（破产犯罪）和第298条（破产费用的支付）规定的不予免责的情形。破产免责毕竟是破产法特别规定赋予破产人的一项特惠利益，在适用时应当尽量体现对破产人不能清偿债务的窘迫处境的宽容。法院裁定许可破产人附条件免责，使法院可以灵活运用自由裁量权，值得借鉴。

法院许可破产人免责的，利害关系人不服法院的裁定，可以提起上诉。依照英国《破产法》的规定，法院许可破产人免责的裁定，利害关系人可以提起上诉，该裁定于允许的上诉期间届满前或者上诉已为确定前，不得送达和公告。美国、日本、韩国和德国等国的破产立法，均允许利害关系人对许可免责的裁定提出上诉；在上诉期间或者上诉结果确定前，许可免责的裁定不发生效力。许可免责的裁定不同于一般程序法上的裁定，具有免除破产人未清偿债务的继续清偿责任的效果，即具有变更利害关系人的实体权利义务关系的效力，应当允许利害关系人提起上诉；许可免责的裁定因为没有即时生效的绝对理由，故在允许上诉的期间以及上诉后未取得终审判决或裁定前，不发生效力。

(五) 破产免责的效力范围

原则上，法院裁定许可债务人免责后，债务人未依照破产程序清偿的债务，因为许可免责的裁定生效不再清偿；同时，破产人因破产宣告所受公私法上的权利限制，亦告解除。[①] 许可免责的裁定，仅在其确定后发生效力；在其确定前，诸如在上诉期间或者上诉尚未有确定结果前，不发生效力。[②] 因此，破产免责具有免除债务人未清偿的所有债务的效力。

美国联邦《破产法典》第727条（b）规定："除本法典第523条规定外，依据本条（a）作出的免责裁定，免除债务人在免责裁定前发生的一切债务，以及根据本法典第502条确定的、破产程序开始前产生的任何索赔责任，不论基于上述债务或者责任的请求依本法典第502条是否已为

[①] 我国台湾地区"《破产法》"实行当然免责制度，不再给予破产人以当然复权利益，所以，破产人唯能依法院的裁定取得复权。

[②] 参见日本《破产法》（1922年）第366条（11）。

申报,也不论基于上述债务或者责任的请求依本法典第 502 条是否成立。"日本《破产法》(1922 年)第 366 条(12)规定,可免责的破产人,除依破产程序的分配外,就对破产债权人债务的全部免其责任。德国《支付不能法》第 301 条第 1 款规定,许可债务人免责对于所有破产债权人发生效力,债权人未申报债权的,亦同。

但是,破产免责的效力是相对的。对于法定不允许免除的债务、债务人的保证人或连带债务人以及债务人自己放弃免责利益的,破产免责不具有效力。

1. 法定不允许免除的债务。破产立法例明文规定的不允许免除的债务,破产免责的效力不及于这些债务。美国联邦《破产法典》第 523 条规定,下列债务不允许免除:(1)税款;(2)因为诈骗取得的金钱;(3)未列入债务清册的债务;(4)因为诈欺、侵占或者盗窃产生的责任;(5)子女抚养费或离异生活费;(6)故意侵权行为所致债务;(7)应当向政府机构支付的罚款、罚金或罚没的财产;(8)学生教育贷款;(9)债务人醉酒驾驶所致责任;(10)在先前案件中原本应当免除但因某种原因未被免除的债务;(11)因债务人在信托机构或保险信用机构担任信托职务期间诈欺或挪用行为所致债务;(12)债务人因恶意或疏忽未能维护保险信托机构的资金所产生的责任。日本《破产法》(1922 年)第 366 条(12)规定:"可免责的破产人,除依破产程序的分配外,就对破产债权人债务的全部免其责任。但下列请求权,不在此限:(1)租税;(2)因破产人恶意行为的损害赔偿;(3)受雇人的工资,但以有一般先取特权者为限;(4)受雇人的预付金及身份保证金;(5)破产人知悉而未记载于债权人名册的请求权;但债权人已知破产宣告事者,不在此限;(6)罚金、罚款、刑事诉讼费用、追缴金。"一般而言,法定不允许免除的债务主要有劳动债权、税收请求权等优先顺位请求权,因破产人的恶意行为或故意侵权行为所产生的债务、罚金和罚款等。

2. 破产人的保证人、连带债务人以及物上保证人提供的担保。破产免责是法律给予破产人本人的特惠利益,对破产人的债务负清偿责任的任何人,不得主张破产人取得的免责利益,以对抗债权人的清偿要求。英国法院于 1915 年作出的 Lind 判例确认,破产免责不影响有财产担保的债权人的担保权利的有效性,债权人在法院许可破产免责后,可以继续行使担保权利以取得优先受偿。① 在英国，破产人的合伙人以及其他与其共同负担债务的人、或者提供担保利益的任何人，其清偿责任不受破产免责的影响。日本《破产法》（1922 年）第 366 条（13）规定："免责不影响破产债权人对破产人的保证人、其他与破产人共同负担债务者所有的权利，不影响为破产债权人提供的担保。"德国《支付不能法》第 301 条第 2 款规定："破产债权人对于债务人的连带债务人或保证人所享有的权利，以及债权人因担保权的设定所享有的权利，不因破产免责而受影响。"这就是说，破产免责的效力不及于破产人的保证人、连带债务人对债权人所承担的责任以及物上保证人为债权人所提供的担保。

3. 破产人放弃免责利益的。破产人放弃免责利益，仅以许可免责的裁定生效后所为"放弃"为限。破产人事先放弃免责利益的，不发生效力。破产人因破产免责而取得的利益，是消灭债务还是消灭债权人的请求权，立法例和学说有些争议，但在破产人放弃免责利益而不得再对抗债权人这个问题上有共同点。有学者认为，破产人不再负清偿责任的债务，具有自然债务的性质，破产人如对该债务任意给付，不得以不当得利请求返还；并且，破产清算程序终结后实施追加分配，债权人仍可以受领分配。② 还有学者认为，破产免责仅有消灭债权人请求权的效力，债权本身仍然存在，如果破产人不拒绝债权人的请求，就未清偿的债权为给付，债权人因此受领的给付并非不当得利，破产人不得于事后请求返还。③ 在英美法系上，破产免责消灭债务，债权人完全丧失诉讼上的请求权（right of action），该请求权不因破产人的单纯承认或承诺清偿债务而复活；④ 但是，破产免责后，破产人承认或者承诺清偿已免除的债务，债权人得以其提供新的对价（consideration）为条件或破产人以签封承诺债务（promise under seal）为条件，复活其诉讼上的请求权。⑤ 总之，债务人取得免责利益后予以放弃的，不得再以破产免责对抗债权人的权利。

（六）许可免责的撤销

既然破产免责为破产立法特许给予债务人的利益，债务人能否保持其

---

① I. F. Fletcher, Law of Bankruptcy, Macdonald & Evans, 1978, p. 300.
② 刘清波：《破产法新论》，（台北）东华书局 1984 年版，第 288—289 页。
③ 陈荣宗：《破产法》，（台北）三民书局 1986 年版，第 379 页。
④ I. F. Fletcher, Law of Bankruptcy, Macdonald & Evans, 1978, pp. 300 - 301.
⑤ See Jakeman v. Cook (1878); Wild v. Tucker (1914).

已经取得的免责利益,将取决于其事实上不具有法定的不准许免责的情形。债务人因为法院裁定许可而取得免责利益,同样因为法院裁定撤销其许可,债务人将丧失其取得的免责利益。在这个意义上,债务人保持许可免责的利益不是绝对的和无条件的。凡实行许可免责的立法例,对于许可免责的撤销均有相应的规定。

破产人因犯罪、诈欺或者其他不诚实行为取得法院许可免责的,管理人或者债权人可以在许可免责裁定生效后的法定期间内(例如许可免责生效后1年内),请求法院撤销免责裁定。[1] 许可免责的撤销,是对债务人寻求破产免责利益的一种约束,防止滥用破产程序以逃避债务的努力,不仅要贯彻在破产程序进行中,而且在破产程序终结后亦不能有所懈怠。同时,它也是对债权人因为债务人的不当行为所失利益的事后积极补救措施。

法院裁定撤销许可免责的,债务人因为破产免责所取得的免除债务清偿的利益失去法律上的依据,债权人因为破产免责而丧失的权利重新恢复,均可以其未能通过破产分配受偿的债权部分向债务人请求清偿。

第八节 复权制度

一 复权制度的立法例

复权制度,是指破产人依据法律的规定或者请求法院依照法定的程序,解除其因破产宣告所受破产程序以外之公私权利限制或者资格限制,以求恢复其固有权利的一项制度。

债务人受破产宣告,其身份地位受破产程序的约束,人身自由受到相应的限制,并丧失对其财产的管理处分权;但是,债务人因破产宣告所受的破产程序上的限制,因破产程序的终结而失去效力。破产程序的终结,使得破产人不再受破产程序的约束,但并没有宣告解除破产人所受破产程序外的限制。在破产程序之外,其他法律出于种种原因,特别是公益的考虑,会对破产人附加身份地位的专门限制,以约束破产人为或者不为相应

---

[1] 参见美国联邦《破产法典》第727条(e),日本《破产法》(1922年)第366条(15),韩国《破产法》第352条,德国《支付不能法》第303条。

的活动。例如，立法上规定破产人不得担任公证人、律师、会计师等，即属此列。如何才能使破产人不受这样的限制，这就是复权制度所要解决的问题。

英美法系各国实行破产免责主义，复权制度与破产免责制度相关联，有破产免责的发生，就有当然的复权，破产立法没有必要如同个别大陆法系国家破产立法那样，专门规定法院许可破产人复权的问题。在这个意义上讲，可以说"英美法中没有复权制度"[①]。英美法系破产立法所规定的复权制度，为当然复权制度；复权为破产免责的当然结果，但是，也会有个别的例外。某些涉及破产人在公共事务机构任职的限制，不能仅仅因为破产人已获免责而解除；在此情形下，破产人仅可以因有下列情形之一而取得复权：（1）破产人在免责的同时，已取得法院确认其不幸破产的决定；（2）破产人取得法院撤销破产宣告的决定；或者（3）无上述情形但破产免责被许可后已经经过 5 年。[②] 总之，不论英美法规定的复权制度，是否依破产免责而当然即时取得，在程序上与法院的许可无关，在性质上均为当然复权。

在大陆法系国家，长期以来对破产人采取惩戒措施，不仅通过破产程序严加限制破产人的权利行使，并以破产犯罪处罚破产人，而且社会公益需求立法对破产人作为社会成员应有的其他公私权利也严加限制。一方面，大陆法系破产法普遍不承认破产免责制度，自然不会有如同英美法规定的当然复权制度；另一方面，破产清算程序终结后，公私法上对破产人的权利或者资格限制，没有相应的免除制度必然会永远存在，对破产人未免太过于残酷，不合社会文明与进步的发展。为此，大陆法系国家的破产立法普遍实行法院许可破产人复权的制度，例如法国、日本、韩国等国家的破产立法。但是，随着日本《破产法》（1922 年）引进美国法的破产免责主义，也同时引进了当然复权制度。[③] 这在观念上改变了日本破产立法上的复权制度的面貌，当然复权制度成为日本法复权制度的核心，法院许可复权制度则沦为当然复权制度的补充。

值得注意的是，我国台湾地区"《破产法》"虽然规定有当然免责制

[①] 谢怀栻：《资本主义国家破产法简介》，《企业破产法讲座》，人民法院出版社 1990 年版，第 190 页。

[②] I. F. Fletcher, Law of Bankruptcy, Macdonald & Evans, 1978, p. 341.

[③] 参见日本《破产法》（1922 年）第 366 条（21），韩国《破产法》第 358 条。

度，但却没有实行当然复权制度，而是规定有许可复权制度。该法第150条规定："破产人依清偿或其他方法解免其全部债务时，得向法院为复权之申请。破产人不能依前条规定解免其全部债务，而未依第一百五十四条或第一百五十五条的规定受刑之宣告者，得于破产终结三年后或于调协履行后，向法院为复权之申请。"依学者的解释，如上规定的理由在于：破产法以外的法律对破产人的公私法上的权利所施加的限制，并不会因为破产程序的终结而解除，"其他公私法上规定之限制，其目的多系本于经济信用及品德方面之考虑。若破产人未具备法定要件，未经法院核可认为其已适合于从事一定行业活动者，自不宜轻易解除，俾以维护社会公益"[①]。

二 复权制度在我国的状况

复权制度只对自然人有意义。受破产宣告的自然人，其他法律对其附加的权利限制或者资格限制，在破产清算程序终结后自有除去的必要；法人受破产宣告者，准破产人（对企业法人的破产清算负有责任的法人代表、董事、监事以及高级管理人员）的权利或者资格，同样会受到其他法律的限制，在破产清算程序终结后亦有除去的必要。在这个意义上，复权制度不同于破产免责制度，它不是单纯为自然人被宣告破产清算而应当适用的制度。《企业破产法》唯能适用于企业法人，不适用于自然人，没有破产免责问题及其制度；但却不能说《企业破产法》上没有复权问题。《企业破产法》第125条规定："企业董事、监事或者高级管理人员违反忠实义务、勤勉义务，致使所在企业破产的，依法承担民事责任。有前款规定情形的人员，自破产程序终结之日起三年内不得担任任何企业的董事、监事、高级管理人员。"只不过复权制度作为破产法上的一个附带问题，尚没有受到我国理论和实务界的普遍注意而已。

我国各项法律制度正处于发展变化中，破产人或准破产人在破产清算程序终结后的身份地位应当何种程度的限制，才足以维护社会公共利益免受破产人或准破产人的怠慢行为的影响，对于立法、实务和研究而言，都是一个有待深入探讨的问题。我国已颁布的《注册会计师法》《律师法》《公证员法》等，就注册会计师、律师和公证员的任职资格的限制，没有明文涉及破产人或准破产人。与之类似的还有《国家公务员法》《法官

[①] 陈荣宗：《破产法》（增订新版），（台北）三民书局2001年版，第396—397页。

法》《审计法》等。在这些法律的视野中，缺乏对破产人或准破产人的职业限制，也就不存在复权问题，但是谁也不能说以后的法治改革不会涉及这个问题。事实上，我国的商事立法已经普遍涉及准破产人的职业限制问题。例如，《公司法》（2013年）第146条规定，"担任破产清算的公司、企业的董事或者厂长、经理，对该公司、企业的破产负有个人责任的，自该公司、企业破产清算完结之日起未逾三年"，不得担任公司的董事、监事、高级管理人员。《证券法》（2014年）第131条规定，有上述《公司法》规定的情形的人员，不得担任证券公司的董事、监事、高级管理人员。凡适用《公司法》的其他商业组织法，都会有准破产人的职业限制问题。

债务人因受破产宣告，其信用和品德不能不让人怀疑，若债务人有破产犯罪行为时，在破产清算程序终结后，不依法限制其行为，对社会公共利益的危害尤为明显；对于诚实而不幸的破产人，法律虽然可以不限制其行为，但是若不经过法定的程序或者法定期间考验，也难以证实破产人的诚实与不幸。所以，为了防止破产人再给社会造成不良影响，法律上有必要限制破产人的部分权利或者资格。例如，依英国法律规定，破产人未获免责或者未复权以前，不得担任破产管理人、不得被选任为议员或者出席议会会议、不得被选任为公务员、不得被任命为法官、不得担任执业律师、未经法院许可不得担任公司董事以及不得为公司财产的经理人员。[1] 依我国台湾地区的法律，破产人未经复权，不得为申请登记为候选人、商务仲裁人、交易所经理、商会会员代表、工商同业工会会员代表、会计师、律师、建筑师、技师、合作社社员、无限公司的股东等。[2] 在发展和完善市场经济体制的大环境下，我国会面临同样的问题。凡涉及国家公务员、法官、检察官、律师、注册会计师、公证员、审计员、评估师、证券或期货交易所交易员、商事仲裁员、拍卖师以及公司、企业的董事、监事和高级管理人员的任职资格的法律，都有必要将破产人（准破产人）作为消极条件加以规定，以限制破产人（准破产人）的任职。同样，破产人（准破产人）是否可以从事信用交易（如贷款、融资租赁、证券买卖

---

[1] I. F. Fletcher, Law of Bankruptcy, Macdonald & Evans, 1978, p. 341.

[2] 参见刘清波《破产法新论》，（台北）东华书局1984年版，第159—160页；陈荣宗《破产法》，（台北）三民书局1986年版，第133—134页。

等),法律也有必要施加一定的限制。在这样的制度背景下,破产立法就应当建立相应的复权制度,以便对未复权的破产人提供救济。

复权的基本目的是解除法律对破产人的公私法上的权利所施加的限制。《企业破产法》对于准破产人的权利已经有所限制,但并没有相应的程序或制度可供准破产人利用,来解除法律上的限制,目前只能等待限制其权利的期限届满。我国其他法律对于准破产人的权利限制,也有同样的问题。

我国破产立法应当建立何种复权制度呢？我国学者多认为,破产立法采取当然复权和许可复权结合的方式,较为适宜。[①]

复权制度,一方面涉及破产人的本人利益的保护,另一方面涉及社会公共利益的维护。笔者认为,诚实的破产人在公私法上的权利或资格不应当受法定期限或永久的限制,法律又必须防范破产人复权后的道德危险。破产立法对破产人复权必须建立必要的许可或者核验制度,以防止有不良动机的破产人规避设立复权制度的目的。再者,现代破产立法确认破产免责制度已为趋势,我国破产立法亦然；法律允许破产人免责的基础在于,破产人必须是诚实而不幸的破产人,若破产人有破产犯罪行为或者其他不诚实的行为,便不能取得免责利益；这就是说,在法院许可免责制度下,获得免责的破产人为诚实但不幸而需予以照顾的破产人,一般不会对社会公共利益造成过巨危险,给予其当然复权,似乎也可以。这样,我国破产立法宜建立当然复权和许可复权相结合的复权制度。

三 当然复权制度

破产清算程序终结后,破产人具备法定条件时,不必向法院申请并经法院许可而恢复权利的制度,为当然复权制度。

英美法系的复权制度,以破产免责为基础,破产人有免责就有复权,已如上述。大陆法系破产立法则多实行许可复权制度,但日本和韩国的破产立法规定有当然复权制度。例如,日本《破产法》(1922年)第366条(21)规定:"破产人于下列情形下复权:(1)免责裁定确定时;

[①] 参见邹海林《破产程序和破产法实体制度比较研究》,法律出版社1995年版,第405页；齐树洁主编《破产法研究》,厦门大学出版社2004年版,第526页；李永军《破产法——理论与规范研究》,中国政法大学出版社2013年版,第447页。

（2）强制和议认可的裁定确定时；（3）因第 347 条规定规定的原因申请之破产废止的裁定确定时；（4）破产人在破产宣告后未受诈欺破产罪之有罪确定判决，已经过 10 年时。"①

参考破产立法例关于当然复权的规定，结合我国的实际情况，破产立法有必要规定当然复权制度。破产人有下列情形之一的，恢复权利：

1. 法院许可破产人免责的裁定生效时。破产人依法向法院申请免责、法院裁定许可其免责，证实破产人没有违反诚信而损害债权人以及社会的行为，在破产清算程序终结后，恢复破产人受限制的权利无害于社会。在此情形下，若仍然强调许可复权，要求破产人向法院申请并获法院另行裁定复权，实为多余。合理的逻辑应当是，凡破产人取得法院裁定许可其免责时，也取得当然复权地位。因法院许可破产免责，破产人的复权自法院许可免责的裁定生效时发生效力。

2. 破产清算程序因和解而终结时。破产人与债权人会议达成和解或者自行和解以终结破产程序（破产分配）的，破产人对债权人作出让步后的债务，因其履行和解协议而告消灭，实际上等于破产人已清偿了债务。在此情形下，仍然限制破产人的权利或资格，没有多少实益，应当允许破产人复权。因和解终结破产清算程序的，破产人的复权自法院认可和解协议的裁定生效时发生效力。

3. 于破产清算程序终结后经过法定期间时。破产人破产清算程序终结后，公私法上对破产人的权利或资格施加的限制不能永久存在。破产立法应当对破产人复权规定一个或多个法定期间，以便破产人在法定期间经过时复权。至于复权的法定期间的长短，可因破产人是否有破产犯罪行为而有所区别。如果破产人未受刑罚处罚的，在破产清算程序终结后，其复权的法定期间可以相对短一些，例如《企业破产法》第 125 条第 2 款规定的 3 年期间；如果破产人因破产犯罪行为被判处刑罚的，在破产清算程序终结后，其复权的法定期间应当长一些，例如 5 年期间。破产人在破产清算程序终结后经过法定期间时，受限制的权利当然恢复。

四 许可复权制度

许可复权制度，是指破产人无法定之当然复权原因，在破产清算程序

---

① 韩国《破产法》第 358 条有相同的规定。

终结后，用清偿或者其他方法免除了其对破产债权人之全部债务的清偿责任，向法院申请复权，由法院裁定许可破产人复权的制度。①

如同当然复权，许可复权应当具备法律规定的条件，并经法院裁定许可，才能发生复权的效力。破产人只有全额清偿对破产债权人的所有债务本息以及费用、或者通过其他方式消灭了债务时，才可以向法院申请复权。② 破产人向法院申请复权的条件，为其对破产债权人的所有债务的清偿责任已经消灭；至于破产人的债务清偿责任消灭的原因，是清偿、抵销、免除还是时效完成等，在所不问。破产人申请复权时，应当向法院提交债务清偿责任消灭的证据。法院收到复权申请后，应当进行初步审查，并发布公告以供利害关系人提出异议，公告应当列明破产人申请复权的事实和理由。

实际上，全部债务清偿与否和破产人的诚信也没有必然的关联。复权制度的目的是要重构社会对破产人的诚信的认同，不单纯是要求破产人清偿全部债务。与其这样要求，倒不如将许可复权的条件与破产人的当然免责挂钩。例如，我国台湾地区"《破产法》"第150条规定的许可复权制度，在程序条件上较为契合复权制度的目的。

相对而言，以清偿全部债务作为许可复权的条件，对破产人而言是较为苛刻的，但在许可复权补充当然复权的制度逻辑下，也是可以接受的。当然复权制度已经可以解决破产人面对的绝大多数复权问题。作为当然复权的补充，许可复权适用的场景似乎就十分有限了，如同日本《破产法》（1922年）第367条所规定的那样，不能依照当然复权规定而复权的破产人，在其清偿而消灭了所有债务时，可以向法院申请许可复权。日本法的如此规定是符合法律逻辑的一种选择，在程序制度的构造上充分考虑了许可免责制度和当然复权制度相结合留下的缝隙，利用许可复权的程序填补这个缝隙，以救济破产人应当复权的利益，避免了各种程序的庞杂臃肿。如果我国破产立法对于复权制度的建构，采取当然复权与许可复权相结合的方式，那么许可复权应当仅为一种辅助性的复权工具，日本破产立法的经验值得借鉴。

---

① 参见邹海林《破产程序和破产法实体制度比较研究》，法律出版社1995年版，第401页。

② 参见日本《破产法》（1922年）第367条。

破产人向法院申请复权的，法院应当确定复权申请的审查日，发布公告和通知利害关系人。债权人等利害关系人可以在法院公告后的法定异议期间内，对破产人的复权申请提出异议。这里关键的问题是，利害关系人提出异议的理由或者依据有哪些？既然法律规定破产人申请复权的条件为债务清偿责任的消灭，那么利害关系人应仅就破产人是否已全部消灭债务清偿责任提出异议。

　　至于破产人的破产犯罪或者其他不当行为等事项，是否属于复权申请的审查对象，值得讨论。这些内容原本属于免责申请的审查内容，是否许可破产人免责，仅和当然复权制度有关，而无关许可复权。依照此逻辑，破产人申请复权的，利害关系人的异议应仅限于债务人是否消灭其全部债务的事实。但问题似乎并不是这么简单。因破产人有破产犯罪或者其他不当行为而被法院裁定驳回其免责申请的，破产人不能取得当然复权的利益、转而寻求许可复权时，破产人有无破产犯罪或者其他有害于债权人团体利益的不当行为，对于法院许可破产人复权而言，就至关重要了，这些事项事关破产人的诚信而非其清偿债务的能力，重要性要远大于破产人已经清偿了全部债务。笔者以为，破产人申请复权的，利害关系人对复权申请的异议并不限于债务人是否清偿了全部债务，而应当包括破产人有无破产犯罪或者其他损害债权人团体利益的不当行为、破产人有无违反其在破产程序中承担的法定义务等事实。

　　法院在复权申请公告异议期间过后，应当对异议予以审查，有理由的，则裁定驳回复权申请。法院在复权申请公告异议期间过后，没有收到异议，或者经审查异议而确认异议无理由的，则裁定许可破产人复权。破产人的复权自法院许可破产人复权的裁定生效时发生效力。

参考文献

著作

1. I. F. Fletcher, Law of Bankruptcy, Macdonald & Evens, 1978.
2. 史尚宽：《物权法论》，（台北）1979年自行出版。
3. 刘清波：《民法概论》，（台北）开明书店1979年版。
4. K. Smith & D. Keenan, Mercantile Law, Pitman, 1982.
5. 柴启辰：《破产法新论》，（台北）宏律出版社1982年版。
6. Robert N. Corley, Principles of Business Law, Prentice-Hall, 1983.
7. 钱国成：《破产法要义》，（台北）三民书局1983年版。
8. Michael H. Davies, Business Law in Egypt, Antwerp：Kluver Law & Taxation pub., 1984.
9. 杨建华主编：《强制执行法破产法论文选辑》，五南图书出版公司1984年版。
10. 刘清波：《破产法新论》，（台北）东华书局1984年版。
11. 陈荣宗：《破产法》，（台北）三民书局1986年版。
12. 陈计男：《破产法论》，（台北）三民书局1986年版。
13. Thomas H. Jackson, The Logic and Limits of Bankruptcy Law, Harvard University Press, 1986.
14. 耿云卿：《破产法释义》，五南图书出版公司1987年版。
15. 谢邦宇主编：《破产法通论》，湖南大学出版社1987年版。
16. 王书江：《外国商法》，中国政法大学出版社1987年版。
17. 曹思源：《企业破产法指南》，经济管理出版社1988年版。
18. 陈荣宗：《民事程序法与诉讼标的理论》，（台北）台湾"国立"

大学法律系1988年版。

19. 柯善芳、潘志恒：《破产法概论》，广东高等教育出版社1988年版。

20. 柴发邦主编：《破产法教程》，法律出版社1990年版。

21. 谢怀栻：《资本主义国家破产法简介》，《企业破产法讲座》，人民法院出版社1990年版。

22. 董安生等：《英国商法》，法律出版社1991年版。

23. George M. Treister, etc., Fundamentals of Bankruptcy Law, 3rd edition, American Law Institute, 1993.

24. 杨荣新主编：《新民事诉讼法释义》，北京出版社1991年版。

25. 沈达明、郑淑君：《比较破产法初论》，对外贸易教育出版社1993年版。

26. 张卫平：《破产程序导论》，中国政法大学出版社1993年版。

27. 刘得宽：《民法诸问题与新展望》，五南图书出版公司1995年版。

28. 伊藤真：《破产法》，刘荣军、鲍荣庭译，中国社会科学出版社1995年版。

29. 邹海林：《破产程序和破产法实体制度比较研究》，法律出版社1995年版。

30. 李永军：《重整程序制度研究》，中国人民公安大学出版社1996年版。

31. 李玉璧：《商法原理》，兰州大学出版社2000年版。

32. 李永军：《破产法律制度》，中国法制出版社2000年版。

33. 石川明：《日本破产法》，何勤华、周桂秋译，中国法制出版社2000年版。

34. 陈荣宗：《破产法》（增订新版），（台北）三民书局2001年版。

35. 汤维建：《破产程序与破产立法研究》，人民法院出版社2001年版。

36. 杜景林、卢谌：《德国支付不能法》，法律出版社2002年版。

37. 郑远民：《破产法律制度比较研究》，湖南大学出版社2002年版。

38. [美]布赖恩·A. 布卢姆：《破产法与债务人/债权人：案例与解析》（第二版），中信出版社2004年版（影印系列）。

39. 付翠英：《破产法比较研究》，中国人民公安大学出版社2004

年版。

40. 齐树洁主编：《破产法研究》，厦门大学出版社 2004 年版。

41. 吕伯涛主编：《公正树丰碑——审理广东国投破产案始末》，人民法院出版社 2005 年版。

42. 叶军：《破产管理人理论和实务研究》，中国商务出版社 2005 年版。

43. 邹海林、常敏：《债权担保的理论和实务》，社会科学文献出版社 2005 年版。

44. 李飞主编：《当代外国破产法》，中国法制出版社 2006 年版。

45. 朱少平、葛毅：《中华人民共和国破产法——立法进程资料汇编（2000 年）》，中信出版社 2004 年版。

46. 王欣新：《破产法学》，中国人民大学出版社 2004 年版。

47. 谢俊林：《中国破产法律制度专论》，人民法院出版社 2005 年版。

48. 安建、吴高盛：《企业破产法实用教程》，中国法制出版社 2006 年版。

49. 李曙光：《〈中华人民共和国企业破产法〉制度设计与操作指引》，人民法院出版社 2006 年版。

50. 汤维建：《新企业破产法解读与适用》，中国法制出版社 2006 年版。

51. 《中华人民共和国企业破产法》起草组：《〈中华人民共和国企业破产法〉释义》，人民出版社 2006 年版。

52. 王卫国、朱晓娟：《破产法原理、规则、案例》，清华大学出版社 2006 年版。

53. 汪世虎：《公司重整中的债权人利益保护研究》，中国检察出版社 2006 年版。

54. 王卫国：《破产法精义》，法律出版社 2007 年版。

55. 韩长印：《破产法学》，中国政法大学出版社 2007 年版。

56. 刘德璋：《新企业破产法理解与操作指南》，法律出版社 2007 年版。

57. 丁文联：《破产程序中的政策目标与利益平衡》，法律出版社 2008 年版。

58. 杨森：《破产法学》，中国政法大学出版社 2008 年版。

59. 邹海林:《中国商法的发展研究》,中国社会科学出版社 2008 年版。

60. 范健、王建文:《破产法》,法律出版社 2009 年版。

61. 李永军、王欣新、邹海林:《破产法》,中国政法大学出版社 2009 年版。

62. 罗培新、伍坚:《破产法》,格致出版社 2009 年版。

63. 王延川:《破产法理论与实务》,中国政法大学出版社 2009 年版。

64. 王艳华:《破产法学》,郑州大学出版社 2009 年版。

65. 刘静:《个人破产制度研究——以中国的制度构建为中心》,中国检察出版社 2010 年版。

66. 刘宁、张庆等:《公司破产重整法律实务全程解析》,北京大学出版社 2011 年版。

67. 李培进:《企业破产法的理论与实践》,中国政法大学出版社 2011 年版。

68. 王欣新:《破产法理论与实务疑难问题研究》,中国法制出版社 2011 年版。

69. 王欣新:《破产法》(第三版),中国人民大学出版社 2011 年版。

70. 李永军:《破产法——理论与规范研究》,中国政法大学出版社 2013 年版。

71. 邹海林、周泽新:《破产法学的新发展》,中国社会科学出版社 2013 年版。

72. 莱因哈德·波克:《德国破产法导论》,王艳柯译,北京大学出版社 2014 年版。

论文

1. 王建平译:《法国破产法中停止支付的概念》,《国外法学》1986 年第 4 期。

2. 王欣新:《析我国破产法中的撤销权》,《法学》1987 年第 8 期。

3. 徐发成:《试论破产法中的取回权》,《青海社会科学》1991 年第 4 期。

4. 邹海林:《论买卖合同之卖方的中途止付权》,《法学研究》1992 年第 5 期。

5. 韩长印等：《浅析破产法上的否认权》，《法学研究》1993年第3期。

6. 邹海林：《论破产程序的溯及效力》，《法学研究》1993年第6期。

7. 邹海林：《债权申报若干问题研讨》，《中外法学》1994年第1期。

8. 邹海林：《我国破产程序中的和解制度及其革新》，《法学研究》1994年第5期。

9. 邹海林、王仲兴：《论破产程序中的债权人自治》，载梁慧星主编《民商法论丛》第2卷，法律出版社1994年版。

10. 常敏、邹海林：《中华人民共和国破产法的重新制定》，《法学研究》1995年第2期。

11. 汤维建：《破产概念新说》，《中外法学》1995年第3期。

12. 王卫国：《论重整制度》，《法学研究》1996年第1期。

13. 邹海林：《我国破产立法的若干观念》，《中央政法管理干部学院学报》1996年第4期。

14. 李永军：《重申破产法的私法精神》，《政法论坛》2002年第3期。

15. 邹海林：《关于新破产法的适用范围的思考》，《政法论坛》2002年第3期。

16. 王利明：《关于制定我国破产法的若干问题》，《中国法学》2002年第5期。

17. 黄锡生：《破产管理人的法律地位及其职业化研究》，《浙江学刊》2004年第5期。

18. 申丽凤：《商合伙破产程序与实体问题研究》，《河北法学》2004年第12期。

19. 王欣新：《破产立法中的经济法理念》，中国人民大学报刊复印资料《经济法学》2004年第9期。

20. 王利明：《破产立法中的若干疑难问题探讨》，《法学》2005年第3期。

21. 汤维建：《我国破产法草案在重整程序设计上的若干争议问题之我见》，《法学家》2005年第2期。

22. 王欣新：《论新破产立法中债权人会议制度的设置思路》，《法学家》2005年第2期。

23. 王利明：《破产立法中的若干疑难问题探讨》，《法学》2005年第3期。

24. 邹海林：《我国新破产法（草案）与债权人自治》，《法学家》2005年第2期。

25. 陈昶屹：《重整程序制度的建立与完善》，《法律适用》2005年第2期。

26. 汤维建：《我国破产法草案在重整程序设计上的若干争议问题之我见》，《法学家》2005年第2期。

27. 韩长印、郑金玉：《破产实体要件的审理程序研究》，《现代法学》2006年第1期。

28. 刘明尧：《破产债权申报制度研究》，《湖北社会科学》2006年第7期。

29. 韩长印：《破产界限之于破产程序的法律意义》，《华东政法学院学报》2006年第6期。

30. 邹海林：《新企业破产法与管理人中心主义》，《华东政法学院学报》2006年第6期。

31. 汪世虎：《重整计划与债权人利益的保护》，《法学》2007年第1期。

32. 李永军：《破产法的程序结构与利益平衡机制》，《政法论坛》2007年第1期。

33. 邹海林：《我国企业再生程序的制度分析和适用》，《政法论坛》2007年第1期。

34. 王欣新、徐阳光：《重整程序立法若干问题研究》，《政治与法律》2007年第1期。

35. 韩长印、何睿：《合伙企业破产三题》，《河南省政法管理干部学院学报》2007年第4期。

36. 李志强：《关于我国重整程序计划批准制度的思考》，《北方法学》2008年第3期。

37. 王欣新：《破产法司法实务问题研究》，《法律适用》2009年第3期。

38. 张艳丽：《重整计划比较分析》，《法学杂志》2009年第4期。

39. 王欣新、王斐民：《合伙企业破产的特殊性问题研究》，《法商研究》2010 年第 2 期。

40. 王欣新、郭丁铭：《论我国破产管理人职责的完善》，《政治与法律》2010 年第 9 期。

41. 王建平、张达君：《重整程序计划批准制度及反思》，《人民司法·应用》2010 年第 23 期。

42. 李永军：《我国〈企业破产法〉上破产程序开始的效力及其反思》，《法学杂志》2011 年第 2 期。

43. 刘敏、池伟宏：《法院批准重整计划实务问题研究》，《法律适用》2011 年第 5 期。

44. 任永青：《绝对优先原则与我国破产法的缺失》，《河北法学》2011 年第 10 期。

45. 邹海林：《法院强制批准重整计划的不确定性》，《法律适用》2012 年第 11 期。